丽江市古城区年鉴编纂委员会　编

2009 丽江市古城区年鉴

The Yearbook Of Lijiang Municipal Gucheng District

云南民族出版社

《丽江市古城区年鉴》编纂委员会（2009）

《丽江市古城区年鉴》（2009）编辑部

主　　　编　李　文

部类责任编辑　树发生：特载、专文、大事记、古城区便览、政治、附录。

张永香：财税金融、城建市政环保、科技教育、工业商贸、乡(街道)。

刘忠慧：法制、水利电力、交通邮电、林业。

周华英：经济管理、军事、人事劳动和社会保障、文化医疗环卫体育、农业畜牧。

和红梅：群团组织、社会。

和琳蓉：旅游、经济社会统计资料。

图片编辑　李　文　张永香

文字责任校对　李　文　树发生　张永香　刘忠慧　周华英　和红梅　和琳蓉

文稿录入　和琳蓉　张永香　和红梅　刘忠慧　周华英

封面设计　李　文

封面供稿　杨国相

排　　　版　丽江飞腾彩色印务

《丽江市古城区年鉴》（2009）

部类撰稿人
（按部类数序排列）

周　鸿	金光闪	陈先富	和志华	和光云	董金田	周　鹏	杨少林
和文芳	李玉林	华知芳	杨耀芳	周明流	和木全	和丽梅	马建明
木立文	和丕煜	戴文杰	王学坤	木培升	田建芝	李　川	李　敏
王永昌	和金兰	杨丽星	尹丽琴	张云珍	和耀庚	和秀花	单　蕊
周和鹏	陈树新	刘成云	罗　燚	和丽强	年悦勤	廖　宁	张兰春
李玉良	木泽林	木俊芳	和兴园	王　晨	蒋　曙	和学耀	李　杰
赵建升	赵胜优	谭春梅	杜玉彬	刘晓楠	和川花	李亚萍	和理淮
和志渊	和忠凤	和继元	和　武	李丽森	和　军	郭德志	羊跃先
杨　雷	杨　钧	唐和红	赵文斌	卢　洁	和玉琦	张绍祖	张国光
和立新	马云林	李建生	朱文真	李江云	黄彦明	杨树平	周星榕
李红梅	王莉炯	和正武	王　颖	李彬桢	李悦华	和秀良	汪金玲
和永清	李武春	王向红	和世文	和　磊	和红媛	和建琳	饶晓峰
赵蔚娟	刘慧源	和春月	和向武	蔡鹤喜	和文花	李木兰	陈玉花
李　杰	吕姗姗	木云涛	和淑姬	和　枫	和艳华	李鸿钧	杨文金
和　浦	和小伟	王文生	赵　勇	唐加荣	和云龙		

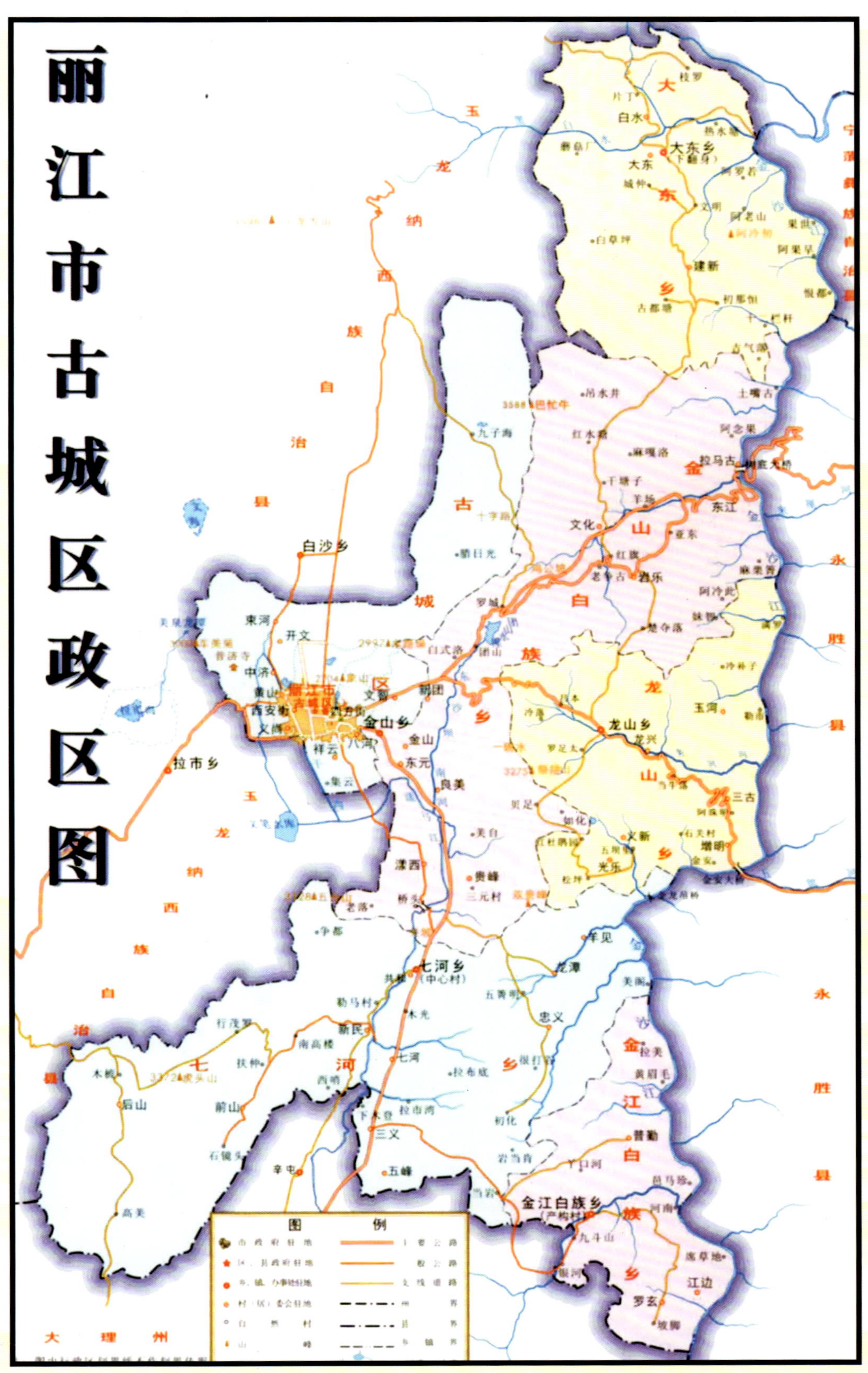

丽江市古城区政区图
大东乡
白水
大东
建新
金山白族乡
龙山乡
七河乡
(中心村)
金江白族乡
白沙乡
拉市乡
金山乡
开文
祥云
文智
东元
良美
罗城
团山
漾西
贵峰
三元村
龙潭
忠义
新民
七河
三义
五峰
辛屯
前山
后山
高美
普勒
江边
罗玄
玉河
文化
东江
拉马古
玉龙纳西族自治县
宁蒗彝族自治县
永胜县
大理州
图例

编辑说明

一、《丽江市古城区年鉴》是在中共古城区委、区人民政府直接领导下，由区史志办公室组织编纂出版的一部汇集古城区2008年政治、经济、社会、文化发展状况的综合的信息及资料年刊，具有政府公报性质的权威性工具书。

二、《丽江市古城区年鉴》坚持以邓小平理论、“三个代表”重要思想和党的十七大精神为指导，坚持科学发展观，实事求是地记述全区各行各业、各部门、乡、街道的基本情况，为社会各界人士了解丽江、建设丽江、发展丽江经济提供翔实的信息资料。

三、《丽江市古城区年鉴》(2009卷)所收录的事件及资料，时间从2008年1月1日起至12月31日止。

四、《丽江市古城区年鉴》全书设特载、专文、大事记、古城区便览、政治、群团组织、军事、法制、人事劳动和社会保障、经济管理、农业畜牧业、林业、水利电力、工业商贸、旅游、财税金融、交通邮电、城建市政园林环保、科技教育、文化医疗环卫体育、社会、乡（街道）、经济社会统计资料、附录共24个部类。部类顺序不反映严格的科学分类，机构、企事业单位的顺序不表示地位和规模。

五、《丽江市古城区年鉴》采用条目体分类编排法，部类下设栏目、条目共三级类目，以条目为单位，正文内条目用黑体字加 【】 作标题，卷首和内文插彩图及表格。全书88万字，共收录1292个条目。

六、《丽江市古城区年鉴》所载资料、数据，由区直各部门、各乡、街道，辖区内省、市属单位确定专人提供，经各单位领导审定盖章后交史志办公室，统计数据由区统计局提供，正文中均署有资料提供或撰稿人名，有关新闻照片、宣传照片均由史志办组织征集。

七、《丽江市古城区年鉴》编辑完稿后，由区直各部门初审，主编统稿复审，区年鉴编纂委员会终审，云南民族出版社出版。

古城区要闻

2008年

1月1日起，黑龙潭公园对丽江市民及交纳了古城维护费的游客免费开放　　（唐新荣）

1月9日，古城区政协二届一次会议在云岭剧场开幕　　　　（李金星）

1月10日，古城区二届人大一次会议在云岭剧场开幕　　（和克强）

1月12日，古城区人大代表视察团山水库建设工程　（水务局供）

2月13日，市区领导调研丽江古城保护管理工作　（和克强）

2月13日，CCTV新闻频道“温暖春节—2008丽江发现”在丽江古城和玉龙雪山脚下成功举行 （唐新荣）

2月21日，“魅力三江，七彩云南——滇西北生物多样性保护大型主题活动”在丽江举行 （李金星）

3月8日，中纪委副书记李玉赋在丽江古城考察（唐新荣）

4月1日，在黑龙潭公园举行原云南省省长和志强同志魂归故里骨灰安放仪式及和志强生平陈列馆开馆仪式（李金星）

4月11日，区四套班子召开联席会议　　　　（和克强）

4月26日，区政府与美国佛蒙特大学亚洲文化教育中心教育合作项目备忘录签字仪式在丽苑酒店举行　　　　（教育局　供）

4月30日，古城区解放思想大讨论动员会在丽苑酒店召开　　（马升红）

5月6日，清溪河环境整治和七星西路建设项目开工建设　　（马升红）

5月8日，古城区“迎奥运”暨建区五周年体育运动会开幕 （体育局 供）

5月18日，古城区建区5周年庆典在木府举行 （李金星）

5月21日，丽江人民在丽江古城为四川地震遇难同胞举行东巴祈福仪式

（唐新荣）

6月9日，古城区4个街道办事处和金山乡部分区域遭受严重冰雹灾害

（环卫局　供）

6月10日，奥运会祥云火炬在古城区境内传递　　（体育局　供）

6月17日，古城区委副书记和茂卓在农村基层调研　　（佚　名）

7月14日，古城区廉租住房开工建设　　　（建设局　供）

7月22日，十届人大常委会副委员长热地在古城区调研　　　（唐新荣）

7月，寨后上村党支部副书记和学贤被云南省委授予“优秀党务工作者”称号，同年被中央精神文明建设指导委员会评为“第一届全国未成年人思想道德建设先进工作者” （寨后上村　供）

10月4日，李群杰同志魂归故里骨灰安撒暨追思仪式在黑龙潭正门前举行 （杨福泉）

11月3日，著名华裔物理学家诺贝尔物理奖得主杨振宁博士在大研纳西古乐会（唐新荣）

11月11日，全国政协副主席罗富和到丽江调研水电开发（唐新荣）

12月10日，中组部党建研究所所长高永中在古城区调研

（寨后上村 供）

12月21日，市区两级领导视察古城口便民过街天桥　　（唐新荣）

古城区人民医院

中央电视台新闻频道午夜扫描栏目采访院长和卫红

丽江市古城区人民医院是从始建于1951年的原丽江县“中西医联合诊所”的基础上发展而来的。2001年12月经省卫生厅评审，成为丽江地区唯一的“二级甲等”中医医院。2003年4月，区县分设后，原丽江县中医院整体划转古城区，更名为古城区人民医院、古城区中医医院，实行两块牌子、一套班子的管理模式，成为一所集中西诊疗为一体的综合医院。为了快速适应古城区社会经济的快速发展和广大居民对医疗保健服务日益增长的需要，院领导班子通过深入细致的研究后提出了走一条“中西医并重、一中一西、互为依存、共同发展、以人为本、科技兴医”的发展思路，使医院走上了良性发展的道路。

全国社区卫生服务示范区

中华人民共和国卫生部
中华人民共和国民政部
国家中医药管理局

全国中医药特色
社区卫生服务示范区

国家中医药管理局

医院现有职工163人，其中：卫生专业技术人员131人，占全院职工总数的87.18%，主任医师3人，副主任医师7人，主治医师26人。医院现占地面积为7727m²，建筑面积8456m²（不包括正在建设中的新住院综合楼及中医综合楼），现有固定资产1700多万元。医院的业务收入也翻了几翻，从2003年全年业务总收入300万元，年就诊48434 人次，年住院696人次；到2008年的全年业务收入1700万元；年就诊120367人次，年住院2016人次；为广大病患者解除了痛苦，受到了广大人民群众的好评，取得了很好的社会效益。

我院现有外科、内科、妇产科、五官科，中医骨伤科、中医糖尿病科、中医不孕症科，中医针灸推拿科，体外弹道碎石等12个临床科室，特别是中医骨伤科、中医糖尿病科、体外弹道碎石等专科在丽江市处于领先水平。我院还设有一个社区卫生服务中心，两个社区卫生服务站，为广大居民提供优质的医疗保健服务。2006年我院获得“全国中医药特色社区卫生服务示范区”的荣誉称号，是当时云南省唯一获此殊荣的单位。近年来，医院着力于打造优质、便捷、实惠的医疗环境，确保了辖区广大人民群众得到优质、便捷、实惠的医疗服务，得到了广大人民群众的认可，中央电视台新闻频道于2005年12月结合医院开展保先教育活动进行了题为“医院收费透明化，患者看病得实惠”的专题报道。2007年，我院的“微创经皮肾穿刺输尿管上端取石术”通过了丽江市科技成果验收，并获得丽江市科技成果三等奖。2008年我院的“直视微创胆囊切除术的临床应用研究”通过了丽江市科技成果验收，处于滇西地区领先水平。2009年耗资2400万的医院新住院综合楼及中医综合楼建设已经在建设中，拟于2010年正式投入使用。

建设中的医院综合楼

建设部门在工地察看施工

患者在医院多媒体信息机上查询资料

古城区劳动和

市局领导到服务窗口指导工作

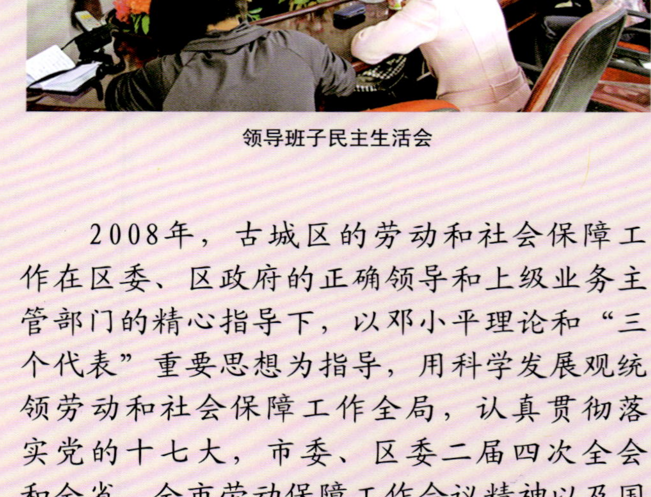
领导班子民主生活会

金光闪区长视察劳动保障服务工作

团结奋进、务实创新的劳动社会保障队伍

2008年，古城区的劳动和社会保障工作在区委、区政府的正确领导和上级业务主管部门的精心指导下，以邓小平理论和“三个代表”重要思想为指导，用科学发展观统领劳动和社会保障工作全局，认真贯彻落实党的十七大，市委、区委二届四次全会和全省、全市劳动保障工作会议精神以及国家、省、市的各项劳动和社会保障方针、政策，按照“在增加就业总量的同时更加注重提高就业质量和完善城乡统筹就业，在扩大社会保险覆盖面的同时更加注重完善劳动保

开展农村劳动力职业技能培训

职业技能培训实作现场

社会保障局

障体系建设，在全面维护劳动者合法权益的同时更加注重社会群体利益的调整平衡，在推进各项制度改革的同时更加注重协调推进各项基础工作”的工作思路，以完善社会保障体系为根本，以维护社会稳定为主线，以扩大社会保险覆盖面为核心，从改革、发展、稳定大局出发，紧紧围绕构建和谐文明小康古城的总体目标，求真务实，开拓创新，全面完成了各项工作，在2008年度全市劳动和社会保障工作评比中荣获一等奖。年内，单位内设办公室、社保科、基金监督科、职业技能开发科、法制监察科、劳动争议仲裁科，下设社会保险局、劳动就业服务局、医疗保险管理局、农村社会保险管理中心和执法监察队。现有职工45人。

培训失地少地农民

农民工领到拖欠工资

畅谈发展前景

深入党建挂钩点

耐心解释工作程序

古城区科技局

区委副书记和茂卓同志在大东调研紫苏产业

区政府副区长木德仁同志到金安乡调研山榆菜产业

2008年，古城区科技局坚持“创新为本、突出重点、彰显特色、支撑发展”的工作原则，紧紧围绕构建“和谐古城、文明古城、小康古城”的奋斗目标，大力实施科教兴区战略，谋关注民生之计，施科技惠民之策，科技进步和创新取得了新的进展。一是加强业务和科技培训。共组织干部职工两期14人次参加了市科技局举办的知识产权保护、科技成果管理和科技信息服务培训班，局领导2人次参加了省厅举办的科技局长培训班。全年在全区范围共组织举办各种形式、不同门类和层次的科技培训128期，1.38万人次。二是广泛开展科技宣传。结合实际认真开展新春“科技、文化、卫生三下乡”活动。和“五月科技周活动”。三是强化科技项目申报知识产权保护和科技成果转化工作。2008年全局组织上报省厅科技项目5个，完成专利申请88件，授权20件，申请和授权量分别占丽江市的

云南省科技厅组织相关专家评审古城区紫苏产业项目

科技局全体干部职工

90%和95%。积极申报国家知识产权强县工程。被省知识产权局选为云南省选报国家知识产权局的5个区县之一。年内组织申报的区级科技成果有7项，其中推荐上报市级科技成果1项。四是是强化科技示范工作 抓好干热河谷区域反季节早熟蔬菜种植示范，取得成功。亩产达到2020kg；同时抓好中药材的示范和特色油料作物紫苏产品的开发及基地建设工作。均取得可喜成就。

调研当归种植情况

开展节能减排科技宣传活动

指导实施省厅科技项目

组织验收当归

区科技局组建的“七星科普宣传长廊”

科技局开展知识产权业务培训会

古城区人民法院

院党组书记、院长 赵 勇

2008年，丽江市古城区人民法院在区委的正确领导下，在区人大的工作和法律监督和区政协的民主监督下，在区政府以及社会各界的支持下，以邓小平理论和“三个代表”重要思想为指导，牢固树立科学发展观，按照“三个至上”的要求，认真贯彻“保稳定、保民生、保发展”的工作思路，全面履行审判职能，开拓创新，加强司法能力建设，提高审判管理水平，充分发挥人民法院作为社会主义事业的建设者和捍卫者的职能定位，为古城区政治稳定、经济发展提供了有力的司法保障和法律服务。全年共受理各类案件1 267件(含旧存执行积案411件)，审结605件，结案率95.58%，执结183件，涉案标的409万元。区法院被市中级人民法院记集体三等功，并连续第六年被评为全市法院系统党风廉政建设一等奖。同时，区法院还被区委、区政府评为2008年度党风廉政建设工作先进单位。十余名干警分别受到省委政法委、省法院、省司法厅、市中院、区委的表彰奖励。

团结奋进的院领导班子

进基层 办实事

院长带队执行案件

送温暖

进农村，帮扶种植摸摸香

司法为民

下乡执行积案

大研古城管理所

区委书记周鸿为2009十一黄金周书画展题词

李成和副区长到古城调研

姚润雄所长深入实地调查

大研古城管理所的上级主管部门是大研街道办事处，属全额拨款事业单位。其主要职能是：管理和维护大研古城。依照国家有关城市建设管理的法律法规对大研古城范围内的市容市貌、经营活动、道路交通、环境卫生、工程建设、民居建筑、水系、河道等进行监督管理、维护工作。主要工作是：按《云南省风景名胜区管理条例》的要求，管理和维护好大研古城范围内的道路、桥梁、绿化、公用设施、文物古迹，审核是否允许在大研古城内从事经营活动；按国务院相对集中行政处罚权的规定和大研古城保护管理工作实际，在大研古城范围内实施城市管理和古城保护综合执法；做好大研古城内的环境卫生，清扫保洁和生产生活垃圾的清运服务，确保古城卫生；按国家有关景点景区管理的要求，服务好游客，同时根据大研古城实际服务好古城内生活的居民；做好古城内公厕的管理、清洁、服务工作，为古城居民及游客提供一个洁净、方便的免费入厕环境；做好古城内的便

民服务工作，为古城居民提供免费的物品运输服务，对古城内经营户按照古城区发展与改革局的定价收费。

2008年年内，根据上级要求和古城保护实际，总计投入630多万元全面实施古城基础设施维护工作，通过这些投资建设和维护，完善了服务设施，提高了景区设施档次，为展示古城世界文化遗产提供了良好的环境保证。

首届职工代表大会

消防学习

提高服务质量需要不断调查研究

清理古城河道

古城内洁净的五星级厕所

便民服务中心绿色环保车

2009年三八节舞动春天

丽江正龙

正龙公司董事长、总经理杨四龙：

中国青年创业联合会（YBC）　导师
玉龙县塔城乡洛固村民委员会　主任
昆明市政协　委员
丽江市政协　常委
玉龙县政协　常委
荣获：06-08云南省抗震救灾先进个人
08年首届云南省青年创业省长奖提名奖

丽江正龙实业有限公司是云南百强民营企业，由纳西族优秀青年杨四龙先生创建，2008年，杨四龙先生荣获："06—08云南省抗震救灾先进个人"、"08年首届云南省青年创业省长奖提名奖"。到目前，公司固定资产八千万元，下属正龙酒店、正龙KTV丽江总店、昆明店、昆明北市店、昆明西市店、香格里拉店、丽江拉市海（国际）湿地公园、丽江市正龙三文实业有限公司、丽江水艺年华水疗城、丽江玉龙城市房地产开发公司（合资）、丽江夕阳老年（国际）公寓公司、丽江纳西人越野俱乐部等多个实体，年营业收入超过五千万元，实现利润近千万元。经营范围涉及种植养殖、娱乐、旅游及休闲健身等多个领域，正稳步向集团化企业发展。

正龙酒店：
一楼：电脑商场.
Tel：（0888）8880066
二楼：一流的五十多间云南首家量贩KTV包房.
Tel：(0888)8881166
三、四楼：三星标准的五十多间客房.
Tel：(0888)8881155

丽江正龙 KTV

实业有限公司

拉市海（国际）湿地公园

位于进入《国际重要湿地名录》的拉市海边，拉市海高原湿地保护区的核心区内，集湿地观光科考、民族文化展示展演、欣赏候鸟和休闲度假的天然氧吧，休闲、特色餐饮和住宿功能齐全，生态景观丰富、冬季候鸟密集，一年四季令人留恋忘返。

Tel：(0888)5199576

水艺年华水疗城

呈现千年纳西族传统的洗浴文化场所，内部环境高档舒适，配套先进，是传统与现代的融合。受到海内外游客及本地消费者所喜爱，不断摸索与改良，奉献洗浴之精髓，争创丽江独有的洗浴文化品牌。

Tel：(0888) 8881199

正龙三文实业有限公司

云南最好的冷水鱼繁殖养殖基地，主要从事金鳟、银鳟等三文鱼系列养殖开发；金沙江裂鳆鱼、拉市土著鲫鱼等特色品种鱼类的繁殖养殖，年可供产品鱼计200吨和各类鱼苗一千五百万尾。

Tel：(0888) 5441888

古城区财政局

古城区财政局局长　王文生

国务院综改办领导到古城区视察

古城区财政局内设局办公室、预算科、国库科、综合科、农业科、会计科、社保科、经建科、行政政法科、教科文科、企业科、绩效评价科、财检科、农业综合开发办、农村综合改革办、天和城市经营投资公司、非税收入征收管理中心、政府采购中心等18个科室，下设金山、七河、金安、大东、金江等5个财政所。现有职工100人。

2008年，古城区财政局在区委、区政府的正确领导下，在上级财政部门的关心支持下，紧紧围绕区委、区政府的一系列重大决策和部署，自觉服从和服务于全区经济社会发展大局，充分发挥财政职能，大力组织财政收入，加强财政资金监管，强化资金保障作用，加快推进财政改革，有力推动了全区经济社会的可持续发展。全区地方财政收入60 883万元。其中：一般预算收入完成30 546万元，比上年增收2 437万元，增长8.7%，基金预算收入完成30 337万元。地方一般预算支出54 788万元，比上年增支8 062万元，增长17.3%。在财政收支矛盾较为突出的情况下，积极筹

召开财税联席会议

召开局务会议

措资金，按照保工资保运转、保民生、保重点的要求，将财政资金更多地投向经济社会发展的薄弱环节，做到财政支出重点突出，统筹兼顾，维护了全区社会的稳定和经济的健康发展。一是确保了工资按时发放，保障了机构正常运转。二是加大“三农”投入力度，推动社会主义新农村建设。三是加大教育、医疗卫生、社会保障等社会事业重点支出，进一步改善民生。四是千方百计增加对公共安全部门的投入，维护了社会稳定。地方财政一般预算收入首次突破3亿元大关，并实现了真正意义上的财政预算收支平衡。在财政收入实现稳步增长的同时，职工队伍建设也得到了不断加强，被市委、市政府授予“2008-2010年文明单位”，被评为“丽江市工会工作先进集体”，区财政局党总支被区委授予“先进党总支称号”等荣誉。

召开财政工作会议

开展纪念活动

开展党内互助”八个一“活动

中央财政支持现代农业蔬菜产业项目——金山林红村蔬菜大棚内种植的西红柿

古城区地方税务局

团结务实的领导班子

省局领导指导工作

办税服务大厅

古城区地方税务局成立于2003年，区局机关内设办公室、计会股、人教股、法规股、监察室、税政股、征管股、规费股、信息中心等9个股（室）；下设二个分局：征收分局和管理分局。

自组建以来，在丽江市地税局和区委、区政府的领导下，古城地税按照“聚财为国、执法为民”的税务工作宗旨，始终坚持为全面建设小康社会服务，为古城发展新跨越服务，为纳税人服务，全面推进依法治税，深化税收改革，强化科学管理，加强队伍建设，促进古城地税各项工作的全面开展，为古城经济社会事业的发展作出了积极的贡献。

2008年，对古城区地税局来说是不平凡的一年，面对复杂多变的经济环境和国际金融危机的严峻挑战，区地税局坚持以科学发展观为指导，认真落实省、市地税局和区委、区政府的决策部署，依法加强税收征管，全区税收收入继续保持了平稳增长。全年累计入库区本级税收22 045万元，完成区政府下达年度收入任务数的100.21%，超收45万元。

忆往昔峥嵘岁月，多少激情飞扬，多少欣喜在心；看今日古城地税事业，多少豪情满怀，我们壮志弥坚。古城地税将迎着朝阳，再踏征程，在古城区经济社会又好又快发展的大潮中，向着更高、更新的目标前进。

举行纳税人企业所得税申报表培训会议

认真开展抵扣税业务

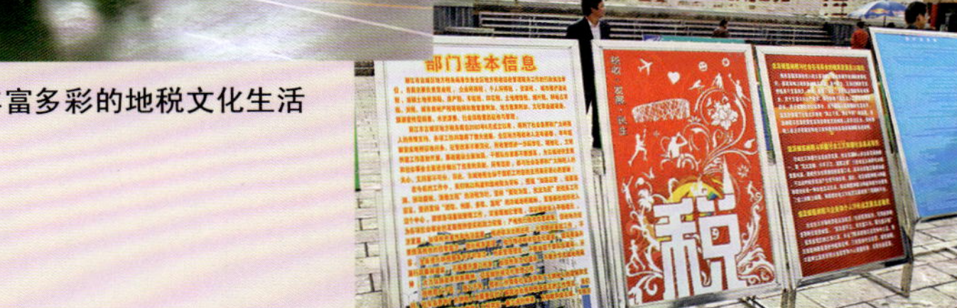

丰富多彩的地税文化生活

开展竞争上岗使优秀人才脱颖而出

开展形式多样的税收宣传

黑白水电力公司

坚定信心 明确目标 狠抓落实
为推进公司科学发展而努力奋斗

丽江黑白水电力股份有限公司认真学习实践十七大精神，全面贯彻落实科学发展观，紧紧把握发展这一主题，全面实施“六大战略”，解放思想，转变观念，锐意创新，加强管理，面对全球金融危机和各种自然灾害的不利局面，全面加强执行力建设，开展精细化管理，努力拓展供电市场，加大供配电网络建设，确保电力有序供应；努力构建和谐企业，狠抓安全管理和综治维稳工作，巩固和深化创建“全国文明单位”成果，倡导和发扬一方有难八方支援的优良传统，组织开展好为四川地震灾区捐款、扶贫济困、捐资助学等活动，公司的物质文明、政治文明、精神文明和企业文化建设取得新的成绩。

一、狠抓安全生产不放松，夯实安全基础管理，确保电力有序供应，实现安全管理水平迈向新的台阶。二、始终坚持“人民电力为人民”的宗旨，认真贯彻“优质、高效、

第二批全国文明单位测评

奥运火炬手和自荣、和景旗与公司职工合影

规范、便捷”的服务方针，强化供用电服务管理，提高市场营销服务水平。全年完成供电量46172万kW·h，与上年同比增长15%。完成主营业务收入23835.05万元（含税、不含农网还贷资金0.02元/kW·h），比上年同比增长15.68%。缴纳税金3172.5万元，比上年同比增长21.83%。三、加大发供电设备建设、投入和维护，努力提高设备健康水平，黑白水三级电站改建工程、城乡电网改造及通电工程等工作在有序进行中。解决了石头乡阿克都村、鸣音乡为利四、五、六社420户无电人口的用电问题。四、以人为本，构建和谐企业，着力解决关系职工切身利益的问题，激发广大职工的主人翁责任感。五、加强党的建设，认真学习实践十七大精神，以建设学习型党委、学习型党支部、学习型党员为抓手，全面落实公司第四届二次党代会精神，继续实施云岭先峰工程，开展党员身边无事故、无违纪、无邪气的“三无”活动，创建文明服务窗口、共产党员先锋岗，精心组织“全国文明单位”复查工作，巩固和推进“全国文明单位”成果，全面落实党风廉政建设责任制，建设企业廉政文化，在广大党员和管理人员中开展理想信念教育，不断提高管理人员、党员的廉洁从业意识。六、通过开展解放思想大讨论活动，统一思想，明确目标、改进不足、创新思路、振奋精神、不断提高职工队伍整体素质。

成绩属于过去，我们不为过去的成绩而自满，不为现有的经验所束缚，不为将来的困难而畏惧。以更加有力的举措，更加创新的思路，更加饱满的精神，更加务实的作风，努力开创公司科学发展的新局面。

公司总经理刘建国在保供电现场指导工作

现场考核供用电管理

抢修供电设备

开展解放思想大讨论活动

考评组查看文档资料

向汶川地震灾区踊跃捐款

古城区发展和

2008年，古城区发展和改革局在区委、区政府的坚强领导下，在上级发展和改革部门的大力支持下，全面贯彻和落实科学发展观，紧紧围绕建设和谐、文明、小康古城总目标，按照“顾大局、比创新、讲效率、重服务、勤学习”的工作原则，内强素质，外塑形象，切实履行综合计划、固定资产投资管理、国防经济动员、收费和价格管理、价格检查、价格鉴证等职能职责。通过全区各族人民群众的共同努力，2008年古城区国民经济和社会发展绝大部分指标均达到或超过预期目标，国民经济快速健康发展，项目建设稳步推进，社会事业不断进步，人民生活持续改善，生态环境得到有效保护。年底国际金融危机爆发并不断蔓延，在区委、政府的鼎力支持下，区发改局配合国家扩内需保增长政策措施的出台，抢抓机遇，把争资跑项作为工作主线，共争取到中央扩内需资金1 878.15万元，主要投向城乡基础设施建设及民生项目。以保持价格总水平基本稳定为目标，认真搞好对行政事业性收费和市场物价的监测管理，开展了针对电力、电信、农资、教育医疗收费、旅游市场等价格专项检查，维护了价格秩序和消费者权益。积极受理司法、行政机关的委托，及时办理刑事、行政案件涉及的财物价格鉴证工作。由于工作成绩突出，区发改局被评为区2007－2009年度文明单位，发改局价格认证中心被国家发改委授予“2006－2008年度价格认证机构规范化建设达标单位”称号及云南省“2007－2008年度先进认证中心”。

调研大东水电项目

2007-2009年度

文明单位

中共丽江市古城区委员会
丽江市古城区人民政府
二〇〇七年八月

到漾西大棚蔬菜基地调研

雪山路建设现场会议

改革局

发展和改革局将以党的十七大精神和科学发展观为指导，继续发扬团结合作、求真务实、开拓进取精神，紧紧围绕区委、政府的中心工作，进一步转变作风，狠抓落实，面对新时期、新形势、新要求，全面完成各项新任务，努力推动我区经济社会健康、快速和可持续发展。

荣誉证书

丽江市古城区价格认证中心：

荣获“2006-2008 年度价格认证机构规范化建设达标单位”称号。

二〇〇八年十一月

奖状

古城区发展和改革局价格认证中心：

你中心在2007-2008年度的价格认证工作中，成绩突出，被评为先进，特发此状，以资鼓励。

二〇〇八年十二月十三日

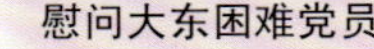

慰问大东困难党员

指导雪山路建设

视察束河旅游项目

古城区扶贫办

“十五”扶贫突出贡献

先进集体

中共丽江市委
丽江市人民政府
二○○六年八月

保持共产党员先进性教育活动暨“云岭先锋”工程

基层满意涉农部门

中共丽江市委
二○○六年七月

古城区扶贫办自成立以来，以稳定解决贫困人口温饱和促进贫困人口增收为目标，以整村推进项目村建设为主战场，全面动员，整合资金，综合开发。到目前为止，累计实施省、市、区三级整村推进项目116个，投入资金2 657万元，项目内容包括村道建设、人畜饮水工程、农溉工程、产业扶持等，通过项目的实施，大力改善了贫困地区生产生活条件及有力地促进了农户增收；重视扶智工作，共扶持贫困学生260人，修缮学校危房9所，在东江完小建立了“古城区扶贫办爱心书库”；实施茅草房、杈杈房改造857户，发放小额扶贫到户贷款4 084.8万元，为古城区产业结构调整和农民脱贫产生积极的推动作用。另外，由古城区扶贫办牵头，协调信贷扶贫资金，扶持辖区内良华屠宰场、丽明生态园等12家企业立项审批扶贫贴息贷款1.33亿元。六年来，区扶贫办还重视易地搬迁工作及革命老区建设工作，抓好党风廉政建设及党建工作，曾多次获

林果业培训

慰问老党员

大东乡上翻身村村道建设

大东乡次里满村民小组黑山羊养殖基地

得上级的表彰：2003年评为全市农业农村工作先进单位，2004年评为古城区政府总支先进支部、古城区党风廉政建设先进单位、古城区办理人、议案批评和意见先进单位，2005年被古城区人民政府授予（2005年3月-2008年2月）文明单位，2006年被市委评为全市保持共产党员先进性教育活动暨“云岭先锋”工程活动基层满意涉农部门、被市委市政府评为“十五”扶贫先进集体、古城区党风廉政建设先进单位，2008年被评为党风廉政先进单位、2004-2008年度科技工作先进集体、2008年度先进基层党组织。

七河乡羊见村民小组核桃嫁接项目

劳动力转移培训

金安乡易地搬迁项目

小额信贷扶持养殖业

丽江市古城区

刘永春老师到中南海参加“六一”活动

省领导到福慧学校视察

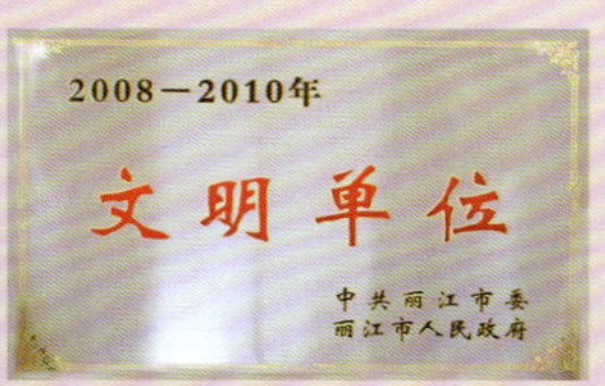

全国教育系统
先进集体
中华人民共和国人事部
中华人民共和国教育部
二〇〇七年九月

云南省德育工作
先进集体
云南省教育厅
二〇〇七年九月

福慧学校位于丽江市福慧路中段，创建于2003年9月，为九年一贯“六三”制学校，分设初中部和小学部，一校两址，校园占地面积70余亩，是目前丽江市规模最大的义务教育学校。其小学部的前身“义正小学”创办于民国初年，校址设在光绪十年兴建的义正办事处庙宇内。丽江“二·三”大地震后，由香港文汇报社捐资640万元易地重建，更名为“丽江文汇希望小学”。2003年丽江“撤地设市”，又在原丽江地区卫生学校的校址上创办了中学部，更名为“福慧学校”。目前，学校共有71个教学班（初中35个班，小学36个班），在校学生总数为4 148人（初中2 184人，小学1 964人）；教职工总数为238人，初中137人（其中中学高级教师8人、中学一级教师85人）；小学103人，外教1人（其中小学特级教师2人、小学高级教师77人）。中学教师达本科学历的75人；小学教师达本科学历的29人、达专科学历的58人。

建校伊始学校就确立了“办学条件一流、师资队伍一流、管理水平一流、教学质量一流”的办学目标，贯彻“民

温家宝总理与全国各民族小学生代表合影

主、科学、情感、辅助”的管理理念，坚持“以人为本，民主管理，以德治校，教研兴校”的办学思想；以“团结、求实、砺志、创新”为校训；采取“统一领导，分部管理，年级负责”的管理方式；始终把德育教育和安全教育放在首位，坚持以教学为中心，强化内部管理，落实课改方案，推进校本培训。学校各项工作扎实有效，呈现出稳步、健康、良性循环的发展态势，正成为“教师用心，学生开心，家长放心”的理想学校。

学校办学六年以来，教育教学质量不断提高，2006年是我校教学成果的第一个丰收年，581名初中毕业生中上线人数283人，其中有132人上重点线，600分以上有19人，古城区中考前150名中我校有78人。2007年中考我校568名毕业生中上线320人，其中173人上重点线，600分以上13人，古城区前150名中我校有79人。2008年中考，518名初中毕业生中上线人数294人，其中650分以上16人，600分以上115人，166人上重点线，古城区前150名中我校有94人。2009年中考，555名初中毕业生中上线人数312人，其中650分以上24人，600分以上147人，188人上重点线，古城区前150名中我校有89人，连续四年，古城区中考状元均在我校，我校上线率和高分率均名列全市前茅。2009年学校和东光校长被授予“全国优秀教师”的光荣称号。学生和思奇被授予“全国十佳少年”及“世界儿童之星”称号。学校也曾多次受到上级有关部门的表彰和奖励，先后被评为“全国基础教育先进集体”、“云南省德育示范学校”、“云南省语言文字工作先进集体”、“丽江市未成年人思想道德示范基地”、“丽江市文明单位”“古城区文明单位”、“古城区教育教学先进集体”等光荣称号。

千里之行，始于足下，我们相信在上级各部门的正确领导下，在社会各界的关心支持下，通过学校自身的不断努力，不断完善，不远的将来古城区福慧学校一定能成为丽江教育的一支奇葩。

舞蹈“纳西蕊蕊”荣获云南省中小学艺术展演一等奖

全国十佳少年和思奇获“世界儿童之星”称号

与美国教师交流

参加“欢聚北京，祝福祖国”大型民族教育活动

美国教师在学校支教

丽江市古城区

区妇联主席　和秀琼

全国妇联主席顾秀莲到丽江考察

云南省妇联副主席李毅到古城区督导妇儿工委工作

2008年，古城区妇联结合区委开展的解放思想大讨论和作风建设教育活动，加强妇联班子建设，完善和规范了妇联各项规章制度，坚持深入实际，贴近群众，贴近生活，扎实推进各项工作的开展。在服务大局、服务基层、服务妇女的过程中，抓住机遇，积极履行工作职责，扩大了社会影响，实现了全区妇女工作新发展。

积极开展“迎奥运，庆三八”系列活动。授予西安街道妇联等3家为“双学双比”先进协调领导小组；授予丽江市公安局古城分局出入境管理大队等3家为“巾帼文明岗”荣誉称号；授予李桂莲等18名同志为“双学双比”女能手荣誉称号；授予李文丽等18名同志为“巾帼建功标兵”荣誉称号；授予李凤开等10户为“五好文明家庭”荣誉称号；授予赵丽英等21名同志为优秀妇女工作者荣誉称号。希望受表彰的个人和集体戒骄戒躁、再立新功，号召全区妇女学先进、赶先进，为古城区经济建设和顺利实施“十一五”规划作出更大的贡献。

积极组织全区儿童和家长参加省妇联组织的“迎奥运、促和谐、百万家庭总动员”为主题的奥运知识竞赛活动、“奥运梦想”征集活动。除参与网上答题外，有28个单位参加了书面答题，共收到答题卡11 642份，“奥运梦想”感言2 234条。

妇联

慰问到丽学习的四川灾区小朋友

云南省妇女发展循环金项目扶持农户养殖香猪

建设新农村大行动

妇女权益保障法读本

深入基层宣传《妇女权益保障法》

丽江市古城

省局领导在古城区视察

加强理论学习

法律法规培训

在区委、区政府和上级业务主管部门的指导下，古城区工商局坚持履职创新，全面开展了工商职能建设。曾先后被省、市、区三级政府授予“文明单位”称号，还获得各级政府部门表彰38项。

2008年区工商局以企业信用分类监管为重点，规范市场主体准入行为。截止2008年12月已登记在册企业1.347户，注册资本197 388万元，私营企业1063户，注册资本113 213万元。编写图文教材培训个体户8 000多人/次，发展个体工商户9 700户。以实行分局辖区管理责任制为重点，强化市场巡查，严厉打击制假售假、非法出版物等行为。年查处经济违法、违章案件400多件。以市场信用分类监管为重点，在辖22个市场中实行市场办责任承诺制，推行“六员”化管理。在5个城区市场开展了进场商品信息录入等工作，确保群众的消费安全。以深入开展流通环节食品安全为重点，建立健全了流通领域食品安全准入体系。开展进销货查验制度、索证索票制度、购销台帐制度、质量承诺制度。发放“七制”宣传材料1 700份，签订责任书1 600份，发布食品消费警示2 000余份，收缴劣质“三无”产品价值4万余元。实现了“两个100%”和“一个坚决取缔”的目标。以培养“一所一标”驰名商标为重点，推进商标申报核转工作。推荐一户企业参加“云南著名商标”评选。重点开展了

区工商局

文明单位

（2006—2008年）

中共云南省委

云南省人民政府

授予：古城区工商局

人民满意的公务员集体 荣誉称号

中共丽江市委

丽江市人民政府

二〇〇七年十一月

综治维稳宣传

打假维权满意街

国家工商行政管理总局

二〇〇一年

著名商标等知识产权保护工作。对涉及药品、医疗保健、化妆品等广告进行重点监管，缴销违法广告5000份。以“一会两站”为重点，进一步加强12315服务平台的建设。逐步在辖区乡镇、办事处设立9个保护消费者权益分会和57个维权站。以社会主义新农村建设为重点，加大农资市场专项整治，对辖区22家农资种子经营户签订了责任承诺书，对10多个农作物种子进行留样备查。确保农民得到实惠，利益不受损害。

民主评议

受理消费者的投拆

古城区公安分局

古城区公安分局2008年，在职民警有312人，其中男民警258人、女民警54人。分局一线民警有 268人，占总警力的85.9%，其中派出所民警161人，占总警力的51.8%。

分局下设政工监督室、指挥中心、警务保障室、出入境管理大队、法制室、刑侦大队、治安大队、国保大队、禁毒大队、巡特警大队和强制戒毒所，派出机构有古城、西安、祥和、束河、金山、大东、龙山、七河、金江9个派出所。

2008年，古城区公安分局在区委、区政府和市公安局的正确领导下，紧紧围绕区委、区政府的中心工作，以解放思想、改革创新为动力，以深化“三基”工程建设和强化奥运安保、藏区维稳工作为着力点，以构建“和谐平安古城”为目标，以人民满意为标准，狠抓队伍正规化建设，充分发挥公安机关“三大职能”作

古城区副区长、古城公安分局局长　和卫红

古城公安分局政委　李晓林

走进110

省厅领导视察工作

用，坚持一手抓打击，一手抓防范，严厉打击各类刑事犯罪，强化治安管理。公安工作和队伍建设取得了长足进步，为全区经济社会持续、快速、健康发展创造了和谐稳定的社会环境，圆满完成了全年各项公安工作任务。

为进一步加快构建“和谐平安古城”的步伐，古城公安分局以“三个最大限度”为总要求，以促进“经济发展”为主题，以巩固深化“三基”工程建设为载体，以推进“警务改革”为动力，以加强“队伍正规化建设”为保证，不断提升公安工作和队伍建设水平。在未来发展中，分局将全力开创公安事业新局面，为加快推进古城区经济发展战略，加速促进古城区跨越式发展，创建全国社会治安环境最好城市之一，做出新的更大的贡献。

民警向四川地震灾区捐款

派出所民警深入社区开展“大走访”活动

城区武装巡逻

押解案件嫌疑人

奥运安保

射击训练

领回被盗车辆

丽江市市长王君正亲临古城区国家税务局办税服务厅指导工作

古城区国税局2008年共有干部职工90人，其中：在职干部职工63人，离退休干部职工27人。在职干部职工中：党员30人，占47.6%；大专以上学历56人，占88.9%，其中，本科学历20人，占31.8%；专科学历36人，占57.1%。共有6个内设股室 ：办公室、人事教育股、监察室、计划征收股、征收管理股、税政管理股；1个事业单位：信息中心；2个副科级派出机构：第一税务分局、第二税务分局。

古城区国税局自成立以来以邓小平理论和“三个代表”重要思想为指导，坚持以科学发展观指导国税工作实践，深入贯彻十六大、十七大精神，坚持聚财为国、执法为民的税收工作宗旨，紧紧围绕市局和区委、区政府制定的总体工作思路，紧密围绕又好

联欢晚会

又快发展这个主题，结合古城区实际，把握税收工作重点，坚持把提高工作质量和效率作为贯穿各项工作的一条主线，打基础、严管理、兴科技、强素质、抓落实、谋发展，全面扎实地开展了各项工作。2007年，古城区国税局共组织税收收入16879万元，同比增收2870万元，增长20.49%，超额完成了上级下达的税收任务。

深入办税服务点调研

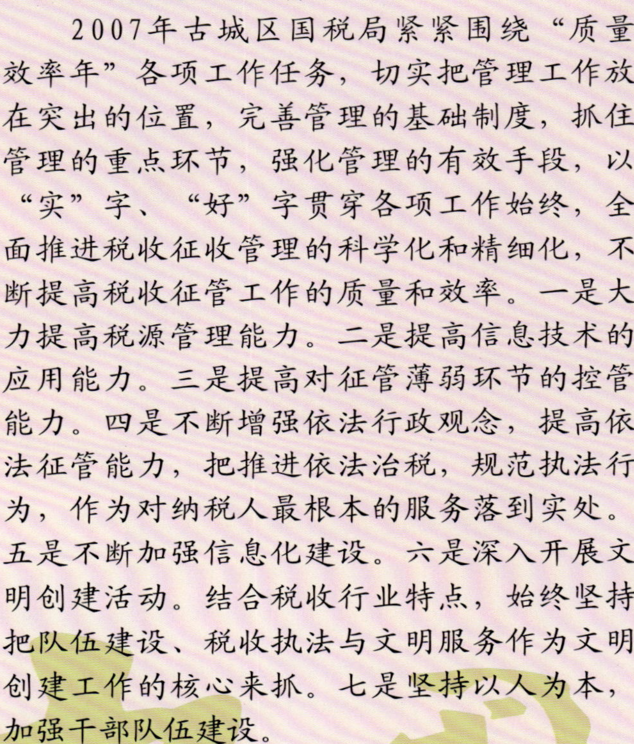

2007年古城区国税局紧紧围绕“质量效率年”各项工作任务，切实把管理工作放在突出的位置，完善管理的基础制度，抓住管理的重点环节，强化管理的有效手段，以“实”字、“好”字贯穿各项工作始终，全面推进税收征收管理的科学化和精细化，不断提高税收征管工作的质量和效率。一是大力提高税源管理能力。二是提高信息技术的应用能力。三是提高对征管薄弱环节的控管能力。四是不断增强依法行政观念，提高依法征管能力，把推进依法治税，规范执法行为，作为对纳税人最根本的服务落到实处。五是不断加强信息化建设。六是深入开展文明创建活动。结合税收行业特点，始终坚持把队伍建设、税收执法与文明服务作为文明创建工作的核心来抓。七是坚持以人为本，加强干部队伍建设。

慰问困难党员

深入企业调研

送税法到企业

业务学习

座谈会

古城区环卫局

古城区环卫局成立于2005年，内设办公室、财务科、业务科、监察队、垃圾处理场5个科室，现有干部职工605人。主要职责是贯彻执行国家有关环境卫生工作方针、政策和条例、法规，编制古城区环境卫生工作规划和年度规划，并组织实施；负责全区环境卫生执法管理和政策性收费，指导全区环境卫生治理工作；负责旧房改造、新建居民区和集贸市场等工程项目的环境卫生配套设施的规划、建设方案审查和竣工验收；负责全区城市生活垃圾粪便的收集、运输和无害化处理工作；负责辖区道路的清扫保洁，负责辖区道路、沿街单位等的卫生执法和管理工作；负责辖区内城市建设工程渣土处置管理工作；承办区委、区政府交办的其它事项。多年来，环卫局认真履行城市卫生管理职责，把精管实干作为第一要务，把提高环境卫生服务质量作为重点，强化责任意识，不断推进环卫工作的精细化管理，加快环卫改革

环卫节合唱比赛

交通安全培训

创新步伐，努力探索环卫发展新机制，同时加大环卫综合治理力度，加强居民思想道德教育，不断提高公众环卫意识，切实提高环境卫生管理水平，努力改善城市形象，提升城市品位，为全区经济社会的全面发展营造一个良好的环境。

环卫清扫

环卫监察执法

首台扫地车投入使用

环卫工作总结表彰大会

古城区人口与

国家计生委主任李斌到区计划生育服务站调研

古城区人口理论教育基地揭牌

计划生育工作会议

2008年古城区人口与计划生育工作，以机制建设为核心，以队伍建设为重点，抓好农村“奖优免补”工作的全面实施、综合治理出生人口性别比、加强区、乡计划生育服务网络建设、加强流动人口管理和服务、加强计生干部队伍建设五件大事，确保完成全年人口计生各项工作目标和主要任务，努力推进全区人口和计划生育工作整体水平再上一个新台阶。

2008年1月至2008年12月，全区共出生1 030人，出生率为6.61‰，死亡735人，死亡率为4.72‰，自然增长率为1.89‰，计划生育率为95.05%，出生婴儿性别比为100:102，全区有28 719人落实了节育措施，综合节育率为93.72%，三术率为85.18%。

区人民政府召开2008年人口与计划生育工作会议，继续贯彻执行“奖优免补”政策。2008年共审核、审批一次性奖励80户，其中：1 000元79户，500元1户，共发放奖励金7.95万元；审核审批教育奖学金940人，其中：小学709人，初中231人，共发放教育奖学金17.35万元，审核审批养老生活补助162人，发放养老生活补助10.43万元，其中：独子92人，独女68人，无子女2人；审核审批特别扶助35人，发放养老生活补助4.008万元；审核、审批高考升学加分5人，中考升学加分19人；审核、审批高中、在学阶段奖学金34人，其中：高中24人，大专4人，本科6人，共发放“奖学金”4.08万元。

计划生育局

调研流动人口计划生育工作

大研办事处光义社区建立人口文化大院成立流动人口计划生育协会

与相关部门联合开展整治计划生育药械市场活动

为农村独生子女发放奖学金

《流动人口计划生育工作条例》培训会

《流动人口计划生育工作条例》宣传

群众积极参与计划生育文艺宣传活动

古城区人民检察院

工作报告

检察勋章

年终座谈会

古城区人民检察院自2003年建院以来，紧密依靠上级院和地方党委领导，瞄准创建全国先进检察院的奋斗目标，开拓进取、创新突破，靠着“建一流班子、带一流队伍、立一流机制、创一流业绩、树一流形象”的标准，荣获了省市两级先进基层检察院、全省纪检监察工作先进单位、市级文明单位、人民满意公务员先进集体、党风廉政建设先进单位、法制宣传教育先进集体、平安创建工作先进集体等一系列荣誉。2009年2月，古城区检察院被最高人民检察院表彰为“全国先进基层检察院”，成为获得这一荣誉的“最年轻检察院”，唐加荣检察长还作为云南省代表前往北京领奖，受到了中共中央政治局

喜迎奥运

法制宣传进校园

法制宣传日

法制宣传进乡村

常委、中央政法委书记周永康同志与最高人民检察院检察长曹建明同志等党和国家领导人的亲切接见。古城区检察院用短短的5年时间就实现了从无到有、从困难重重到充满活力的跨越式发展。

截至2008年底，全院共有干警47人，其中法学本科以上学历的已有41人（研究生2人），占全院人数的87%，参加国家司法考试的人员共有6人达到A类标准，通过率达到67%，位居全省基层检察院前列，分别高出全省平均水平11个百分点和20个百分点。全院内设纪检组、政工科（下设法警队）、办公室、反贪污贿赂局、反渎职侵权局、职务犯罪预防科、公诉科、侦查监督科、控告申诉科、监所检察科、民事行政检察科、人民监督员办公室等12个部门。

古城区院肩负着古城公安分局、森林公安分局、金安电站分局以及机场公安分局移送提请批准逮捕、起诉的所有刑事案件，案件办理数量占全市的48%。2008年，共查办各类职务犯罪案件5件5人，为国家挽回经济损失68万余元；受理公安机关及本院自侦部门提请批准逮捕的各类刑事案件176件360人，提前介入16件35次；公诉部门共受理公诉案件216件436人，审结率、准确率都为100%，并实现了“无撤案、无不诉、无法院判无罪、无超期羁押”的四无目标。

作为旅游城市的检察院，古城区院在工作中始终把加大对旅游产业的保护力度，促进旅游产业可持续发展作为服务经济建设大局的切入点，严肃查办在旅游项目投资开发中的职务犯罪，严厉打击乱砍滥伐、私挖乱采等破坏旅游资源和敲诈勒索、坑蒙拐骗等侵犯游客合法权益，损害旅游城市形象的违法犯罪活动，全力保护丽江的旅游产业，维护丽江的和谐稳定，促进丽江经济建设平稳健康发展。

深入金山乡调研

开展举报宣传活动

古城区建设局

2008年7月14日，古城区廉租住房开工建设

区建设局局长和春红在廉租住房施工现场调研指导

区建设局质监站站长向丽明在七河乡抗震加固工程建设现场进行技术指导

古城区建设局紧紧围绕改革、发展、稳定大局，依托中心城市，有序推进城镇化，各项工作取得了可喜的成绩。一是城市规划管理工作全面加强“一书两证”发证率100%，全年共办理《建设用地规划许可证》34件，总用地面积1 333.39亩；《建设工程规划许可证》962件，总建筑面积316.89万平方米；办理私人建设修缮许可证899件，总建筑面积11.73万平方米；补办私人建房许可证108件，总建筑面积16 243平方米。二是建设市场秩序进一步规范，建筑市场平稳健康发展。全年共招标工程34项，招标率100%。其中房屋建筑工程23项，建筑面积91 841.31万平方米，投资额14 471.79万元；市政设施工程6项，投资额4 385.57万元；绿化工程5项，投资额1 567.56万元。投资总额20 424.92万元，通过招投标，共为招

邀请云南省消防协会的专业教员赵霞老师（右一）为全局干部职工讲授安全消防知识

建筑企业安全生产会议

市、区领导到古城口便民过街桥调研

实地查看农村抗震加固情况

标单位节约资金560.58万元。三是建筑工程质量监督和建筑市场管理取得新成绩。今年新开工工程项目46个，总投资23776多万元，建筑面积19.89万平方米；全区开展工程质量大检查3次，共检查工程项目45项，全年累计检查、抽查340余人次，检查记录67余份，查出安全隐患和问题30多个，发现质量问题20余条。四是安全责任意识进一步加强，安全生产监督管理工作取得明显成效古城区建设局对本地区安全生产和事故防范做到五个到位，结合区开展“安全生产月”活动，全年举行宣传活动4次；对全区在建46个工程、20多家加油站、3家液化气燃气公司和10多家烟花爆竹及化学物品共组织安全大检查7次，严格按《建筑施工安全检查标准》，重点对18家施工单位进行排查。五是坚持以人为本，抓好利民工程建设，积极为民办实事。分别对申请家庭资料作了两次公示，并对公示有异议的部分家庭进行逐户核实，对经核实符合发放条件的139户。家庭发放了补贴。六是加强环境整治和绿化工程，人居环境质量显著提升，城市绿化亮化步伐加快。

区建设局副局长山群和工作组人员深入大东乡抗震加固工程施工现场进行技术指导

市纪委调查组到古城区建设局开展党风廉政考核

进行年终综合考核

丽江市古城

局领导班子

2008年古城区交通局在上级部门的正确领导下，全面实现交通工作的跨越式的发展，开创了古城区公路建设的新局面。一是农村公路通达建设项目申报和实施进展顺利。08年争取到通乡油路建设项目2个，资金2 120万元；通达工程项目9个，资金743万元；项目资金属中央车购税资金，视同国债资金管理。通达工程于2008年底前全面完成，通乡油路正在紧张的施工中。二是各条主干公路建设取得新的突破。三义至金江公路建设路线全长63千米，是丽江市经济发展的重要交通基础设施。2008年建

团结奋进的全局干部职工

区交通局

设沥青路面为37km，工程预算总投资为1820万元，预计2009年7月完工。金山乡文化至大东乡客运站公路设计等级为山岭重丘区三级公路，目前已完成投资120万元。西山油路改建工程全长12.82千米，总投资3200万元。工程于2006年10月10日正式破土动工，2008年5月完工。石新公路预算总投资1.2亿元。其中省补资金仅有1225万元，其余资金属地方自筹。该项目要求在2009年9月25日完工。古城区交通局在抓好公路的养护和路政管理工作的同时，水上交通和安全生产也取得了很大的成绩。

工程招投标现场

古城区教育局

区教育局局长和秀全

召开2008学年古城区校长会议

古城区大研中学校园

2008年，在区委区政府的正确领导和上级主管部门的大力支持下，古城区教育局以科学发展观为指导，按照《中共丽江市古城区委、区人民政府关于进一步加强教育工作的若干意见》（古发[2008]2号文件）精神，大力实施教育“六大工程”和“四名战略”，使教育公平得到推进，教师素质明显提高，办学条件切实改善，办学体制不断创新，教学科研成效显著，素质教育深入实施，教育教学硕果累累。高考取得历史性的突破，区一中总上线人数达737人，上线率为81.24%，一本上线人数达85人，其中600分以上达15人，高考各项指

区教育局领导班子

2008年英才奖学金颁奖典礼

中美教育合作项目管理人员培训讲座

标名列全市一区四县各高级完中第一。区职高保持良好的发展势头，毕业生就业率继续保持在95%以上，职大班升学率保持全市第一、全省领先。中考再创佳绩，650分以上人数达27人，占全市的40.9%，上重点线人数达420人，占全市的26.63%，各项指标名列全市一区四县第一。初中毕业生升学率达78%，更接近普及高中阶段教育要求。小学及学前教育教学质量有了新的提高。教育事业有了长足的进步和较快的发展。

举办“英特尔未来教育”项目培训

2008年古城区小学教师英语口语培训班

庆祝第24个教师节暨第四次教育大会在云岭剧场举行

古城区接待办

夯实工作基础，提升工作标准，推进政务接待工作再上新台阶

接待办主任　李　敏

建设学习型团队

2008年古城区接待办干部职工围绕中心、服务大局，精心安排、热情服务，全区接待系统不断提高服务质量和服务水平，充分利用接待工作优势，大力宣传古城区得天独厚的旅游、文化资源，热情介绍古城区良好的发展前景和投资环境，努力为古城区实现追赶型、跨越式发展服务，让领导和客人深切感受古城区改革开放的发展浪潮及敢为人先的创新品质和良好的精神风貌。2008年，区接待办会同相关部门圆满完成了各级接待工作。

一是精心组织，全力做好各项政务接待工作。以高度的政治责任感、精益求精的工作态度认真对待，超前谋划、主动协调，迅速制定接待工作预案，呈报区委政府相关领导审定后，及时协调相关部门和单位，布置接待任务，印制接待手册等相关材料，共同保障接待任务的顺利进行。

全体干部职工

二是加强管理，积极推进接待工作的规范化和科学化。2008年，接待办本着提升接待服务水平，加强内部管理的工作目的，进一步理顺了接待工作体制，实行了接待工作“一条龙”模式，进一步规范接待工作。

三是在思想认识上求突破，努力发挥辅政职能。区委区政府站在全局的高度，充分认识政务接待工作的辅政作用，抓建设、强保障，抓机构、强职能，抓协调、强合力，不断推进政务接待工作向科学化、规范化迈进。

四是努力在工作方法上求创新，通过健全完善制度，不断推进规范有序；通过细化工作流程不断优化服务质量；通过打造特色精品，不断丰富工作内涵，以热情、周到、规范、特色、廉洁的工作，营造优良的内外发展环境，努力将接待转化为生产力，为全区的中心工作服务。

五是在工作落实中求形象，不断强化队伍建设。加强理论学习与业务学习相结合，加强对接待理论、礼仪知识的培训，进一步提高了接待人员的综合素质，增强了责任感、事业心和服务意识。

六是坚持方向，保证接待工作质量。把服务细化和个性化作为重点，认真研究接待过程和环节。动脑筋，想问题，增添服务项目，丰富服务内容，在实践工作中留心每个细小环节，留心每一位服务对象的生活习惯。以接待为契机向领导介绍我区的经济、社会、文化、旅游等情况。

七是提高认识，搞好接待中的节约工作。统一思想认识、增强节约意识，采取有效措施，按照区委区政府的内宾接待规定、内宾接待细则，内宾接待的各种费用标准等，把节约做为原则之一，长抓不懈，以制度为保证，从就餐、用车、住宿等各个环节抓起，认真作好节约工作。

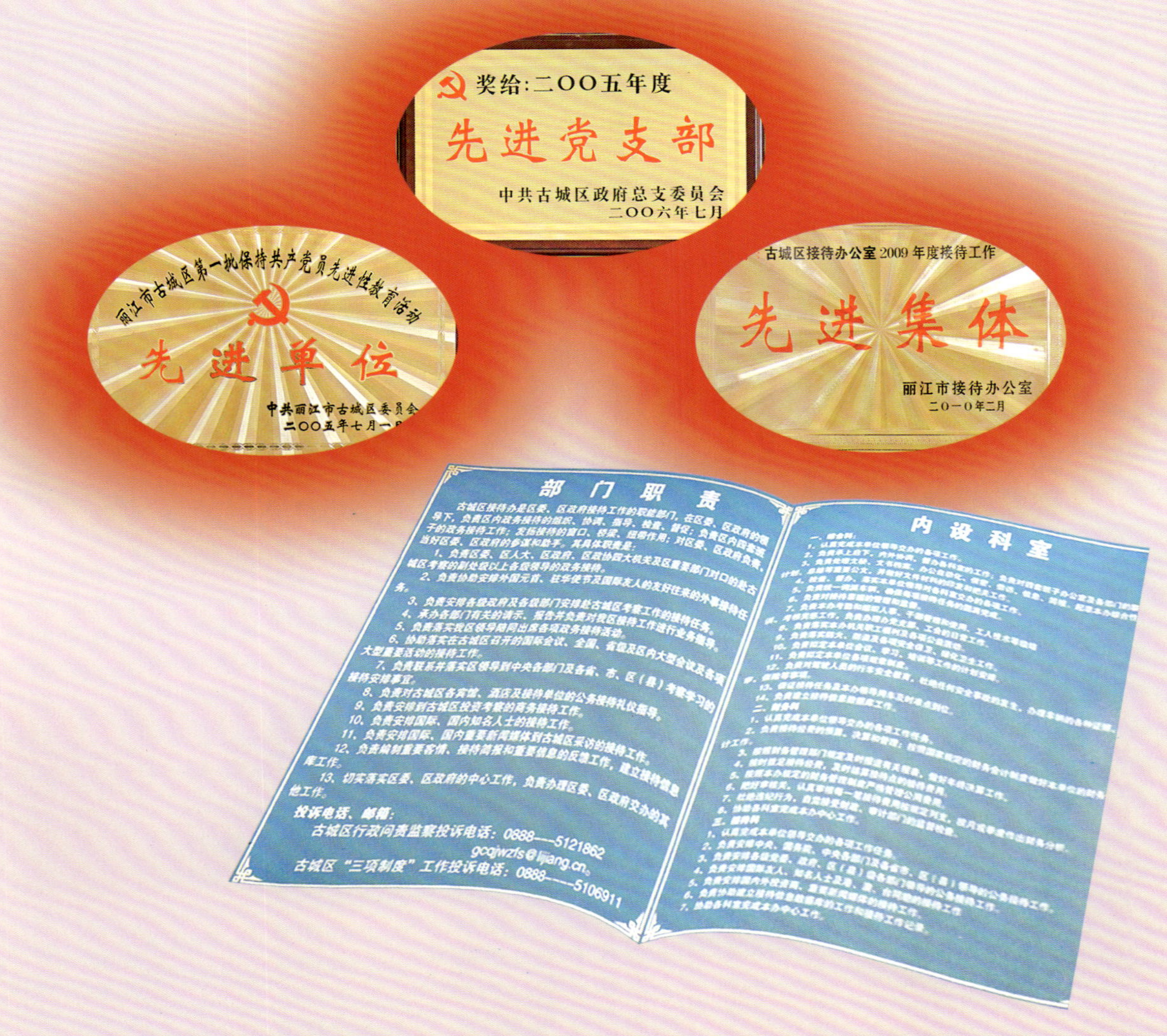

古城区金山乡

乡党委书记　陶卫君

乡长　洪海龙

金山乡地处古城区东南部，东邻永胜县，南接七河乡，西与祥和办事处相连，北与大东乡接壤，幅员面积286平方千米，海拔2 400千米。下辖金山、新团、东元、良美、贵峰、漾西、文化、东江、岩乐、拉马古共10个村委会，97个村民小组。全乡总人口23 888人，耕地面积38 441.8亩，森林面积25 019公顷。

金山以其得天独厚的自然地理、交通、水利等区位优势，成为古城区农业开发和重点项目建设相融的典型综合性发展大乡。年内，全乡经济总收入完成9 610万元，同比增长20.1%；实现乡级财政收入113万元，农民人均纯收入达3 213元；乡镇企业营业收入完成1.87亿元，增长7%。

2008年，金山乡立足区域优势，结合本乡实际，树立“以大项目推动大建设、以大建设促进大发展”的思路，紧紧围绕构建和谐文明小康金山的总目标，切实抓住大丽铁路、仁丽铁路、石新公路、新团片区仓储物流中心、蛇山多元文化景区建设、蛇山国际森林休闲运动公园、丽江师范高等专科学校、丽江市城市垃圾处理场、第二污水处理厂、大丽路防护林带等重大项目建设机遇，万众一心，开拓奋进，抢抓机遇，顽强拼搏，全乡呈现出经济发展、社会进步、民族团结、稳定和谐的大好局面。金山，是一片热土；金山，更是一块宝地。大机遇、大发展的序幕已经拉开，面对新的机遇与挑战，金山人将为夺取全面建设小康社会新胜利、谱写金山美好新篇章而努力奋斗！

观光农业带

白塔景区

美丽的金山

火车站

东灌沟渠

大型养鸡场

村级活动场所

大棚蔬菜

红水塘村苹果基地

区领导到东元白塔景区建设现场检查工作

古城区经济局是古城区人民政府工业经济管理的综合职能部门，机关内设行政办公室、党委办、中小企业服务股、工业经济运行股、节能减排办等5个职能机构，在职职工13人，局领导3人。年内全局以实施工业“倍增计划”为支撑，以加快推进新型工业化为主线，以确保工业经济又好又快发展为主题，以重点规模以上企业为依托，求真务实、开拓进取，确保全区工业经济继续保持良好发展态势。

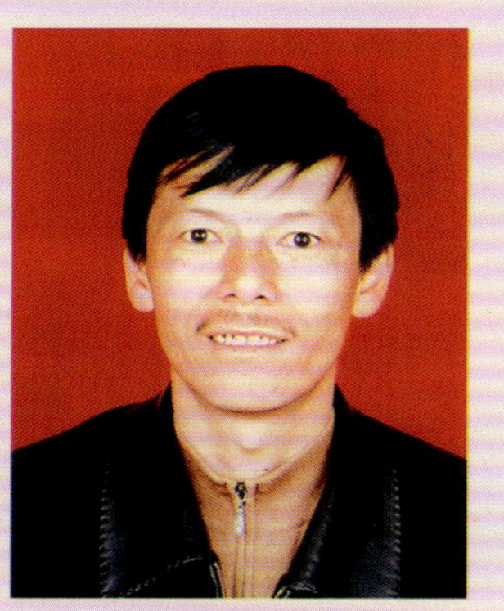

局长 郑辉

局党委书记 张天武

副局长 赵康援

一、主要工业经济运行指标运行良好。本年度辖区内工业总产值完成105 169万元，比上年增长22.7%，规模以上工业总产值完成83 182万元，比上年增长24.4%；增加值完成43 697万元，比上年增长38.2%；实现主营业务收入75 123万元，比上年增长25.0%；实现利税10 529万元，比上年增长24.9%；利润总额4 900万元，比上年增长18.0%。圆满完成市政府下达的责任目标数。

二、重大工业建设项目稳步推进。永保公司金山分公司日产3 300吨水泥生产线改扩建（一期）项目；丽江市古城区良华现代化生猪定点屠宰场二期工程—猪、牛肉加工及储备库技改建设项目；丽江机床有限公司数控机床产业化开发项目；古城区大研粮油工贸公司粮油加工综合利用技术改造项目；丽江贡和实业有限公司青刺果产业化加工技改项目；滇西北再生资源回收利用中心有限公司滇西北再生资源回收利用中心建设项目按进度推进。

三、扎实推进重点工业企业实行领导挂钩联系制度。2008年古城区领导干部挂钩重点企业有13户，区委区政府在开展调研的同时，进行了现场办公，对涉及的相关部门做了具体安排、部署和要求。使企业在扩大生产和改建等方面的工作得以顺利开展。

四、节能降耗成效明显。年内继续加大对重点能耗企业的监督检查力度，特别是对我区列入省百家重点耗能企业和百家循环经济试点的企业，督促企业建立健全相应管理机构，健全能源消耗统计报表，完善能源监督管理机制。同时，对年综合能耗在5000吨标准煤以上的企业，开展了能源审计工作和达标管理工作，目前古城区已完成了一户水泥企业的能源审计工作，另外一户水泥企业正积极稳妥地开展工作。已组织实施了两户企业开展了清洁生产工作。高度重视淘汰落后水泥产能工作，玉峰水泥有限公司必须于2009年12月31日前关闭湿法窑生产线。目前，在区淘汰落后水泥产能领导小组及办公室的多方协调，该公司目前已确定了转产方案，进入下一步的项目可行性研究阶段。

五、圆满完成深化国企改革验收工作，我区列入深化股份合作制企业改革的有8户企业，2007年已完成6户企业深入改革任务，有2户企业于年内完成改革任务。4月间省国企改革验收组对我区三年国企改革工作情况进行检查验收，通过听取汇报、实地考察。我区圆满完成了深化国企改革工作目标任务。

六、切实加强基层组织建设、党风廉政建设和反腐败工作。按照“讲党性、重品行、抓落实、促发展”的总体要求，一是继续深入开展“解放思想”活动，切实提高班子整体合力；二是进一步规范和健全党组中心组学习活动；三是坚持开好一年一度的专题民主生活会，开展好批评和自我批评，构建和谐班子。

丽江机床厂有限公司厂区

玉峰水泥有限公司纯净水生产线

永保水泥金山分公司

大研粮贸公司食品加工车间

黑白水电力公司奥运保供电领导小组在甘海子现场检查指导工作

丽江良华牲畜屠宰有限公司

古城区林业局

局长和圣军带领干部职工义务植树

林改技术人员进行外业勾图

古城区林业局内设办公室、人事科、财务科、林政科，下设营林站、种苗站、森防站、林科所、能源站、产业办、稽查队、新团木材检查站及8个基层林工站，设有防火办、天保办、退耕办等3个区级领导小组办公室。现有职工120人。

2008年古城区林业局在区委、区政府的正确领导下，在上级林业主管部门的具体指导下，按照政府工作的总体要求，立足部门职能，紧紧围绕建设社会主义新农村这一主题，全面贯彻落实科学发展观，以着力抓好生态文明建设为目标，认真学习党的十七大及十七届三中全会精神，市委、区委二届四次全会精神和全省林业局长会议精神，切实加强森林防火和资源林政管理工作，认真组织实施天保、退耕、农村能源建设工程，全力以赴开展深化集体林权制度改革工作，通过全局上下共同努力，全面完成了区委、区政府交办的各项工作和任务，充分发挥了林业在全区经济社

森林防火执勤

慰问森警部队

会发展中的基础性作用。

通过一年的扎实工作，我区深化集体林权制度改革工作基本完成，资源林政管理工作稳步推进，森林防火工作成绩名列全市第一，农村能源、森林病虫害防治，产业发展、天然林保护、退耕还林等工作也取得了较好的成效，确保了林区稳定，为创建平安古城作出了积极的贡献，真正做到了守土有责，保一方平安。

人工造林——膏桐

林产业稳步发展

到基层宣传林业法律法规

核桃产业发展初具规模

核桃种植现场培训

农村能源建设

古城区旅游局

“十一”黄金周旅游接待工作动员大会

2008年，古城区旅游局在区委、区政府的坚强领导下，全局干部职工紧紧围绕“打造文化旅游名市、建设国际旅游胜地”的旅游发展战略思想，以打造国际精品旅游城市为目标，用科学的发展观统领旅游工作的全局，在工作中以打击扰乱旅游市场“四黑”行为和非星级酒店（客栈、招待所）进入一卡通，实施网络化

特色旅游村现场会

旅游市场整治

管理为重点，使“创优”成果不断深化，行业素质进一步增强，市场开拓与资源整合全面推进，区域旅游品牌和城市旅游新形象不断提升，旅游经济各项指标取得历史性飞跃。

至年底，古城区辖区内旅游接待设施和旅游企业共有：星级宾馆酒店188家，其中五星级4家，四星级14家，三星级46家，二星级73家，一星级51家；非星级宾馆、酒店、客栈、招待所876家；旅游购物店30家；旅行社27家；已开发的旅游景区（点）13个。全区旅游日接待能力达5.5万人次，旅游直接从业人员3.3万人，间接从业人员7.9万人。

年内，共接待海内外游客465.45万人次，与去年同比增长9.87%，其中接待海外游客40.07万人次，国内游客425.38万人次；实现旅游综合收入53.62亿元人民币，与去年同比增长10.23%，其中旅游外汇收入达12517.98万美元。

检查观音峡旅游安全

旅游现场办公

视察束河后山旅游特色村建设

关坡执法协调会

黑龙潭旅游安全检查

古城区民政局

区四套班子“八一”节慰问驻军

2008年，全区广大民政干部职工在区委、区政府的坚强领导下，在上级民政部门的关心指导下，在相关单位和部门的大力支持下，认真履行“解决民生、维护民利、落实民权”的核心职责，在圆满完成区委区政府交办的各项中心工作的同时，扎实开展各项民政工作，为实现古城区经济社会又好又快发展作出了贡献。

一年来，给全区低保对象累计发放了保障金1 037.08万元；临时补助金122.47万元，救济16 329人。全年累计发放农村低保金189万元，城乡医疗救助51万元。安排下拨救灾款63.5万元，救灾粮274吨（折合人民币87.68万元），救济15 875人，安排衣被20 703件，救济5 176人，安排治病救济款13万元，救济60人，恢复居民住房420户，1 680间。接收向四川汶川“5·12”地震捐助款3136325.74元、衣

退役士兵安置择优选岗会

城市社区图书室建设

物70件，户外用品27件。

年内接收退役士兵复员士官48人，其中，转业士官3人，回乡安置26人，城镇户口及转业士官安置22人。待安置的退役士兵16人岗位安置，已经全部上岗，6人自谋职业，已发放自谋职业补助金。对全区405名两参人员发放每人每月100元生活补助。将全区274人重点优抚对象全部由民政补助参加农村合作医疗保险和城镇居民基本医疗保险。年内，启动了农村社区试点建设工作，安排了30万元的试点建设经费给金山、七河、金安、金江、大东5个试点乡。

全年依法办理收养登记8起，登记民办非企业单位8家，注销登记1家，结婚登记1084对，离婚登记149对，全年完成运输、火化遗体380具。编排门牌26685张，制作门牌26685张，安装大小门牌23485张、楼牌39张，户牌561张。对城市流浪乞讨人员实施救助58人（次）。

发放《云南省老年人优待证》1，271份，2007年8月至今年12月底，共发放《云南省老年人优待证》12，900份，最大限度地保障了广大老年人的合法权益，市政府授予我区“老龄工作模范区”光荣称号。

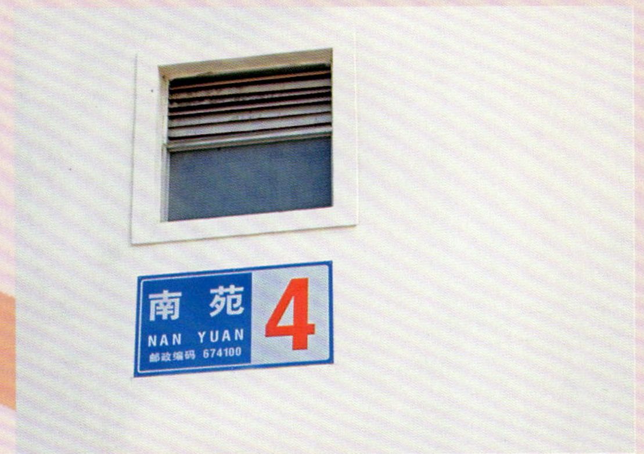

规范化设置城市地名标志

对沿街乞讨人员进行救助

农村社区示范点

园林式公墓——团山艺术陵园

古城区农业局

学习实践科学发展观活动

省农业厅领导指导设施农业

区领导指导产业发展

农资打假专项行动工作会议

2008年以来，古城区农业局在区委、区政府的正确领导下，在上级各部门的指导下，以科学发展观统领全局，一方面抓好小春生产和冬季农业开发工作，另一方面狠抓春耕生产、夏秋生产和各项增产增收措施的落实工作，进一步提升了传统产业，巩固了特色产业。坚持解放思想，更新观念，围绕年初制定的农业生产和农民增收目标，以市场为导向，科技为依托，农业产业结构调整为切入点，突出特色和优势，全面完成了农业生产任务，推动了古城区农业和农村经济的持续、健康发展。

2008年，全区粮食总播种面积17.98万亩，比上年的18.26万亩减0.28万亩，粮食总产量4万吨，比上年的3.82万吨增0.18万吨，增4.71%。其中：夏收粮食作物播种面积7.94万亩，比上年的8.19万亩减0.25万亩，总产1.48万吨，比上年的1.55万吨减0.07万吨，减4.52%；秋收粮食作物播种面积10.04万亩，比上年的10.07万亩减0.03万亩，减0.3%，总产2.52万吨，比上年的2.26万吨增0.26万吨，增11.5%。

局领导调研设施农业

雪桃产业

油菜试验区

现代设施农业示范样板

青花菜基地

无公害大白菜基地

中低产田改造

紫苏产业

烤烟

特色产业山嵛菜

农机具购置补贴

优质苹果

新型农业培训

古城区委党校

深入学习实践科学发展观活动动员大会

市委指导组检查开展深入学习实践科学发展观活动情况

2008年，在区委的直接领导下，古城区委党校充分发挥阵地熔炉作用，始终围绕提高干部理论培训质量开展工作，多渠道、多层次不断加强对党员干部的培训教育，为古城区经济社会的发展提供精神动力和智力支持。

不断强化职能，充分发挥作用。年初，区委成立了以党校教师为主的深入到村(社)进行宣讲的“区委十七大精神宣讲团”。党校教师分赴全区5个乡4个街道办事处的58个村（社）宣讲党的十七大精神58场，4097名基层党员和村社干部得到培训。年中，结合“讲党性、重品行、抓落实、促发展”为主题的作风建设教育活动和解放思想大讨论活动，党校派出骨干教师外出乡镇和部门讲授党课11场，培训524人。党的十七届三中全会后，党校及时邀请云南省委党校赵晓彪教授举行“古城区学习贯彻党的十七届三中全会精神专题讲座”，全区副科级以上干部参加了学习培训。

创新培训手段，改进培训方法。在干部教育培训中，认真落实胡锦涛总书记提出的“联系实际创新路，加强培训求实效”的要求，树立改革创新意识，积极探索培训干部的新举措、新方法。积极探索互动式、案例式、体验式、模拟式和区委常委为主体班学员授课的教学方法，进一步增强教学吸引力和感染力和主体班次的教育教学质量。

狠抓队伍建设，夯实教学基础。2008年，我校先后选送骨干教师17人次到省市党校进修培训，安排部分骨干教师到新、马、泰等国进行考

区委领导来校调研召开座谈会

庆祝第二十三个教师节座谈会

察学习，实施了每天集中学习至少一个小时的《学习制度》。建立起一支政治强，业务精，作风正，结构合理，素质优良，能够满足培训轮训干部和公务员素质需要，并在思想理论战线上发挥更大影响的党校教师队伍。

搞好调查研究，注重科研成果。2008年，我校全面推行要求每位老师每年下乡调研时间不少于3个月，完成1—2篇高质量的调研报告的《下乡调研制度》。年内，我校教师共公开发表调查报告5篇，充分发挥了党校科研工作在经济社会发展中的重要作用。

在今后的工作中，我校将继续加大师资队伍培训力度，抓好干部教育培训工作，着力办好“流动党校”，积极探索联合办学之路，不断提高我校干部培训的质量。

区委领导为培训学员授课

教师到基层为党员干部授课

科级干部艾滋病知识讲座

在金山东江村委会调研油桃产业

收看和自兴书记《感恩教育增进民族团结》讲座

到金山岩乐完小建立爱心书库

党校教师深入贫困山区调研

参加古城区职工运动会

古城区第一中学

校领导班子

丽江市古城区第一中学创建于新中国成立20周年之际，在艰难中创业，在春天里起步，在改革开放中前行，经过1996年“2·3”大地震的洗礼，紧跟丽江快速发展的步伐，一路奋斗，一路提升，一路精彩，已经走过了40年不平凡的办学历程。

40周年校庆活动

学校在锐意进取，开拓创新的不断改革发展中，实现了一次又一次的跨越，迎来了一个又一个新的辉煌。2008年，全校907名考生中，737人上线，其中，一本上线85人，600分以上达15人。全市文科前5名中，学校占了3人，应届生一本、二本、三本、一专各段上线率均居丽江市各区县中学第一；其中8名考生考上全国综合排名前10名的大学，每人获3万元奖金，85名考生上一本线，每人获3千元奖金，学校获29万元教育重奖。

教师培训

通过几代一中人的不懈努力，古城区一中从一个40年前名不见经传的镇办初级中学，一跃而为今天一所具有民族化、园林化、现代化特色的全新学校，一跃而为今天一所在全市、乃至全省范围都叫得响的重点高级中学，为社会培养了两万多名学生。其中，有一大批学生进入清华、北大等全国名牌大学或重点大学，有很多人成了博士、教授、学者，为祖国和人民作出了突出贡献。桃李无言，下自成蹊。40年来，几代一中人的青春与智慧、心血与汗水、耕耘与收获已经熔铸到了“创办名校、打造名师、培养名生、提升名气”的四名战略中，她必将为实现古城区“科教兴区、人才强区”的目标，为推动丽江市经济社会又好又快发展作出更大的贡献——我们有理由相信：丽江古城区一中的明天会更美好！

天雨教学楼

人保财险古城公司

2008年人保财险古城公司，在市分公司党委总经理室的正确领导和各职能部门的密切配合、帮助下，认真贯彻中央经济工作会议，紧紧围绕全保会精神。全面贯彻落实市分公司的指导思想及各项经营要求，认真贯彻学习党的十七大和十七届六中全会精神，学习全国保险工作会议精神，结合“金牌服务示范窗口创建活动”规范服务行为，加深做好每一服务细节，树立积极竞争意识，创新发展思路，把握市场竞争的主动权，充分调动全体人员完成经营目标的工作积极性，主动性和创造性。进一步解放思想，转变观念，深化改革，加快发展，强化管理，提高效益，全面提升公司的综合实力和竞争力。在营销团队建设和管理方面，人保财险古城公司根据《中国人民财产保险股份有限公司营销团队建设方案》及省市分公司精神。按照上级公司方案及管理办法并结合自己的实际情况，加大管理力度，现公司销售团队正朝着业绩进步、管理规范、文化先进、诚实守信、充满活力的方向迈进。结合古城公司实际情况，认真贯彻学习“科学发展观”带领全体员工大胆改革，不断创新，确保公司业务又好又快全面和谐的发展，全年共计完成保费收入2 643万元，同比增长3%。

业务办理

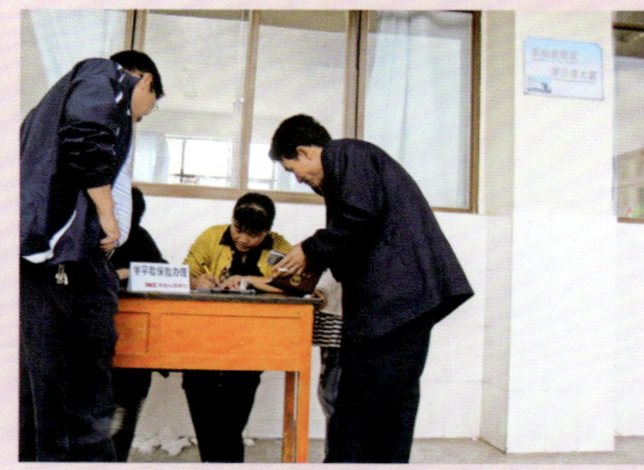

深入学校办理平安保险

热情接待

答谢会

与德宏公司座谈交流

新员工座谈会

工会活动

跑步晨会

演讲比赛

运动会

新年晚会

篮球比赛

古城区人事局

局长奚立武向市委指导组汇报工作

总支书记敖翔同志面复人大建议

丽江市古城区人事局位于丽江市古城区福慧路区政府大院，2003年4月丽江撤地设市区县分设后成立。

古城区人事局内设二办三股。即：局办公室、军转干部管理办公室、公务员管理股、工资福利股、专业技术人员管理股。直属管理一个中心：古城区人才交流中心，一个事业单位：区机构编制委员会办公室挂靠区人事局合署办公，区编办下设事业单位登记管理局。全局现有职工19人，其中局领导班子3人，局长兼区编办主任1人、党总支书记1人、副局长1人。

古城区人事局在区委、区政府的坚强领导和市人事局、市编委办的精心指导下，始终坚持以邓小平理论和“三个代表”重要思想为指导，认真落实科学发展观，全面贯彻党的十七大精神，紧紧围绕区委、区政府的中心工作，大力实施人才强区战略，全面推进“人才人事”、“法治人事”、“和谐人事”、“阳光人事”建设，有力地推动了全区

人事人才和机构编制工作创新发展，为古城经济加快发展、科学发展、又好又快发展提供了坚实的人才智力支持和体制机制保障。特别是在人才队伍建设、促进高校毕业生、机构改革、事业单位人事制度改革、机关事业单位工资收入分配制度改革、事业单位岗位设置管理实施工作、军转干部管理服务等方面创新思路、突出特色，取得了显著成效，多次获得区委、区政府和省、市人事编制部门的表彰奖励。

同时，古城区人事局切实加强局领导班子和人事编制干部队伍的思想、组织、作风建设。对班子成员及职工严格管理、严格要求、严格督查。提出了“加强理论学习”、“创新工作机制”、“转变工作作风”、“严肃工作纪律”、“提高工作效率”的机关建设目标和树立“公道正派、勤政务实、廉洁高效”的良好局风；真正做“为民服务真、行使权力正、待人处事诚、工作业绩实”的模范单位。

事业单位补充人员考试监考人员抽签现场

人事考试报名现场

领导巡视人事考试

副局长和春林同志面复人大建议

人才交流中心支部过组织生活

人事考试面试现场

古城区商务局

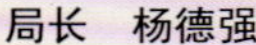

局长　杨德强

副局长　王波

丽江市古城区商务局成立于2005年8月16日，局机关内设办公室、贸易流通科、对外经济技术和对外贸易管理科、市场规划管理科（加挂区市场办公室牌子）等四个职能科室，现有在职干部职工12人，主要职责是贯彻实施国家内外贸易和国际经济合作的发展战略、方针、政策，落实区委、区政府关于内外贸易、国际经济技术合作和外商投资工作部署，以及相关政策、政府规章和地方性法规；会同有关部门拟订古城区内外贸易发展规划、研究提出流通体制改革意见，培育发展城乡市场，推进流通产业结构调整和连锁经营、物流配送、电子商务等现代流通方式；研究拟订全区规范市场运行，流通秩序和打破市场垄断，地方封锁的政策，建立健全统一、开放、竞争、有序的市场体系；承担民用爆破器材流通、盐业管理等行政职能；负责协调，配合上级申报筹建丽江口岸机场建设及相关工作；对辖区内加油站实施监督管理等相关工作；对农贸市场、各种发展（展销会）、生猪屠宰行业、酒

局领导深入企业检查指导工作

加强理论和业务学习

类流通行业、零售行业、超市、餐饮、美容美发等商贸服务行业实施行业管理，指导联系商贸服务行业协会等社会中介组织。

自2005年8月我局成立以来，全区商务工作在区委、区政府的正确领导和上级主管部门的精心指导下，坚持以邓小平理论和“三个代表”重要思想为指导，以科学发展观为统领，坚持解放思想，改革创新，紧紧围绕加快发展这一主题，以经济建设为中心，以招商引资为重点，以市场为导向，团结奋战，锐意进取，全区商务各项工作全面开花结果，均取得突出成绩，为维护全区改革、发展、稳定的大局做出了很大的贡献。2005年、2006年、2007年、2008年古城区商务局连续4年被市人民政府评为商务工作先进单位、市级进出口先进单位等，杨德强局长也连续4年被评为先进个人。

成绩已属过去，新时期的商务工作更加多样化、复杂化，对此我们商务人将充分结合我区实际，抓机遇、迎挑战，开创性的开展工作，为推动我区新时期商务工作的有序、快速、健康发展而努力奋斗。

市局领导验收万村千乡市场建设工程

万村千乡市场农家店

良华牲畜屠宰有限公司无害化处理设备

兑付万村千乡市场补贴资金

古城区审计局

局长和兆生在全市审计工作会议上发言

省审计厅领导深入古城区检查指导工作

丽江市古城区审计局成立于2003年4月，在古城区委、区人民政府和丽江市审计局的领导下，负责全区审计工作。肩负着维护国家财政经济秩序，促进廉政建设、保障国家经济健康发展的重任。

目前，全局核定编制15人。现有在职人员12名，局长（支部书记）1名，总审计师1名、副局长1名，副主任科员2名，科员及其他7名；具有大专以上学历人员12人，本科10人，大专2人；2人取得审计师资格，2人取得会计师资格，1人取得助理会计师资格。

丽江市古城区审计局下设财经审计股、领导干部经济责任审计办公室、企业审计股、综合法规股、局办公室五个股室。

几年以来，审计局在区委、区政府和上级审计机关的正确领导下，高举中国特色社会主义伟大旗帜，坚持以邓小平理论和“三个代表”重要思想为指导，深入贯彻落实科学发展观，继续坚持“依法审计、服务大局、围绕中心、突出重点、求真务实”的审计工作方针，认真履行宪法和法律赋予的职责。按照省、市审计工作会议精神，大力加强“人、法、技”建设，按照业务求精、执法求严、工作求实、方法求新、质量求高的总要求，紧紧围绕全区经济工作中心，立足本职，依法履行审计监督职能，不断强化服务意识，努力提高审

古城区审计局实施的审计项目获全市优秀审计项目

计质量和执法水平。审计监督力到进一步加强，审计监督的领域和范围进一步扩大，审计质量稳步提高，审计业务管理制度进一步完善，文明审计意识进一步提高；审计工作走上了法制化、规范化、制度化的轨道，审计信息化建设从无到有，审计技术手段实现由手工审计向利用计算机进行辅助审计转变，审计结果公告迈出新步伐。为构建和谐古城，推进全区经济发展、科学发展发挥积极的作用。

2006年被区委、区人民政府授予“文明单位”。市委、市政府授予2008年-2010年文明单位。

审计人员积极开展文体活动

审计人员深入审计现场

审计人员走村入户调查核实

与退休干部座谈，共话审计明天

审计人员参加网球训练

审计人员参加庆祝“七一”活动

古城区水务局

水利部领导到工地视察工作

省水利厅领导到工地视察工作

原古城区委书记和良辉到工地视察工作

古城区水务局近五年来在区委、政府的正确领导和省水利厅、市水利局的关心指导下，坚持以“三个代表”重要思想和以人为本的科学发展观为指导，严格按照人水和谐的发展思路，坚持政府主导全社会参与相结合的原则，把水利发展与改革作为全局的工作目标，团结民生，大力加强农村水利基础设施建设。区、县分设五年来，争取上级资金、整合社会资金等方式，解决了6 600户29 600人的饮水困难问题。完成投资660万元，治理了漾弓江七河共和段1.8公里的河道整治项目。投入450万元实施完成一大批干渠防渗处理工程。防汛抗旱成效显著。大力发展水产养殖，促进增收，得到实惠。

围绕改善生态环境，加强水土保持综合治理，在长江水利委员会的关心支持下，通过治理区广大干部群众及社会各方面五年多来的共同努力，完成投资1990.24万元，全面完成了“长治”七期水土保持治理项目，改善了生态环境，留住了青山绿水。重点抓好了水资源的保护、开发和利用，古城区水务局依法行政，开展了一系列卓有成效的地下水治理整顿工作，先后封填了281口承压井，有效扼制了地下水乱采滥挖的现象。坚持科学发展的思路，全面完成了两座水库的除险扩容工程，完成投资7445.29万元，并通过顺利验收。古城区水务局近年来先后被中共云南省委评为实施“云岭先锋”工程基层满意的涉农单位，“长江禁渔期管理先进集体”，被省水利厅、财政厅评为“全省家园水利建设先进县（市、区）”，及 “全省十五期间抗旱工作先进集体”、被区委、区政府多次评为党风廉政建设单位。第二届区级“文明单位”及市级“文明单位”。

农村水利建设面广、量大，具有社会性、群众性、长期性和投资大的特点。在今后工作中古城水务局将积极争取上级资金，依靠社会各界参与水利建设，为全区水利化程度更上新台而努力奋斗。

实施完成后的坡改梯

治理漾弓江河道

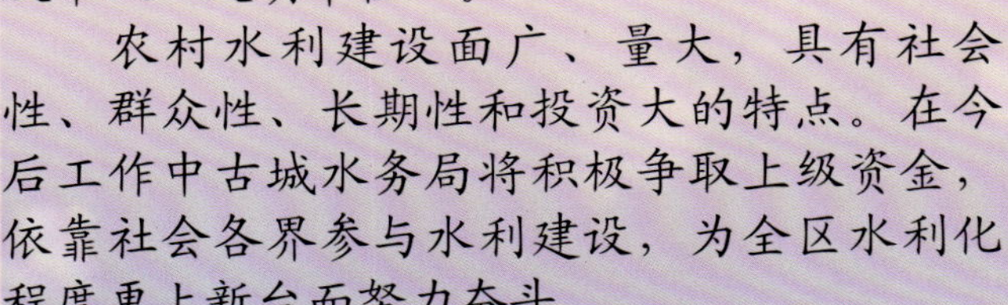

技术人员在勘测设计

人畜饮水工程

古城区体育局

2008年是我国体育事业发展中具有重大、独特历史意义的一年。是全区上下健身热潮高涨的一年，也是古城区体育事业取得累累硕果的一年。

党的十七大，区委二届四次会议以来，古城区体育局围绕“科学发展、构建和谐”这一主题，以“发展体育事业、促进社会和谐”为切入点，进一步解放思想，实事求是，改革创新。努力改变不适应、不符合科学发展观的思想观念；着力解决阻碍和制约科学发展的突出问题；努力构建有利于古城区全民健身科学发展的新机制。把科学发展观落实到全民健身的方方面面，全面奏响“全民健身与奥运同行”这一主题。

2008年全民健身活动
先进单位
云南省体育局
二〇〇八年十二月

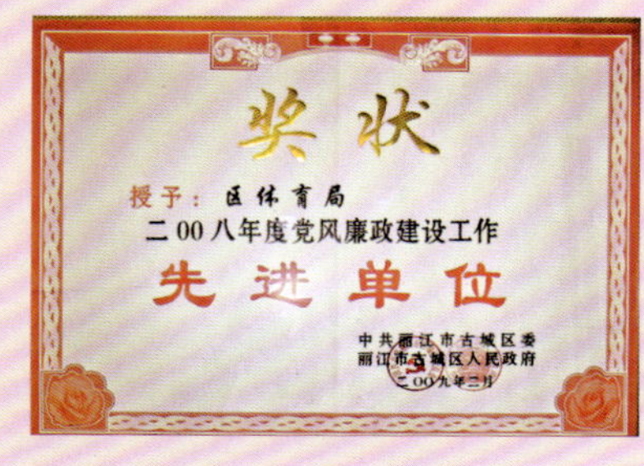

古城区体育局服从、服务于区委、区政府的中心工作，充分发挥职能部门作用。协助区委、区政府圆满完成了北京奥运会火炬在丽江市古城区境内的传递任务，受到上级部门的表扬。经过四年多的努力，古城区成功创建云南省小康体育特色区（县、市），标志着古城区体育事业又迈上了一个新的台阶。通过举办群众喜闻乐见，形式多样，内容丰富的“迎奥运”暨建区五周年体育运动会，及古城区第五届中学生“绿英”杯、第六届小学生“希望”杯暨“东巴国家青少年体育俱乐部”足球联赛，营造了浓郁的体育氛围。在保山市举行的云南省第六届城市运动会上，古城区足球代表队勇夺冠军，实现了我区在城市运动会上金牌的“零”突破。在丽江市古城保护管理局主办，古城区体育局承办的首届“古城杯”运动会上，古城区足球、女篮代表队获得冠军，为我区赢得了荣誉。古城区体育活动中心全年开放足球784场，篮球285场，网球400小时，羽毛球和乒乓球80小时。活动人数呈现出逐年上升的良好势头。随着体育事业的蓬勃、和谐、稳步发展，“生活奔小康、身体要健康”的健身意识必将深入人心。

和谐兴古城　健康迎奥运

喜迎奥运圣火

古城区足球代表队获得云南省第六届城市运动会足球比赛冠军

古城区统计局

局党支部书记、局长　杨学新

副局长　奚秀兰

古城区统计局按照省、市统计调查工作的要求，结合全区实际，积极探索新形势下发展统计工作的新思路、新方法、新途径，努力提高统计调查的科学性、准确性和权威性，不断开拓进取，争先创优。截至2008年底，全局共有公务人员13名，下设办公室、业务股、核算服务股、社会经济调查股、能源统计科等5个股（科）室及1个作为内设事业编制单位的古城区统计调查队。

一、认真组织实施统计定报和年报任务。全局承担有工业、能源调查、农业、农村住户调查、固定资产投资、房地产开发投资、服务业、建筑业、批发零售与贸易、星级住宿餐饮业、劳动工资、综合核算（GDP）、文化产业等十多类统计专业定期月报、季报、年报任务以及基本单位名录库管理维护、更新工作。

二、开展优质高效统计服务。及时收集整理全区经济社会发展状况，按照各个层面对统计信息的要求，深入分析经济社会运行中存在的困难和问题，共编发各类统计分析145篇。按时发布年度公报，编印统计年鉴，应用开发普查数据资料。

三、组织实施完成普查及各专项调查任务。先后组织进行了全国1%人口抽样调查，省人口变动抽样调查，古城区第二次全国农业普查，古城区第二次全国经济普

普查工作会议

日常办公

查和乡村领导干部公信度调查试点等各级各类大、中、小型统计调查工作。

四、加强统计“双基”建设。扎实开展乡镇统计体制改革，经区人民政府同意，编制管理部门核定，成立古城区地方统计调查队，各乡人民政府（街道办事处）单独设立统计站。积极争取解决基层统计硬件设施短缺和信息化配置不足的困难，提升基层统计工作效率。

五、推进统计法制化建设。区统计局突出重点，积极开展法制宣传教育，创新统计普法宣传方式和载体，在各类统计调查进行过程中，加大统计普法宣传力度。完善统计签收证制度，加强工作督查，改善统计调查环境。

六、服从服务区委、区政府中心工作。近年来，全局深入开展形式多样的学习实践活动和作风建设教育活动，服务首批省级文明城区创建、协助推进节能减排等工作，倾力投入扶贫和新农村建设挂钩帮扶，干部职工积极参与各类捐资赈灾，爱卫环保等活动，树立起统计队伍求真务实的良好形象。

近年来，区统计局荣获全国1%人口抽样调查国家级先进集体；云南省统计基层基础建设先进集体；2004—2008年度“全省统计系统先进集体”荣誉称号；区第二次全国农业普查办公室被表彰为国家级先进集体；区第二次经济普查办公室被推荐为国家级先进集体；本局多次获市级统计业务评比一等奖表彰，局领导和个人在各类统计调查工作中多次荣获国家级、省级表彰。

统计资料

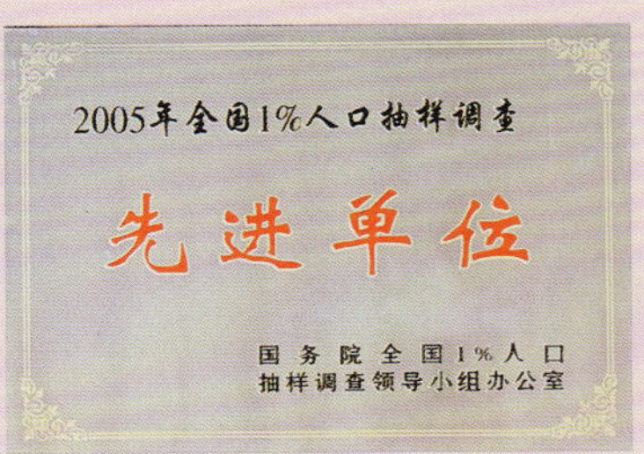

入户登记

普查宣传

丽江市古城

古城区委统战部成立于2003年4月，在古城区委和上级统战部门的领导下，负责全区的统一战线工作，肩负着贯彻执行中央、省、市统一战线工作的方针、政策，向上级统战部、区委反映情况，提出开展统战工作的意见和建议。

区委统战部有6名在职干部职工。部长1名，副部长1名，侨台办主任1名，科员及其他人员3名。均属大专以上文化程度。

近年来，古城区委统战部不断加强党的思想建设和组织建设，在区委、区政府的坚强领导下，在上级统战部门的有力指导下，全面贯彻落实科学发展观，着力构建“和谐文明小康古城”的总体目标，掌握政策，了解统战工作中出现新情况、新问题，及时准确地反映党外人士的意见和建议。负责协助古城区委同各民主党派、工商联、无党派人士保持密切联系，认真贯彻党领导的多党合作和政治协商制度及党对民主党派的方针、政策；落实中央、省、市关于发挥民主党派参政议政和民

到延安学习考察

引进侨资项目

区委统战部

主监督作用，支持帮助各民主党派加强自身建设；负责开展以祖国统一为重点的海外统战工作，联系海外有关社团及代表人士的来访工作，做好台胞、台属的有关工作；调查研究并反映我区非公有制经济代表人物的情况，提出政策性的意见建议；为构建全区民族关系的和谐、宗教关系的和谐，深入调查研究。协调关系、化解矛盾，贯彻落实党的民族及宗教工作政策；培养选拔推荐党外知识分子和党外干部，努力在新的社会阶层不断拓展统战工作新领域。不断巩固和发展统一战线团结、稳定、振奋、活跃的局面，为古城区经济社会的快速发展和民主政治建设作出应有的贡献。2009年2月，古城区委统战部获得丽江市维护藏区稳定工作先进集体，2009年6月获得云南省黄埔同学工作先进基层组织。

春节到白马龙潭寺慰问宗教界人士

发放宗教界人士低保金

古城区文化

局长李之典在学习实践科学发展观动员会议上讲话

古城区委、区人民政府顺应时代发展趋势，立足古城这片肥沃的文化土壤，把文化建设作为实现古城崛起的战略任务，确立了“文化立区”、“文化强区”战略目标，坚持一手抓改革，一手抓繁荣，以体制和机制创新为重点，在积极推进文化体制改革中，着力寻找发展文化产业、繁荣文化事业的突破口，使公益性文化事业建设与文化产业发展并驾齐驱，实现了文化产业的快速发展和文化事业的空前繁荣。

◀ 开展廉政文化建设系列活动

建区五周年庆典专场文艺演出

广电新闻出版局

CCTV“温暖春节”文化活动

涵蜜金组合应邀参加乡村国际音乐周

区文化主管部门带领全区文化工作者，在这片美丽富饶、充满希望的土地上团结拼搏，辛勤耕耘，大力实施了两馆一站建设、广播电视“村村通”、电影放映“2131”、农村数字电视建设、全国信息资源共享、农家书屋建设、文化遗产保护、文艺精品创作、人才培养等许多文化惠民工程，使这方热土春潮涌动，群芳竞秀，生机盎然，承载着各民族优秀传统文化的同时，又在收获着社会主义先进文化的累累果实。

昨天，古城人民用自己的智慧创造了巨大的文化财富，使一座古老的文化名城显露出崭新的容颜。明天，沐浴着科学发展的春风细雨，一座辉煌灿烂的文化旅游名城必将屹立于彩云之南。

《热美蹉》列入国家级非物质文化遗产名录

遍及城乡的群众文化活动

区图书馆落户古城

党工委书记　张光平

办事处主任　和继伟

古城区祥和街道办事处

祥和街道于2003年11月设立。自设立以来，在区委、区政府的正确领导下，街道党工委、办事处以“抓平安、保稳定、谋发展、促和谐”为己任，团结和带领广大党员、干部群众，坚持以邓小平理论和“三个代表”重要思想为指导，认真贯彻落实科学发展观，埋头苦干、求真务实、开拓创新，在建设社会主义新农村、全面构建和谐社会的大潮中乘风破浪、激流勇进，努力开创经济蓬勃发展，各项社会事业欣欣向荣的崭新局面。

街道设立以来在辖区内开工建设了市、区“七大重点项目”，即：祥和丽城、金凯广场、古城南门恢复重建、东郊整治、古城昭庆片区整治、清溪河整治项目和国际论坛中心建设项目。祥和街道依托工程建设，大力实施水、电、路等基础设施建设工程，已基本形成完整、快捷的交通网络；依托项目建设，祥和街道在居民活动场所建设取得了显著成效，下辖的4个社区中，占地3.5亩的义和社区活动场所建设规模和举办文体活动规模在全区都是社区建设的排头兵，八河社区实施了

祥和街道义和社区被评为省级文明社区

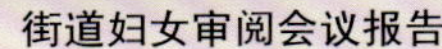

街道妇女审阅会议报告

古城区首个社区“六个一”工程，祥云社区扩建了办公活动场所。下辖的21个农业居民小组中有20个先后建设完成活动中心。全街道活动场总投入突破千万元。街道结合失地少地农民大量增多的实际，积极调整产业结构，鼓励引导农民发展非农产业，旅游接待、房屋出租、种植蔬菜等一些新兴产业成了新的增收点，农民收入稳步增加。街道积极创造条件，多渠道招商引资，多方合作，逐步开发建设失地村组的返还地、预留地，先后建设完成昭庆市场、三家村综合商贸市场和四方庙会市场。为了更好地发展庭院经济，先后筹建农民别墅“八一家园”和卿云公寓等农民住宅。

随着丽江城市中心的逐渐南移，祥和街道逐渐成为新城的中心，流动人口与日俱增，各种遗留问题逐渐凸现，热点难点问题不断增多，综治维稳工作任务十分艰巨。祥和街道以平安创建活动为载体，健全综治维稳组织，完善社区治安防控体系建设，健全群防群治网络，认真开展矛盾纠纷排查调处，实现社会的长治久安。街道先后荣获区级和市级“平安街道”称号。

表彰先进

每月28日为祥和街道环境卫生日

街道老体协参加兰花摄影展

农民技能培训

古城区消防大队

灭火战斗中的消防官兵

《中国消防》杂志宣传报道古城二中队爱民护城先进事迹

古城区公安消防大队下辖两个中队，有消防官兵、合同制消防员93人，各类消防执勤车辆18辆，担负着古城区的防火、灭火以及社会的抢险救援任务。自大队成立以来，大队官兵攻坚克难，锐意进取，勇于突破，部队正规化建设水平、消防工作社会化水平和火灾防控能力不断取得突破：大研古城从2006年至今实现“零火警”；古城一中队先后荣立集体二等功一次、集体三等功两次；古城二中队先后14次受到省部级以上表彰奖励，荣立集体二等功1次，集体三等功3次，荣誉称号一次，连续5年被总队评为“基层建设先进中队”，2次被公安部消防局评为“先进中队”，2次被公安部评为“全国优秀公安基层单位”，2005年、2006年，连续2年被共青团中央、公安部命名为“国家级青年文明号”，两名官兵被总队评为“云

消防官兵开展业务训练

器材装备建设取得新成就

岭十佳消防卫士”，1人荣立二等功，12人荣立三等功，68人次先后受到州市级以上表彰，中队先后收到社会各界赠送锦旗102面，两任公安部部长贾春旺、周永康先后视察了古城二中队，云南省委书记白恩培、原省长徐荣凯等党、政、军领导也先后到队视察，对其所做的工作给予了充分肯定和高度评价。

如今，在新一届大队党委的领导下，全体官兵更以高度负责的工作态度和忘我的工作热情，奋发进取，埋头苦干，叫响“队盛我荣，队衰我耻”的口号，不断推进大队各项工作的全面发展。

深化爱民护城实践，定期清洗三眼井

外国友人参观古城消防馆

对电影城员工进行消防安全培训

火把节期间二中队官兵开展防火巡查

八一节走访慰问孤寡老人

爱心资助天博爱心小学

古城区农村

领导班子合影

丽江市古城区农村信用合作联社现有6个内部职能部门和10个对外营业机构，其中联社营业部1个、信用社3个、分社6个，在职员工93人，其中大专以上员工占70%，中级职称员工占10%，初级员工占48%。近年来古城区农村信用合作联社一直以服务地方经济建设为中心，立足“三农”，大力支持农村经济和中小企业的发展，积极筹集和融通资金，拓展服务领域，为推动区域经济发展和社会主义新农村建设做出了显著贡献。截至2009年6月末，各项存款余额达到84 674万元，比年初净增3 666万元，较1月末增长10 614万元；上半年各项贷款余额为65 504万元，比上年末增加了10 922万元（不包括区县分设时划转玉龙县的6,200万元），累计发放贷款20,244万元，累计收回贷款15 515万元。农业贷款余额为52 738万元，占贷款余额的80.51%，农户贷款面为55%，高于53%的计划比率。半年实现财务总收入2 668万元，其中中间业务收入28.93万元，实现利润820万元。

全体员工合影

信用合作联社

2008年12月末区县联社分设后的古城区联社十个营业网点中有九个在丽江市城区，实实在在成为了城市中的农村信用社。为了在金融机构林立的城市中立于不败之地，古城区联社着力推行金融产品，扩大服务领域，初步形成了覆盖各类客户的金融新产品体系。同时按不同区域建立制定了能与专业银行竞争的利率机制、贷款品种，彻底打破了信用社利率高的现象，有效回绝劣质客户的涌入，挖掘优质客户，簿利多销。适度控制个贷的贷款额度，大力支持中小企业的发展和地方经济的持续发展。贯彻“稳步发展、审慎经营”的经营理念，初步形成“开拓创新、求真务实、上下联动、做实、做细、做强、做大”的竞争格局，进一步加大业务合作和贷款营销力度，积极开办社团贷款、按揭贷款，创新村社土地、集体账户担保贷款等创新业务，改变传统的“等客上门”的思想，积极参与优质项目的信贷业务，切实控制降底信贷风险，实现了古城农村信用社的可持续发展。

联社领导进行贷款调查

联社领导在电厂进行贷前调查

七河信用社新落成的办公楼

参加区妇联组织的柔力球比赛

古城区食品药

局长　周雪梅

全局干部职工合影

2008年，古城区食品药品监督管理局坚持以科学发展观统领食品药品安全监管工作，以确保人民群众饮食用药安全为中心任务，认真贯彻落实全省、全市食品药品监管工作会议精神，强化队伍综合素质建设，提高执法监管能力和水平，坚持为民监管、依法监管、全程监管、和谐监管，深入开展食品药品放心工程，积极开展省级食品安全示范区创建工作，大力整顿和规范食品药品市场秩序，食品药品安全监管各项工作进展顺利，为构建和谐社会，促进古城区经济社会又好又快发展作出了新的贡献。

副区长何贵林深入基层指导工作

药品使用单位、经营企业从业人员培训

开展食品药品安全知识宣传

品监督管理局

组织食品安全联合检查

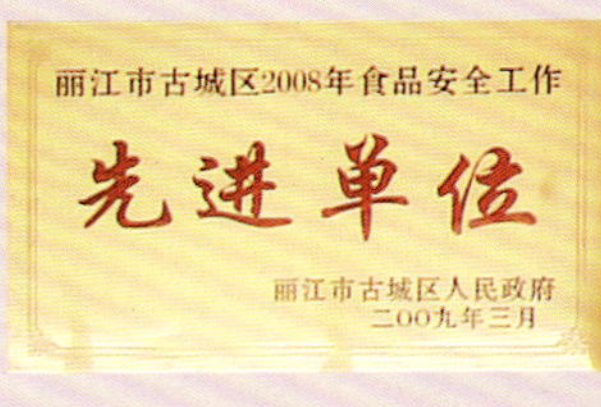

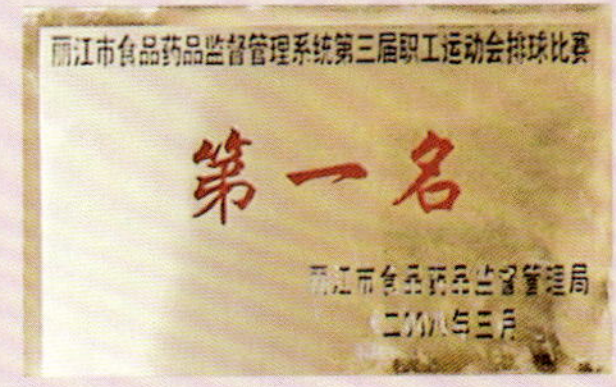

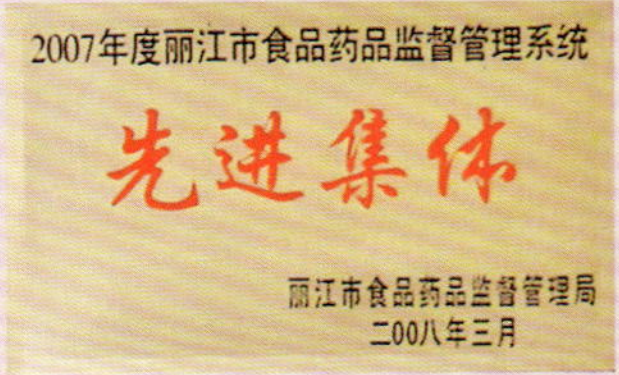

局党支部到文智开展党员结对帮扶活动

食品安全联合检查组到超市检查

执法人员到药品经营企业进行现场检查

销毁假冒伪劣药品

丰富多采的工会活动

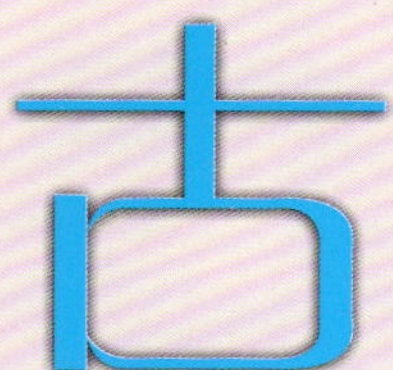

古城区移

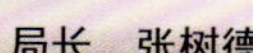
局长　张树德

全局干部职工

丽江市古城区移民开发局是负责本行政区域内大中型水利水电工程移民安置工作组织领导并实施移民安置工程的政府工作部门。内设5个职能科室：综合办公室、安置科、协调科、后扶科、财务科。下设5个移民管理所：七河所、金山所、金安所、大东所、金江所。全局现有职工25人，局机关14人，管理所11人。

六年来，在区委、区政府的坚强领导下，在省、市移民主管部门的精心指导下，古城区移民开发局努力践行科学发展观，坚持以人为本，在开发水电资源、实施移民搬迁安置的全过程、保障移民的合法权益，满足移民生存与发展的需求，积极配合金安桥水电站业主和设计单位编制移民安置规划，并已完成西哨移民安置地骨干水利工程，移民村场平、街道、人畜饮水、通电、土地开发整理、警务室、卫生室、学校等基础设施和公益项目建设，库区移民分批搬迁到安置地建设新居。结合金安小集镇规划建设金安移民安置点，结合树底街场迁建安置个体工商户，移

金安桥大坝施工现场

副省长曹建芳视察移民安置点

民开发局

走访移民户

金安桥安置点金竹村

民专项工程和移民搬迁安置工作有序推进。树底大桥复建和丽宁路局部改线工程如期竣工。电站枢纽区建设协调服务工作到位，施工区社会和谐稳定，保障了金安桥水电站工程建设和移民安置工作顺利实施。

七河移民安置点的小学教学楼

龙开口水电站可行性研究补充调查工作和移民安置方案复核工作如期完成，各项工作正在进一步细化。

古城区移民开发局全体干部职工决心一如既往心系移民，开拓创新、扎实工作，为国家的水利水电移民开发事业、为发展低碳经济，建设资源节约型环境友好型社会，为建设社会主义新农村而努力。

移民新村承包耕地上的小麦长势旺盛

建设中的移民新村

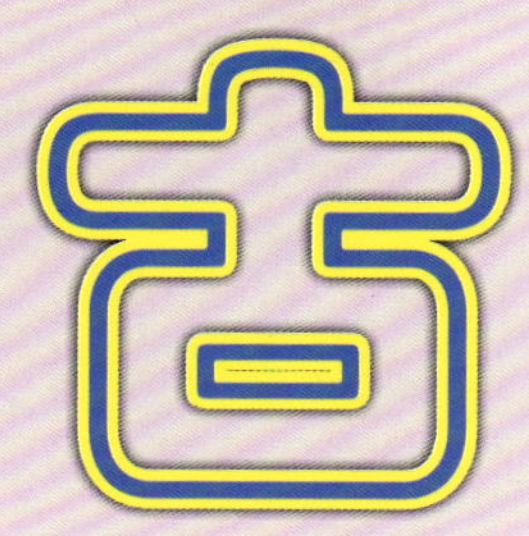

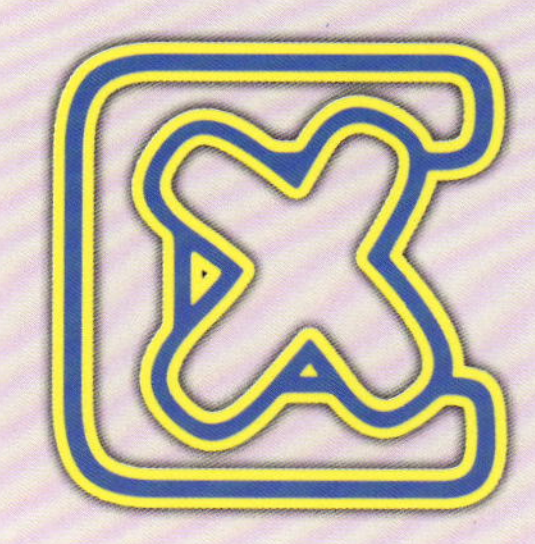

副市长王志代表丽江市人民政府与龙源电力集团公司签署合作开发风能资源协议

2008年，在区委、区政府的正确领导下，招商引资工作紧紧围绕区委、区政府提出的“以大开放促进大发展，以招商引资作为拉动经济增长的重要突破口”的工作思路，坚持以对外开放、发展外向型经济为主战略，开拓创新，积极进取，认真分析总结过去的招商引资工作经验，认真学习实践科学发展观，同时把职工的思想教育，干部队伍的作风建设当作重点来抓，明确工作目标，理清工作思路，制定切实可行的工作措施和管理办法，通过一系列工作的开展，较好地完成了区委、区政府下达的各项考核目标任务，并取得了新的突破。为推动全区经济和社会各项事业的持续和快速发展做出了应有贡献。

出席签署合作开发风能资源的市、区、县领导

出席合作开发风能资源签约仪式的领导合影

招商引资局

古城区招商引资局为提高办事效率，坚持做到多方协调，主动搞好全程服务。一是协调办理项目审批手续，为企业起草立项申请、项目建议书、科研报告、企业章程，帮助办理立项、验资注册、增加增强投资商的决心和信心；二是经常保持对外投资商后续服务和联系，以加深友谊，做到找得来，留得住。特别是在对外来投资者实行办事公开制度方面，推行了“八公开”，即：政策规定公开，职责权限公开，办事依据公开，办事程序公开，办事结果公开，办事时限公开，责任追究公开，廉政规定、监督办法公开；三是真正将“爱商、富商、助商、安商”落到实处；四是坚决落实招商引资的各种优惠政策。及时落实省、市、区招商引资政策，坚决不打折扣，树立诚信政府形象；五是及时听取投资者意见和建议。

参加云南省招商引资系统国庆60周年卡拉OK大赛

组织项目推荐会

在深圳项目推荐会上和深圳企业家合影

古城区委政研室

政研室主任　木丽琴

领导班子会议

古城区委政研室肩负着宣传贯彻落实党的路线、方针、政策的职责，负责党在农村的重大方针政策的宣传贯彻落实过程中各个方面情况的总结、调研、收集和汇报反映，为区委推进农村“三个文明”建设的决策提供信息和依据。围绕区委、区政府中心工作，开展调查研究，为区委、区政府科学决策提供依据，为解决矛盾和指导工作提供情况；同时，承担上级政研部门交办的工作和调研课题，完成区委、区政府交办的各项工作任务，协调和了解全区各部门、各乡（街道）在社会、经济、文化等发展中的经验及发展过程中出现的新情况、新问题，积极为改革、发展、稳定提供有效服务。

古城区委政研室现有干部职工6人，主任1人，专职书记1人，副主任1人，设有办公室和综合室两个科室。古城区委农村工作领导小组办公室、古城区新农村建设工作领导小组办公室、古城区新农村建设工作队领导小组办公室、古城区科技下派工作领导小组办公室也设在政研室。

近年来，古城区委政研室紧紧围绕区委政府的中心工作，以邓小平理论和“三个代表”重要思想及十七大精神为指导，全

市、区领导到市级新农村试点七河东关村调研

古城区委2009年农村工作会议

面贯彻落实科学发展观，进一步解放思想，转变作风，狠抓落实，扎实工作，按照古城区委第二次党代会上确立的目标和思路，充分发挥部门的职能作用，创造性地开展好农业农村、新农村建设、新农村建设下派指导员、科技下派及各种调查研究工作，积极为区委政府决策及解决各种问题提供情况和依据，各项工作取得了新突破，得到区委领导和上级部门的肯定和好评，为构建和谐文明小康古城作出了积极的贡献。

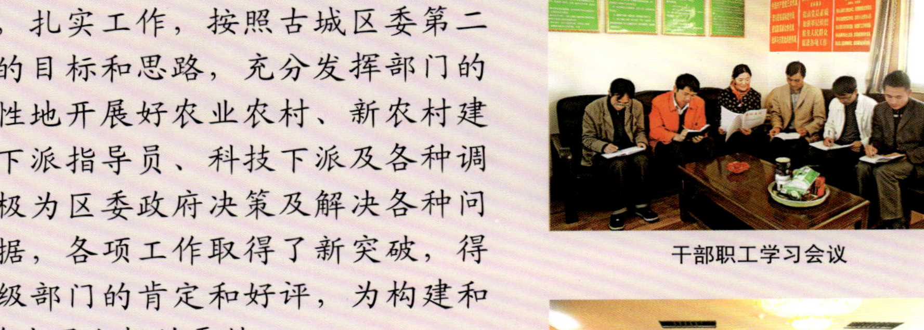

干部职工学习会议

古城区2008年度新农村建设指导员总结表彰大会

新农村建设专题讲座

锦旗

第三批新农村建设指导员工作经验交流会

古城区社会主义新农村建设指导员才艺展示活动

政研室编辑出版的书刊

督查新农村试点项目建设

古城区安监局

深入基层调研

安全宣传

安全生产工作会议

二〇〇八年，在区委、区政府的正确领导下，在市安监局的具体指导下，我局认真履行法律法规及政府赋予的职责，以邓小平理论和“三个代表”重要思想为指导，全面贯彻落实科学发展观，严格贯彻执行“安全第一、预防为主、综合治理”的安全生产方针及安全生产方面的法律、法规、规章和各级领导的重要讲话、指示，坚持发扬与时俱进、开拓创新的精神，以推动全区安全生产状况总体稳定，保障全区广大人民群众生命财产安全，保证和促进全区经济持续、协调、快速、健康发展，维护改革发展和稳定的大局为己任，注重探索、注重实践，通过健全体制、完善机制，加强队伍建设，认真开展重点行业和领域的生产安全隐患排查治理整治专项行动工作，加大日常的安全生产执法监察，强化全区性的不间断的安全生产大检查，推进安全评估、评价及安全质量标准化建设，强化企业从业人员安全培训教育，促进全区安全文化建设等各类安全生产活动，使全区的安全生产工作水平再上一个新台阶，确保了全区全年无一起一次死亡3人以上的死亡事故发生，全区生产安全事故死亡人数明显下降；从总体情况来看，全区安全生产量化控制指标进展较好，形势较为平稳。

2008年到目前为止，全区安全生产形势总体平稳。大部分行业、领域事故下降、大部分地区安全生产形势较为稳定，全区安全生产控制考核指标落实进展情况较好，安全生产执法监察工作取得一定的成效。

深入一线检查安全工作

安全培训

安全责任承诺签名

安全生产知识竞赛活动

安全生产形势分析会

安全誓言

销毁劣质烟花爆竹

国家AAA级风景区—黑龙潭公园

目　录

一、特　载

二、专　文

三、大事记

四、古城区便览

五、政　治

组织工作

宣传工作

统战工作

党校工作

政研工作

直属机关党委工作

丽江市古城区人民代表大会常务委员会

丽江市古城区人民政府

政协丽江市古城区委员会

丽江市古城区纪律检查委员会、监察局

接待工作

民族宗教事务工作

六、群团组织

总工会

共青团

妇女联合会

工商业联合会

残疾人联合会

科学技术协会

七、军　事

丽江军分区

古城区人民武装部

武警丽江市支队

消　防

通信营

八、法　制

政法委

公安工作

森林公安

道路交通管理

古城区人民法院

古城区人民检察院

司法行政

九、人事　劳动和社会保障

人　事

劳动和社会保障

十、经济管理

发展和改革

统　计

工商行政管理

审　计

质量技术监督

食品药品监督管理

昆明海关驻丽江办事处

招商引资工作

十一、农业　畜牧业

农　业

畜牧业

烤烟生产

十二、林　业

林　业

十三、水利　电力

水务局

电　力

十四、工业　商贸

经　济

商　务

安全生产监督管理

乡镇企业

供销合作

十五、旅　游

旅　游

十六、财税　金融

财　政

国家税务

地方税务

中国人民银行丽江市中心支行

中国银行丽江支行

中国建设银行股份有限公司丽江市分行

中国工商银行丽江分行

农业发展银行丽江市分行营业部

农村信用合作联社

人保财险古城公司

中国人寿保险股份有限公司丽江分公司

十七、交通　邮电

交　通　局

交通征稽

民　航

邮　政

电　信

移动通信

联　通

十八、城建　市政　环保

城市建设管理

丽江古城保护管理

环境保护

市政建设

园林绿化管理

规　划

供　排　水

十九、科技　教育

科　技

教　育

气　象

防震减灾

生物资源开发创新

二十、文化　医疗　环卫　体育

文化广电新闻出版业

博物院

史志编纂

档案工作

卫　生

环　卫

体　育

二十一、社　会

人口与计划生育工作

民政工作

移民安置

扶贫工作

老干部工作

人民生活

二十二、乡、街道

金山白族乡

七河乡

金安乡

大东乡

二十三、经济社会统计资料

二十四、附录

一、特　载

树立新标杆　抢抓新机遇　迎接新挑战
为谱写古城区科学发展新篇章而努力奋斗

——2009年2月17日在中国共产党丽江市古城区第二届代表大会第二次会议上的报告

中共丽江市古城区区委书记　周　鸿

同志们：

现在，我代表中国共产党丽江市古城区第二届委员会向大会作报告，请予审议。

这次会议，是我区实行党代会常任制后召开的第一次会议。会议的主要任务是：全面贯彻党的十七大、十七届三中全会、中央经济工作会议和省委八届六次全会、市委二届六次全会精神，认真总结去年工作，科学谋划今年任务，动员全区广大党员干部和各族群众，更加自觉坚定地深入贯彻落实科学发展观，全力保持经济社会又好又快发展。

一、2008年工作回顾

2008年大事多、难事多，是很不寻常、很不平凡的一年。一年来，在市委的坚强领导下，区委团结带领全区干部群众，高标准、严要求，坚持好字优先、好中求快，坚持富民优先、民生为本，坚持科教优先、求新求进，坚持优势优先、重点突破，全区继续保持了经济发展、改革深入、政治稳定、文化繁荣、社会进步、民族团结、人民生活水平不断提高的良好局面。

（一）经济发展在优化结构中再上台阶

经济综合实力显著增强，连续三年被评为云南省县域经济发展先进区。全区生产总值完成33.7亿元，增长12.5%。财政总收入完成4.74亿元，其中地方财政一般预算收入首次突破3亿元大关，完成30 546万元，增长8.7%（未扣除上年不可比因素），实现了真正意义上的财政预算收支平衡。坚定不移地把项目建设摆在重中之重的战略位置，丽江机场改扩建、世界遗产论坛中心建设等重大项目进展顺利，大丽铁路仁丽段、石新路、丽江师范高等专科学校新校区等一批重点项目开工建设，固定资产投资对国民经济增长的贡献率显著提高。全社会固定资产投资完成33.6亿元（不含金安桥电站），增长20%。国家出台扩大内需促进经济增长的“十项措施”后，我区迅速争取项目资金，已争取到位5 000万元，有意向性的资金近亿元。加速旅游经济提质增效，哈里谷乡村国际酒吧街、束河红山新农村旅游发展、蛇山森林国际休闲运动公园等项目先后启动建设，旅游业进一步呈现出增长快、效益好、行业稳、带动能力强的态势。接待国内外游客达465.5万人次，增长9.9%；旅游总收入完成53.6亿元，增长10.2%。金安桥水电站建设稳步推进，工业发展“倍增计划”全面实施，非公经济增势强劲。商贸物流日趋活跃，现代服务业蓬勃发展，成为拉动经济增长的重要力量。

（二）城乡面貌在统筹发展中焕然一新

城市化进程不断加快，城区面积扩大到25平方千米。完成了国安路、三束河取水点至清溪水库输水管网、大丽公路金山段太阳能路灯改造等工程的建设，城市基础设施不断完善。实施完成了民航路、原丽江会堂等绿化工程，建成了太和广场、祥和公园等一批城市休闲小广场，城市绿化率达29.1%，人均公共绿地面积达13.6平方米，获得首届中国十佳绿色城市奖，被评为省级园林城市。“七彩云南保护行动”稳步推进，节能减排工作不断加强，生态文明建设取得新进展。加强城市规划建设管理，依法坚决拆除违章建筑和不协调建筑。动员全民清除城市“牛皮癣”，合理设置了市政公众信息免费粘贴栏。采取市场化运作模式抓好城市次干道及城郊结合部环卫保洁工作，继续保持了云南省“甲级卫生城市”称号。文明理念深入人心，被评为全省文明城区。加强丽江古城保护管理，认真做好古城保洁、治安、水系保护等工作，提高了原住居民生活补助标准。和谐社区建设稳步推进，象山社区被授予云南省“和谐示范社区”荣誉称号。坚持旅游反哺农业、城市支持农村，采取“七个带动模式”，集中有限的财力和物力紧扣项目片区推进新农村建设，成效显著。继续实施科技带头人下派工程，促进了农民增收、农业增效和农村发展。整合项目资金抓好七河西哨移民安置点建设，做到了各负其责、各出其力、各投其资、各计其功。推进农业产业结构调整，烤烟、无公害蔬菜、养猪等农产业快速发展。完成团山水库配套灌渠、水利血防漾弓江七河段建设，西线油路建成通车，实施了大东公路、金江公路等一批乡村通达工程和农村客运站点建设，极大地改善了农村生产生活条件。城乡储蓄存款大幅增加，消费结构逐步优化，农民人均纯收入达3 885元，增长10.6%；城镇居民人均可支配收入达13 860元，增长16.3%。

（三）发展活力在改革开放中加速释放

深入开展新一轮解放思想大讨论活动，为进一步深化改革开放、推进科学发展营造了良好氛围，被评为全省开展解放思想大讨论活动先进集体。全面实施行政问责制等“四项制度”，以人为本、便民高效、程序规范、公正透明的服务环境逐步形成。农村综合改革扎实推进，种粮补贴、农业机耕购置补贴等各项强农惠农政策全面落实，人民群众得到实惠越来越多。林权制度主体改革基本完成，做到了“山定权、树定根、人定心”。根据城市发展需要，分设了建设局和规划局。建立处级领导直接挂钩项目制度，采取了项目挂钩奖惩措施。推行机关事业单位工作人员带薪年休假制度，调动了干部职工的积极性。创新年度目标管理考核工作，切实减轻了基层负担。新团片区项目正式启动，与中石化、中石油、金沙江中游集团和山东广饶弛扬房地产开发有限公司达成了意向性协议。完成世界遗产公园部分资产出让工作。又引进了金茂集团、阿曼集团等国内外知名企业进入古城区。2008年在建外来投资项目22个，招商引资项目实际到位资金7.8亿元。《热美蹉》被国务院列入第二批国家级非物质文化遗产名录。连续三年被评为“青年人最喜爱的十大旅游目的地和旅游景区”，又荣获了“改革30年中国最佳旅游目的地”、“2008中国最佳旅游品牌景区”、“国际旅游名城”等殊荣。圆满完成奥运火炬在丽江的传递任务，成功举办、协办了“CCTV温暖春节·2008丽江发现”、雪山音乐节、古城菊花会等大型活动，中宣部文化体制改革配套政策协调会、全省群众性广场文化现场会在我区顺利召开。不断扩大对外交流与合作，与安宁市缔结为友好市区。

（四）和谐社会在齐抓共管中加快构建

以空前的力度抓教育，出台了一整套以人为本、普惠于民的政策措施，努力办好人民满意的教育。高考成绩取得新突破。乡级卫生院改造工程全面铺开，新型农村合作医疗补助标准不断提高。文化事业和文化产业蓬勃发展，文化精品不断涌现。加强科技创新工作，通过了省政府和全国科技进步考核。免费向居民和游客开放黑龙潭公园。关心下一代工作不断推进，建立了11个“爱心书库”。关心老龄人口，认真落实60岁以上老年人免费乘坐公交车的政策，对全区80周岁以上农村老年人和城市无固定收入的老年人发放了保健长寿补助。继续实施廉租住房建设工程，逐步解决了城市低收入家庭住房难问题。以感恩的胸怀，动员全社会力量向四川地震灾区捐款428.6万元，交纳“一次性特殊党费”141.4万元。支持人大、政府、政协依法开展工作，形成了齐心协力、加快发展的强大合力。“五五”普法教育深入开展。支持和保障检察、审判机关依法独立公正地行使职权，切实维护司法公正。认真开展藏区维稳和反恐工作，实现了“确保不出大事，力争不出小事”的目标。视频监控系统建设力度不断加大，社会治安综合治理成效明显，新一轮禁毒防艾人民战争深入推进，人民群众的安全感显著增强，被评为“全省平安建设先进区”，顺利通过了全国平安建设先进区检查验收。加强信访工作，扎实开展党政领导大接访大下访活动，认真做好新形势下的群众工作，一批社会热难点和历史遗留问题得到解决。加大安全生产监管力度，安全生产形势良好。爱国统一战线进一步巩固壮大，工青妇等群团组织的工作热情进一步激发。加强党管武装工作，军政、军民团结进一步巩固。党校、政研、科协、老干等工作有序推进。

（五）党的建设在开拓创新中全面加强

切实以党的十七大和十七届三中全会精神武装广大党员干部头脑，进一步增强了深入贯彻落实科学发展观的自觉性和坚定性。不断加强领导班子和干部队伍建设，圆满完成区人大、政府、政协和乡人大、政府换届工作。建立了实行党代会常任制“1+2”的基本制度框架，设立了党联办，区党代表每人每年安排活动经费1 000元。巩固和发展先进性教育成果，深入推进“三级联创”活动和“云岭先锋”工程，扎实开展“丽江党建长廊”建设活动，实施完成金山乡红光村等9个村（居）民活动阵地示范点建设。建立流动党员服务中心和束河、木府2个流动党员驿站，不断健全党员动态管理机制。积极开展党内互助“八个一”活动和“困难党员关爱行动”，建立困难党员扶助金制度。继续实行乡（街道）领导班子党员干部挂任村（社区）党组织第一书记和退休党员干部兼任基层党组织副书记制度，选派10名优秀大学毕业生到乡（街道）挂任副职，认真做好选聘高校毕业生到村任职工作。扎实开展“讲党性、重品行、抓落实、促发展”为主题的作风建设教育活动和争先创优“六个一”活动，以优良的党风促政风带民风。深入开展廉政文化“六进”活动，廉政文化大宣教格局基本形成。切实做好清理“小金库”、规范非税收入和津补贴工作，从源头上铲除了滋生腐败的土壤。不断强化纪检监察派出机构工作职能，改革效应得到充分发挥。

这些成绩的取得，是市委坚强领导的结果，是全区上下齐心合力、艰苦奋斗的结果，是各级领导班子团结协作、奋力拼搏的结果。在此，我谨代表区委，向全区干部群众，向驻古城区解放军指战员和武警官兵，向关心支持古城区发展的外来投资者和社会各界人士，表示崇高的敬意和衷心的感谢！

成绩来之不易，经验弥足珍贵。回顾一年来的工作，我们深刻体会到：一是必须坚持把解放思想作为“总开关”。解放思想是加快发展的先导。只有破除小而满、小而安、小而稳思想，树立大解放、大建设、大发展观念；破除讲困难、讲价钱、讲条件思想，树立看优势、看主观、看实效观念；破除畏难、畏险、畏重思想，树立敢想、敢闯、敢干观念；破除等、靠、要思想，树立抢、拼、夺观念，才能在解放思想中统一思想、凝聚干劲、再创佳绩。二是必须坚持把科学发展作为“金钥匙”。发展是硬道理，是第一要务。只有紧紧抓住经济建设这个中心，坚持以人为本，树立全面协调可持续的发展观，才能实现又好又快发展。三是必须坚持把抢抓机遇作为“助推器”。机遇是“真金白银”。只有增强捕捉机遇的敏锐性、勇夺机遇的快捷性和利用机遇的时效性，才能牢牢掌握加快发展的主动权。四是必须坚持把执政为民作为“方向标”。民生大于天，万事民为先。只有把实现好、维护好、发展好人民群众的根本利益作为工作的出发点和落脚点，做到发展依靠人民、发展为了人民、发展成果惠及人民，才能得到人民群众的拥护和爱戴。五是必须坚持把真抓实干作为“标准尺”。空谈误国，实干兴邦。只有把真抓实干体现在行动上，少说多做，埋头苦干，不图虚名、不务虚功、不事张扬，才能取得实实在在的成效。六是必须坚持把团结和谐作为“大气候”。团结就是力量，和谐才能发展。只有全区上下心往一处想、劲往一处使、拧成一股绳，才能无坚不摧、无难不克、无往不胜。

在看到成绩的同时，我们必须清醒地认识到，在发展中还存在一些不容忽视的困难和问题。一是部分党员干部对科学发展观的理解把握还不够全面准确，贯彻落实科学发展观的能力和水平还不高。二是农业基础薄弱，城乡发展不平衡，农民持续增收的难度仍然较大。三是“城中村”和城郊结合部的脏乱差问题还比较突出，还需进一步加大整治力度。四是随着国际国内形势的深刻变化、旅游业的迅猛发展、城市化进程的不断加快和流动人口急剧增加，维护社会稳定的压力日益加大。五是对干部的教育管理和监督还需进一步加强，培养创新型干部的力度还需进一步加大。我们必须正视这些困难和问题，在今后的工作中切实加以解决。

二、面临的形势和任务

高度关注和正确分析外部环境的新变化、宏观调控的新趋向、承上启下的新特点，以新的视角审视新的形势，以新的思维应对新的挑战，以新的举措破解新的难题，对推动古城区科学发展至关重要。

（一）国内外发展环境迫切要求我们又好又快发展

当前，国际金融危机继续扩散和蔓延，不确定因素明显增多，经济下行压力加大，工业经济增速减缓、效益下滑，企业经营困难增大，保持农业稳定发展和农民持续增收难度加大，消费需求减弱，就业形势严峻。但辩证地看，金融危机对地区经济发展、行业产业布局及企业结构调整又是一次重新“洗牌”的机会，以集约发展为主要特征的新一轮战略竞争已拉开序幕。严峻的外部环境和激烈的竞争形势要求我们，必须科学发展，必须加快发展，必须坚定不移地走又好又快发展之路。

（二）当前面临的重大机遇迫切要求我们又好又快发展

当前，我们正面临着千载难逢的重大发展机遇：一是国家出台了扩大内需促进经济增长的“十项措施”，有利于我们积极争取政策，谋划新的发展项目，注入加快发展的活力。二是随着全球经济的震荡整合，区域经济合作必将不断深化，为我们进一步扩大开放，推动以旅游为主的外向型经济发展带来更多契机。三是随着丽江机场和大丽铁路、丽攀铁路、丽香铁路、大丽高速公路、丽攀高等级公路等交通项目的实施，区位优势将进一步凸显。四是金安桥水电站和龙开口水电站建设快速推进，为我区能源开发和新型工业发展插上了腾飞的翅膀。我们必须抢抓机遇、把握机遇、用好机遇，用足用活政策，做到高人一筹、多人一招、快人一拍、先人一步。

（三）我区的发展现状迫切要求我们又好又快发展

近年来，我区经济社会发展取得了显著成绩，但与先进发达区县相比，我区的经济总量小，发展基础还不牢固，发展还不充分，人民生活水平和质量还不高，仍然是一个欠发达地区，仍然处于积蓄发展能量的关键时期、增强发展后劲的爬坡关口、快速发展的启动阶段。看不到差距是最大的差距，感觉不到危机是最大的危机。我们的参照物不能定在省内，更不能局限在全市的范围，必须跳出古城看古城，放眼全国看古城，面向世界看古城。这不是我们一厢情愿，而是形势所迫。我们没有任何理由安于现状，必须进一步增强忧患意识，再接再厉，加快发展。

总体来看，我们遇到的困难和挑战是前进中的问题，全区经济发展基本态势没有改变，重要战略机遇期没有逆转，机遇大于挑战，前景仍然向好。面对不断变化的复杂形势，能不能真正做到保增长、保民生、保稳定，事关当前和今后更长时期的可持续发展。我们必须始终保持清醒头脑，审时度势、科学决策、周密部署、扎实工作，进一步增强危机感和紧迫感，把眼光放得更远一些，把形势考虑得更严峻一些，把目标定得更高一些，把问题分析得更深入一些，把办法研究得更周全一些，把工作做得更扎实一些，以大气魄、大手笔促进大发展、大繁荣。历史经验告诉我们，宏观经济环境发生重大变化的时候，往往是欠发达地区打牢基础、奋起直追、缩小差距的时候。谁在低谷时期抓住机遇，在危机面前举措得力，谁就能抢占先机、渡过难关，就能在新一轮大发展中再上新台阶。科学发展观是我们攻坚克难、战胜一切困难的法宝。越是在发展遇到困难的时候，越是要深入贯彻落实科学发展观。当前正是我们创新发展理念、转变发展方式、促进科学发展的有利时机。必须始终坚持把发展作为最大的政治、最硬的道理、最根本的任务，作为富民强区的第一大事、总揽全局的第一要求，坚决把中央和省委、市委、区委确定的各项政策措施落实到位，全力保持全区经济社会又好又快发展的良好势头。

三、争当科学发展的排头兵

在新的形势下，2009年将是我区经济发展面临严峻挑战的一年，又是面临重大发展机遇的一年，也是实现“十一五”规划目标任务的关键一年。做好今年的工作，必须认真学习贯彻党的十七大、十七届三中全会、中央经济工作会议和省委八届六次全会、市委二届六次全会精神，坚持以邓小平理论和“三个代表”重要思想为指导，扎实开展深入学习实践科学发展观活动，紧紧围绕“全球人居环境最好的地方之一”、“国际精品旅游城市”、“国家园林城市”、“国家卫生城市”、“全国社会治安最好的城市之一”五大目标，突出抓好抢机遇、保增长、上水平、增活力、重民生五大任务，加快推进旅游精品化、城市精细化、城乡一体化、投资多元化、新型工业化五大进程，继续打造节庆会展、休闲度假、文化演艺、商贸物流、招商融资五大平台，积极构筑特色产业、公共服务、治安防控、生态保护、社会保障五大体系，全面实施富民增收、育才扶智、便民利民、安居乐业、解忧济困五大工程，为构建和谐文明小康古城打下坚实基础。

今年经济发展的主要预期目标建议为：在优化结构、提高效益、降低消耗、保护环境的基础上，生产总值增长11%，地方财政一般预算收入增长10%，全社会固定资产投资增长25%（不含金安桥电站），旅游综合收入增长8%，农民人均纯收入增长9%，城镇居民人均可支配收入增长8.5%，社会消费品零售总额增长20%，居民消费价格总水平涨幅控制在5%以内，城镇登记失业率控制在3%以内，人口自然增长率控制在6‰以内，单位GDP综合能耗下降4%。

要实现以上目标和要求，必须把保持经济平稳较快发展作为今年经济工作的首要任务，把扩大内需作为保增长的根本途径，把转变发展方式和结构调整作为保增长的主攻方向，把深化重点领域和关键环节改革、提高对内对外开放水平作为保增长的强大动力，把改善民生作为保增长的出发点和落脚点，在“危”中寻“机”、“危”中择“机”、“危”中转“机”，坚决打赢保增长这场硬仗。

（一）夯实基础，农业农村工作再求新突破

农业农村农民问题关系着改革发展和现代化建设全局。必须把解决“三农”问题作为全区工作的重中之重，继续坚持旅游反哺农业、城市支持农村，扎实推进新农村建设。一是产业富农。稳步发展粮食、烤烟、养殖等传统产业，以市场为导向，以一乡一业、一村一品为切入点，大力发展观光农业、生态农业、品牌农业和创汇农业，增强农村的经济实力。结合火车站物流中心的开发，实施“种、养、加相结合，农、工、商一体化，产、供、销一条龙”的“舞龙”计划，通过扶持一批、引进一批、发展一批农业龙头企业，拉长农业产业链，使“龙头”伸向广阔的市场、“龙尾”摆向千家万户。二是基础强农。加强基础设施建设，加快水利血防漾弓江及其支流河（渠）道整治、大东公路、金江公路等工程建设，启动中济水库除险加固、中低产田改造、老丽鹤路改造等一批关乎民生的重点项目，切实改善农业综合生产条件，特别是要在年内实现乡乡通油路、村村通公路，逐步实现全区所有村道硬化的目标。三是科教兴农。继续实施科技带头人下派和新型农民科技培训工程，带动农民脱贫致富奔小康。全面实施“振兴农村教育”计划，改善办学条件，培养师资队伍，提高教育教学质量，促进教育公平，培育大批农村建设人才。四是机制活农。在推进城乡发展一体化上率先取得突破，在加快发展中逐步实现城乡社会统筹管理和基本公共服务均等化。结合机场改扩建、移民搬迁安置、三义旅游小集镇建设，重点实施七河新民片区新农村建设试点。进一步深化林权制度改革，活一方经济、富一方百姓、保一方生态、促一方和谐。坚持依法、自愿、有偿的原则，坚持不改变土地集体所有性质、不改变土地用途、不损害农民权益，积极探索符合我区实际、深受群众欢迎、有利于农业农村发展和稳定的多种土地承包经营权流转形式，积极妥善地发展适度规模经济。切实加大性质相似、目标相同、功能相近的支农资金整合力度，坚持投入增加、渠道不变，统筹使用、各计其功，各司其责、形成活力，着力放大资金使用效益。五是生态立农。依托丰富的生态旅游资源，结合林权制度改革，加快束河红山新农村旅游发展、蛇山森林国际休闲运动公园等项目的建设，推出一批不同类型、不同层次、不同特点，具有观光、品尝、体验、休闲、度假等多种功能的民俗旅游村，全力构筑以“游山玩水、游山观景、游山赏俗”为特色的旅游产业发展新体系，辐射带动新农村建设，把束河和蛇山建成城乡一体化示范片区。六是党建促农。以领导班子建设为重点、健全党组织为保证、三级联创活动为载体，建立“支部＋协会”的工作模式，推动农业产业化经营和农民增收，把农村基层党组织建设成为推动科学发展、带领农民致富、密切联系群众、维护农村稳定的坚强领导核心。

（二）精益求精，城市建设管理再创新业绩

城市化是撬动经济社会发展的“杠杆”。必须坚持高起点规划、高标准建设、高效能管理、高水平经营，走质量与速度并重，特色型、节约型、多样化的城市化发展道路，充分发挥城市的辐射带动作用。一是明确城市定位。按照不求其大求其精、不求其全求其特的城市发展要求，确立“以山为骨、以水为脉、以绿为韵、以文为魂”的城市发展理念，构筑山、水、城浑然一体和绿、亮、美有机结合的城市发展格局，更加突出自己的风格和亮点，加快国际精品旅游城市建设步伐。二是优化城市布局。老城区，树立“无为”的理念，按照规划需要拆除的建筑，做到只拆不建，拆了就绿化、美化，以“无为”谋取更大的“有为”。在规划建设区，以祥和丽城为核心，构筑新城大框架；以火车站为中心，在构筑5平方千米的物流、仓储、加工、运输集散地的基础上，规划20平方千米的新团片区，进一步拓展城市发展空间。三是完善城市功能。抓好截污管网二期及第二污水处理厂、城市生活垃圾清运及处置、雪山路、清溪河环境整治等市政公用基础设施建设，完善城市服务功能。四是增强城市实力。依托火车站物流中心、祥和丽城、“三河三路”整治、国大花马街等项目的开发，繁荣城市商贸流通业，推进特色商业街区建设，积极发展大型连锁经营、大型百货商场、中高级批发市场，提升城市农产品集贸市场档次，继续打造商贸物流平台，打牢城市产业发展基础。五是改善城市环境。积极构建“点线面环相结合，乔灌花草相辉映”的多层次、开放式、高质量绿化体系，创建独具特色的国家园林城市。巩固城市“牛皮癣”治理成果，抓好户外广告设置综合治理，解决好背街小巷和城郊结合部的脏乱差问题，着力创建国家卫生城市。成立综合执法机构，提高城市精细化管理水平。按照“自治好、管理好、服务好、治安好、环境好、风尚好”的“六好”要求，加强和谐社区建设，积极构筑居民生活的“温馨家园”。

（三）提质增效，旅游“二次创业”再迈新步伐

文化是旅游的灵魂，旅游是文化的依托，文化和旅游相互交融、相辅相成、相得益彰。必须以实现旅游业“六个转变”为主线，进一步加强文化与旅游发展相结合，以“特”建设精品、创建名牌，巩固旅游业发展排头兵的地位。一是抓巩固。认真实施精品带动战略，巩固提升丽江古城品牌，全面拓展发展空间，在发展规模、产业质量和综合效益上实现新突破，充分发挥骨干景区带动作用。围绕“吃住行游购娱”六要素，深度开发配套旅游资源，为发展大旅游创造高增值、强辐射、广就业的现代服务业体系。加强旅游市场整治，营造安全、有序、健康的旅游市场环境。二是抓完善。牢固树立“大束河”理念，在现有滇西明珠、悦榕酒店、大港旺宝国际酒店等高档酒店的基础上，全力抓好金茂柏悦、铂金5星级溪禺谷度假酒店、雪山世纪花苑等项目的建设，构筑高端休闲度假酒店群落，继续打造休闲度假平台。三是抓提升。进一步深化文化体制改革，着力增强文化单位的发展活力，培育新兴文化产业，繁荣文化市场，拉动相关产业联动，不断提高文化的软实力。高度重视非物质文化遗产的传承与保护，加强民族文化研究开发，进一步提升东巴文化、纳西古乐等知名文化品牌，加快推出《木府风云》等旅游文化精品，继续打造文化演艺平台。进一步办好雪山音乐节、七夕情人节、古城菊花会等节庆活动，继续打造节庆会展平台。四是抓开发。进一步整合公园、风景名胜区、文化文物、宗教场所等旅游资源，推出新的旅游线路，形成长线、短线、环线互为补充的旅游产品，增强旅游的吸引力。切实做好旅游东环线前期工作，拓展旅游发展空间。加快对人无我有、人有我特的民族特色旅游商品开发，提高旅游产业的总体经济效益。五是抓创新。全面实施形象推广、旅游精品、创新营销、协同推广等“四大战术”，调整宣传促销工作重点，并推动宣传促销向产品营销转变，采取客源市场多元化战略，大力开拓高端客源市场，有效化解国际金融危机对旅游市场的冲击。

（四）拓宽领域，项目投资拉动再掀新高潮

项目是拉动区域经济发展的重要载体。必须按照“抢抓机遇、突出重点、亮剑拼搏、全面开花”的工作思路，优化投资环境，以大投入拉动经济总量大增长，以大投入带动人民生活大改善，以大投入加速城

乡面貌大变化，以大投入推动发展方式大转变，努力掀起投资建设的新高潮。一是加快一批在建项目。争分夺秒、想方设法加快丽江机场、大丽铁路、石新公路等18个项目的建设，全力完成年度投资计划。二是启动一批重大项目。启动机场路、大港国际会展中心、福象片区、束河天域阳光特色民居等30个重大项目的建设，积极推进大丽高速公路、丽攀高等级公路等重大项目前期工作。三是争取一批骨干项目。牢牢把握中央扩大投资的重点领域和基本方向，安排200万元的项目前期经费，坚持大手笔、高水平规划，选准选好项目，做深做细做实项目前期工作，尽最大可能加快项目审批进度，争取国家、省、市的支持。四是引进一批重点项目。大力推进产业链式招商引资，坚持把吸引人才作为引进项目、引进理念、引进品牌、引进文化的重要手段，努力把我区建成开放程度最高、发展活力最强、最具竞争力的县域经济区。抓紧抓好中济海大型开放式城市公园、丽江国际商贸城的前期工作，通过招商引资对林业工程公司片区进行捆绑一次性综合改造。进一步加强与银行合作，大胆融资6至7个亿，带动100个亿的投资，全力打造招商融资平台。切实加强投资项目质量和资金监管，提高投资效益。

（五）优化结构，新型工业发展再添新活力

工业化是推进国民经济不断优化升级的“火车头”。必须注重在发挥资源优势中选育特色优势产业，在现有产业中做大做强传统产业，在找准致富产业中带动劳动就业，坚定不移地走特色工业化道路。一是培育壮大骨干产业。深入实施水能富区战略，认真做好大型水电工程的移民安置和协调服务工作，确保年内实现金安桥水电站第一台机组发电，着力建设清洁能源基地。加大政策扶持力度，扩大投资规模，开发潜在市场，发挥整体优势，做大、做强、做优农特产品、林果深加工、旅游工艺品等特色产业，着力打造生态产业基地。二是坚持科技管理创新。以技术创新求生存、以技术创新求发展，提高工业竞争力。积极推进企业管理创新，提高企业管理效率。三是积极发展中小企业。以“农民增收、工业增效、财政增长、后劲增强”为目标，抓好民营经济，培育特色经济，壮大园区经济，发展配套经济，提升劳务经济。完善服务体系，放宽市场准入条件，加大资金扶持力度，促进中小企业向“专、精、特、新”的方向发展。四是优化企业发展环境。从土地、金融、税收、环保等方面入手，尽快制定出鼓励和支持企业发展的政策措施，帮助协调解决企业发展中的重大问题。

（六）环保优先，生态文明建设再上新水平

良好的生态环境是我区最大的竞争优势。必须深入实施“七彩云南保护行动”，自觉履行《滇西北生物多样性保护丽江宣言》，坚持走生态建设产业化、产业发展生态化的新路子，努力把我区打造成为“全球人居环境最好的地方之一”。一是开展绿色创建行动。继续实施天然林保护、退耕还林工程，深入开展“绿色村庄”、“绿色社区”创建活动，推进城区园林化、城郊田园化、道路绿荫化、庭院花园化。二是开展环境整治行动。加快村容村貌整治，继续实施“一池三改”工程，开展生活垃圾收集处理和生活污水处理，积极发展农村太阳能等清洁能源，推动无公害清洁生产。三是开展水资源保护行动。以地下水调剂为主，水库调水为辅，科学合理蓄水和调度，最大限度保证景观用水，提高综合调配水源、全面治理污染和截污的能力，确保清水长流。四是开展节能减排行动。加快淘汰落后生产工艺，大力发展循环经济和环保产业。尽快启动市政道路半导体照明与太阳能集成技术应用示范一期后续和滇西北再生资源回收利用中心建设工程，提高资源能源利用效率。广泛开展节能减排全民行动，努力形成尊重自然、热爱自然、善待自然的浓厚氛围。

（七）以人为本，解决民生问题再推新举措

越是困难时刻，越要高度关注民生。必须始终坚持维护群众利益高于一切，关心群众疾苦重于一切，解决群众困难先于一切，使人民群众生活切实得到改善、生活质量切实得到提高、幸福感切实得到增强。一是实施富民增收工程。调动一切积极因素、动员一切社会力量、吸引一切可用资金，加快实施扶贫整村推进工程，力争做到村有骨干项目、户有增收项目，促进农民增收致富。二是实施育才扶智工程。坚持优先发展教育，继续实施“四名”战略，形成“义务教育抓素质，普高教育抓升学，职业教育抓技能”的格局，快出人才、多出人才、出好人才，努力把我区建成教育强区和教育名区。置换丽江师专资产再建设一所高级中学，启动职业教育中心建设，率先实现普及高中教育。撤并全部一师一校点，大力发展寄宿制半寄宿制学校。逐步撤并山区中学，让所有山区家庭的小学毕业生到区民中就学，享受民族生待遇和优质教育。促进教育公平，绝不让任何一位学生因贫困而失学。三是实施便民利民工程。兴建一批小广场、小绿地、小游园，加快文化场馆建设，继续实施社区建设“六个一工程”，实现村村有活动室的目标。实施北郊、东干河等片区的排污工程，切实解决排污难的问题。加快市体育中心、青少年活动中心等项目建设，广泛开展全民健身活动，促进群众性体育活动和竞技体育协调发展。四是实施安居乐业工程。扩大廉租住房和经济适用房建设规模，着力解决低收入群众住房困难。加快农村民居地震安全工程建设，切实抓好防灾减灾和灾后恢复重建。针对当前返乡农民工增加等问题，采取综合措施，想方设法创造更多的就业机会、开辟更多的增收渠道。进一步完善再就业援助制度，切实落实好小额担保信贷、减免税费和发放岗位补贴、培训补贴、社会保险补贴等优惠政策，着力帮助零就业家庭和困难人员解决就业问题。五是实施解忧济困工程。启动区医院改扩建工程，加快社区卫生服务体系建设和乡村卫生室改造，配备一批先进医疗设备。巩固提升新型农村合作医疗水平，扩大城镇居民基本医疗保险覆盖面。采取多种措施培养引进医疗技术人才，做到待遇招人、事业留人。继续加强人口和计划生育工作，统筹解决人口问题。切实抓好老龄工作。加快完善城乡社会保障体系，突出抓好社会保险、社会救助、失地少地农民和农民工社会保险等工作，积极扩大养老、医疗、失业、工伤、生育保险范围，逐步提高社会保障水平。

（八）依法治区，构建和谐社会再出新成效

社会和谐稳定是发展的前提。必须把稳定作为硬任务、作为第一责任，不断巩固安定和谐的政治局面。一是以政治文明促和谐。充分发挥党委总揽全局、协调各方的作用，积极支持人大、政府、政协依法开展工作，强化检察院、法院的职能，注重发挥工青妇及工商联等群团组织的桥梁纽带作用，加强党管武装工作，抓好“双拥”共建活动，不断巩固和扩大爱国统一战线，调动一切积极因素为全区发展做贡献。大力推进政务、厂务、村务、校务公开，进一步完善监督机制。二是以精神文明促和谐。加强党对意识形态工作的领导，持之以恒地全面推进社会主义核心价值体系建设，抓紧抓好爱家乡教育基地建设。组织开展好新中国成立60周年庆祝活动，唱响共产党好、社会主义好、改革开放好、伟大祖国好的时代主旋律。三是以公平正义促和谐。切实改进新形势下群众工作的方式方法，认真开展集中清理执行积案活动，最大限度从源头减少人民内部矛盾的发生。依法及时有效解决群众反映强烈的突出问题，切实维护群众利益。加强法制教育，引导群众以理性合法形式表达诉求，健全信访制度和应急管理机制，努力把影响社会稳定的问题解决在基层、解决在萌芽状态。四是以社会稳定促和谐。扎实推进社会治安综合治理，建立健全人防与技防、动与静、专与群、点线面相结合，打、防、管、控、建为一体，无缝隙、全时段、全方位、网络化的社会治安联动防范体系。进一步加强视频监控系统建设，向科技要警力。深入开展新一轮禁毒防艾人民战争，依法惩处各种违法犯罪行为，严密防范和坚决打击境内外敌对势力的渗透、分裂和颠覆活动，把我区建成“全国社会治安最好的城市之一”。继续抓好流动人口服务管理工作，健全管理网络。深入开展食品药品安全专项整治和安全生产治理整顿，切实保障人民群众生命财产安全。

四、全面推进党的建设新的伟大工程

推动古城区科学发展，关键在党。必须以改革创新的精神，全面推进党的建设。

（一）狠抓思想建设，进一步强化理论武装

继续学习贯彻党的十七大、十七届三中全会精神，扎实开展深入学习实践科学发展观活动，突出实践特色，解决突出问题，切实推动工作。当前，尤其要增强“六种意识”，即增强忧患意识，就是始终保持如履薄冰、如临深渊的紧迫感和危机感，以“人之一我之十，人之十我之百”的气魄加快发展；增强机遇意识，就是善于在抢抓机遇中加快发展，在加快发展中不断抢抓新的机遇；增强品牌意识，就是善于发挥品牌优势做文章，努力把品牌优势转化为竞争优势；增强统筹意识，就是树立科学发展的理念，统筹城乡发展、统筹区域发展、统筹经济社会发展、统筹人与自然和谐发展；增强创新意识，就是进一步解放思想、更新观念，创造性地开展工作；增强感恩意识，就是心怀感恩之情，感恩组织、感恩人民、感恩社会，切实做好表率。

（二）狠抓组织建设，进一步夯实执政基础

深入推进“三级联创”活动和“云岭先锋”工程，加强村级组织活动场所和农村党员远程教育建设，进一步推进“九个十二”创建活动，扩大党的工作覆盖面和影响力。继续抓好选派基层党组织第一书记和退休党员干部兼任基层党组织副书记制度，不断优化基层党组织领导班子结构。认真开展党内互助“八个一”活动，建立健全城乡基层党组织互帮互助机制。认真落实“农村困难党员关爱行动”和“困难党员扶助金”制度，着力提高农村党员发展和带领致富的能力。继续抓好流动党员驿站的建设，切实加强“两新”组织的党建工作。

（三）狠抓队伍建设，进一步提高服务能力

持之以恒地加强领导班子建设，使领导班子执行力、创新力、凝聚力有新提高，使领导干部讲党性、重品行、做表率有新进步，把各级领导班子建设成为坚强的领导集体。深入贯彻落实市委《构建民主和谐干部工作新机制规则》，着力提高选人、用人公信度和干部满意度。要格外关注对群众有深厚感情，关心群众疾苦，会做群众工作的干部；格外关注长期在基层工作，在艰苦环境中工作，并做出成绩的干部；格外关注忠诚老实、埋头苦干、不事张扬的干部。鼓励各级领导干部以改革创新的精神推进工作，取得成绩时，给他们鼓掌鼓励；遇到困难时，为他们排忧解难；遭受非议时，为他们澄清事实。

（四）狠抓制度建设，进一步增强创新活力

认真抓好党代会常任制试点工作，进一步强化党内民主，健全科学的领导体制和工作机制，不断拓宽党内民主渠道。进一步完善党委内部的议事规则和决策程序，建立社情民意反映制度和重大事项社会公示、听证制度，提高决策的科学化、民主化水平。坚持集体领导下的个人分工负责制，充分发扬党内民主，实行正确的集中，形成各司其职、各尽其责、相互协调、相互支持、共同推进全局工作的整体合力。

（五）狠抓作风建设，进一步历练务实品格

坚持不懈地加强领导干部党性修养，使各级领导干部始终保持共产党人的政治本色，发扬党的光荣传统和优良作风，树立和坚持正确的事业观、工作观、政绩观，以优良作风带领广大党员群众迎难而上、锐意改革、共克时艰。认真贯彻执行行政问责制等“四项制度”，不断提高行政效率和服务人民群众的质量。坚持深入实际、深入基层、深入群众，开展调查研究，做到问政于民、问需于民、问计于民。重点开展好以深入学习实践科学发展观为主题的“十进十解”活动，即捐资助学进学校、解决上学难的问题，医疗卫生进社区、解决看病难的问题，技能培训进城乡、解决就业难的问题，通达工程进村社、解决行路难的问题，水利建设进山区、解决用水难的问题，科技推广进田间、解决增收难的问题，市政管网进巷道、解决排污难的问题，联防警力进片区、解决治安难的问题，阵地建设进村组、解决活动难的问题，便民服务进基层、解决办事难的问题。实行处级领导“十挂钩十推进”制度，即挂钩项目，推进投资建设和招商引资掀起新高潮；挂钩贫困村，推进扶贫开发取得新成果；挂钩新农村，推进城乡一体化迈出新步伐；挂钩农产业，推进现代农业发展开创新局面；挂钩社区，推进社区建设管理工作再上新台阶；挂钩企业，推进新型工业发展再添新活力；挂钩学校，推进素质教育和实施“四名”战略实现新突破；挂钩综治维稳，推进平安建设再创新业绩；挂钩党建，推进执政能力和先进性建设进入新境界；挂钩学习实践活动，推进科学发展再上新水平。

（六）狠抓廉政建设，进一步塑造勤廉形象

坚持党要管党、从严治党，严格执行党风廉政建设责任制。坚持廉政建设与勤政建设相结合，既一刻不放松地抓好廉政建设，又持之以恒地抓好勤政建设。加强廉政文化建设，促进领导干部廉洁自律。坚持改革发展的力度有多大，反腐倡廉的力度就有多大；行政权力运行到哪里，监察工作就开展到哪里；公共财政支出到哪里，审计工作就跟进到哪里；政府公共服务到哪里，绩效监督就覆盖到哪里，形成用制度规范行为、按制度办事、靠制度管人的监督制约体系。严肃查处违纪违法案件，坚决纠正损害群众利益的不正之风，为我区经济社会发展保驾护航。

同志们，我们取得的成就已经载入史册，新的更加艰巨繁重的任务正摆在我们面前。我们的事业崇高而神圣，我们的前景光明而美好，我们的责任重大而光荣。让我们更加紧密地团结在以胡锦涛同志为总书记的党中央周围，高举中国特色社会主义伟大旗帜，坚持以邓小平理论和“三个代表”重要思想为指导，深入贯彻落实科学发展观，树立新标杆、抢抓新机遇、迎接新挑战，进一步解放思想、开拓创新、锐意进取，谱写古城区科学发展新篇章，以优异成绩迎接新中国成立60周年！

政府工作报告

——2009年3月10日在丽江市古城区第二届人民代表大会第二次会议上

丽江市古城区人民政府区长　金光闪

各位代表：

现在，我代表区人民政府向大会报告工作，请予审议，并请各位政协委员和列席人士提出意见。

一、2008年在加速发展中实现本届政府良好开局

2008年是本届政府的开局之年。一年来，在市委、市政府和区委的坚强领导下，在区人大、区政协的有效监督和大力支持下，区人民政府团结带领全区各族干部群众，坚持改革顺势而上，直面挑战谋势而上，抢抓机遇乘势而上，科学发展强势而上，同心同德、扎实工作，全面完成了区第二届人民代表大会第一次会议确定的各项目标任务。

（一）抓发展、扩总量，经济实力再上新台阶

2008年，全区生产总值完成33.7亿元，增长12.5%；财政收入完成4.74亿元，其中地方财政一般预算收入首次突破3亿元，达3.05亿元，增长8.7%；全社会固定资产投资完成33.6亿元，增长20%；城镇居民人均可支配收入13 860元，增长16.3%；农民人均纯收入3 885元，增长10.6%；社会消费品零售总额13.2亿元，增长29.4%。全区经济继续呈现出强劲的发展态势，连续3年被评为云南省县域经济发展先进区。

（二）抓建管、筑平台，城市形象呈现新亮点

坚定不移地实施经营城市战略，突出特有生态环境和文化气质，加快基础设施建设，着力在布局上做优城市，在形象上做靓城市，在功能上做强城市。

城市基础设施进一步完善。投资3 100万元完成国安路、玉香路、七星西路建设，投资2.5亿元实施石新路、雪山路建设，投资6 500万元启动实施福象路建设，城市交通网络不断优化。投资4 900万元完成三束河至清溪水库输水管网、金甲片区排污管网和香格里大道排水系统改造，投资5 700万元实施清溪河环境整治，启动实施第二污水处理厂、第二垃圾处理场建设，城市基础功能不断完善。投资3 700万元完成民航路、太和广场、福慧广场等一批绿化工程。“1人种活1棵树”义务植树和园林式单位、园林式小区创建活动深入推进。年内新增绿地面积23万平方米，人均公共绿地面积达13.6平方米，被评为省级园林城市、中国十佳绿色城市。

城市经营管理水平进一步提升。创新城市管理模式，全面推行“数字城管”，不断提升城市精细化管理水平。深化城市管理体制改革，增设区规划局，强化城市规划执法，不断完善控违治违长效机制。整合执法资源，大力整治不协调建筑，着力规范废旧物品收购、渣土运输、广告牌设置。深入开展爱国卫生运动，全面推行环卫保洁市场化运作机制。积极探索城市绿地企业化管养模式，管护实效全面提升。荣获“云南省文明城区”称号。

古城保护管理力度进一步加大。以打造洁净、绿色、安全、文化、和谐古城为目标，精心呵护世界文

化遗产。投资 2 150 万元实施丽江会堂拆除绿化和过街天桥、玉河游路建设，古城周边环境得到切实改善。深入开展经营秩序、噪声污染等古城环境综合整治。投入资金 240 万元向游客和市民免费开放星级厕所。强化安民、便民、惠民措施，提高原住居民生活补助标准，发放补助资金 120 万元。实施消防管理“三线综合整治”，推广应用独立式火灾探测报警器等消防技术，古城消防二中队被省人民政府授予“爱民护城模范消防中队”荣誉称号。丽江古城被评为改革 30 年中国最佳旅游目的地。

（三）抓产业、强基础，新农村建设取得新突破

坚持旅游反哺农业、城市支持农村、多予不取放活的方针，夯实基础、调优结构、壮大龙头，新农村建设稳步推进。

农村基础设施进一步完善。投资 4 000 万元实施完成团山水库配套灌渠建设、漾弓江河道治理、西哨移民安置区骨干水利工程建设等一大批水利基础设施项目。投资 2 250 万元实施七河西哨、金安龙山土地开发整理和金山贵峰、七河勒马小流域治理。投资 2.3 亿元实施金江公路、大东公路建设。投资 400 万元完成义新路、白水路、建新路等农村通达工程。全面启动蛇山国际森林休闲运动公园和束河红山新农村旅游发展项目，投资 650 万元实施 13 个新农村试点村建设，集中连片、整体提升，点上突破、面上推进的新农村建设格局初步形成。金安桥水电站西哨移民安置区建设基本完成，移民安置和开发工作有序推进。投资 310 万元实施 1 025 户农村民居地震安全工程。村容村貌整治试点工作全面完成。

产业结构调整进一步加快。传统农业稳步发展，特色产业不断壮大，粮食总产量达 4 万吨，烤烟产业产值突破 1 000 万元，核桃、蔬菜、紫苏等特色产业总产值达 2 000 万元，畜牧业产值突破 2 亿元。加强高致病性猪蓝耳等疫病防控，加快生猪产业发展，确保了全区生猪供应和肉食品安全。科技下派工作成效显著，龙头企业不断壮大，农产业经营组织化程度不断提高。劳务经济迅速发展，开展实用技术培训 1.38 万人次，新增农村劳动力转移 2 900 人，劳务收入突破 4 000 万元。

农村综合改革进一步推进。集体林权制度主体改革全面完成，探索创立了深化林权制度改革与扶持生态产业发展同步、林业资源保护与旅游产业开发对接的新模式。基层农技推广体系改革深入开展，七河供销社改制全面完成，省级地方公益林区划界定稳步推进。加强农村公路管理养护体制改革，设立乡级农村公路养护管理所。全面落实各项强农惠农政策，发放种粮农民补贴和农资综合直补 860 万元。村级公益事业建设一事一议财政奖补试点工作稳步推进，兑现补助资金 180 万元、安排 830 万元支持农村公益事业建设。

扶贫开发力度进一步加大。投资 470 万元实施 16 个“整村推进”项目。投资 160 万元实施金安金布丁易地扶贫项目。发放小额信贷资金 800 万元。深入开展挂钩扶贫、结对帮扶和“献爱心”扶贫捐款活动。

（四）抓文化、塑品牌，旅游发展取得新进展

紧紧围绕建设国际精品旅游城市的目标，深入实施旅游精品战略，旅游业提质增效步伐加快。全年接待游客 465.5 万人次，增长 9.9%；旅游综合收入 53.6 亿元，增长 10.2%。荣获“2008 中国最佳旅游品牌景区”、“国际旅游名城”等殊荣。

旅游文化内涵不断提升。坚持旅游开发与资源保护相结合，以市场为导向，以招商引资为抓手，进一步整合、优化和提升旅游资源。加快推进哈里谷乡村国际酒吧街建设。投资 380 万元完成白塔路建设。投资 3.2 亿元实施溪禹谷酒店建设。投资 60 万元公开征集具有浓郁民族文化特色的旅游产品设计和旅游标识。圆满完成奥运火炬丽江传递活动。成功举办迎奥运暨建区五周年文化体育系列活动和“CCTV 温暖春节·2008 丽江发现”、束河中国七夕节、雪山音乐节等大型活动，品牌效应进一步提升。

旅游管理服务水平不断提升。高度重视旅游安全。加强以打击“四黑”为主的专项整治，强化非星级酒店、民居客栈特色等级管理和行业自律。全年培训旅游从业人员 980 人。

（五）抓效益、调结构，工业经济迈出新步伐

深入实施工业发展“倍增计划”，积极推进新型工业化进程，工业经济继续保持良好的发展态势。完成规模以上工业增加值 4.3 亿元，增长 25%，利税突破 1 亿元。

工业结构不断优化。坚持工业强区战略，发展以水电开发、建材生产、旅游产品和生物资源开发为主的新型工业。永保水泥金山分公司生产线改扩建项目进展顺利，玉峰水泥公司落后产能淘汰转产工作有序推进。金安桥水电站大坝全线浇筑，首台发电机组着手安装，龙开口水电站围堰截流。

非公经济迅速发展。积极鼓励、支持和引导非公经济发展，个体工商户、私营企业达 1.1 万户，从业人员达 3.2 万人。全年个私经济实现增加值 21.5 亿元，增长 25.8%，占全区生产总值的 63.8%。

（六）抓招商、引项目，对外开放取得新成果

坚持以改革促开放、以开放助发展，把固定资产投资和招商引资作为加快发展的突破口和切入点，积极推动经济结构调整升级，培育新的经济增长点，区域发展活力进一步增强。

项目投资建设稳步推进。全面推行重点项目领导挂钩制度，扎实做好建设项目的协调服务工作。金安桥水电站、大丽铁路、市体育中心、世界遗产论坛中心、哈里谷乡村国际酒吧街建设和丽江机场改扩建、清溪河环境整治等重点项目进展顺利。紧紧抓住国家扩大内需促进经济平稳较快增长的政策机遇，储备和上报古城区优势项目，积极争取各方面资金，为经济社会发展注入了新的活力。

招商引资成效显著。着力优化投资环境，充分调动各级各部门招商积极性，招商成果进一步扩大，全年实际到位资金 7.8 亿元。世界遗产公园部分资产成功出让，世界顶级酒店柏悦品牌即将落户古城区。对外贸易大幅增长，全年进出口总额达 2 480 万美元。加大对外交流，与安宁市缔结为友好城市。

（七）抓环境、重节能，生态建设取得新成效

坚持治理与保护并重，扎实开展环保专项整治，着力推进环境基础设施建设，城乡生态环境进一步改善。

生态环境建设不断加强。深入开展七彩云南保护行动，认真贯彻滇西北生物多样性保护丽江宣言。加强重点行业、重点污染源监管。加大城中村、城郊结合部环境整治。取缔大丽公路沿线砖瓦窑 27 座。实施“绿色村庄”、“绿色社区”创建活动。第一次全国污染源普查工作全面完成。严格土地管理，节约集约用地，第二次全国土地调查工作有序推进。地下水资源整治、面山治理和“禁白”成果进一步巩固。高度重视森林防火，切实加强资源林政管理。农村沼气、太阳能等清洁能源发展步伐加快。完成节柴改灶 800 口，沼气池建设 3 580 口。

节能减排工作不断深入。广泛开展节能环保专项整治，加快淘汰落后工艺和高能耗企业，加强重点领域、重点行业和重点企业的监测监控，督促企业落实节能减排主体责任，推动企业低消耗、低排放。永保水泥金山分公司技改项目顺利实施。投资 800 万元完成大丽公路金山段太阳能路灯节能改造。

（八）抓民生、促和谐，和谐社会建设取得新成绩

坚持以发展促和谐、以公平求和谐、以稳定保和谐，着力保障和改善民生，发展成果普惠于民，和谐社会建设迈出新步伐。

社会保障体系不断完善。五大社会保险基本覆盖，参保人数达 6.3 万人。城镇居民基本医疗保险工作全面展开，参保人数达 2.9 万人。农村养老保险参保人数突破 7 000 人。安排资金 1 000 万元提高城乡低保标准。在全省率先实现孤寡老人集中供养。就业再就业工作成绩喜人，全年新增就业 1 200 人。投入资金 240 万元全面实施 60 岁以上老年人免费乘坐公交车政策。投资 500 万元建设廉租房 3 000 平方米。发放救灾救济金 371 万元保障受灾群众生产生活。募捐资金 570 万元全力支援汶川抗震救灾。实施完成 45 户农村贫困残疾人危房改造，区残疾人综合服务中心建成投入使用。团山艺术陵园建设项目进展顺利。深入做好拥军优抚工作，妥善安置城镇退役士兵。高度重视老龄事业，荣获“云南省老龄工作先进区”称号。

科教事业持续发展。优化教育资源配置，切实改善办学条件，投资 1 700 万元实施区一中、福慧学校、黄山完小等学校重建和改扩建，新增校舍改造面积 1.1 万平方米。投入 400 万元全面实施名师工程、青蓝工程。加强教育对外交流合作，区一中与云师大附中高新一中联合办学，启动与美国佛蒙特大学教师交流培训合作项目。保障农民工子女平等接受义务教育。全面落实“两免一补”政策，免除义务教育阶段学生学杂费、教科书费 730 万元，补助贫困家庭寄宿生生活费 400 万元，教育均衡发展战略深入推进，办学质

量和水平进一步提高，中高考取得历史性突破，各项指标名列全市区县中学第一。知识产权保护利用工作成效显著，科技创新能力明显增强，通过了科技部2005—2006年科技进步考核。

医疗卫生事业稳步发展。公共卫生应急体系和疾病防控体系进一步完善。投资200万元完成4个乡卫生院改扩建、6个村卫生室建设。新型农村合作医疗制度深入实施，年人均筹资标准提高到90元，参合率达98.8%。重大传染病防治和食品、药品、餐饮业监管进一步加强，省级食品安全示范区创建工作深入推进，血吸虫病防治达标巩固工作通过省级考核验收。投资400万元完成计划生育服务站建设，认真兑现“奖优免补”政策，扎实开展计划生育村（居）民自治试点工作，加强流动人口管理和服务，人口自然增长率为1.89‰。

文化体育事业繁荣进步。非物质文化遗产保护工作切实加强，设立非物质文化遗产保护管理中心，原始歌舞“热美蹉”被列入国家非物质文化遗产名录。文化对外交流成效显著，“涵蜜金”组合摘取中国西部民歌大赛银奖。区图书馆迁建工作全面完成，投资500万元完成广电大楼建设并投入使用。投资40万元完成金山开南研习所革命传统教育基地建设。投资60万元建成金江文化站。“村村通”工程、农村电影放映“2131”工程、“农家书屋”建设工程深入推进，广播电视覆盖率达94.2%。广泛开展以迎奥运、纪念改革开放30周年为主题的群众性广场文化活动，得到中宣部肯定并在全省推广。全民健身运动蓬勃开展，荣获“云南省小康体育特色区”称号。

其他社会事业全面进步。加强统计调查，组建区级地方统计调查队，设立乡街道统计站，第二次全国经济普查进展顺利。工商物价、新闻出版、史志档案、质量技术监督、妇女儿童权益保障等各项工作不断推进，工会、妇联、共青团等群团工作和社会慈善事业全面发展。

（九）抓平安、扩民主，平安古城建设开创新局面

以构建和谐平安古城、实现依法治区为目标，尊重和保障人民合法权益，重视社会公平正义，促进社会稳定和谐。

着力构建平安古城。深入开展社会治安综合治理，依法严厉打击各类刑事犯罪，人民群众对社会治安的满意率达95%。公安“三基”建设成效显著，“两所一庭”建设进一步加强。视频监控系统建设深入推进，投资1 170万元建成覆盖重点娱乐场所、七星街以及城市主干道的视频监控系统。完善单位内部治安保卫机制，落实治安巡逻防控措施，藏区维稳、奥运圣火传递和奥运期间安保工作万无一失。健全禁吸戒毒工作机制，设立乡街道戒毒康复帮教中心。第二代居民身份证换发工作全面完成。信访工作机制不断完善，领导大接访大下访活动深入推进。妥善解决拖欠农民工工资问题。切实加强市场监管和整顿。高度重视安全生产，扎实开展隐患排查治理和专项整治工作，安全生产形势持续稳定。荣获“云南省平安建设先进区”称号并通过全国平安建设先进区考核，祥云社区荣获“全国平安家庭先进示范社区”称号。

着力推进民主法制建设。积极推进依法治区，认真执行区人大及其常委会的决议决定，自觉接受法律监督、工作监督，主动接受区政协的民主监督，高度重视工会、共青团、妇联等群众团体意见，民主决策、科学决策机制进一步完善。办理建议、批评、意见146件，提案89件，办结率、满意率均为100%。深入开展“五五”普法。积极开展“讲党性、重品行、抓落实、促发展”作风建设教育活动和“解放思想、深化改革、扩大开放、科学发展”大讨论活动。在全区各级行政机关全面推行行政负责人问责办法、首问责任制、服务承诺制、限时办结制“四项制度”，政府系统运转效率进一步提高。认真贯彻《政府信息公开条例》，政府工作透明度和公开性进一步增强。积极推行政务公开，认真执行重大事项公示、重大突发事件公告制度，不断深化政务督查、行政效能监察和社会评议工作。严格执行廉政建设责任制，强化国有投资项目资金审计，加强节约型机关建设，规范公务员津补贴发放、表彰奖励及公务车管理，严肃查处违法违纪案件，政风行风进一步好转。

区人民政府去年年初向全区人民承诺的10件实事全面完成：一是投资160万元全面推开农村数字电视工程建设；二是投资137万元解决3 054人的饮水困难和饮水安全问题；三是投资1 020万元完成金甲片区排污管网建设工程；四是投资160万元实施8个社区路灯建设；五是改造学校危房6 590平方米；六是扶持

建设农村水泥卫生路55千米；七是投资501万元建成26个农村（社区）文化活动场所；八是投资421万元完成3 580户“一池三改”建设；九是投资38万元完成5个农村卫生室建设；十是对全区80周岁以上农村老年人和80周岁以上城市无固定收入老年人发放保健长寿补助56万元。

各位代表，过去的一年，古城区经济实力在竞争中继续得到提升，城乡面貌在建设中继续得到改观，社会管理在创新中继续得到加强，政府效能在实干中继续得到提高，人民群众在发展中继续得到实惠。这些成绩的取得，标志着古城区在又好又快发展进程中迈出了坚实的步伐，进一步增强了全区人民继续前进的信心和勇气。这些成绩的取得，是市委、市政府和区委总揽全局、正确领导的结果；是区人大、政协有效监督和社会各界鼎力支持的结果；是全区干部群众齐心协力、团结奋斗的结果。在此，我代表古城区人民政府向为古城区发展付出辛勤劳动的全区各族人民和干部职工，向给予政府工作大力支持和有效监督的人大代表、政协委员、各民主党派、群众团体、无党派人士、离退休老同志，向驻古城区解放军、武警官兵，向所有关心、支持古城区发展的社会各界人士表示衷心的感谢并致以崇高的敬意！

在取得成绩的同时，我们也清醒地看到，我区经济社会发展中仍然存在着一些矛盾和问题，主要表现在：一是经济总量小，产业结构不尽合理；二是城市建管任务繁重，城市基础承载能力需进一步提高；三是农业农村基础较为薄弱，农民持续增收难度较大，统筹城乡发展任务仍然艰巨；四是社会事业发展相对滞后，公共服务水平与人民群众的需求仍有差距；五是影响社会和谐稳定的不利因素仍然存在，一些关系群众切身利益的问题尚待解决；六是个别单位和部门工作效率不高、落实不力的现象仍然存在，政风、行风建设有待进一步加强。我们将进一步增强发展的紧迫感、使命感和责任感，采取有效措施切实加以解决。

二、2009年着力在保增长、保民生、保稳定、强后劲上求突破

根据区二届二次党代会精神，今年政府工作的指导思想是：认真学习贯彻党的十七大、十七届三中全会、中央经济工作会议和省委八届六次全会、市委二届六次全会精神，坚持以邓小平理论和“三个代表”重要思想为指导，扎实开展深入学习实践科学发展观活动，紧紧围绕“全球人居环境最好的地方之一”、“国际精品旅游城市”、“国家园林城市”、“国家卫生城市”、“全国社会治安最好的城市之一”五大目标，突出抓好抢机遇、保增长、上水平、增活力、重民生五大任务，加快推进旅游精品化、城市精细化、城乡一体化、投资多元化、新型工业化五大进程，继续打造节庆会展、休闲度假、文化演艺、商贸物流、招商融资五大平台，积极构筑特色产业、公共服务、治安防控、生态保护、社会保障五大体系，全面实施富民增收、育才扶智、便民利民、安居乐业、解忧济困五大工程，为构建和谐文明小康古城打下坚实基础。

国民经济和社会发展的主要目标建议为：在优化结构、提高效益、降低消耗、保护环境的基础上，生产总值增长11%，地方财政一般预算收入增长10%，全社会固定资产投资增长25%（不含金安桥电站），旅游综合收入增长8%，农民人均纯收入增长9%，城镇居民人均可支配收入增长8.5%，社会消费品零售总额增长20%，居民消费价格总水平涨幅控制在5%以内，城镇登记失业率控制在3%以内，人口自然增长率控制在6‰以内，单位GDP综合能耗下降4%。

2009年，是应对国际金融危机，保持经济平稳较快发展至关重要的一年，我们可能面临区县分设以来最为复杂困难的局面。要实现上述目标，任务十分艰巨，必须牢牢把握以下基本原则：一是必须坚持主动应对不动摇。准确把握经济运行态势，积极主动作为，勇敢应对挑战，千方百计抗风险、抢机遇、保增长，牢牢把握发展主动权。二是必须坚持加快发展不动摇。紧扣发展第一要务，采取一切有效措施拉动经济增长，加快产业结构调整和优化升级，千方百计激发经济社会发展活力，努力保持经济平稳较快增长。三是必须坚持以人为本不动摇。认真落实各项惠民政策，积极改善民计民生，千方百计解决关系群众利益的热点难点问题，着力维护社会和谐稳定。四是必须坚持管理创新不动摇。严格执行保增长、促发展的各项政策措施，千方百计破除制约发展的体制机制障碍，为推进经济社会又好又快发展提供强有力的保障。只要我们坚定发展信心、用好支撑条件，保持积极作为、科学务实的工作作风，努力以为化危、以为求机，就一定能够实现经济平稳较快发展

为实现全年各项目标任务，区人民政府将扎实做好以下9个方面的工作。

（一）坚持招商引资，突出投资拉动，强势推进项目建设

将今年确定为“项目建设年”。以中央实施扩大内需、促进经济增长的政策为契机，坚持把招商引资作为扩大有效投入主渠道，坚持把投资拉动作为主要经济增长点，以大项目为主旋律、以大投入为主动力、以大建设为主战场，强化责任、落实举措，强势推进、提高实效，努力打造开放程度更高、发展环境更优、竞争能力更强的活力古城。

加强项目建设。完善项目推进机制，认真落实重大项目领导挂钩负责制，按照一个重点项目、一名主抓领导、一个主管部门、一套工作班子、一套奖惩激励机制的要求，明确目标、落实责任，强化督查、严格考核。认真落实项目联席会议制，对重大项目实行“一旬一调度、一月一通报、一季一总结”。认真落实项目业主承诺制，促使项目早开工、快推进、早完工、早见效。加快推进在建项目，全面完成大东路、金江路、石新路、雪山路、世界遗产论坛中心、哈里谷乡村国际酒吧街、溪禺谷酒店、市体育中心、大丽铁路仁丽段建设和丽江机场改扩建项目，加快金安桥水电站、大港国际会展中心、蛇山国际森林休闲运动公园、束河红山新农村旅游发展、悦榕酒店二期、柏悦酒店等项目建设和清溪河、福象片环境整治项目进度。启动实施大丽高速公路、丽香铁路、丽江国际商贸城、石油储备库建设和机场路改造项目。认真做好龙开口水电站移民安置和施工协调服务工作。

搞好项目储备。努力扩大有效投入，坚持把争项目、促项目、引项目作为经济工作的首要任务，按照谋划衔接一批、对外招商一批、落地开工一批、加快建设一批的要求，做深、做细、做实项目前期工作。切实做好丽攀高速公路、丽攀铁路、新团片区仓储物流中心、云南冶金集团铝电结合项目和特色产业小城镇建设、城市路网改造、社区卫生服务体系建设、农村基础设施建设等一批重点项目的谋划储备。区财政安排项目前期工作经费200万元。

扩大招商引资。按照“选优、招大、引强”的要求，优化投资环境，拓宽引资渠道，进一步完善激励机制，动员全区上下加大招商引资力度，围绕循环经济、绿色能源、环保产业、基础设施、民计民生等国家政策扶持领域，包装推出一批关联度强、科技含量高、资源利用率高的龙头项目，确保新增项目不断档、有效投入不减速，全年策划、包装高质量项目不少于30个，引进项目不少于20个，力争引进资金8亿元。

（二）坚持建管并重，突出功能完善，加快推进城市化进程

坚定不移地走城市化道路，以城市建设管理为核心，以争创国家卫生城市、国家园林城市为抓手，加快形成古城片区、新城片区、新团片区“三区联动”，做大做强丽江中心城市，全力打造“底蕴深厚、独具特色、功能完善、管理有序、环境优美”的魅力城市。

加强城市基础设施建设。集中财力、借助外力、启动民力，推进城市基础设施建设。高质量完成石新路、雪山路、福象路建设和清溪河环境整治项目。加快推进祥和丽城、福象片及新团片区开发建设。投资9 300万元实施古城东郊供水管网建设。加快交通绿地、水岸绿地、休闲绿地、庭院绿地建设。投资4 600万元实施丽月湖公园、清溪公园绿化建设，投资3 400万元实施鱼米河绿化带、大丽路防护林带、白沙防护林带建设，投资500万元实施庆云路、康仲路等城市道路绿化改造。加快绿色社区建设，启动实施北郊休闲广场和停车场建设，继续实施城中村绿化提升工程。

加强城市经营管理。按照“政府主导、行业监管、社会监督、市场运作”的城市管理要求，以创建国家卫生城市为突破口，加强城市精细化管理，塑造亮点、打造精品，形成“环卫无死角、管理全覆盖”的城市管理格局。充分发挥城乡规划的综合调控作用，切实维护规划的权威性和严肃性。强化城管综合执法，完善划片包段与机动巡查结合、错时管理与协助管理互补的城市管理制度，继续整治占道经营、违章建筑、招牌广告设置不规范等城市管理“顽症”。加强城市交通管理，深入实施城市畅通工程。继续推行绿化管护、环卫保洁等城市管理公共领域市场化运作机制，深入推行居民定点倾倒、社区定员收集、环卫定时清运的环卫保洁制度，完善市容市貌目标管理考核机制，促进城市管理由治脏、治乱、治差向做美、做亮、做优转变，构建文明、有序、和谐的人居环境。

加强社区建设管理和服务。优化社区服务，丰富社区文化，美化社区环境，注重人文关怀，形成政府

行政管理和社区自我管理有效衔接、政府依法行政和居民依法自治良性互动。加大社区公共管理和公共服务投入，加快发展医疗、保安、家政等公众服务业，规范物业管理行为。增强社区服务功能，扩大城市消费，推进集贸市场标准化升级改造。继续实施背街小巷综合改造和“城中村”试点改造。扶持10个居民活动场所建设。投资1 100万元建设垃圾房30座、垃圾中转站5座。

加强丽江古城保护管理。完善基础、集中整治、强化监管，营造古城安全规范、文明有序的环境，实现世界文化遗产的有效保护和可持续发展。深入开展古城传统民族文化挖掘、整理、传承和展示工作。强化民居保护，整治乱搭乱建行为。继续实施狮子山周边环境综合整治。投资5 900万元实施古城周边游客集散中心建设。投资3 795万元实施市医院古城分院环境整治项目。投资1.3亿元实施市委党校迁建工程。加强消防管理，确保古城安全。强化古维费征缴。不断完善安民、便民、惠民措施，进一步规范古城商业经营管理，保持古城历史真实性和民族生活性。

（三）坚持统筹兼顾，突出强农惠农，深入推进城乡一体化

认真贯彻《中共中央关于推进农村改革发展若干重大问题的决定》，突出富民增收这个核心，抓住产业化经营这个关键，以创新的理念深化农村改革，强化强农惠农措施，大力发展现代农业，改善农村生产生活条件，优化农业公共服务，加快城乡经济社会一体化进程。区财政安排支农资金680万元。

加快发展现代农业。大力推广良种和增产技术，确保粮食稳定生产。深化农产业结构调整，按照“品种＋技术＋质量＋品牌”的农业发展思路，打造特色农业产业带，着力实施“一村一品、一乡一特色”推进工程和“无公害食品行动计划”，重点抓好畜牧养殖、无公害蔬菜、经济林果等产业，发展无公害蔬菜5 000亩、核桃5万亩、烤烟2万担。加强农产品质量安全检测体系建设。强化动物疫病防控和植物病虫害防治工作，全面实施“田间120”行动，强化农业科技支撑。坚持“扶优、扶大、扶强”的原则，培养一批起点高、规模大、带动能力强的龙头企业。积极培育农村经济合作组织，大力培育新型农民，鼓励农民自主创业，不断提高经营性、资产性收入在城乡居民收入中的比重。区财政安排农产业发展贴息资金80万元，探索建立农民融资担保体系。加大力度组织农村劳务输出，优化返乡农民工创业环境，年内完成劳动技能培训2 500人，农村劳动力转移3 000人。

改善农村发展基础。按照基本农田达到“田成方、渠相通、路相连、旱能灌、涝能排、产出高”的要求，全面实施农田水利建设和中低产田地改造。启动中济水库除险加固工程。投资600万元实施金山长埂河节水改造工程。投资400万元实施水利血防漾弓江治理项目。投资800万元改造中低产田8 000亩。推进农村通达建设，深化农村公路管理养护体制改革。年内完成金江公路、大东公路建设。启动丽贵路改造工程。投资1 200万元实施丽鹤路七河段改造。投资500万元完成忠义路、羊见路、罗玄路、热水路等农村公路建设，扶持建设农村水泥卫生路50千米，在全省率先实现乡乡通油路、村村通公路，村内道路逐步实现全面硬化的目标。强化村容村貌目标管理责任机制，实施清垃圾、清淤泥、清路障，改水、改厕、改厨、改圈，庭院美化、街道亮化、道路硬化、水面净化、村庄绿化的“三清四改五化”工程，典型示范、分步推进，不断改善农村生产生活环境，全面构建农村“清洁家园”。

加快富民强村进程。整合项目类民生工程资源向农村倾斜，着重在建设规划、产业布局、公共服务、群众保障等诸多领域加强城乡之间的无缝对接，加快推进城乡一体化进程。加快实施蛇山国际森林休闲运动公园项目建设。以旅游特色村项目为依托，加快推进束河红山新农村旅游发展项目和西线油路高端休闲民俗旅游示范村建设，通过旅游小集镇建设、乡村特色旅游发展，着力打造以城带乡、以旅促农，全面推进城乡一体化的亮点和典范。实施七河、金安、金江小集镇建设和漾西、清溪、新民新农村试点建设。深入实施农业科技下派工程，继续推行单位挂钩扶贫和干部职工驻村帮扶制度，投资240万元实施16个整村推进项目。发放小额信贷资金1 000万元。强化各项强农惠农措施，兑现种粮农民补贴和农资综合直补政策。加快农村市场流通体系建设，继续实施万村千乡市场工程和农村集贸市场升级改造工程，全面开展家电下乡惠民活动。加强土地承包经营权流转管理和服务，发展多种形式的适度规模经营。

（四）坚持效益优先，突出结构调整，全力推进新型工业化发展

牢固树立“工业强区”理念，坚定不移地走新型工业化道路，着力改造提升传统产业，积极发展新兴产业，以工业经济的快速发展带动区域经济全面发展。区财政安排中小企业和龙头企业贴息资金60万元。

大力发展工业经济。以做大做强水电产业、建筑建材业，做精做活绿色农特产品、旅游纪念品加工业，引强升级新型工业为目标，加强重点产业培育、企业重组和股份制改造，继续推进行业、资源整合，推动工业经济快速发展，促进优势产业集群发展，加快自主创新集约发展。龙开口水电站大坝全线浇筑，移民搬迁各项基础设施全面启动，力争金安桥水电站首台机组年内发电。完成玉峰水泥公司落后产能淘汰转产和永保水泥金山分公司生产线改扩建。启动实施新团工业园区开发建设，切实做好工业项目招商引资工作。认真落实增值税转型的各项措施。引导企业以成本管理和财务管理为重点，强化内部考核，提高企业素质。充分发挥顺鑫融资担保公司和民营企业维权中心作用，继续实施领导干部挂钩联系工业企业制度，大力扶持产品好、技术新、潜力大的中小企业，努力提高工业经济在GDP中的比重和对财政的贡献率。

大力发展非公经济。坚持扶强与引优并重，放宽经营领域，改进服务指导，优化发展环境，进一步增强企业的竞争力和发展活力。鼓励非公经济围绕区域规划和产业定位，调整方向、优化结构、扩大规模、做优做强。严格落实国家节能降耗政策，加强能源资源节约和生态环境保护，引导企业采用有利于节能环保的新设备、新技术。实现个私经济增加值24.5亿元。

大力发展现代服务业。坚持把现代服务业作为打造“半壁江山”的第一亮点，充分发挥区位交通、商贸物流、文化旅游等优势，积极发展信息、科技、商务、中介服务和金融保险等服务业，合理布局城区商业网点、农贸市场和商业步行街，加强城市物流配送体系和商品市场开发建设，扶持壮大旅游商品和农产品批发市场，不断完善社区商业和服务业等便民措施，努力扩大城乡消费。

（五）坚持提质增效，突出转型升级，加速推进旅游产业发展

以建设国际精品旅游城市和文化旅游名城为目标，深入实施协同推进战略和旅游精品战略，突出亮点、打造看点、培育卖点，提升旅游辐射带动实效，打造集休闲度假、观光旅游、文化体验、游客集散为一体的旅游产业发展新格局，加快推进旅游二次创业。全年接待游客突破500万人次，其中海外游客40万人次；旅游综合收入达58亿元。

进一步强化旅游基础功能。坚持以乡村旅游开发为主导、以生态景区开发为补充、以古城历史文化为灵魂的旅游开发思路，着力打造康体之旅、生态之旅、文化之旅为一体的生态休闲度假胜地。认真做好丽江机场国家一类口岸机场申报工作。全面完成游客集散中心建设，加快柏悦酒店、阿曼酒店、溪禺谷酒店建设，完善景区吃、住、行、游、购、娱等配套服务功能。以发展文化生态休闲旅游为重点，精心编排重点打造一批以民俗风情游、乡村休闲游、库区风光游为主的线路，加快实施金安、金江特色旅游小城镇建设，扶持西线油路高端休闲民俗旅游示范村建设，开辟东部旅游环线，开发建设漾弓江流域新农村游路，实施大东温泉康体旅游设施改造提升工程。

进一步提升旅游文化内涵。认真实施“云南省文化旅游示范区”试点工作，进一步巩固提升大研古城、束河古镇等景区品位，切实做好丽江古城5A级景区创建工作。着力打造束河中国七夕节、雪山音乐节、金秋菊花会等富有特色的节庆会展旅游品牌，加快推动休闲度假暨会展商务综合型旅游向纵深发展。加强东巴文化研究、传承与保护，启动东巴文化研究院改扩建、市博物院二期工程。加快民族文化宣传交流，下大功夫开发具有浓郁民族文化特色的旅游产品。

进一步加强旅游市场管理。积极推进旅游优质工程战略，进一步加快旅游公益性设施体系建设，不断完善旅游公共服务。强化旅游市场营销，积极拓展国内高端游客市场和海外客源市场。深化酒店业管理改革，加强特色民居客栈管理。加强旅游市场综合治理，强化旅游安全管理，深化旅游诚信体系建设，建立健全教育培训和优胜劣汰机制，引导旅游企业和从业人员提高素质、守法经营、诚信服务，树立诚信文明的旅游形象。

（六）坚持环保优先，突出节能减排，着力推进生态古城建设

贯彻环保优先、节约优先方针，突出生态文明导向，加强生态产业、生态环境、生态文化、生态安全

体系建设，促进可持续发展。

狠抓生态环境建设。深入实施“七彩云南”保护行动，扎实推进自然山水资源的有效保护和合理利用。加快推进集体林权制度配套改革，壮大林产业经济。加强基本农田保护、矿产资源管理和地质灾害防治。完成第二次全国土地调查，修编新一轮土地利用总体规划。进一步巩固提升“禁白”和地下水资源整治、面山治理成果。继续开展“1人种活1棵树”活动和绿色村庄、园林式小区创建活动。切实加强森林防火、资源林政管理。年内封山育林6 000亩，节柴改灶1 000口，推广应用太阳能116台，建设沼气池2 000口。

狠抓节能减排。认真落实节能降耗控制指标，严格执行节能评估、排污许可、环境影响评价和“三同时”制度，实施重大项目节能审查制度，推广先进节能技术，加快发展清洁生产和资源综合利用，坚决淘汰落后生产工艺和设备。深入开展公共机构节能降耗率先行动和大型公共建筑节能工作。积极推进太阳能利用、建筑垃圾循环利用等典型项目建设，投资2.3亿元实施第二污水处理厂、第二垃圾处理场和北郊排污管网建设工程，投资1 000万元实施市政道路半导体照明与太阳能集成技术应用示范二期工程，投资1.3亿元实施滇西北再生资源回收利用中心项目，投资1 000万元实施医疗废弃物处置中心建设。

（七）坚持开源节流，突出绩效管理，扎实推进财税建设

以培植壮大财源为着力点，坚持做好生财、聚财、用财文章，加快县域经济发展，促进财政收入可持续增长，提高财政对经济社会发展的保障能力。

全力培植财源。按照“壮大支柱财源、巩固现有财源、培育后续财源、发展新型财源”的思路，严格依法治税，强化税源预测分析，整合税源信息，完善协税护税网络，健全系统、科学的税源管理办法，加大对重点行业、重点企业的税源管理和小税种征管力度，积极挖掘增收潜力，确保应收尽收。强化纳税服务，大力推行全程服务、预约服务、提醒服务、首问负责和申报纳税“一窗式”管理、涉税事项“一站式”办公，营造和谐融洽的纳税环境。吃透国家财政政策，认真编制与国家政策扶持相对接的项目，加强争资跑项，争取更多专项资金扶持，增强财政支付能力。

强化资金监管。牢固树立过紧日子的思想，按照“保工资、保运转、保稳定、保重点”的原则，刚化财政预算，强化财政监管。深化部门预算、国库集中支付、乡财区管、政府采购和“收支两条线”等财政管理制度改革，加强财政资金使用绩效管理，严格预算约束，强化支出管理。优化财政支出结构，把财力更多地向“三农”、公共服务、困难群体和财源建设倾斜。按照“渠道不变、投向不变、管理不变、综合投入、各记其功”的原则，打破现行分管部门的界限，统筹安排各类各口专项资金和项目，建立“以政府为主导、以规划为引导、以产业为平台、以统筹为核心、以创新为根本”的资金整合运行机制，形成“一个龙头出水”的资金使用格局。进一步完善区、乡财税管理激励机制，加强对公有经营性资产的运营监管，盘活存量资产，提高公有资产使用效益。

（八）坚持以人为本，突出改善民生，切实推进和谐古城建设

坚定不移地把改善民生作为一切工作的出发点和落脚点，始终坚持维护群众利益高于一切，解决群众困难先于一切，关心群众疾苦重于一切，营造安居乐业、安定有序的社会环境，真正让全体人民学有所教、劳有所得、病有所医、老有所养、住有所居，不断提高全区人民的幸福感和满意度。

优先发展科教事业。坚持教育优先发展，深入实施均衡发展战略和名师工程、青蓝工程，实行处级领导挂钩联系学校制度，全面推进素质教育，提高教育教学质量。优化整合城乡教育教学资源，加快薄弱校点调整归并，逐步取消一师一校，加快推进农村教育全面实现寄宿制半寄宿制。加快福慧学校、黄山完小等学校建设。投资1.5亿元扩大高中办学规模，投资450万元实施区职业教育中心建设，率先实现普及高中教育。投资158万元实施金江中心校、建新完小改扩建工程。投资300万元完成丽首小学建设。启动金江中学、金江完小迁建项目。大力发展职业教育，重视学前教育和特殊教育，依法促进和规范发展民办教育，支持驻区高校发展。加强科普宣传，强化科技培训，组织实施国家知识产权保护试点工程，加快科技成果转化应用，提高科技进步对经济社会发展的贡献率。

稳步发展医疗卫生事业。加强公共卫生、医疗保障服务体系和药品供应保障体系建设，建立覆盖城乡居民的基本医疗卫生制度。不断完善新型农村合作医疗制度，深入实施城镇居民基本医疗保险。稳步推进新一轮医药卫生体制改革。投资2 200万元实施区人民医院改扩建和3个社区卫生服务站、3个农村卫生室建设。投资50万元实施医技人才培养引进工程，切实解决“看病难、看好医生更难”的问题。强化卫生监督、妇幼保健、药品监管，提高城乡居民的健康保障水平。强化人口与计划生育管理，稳定低生育水平，提高出生人口质量。

大力发展文化体育事业。坚持把本土文化元素融入和谐社会建设，深入挖掘传统文化特色，提升经济社会发展“软实力”。加快城乡文化基础设施建设，实施七河文化站改扩建项目。加强非物质文化遗产申报保护，搞好第三次全国文物普查。着力实施村文化室、农家书屋建设和文化信息资源共享等文化惠民工程，逐步实现村村有文化活动室。加快广播电视数字化发展和有线电视网络改造升级。深入开展“扫黄打非”，强化网吧、游戏厅等娱乐场所监管，净化城乡文化环境，强化未成年人思想道德建设。投资200万元完成区青少年活动中心建设。积极开展群众性体育活动，发展竞技体育，推动全民健身。

提升社会保障水平。加快社会保障体系建设，加大社会保险扩面力度。深入做好农村养老保险，逐步扩大农村最低生活保障范围，建立以城乡低保、五保供养、大病医疗救助、灾民救助、临时救济为主的社会救助体系。深入开展扶贫济困送温暖活动。加快发展社会福利和慈善事业，除民困、解民忧，努力实现困有所助。加快住房保障体系建设。认真落实鼓励创业、促进就业的政策，千方百计拓宽就业渠道，新增城镇就业1 200人。加强高校毕业生就业指导和服务，促进高校毕业生就业。加强劳动监察、劳动仲裁，维护劳动者合法权益。

加快其他社会事业发展。认真做好新闻出版、统计分析、人民防空、国防动员、殡葬改革、史志档案和妇女儿童等各项工作。依法管理民族宗教事务。加快残疾人事业和老龄事业发展，争创“全国残疾人工作先进区”和“全国老龄工作先进区”。

（九）坚持依法治区，突出公平正义，稳步推进平安古城建设

把发展社会主义民主、实现社会公平正义放到更加突出的位置，切实关注和保障民生，维护社会稳定，促进社会和谐。

加强精神文明建设。培育和谐文化，倡导和谐理念，树立文明新风。切实加强精神文明、社会文明、生态文明建设，积极倡导健康、节约、环保的生产生活理念，强化社会公德、职业道德、家庭美德和个人品德教育，在全社会大力弘扬知荣辱、讲正气、重科学、促和谐的时代新风尚。实施爱家乡教育基地建设。广泛开展建国60周年群众性文体系列活动。高度重视国防教育，落实各项优抚政策，妥善安置转业、退伍军人和随军家属，加强国防后备力量建设，争创“全国双拥模范城”。

推进民主法制建设。自觉接受区人大及其常委会的法律监督、工作监督和区政协的民主监督，加强与各民主党派、工商联和无党派人士的联系，虚心接受社会公众和新闻舆论监督。认真办理区人大代表意见建议、政协委员提案。积极支持区人民法院、检察院依法履行职责，充分发挥工会、共青团、妇联等群团组织的作用。加强基层民主政治建设，进一步夯实基层政权基础。深入开展“五五”普法，全面推进依法治区进程。深入开展政府信息公开工作，不断强化政务公开、村务公开和厂务公开。

推进平安古城建设。加强社会治安综合治理，狠抓公安“三基”工程建设，强化技防网建设和群防群治队伍建设，建立无缝隙、网络化、全时段、全方位的社会治安联动防控体系。加快门户视频监控系统建设。实施网格化巡防工程，加强城区治安联防巡逻，切实提高见警率。加快实施区法院建设项目。统筹协调各方面利益关系，处理好人民内部矛盾和群体性事件。扎实开展禁毒人民战争，深化无毒社区和无毒村创建工作，广泛深入开展平安乡（街道）、平安村（社区）、平安企业创建活动。加强信访工作，深入推进领导大接访大下访活动。全面推行“一岗双责”制度，强化安全生产监管，深入开展“安全生产年”活动。完善公共安全预警和应急救援体系，提高预防和处置突发公共事件的能力。加强流动人口服务和管理。整顿和规范市场经济秩序，强化产品质量监管。争创全省食品安全示范区。

三、努力建设人民满意政府

全区人民对政府寄予厚望，我们一定牢记重托，不辱使命，不负众望，努力建设勤政廉洁、务实高效的人民满意政府。

奋发有为、敢于负责。深入贯彻落实科学发展观，继续解放思想，突破定势思维，创新工作方法，变压力为动力，善于在困境中找出路、在发展中求突破。看准了的事要紧盯不放，定下来的事要抓紧实施，强调了的纪律要坚决执行。把心思用在谋发展上，把精力投到抓落实中，对群众关心的大事，要定一条是一条，条条算数；对群众关注的难事，要做一件成一件，件件落实；对群众承诺的实事，要说一项是一项，项项兑现。

以人为本、为民谋利。更加注重体现人文关怀，更加注重社会管理和公共服务，更加关注广大人民的共同利益，做到问政于民、问需于民、问计于民，使提出的发展思路、工作部署、政策措施更加符合实际、更加贴近群众。以建设公平竞争的市场环境为目标，把财力、物力等公共资源更多地向推进发展和改善民生上倾斜，竭尽全力解决好群众关心的问题，真正实现让利于民、藏富于民。

求真务实、高效运作。深入分析新形势下经济社会发展的新特点，把握新规律，出台新举措，着力化解经济发展中的制约瓶颈。深入推行行政负责人问责办法、首问责任制、服务承诺制、限时办结制“四项制度”，完善以绩效管理为中心的责任机制，推进干部绩效管理，政府全体工作人员要把更多的精力、时间用在上项目、争投资上，用在解决热点难点问题上，形成能办事、办快事、办好事的工作氛围。大兴求真务实之风，坚持一切从实际出发，多做加快发展的事，多做打基础、利长远的事，多做增进人民福祉的事，确保工作经得起实践、历史、人民的检验和评判。

依法行政、风清气正。加强行政程序建设。加大重点工程建设资金和领导干部任期经济责任审计力度，逐步实行审计结果公告制，接受新闻舆论和公众监督。加强政府廉政建设，坚决执行廉洁自律的各项规定，加大违法违纪案件查处力度，切实从源头上、机制上预防和治理腐败。全面推行重大决策听证、重要事项公示、重点工作通报、政务信息查询“阳光政府”四项制度。规范建设工程招投标、经营性土地使用权出让、政府采购和产权交易制度，坚决用制度管权、管事、管人。对公务购车用车、会议经费、公务接待费用、出国出境经费等实行“零增长”管理。加大专项治理力度，重点解决群众反映强烈的问题，坚决纠正损害群众利益的不正之风，以风清气正的良好形象取信于民。

为民谋福祉，让全区各族群众共享改革发展成果，今年区人民政府将继续为全区人民办好10件实事：一是安排高校毕业生创业基金60万元，引导和鼓励大学生自主创业；二是投资2 000万元实施区人民医院改扩建工程；三是实施中小学校危房改造8 000平方米；四是投资2 400万元实施丽鹤路祥和段改造；五是投资1 600万元实施1万平方米廉租房建设和棚户区改造；六是投资300万元实施1 000户农村民居地震安全工程；七是投资2 000万元实施北郊排污管网建设工程；八是投资280万元解决6 000人农村饮水安全问题；九是投资200万元实施2 000户“一池三改”工程；十是全面实施“田间120”行动，为农民群众提供全方位的农业科技服务。

各位代表，为人民服务、对人民负责、让人民满意是政府工作的永恒主题和不懈追求，开启新征程、抢抓新机遇、实现新跨越，是时代赋予我们的历史重任和光荣使命。让我们高举中国特色社会主义伟大旗帜，更加紧密地团结在以胡锦涛同志为总书记的党中央周围，以邓小平理论和“三个代表”重要思想为指导，在更高起点上学习和实践科学发展观，在市委、市政府和区委的坚强领导下，同心同德、开拓奋进，为古城区经济更加发展、政治更加文明、文化更加繁荣、社会更加和谐而努力奋斗，以优异的成绩向新中国成立60周年献礼！

二、专 文

丽江市古城区人民代表大会常务委员会工 作 报 告

——2009 年 3 月 12 日在丽江市古城区第二届人民代表大会第二次会议上

丽江市古城区人大常委会主任　陈先富

各位代表：

我代表丽江市古城区人民代表大会常务委员会，向大会报告工作，请予审查。

2008 年的主要工作

2008 年，是全区各族人民喜迎北京奥运和隆重纪念改革开放 30 周年，经济社会又好又快发展、人民生活水平不断提高的一年，也是新一届人大常委会继往开来，开拓进取，依法履职，有力推动民主法制建设的一年。一年来，区人大常委会在中共古城区委的领导下，认真学习贯彻党的十七大和十七届三中全会精神，坚持以邓小平理论和“三个代表”重要思想为指导，用科学发展观统揽人大工作，牢牢把握发展第一要务，把加快全区经济社会发展，推进依法治区进程，实现和维护好最广大人民群众根本利益作为人大工作的出发点和落脚点，坚持问计于民、问需于民、问效于民，抓大事、议大事、谋发展、促和谐，认真履行宪法和法律赋予的职责，监督工作进一步强化，决定重大事项进一步科学民主，干部任免工作进一步规范，代表工作进一步注重实效，机关作风建设进一步加强，为保障和促进全区的物质文明、政治文明、精神文明和生态文明建设发挥了积极作用。

一、强化监督职能，促进经济社会又好又快发展

始终坚持把关系古城区发展稳定全局、关系人民群众切身利益和社会普遍关注的重大问题作为监督重点，把着力点放在服务大局、注重调研、力求实效上。一年来，听取和审议了“一府两院”工作报告 13 个，组织开展各种视察、执法检查、调研 8 次，形成推动我区经济社会发展的审议意见 32 条，较好地发挥了地方国家权力机关的作用。

（一）围绕事关全区经济社会发展的全局开展监督工作

加强对宏观经济运行情况的监督，促进了我区经济又好又快发展。在充分调查研究的基础上，听取和审查了区人民政府关于2008年上半年国民经济和社会发展、预算执行情况的报告、2007年度区本级预算执行和其它财政收支审计情况的报告、2007年区本级财政决算和2008年区本级财政预算部分调整报告，批准了2007年区本级财政决算和2008年财政预算变更意见。提出了努力实现增收节支，切实提高财政资金使用效益，加强对重点工作和重点部门的审计监督，合理编制并认真执行预算等建议。要求区人民政府及其组成部门对审计报告中提出的问题要引起高度重视，认真整改。

加强对重点工作的监督，推动各项工作全面协调发展。听取和审议了城市建设和管理的工作报告，建议区人民政府及其相关部门加强宣传教育、注重科学规划、强化对城郊结合部和人员居住比较密集的“背街小巷”的环境卫生管理、加大财政支持力度、注重提升城市绿化的档次和水平。听取和审议了社会主义新农村建设的工作报告，提出切实转变群众的思想观念，规划先行、注重产业支撑，因地制宜、以点带面、集中财力物力办实事，建立激励机制等意见、建议。听取和审议了集体林权制度改革的工作报告，建议政府从对广大农民负责、对历史负责的角度出发，进一步把工作做细、做实、做好。听取和审议了区人民政府办理人大代表建议、批评和意见的工作报告，要求各承办单位进一步加强与代表的沟通联系，做好续复续办工作。常委会重视每次会议审议意见的督促落实和反馈工作，有力地推进了全区各项事业的发展。

（二）围绕改善民生问题开展监督工作

组织常委会组成人员和部分区人大代表对城市务工人员管理、出租房管理、社区公共服务设施建设等进行了视察。结合省、市人大代表视察，对我区城市市容环境整治、城区供排水管网建设、九年义务教育、社会保障等工作进行了视察。切实做好对食品安全工作的调研，督促区人民政府及其职能部门加强工作力度，深入开展宣传教育、专项整治等工作，切实保障了广大人民群众的饮食安全。针对近年来我区物价持续上涨的实际，配合市人大常委会开展了物价专题调研，要求区人民政府加强监控工作，严防不法行为的发生，维护广大人民群众的切身利益。审查了区人民政府关于廉租房和经济适用房建设情况的报告。

（三）围绕生态文明建设开展监督工作

按照省、市人大常委会的要求，结合我区实际，常委会组织开展了“推进节能减排，建设生态文明”为主题的环保世纪行活动。借助新闻媒体等宣传工具，多形式地宣传推进节能减排、建设生态文明的重大意义，大力宣传我区在节约能源和保护生态环境方面的先进典型，为建设资源节约型、环境友好型社会营造了良好的氛围。

（四）围绕法制建设开展监督工作

常委会坚持把加强法律监督作为推进依法治区的重要环节，积极探索有效途径，不断加大监督力度，努力保证法律法规在我区的贯彻实施。一年来，组织开展了对《中华人民共和国劳动合同法》、《中华人民共和国城市房地产管理法》、《中华人民共和国食品卫生法》等法律法规在我区贯彻执行情况的检查。配合市人大常委会在我区对实施《中华人民共和国税收征管法》的情况进行了执法检查。要求区人民政府及其相关职能部门加强对法律、法规的宣传教育工作，提升广大人民群众的法制观念，督促执法机关解决法律实施中存在的问题，切实维护了国家法律的权威，为我区经济社会快速协调发展、构建和谐社会营造了良好的法治环境。

（五）围绕信访督办开展监督工作

信访工作是常委会体察社情民意、化解各类矛盾纠纷、帮助群众解决困难的重要渠道。坚持和完善常委会领导阅批信访件和接待来访人员制度，加强对信访案件的督办和催办。对群众的来信来访，在耐心细致地做好思想工作和政策疏导的基础上，按照“分别受理、综合分析、统一交办、定期反馈、严格督查”的要求，及时进行处理，努力化解民忧。一年来，共接待群众来信来访23件，其中重信重访10件，来访85人次，并积极协助区委、区政府信访部门及时调处相关信访事件。使在基层有一定影响的一批矛盾纠纷及热点问题得到了及时化解和调处，保障了人民群众的利益诉求，促进了依法行政、公正司法，增强了常委会监督工作的针对性和实效性。

二、依法行使重大事项决定权，维护全区工作大局

常委会遵循“抓大事、议大事、定大事”的原则，坚持深入调查研究，广泛听取各方面意见，对事关全区改革、发展、稳定全局的重大问题及时作出决议、决定，既保证党的路线方针政策的贯彻落实，又充分体现人民意愿。通过认真审议，及时作出了《关于区人民政府向建设银行丽江古城支行申请流动资金贷款的决议》、《关于区人民政府向大研农村信用社申请流动资金贷款的决议》、《关于区人民政府向古城区农村信用合作社申请新团片区火车站仓储物流中心建设项目贷款及统筹还款的决议》，支持政府加大基础设施建设和招商引资的力度，有力地推动了我区经济社会的发展。

三、认真做好人事任免工作，为发展提供有力的保障

常委会坚持集体行使职权，做到严格依法办事，既保证了党委意图的贯彻，又充分发扬了民主。成功召开了古城区第二届人民代表大会第一次会议，依法选举产生了新一届地方国家权力机关、行政机关、审判机关和检察机关领导人员，圆满完成了换届任务。坚持党管干部与人大常委会依法任免干部相统一的人事任免工作原则，一年来，重新任命及任免国家机关工作人员共129人次（人大系统14人次，政府部门负责人48人次，法院、检察院系统67人次），撤销职务1人。通过对任命干部任前了解、任前法律知识考试、任前承诺发言等措施，既充分行使了常委会的监督职能，又促进了任命干部素质的全面提高，确保了被任命干部严格依法行政、公正司法。

四、加强和改进人大代表工作，进一步密切与人民群众的联系

认真贯彻落实代表法，不断创造条件，采取有效措施，切实加强人大代表工作，努力发挥联系人民群众的代表机关作用。接受了3名人大代表的辞职，依法补选了3名人大代表。

（一）注重工作实效，确保人大代表充分履职

一是利用人代会召开前、闭会期间代表集中活动时机，采取讲座、座谈会、经验交流会等形式加强代表培训，提高了人大代表的素质。二是开展评选优秀代表活动，总结推广代表活动先进经验，广泛宣传代表履职先进事迹，调动人大代表依法履职的积极性和主动性。三是加强组织领导，认真安排部署，采取有效措施，组织开展了有声有色、富有成效的代表小组活动。四是增加代表活动经费，切实保障了人大代表履行职务和代表活动的顺利进行。

（二）不断创造条件，保障人大代表的知情权和参与权

保障代表知情权和参与权是发挥人大代表作用的基础，常委会通过多种渠道、多种方式，保障人大代表的知情权和参与权。一是坚持邀请人大代表列席常委会会议制度。每次常委会会议，都邀请6名以上的人大代表列席常委会会议，让代表了解并参与对全区大事、要事的审议。二是扩大人大代表对常委会执法检查和工作视察、调研活动的参与。每次常委会的执法检查和工作视察调研，安排了具有相关知识和经验的部分代表参加。全年共有68名人大代表参加了执法检查和工作视察。三是建立和完善了向本级人大代表通报重大事项的制度。将常委会会议材料形成公报，印发每一位人大代表，让更多的人大代表知情、知政。四是坚持常委会组成人员联系代表制度，密切与人大代表的联系，充分听取代表的意见和建议，自觉接受代表的监督。

（三）加强人大代表议案、建议的督办工作，保证代表满意，人民群众得实惠

严格执行议案、建议处理办法和面商、督办协办、跟踪问效、现场办公、奖惩等制度，并从3个方面加强了代表议案、建议的办理力度。一是在加强综合分析、实行统一交办的基础上，主任会议将代表反映比较集中、事关全区大局的建议作为办理重点，由相关的工作委员会负责督办。二是对涉及多个部门的建议，由主办单位牵头负责，相关单位参加，共同办理。三是加强与代表沟通，注重办理实效。经过各方面共同努力，办理人大代表建议做到了事事有交待，件件有落实，面商面复率、答复满意率达到100%，所提出的问题已经解决或正在抓紧解决的比例，已达到71.2%。其中，有许多建议办理质量好，代表满意，群

众得到实惠，有力地促进了一方发展。如：《关于加大对金山乡农村道路建设力度的建议》，区人民政府投资177万元，先后在金山乡实施了新金路、东漾路、拉马古路、石文路、贵峰路、良美路、东江路共17.7公里农村公路建设，极大地改善了当地人民群众的生产生活。如：《关于扩建大东完小、建新完小的建议》，区人民政府投资62.5万元实施了大东完小教学楼及附属工程建设项目，改善了办学条件，有效整合了教育资源。如：《关于进一步扶持沼气池建设资金的建议》，沼气池建设已列入2008年区人民政府十件实事之一，截至目前，累计投资105万元完成了“一池三改”1 050户。

五、围绕中心、服务大局，为推进发展作出积极贡献

经济建设是全党的中心工作，人大只有围绕经济发展的大目标，立足经济发展的大格局，才能取得党和人民满意的工作效果。常委会领导既依法履行人大工作职责，又根据区委的统一分工，积极参与到经济工作中，联系或分工重点工程和重点项目，进一步强化了推进重点工作的合力。年内常委会3位副主任分别挂职在丽江机场扩建、大丽铁路、仁丽铁路、悦榕度假酒店等重点建设项目上，积极协调解决各种热点、难点问题，完成移民安置、征地拆迁等保障工作，有力地促进了我区重点招商项目和重点工程建设的顺利进行。维护稳定，创建平安，推动发展，是全区的重要任务，常委会充分发挥密切联系人民群众的优势，深入基层开展宣传教育，指导平安创建工作，为全区的维稳工作作出了积极努力。积极开展调查研究，及时掌握群众所思、所想、所盼，因地制宜，帮助挂钩村组理清发展思路，制定切实可行的发展规划，共筹积资金120余万元，实施了一批着力改善民生，调整优化产业结构，实现农民增收致富的民心工程和富民工程，全面推进了扶贫工作和社会主义新农村建设。

六、加强自身建设，不断提高履职能力和服务水平

始终把加强自身建设和机关建设作为发挥地方国家权力机关作用的重要保证，坚持在加强学习、指导实践、推动工作上下功夫。一是加强思想建设，提高综合素质。围绕建设学习型机关的要求，不断完善常委会和机关学习制度，改进学习方式，丰富学习内容，注重学习效果，认真组织常委会组成人员、机关干部职工学习政治理论、法律法规和人大业务知识，增强了常委会组成人员和机关干部职工的政治意识、责任意识、大局意识、服务意识，提高了履职能力。扎扎实实开展了“解放思想”大讨论活动，增强了与时俱进、开拓创新的观念，营造了讲团结、比奉献、谋发展、求实效的良好工作氛围。二是加强制度建设，提高工作效率。结合新时期人大工作任务要求，修订了《区人大常委会组成人员守则》，出台了《丽江市古城区人大常委会专项工作评议办法》、《丽江市古城区人民代表大会常务委员会组成人员辞职办法》、《丽江市古城区区级人大代表辞职办法》等，进一步规范了常委会的履职行为，提高了办事效率和工作水平，保证了常委会各项工作依法有序地开展。三是加强作风建设，增强廉政意识。按照“为民、务实、清廉”的要求，切实转变工作作风，带头深入调查研究，倾听群众呼声，了解群众意愿，集中群众智慧，掌握全局情况，积极完成区委安排的各项工作任务。加强勤政廉政建设，认真执行和严格遵守党风廉政建设的各项规定，深入开展理想信念教育、警示教育和廉洁自律教育，不断增强了常委会组成人员和机关干部廉政勤政的意识和拒腐防变能力，进一步树立了常委会的良好形象。

各位代表，回顾过去的一年，区人大常委会认真履行职责，做了大量工作，取得了一定成绩，这是区委正确领导的结果；是全体区人大代表和常委会组成人员团结奋进、务实工作的结果；是“一府两院”和全区各族人民、社会各界大力支持、密切配合的结果。在此，我谨代表区人大常委会表示衷心的感谢！

同时，我们也清醒地看到，区人大常委会的工作离宪法和法律赋予的各项职权要求，与党和人民的期望，还存在着一定的差距和不足，主要表现在：一是对“一府两院”法律监督和工作监督的实效还有待增强，在方式和方法上还需进一步改进和创新。二是常委会及机关自身建设还需进一步加强。常委会各工作委员会与“一府两院”各部门的工作联系还有待加强，作用还有待进一步发挥。这些差距和问题需在今后的工作中努力加以改进。

2009年的工作意见

2009年将是在全球金融危机的大背景下，实现我区“十一五”规划目标任务的关键一年，做好今年的各项工作，促进发展，意义重大。区人大常委会将继续坚持以邓小平理论、“三个代表”重要思想为指导，贯彻落实科学发展观，认真学习贯彻党的十七届三中全会精神，坚持党的领导、人民当家作主和依法治国的有机统一，紧紧围绕区委二届二次会议提出的五大目标、五大任务、五大进程、五大平台、五大体系和五大工程，充分发挥人民代表大会制度的优势，重实际、干实事、求实效，切实履行宪法和法律赋予的职责，为新形势下全区改革发展稳定、构建社会主义和谐社会作出新的更大的贡献。

一、坚持服务全区工作大局，促进经济平稳较快发展

今年，我们面临挑战，同时也面临机遇。如何应对危机，抢抓机遇，保持经济、社会平稳较快发展，继续改善民生是当前和今后一段时期的重要工作任务。常委会将把服务全区经济社会发展大局作为首要任务，切实加强对经济社会发展态势的调查和分析，积极提出建议和意见，推动全区上下坚定信心，攻坚克难，千方百计保增长促发展。认真执行常委会领导挂钩党建、重点项目、扶贫、新农村建设、学校、社区、综治维稳“八挂钩”制度。充分发挥人大及其常委会密切联系人民群众的优势，广泛深入开展宣传教育，把区委的工作思路转化为全区干部群众的生动实践，努力维护我区科学发展、持续发展、和谐发展的良好局面。

二、突出工作重点，强化监督职能

根据党的十七届三中全会的重大战略部署、区委的重大决策、代表提出的建议以及群众反映集中的问题，确定听取专项工作报告的议题和执法检查活动内容，做到既依法开展监督，又积极支持“一府两院”工作。在加强对预算和计划等宏观经济监督的同时，主要对以下三个方面的工作开展监督：一是围绕贯彻党的十七届三中全会精神，加强对推进农村改革发展情况的监督，听取和审议区人民政府关于农村基础设施建设、农村低保等实施情况的报告，促进农业发展、农村稳定、农民增收。二是围绕改革发展稳定大局，加强对重点建设项目、改善民生问题的监督，听取和审议区人民政府关于旅游基础设施建设、民俗文化建设、农村面源污染控制、农村饮水安全工程、十一五规划中期评估等方面的报告，组织开展重大建设项目的视察。三是围绕法治古城建设，加强对平安古城建设的监督；认真组织开展《未成年人保护法》、《农产品质量安全法》《治安管理处罚法》等法律的执法检查；听取和审议区人民法院开展执行工作情况的报告和区人民检察院关于预防职务犯罪工作情况的报告，强化对司法机关的监督，使“一府两院”进一步提高依法行政、公正司法的水平。

三、围绕发展大局，依法决定重大事项和任免干部

围绕全局性、长远性、根本性的重大问题以及事关人民群众切身利益的问题，在深入调查研究，广泛听取意见的基础上，严格按照程序，认真审议“一府两院”的工作报告，及时作出相应的决议决定，并加大力度督促“一府两院”认真执行。坚持党管干部与依法任免干部相统一的原则，继续坚持和完善对拟任命干部任前法律知识考试和任前承诺等制度，进一步规范任免程序，做好干部任免工作；通过开展专项工作评议等形式，继续强化干部的任后监督。

四、充分发挥代表主体作用，增强人大工作活力

要进一步密切与人大代表和人民群众的联系，坚持常委会组成人员联系代表、代表列席常委会会议制度，拓宽代表知情知政渠道。要认真做好代表培训工作，提高代表综合素质和履职能力。要创新活动方式，丰富闭会期间的代表活动，认真组织代表进行各种视察、检查、调查、调研活动，激发代表履职热情，调动代表履职的积极性和主动性，推动代表工作深入开展。要切实加强代表议案、建议、批评和意见办理工作，继续坚持和完善常委会工作机构分工督办、促办制，力争今年代表提出的建议、批评和意见已经解决或正在抓紧解决率达到75%。要认真受理人民群众来信来访，抓好对涉法涉诉、重信重访案件的督办与反馈，切实维护人民群众的合法权益。加强对乡人大工作的指导，促进基层民主政治建设。

五、加强自身建设，进一步提高工作质量和效率

按照“政治坚定、业务精通、务实高效、作风过硬、团结协作、勤政廉洁”的要求，始终把自身建设摆在更加突出位置，不断加强思想、组织、制度、作风和素质能力建设。认真组织学习党的十七届三中全会精神，深入开展科学发展观学习实践活动，切实增强贯彻落实科学发展观的自觉性和坚定性，提高领导科学发展、促进社会和谐能力。自觉坚持和贯彻民主集中制原则，健全和完善常委会工作制度和机关的各项管理制度，促进常委会各项工作进一步制度化、规范化、程序化。加强党风廉政建设和作风建设，认真执行党风廉政建设责任制，大力弘扬求真务实精神，大兴调查研究之风，深入基层，了解社情民意，切实维护人民群众的根本利益。进一步优化机关干部结构，努力改善履职环境和条件。改进人大工作宣传方法，力求把人大宣传工作搞得更加生动活泼、扎实有效。完善工作目标责任管理，充分调动机关干部的积极性和主动性，不断提高做好各项工作的能力和水平，更好地为常委会行使职权服务。

各位代表，发展是我们党执政兴国的第一要务。区二届二次党代会确定了我区今年的工作目标和任务。现在，关键是要振奋精神，凝心聚力，扎实工作，狠抓落实。困难和挑战考验我们，责任和使命激励我们。让我们在中共古城区委的坚强领导下，进一步解放思想，锐意进取，求真务实，埋头苦干，以优异的成绩迎接新中国成立60周年。

中国人民政治协商会议
丽江市古城区第二届委员会
常务委员会工作报告

——2009年3月9日在丽江市古城区政协二届二次会议上

政协丽江市古城区委员会主席　和志华

坚持科学发展　切实履行职能
为构建和谐文明小康古城献计出力

各位委员、同志们：

我受政协古城区第二届委员会常务委员会委托，向大会作工作报告，请予审议。

本次会议的主要任务是：高举中国特色社会主义伟大旗帜，全面贯彻党的十七大、十七届三中全会、中央经济工作会议和全国政协、省政协、市政协全会精神，认真总结2008年工作，科学谋划2009年任务，动员社会各族各界和全体政协委员，更加自觉地贯彻落实科学发展观，为构建和谐文明小康古城贡献力量。

一、2008年工作回顾

2008年是我区经济社会科学发展、和谐发展的一年，也是我区政协与时俱进、开拓创新取得新进展的一年。一年来，在中共古城区委的正确领导和市政协的具体指导下，在区人大、区政府的大力支持帮助下，政协常委会始终坚持以邓小平理论和“三个代表”重要思想为指导，坚持以科学发展观统领政协工作，认真贯彻落实党的十七大、十七届三中全会精神和区委二届一次党代会精神，紧紧围绕全区工作大局，积极履行政治协商、民主监督、参政议政职能，立足谋大事、献良策、求实效，在服务全局上准确定位，在推动发展上主动作为，在工作方法上勇于创新，为促进全区经济建设、政治建设、文化建设和社会建设做出了新的贡献。

（一）政治协商有序推进

常委会坚持科学发展、促进发展作为履行职能的第一要务，抓大事、议大事、求实效，把握履行职能与服务大局的最佳结合点，充分发挥常委会、专题协商会的作用，紧扣区委、区政府中心工作，对我区经济社会发展中的重大问题进行协商讨论。主动协商，加强沟通。针对全区经济建设、政治建设、文化建设和社会建设中的重大问题，协助配合区委搞好决策前的协商和决策执行过程中的协商；适时制定协商计划，确定协商课题，规范协商程序，健全完善多层次、全方位的协商议政格局；对委员在各个层次协商过程中提出的意见和建议，进行梳理、综合、报送，使协商成果尽可能进入党政决策；把协商与政情通报、视察考察、调查研究、专题发言等有机结合起来，体现政治协商“严谨、务实、多样”的特点。丰富内容，扩大议题。二届一次会议以来，政协召开常委会6次，主席会议11次，专题协商座谈会8次。拓展形式，注重实效。在全委会总体协商、常委会专题协商、主席会重点协商、专委会对口协商的基础上，重视发挥界别委员协商的作用。

（二）民主监督逐步加强

充分发挥委员主体作用，是提高政协工作整体水平的基础和关键。

1、提案工作不断创新。古城区政协二届一次会议期间，共收到委员提案108件，提案审查委员会根据《提案工作条例》，对提案进行认真审议，共立案92件（其中重点提案2件），其余16件作为委员来信处理。92件提案中，1号提案《关于请求设立垃圾周转站的建议》、2号《关于对丽江市政路灯采取节能措施的建议》被例为重点提案。全会结束后，对提案进行分类、整理，对立案办理的92件提案及16件来信通过区政府召开提案交办会落实了承办单位和责任人，并及时召开提案摧办会和提案办理征求意见会。年内，区政协二届一次会议立案的92件提案及16件委员来信已全部按时按质按量办复完毕，提案面商面复率为100%，委员满意率达96%。

2、履职渠道不断拓宽。按照《区委关于进一步加强人民政协工作的意见》和区政协2008年工作要点，经区政协主席会议和常委会议研究，与区政府协商，并报经区委同意，根据《政协古城区委员会对区园林局开展民主评议的实施方案》，区政协于2008年8月1日至10月29日对古城区园林局开展了民主评议工作，不断拓宽了履职渠道。通过民主评议，既充分肯定了区园林局的工作，也客观地指出了我区城市园林绿化工作中一些需要进一步加强和改进的问题，并对我区城市园林绿化工作中存在的问题提出了系统的建议和对策。

3、界别作用不断发挥。各界别组织是政协的主要组成部分，常委会高度重视界别建设，突出界别优势、发挥界别作用，在政协例会、委员活动、调研视察、提案办理以及专委会工作中突出界别特色，引导界别在联系群众、化解矛盾、维护社会稳定中发挥重要作用。2008年，在视察、评议和评比工作座谈会上，邀请各界别委员参加，密切了政协与界别的联系，提高了政协委员、相关部门的界别意识，增进了团结，促进了界别作用的更好发挥。

（三）参政议政水平不断提高

围绕中心、服务大局，是人民政协长期形成的一条根本工作原则。我们紧紧围绕区委、区政府中心工作，抓住事关全区经济社会发展具有战略性、全局性、前瞻性的问题进行参政议政，为区委和区政府悉听民意、科学决策、改进工作提供了重要参考。

1、深入调查研究，科学建言献策。一年来，我们先后对企业劳动用工执法情况、古城区移民搬迁安置情况、原丽江县图书馆馆藏图书中古籍部分现状、古城区血吸虫防治工作等进行了调研，并形成了调研报告，从不同层面向区委、区政府提出了意见建议。另外，配合丽江市政协完成了对丽江市区户外广告管理工作情况、丽江市市区城中村及城郊结合部环境卫生治理情况、《中华人民共和国民族事务委员会民族乡行政工作条例》贯彻落实情况等进行了调研，所提意见和建议受到了区委、区政府的重视和职能部门的采纳。

2、围绕工作大局，深入开展视察。一年来，古城区政协结合我区经济建设的现状和今后发展的需要，经区政协主席会议研究决定，由区政协民宗联络委员会牵头，邀请区委、区人大、区政府领导，组成了古城区政协办公室、各专委会及相关部门和部分委员参加的视察组，于2008年10月29日对古城区移民搬迁安置进展情况进行了专题视察，并对存在问题提出了意见建议。

3、服从服务区委、区政府中心工作。一是烤烟生产再上新台阶。区政协在指导烤烟生产工作中，紧紧围绕“重心下移、着眼基层、突出服务、加强基础”的生产方针，逐年扩大种植面积，切实加强烟叶生产指导工作。2008年全区种植烤烟5 749亩，完成收购烟叶15 190.7担，总产值达10 526 996.08元，保质保量完成了指定的任务，达到了烤烟生产稳步发展的目标，为发展农业、促进农民增收、繁荣农村经济作了积极的贡献。二是围绕我区经济社会发展的中心工作，完成了多项区委交办、政府委托的工作。按照区委要求，在全区林权制度改革工作中，派遣4名处级领导和1名科级干部参加林权制度改革，其中4名担任工作组组长；在“大丽铁路”建设中，派遣一名科级干部参加土地征用、移民搬迁工作；在2008年度目标管理考核工作中，区政协积极支持考核工作，派遣 4 名处级领导分别担任考核组长。三是积极为扶贫挂钩点、新农村建设点和党建联系点办实事好事。为金山文化永红扶贫点水利建设协调资金 9 万元、水泥 50 吨；为金安光乐五组扶贫点协调资金 100 多万元，修缮村道和建设烟水配套工程；为黄山社区茨满一居民小组新农村建设点协调资金 10 万元，修建一个集休闲、娱乐为一体的居民活动广场；为金安乡三古村党建挂钩联系点三古完小协调资金 40 万元，修建了一所可容纳 6 个班的教学楼。

4、认真细致做好民族史料的抢救整理工作。为弘扬民族历史文化，由区政协文史委编辑出版的《光绪丽江府志》和《民国丽江史志资料汇编》参加省市两级社科成果评奖活动，并获得了奖项。打印整理完成清代民国时期李洋、杨泗藻、杨超群、杨菊生、桑炳斗等几位诗人的手抄孤本诗集，为丰富丽江古城文化内涵，提升丽江古城的文化品位，发挥了重要的作用。收集并向市政协提供《纳西百年实录》史料。支持参与玉泉诗社活动，编辑出刊《玉泉》诗刊。

5、切实抓好委员小组活动。政协委员小组活动是政协委员参政议政的一种重要形式。区政协委员活动小组共 17 组，由于各组的界别不同，特点各异，活动的内容和方式也丰富多彩。各委员活动小组积极组织委员开展各种调研活动，委员们立足本职，发挥专长，竭力尽智，提出了许多宝贵的意见建议，大力促进了当地经济、文化和社会事业的发展和进步。

（四）自身建设迈出新步伐

按照加强政协自身建设“四位一体”的总体布局，立足政协工作新实际，采取有效措施，切实加强自身建设。

1、加强理论学习，夯实思想基础。一年来，我们把理论学习作为做好政协工作的基础和保障，摆在重要位置，分层次、分阶段、有重点地组织政协常委和委员，深入学习十七大和十七届三中全会精神，《中共中央关于加强人民政协工作的意见》和《中共中央关于推进农村改革发展若干重大问题的决定》精神，并结合政协实际，及时召开党组会议、主席会议，组织开展学习讨论，切实把思想统一到中央的重大决策部署上来，把党的重大理论成果、重大战略思想、重大方针政策、重大决策部署贯彻落实到政协的各项工作中，把党的主张化为全体政协委员、各族各界人士的共同认识和自觉行动，化为政治协商、民主监督、参政议政的强大动力和生动实践。我们按照区委关于开展“继续解放思想，推动科学发展”大讨论活动和“讲党性、重品行、抓落实、促发展”为主题的作风建设要求，认真学习了一系列重要讲话精神，使讨论活动取得了实实在在的成效。学习使我们统一了思想，提高了认识，增强了实践科学发展观的自觉性和主动性，增强了坚持和完善中国共产党领导的多党合作和政治协商制度的责任感、使命感，增强了履职为民、促进发展的信心和决心，更加牢固树立了做好新形势新阶段政协工作的信心和决心。

2、加强制度建设，实现“三化”目标。常委会以推进政协工作“制度化、规范化、程序化”建设为目标，进一步建立健全了《机关工作制度》、《机关学习制度》、《主席、副主席联系常委工作制度》、《委室与对口单位联系制度》、《机关财务管理制度》、《机关干部职工考勤管理制度》、《机关车辆管理制度》、《服务承诺制度》、《首问责任制度》、《限时办结制度》等制度，大力推进机关制度化和规范化建设。认真落实党风廉政责任制，深入开展廉洁从政教育，弘扬八个方面的良好作风，自觉接受监督，努力做到了为民、务实、清政、廉洁。

3、加强信息工作，扩大政协影响。通过编发《政协工作简报》和向电视台、报社报送信息，对政协工作例会和相关重要活动及时报道，增强了全社会对政协工作的了解，扩大了新时期政协工作的影响。政协委员及机关干部职工向报刊、杂志、电视台、报社等宣传媒介撰写稿件 30 余篇，编发简报 18 期。

4、积极赈灾募捐，发扬爱国主义精神。5.12 汶川大地震，震撼着每一个中华儿女的心，也牵动着政协委员和机关干部职工的心。灾情发生后，区政协积极响应中央、省委、市委、区委号召，动员全体政协委员抗震救灾。政协领导率先垂范，全力发挥组织、协调带动作用，机关干部职工、政协委员纷纷赈灾献爱心。全区政协委员通过各种渠道积极捐助善款，发扬爱国主义精神，表达了与灾区群众同呼吸、共命运、心连心的深厚感情。

各位委员、同志们：过去的一年，区政协常委会创新工作思路，认真履行职责，各项工作取得了新的成果。这是中共古城区委加强领导，区人大、区人民政府大力支持，社会各界积极配合的结果，是全体政协委员立足本职岗位、热爱政协事业、扎实工作的结果。在此，我谨代表区政协常委会，向所有关心支持政协工作的各级领导和社会各界人士，向为政协事业辛勤工作、默默奉献的全体委员和政协工作者表示衷心的感谢和诚挚的敬意！

在肯定成绩的同时，我们也清醒地看到，我们的工作离时代的要求和新形势的发展还有不少差距，主要表现在：政治协商、民主监督、参政议政的制度化、规范化和程序化建设有待进一步完善；委员参政议政意识、水平和途径有待进一步提高和拓展；对政协理论的宣传有待进一步加强等。我们必须正视这些困难和问题，在今后的工作中切实加以解决。

二、2009 年主要工作

2009 年是我区经济发展面临严峻挑战的一年，又是面临重大发展机遇的一年。一方面，国际金融危机继续扩散和蔓延，不确定因素明显增多，经济下行压力加大，工业经济增速减缓、效益下滑，企业经营困难增大，保持农业稳定发展和农民持续增收难度加大，消费需求减弱，就业形势严峻。另一方面，我们正面临着千载难逢的重大发展机遇：一是国家出台了扩大内需促进经济增长的“十项措施”；二是随着全球经济的震荡整合，区域经济合作必将不断深化；三是丽江机场、大丽铁路、丽香铁路、大丽高速公路、丽攀高等级公路等项目的实施，将彻底打破交通“瓶颈”；四是金安桥和龙开口水电站建设项目的快速推进，为能源开发和新型工业发展插上了腾飞的翅膀。我们必须以新的视角审视新的形势，以新的思维应对新的挑战，以新的举措破解新的难题，全力推动古城区科学发展。

根据区委二届二次党代会精神，结合古城区实际，2009 年古城区政协工作的指导思想是：认真学习贯彻党的十七大、十七届三中全会精神，高举中国特色社会主义伟大旗帜，努力实践科学发展观，以区委二届二次党代会提出的各项任务为目标，围绕团结、民主两大主题，以促进科学发展为履行职能的第一要务，深入开展调研、视察活动，积极为区委、区政府建言献策，为构建和谐文明小康古城作出新的贡献。

（一）*切实加强理论学习，牢牢把握政治方向*

发扬政协重视学习、提倡学习的优良传统，把学习作为补充营养、统一思想、增进共识、把握正确政治方向、提高履职水平的前提和基础。搞好政协专委会、主席会、常委会、全委会各个层面的学习，按照区委的部署，认真开展学习实践科学发展观活动，继续深入学习贯彻十七大、十七届三中全会和区委二届二次党代会精神，把学习贯彻十七大、十七届三中全会和区委二届二次党代会精神同学习邓小平理论、“三个代表”重要思想结合起来，同学习人民政协理论结合起来，同推动农村改革发展结合起来，巩固团结奋斗的共同思想政治基础。坚持理论联系实际的学风，把学习的成果体现在履行职能的各项工作之中，切实提高议政建言质量，使政协工作紧贴中心、体现特色、融入全局、服务发展。常委会组成人员要带头开展人民政协理论和实践研究，创新政协理论和政协工作；广大政协委员、各专委会和政协工作者，要从本职工作出发，总结经验，探索规律，创新履行职能的内容和形式。

（二）*认真履行政协职能，着力推动科学发展*

坚持把促进科学发展作为首要任务，紧扣我区经济社会发展的重大问题和人民群众最关心、最直接、最现实的利益问题，运用常委会、主席会、专题协商会、政情通报会的形式，围绕区委提出的目标和任务，针对政府中心工作开展协商讨论，提出意见和建议。积极推动把政治协商纳入决策程序，促进党委和政府科学民主决策。围绕党和国家方针政策在我区的贯彻情况、区委和区政府重大决策的落实情况、法律法规的执行情况、人民群众普遍关心的热点难点问题开展民主监督。突出提案工作，树立“精品提案”意识，在提高提案质量，把好审查立案关的同时，创新方法，加强服务，配合做好提案交办工作，准确分解办理任务；开展提案调研督办，选择部分提案重点督办，提高提案办理质量和实效。围绕区委的工作思路，选择区委区政府需要、人民群众关心、政协有条件做好的课题，就统筹城乡发展、推进农村土地流转，整合教育资源、促进教育均衡发展、新农村建设、非公经济发展等问题开展专题调研。根据委员的岗位和专长，组织委员对我区加快基础设施建设、农村社会保障、城市社区服务、政府实事办理等情况进行视察。通过调研和视察，为我区经济社会快速平稳发展建言立论、参政议政、献计出力。

（三）高度关注民生问题，努力促进社会和谐

坚持以人为本，高度关注民生，把实现好、维护好、发展好广大人民群众的根本利益作为政协工作的出发点和落脚点，协助区委、区政府做好协调关系、化解矛盾的工作，促进社会和谐。进一步密切与社会各界群众的联系，深入体察民情，广泛了解民意，运用提案、反映社情民意等形式，将群众的意见和愿望及时反映给有关部门，使社会各阶层利益诉求通过政协渠道得到充分表达。加大为民建言力度，时刻把群众的安危冷暖挂在心上，围绕教育、就业、住房、医疗卫生、收入分配、社会保障、土地征用、企业改制、安全生产、社会治安、环境保护、食品药品安全等问题咨政建言，献计献策。加强对保障民生、改善民生的社会建设问题的民主监督，促进社会公平正义。以界别活动为载体，深入开展委员视察活动，为群众排忧解难，为社会办好事、办实事，为建设和谐古城发挥积极作用。

（四）努力抓好自身建设，不断提高履职能力

充分发挥常委会的集体领导作用，努力提升政协常委会组成人员的参政议政能力和建言献策水平。充分发挥政协专委会基础作用，创新工作方式，积极开展对口协商、专题调查、视察考察活动，全面活跃政协工作。充分发挥政协委员的主体作用，鼓励委员立足本职、致力发展、多作贡献、回报社会，在委员中广泛开展“五个一”活动，即：每年提一条建议，提一份提案，反映一条社情民意信息，参加一次调研视察，为群众办一件实事好事。加强委员队伍建设，健全激励机制和考核制度，严格委员管理；充分发挥政协机关作用，围绕建设“学习型、服务型、协调型、创新型”机关的目标，积极推进机关思想、组织、作风、制度建设，优化工作环境，增强服务意识，提高为政协委员服务，为政协履行职能服务的能力和水平。推进履行职能的制度化、规范化、程序化建设，坚持完善政协工作制度，不断探索履行职能的新机制，促使政协工作更加规范、有序。

各位委员、同志们：团结凝聚力量，创新成就伟业。让我们紧密团结起来，在中共古城区委的正确领导下，继续解放思想，高举旗帜，开拓奋进，科学发展，为再创政协工作新局面，促进全区经济社会更好更快发展，为构建和谐文明小康古城作出新的更大的贡献！

三、大事记

大事记

1月

1日 丽江黑龙潭公园免费向市民和交纳了古城维护费的游客开放。

4日 中央政策研究副主任郑新立带领调研组在束河古镇调研。

13日 区二届人大第一次会议第三次全体会议选举产生了新一届古城区国家机关领导人。

2月

13日上午 CCTV—新闻频道“温暖春节—2008丽江发现”在丽江古城和玉龙山脚下成功举行。

13日 市委书记和自兴、市长王君正到古城调研古城保护管理工作。

21日 “魅力三江，七彩云南—滇西北生物多样性保护大型主题活动”在丽江世界遗产公园广场举行。宣读通过了《滇西北生物多样性保护丽江宣言》。

3月

11日 区长金光闪率相关部门负责人到西山游路调研工作。要求搞好游路建设，加快新农村建设步伐。

24日 日本兵库县神户市日中友好交流团竹中信清先生到古城区参观访问，并向丽江友谊中心学校捐款50万日元。

26日 古城区党政代表团到玉龙县考察学习玉龙县城建设情况。

4月

1日 在黑龙潭公园举行原云南省省长和志强同志魂归故里骨灰安放仪式及和志强生平陈列馆开馆仪式。

15日 市长王君正到古城区调研创建园林城市各项工作。强调要努力搞好绿化美化工作，改善人居环境，提升城市品位，争创国家级园林城市。

23日 由省文明办组织3家中央媒体、3家香港媒体和10家省内媒体抵达丽江，到古城区采访创建省级文明城区先进经验。

5月

6日 清溪河环境整治、七星西路项目开工建设，项目总投资2.1亿元。

18日 古城区在木府举行喜迎奥运，欢庆建区五周年庆祝大会。

28日 区委书记周鸿、区四套班子有关领导及相关职能部门负责人组成的调研组到金安乡调研，专题调研农产业发展、水电开发和移民安置等工作。

31 日止 古城区收到社会各界向“四川汶川地震灾区”捐款 426 万余元，特殊党费 137 余万元。

6 月

9 日 古城区遭受严重冰雹灾害。受灾范围金山乡部分区域和城区 4 个街道办事处。除经济林果和农作物受灾外，城区居民的太阳能热水器、阳光板等设施受损严重，还对市政设施造成损坏。据相关部门统计，受灾人口达 34 525 人，直接经济损失 798 万元，其中农业经济损失 542 万元，农作物受灾面积 347 公顷，绝收面积 125 公顷。灾情发生后，区委、区政府及时研究防灾救灾措施，组织相关部门深入基层察看灾情并指导救灾工作。

10 日 奥运“祥云”圣火丽江传递仪式在人民广场举行，四川地震灾区羌族女孩张紫兰与丽江和震生共同完成丽江圣火传递第一棒。

17 日 古城区委副书记和茂卓率相关部门负责人到金安乡调研基层党建工作、“三农”工作和林改工作。

7 月

1 日 古城区西安街道寨后社区寨后上村党支部副书记和学贤被云南省委授予“优秀党务工作者”。

25 日 古城区 2008 年英才奖学金颁奖典礼在云岭剧场举行，区委、区政府对区一中以及该校上重点线的 85 名优秀学生颁发一年一度的奖学金。

8 月

3 日 全省群众性广场文化活动现场会在丽江召开，提出总结推广丽江经验，打造具有云南特色的群众性广场文化。

8 日 市委常委、副市长和炳寿到古城区督查 2008 年市政府承诺的 10 件实事和全市 48 个重大项目涉及古城区工作任务进展情况，强调加强领导、突出重点，确保完成重大项目投资任务。

29 日 古城区石屏至新团公路开工典礼在金山举行。该路设计里程 5.98 千米，路宽 50 米，一期路基宽 24 米，预算总投资 1.5 亿元。

9 月

3 日 古城区举行解放思想大讨论活动报告会，市委书记和自兴作专题报告。会上和自兴书记从“心怀感恩对人生、勤学多思谋发展、团结共事促和谐”三个方面对丽江多年来的发展和经验进行认真总结，提出了解放思想，抓住机遇紧迫性和重要性。

18 日 区长金光闪深入到古城区部分工业企业进行调研，了解企业经营、发展情况，强调要像抓旅游一样抓工业企业的发展。

29 日 2008 年古城金秋菊花会在木府举行，四万盆菊花装扮丽江古城，为“十一”黄金调增添节日亮点。

10 月

4 日 李群杰同志魂归故里骨灰安撒暨追思仪式在黑龙潭大门前举行，市区领导及社会各界人士参加了仪式。

7 日 据中央电视台新闻联播播出消息：中国特色发展之路课题调研组认为，丽江市利用当地特色资源，做大做强做精旅游产业，以旅游带动经济社会发展，从名不见经传的西南边陲小镇发展成为富裕繁荣文明和谐的旅游文化名城。成为全面改革开放十八个典型地区之一。

7 日 古城区庆祝敬老节暨保健长寿补助发展仪式在云岭剧场举行。区委书记周鸿作了重要讲话，会上表彰了老龄工作先进集体、敬老爱老先进个人、老有所为先进个人。对区 80 岁以上的老年人发放保健长寿补助。

15 日 经过一年户外广告整治工作，全区共拆除 5 689.86 平方米设置不规范的户外广告，并对城区广告设置进行规划设计，有效保障了丽江良好的城市面貌。

21 日 国际铂金五星级丽江溪禺谷酒店开工典礼在束河举行，市区领导及鼎业集团董事长刘加纯为酒店开工剪彩奠基。

11 月

12 日 古城区被省委、省政府命名表彰为首批云南省文明城市（区）。

14 日 云南省委常委、省纪委书记李汉柏在市区领导陪同下，到古城区金山乡调研基层党风廉政建设工作。

21 日 从新型农村合作医疗工作会议获悉，截止 10 月底，全区参加新型农村合作医疗的农村居民达 8.1 万人，参合覆盖率达 98.84%，参合农民住院补偿 2 180 次，补偿金额 281.29 万元，平均住院补偿 1 277.88 元。

24 日至 29 日 联合国教科文组织世界遗产中心咨询团到丽江古城考察。

28 日 雪山路建设项目开工典礼举行，项目总投资 1.4 亿元，长 2 556 米，为城市二级主干道。

28 日 古城流动党员支部成立大会举行，38 户流动党员经营户成立了党员支部，古城是首个成立党支部的流动党员驿站。

12 月

5 日 据统计，2008 年古城区发放住房租赁补贴 139 户 37.9 万元，正在建设 55 套 3 000 平方米的廉租住房将于年底全面竣工。投入财政资金 310 万元，启动了农村民居地震安全工程。

29 日 丽江市改革开放 30 周年纪念大会在市人民广场隆重举行。

2008 年 10 月 2～4 日丽江雪山音乐节 （唐新荣 / 摄）

四、古城区便览

古城区便览

人口

全区人口各项指标	全区总户数 44 433 户，全区年年末户籍总人口 153 272 人，男 76 316 人，女 76 956 人，农业人口 83 938 人，非农业人口 69 334 人，年出生人口 1 465 人，年死亡人口 1 661 人，人口自然增长率负 1.28‰。
乡、街道人口情况	大研办事处 24 150 人，祥和办事处 10 192 人，西安办事处 45 146 人，束河办事处 11 022 人，金山乡 24 847 人，七河乡 20 504 人，金江乡 4 327 人，金安乡 5 908 人，大东乡 7 176 人。

区　域

全区土地各项指标	全区地域总面积：1 255.4 平方千米，城区建成区面积 22 平方千米，土地总面积 107 139.59 公顷，坝子面积 207.74 平方千米，森林面积 979.22 平方千米，耕地面积 76.87 平方千米，人口密度 122.09 人/平方千米，城市人口密度 3 620 人/平方千米。
乡、街道幅员面积	全区有 5 个乡，4 个办事处，58 个村（居）委会。大研办事处 11.52 平方千米，祥和办事处 15.55 平方千米，西安办事处 3.06 平方千米，束河办事处 121.47 平方千米，七河乡 373.4 平方千米，金安乡 144.5 平方千米，大东乡 220.9 平方千米，金江乡 89.2 平方千米，金山乡 275.8 平方千米。

注：各乡、街道办事处地域总面积以 2009 卷数据为准。

气　象

一般气象条件	年降水量 918. 5 毫米
	年平均气温 12. 8 摄氏度
	日照时数 2 181. 7 小时
本年度 主要气候特点	全区日照时数比正常年偏少 281. 6 小时，气温偏高 0. 1 摄氏度（正常）。
	年总降水量比常年平均偏少 49. 5 毫米，5 月 10 日进入雨季，10 月 5 日到达结束标准，接近正常年。

经济综情

主要指标	2008 年全区国内生产总值 352 861 万元
	第一产业增加值 26 824 万元
	第二产业增加值 116 440 万元
	第三产业增加值 209 597 万元
	全年接待游客 465. 5 万人次，旅游综合收入 53. 6 亿元。
	全年粮食总产量 40 032 吨
	全年全区财政总收入 30 546 万元
	农民人均纯收入 3 885 元
	城市居民人均可支配收入 13 299 元
民营经济	个体工商户数 12 680 户
	个体工商户从业人数 32 715 人
	私营企业户数 1 002 户
	私营企业从业人数 11 024 人
交通运输	全区公路通车里程 1 692. 29 千米，一级路 15 千米。
	城区内营运车辆：出租车 926 辆，公共汽车 164 辆，全区货运量 265 万吨，公路客运量 225 万人。
	起降民航航班 19 432 架（次）
邮政、电信	全年函件（发次）162. 91 件，报刊期发数 6. 65 万份。
	全区固定电话用户 45 634 户，固定电话普及率 74. 72%，移动电话用户 65 141 户，移动电话普及率 66. 9%。
环境	全区森林覆盖率 68. 4%
	城市绿地覆盖率 34. 13%，人均公共绿地面积 13. 6 平方米。
	用水户数 30 896 户，家庭用户 30 211 户，日供水能力 6. 5 万方，日污水处理能力 3 万方。
	全区燃气用气户数 32 775 户，其中家庭用户 29 528 户，供气总量 2 657 万立米。
	城市道路清扫保洁面积 150 万平方米，生活垃圾清运量 6 万吨，公共厕所 65 座。

五、政 治

中共丽江市古城区委员会

【制定出台区委关于进一步加强教育工作的若干意见】 1月15日，区委印发了《关于进一步加强教育工作的若干意见》。《意见》从进一步深刻认识加快发展教育事业的战略意义；全面落实教育优先发展的战略地位；切实保障教育经费投入；强化教育管理，深化教育改革，提高教育质量；认真贯彻党的教育方针，全面实施素质教育；着力优化教育资源，促进教育均衡发展；大力发展职业教育，提高劳动者素质；完善助学扶智机制，促进教育公平；实施“英才”工程，开创人才辈出的好局面；依法治教，动员全社会支持教育事业发展等十个方面对切实加强和改进教育工作作了安排部署。

【表彰2007年度新农村建设下派指导员工作先进集体及优秀工作队长和优秀指导员】 为充分调动广大干部群众参与新农村建设的积极性，1月23日，区委、区政府对区农业局等8个先进指导员派出单位，赵福亮等4名优秀工作队长，李宗育等13名优秀指导员给予表彰。

【认真开展清查区直预算单位“小金库”和规范非税收入管理工作】 为深化财政管理体制改革，推动从源头上治理腐败，彻底解决“小金库”问题，1月25日，区委办、区政府办联合印发了《关于认真开展清查区直预算单位“小金库”和规范非税收入管理工作的通知》，决定从2008年1月30日开始集中开展清查预算单位“小金库”工作。

【印发《丽江市古城区2008年“扫黄打非”行动方案》】 为进一步加强文化市场管理，营造良好的社会环境、文化环境，树立健康向上的社会风气，1月31日，区委办、区政府办联合印发了《丽江市古城区2008年“扫黄打非”行动方案》。《方案》对“扫黄打非”行动的总体要求、工作重点、时间安排和步骤等作了明确规定。要求各乡、街道及区直各有关部门可根据本区域本部门实际，有针对性地组织开展其他专项行动。

【印发《丽江市古城区农村社区建设试点工作实施方案》】 为扎实推进新农村建设，认真做好农村社区建设试点工作，2月1日，区委办、区政府办联合印发了《丽江市古城区农村社区建设试点工作实施方案》，对在全区开展农村社区建设试点工作进行了安排部署。

【制定出台古城区选派年轻干部到基层挂职锻炼实施意见】 为全面贯彻落实大规模培训干部和实施人才兴区战略，2月20日，区委印发了《关于选派年轻干部到基层挂职锻炼实施意见》。《实施意见》从选派年轻干部到基层挂职锻炼的重要意义；挂职锻炼干部的选派条件及程序；挂职单位和担任职务、挂职时间；挂职锻炼干部的管理；挂职锻炼干部的待遇等五个方面对选派作了具体安排。

【开展“献爱心”扶贫捐款活动】 为进一步抓好2008年的扶贫开发工作，确保扶贫攻坚工程的顺利实施，3月4日，区委办、区政府办联合下发了《关于在全区干部职工中开展“献爱心”扶贫捐款活动的通知》，要求各级各部门积极响应号召，认真组织捐款活动，为全面推进社会主义新农村建设作出应有的贡献。

【表彰2007年度党风廉政建设先进单位】 为把全区党风廉政建设和反腐败工作引向深入，3月5日，区委、区政府对金安乡党委、政府等22个成绩突出的先进单位给予了表彰。

【对区委二届四次全体会议确定的2008年主要工作任务进行分解】 为认真贯彻区委的重大决策部署，进一步增强工作责任感和紧迫感，确保各项工作措施落到实处，3月20日，区委办、区政府办联合下发了《关于对区委二届四次全体会议确定的2008年主要工作任务进行分解的通知》，对区委二届四次全体会议确定的2008年主要工作任务进行了具体的分解，要求各单位强化服务意识，创新工作思路，根据各自承担的工作任务，认真组织实施，确保全面完成区委二届四次全体会议确定的各项任务。

【制定出台古城区2008年基层党组织建设工作的意见】 为进一步加强全区党的基层组织建设，3月20日，区委印发了《关于古城区2008年基层党组织建设工作的意见》。《意见》对基层党组织建设工作的指导思想、基本原则、工作主要内容、工作目标、组织领导等进行了明确规定，有力指导了全区基层党组织建设工作的顺利开展。

【印发《丽江市古城区2008年党风廉政建设实施方案》】 为深入贯彻市委、市政府《关于认真实行党风廉政建设责任制的实施意见》，促进各乡（街道）、区直各部门认真落实党风廉政建设责任制，结合古城区实际，4月15日，区委办印发了《丽江市古城区2008年党风廉政建设实施方案》，对2008年全区党风廉政建设和反腐败工作提出了总体要求，对继续抓好监督检查、反腐倡廉宣传教育、作风建设、深化改革和制度创新、监督制约、专项治理、查办案件、国有企业党风建设和反腐倡廉工作、纪检监察干部队伍建设等方面作了具体部署。

【进一步明确2008年重点项目挂钩领导责任】 为进一步增强责任意识和敬业精神，调动各重点项目挂钩领导的工作积极性和创造性，4月20日，区委办下发了《关于进一步明确2008年重点项目挂钩领导责任的通知》，进一步明确了重点项目挂钩领导责任分工和项目挂钩奖惩制度。

【制定出台在全区组织开展“解放思想、深化改革、扩大开放、科学发展”大讨论活动的实施意见】 为认真贯彻落实省委和市委关于组织开展解放思想大讨论活动的安排部署，4月29日，区委印发了《在全区组织开展“解放思想、深化改革、扩大开放、科学发展”大讨论活动的实施意见》。《实施意见》对大讨论活动的指导思想、讨论主题、主要对象，方法步骤，活动形式和组织领导等进行了明确规定，并提出了具体要求。

【印发《丽江市古城区2008年党风廉政建设和反腐败工作主要任务分解》】 为切实加强党风廉政建设和反腐败工作，进一步明确责任和要求，确保各项工作落到实处，5月5日，区委办、区政府办联合印发了《丽江市古城区2008年党风廉政建设和反腐败工作主要任务分解》，对各单位、部门的党风廉政建设和反腐败工作主要任务和工作作了具体的分解，要求各单位按照任务分解要求，认真抓好落实。

【建立区级领导挂钩联系集体林权改革工作制度】 为切实加强对全区集体林权制度改革工作的领导，确保改革工作顺利推进并取得实效，5月8日，区委办、区政府办联合下发了《关于建立区级领导挂钩联系集体林权改革工作制度的通知》，明确规定了区级领导挂钩联系片区。

【制定出台加强和改进新时期信访工作的实施意见】 为进一步加强和改进新时期全区信访工作，5月12日，区委、区政府印发了《关于加强和改进新时期信访工作的实施意见》。《实施意见》提出了五个方面二十二条的具体措施。

【实行2008年区四套班子领导及区直部门挂钩联系社会主义新农村建设试点村制度】 为推动全区社会主义新农村建设试点工作再上一个新台阶，5月14日，区委办下发了《关于实行2008年区四套班子领导及区直部门挂钩联系社会主义新农村建设试点村制度的通知》，由区四套班子领导分组联系一个社会主义新农村建设试点村，联系指导各试点村的社会主义新农村建设工作，并合理安排几个区直部门结对帮建，收到了良好效果。

【迅速开展向四川汶川地震灾区献爱心捐赠活动】 为广泛动员全区社会力量，支援灾区抗震救灾工作，帮助灾区渡过难关，5月14日，区委办、区政府办联合下发了《关于迅速开展向四川汶川地震灾区献爱心捐赠活动的通知》，要求全区各级各部门从讲政治的高度，充分认识这次捐赠活动的重要意义，扎扎实实开展好这次捐赠活动，确保捐赠工作富有成效。

【制定出台贯彻《中共中央国务院关于切实加强农业基础建设进一步促进农业发展农民增收的若干意见》的实施意见】 为认真贯彻《中共中央国务院关于切实加强农业基础建设进一步促进农业发展农民增收的若干意见》和中央、省委、市委农村工作会议精神，5月20日，区委、区政府印发了《关于贯彻〈中共中央国务院关于切实加强农业基础建设进一步促进农业发展农民增收的若干意见〉的实施意见》，明确了总体要求、主要目标及主要工作和任务。

【制定出台深化第二批集体林权制度改革的实施意见】 为积极稳妥地做好全区第二批深化集体林权制度改革工作，5月26日，区委、区政府印发了《关于深化第二批集体林权制度改革的实施意见》。《实施意见》主要为：第二批集体林权制度改革的目标；第二批深化集体林权制度改革的范围、原则；第二批林权制度改革的主要内容；第二批林权制度改革的实施步骤。

【制定出台进一步加强丽江古城保护管理工作的意见】 为贯彻落实市委、市政府关于丽江古城保护管理工作的意见，5月27日，区委、区政府印发了《关于进一步加强丽江古城保护管理工作的意见》。《意见》要求强化便民惠民措施，优待古城原住居民；加强经营行为管理，突出民族特色；加强民族文化建设，提升古城文化内涵；建管并重，保障古城建筑历史风貌；强化措施，精心呵护世界遗产；强化监管，提升古城保护管理实效。

【表彰群众体育工作先进集体和先进个人】 为发扬成绩，树立典型，进一步倡导文明、科学、健康的生活方式，加强全区群众体育工作，5月29日，区委、区政府对区文广局等20个群众体育工作先进集体和杨福先等50名群众体育工作先进个人给予了表彰。

【认真开展作风建设教育活动】 根据市委的安排部署，5月29日，区委办下发了《关于在全区开展以“讲党性、重品行、抓落实、促发展”为主题的作风建设教育活动的通知》。《通知》对全区开展作风建设教育活动的指导思想、基本原则、总体要求、目标任务、时间安排和方法步骤作了规定。要求各乡（街道）、各（部门）单位要切实加强对干部作风建设教育活动的领导，确保活动取得实实在在的效果。

【开展2008年度单位和党员干部定点挂钩扶贫工作】 为进一步加大全区扶贫攻坚力度，加快推进“十一五”扶贫攻坚规划，6月30日，区委办、区政府办联合下发了《关于开展2008年度单位和党员干部定点挂钩扶贫工作的通知》，由全区处级领导和区直部门组成16个扶贫小组，分别挂钩全区16个整村推进项目村。

【表彰开展“三级联创”活动实施“云岭先锋”工程先进集体和先进个人】 为表彰在各行业、各领域涌现出的一大批先进集体和先进个人，6月30日，区委对金安乡党委等3个先进党（工）委，七河乡五峰村党支部等21个先进党（总）支部，陶卫君等17名优秀党务工作者，张福军等99名优秀共产党员给予了表彰。

【重申区直公有房产出租管理及相关问题】 为进一步开展好小金库清理工作，加强国有资产管理，7月23日，区委办、区政府办联合下发了《关于重申区直公有房产出租管理及相关问题的通知》，要求区属出租房屋的所有权和处置权属古城区人民政府，区人民政府委托丽江市古城区天和城市经营投资开发有限公司（以下简称天和投资公司）执行管理职能。

【做好北京奥运会、残奥会期间有关工作】 按照《中共中央办公厅、国务院办公厅关于切实做好北京奥运会、残奥会期间有关工作的通知》和《中共云南省委办公厅、云南省人民政府办公厅关于切实做好北京奥运会、残奥会期间有关工作的紧急通知》精神，8月9日，区委办、区政府办联合下发了《关于做好北京奥运会、残奥会期间有关工作的紧急通知》，要求各级各部门进一步增强政治意识、大局意识、责任意识，认真部署有关工作，切实加强监督检查，确保各项工作任务落到实处。

【评选争先创优“六个一”活动先进集体和先进个人】 为进一步发挥先进典型的示范、辐射、带动作用，8月11日，区委下发了《关于评选争先创优“六个一”活动先进集体和先进个人的通知》，明确了评选标准、评选范围、评选名额和评选要求。

【表彰优秀校长、教师和2007学年度教育工作先进集体先进个人及优秀教育教学科研成果】 进一步激发全区广大教师和教育工作者的积极性、创造性，大力营造尊师重教的良好社会氛围，9月2日，区委、区政府对和东光等10名校长授予“优秀校长”称号，对和庆中等10名教师授予“优秀教师”称号，对区一中等13个先进集体、阳宗德等206名先进个人进行表彰，对《农村学校艺术教学内容和教研活动研究》等3个优秀教育教学科研成果予以奖励。

【推荐评选老龄工作先进集体和敬老爱老先进个人及老有所为先进个人】 为弘扬中华民族尊老、敬老、助老的传统美德，倡导尊老敬老的良好道德风尚，努力推进全区老龄事业的全面发展，9月18日，区委办、区政府办联合下发了《关于推荐评选老龄工作先进集体和敬老爱老先进个人及老有所为先进个人的通知》，明确规定了评选范围及名额、评选标准、评选办法和要求等相关问题。

【印发《丽江市古城区委常委班子解放思想大讨论活动和作风建设教育活动整改方案》】 10月22日，区委办下发了《关于印发〈丽江市古城区委常委班子解放思想大讨论活动和作风建设教育活动整改方案〉的通知》，要求全区各级各部门及广大干部群众认真监督并配合区委常委班子严格按照整改内容、整改时限等要求，切实抓好整改，确保各项整改措施真正落到实处。

【认真做好2009年度党报党刊订阅工作】 为认真搞好2009年党报党刊的发行订阅工作，11月3日，区委办、区政府办联合下发了《关于认真做好2009年度党报党刊订阅工作的通知》。《通知》指出党报党刊是党和政府的重要思想舆论阵地，是党和政府指导工作的重要载体、联系人民群众的桥梁和纽带。要求各乡、街道，区直各部门和各单位指定专人负责征订工作的落实，确保2009年度全区党报党刊发行订阅任务的圆满完成。

【建立促进非公有制经济发展联席会议制度】 为进一步加强对全区非公有制经济发展的指导和服务，研究、协调解决全区非公有制经济发展中的重要问题，11月7日，区委办、区政府办联合下发了《关于建立促进非公有制经济发展联席会议制度的通知》，明确了联席会议主要职责、联席会议的组成和联席会议及办公室工作制度。

【印发《古城区开展“阳宗海砷污染事件”讨论活动实施方案》】 为认真贯彻落实科学发展观，根据《中共云南省委办公厅、云南省政府办公厅关于组织开展“阳宗海砷污染事件”讨论的通知》（云办发电〔2008〕109号）精神，结合古城区实际，11月17日，区委办、区政府办联合下发了《关于印发〈古城区开展“阳宗海砷污染事件”讨论活动实施方案〉的通知》，要求各单位、各部门结合自身工作实际，严格按照实施方案认真贯彻落实，务求取得成效。

【进一步明确近期矛盾纠纷化解工作任务】 为切实

做好全区矛盾纠纷排查化解工作，落实分级负责、责任明确、归口办理、限期处理、巩固治理的矛盾纠纷排查化解工作机制，11月20日，区委办、区政府办联合下发了《关于进一步明确近期矛盾纠纷化解工作任务的通知》，对排查出的矛盾纠纷化解工作任务进行统一交办，进一步明确责任单位、具体责任人和责任领导。要求各级各部门切实负起相应责任，认真履行各自职责，形成整体工作合力，有效化解矛盾纠纷。

【开展2008年“送温暖、献爱心”社会捐助活动】 为动员全区各级党政机关、企事业单位、社会各界和广大群众参加捐赠，以实际行动支援灾区灾民和贫困群众，区委办、区政府办联合下发了《关于开展2008年“送温暖、献爱心”社会捐助活动的通知》，要求各单位认真做好动员部署工作，迅速掀起捐助热潮，让困难群众感受到党和政府的关怀，感受到社会主义大家庭的温暖。

【开展2008年度目标管理综合考核】 为全面完成全区2008年经济社会发展各项任务，确保区委、区政府年初下达的各项考核目标任务真正落到实处，12月5日，区委办、区政府办联合下发了《关于开展2008年度目标管理综合考核的通知》，组成九个综合考核组分别对各乡、街道，区直各部门服从服务区委区政府中心工作、部门业务工作、党建、思想政治领域、综治维稳和党风廉政建设等工作任务完成情况进行综合考核，并提出初评意见。

【表彰古城区2007年度区直行政事业单位财务决算先进单位】 为表彰先进，树立榜样，12月23日，区委、区政府对区委办公室财务室等18个单位财务决算先进单位给予了表彰。

【表彰古城区2007年度企业报表决算先进单位】 为总结经验，鼓励先进，树立榜样，进一步加强和改进企业年度决算报表工作，12月25日，区委、区政府对丽江供排水有限公司等8个企业报表决算先进单位给予了表彰。

【制定出台中国共产党丽江市古城区代表大会常任制试点工作方案】 为确保区党代表大会常任制试点工作的顺利进行，12月26日，区委印发了《中国共产党丽江市古城区代表大会常任制试点工作方案》。《方案》明确了试点工作的指导思想、基本原则、主要内容、主要任务和组织领导。

【古城区委办公室工作】 2008年，区委办公室在区委的正确领导下，高举中国特色社会主义伟大旗帜，以邓小平理论和“三个代表”重要思想为指导，全面贯彻落实科学发展观，深入学习贯彻党的十七大、十七届三中全会和省委八届五次全会、市委二届五次全会精神，按照“建一流队伍，树一流作风，展一流形象，创一流业绩”的总体要求，努力倡导和践行“求实创新、严谨细致、敬业奉献、和谐奋进”的工作作风，服从服务于区委的中心工作，扎实工作，开拓创新，圆满完成了办公室的各项工作任务，较好地发挥了参谋助手和综合协调服务的职能作用，为构建和谐文明小康古城作出了积极贡献。

秘书工作　秘书人员严格按照《中国共产党机关公文处理条例》和省委办公厅《关于贯彻〈中国共产党机关公文处理条例〉的实施细则》开展工作，力求办文科学化、规范化。全年印制区委文件29件，3 555份；区委办公室文件86件，9 534份；区委办公室通知34件，1 743份；区委批复4件、19份；区委会议纪要22件，1 901份；区委函2件，8份；区委办公室函2件，9份；区委领导讲话及其他材料500多件。在办公过程中，文秘人员与行政后勤人员密切配合，团结协作，做到通知准确、准备充分、记录认真、安全保密、优质高效地完成会议服务工作。

协调服务工作　积极搞好与各局（科室）之间的协调工作，及时分办落实区委领导和办公室领导交办的各项工作。认真做好上情下达，下情上报工作。参与奥运火炬传递、和志强同志魂归故里仪式、李群杰骨灰安放仪式、金秋菊花展等重大活动的服务协调工作。认真组织协调中央和省市领导到古城区视察的各项接待工作。认真搞好党报党刊的收发征订工作，《云南内参》征订数达63份，超额完成征订任务。同时，还承担了区委机关的报刊、杂志、信件及机要文件材料的收发传阅工作，全年共收发报纸16个种类、54 600期（次），杂志10个种类、900多期（次），信函及包裹3 000多件。各种报刊、杂志、信件及机要文件材料均都做到了准确分发，无错发漏发情况。

信息工作　高度重视突发事件等紧急信息的收集整理报送工作；围绕区委中心工作，关注涉及人民群众利益的问题，全面、准确、及时地反映发展中出现的新情况。狠抓信息的质量和数量，及时有效地收集、采编适用信息，全年共收到全区各级各部门上报信息3 400余条，制发《古城区信息》6期、904份，制发《每日要情》247期、12 064份，向上级有关部门报送信息185条，被采用12条。

督查工作　把督查落实工作作为办公室工作的第一要务，不断强化落实意识，创新工作方法，认真做好各级各部门贯彻落实区委、区政府各项决策部署情况和区委领导批示件的督促、催办及反馈工作。先后多次组织有关部门深入一线，开展奥运火炬丽江站活动安保、环卫督查，林改工作督查，化解矛盾纠纷情况督查，爱卫运动督查，群众广场文化活动开展情况督查等活动，全年落实督查督办件213件，协办件75件，落实上级交办件10余件，收集各乡、街道，区直各部门办理情况总结报告300余件。

行政工作　牢固树立超前服务、优质服务的意识，认真做好区委领导、办公室和区直机关之间的协调服务工作，加强了对通讯、用电、用水的管理，并安排日常值班、布标悬挂、车辆管理及调度，做好区委各类会议场所的安排布置等会务工作，全年共承担了200多次各类大小会议的服务工作。把原来由园林局负责的大院内的修枝、剪叉、除草等工作划分到各局（科室），要求每周四对所属卫生区域进行打扫，并进行评比，保持了大院的整洁卫生。

机要保密工作　按照“保密、快速、准确”的原则，严格执行机要部门24小时值班制度，做到“确保绝对安全、确保绝对畅通”，做好全区密码工作的业务指导和管理工作，完成了密码电报及内部电报的译、传、办工作，完善了区到乡（街道）的党政通用密码通信专网建设工程。加强保密宣传教育工作，建立完善了领导干部保密工作责任制，加大了对全区党政机关和印刷、打字复印业的保密专项检查力度，全年共销毁文件、资料5 100千克，维护了国家秘密文件、资料的安全，杜绝了泄密失密事件的发生。对辖区内从事印刷、复印业务的70家经营户进行了保密工作专项检查。

关心下一代工作　进一步建立完善教育、督查和资源整合等机制，加强了与关工委成员单位的协调、沟通和联系，并深入基层、深入群众，开展调查研究，及时发现和解决学生学习生活中的困难，发挥了应有的作用。组织开展了高考贫困家庭救助工作、“爱心圆梦大学”助学行动，设立了“爱心圆梦大学”专项基金，建立了10个爱心书库，捐赠图书5 140册，价值75 700多元。

联系群众工作　组织干部职工深入到党建联系点金山乡金山村，开展了十七大精神宣传教育活动，修建了宣传栏，为基层党员干部群众学习党的路线方针政策提供了良好条件，促进了基层党建工作的深入推进，帮助村党组织建设好党建工作。多次组织干部职工深入到扶贫挂钩点大东乡建新村茨里满组进行调查研究，投入资金45万元，为山区群众实施了人畜饮水、村道建设及公益设施等扶贫项目，使全村的基础设施得到明显改善。多次组织干部职工深入到新农村建设试点挂钩联系点金山乡漾西村敏汝上村民小组开展专题调研，投入资金32万元实施村道硬化等工程，完善了基础设施建设。切实抓好党内互助“八个一”活动，为帮扶困难党员送去了6 000元慰问金和慰问品。在汶川大地震发生后，办公室迅速动员全体干部职工向四川地震灾区捐款，募捐资金5 000元和“特殊党费”3.3万元，发挥了共产党员模范带头作用。年内先后组织了5次献爱心捐资济困活动，共计13 580元，为困难群众送去了党和政府的温暖。

（和光云　董金田　周　鹏）

组织工作

【综 述】 2008年，古城区委组织部在区委的正确领导和市委组织部的具体指导下，坚持以邓小平理论和“三个代表”重要思想为指导，深入学习贯彻党的十七大和中央、省、市组织工作会议精神，紧紧围绕全区工作大局，以加强党的执政能力建设、先进性建设为主线，大力加强领导班子、干部队伍和人才队伍建设，全面推进基层组织和党员队伍建设，切实加强组织部门自身建设，求真务实，改革创新，不断开创组织工作新局面，为推进古城区经济社会又好又快发展提供了坚强的组织保证和人才支持。

【组织工作】 一是推行“第一书记”制度取得明显实效。年初，在全区范围内施行了党（工）委委员、党员副乡长、副主任挂任村、社区第一书记制度。推行第一书记制度以来，密切了干群关系，提高了科级干部的实践能力和做群众工作的本领，转变了街道、社区干部的工作作风，畅通了群众反映问题和困难的渠道，使社区干部和街道办事处干部的优势得到了互补。“第一书记”成为社区思想引导员、发展领航员、党建指导员、制度督导员、形象维护员，有力促进了和谐村、社区建设。二是实行年轻干部挂任制度。3月份选派10名30岁以下初始学历具有学士学位的年轻干部（其中1名研究生）到乡和街道办事处挂任副职，并实行跟踪管理，每月由部长主持召开一次座谈会，掌握他们学习、工作、思想动态，同时要求他们每月写一篇工作、学习心得体会或工作调研文章交组织部，组织部从中挑选好的文章定期在丽江日报发表。三是认真做好选聘高校毕业生到村任职工作。按照市委组织部统一部署，及时上报了选聘高校毕业生到村任职计划申报表，组建考察工作组，认真开展选聘工作，通过严格审查、笔试、面试、考察，最终确定了9名高校毕业到古城区9个村（社）任职。四是认真实施古城区党建长廊建设工作。年内，共投入资金275.3万元（其中，市、区委组织部补助36万元，市级单位补助8万元，区级补助209.5万元，社会捐资3.5万元，基层自筹18.3万元）开展束河松云、普济、忠信、文荣，西安清溪，金山红光、敏儒，七河西关、拉市湾等9个村（居）民小组活动阵地。同时，针对基层乡、街道几个办公室共用一台电脑的现象，区委组织部为9个基层党委配备了9台专用电脑，为党内统计和党员信息化管理奠定了基础。五是“九个十二”基层党建示范点创建活动取得阶段性成果。市委决定开展“九个十二”基层党建示范点创建活动以来，加强与示范点的联系，组成工作组，多次深入到龙泉、寨后上村、金山村党（总）支部指导开展工作，充分结合每个点特点、亮点，选定了示范主题：金山村党支部开展了以“筑牢堡垒强核心，建设新村谱华章”为主题的围绕“六好”争创“六新”的党建示范创建活动；寨后上村党支部开展了以“五村”建设为载体，构建和谐村寨”的党建示范创建活动；龙泉社区党总支开展了以“古镇党旗红，茶马写春秋”为主题的基层党建七大模式创建活动，并先后投入55万元（金山党支部10万元、寨后上村党总支25万元、龙泉社区党总支20万元）对村（社区）活动阵地进行了建设、修缮，共建立党员活动室3个，制作宣传展示板37张，装订图片资料426份、影像资料3部，组建了2个党建文艺宣传队，选聘了3名有责任心的党建宣传员。六是加强非公企业党建工作。古城区有7家规模以上非公企业单独建立了党组织，规模以下非公企业609家，20家规模以下非公企业已组建了各类党组织。积极开展了规模以上非公有制企业组建党组织工作进行“回头看”活动，开展了“丽江市‘两新’组织党建十大标兵单位”评选活动，古城区共推荐了4个“两新”组织党建先进单位。

【干部教育工作】 一是完成了上级干部调训工作。

按照市委组织部的计划安排，对全区各级干部实行点名调训。一年来共完成上级各部门干部调训149人（次）。二是开展了主体班培训。为提高公务员、专业技术人才、企业管理人才和乡土人才四支队伍的“思想政治素质，科学文化素质，业务素质和健康素质”，增强他们解决各种问题的综合能力，在区委党校举办了1期村（社区）干部培训班，培训了58个村（社区）新当选的党支部书记、副书记，主任、副主任计176人。完成城镇失地少地农民再就业培训1期，共135人。三是开展了岗位技能培训和业务培训。全年共举办老干部理论读书、非党干部理论培训、国家公务员初任培训、办公室工作培训、宣传工作培训、入党积极分子培训、妇女干部培训、团干部理论培训、安全生产教育培训、《信访条例》知识培训、综治维稳培训、扶贫业务培训、城建业务培训、农业科技知识及农村实用技术培训、财政业务培训、移民政策培训等岗位技能和业务培训共48期，参训人员达12 345人（次）。四是加强农村党员教育管理。充分依靠区委党校师资、涉农部门力量，以远程教育培训接收点为平台，依托五五普法活动，党员干部上党课的形式，开展了学习贯彻党的十七大精神、政策法规、农业农村发展等专题知识讲座，提高了广大群众和农村党员的整体素质。共举办专题讲座172期（次），培训人数达17 254人（次）。

【干部监督管理】 充分发挥组织部干部监督的职能作用，做到敢管、善管、严管，领导干部的权力行使到哪里，领导干部活动到哪里，监督工作就延伸到哪里，把干部监督贯穿于干部培养教育、考察考核、选拔任用和日常管理的全过程。严格审批出国考察的科级干部，杜绝公款出国旅游，年内对提拔或轮岗干部征求意见175人（次），审批因公出国8人，审批因私出国1人。

【公务员管理工作】 根据相关文件，完成了2007年度公务员年度考核工作，共考核乡科级公务员（含非领导职务）621人，处级公务员41人；完善公务员登记后续工作，对于登记后出现的特殊情况，本着积极审慎的态度，坚持由所在单位党委（党总支、党支部）集体研究决定，逐级集体研究上报审批，及时掌握干部职工的思想动态，做好登记工作后的思想政治工作，保证了机关干部队伍思想稳定。全区公务员管理的73个单位1 192名公务员（含暂缓登记30名公务员），都占用行编或地方自定编，无一人超编，实现了理顺身份，以编制设岗的工作目标。

【人才工作】 区委组织部始终坚持“围绕中心，服务大局，突出重点，务求创新”的工作思路，切实加强人力资源建设：完成信息报送任务，及时掌握了全区人才工作动态，认真搞好机关文秘人才资源调查，建立了116名文秘人才信息库，为党政机关调配、培养和使用人才提供信息服务，开辟了推荐、培养和使用人才的“快车道”；做好农村实用人才资源调查，全面掌握农村实用人才的整体状况，搜集了符合农村实用人才各项指标的592名农村劳动者，按照种植、养殖、经营等不同类型，建立健全了农村实用人才信息库，为进一步加强古城区农村实用人才队伍的开发、管理和使用奠定了良好的基础。

【党员队伍建设】 认真贯彻“坚持标准，保证质量，改善结构，慎重发展”的发展党员方针，实行发展党员预审制、公示制和责任追究制，有领导、有计划地积极培养和发展新党员337名，其中：女党员数103人，占总发展党员数的30.56%，35岁以下党员数234人，占总发展党员数69.44%，具有高中（中专）学历以上的有179人，占总发展党员数53.12%，党员队伍年龄结构、文化结构、性别结构和党员成分结构都得到优化；完成特殊党费的收缴工作。汶川“5.12”特大地震灾害发生后，组织全区广大党员通过不同形式积极为受灾地区捐款、捐物，动员党员交纳“特殊党费”支援抗震救灾。全区13个基层党委共有7367名党员交纳“特殊党费”1 413 568.7元，其中1 000元以上108人；建立流动党员温馨驿站。为了进一步加强和改进流动党员服务和管理，7月份按照市委组织部要求的“十有”标准进行建设，两个流动党员驿站分别位于束河古镇茶马广场和丽江古城木府入口处，为流动党员提供学习、组织生活、诉求反映、旅游信息、投资指南、用工信息、爱心援助、志愿精神等“八项”服务，真正体现驿站的“流动党员精神加油站”、“流动党员心灵休闲站”、“流动党员文化交流站”、“流动党员民俗体验站”的功能。

【认真落实关心困难老党员关爱制度】 发放352名70岁以上困难老党员补助金29 568元；建国前入党的老党员有38人，全年补助金额79 560元。并对森林公安分局马跃龙和大研中学和述武两位重症党员给予了每人1 000元的帮扶，对金山良美患重病的老党员和镜远和家庭遭受大病的段永年给予了每人1 000元的帮扶；积极开展党内互助“八个一”活动。为了建立健全党内互帮互助机制，促进党内和社会和谐，认真开展了党内互助“八个一”活动，全区共有75个单位，34名处级领导干部，451名乡科级领导干部和686名普通党员参加互助活动，被帮扶村组达46个，帮扶困难党员达597人。年内，全区各级单位下到挂钩点2次，捐钱捐物共计89 550元。

【加强部门自身建设】 一是认真开展“讲党性、重品行、作表率，树组工干部新形象”学习实践活动。结合学习贯彻十七大精神，精心组织开展学习实践活动，以学习实践活动为契机，全面加强组织部门的政治建设、能力建设和作风建设。围绕主题，开展了争创“六个一流”的主题实践活动，即：重学习，营造一流的学习环境；重仪表，树立一流的干部形象；重素质，建设一流的组工队伍；重服务，创建一流的文明单位；重创新，创造一流的工作业绩；重品行，铸造一流的人格魅力。通过开展学习实践活动，组工干部在思想观念、素质能力、工作作风和方式方法上有了新转变、新进步、新提高，提高了党委和广大人民群众对组织工作的满意度，真正把组织部门建设成为深入贯彻落实科学发展观的模范部门，把组工干部队伍建设成为讲党性、重品行、作表率的过硬队伍。二是扎实开展“解放思想、深化改革、扩大开放、科学发展”大讨论活动。紧紧围绕深入学习实践科学发展观和加强党的执政能力建设、先进性建设这一主线，重点开展五个方面的讨论（如何实现思维方式和工作理念上的新突破、如何实现在着力解决事关跨越发展的重点问题上的新突破、如何实现围绕中心服务大局做好党的建设工作上的新突破、如何按照科学发展观的要求在组织工作的制度和机制创新上的新突破、如何实现组工干部精神状态和工作作风上的新突破），重点解决五个问题（解决用心工作不够的问题、解决工作效率不高的问题、解决理论不能结合实际的问题、解决精神状态和工作作风不好的问题、解决缺乏闯劲不敢干事的问题），通过活动的开展，牢固树立组织工作出生产力、靠制度管人管事、以人为本“三种理念”，努力锻造特别负责任、特别肯实干、特别求细致、特别讲奉献、特别讲团结“五个特别”优良作风，树立组工干部可信、可靠、可敬、可亲的形象，把组织部门真正建设成为素质最强、作风最正、效能最高、服务最优、反映最好的部门。三是丰富机关文体活动，加强组工文化建设。积极组织干部职工参加区古城区举办的“庆祝古城区成立五周年暨迎奥运职工运动会”、篮球友谊赛等活动；积极参加全市组织系统组织的“七·一”歌咏比赛，并选送白族小品《感化》参演，同时选送了一位组工干部参加演讲比赛，充分展示了组工文化建设成果，展现了组工干部勤奋进取、昂扬向上的精神面貌，进一步增强组工干部的凝聚力、向心力和创造力，彰显组工干部“讲党性、重品行、作表率、树立组工干部新形象”的精神风貌。

【扶贫工作】 年内解决党校党员干部培训经费3万元；为古城区一中和福慧学校购买了10台笔记本电脑和一套教学用的投影仪；解决了大东乡农村党员培训经费6万元；补助金江乡农村党员科技培训资金2万元；为2007年新农村建设协调资金8万元；为大研街道补助社区下岗失业人员再就业培训资金2万元；补助束河、金山、西安失地少地农村党员再就业培训经费各5万元，共15万元；响应区委“爱心圆梦大学”助学行动号召，全体组工干部为困难学生捐款750元；组织“慈善一日捐”活动，共捐款850元。

【领导干部队伍建设】 年内，提交区委常委会议人事任免方案7次，共调整充实科级领导干部198人（次），其中，提拔71人（科员提拔为副科级48人，副科级提拔正科级为23人，35岁以下年轻干部32人，非党干部6人，妇女干部17人），交流轮岗44人，人大换届重新任命51人，免职23人（其中因工作调动8人，改任非领导职务13人，享受副处待遇提前退休2人），试用期满转正9人，通过调整充实，极大地改善了古城区科级领导班子的知识结构、年龄结构、民族结构、性别结构，增强了班子的整体功能，有力地调动了各级干部的工作积极性，为古城区“三个文明”建设提供了强有力的组织保障。

（杨少林 和文芳 李玉林）

古城区领导干部人事任免

2008 年 1 月份人事任免

杨桂阳　免去其古城区人大常务委员会党组成员职务；

李润兰　任古城区人民政府党组成员；

李志强　免去其古城区人民政府党组成员职务；

和金贵　任中共古城区委统战部部长、政协古城区常务委员会党组成员，免去其古城区妇女联合会主席职务；

黄乃镇　免去其政协古城区常务委员会党组成员职务；

和建泉　免去其中共古城区委统战部部长、政协古城区常务委员会党组成员职务；

杨兴国　免去其政协古城区常务委员会党组成员职务；

和仕果　任政协古城区常务委员会党组成员；

王春声　免去其古城区人民检察院反渎职侵权局副局长（副科级）职务；

和松阳　免去其古城区人口和计划生育局副局长职务。

2008 年 3 月份人事任免

木兴源　任中共古城区委宣传部副部长（正科级），免去其中共古城区祥和街道工作委员会副书记、委员，办事处主任职务；

和秀琼　任古城区妇女联合会主席，免去其中共古城区大研街道工作委员会副书记、委员，办事处主任职务；

木立文　试任古城区人大常务委员会办公室副主任（试用期一年）；

和忠明　任古城区水务局局长，免去其中共古城区祥和街道工作委员会书记、委员职务；

和正红　任中共古城区环境保护局支部委员会书记，免去其中共古城区委副科级组织员职务；

和平星　任古城区爱国卫生运动委员会专职副主任兼爱国卫生运动委员会办公室主任（正科级），免去其古城区环境卫生管理局副局长职务；

王江涛　试任古城区劳动和社会保障局副局长兼社保局局长（试用期一年）；

和新华　任古城区移民局副局长，免去其中共古城区委副科级组织员职务；

赵康援　任古城区经济局副局长，免去其古城区西安街道办事处副主任职务；

和丽花　任古城区司法局副局长，免去其政协古城区委员会教文卫体委副主任职务；

和慕华　试任古城区安全生产监督管理局副局长（试用期一年）；

杨永强　试任古城区人民政府驻昆明办事处副主任（试用期一年）；

树发生　试任古城区史志征集编纂办公室副主任（试用期一年）；

和丽芬　试任古城区生物资源开发创新办公室副主任（试用期一年）；

和　芬　任古城区环境卫生管理局副局长，免去其古城区祥和街道办事处副主任职务；

杨冬春　免去其古城区水务局局长职务；

和志宇　任中共大研街道工作委员会委员、副书记、办事处主任，免去其古城区劳动和社会保障局副局长职务；

木　丽　任古城区大研街道办事处副主任，免去其古城区大研街道人民武装部部长职务；

李　康　任中共古城区西安街道工作委员会委员、书记，免去其古城区西安街道办事处主任职务；

李纯军　任中共古城区西安街道工作委员会委员、副书记、办事处主任，免去其中共古城区金江白族乡委员会委员、人大主席团常务主席职务；

和　敏　试任古城区西安街道办事处副主任（试用期一年）；

张贵华　试任中共古城区西安街道工作委员会委员、西安街道人民武装部部长（试用期一年）；

和继伟　任中共古城区祥和街道工作委员会委员、副书记、办事处主任；

和相军　免去其中共古城区祥和街道工作委员会副书记、委员、纪工委书记职务；

李凤龙　试任古城区祥和街道办事处副主任（试用期一年）；

杨　伟　任中共古城区束河街道工作委员会委员、人大工委主任，免去其古城区束河街道办事处副主任职务；

段凌涛　免去其束河街道办事处副主任职务；

和志强　任中共古城区七河乡委员会委员、副书记，免去其中共古城区委政研室副主任职务；

罗朱映　任古城区金江白族乡人大主席团常务主席，免去其古城区大东乡人民政府副乡长职务；

吴　坤　任中共古城区委副科级组织员；

段　军　任古城区人民检察院办公室主任（副科级）；

和丽强　任古城区人民检察院反贪污贿赂局副局长（副科级）；

马学砚　任古城区人民检察院派驻丽江监狱检察室主任（副科级）；

张奇武　任古城区人民检察院派驻云南省第四劳教所检察室主任（副科级）；

戴文杰　任古城区人民政府办公室副主任；

和卫荣　任丽江市公安局古城分局巡逻特警防暴大队大队长（副科级）；

和正典　任古城区束河街道办事处副主任；

木树新　任中共大东乡人民武装部部长；

洪建忠　试任古城区大研街道办事处挂职副主任（挂职期一年）；

张　艳　试任古城区西安街道办事处挂职副主任（挂职期一年）；

和赵伟　试任古城区祥和街道办事处挂职副主任（挂职期一年）；

李　广　试任古城区束河街道办事处挂职副主任（挂职期一年）；

和国锋　试任古城区金山白族乡人民政府挂职副乡长（挂职期一年）；

陈　星　试任古城区金山白族乡人民政府挂职副乡长（挂职期一年）；

洪耀刚　试任古城区七河乡人民政府挂职副乡长（挂职期一年）；

杨艳芬　试任古城区金安乡人民政府挂职副乡长（挂职期一年）；

周云鹤　试任古城区大东乡人民政府挂职副乡长（挂职期一年）；

韩江雪　试任古城区金江白族乡人民政府挂职副乡长（挂职期一年）。

2008年4月份人事任免

牛丽蓉　任古城区人民法院党组成员、副院长（正科级），免去其古城区人民法院刑事审判一庭庭长（副科级）职务；

王文生　任古城区财政局局长，免去其古城区天河投资公司总经理职务；

木松华　任古城区财政局副局长兼古城区天河投资公司总经理（正科级）；

和林海　任古城区环境保护局局长，免去其古城区乡镇企业局局长职务；

谌鹤源　任古城区乡镇企业局局长，免去其中共古城区供销社总支部委员会书记、副主任职务；

和汉军　任古城区审计局总审计师（正科级），免去其古城区审计局副局长职务；

杨继武　任中共古城区司法局支部委员会书记、副局长，免去其中共古城区金山白族乡委员会副书记、委员职务；

张志强　试任古城区人民政府法制办主任（副科级，试用期一年）；

和跃兴　试任古城区林业局副局长（试用期一年）；

和　佳　试任古城区规划局副局长（试用期一年）；

奚秀兰　试任古城区统计局副局长（试用期一年）；

杨其英　试任古城区劳动和社会保障局副局长（试用期一年）；

王　波　试任古城区商务局副局长（试用期一年）；

和兴杰　任古城区扶贫开发领导小组办公室副主任，免去其中共古城区大东乡委员会副书记、委员职务；

和康宁　免去其古城区人民法院党组成员、副院长（正科级）职务；

和光武　免去其古城区财政局局长职务；

张　伟　免去其古城区环境保护局局长职务；

张光平 任中共古城区祥和街道工作委员会委员、书记，免去其中共古城区司法局支部委员会书记、副局长职务；
张 毅 试任古城区祥和街道办事处副主任（试用期一年）；
王红专 任中共古城区束河街道工作委员会书记，免去其古城区束河街道办事处主任职务；
张爱珍 任古城区束河街道办事处主任，免去其中共古城区束河街道纪律检查工作委员会书记职务；
杨琼英 任中共古城区祥和街道工作委员会委员、副书记、纪工委书记，免去其古城区社会主义精神文明建设指导委员会办公室主任（副科级）职务；
赵 敏 任中共古城区金山白族乡委员会副书记，免去其古城区金山白族乡人民武装部部长职务；
和 堂 免去其中共古城区束河街道工作委员会书记、委员职务；
和志勇 任丽江市公安局古城分局指挥中心指导员（正科级），免去其丽江市公安局古城分局古城派出所所长（正科级）职务；
王卫琴 试任丽江市公安局古城分局指挥中心副主任（试用期一年）；
张丽平 试任丽江市公安局古城分局指挥中心副主任（试用期一年）；
涂丽军 任丽江市公安局古城分局刑事侦查大队大队长（正科级），免去其丽江市公安局古城分局禁毒大队大队长（副科级）；
付云庆 试任丽江市公安局古城分局刑事侦查大队指导员（副科级，试用期一年）；
木崇仁 试任丽江市公安局古城分局刑事侦查大队副大队长（试用期一年）；
和志军 试任丽江市公安局古城分局刑事侦查大队副大队长（试用期一年）；
和新仁 任丽江市公安局古城分局交通警察大队大队长（正科级），免去其丽江市公安局古城分局交通警察大队指导员职务；
和晓东 任丽江市公安局古城分局交通警察大队指导员（副科级），免去其丽江市公安局古城分局交通警察大队副大队长职务；
王 锐 任丽江市公安局古城分局交通警察大队副大队长（副科级）；
和建东 任丽江市公安局古城分局交通警察大队副大队长（副科级）；
和 昕 任丽江市公安局古城分局治安管理大队大队长（正科级），免去其丽江市公安局古城分局经济犯罪侦查大队大队长（副科级）职务；
木兆华 任丽江市公安局古城分局治安管理大队指导员（正科级），免去其丽江市公安局古城分局束河派出所所长（正科级）职务；
和万华 试任丽江市公安局古城分局治安管理大队副大队长（试用期一年）；
和仕华 试任丽江市公安局古城分局治安管理大队副大队长（试用期一年）；
周 仑 任丽江市公安局古城分局政工监督室主任（正科级），免去其丽江市公安局古城分局治安管理大队大队长（副科级）职务；
和桂钰 任丽江市公安局古城分局政工监督室副主任，免去其丽江市公安局古城分局政治处副主任职务；
和浩然 试任丽江市公安局古城分局政工监督室副主任（试用期一年）；
赵丽东 任丽江市公安局古城分局国内安全保卫大队大队长（副科级），免去其丽江市公安局古城分局束河派出所指导员（副科级）职务；
尤易明 试任丽江市公安局古城分局法制室主任（副科级，试用期一年）；
刘 健 试任丽江市公安局古城分局法制室指导员（副科级，试用期一年）；
王庆仙 试任丽江市公安局古城分局警务保障室主任（副科级，试用期一年）；
木 勇 试任丽江市公安局古城分局警务保障室指导员（副科级，试用期一年）；
和向明 任丽江市公安局古城分局禁毒大队大队长（副科级），免去其丽江市公安局古城分局禁毒大队指导员（副科级）职务；
刘文泉 任丽江市公安局古城分局禁毒大队指导员（副科级），免去其丽江市公安局古城分局金山派出所指导员（副科级）职务；
和荣芬 试任丽江市公安局古城分局出入境管理大队大队长（副科级，试用期一年）；

李文琳　试任丽江市公安局古城分局出入境管理大队指导员（副科级，试用期一年）；

曾　勇　试任丽江市公安局古城分局巡逻特警防暴大队指导员（副科级，试用期一年）；

和志红　任丽江市公安局古城分局强制戒毒所所长（副科级），免去其丽江市公安局古城分局强制戒毒所指导员（副科级）职务；

和丽华　任丽江市公安局古城分局强制戒毒所指导员（副科级），免去其丽江市公安局古城分局古城派出所副所长职务；

寸世军　任丽江市公安局古城分局行政拘留所所长（副科级），免去其丽江市公安局古城分局金江派出所所长（副科级）职务；

和积勋　试任丽江市公安局古城分局行政拘留所指导员（副科级，试用期一年）；

和仕雄　任丽江市公安局古城分局古城派出所所长（正科级），免去其丽江市公安局古城分局龙山派出所所长（副科级）职务；

和学军　任丽江市公安局古城分局古城派出所指导员（正科级），免去其丽江市公安局古城分局金山派出所所长（副科级）职务；

鲍耀文　试任丽江市公安局古城分局古城派出所副所长（试用期一年）；

李世龙　试任丽江市公安局古城分局古城派出所副所长（试用期一年）；

木春兴　任丽江市公安局古城分局西安派出所指导员（正科级），拟免去其丽江市公安局古城分局法制信访大队大队长（正科级）职务；

李君红　试任丽江市公安局古城分局西安派出所副所长（试用期一年）；

和国华　任丽江市公安局古城分局西安派出所副所长，免去其丽江市公安局古城分局祥和派出所副所长职务；

和光华　任丽江市公安局古城分局祥和派出所所长（正科级），免去其丽江市公安局古城分局七河派出所所长（副科级）职务；

李　云　任丽江市公安局古城分局祥和派出所指导员（正科级），免去其丽江市公安局古城分局西安派出所副所长（副科级）职务；

和尚陆　试任丽江市公安局古城分局祥和派出所副所长（试用期一年）；

王明谦　任丽江市公安局古城分局束河派出所所长（正科级），免去其丽江市公安局古城分局古城派出所指导员（正科级）职务；

和志文　任丽江市公安局古城分局束河派出所指导员（正科级），免去其丽江市公安局古城分局强制戒毒所所长（副科级）职务；

和迪生　任丽江市公安局古城分局束河派出所副所长，免去其丽江市公安局古城分局祥和派出所副所长职务；

李云刚　试任丽江市公安局古城分局束河派出所副所长（试用期一年）；

和志英　试任丽江市公安局古城分局金山派出所所长（副科级，试用期一年）；

王佰钧　试任丽江市公安局古城分局金山派出所指导员（副科级，试用期一年）；

刘剑宏　试任丽江市公安局古城分局七河派出所所长（副科级，试用期一年）；

杨智奇　任丽江市公安局古城分局七河派出所指导员（副科级），免去其丽江市公安局古城分局法制信访大队指导员（副科级）职务；

和月明　试任丽江市公安局古城分局龙山派出所所长（副科级，试用期一年）；

龚春武　试任丽江市公安局古城分局龙山派出所指导员（副科级，试用期一年）；

和积云　试任丽江市公安局古城分局大东派出所所长（副科级，试用期一年）；

张根发　试任丽江市公安局古城分局金江派出所所长（副科级，试用期一年）；

李江文　任丽江市公安局古城分局金江派出所指导员（副科级），免去其丽江市公安局古城分局古城派出所副所长职务；

杨　虎　免去其丽江市公安局古城分局政治处主任（正科级）职务；

周建新　免去其丽江市公安局古城分局祥和派出所指导员（正科级）职务；

和廷圣　免去其丽江市公安局古城分局西安派出所指导员（正科级）职务；

和良钧　免去其丽江市公安局古城分局治安管理大队指导员（副科级）职务；

姚凌云　免去其丽江市公安局古城分局大东派出所所长（副科级）职务；

赵松泉 免去其丽江市公安局古城分局束河派出所副所长职务；

和万宝 免去其丽江市公安局古城分局西安派出所副所长职务；

王雪梅 免去其丽江市公安局古城分局副科级侦察员职务；

刘永卉 任古城区人民检察院党组成员、政工科科长（正科级）；

黄树春 任古城区人民检察院检察委员会专职委员（正科级），免去其古城区人民检察院党组成员、政工科科长（正科级）职务；

李钟义 任古城区人民检察院检察委员会专职委员（正科级），免去其古城区人民检察院反渎职侵权局局长（正科级）职务；

马紫云 试任古城区人民检察院政工科副科长（试用期一年）；

罗奋军 免去其古城区人民检察院公诉科科长（副科级）职务；

和丽琪 免去其古城区人民检察院监所检察科科长（副科级）职务；

刘 峰 免去其古城区人民检察院法警大队大队长（副科级）职务；

和丽新 任古城区人民法院审判委员会专职委员（正科级），免去其古城区人民法院立案庭庭长（副科级）职务；

木耀军 任古城区人民法院审判委员会专职委员（正科级），免去其古城区人民法院民事审判二庭庭长（副科级）职务；

杨智杰 试任古城区人民法院司法警察大队大队长（副科级，试用期一年）；

和 乾 试任古城区人民法院司法警察大队政委（副科级，试用期一年）；

阙之晟 免去其古城区人民法院办公室主任（副科级）职务。

2008 年 8 月份人事任免

董金田 任中共古城区委办公室副主任，免去其中共古城区委 副科级组织员职务。

2008 年 10 月份人事任免

和永军 任中共古城区委政法委员会副书记、古城区委“610”办公室主任，免去其古城区维护社会稳定办公室主任（正科级）职务；

和丽强 任古城区维护社会稳定办公室副主任，免去其古城区人民检察院反贪污贿赂局副局长职务；

李 文 任古城区史志编纂征集办公室主任，免去其政协古城区常务委员会委员、法制提案委员会主任职务；

李卫英 任政协古城区委员会法制提案委员会主任，免去其古城区人民政府接待办公室副主任职务；

木世宝 试任古城区委“610”办公室副主任（试用期一年）。

赵 勇 免去其中共古城区委政法委员会副书记、古城区委“610”办公室主任职务；

和承忠 免去其中共古城区委政法委员会专职委员职务。

2008 年 12 月份人事任免

和忠祥 任古城区人民政府党组成员；

和国强 任中共古城区委机要局局长（正科级）；

杨正耀 任中共古城区代表联络办公室主任，免去其中共古城区委副科级组织员职务；

李华壁 任古城区总工会常务副主席（正科级），免去其古城区旅游局副局长职务；

赵志涛 任中共古城区委政研室副主任，免去其中共古城区大东乡委员会委员、纪委书记职务；

刘建明 试任中共古城区直属机关委员会委员、纪委书记（试用期一年）；

和兆生 任古城区审计局局长，免去其古城区接待办公室主任职务；

孙文辉 任古城区民政局局长，免去其古城区生物资源开发创新办公室主任职务；

张天武 任中共古城区经济局委员会委员、书记，免去其中共古城区大研街道工作委员会委员、人大工委主任职务；

和春芳 任中共古城区水务局总支部委员会书记，免去其古城区水务局副局长（正科级）职务；

和志刚 任中共古城区规划局支部书记，免去其中共古城区祥和街道工作委员会委员、人大工委主任职务；
和晓东　任丽江市公安局古城分局交通警察大队指导员（正科级）；
李树国　任古城区监察局副局长；
王江涛　任古城区财政局副局长，免去其古城区劳动和社会保障局副局长兼社保局局长职务；
和继成　任古城区劳动和社会保障局副局长兼社保局局长，免去其古城区西安街道办事处副主任职务；
杨丽菊　任古城区卫生局副局长，免去其古城区人口与计划生育局副局长职务；
和国泰　任古城区人口与计划生育局副局长，免去其中共古城区祥和街道工作委员会委员、祥和街道人民武装部部长职务；
李　圣　任古城区科技局副局长，免去其中共古城区金安乡委员会副书记、委员职务；
和万里　任古城区园林绿化管理局副局长，免去其中共古城区束河街道工作委员会委员、束河街道人民武装部部长职务；
赵海荣　任古城区供销合作社副主任，免去其中共古城区金江乡委员会副书记、委员职务；
蒋建宝　试任古城区水务局副局长（试用期一年）；
田志成　试任古城区水务局副局长（试用期一年）；
吴灿云　试任古城区人口与计划生育局副局长（试用期一年）；
和丽伟　试任古城区环境卫生管理局副局长（试用期一年）；
周燕军　试任古城区文化广电新闻出版局文化执法大队大队长（副科级，试用期一年）；
吕　伟　试任古城区卫生局副局长兼卫生监督所所长（试用期一年）；
郑　辉　免去其中共古城区经济局委员会书记职务；
木荣华　免去其古城区总工会副主席职务；
陈秀英　免去其古城区审计局局长职务；
和永明　免去其中共古城区建设局总支部委员会书记职务；
杨硕生　免去其中共古城区水务局总支部委员会书记职务；
尹钟恒　免去其古城区畜牧局副局长职务；
和秀芬　免去其古城区招商引资局副局长职务；
杨中全　任古城区大研街道人大工委主任，免去其中共古城区大研街道工作委员会副书记、纪工委书记职务；
和庆媛　任中共古城区祥和街道工作委员会委员、人大工委主任，免去其古城区束河街道办事处副主任职务；
和志林　任中共古城区大研街道工作委员会委员、大研街道人民武装部部长，免去其中共古城区七河乡委员会委员、七河乡人民武装部部长职务；
李绍坤　试任古城区大研街道办事处副主任（试用期一年）；
和占嵩　任古城区西安街道办事处副主任，免去其中共古城区金江乡委员会委员、金江乡人民武装部部长职务；
高　扬　任中共古城区祥和街道工作委员会委员、祥和街道人民武装部部长，免去其古城区大研街道办事处副主任职务；
章盛开　任中共古城区束河街道工作委员会委员、副书记、纪工委书记，免去其古城区妇女联合会副主席职务；
洪元辉　任中共古城区束河街道工作委员会委员、束河街道人民武装部部长，免去其古城区祥和街道办事处副主任职务；
和高林　任中共古城区金安乡委员会副书记，免去其中共古城区金安乡纪律检查委员会书记职务；
木树新　任中共古城区大东乡纪律检查委员会书记，免去其古城区大东乡人民武装部部长职务；
洪宜宏　试任中共古城区大东乡委员会委员、大东乡人民武装部部长（试用期一年）；
张　平　任中共古城区纪律检查委员会执法监察室主任（副科级）；
宣培源　任古城区纪律检查委员会、监察局派出第四纪工委委员、副书记、监察分局局长；
和国彦　任中共古城区纪律检查委员会干部室主任（副科级）；
木志成　任中共古城区纪律检查委员会宣传教育室主任（副科级）；
毛丽锋　任古城区规划局副局长；
王　晶　任古城区束河街道办事处副主任。

2008年古城区领导干部名录

中共丽江市古城区委领导名录

书 记 周 鸿（纳西族，2006.06—）
副书记 金光闪（纳西族，2006.09—）
周兆光（纳西族，2006.12—2008.03）
和茂卓（纳西族， 2008.03—）
常 委 周 鸿（纳西族，2003.04—）
金光闪（纳西族，2006.02—）
和茂卓（纳西族， 2008.03—）
和学勇（纳西族，2006.09—）
刘剑春（2003.04—）
和红卫（纳西族，2003.04—）
和光云（纳西族，2005.12—）
何贵林（2006.06—）
李朝红（彝 族，2006.08—）
李庭筠（纳西族，2006.12—）
杨文彩（彝 族，2007.05—）
区委调研员 刘 彦（2007.09—）

古城区人大常委会名录

人大主任 陈先富（2003.05—）
副 主 任 杨桂阳（女，纳西族，2003.05—2008.03）
和亮云（纳西族，2003.05—）
赵锡康（纳西族，2003.05—）
刘亚梅（女，白族，2003.05—）
罗金荣（白 族，2006.03—）
副调研员 木文胜（纳西族，2003.10—）
张学圣（纳西族，2003.10—）
人大办公室主任 马建明（回 族，2003.11—）
人大办公室副主任 木立文（纳西族，2008.03—）
法制工作委员会主任 和立权(纳西族，2007.11—）
财政经济工作委员会主任 杨国鑫（藏 族，2005.07—）
选举联络工作委员会主任 周 虹（女，2007.05—）
教科文卫工作委员会主任 杨覆琼（女，纳西族，2007.11—）
民族农业工作委员会主任 和丽淳（女，纳西族，2007.11—）
环境资源工作委员会主任 和灿春（纳西族，2003.05—）

古城区人民政府领导名录

区 长 金光闪（纳西族，2006.12—）
常务副区长 和学勇（纳西族，2006.09—）
副区长 何贵林（2005.12—）
李成和（纳西族，2005.10—）
木德仁（纳西族，2006.07—）
和卫红（纳西族，2007.05—）
李润兰（女，纳西族，2008.03—）
副调研员 黎 洁（纳西族，2003.04—）
杨汝敏（白 族，2003.10—）
木灿新（纳西族，2003.10—）
和云璋（纳西族，2003.10—）

政协古城区委员会领导名录

主 席 和志华（纳西族，2006.03—）
副主席 杨跃如（纳西族，2003.05—2008.03）
和建泉（纳西族，2003.05—2008.03）
杨兴国（白 族，2003.05—2008.03）
木崇仁（纳西族，2003.05—）
和晓宇（纳西族，2006.03—）
和金贵（女，纳西族，2008.03—）
杨冬春（纳西族，2008.03—）
副调研员 贺天才（2003.10—）
赵金山（白 族，2003.10—）
政协办公室主任 和仕果（纳西族，2003.05—）
政协副秘书长 周新云（女，纳西族，2007.11—）
政协办公室副主任 吕执友（纳西族，2007.12—）
提案法制委员会主任 李 文（纳西族，2005.11—2008.10）
李卫英（女，纳西族，2008.10—）
经济科技委员会主任 木 柱（纳西族，2003.05—）
教文卫体委员会主任 和丽明（纳西族，2003.05—）
教文卫体委员会副主任 和丽花（女，纳西族，2003.11—2008.03）
联络民宗委员会主任 赵四强（白 族，2003.05—）
文史资料委员会主任 陈宗裕（纳西族，2005.11—）
人口与环境资源委员会主任 和春林（纳西族，2007.11—）

中共丽江市古城区纪律检查委员会（监察局）名录

书 记 刘剑春（2006.06—）

副书记　和即胜（纳西族，2006.06—）
王雁飞（2006.06—）
王春鸿（纳西族 2007.11—）
监察局长　和即胜（纳西族，2007.12—）

丽江市古城区人民法院领导名录

院　长　赵　勇（纳西族，2006.10—）
副院长　饶　江（纳西族，2003.05—）
和康宁（纳西族，2003.05—2008.04）
和士宏（纳西族，2006.11—）
牛丽蓉（女，纳西族，2008.04—）

丽江市古城区人民检察院领导名录

检察长　唐加荣（2003.05—）
副检察长　苏云辉（纳西族，2003.05—）
和永红（纳西族，2003.05—）
张润琴（女，纳西族，2006.11—）

中共丽江市古城区委各部、委、办、局领导名录

区委办公室

主　任　和光云（纳西族，2003.05—）
副主任　和震雷（纳西族，2003.05—）
和丽斌（纳西族，2006.03—）
董金田（白　族，2008.08—）
区委机关党总支书记　和震雷（纳西族，2003.05—）
区委保密委员会办公室主任、区国家保密局局长
和咏芳（女，纳西族，2005.02—）
区委机要局局长　和国强（纳西族，2004.08—）
区关心下一代工作委员会办公室主任
李丽仙（女，纳西族，2005.12—）

区委组织部

部　长　李庭筠（纳西族，2006.12—）
副部长　和云山（纳西族，2005.12—）
奚立武（白　族，2005.12—）
和文志（纳西族，2006.11—）
和中立（纳西族，2006.11—）

区委老干局

局　长　和中立（纳西族，2003.05—）
副局长　杨秋菊（女，纳西族，2007.11—）

区委宣传部

部　长　李朝红（2006.08—）
副部长　杨晓红（纳西族，2005.02—）
和　俭（纳西族，2006.11—）
木兴源（纳西族，2008.03—）

古城区记者站

站　长　李耀煌（纳西族，2005.12—）
副站长　史敬忠（白　族，2004.08—）
杨丽丘（纳西族，2004.08—）

区委统战部

部　长　和建泉（纳西族，2003.05—）
副部长　周晋平（2003.07—）
和跃进（普米族，2004.03—）
李汝亮（纳西族，2006.11—）

区委政法委

书　记　和红卫（纳西族，2006.08—）
副书记　木德仁（纳西族，兼，2006.08—2007.05）
和卫红（纳西族，兼，2007.05—）
赵　勇（纳西族，2007.05—）
和永军（纳西族，2008.10—）
专职副书记　和胜勤（纳西族，2006.11—）
“610”办公室主任　赵　勇（纳西族，2007.05—2008.10）

区委政研室

主　任　木丽琴（女，纳西族，2003.07—）
党支部书记　和四春（白　族，2007.11—）
副主任　和志强（纳西族，2005.07—2008.03）
赵志涛（白　族，2008.12—）

区直属机关党委

书　记　和付红（彝　族，2007.11—）
纪委书记　刘建民（纳西族，2008.12—）

区委党校

常务副校长　陈学智（纳西族，2006.03—）
副　校　长　李壮奇（2003.07—）
　　　　　　和志雄（纳西族，2003.07—）

古城区群众团体领导名录

区总工会

主　席　赵锡康（纳西族，2006.08—）
常务副主席　李华壁（纳西族，2008.12—）
副主席　木荣华（女，纳西族，2003.05—2008.12）
　　　　马丽君（女，彝 族，2003.07—）

共青团古城区委

书　记　杨鹏云（纳西族，2006.11—）
副书记　尹晓波（女，2005·07—）

区妇联

主　席　和金贵（女，纳西族，2003.05—2008.03）
　　　　和秀琼（女，纳西族，2008.03—）
副主席　章盛开（女，白 族，2003.07—2008.12）

区工商联

会　　长　王世武（纳西族，2003.05—）
专职副会长　赵　红（纳西族，2007.01—）
副会长(兼)　周晋平（2007.01—）
党支部书记　王仁和（纳西族，2003.11—）
党组书记　周晋平（兼，2007.01—）
秘 书 长　王恩冰（2006.11—）

区科协

专职副主席　和文艺（纳西族，2003.05—）

区残联

理 事 长　寸松仁（白 族，2003.05—）
副理事长　和学芬（女，纳西族，2003.07—）

古城区政府所属部门领导名录

区政府办公室

主　任　和丕煜（纳西族，2006.11—）
副 主 任　和国周（纳西族，2005.02—）
　　　　李志宏（纳西族，2006.03—）
　　　　和建伟（兼，纳西族，2006.03—）
　　　　戴文杰（2006.11—）
党总支书记　张洪伟（纳西族，2007.11—）
驻昆办主任　张勇强（纳西族，2003.05—）
驻昆办副主任　王菊香（女，白 族，2005.12—）
　　　　　　杨永强（纳西族，2008.03—）
区委区政府信访局局长　和建伟（纳西族，2005.02—）
　　　　　　副局长　付桂芬（女，纳西 族，2005.12—）

区发展和改革局

局　长　和云龙（纳西族，2007.11—）
副 局 长　和玉伟（纳西族，2003.05—）
　　　　张慧琳（女，白族，2003.05—）
国防动员委员会经济动员办主任　毛丽华（女，彝族，2005.12—）

区经济局

局　　长　郑　辉（纳西族，2007.05—）
党委书记　郑　辉（纳西族，2003.05—2008.12）
　　　　　张天武（纳西族，2008.12—）
副 局 长　赵康援（纳西族，2008.03—）

区商务局

局　　长　杨德强（纳西族，2005.07—）
　　　　　王　波（2008.04—）

区教育局

局　　长　和秀全（纳西族，2006.11—）
党总支书记　杨福先（纳西族，2005.12—）
副　局　长　洪　钟（白 族，2005.12—）
　　　　　　张廷钧（纳西族，2005.12—）

区科技局

局　长　和自勤（纳西族，2003·05—）
副 局 长　和润芳（女，纳西族，2005·06—）
　　　　李　圣（纳西族，2008.12—）

区财政局

局　　长　和光武（纳西族，2005.07—2008.04）
　　　　　王文生（纳西族，2008.04—）
党总支书记　和琼荣（女，纳西族，2004.02—）
副 局 长　王文生（纳西族，2003.05—2008.04）
　　　　　木松华（纳西族，2003.05—）
　　　　　李映晖（纳西族，2006·11—）
　　　　　王江涛（纳西族，2008.12—）
天河投资公司董事长　王文生（纳西族，2003.05—2008.04）
　　　　　木松华（纳西族，2008.04—）

区人事局

局　　长　奚立武（白 族，2005.12—）
党总支书记　敖　翔（回 族，2005.12—）
副 局 长　和寿海（纳西族，2005.06—）
　　　　　和春林（纳西族，2005.12—）

区公安局

局　　长　和卫红（纳西族，2007.05—）
政　　委　李晓林（2007.05—）
副 政 委　和冲江（纳西族，2007.05—）
党委书记　刘光平（2005.12—2007.05）
　　　　　和卫红（纳西族，2007.05—）
党委副书记　和卫红（纳西族，2006.06—2007.05）
　　　　　李晓林（2007.05—）
纪委书记　和素伟（纳西族，2006.03—）
副 局 长　赵志明（白　族，2007.05—）
　　　　　元正中（蒙古族，2006.09—）
　　　　　刘建华（回 族，2006.11—）
　　　　　张跃国（2006.03—）
挂职下派副局长　张　鹏（挂职，2007.05—）

区森林公安分局

局　　长　元正中（蒙古族，2003.05—）
政　　委
副 政 委　和振华（纳西族，2005.12—）
副 局 长　龚春文（纳西族，2005.12—）

区司法局

局　　长　和占军（纳西族，2007.11—）
党支部书记　张光平（2006.11—2008.04）
副 局 长　张光平（2006.11—2008.04）
　　　　　和丽花（女，纳西族，2008.04—）

民政局（老龄委）

局　　长　杨　东（纳西族，2003.05—2008.12）
　　　　　孙文辉（纳西族，2008.12—）
党总支书记　和国臣（纳西族，2003.05—）
副 局 长　罗文武（2003.05—）
　　　　　郁琼芳（女，纳西族，2003.05—）
老龄委副主任　和万春（纳西族，2003.05—）

区民宗局

局　　长　李汝亮（纳西族，2006.11—）
副 局 长　王育民（纳西族，2003.11—）

区交通局

局　　长　曹黎明（2003.05—）
党总支书记　李　敏（2005.07—2008.12）
副 局 长　和允忠（纳西族，2003.05—）
　　　　　杨耀明（纳西族，2005.06—）
　　　　　庞新秀（女，2006.11—）

区统计局

局　　长　杨学新（纳西族，2005.07—）
副局长　奚秀兰（女，纳西族，2008.04—）

区审计局

局　　长　陈秀英（女，白族，2003.05—2008.12）
　　　　　和兆生（纳西族，2008.12—）
总审计师　和汉军（纳西族，2008.04—）
副 局 长　和汉军（纳西族，2003.07—2008.04）
　　　　　王　耿（纳西族，2007.11—）

区计划生育局

局　　长　和茂松（纳西族，2005.07—）
副局长　杨丽菊（女，纳西族，2003.05—2008.12）
　　　　和松阳（女，纳西族，2003.07—2008.01）
　　　　和国泰（纳西族，2008.12—）
　　　　吴灿云（女，纳西族，2008.12—）

区农业局

局　　长　赵文胜（白 族，2007.11—）

党总支书记　和建文（纳西族，2006.03—）
副 局 长　高汝强（纳西族，2005.07—）
　　　　李振泉（2005.07—）
　　　　惠杰刚（2005.07—）

区畜牧局

局　　长　巫永华（纳西族，2005.07—）
党总支书记　和金河（彝　族，2007.10—）
副 局 长　尹钟恒（纳西族，2005.07—2008.12）
　　　　木根源（纳西族，2005.07—）
　　　　和新华（2005.07—）

区林业局

局　长　和圣军（纳西族，2007.11—）
党总支书记　李学渊（白族，2003.07—）
副局长　王四六（白族，2003.05—）
　　　和跃兴（纳西族，2008.04—）
护林防火专职副指挥长　习　高(纳西族，2003.07—)

区水务局

局　长　杨冬春（纳西族，2003.05—2008.03）
　　　和忠明（纳西族，2008.03—）
党总支书记　杨硕生（纳西族，2003.07—2008.12）
　　　　　和春芳（女，纳西族，2008.12—）
副局长　和春芳（女，纳西族，2005.12—2008.12）
　　　田志诚（2008.12—）
　　　蒋建宝（纳西族，2008.12—）

区体育局

局　　长　杨竹红（纳西族，2003.05—）
副 局 长　和丽杰（纳西族，2003.11—）
　　　　和炼生（纳西族，2004.02—）

区卫生局

局　　　长　和永华（纳西族，2003.07—）
党总支书记　和丽云（女，纳西族，2003.07—）
爱委会专职副主任　和平星（女，纳西族，2008.03—）
副 局 长　和卫红（纳西族，2004.08—）
　　　　杨丽菊（女，纳西族，2008.12—）
　　　　吕　伟（纳西族，2008.12—）

区建设局

局　　长　和春红（纳西族，2006.11—）
党总支书记　和永明（纳西族，2003.09—2008.12）
副 局 长　杨砚海（白　族，2003.09—）
　　　　山　群（纳西族，2006.03—）
国防动员委员会人民防空办公室主任
　　　　和永忠（纳西族，2005.12—）

区规划局

局　长　木万光（纳西族，2007.12—）
党支部书记　和志刚（纳西族，2008.12—）
副局长　毛丽锋（彝　族，2007.12—）
　　　和　佳（纳西族，2008.04—）

区环境保护局

局　长　张　伟（纳西族，2005.05—2008.04）
　　　和林海（纳西族，2008.04—）
党支部书记　和正红（女，纳西族，2008.03—）
副局长　王瑞军（2003.05—）

区旅游局

局　长　和洪珍（纳西族，2003.05—）
副局长　李华壁（纳西族，2003.05—2008.12）
　　　杨志英（女，纳西族，2005.06—）

区国土资源局

局　长　和锡华（纳西族，2003.09—）
党总支书记　杨曦凤（女，纳西族，2003.09—）
副局长　赵双绪（白 族，2003.05—）
　　　和晓兵（纳西族，2003.09—）

区移民开发局

局　长　张树德（白　族，2005.07—）
副局长　和程洁（纳西族，2005.06—）
　　　和新华（纳西族，2008.03—）

区乡镇企业局

局　长　和林海（纳西族，2005.06—2008.04）
　　　谌鹤源（纳西族，2008.04—）
副局长　和映东（纳西族，2005.06—）

区扶贫开发办公室

主　任　和盛武（纳西族，2007.11—）

副主任　和兴杰（普米族，2008.04—）

区生物创新办公室

主　任　孙文辉　(2006.06—2008.12)

副主任　和丽芬　(女，纳西族，2008.03—)

区供销社

主　任　肖世红（2005.07—）

党总支书记　谌鹤源（纳西族，2005·12—2008.04）

副主任　谌鹤源（纳西族，2003.07—2008.04）

赵海荣（白　族，2008.12—）

区文化广电新闻出版局

局　长　李之典（纳西族，2004.10—）

党总支书记　杨晓红（纳西族，2004.10—）

副局长　金　辉　(2004.10—)

和素芬（女，纳西族，2004.10—）

李黎光（纳西族，2004.10—）

区粮食局

局　长　和恩武（纳西族，2003.05—）

党总支书记　和石武（纳西族，2003.05—）

副局长　车志和（纳西族，2003.05—）

区接待办

主　任　和兆生（纳西族，2005.07—2008.12）

副主任　李耀武（纳西族，2003.05—）

李卫英（女，纳西族，2005.02—2008.10）

区档案局

局　长　和斌荣（纳西族，2003.11—）

区史志办

主　任　李　文（纳西族，2008.10—）

副主任　树发生（纳西族，2008.03—）

区地震局

局　长　和群模（纳西族，2005.07—）

副局长　杨东生（纳西族，2003.07—）

区市政局

局　长　王建南（纳西族，2003.07—）

党总支书记　和　君（纳西族，2005·12—）

副局长　赵树明（2003.05—）

施庆华（纳西族，2007·11—）

区环卫局

局　长　李文伟（纳西族，2005·07—）

党总支书记 姚武斌（白　族，2005·07—）

副局长　和　芬（女，纳西族，2008·03—）

和丽伟（纳西族，2008.12—）

区园林局

局　长　赵桂强（纳西族，2005.07—）

副局长　木　楠（纳西族，2005.07—）

和万里（纳西族，2008.12—）

区招商引资局

局　长　和丽红（女，纳西族，2003.05—）

副局长　和秀芬（女，纳西族，2005.06—2008.12）

李文军（纳西族，2004.08—）

区安全生产监督管理局

局　长　杨煜华（纳西族，2003.05—）

副局长　和慕华（纳西族，2008.03—）

区劳动和社会保障局

局　长　李　鸷（纳西族，2005.12—）

党总支书记　李金禾（白　族，2005.12—）

副局长　李金禾（白　族，2003.05—）

和志宇（纳西族，2005.02—2008.03）

杨其英（女，白族，2008.04—）

王江涛（纳西族，2008.03—2008.12）

和继成（纳西族，2008.12—）

中共丽江市古城区委
2008年度授予开展“三级联创”实施“云岭先锋”工程
先进基层党组织和优秀党务工作者、优秀共产党员名单

一、授予先进基层党（工）委（3个）

金安乡党委　祥和街道党工委　区直属机关党委

二、授予先进党（总）支部（21个）

七河乡五峰村党支部

七河乡新民村党支部
金山乡漾西村党支部
金山乡文化村党支部
金安乡三古村党支部
大东乡建新村党支部
金江乡金江村党支部
大研街道光义社区党支部
祥和街道义和社区党支部
西安街道清溪社区党总支
束河街道黄山社区党支部
七星个私经营户党支部
古城区委机关党总支
古城区政府机关党总支
古城区环卫局党总支
古城区财政局机关党支部
古城区建设局房管所党支部
古城区纪委机关党支部
古城区大东发电有限公司党支部
古城公安分局治安通信国保大队党支部
丽江古城博物院（木府）党支部

三、授予优秀党务工作者（17名）

陶卫君（金山乡党委书记）
杨中全（大研街道党工委副书记）
洪向泉（金安乡党委书记）
陆向明（西安街道党工委副书记）
王平生（大东乡党委书记）
和耀华（七河乡共和村党总支书记）
李贡山（金江乡党委书记）
郑　辉（区经济局党委书记）
木崇仁（七星园区党委书记）
和震雷（区委党总支书记）
张洪伟（区政府党总支书记）
和琼荣（区财政局党总支书记）
杨硕生（区水务局党总支书记）
和建文（区农业局党总支书记）
和卫荣（古城公安分局巡特警大队党支部书记）
张爱珍（束河街道党工委副书记、龙泉社区党总支第一书记）
木根昌（祥和街道义和社区党支部书记）

四、授予优秀共产党员（99名）

张福军（金山乡东江村）
和学雪（金山乡文化村）
和仕军（金山乡漾西村）
洪秀丽（金山乡新团村）
和建社（金山乡贵峰村）
杨耀文（金山乡金山村）
和爱群（金山乡新团完小）
和志军（古城区民族中学）
杨小亮（金山乡林工站）
戴云鸿（金山乡政府）
和泽先（七河乡后山村）
和卫星（七河乡龙潭村）
和亮朝（七河乡三义村）
和耀武（七河乡忠义村）
段向华（七河乡羊见村）
和献君（七河乡七河村）
和凤龙（七河乡前山村）
和菊香（七河乡五峰完小）
李向军（七河乡农科站）
和积红（金安乡龙山村）
和作鹏（金安乡增明村）
和汝成（金安乡政府）
段艺梅（金安乡金安中学）
和国伟（大东乡大东村）
和雪芬（大东乡大东中学）
赵志涛（大东乡政府）
余礼泉（金江乡江边村）
赵玉花（金江乡金江村）
李建民（金江乡政府）
王国选（大研街道文智社区）
汪川生（大研街道文智社区）
陈世杰（大研街道光义社区）
王忠夫（大研街道古城管理所）
和寿华（大研街道办事处）
洪毓芬（大研中心完小）
薛守义（大研街道退休干部）
张　骐（祥和街道义和社区）
和建淮（祥和街道祥云社区）
和志刚（祥和街道办事处）
洪建春（祥和街道办事处）
高建群（西安街道寨后社区）
和忠良（西安街道文汇社区）
和崇健（西安街道金甲社区）
杨秀琪（西安街道办事处）

和根林（西安街道义正社区）
洪云鹏（西安街道退休干部）
李　康（西安街道办事处）
木　林（束河街道龙泉社区）
和永强（束河街道尚义社区）
和金桩（束河街道中济社区）
和江萍（束河街道开文社区）
和庆媛（束河街道办事处）
张金生（束河街道中心校）
和秀云（丽江贸易有限公司）
和建才（丽江皮毛皮革厂）
和国鹤（玉峰水泥有限公司）
余自华（福慧饭店有限公司）
和丽斌（区委办公室）
和春花（大研粮油有限公司）
杨红光（古城区大研中学）
颜乔陆（区职业高级中学）
赵维秀（区教师进修学校）
陈秀英（区审计局）
和丕煜（区政府办）
王学坤（区政府办）
杨　圣（区司法局）
程朝阳（区财政局）
和志武（区市政局）
赵新英（区工商局）
和志菊（区农资公司）
奚晓伟（区交通运政管理所）
杨尚忠（区检察院）
和桂香（区地方税务局）
和耀章（区文广局）
李春荣（区水务局）
木卫芳（区农技推广中心）
奚述仲（退休干部）
赵　怡（区国家税务局）
郑建华（古城森林公安分局）
马瑞苹（区人民医院）
和仕果（区政协办）
和丽琼（区人民法院）
马丽红（区建设局）
陈　莹（区纪委）
马建明（区人大办）
和泽军（区国土局）
赵全福（区畜牧局）
和杰花（区环卫局）
李永昌（三朵园林公司）
陈瑞生（丽江供排水公司）
李朝俊（区人事局）
和世武（区劳动和社会保障局）
木荣军（区园林局）
和振华（离休干部）
蓝　芬（区记者站）
李锡龙（区委党校）
赵志民（古城公安分局）
罗星华（西安派出所）
杨忠民（束河派出所）

宣传工作

【综　述】 2008年，在区委、区政府的正确领导下，在上级宣传部门的关心支持下，全区宣传思想战线高举中国特色社会主义伟大旗帜，以科学发展观为指导，深入宣传贯彻落实党的十七大，省委八届四次全会，市委、区委二届四次全会精神，按照省、市宣传思想文化工作会议要求，进一步贴近实际、贴近生活、贴近群众，以更加创新的思维、更加求真的态度、更加务实的精神，努力创新宣传思想工作的形式、内容和手段，不断提高宣传思想工作的影响力、竞争力和辐射力，真正把宣传思想工作做实、做细、做大、做强，为构建和谐、文明、小康古城提供强有力的理论指导、舆论支撑、精神动力和文化条件。

【开展道德模范评选及宣传巡讲活动】 区委宣传部从各乡、街道和窗口行业、基层一线干部职工中认真遴选出10名道德模范候选人，经最终筛选，古城区大研街道北门社区杨廷桂老人被评为丽江市助人为乐道德模范、古城区个体工商户许惠生被评为丽江市诚实守信道德模范，为古城区道德建设作出了榜样。在全区范围内深入开展“向道德模范学习”教育活动，借助新闻媒体、手机短信等传播方式，采取不同的宣传手段和宣传方法，将荣获“全国道德模范”（孝老爱亲奖项）提名奖的和学英、获云南省道德模范（敬业奉献奖项）荣誉称号的和学贤两位道德模范先进事迹进行广泛宣传，在全社会起到积极的示范和引导作用。为更好的弘扬道德模范的示范引路作用，省文明办组织开展了全省道德模范巡讲活动，作为全省道德模范州市巡讲的第一站，区委宣传部认真做好巡讲活动的各项工作，组织四个街道干部群众代表，学生代表以及社会各界代表参加了巡讲活动。通过聆听道德模范代表的报告，使广大听众普遍感受到了一次道德的洗礼，对继承和发扬中华民族优秀的传统美德，用健康向上的道德风尚引领良好的社会风尚起到了积极的促进作用。

【深入实施“和谐文化村”建设项目工程】 为营造文明和谐的社会环境，扎实推进社会主义新农村建设，古城区金山乡金山村被列为省级“和谐文化村”示范点建设项目。目前，金山乡金山村已完成内外部环境和软硬件设施为主要内容的“七个一”建设工程，即：有一个功能齐全的活动室、有一个群众文化小广场、有一套地面卫星电视接收设备、有一个图书阅览室、有一个室外宣传橱窗、有一个项目标识。与此同时，结合建设“和谐文化村”工程，进一步按照因地制宜、创造特色、逐步推进的基本思路，深入抓好和谐理念、和谐思想的教育，金山村组织各年龄段的村民开展了5次以突出抓好以诚实守信为重点的职业道德、尊老爱幼为重点的家庭美德、个人品德为重点的素质教育和建设社会主义新农村、学习十七大精神等为内容的系统的思想道德教育培训，培训人数达1 000多人，让和谐理念、和谐思想进一步深入人心；金山村还依据《公民道德建设实施纲要》进一步修订完善村规民约、金山村“文明公约”、道德评议会、红白理事会、禁赌协会等群众自治组织规章制度，用相应的制度和办法推进和谐建设，推进整个村的和谐发展，用制度规范和谐，用切实可行的方法和手段化解各种矛盾。同时，金山村积极开展各类富有特色的民族文化活动和创建活动，进一步加大了和谐文化宣传。通过抓好金山村“和谐文化村”建设，充分调动了周边农民群众参与农村精神文明建设的积极性。

双城水墨丽江凤凰书画巡展　（李金星　摄）

【认真开展国家级文明村评选活动】 国家级文明村评选活动是群众性精神文明创建的最高奖项，为全力做好创建工作，区委宣传部好中选优，推荐了基础较好、硬件过硬、群众素质较高的西安街道寨后社区寨后上村和金山乡金山村代表古城区参加评选，同时，本着缺什么补什么的原则，重点对痕迹材料的归纳整理、村容村貌的综合整治和村民的素质提高进行了查缺补漏。在省文明办代表中央文明委检查时，检查组一行对两个村干净整洁的村容、翔实的文档、村民的较高素质给予了高度评价，尤其是寨后上村制作的创建国家文明村视频资料，直观的反映了寨后上村精神文明建设所取得的成就，被考评组誉为文明村建设的一大创新。由于领导高度重视、群众积极参与，创建工作成绩斐然，寨后上村被评为全国文明村，金山乡金山村被评为全国创建文明村工作先进村。

【着力开展文明单位等各类文明创建活动】 在命名表彰了福慧学校等40家区级文明单位，束河街道龙泉社区等9个区级文明社区的基础上，通过严格考评，好中选优，认真筛选，区文明办推荐上报了15家区级文明单位参加市级文明单位、村的评选，通过努力，古城区国税局等14家单位被评为市级文明单位，金山良美村等3个村被评为市级文明村。与此同时，古城区黑龙潭景区、观音峡景区通过积极创建，被评为丽江市首批文明风景旅游区。

【扎实深入开展省级文明城区创建工作】 古城区自

2007年开展首批省级文明城区创建工作以来，以“创建文明环境，促进科学发展”为主题，紧紧围绕育人环境、生态环境、经济环境、法制环境、旅游环境、市场环境、政务环境、人文环境、生活环境、共建环境等“十大文明环境”创建，圆满完成了各项工作。一是制定了《古城区创建首批省级文明城区工作实施方案》、《2008年古城区创建省级文明城区任务分解表》，将各项工作任务分解细化到市、区56个单位和部门，并动员全社会的力量，齐抓共管，共同参与，形成了规范有序、步调一致，齐心协力开展工作的创建团队，进一步抓好了思想道德建设，培养市民的文明习惯，努力塑造良好的城市文明形象。二是以城市管理为突破口，对群众关心的交通、医疗、教育、饮水、道路、绿化、市容等热点难点问题开展综合治理，切实改善人居环境。全区先后组织召开大型宣传动员会2次，小型宣传动员会77次，协调会议18次，印发了《致街道居民的一封公开信》、《文明城区小知识》、《创建省级文明城区倡议书》、《丽江市古城区市民文明公约》、《古城区市民“十不”规范》等宣传资料10万余份，悬挂宣传标语100余幅，张贴宣传标语1 767幅。三是以创建文明城区办公室牵头，多次组织各街道办事处、公安、消防、文化、卫生、城建、市政、环卫、工商等部门，成立文明城区创建督察组，对辖区范围内的集贸市场、网吧、娱乐经营场所、洗浴场所、超市、小型餐馆、窗口行业营业厅等公共场所开展了专项整治活动，对出现的突出问题，进行了彻底整改。通过在重点区域和重点部位着力开展专项整治活动，进一步为创建文明城区营造了良好的治安环境、生态环境、市容环境、诚信环境、卫生环境和生活环境。结合创建工作的开展，截至目前，古城区累计投入14 051万元，分别完成了玉泉路、长水路改扩建和象山路人行道改造工程；香江路、香格里拉大道延伸线绿化；黄山社区、象山社区、长水路、玉泉路、祥和丽城供排水管网和背街小巷绿化硬化改造；金虹山面山绿化、祥和公园建设等工程。依法拆除违章和不协调建筑1 860平方米，清除城市牛皮癣5万多平方米。玉河广场、昌洛河广场等17个城市休闲绿化广场先后建成开放，城市建成区绿地率和绿化覆盖率分别提高27.7%和32.7%，人均公共绿地面积达到13.85平方米，城市形象进一步提升，人居环境明显改善。在区委、区政府的高度重视下，在全区各部门的通力配合下，古城区创建省级文明城区工作取得了阶段性胜利，2008年9月，古城区被云南省委、云南省政府正式命名为全省首批8个省级文明城区之一，为古城区的精神文明建设作出了新的贡献。

【加强文化产业培训工作】 组织区委宣传部文产专职干部参加了“国家文化产业管理人才培养工程”上海复旦大学高级研修班和西部地区文化产业政策研修班的学习，相继安排古城区4名文化产业业主参加上海交大文化创意产业经营管理人才研修班的学习，组织举办两期文化产业知识讲座和一期政策辅导讲座，培训人数达560多人（次），逐步建立了教育培训和岗位实践相结合的文化产业人才培养机制。

【积极参加文化产业评选活动】 为提升文化企业的品牌形象，年内多次组织了省和国家的文化品牌评奖活动，古城区的“丽水金沙”荣获中宣部、文化部、广电总局、出版总署四部委联合颁发的全国文化体制改革优秀企业奖。组织文化产业协会成员单位，参加了杭州民族美术工艺品博览会、中国上海烙画作品博览会、西部文化产业博览会、内蒙古西部民族服饰文化节、昆明民族传统手工艺品展销会、昆明民族民间工艺品暨旅游文化商品博览会等重要宣传推荐盛会，取得了良好宣传效果和企业效益。实施“走出去”战略，积极鼓励有实力的文化企业走出丽江，增强古城区文化的影响力。古城区的“丽水金沙”文化演艺公司完成了苏州分公司的组建工作，从1月份起在丽江本地招聘丽水金沙苏州演艺分公司演员67人，通过近3个月的紧张培训，目前，丽水金沙苏州演艺分公司已在苏州试演，为扩大丽江文化旅游品牌效应作出了大胆的尝试。

【加强禁毒防艾宣传教育工作】 坚持“有毒治毒创无毒，无毒防毒保净土”的原则，按照“抓两头，带中间”的工作思路，动员全社会的力量发动群众以禁吸戒毒为突破口，从事前预防教育入手，开展了一系列宣传教育活动，较为圆满的完成了古城区禁毒人民战争宣传教育工作。制定了《丽江市古城区新一轮禁毒和防治艾滋病人民战争宣传教育工作实施方案（2008—2010年）》，共发放《防艾卡通小故事》、《禁毒卡通小故事》、《艾滋病预防需知》等禁毒防艾知识普及丛书3 000多册，较好的完成了禁毒防艾知识普及工作，得到了省禁毒防艾领导小组办公室的高度评价。

【加大对基层群众的素质教育】 提高基层群众的综合素质是加快建设社会主义新农村和推动和谐社会建设的一项基础性工作。区委宣传部本着提高基层群众文化素质、经济素质和政治素质的目的，多方筹集书籍，共发放文化素质系列丛书2 000多册，发放《云岭新农民素质丛书》、《十佳领头人风采录》、《农村经营致富金点子》等经济知识丛书3 250册，发放《社会主义论坛》1 100册。这些书籍都发放到最基层的居民小组和村民小组，在丰富基层群众文化生活的同时还为基层群众发家致富提供了理论指导。

【充分发挥区内媒体舆论宣传作用】 区内宣传媒体紧密结合国际国内重大形势，严格按照省、市、区宣传文化工作会议精神，站在舆论宣传与引导第一线，积极配合区委、区政府中心工作，有效整合利用新闻资源，进行有规模、有深度的宣传报道，得到广大群众的喜爱与积极反响。区记者站先后完成了“深入学习十七大精神，贯彻落实科学发展观”、“以解放思想，促科学发展”、“记录与思考”、“古城区建区五周年回眸”、“争当文明市民、争创文明城区、构建和谐古城”、“建设文化丽江、生态丽江、艺术丽江”、“爱护古城家园，实行科学发展”、“迎奥运、树新风”等系列栏目的策划采写，站在舆论宣传与引导第一线，主动认真配合区委政府当前的中心工作，有效整合利用新闻资源，规模性深度开展工作，得到了群众的喜爱和支持。古城电视台始终坚持把新闻焦点放在古城区的中心工作上，把握正确的舆论导向，较好的发挥了宣传职能。重点策划了《优秀代表委员风采录》、《优秀议案提案》、《节能减排宣传》、《古城一中的今天和未来》等系列报道、连续报道和深度报道。为记录古城区成立五年来所走过的历程，专题制作了《我们这五年》专栏，专栏共播出27期，其中《百花齐放的文化事业》、《美丽古城·我们共同守护》、《村庄美·风尚好·农民富》等节目受到了社会各界的关注和认可。节目从不同侧面、不同角度反映和展示古城区建区五年来取得的辉煌成绩。由古城电视台制作的《风雨兼程》和《阿哩哩美和冬月》应邀前往参加在青海西宁举办的中国（青海）三江源国际电影节暨世界山地记录片节，成为参加该节的唯一一家区县级电视媒体。

【认真做好区庆五周年的各项工作】 为隆重纪念古城区五年来所取得的辉煌成就，区委宣传部认真筹备建区五周年系列活动，实施了“五个一”活动，即：一场大型文艺演出、一部纪实电视专题片、一本纪念画册、一本纪念专刊、一份纪念专版。一场大型文艺演出：5月18日，由区委宣传部牵头、文广局具体实施的古城区迎奥运暨建区五周年庆典文艺演出在丽江古城博物院（木府）举行，整场文艺演出分为序、辉煌五载、喜迎奥运、和谐古城四部分组成，节目均由古城区本土歌手及本地艺术团体演出，以纳西歌、纳西人、纳西舞蹈等古城区传统的文化方式来为古城区五年庆典助兴。一部纪实电视专题片：为全面记录改革开放30年暨古城区建区五年来所取得的辉煌成就，区委宣传部与云南电视台联合制作了古城区成立5周年纪实专题片《腾飞》，该片全面展示了建区五年来在市委、市政府的坚强领导下，古城区委、区政府带领各族人民抢抓机遇、锐意进取、团结拼搏的精神面貌，反映了古城区五年来经济发展、社会稳定、人民安居乐业的良好局面，系统总结了全区五年的发展经验和取得的辉煌成就，对古城区未来发展蓝图作了展望。该片在古城电视台和丽江市电视台播出后，引起了观众的强烈反响。一本纪念画册：为纪念古城区成立五周年，直观的反映古城区五年来在方方面面所取得的成绩，区委宣传部负责编辑出版了古城区成立五周年纪念画册《辉煌古城》，该画册收集了五年来在经济、政治、文化、生态建设等方面的典型图片，并辅以简要文字说明，生动、形象、直观地展示了古城区成立以来的奋斗历程，该画册兼具史实性与可读性，具有较高的收藏价值。一本纪念专刊：为纪念古城区成立五周年，区委宣传部向区直各部门广泛征稿，委托丽江市社科联出版了《丽江社会科学·古城区特刊》，从五年来古城区解放思想、新时期基层党建、社会主义新农村建设、旅游

（马升红 / 摄）

经济强区、群众文化活动、城市规划、社区建设等方面的发展历程进行深刻剖析，同时对下一步的发展进行了深入探讨。一份纪念专刊：为隆重纪念古城区成立五周年，在区庆五周年之际区委宣传部在云南日报上刊登了古城区区庆专版，专题刊登了署名文章《锦绣古城，灿烂五年》，文章从经济实力、旅游品牌、城市面貌、农业农村、改革开放、社会事业、生态建设和执政能力 8 个方面入手，用真实可信的数据和鲜活的事例，反映了古城区五年来政通人和、蓬勃发展的大好局面。

【认真筹办了张桂梅同志先进事迹报告会】 张桂梅老师是十七大党代表，全国十大师德标兵，从她的身上折射出一名普通的教育工作者忘我工作，无私奉献的光辉形象。为学习张桂梅同志的先进事迹，区委宣传部认真筹办了张桂梅先进事迹巡回报告会古城区站的报告，组织区直各单位、教育系统师生代表近 1 000 余名听取了张桂梅同志的先进事迹报告，受到了一次深刻的心灵洗礼。

【大力宣传抗震救灾献爱心活动】 四川汶川地震灾情牵动着全国人民的心，为发扬一方有难、八方支援的优良传统，区委宣传部在城区主要路段、显要位置共打出了 18 幅以“伸出援助之手、支援汶川灾区”为主题的大型公益户外广告，让本地居民和外来游客在畅游丽江美景的同时，不忘伸出援助之手帮助灾区群众重建家园。5 月 20 日，由区委宣传部牵头，在丽江古城科贡坊组织向灾区万人祈福活动，来自古城区上千名本地居民身着传统服饰，手捧河灯和蜡烛，在老东巴的带领下沿古城河道放走丽江人民情牵灾区的祝福。

【组织实施 CCTV—新闻频道“温暖春节—2008 丽江发现”直播活动】 由区委宣传部负责组织实施的 CCTV—新闻频道“温暖春节—2008 丽江发现”直播节目于大年初一在丽江古城玉河广场举行。直播活动由极富纳西民族色彩的民族打跳、麒麟舞、凤凰舞、牦牛舞、抢老虎蛋、纳西古乐演奏、民族服饰展演等节目组成，邀请在丽江过年的中外家庭参加，在欢乐祥和的民族表演和参赛家庭紧张激烈的比赛中穿插纳西民间工艺制作，通过中央电视台的现场直播向全国观众展示了丽江独具特色的民俗民风和纳西人热情好客的欢庆场面。

【组织策划古城区消防大队二中队被云南省人民政府授予“爱民护城模范消防中队”荣誉称号命名表彰大会】 由区委宣传部牵头，通过邀请省、市主要新闻媒体对区消防二中队先进事迹的集中性宣传，在古城居民、经商户和外来游客中掀起了保护古城、爱护古城、守护家园高潮活动。

【认真开展解放思想大讨论活动】 在全区 13 个党委（党工委）、43 个党总支、323 个党支部，8 716 名党员中开展了“解放思想、深化改革、扩大开放、科学发展”大讨论活动。宣传部充分发挥职能作用，积极承担大讨论活动领导小组的日常工作，推动大讨论活动取得了丰硕成果。在丽江日报刊登相关文章 114 篇，电视报道 121 次，掀起声势浩大的宣传热潮，营造了解放思想的强大舆论氛围。用思想的大解放来推动工作的大发展，在“三农”建设、改善民生、生态环境保护、重要领域改革等方面，形成了新的思路和新的措施。大讨论活动给全区干部群众带来了强大的思想冲击波，进一步增强了贯彻落实科学发展观的自觉性和坚定性，解决了一批重点问题，为全区经济社会又好又快发展注入了新的活力，为深入开展学习实践科学发展观活动作了思想上、舆论上和理论上的准备。由于紧扣主题，加强领导，精心组织，使活动取得了明显成效，古城区被云南省委授予全省解放思想大讨论活动先进集体荣誉称号。

（华知芳）

统战工作

【综 述】 2008年是全面贯彻落实党的十七大精神的第一年，也是实施“十一五”规划的关键之年，意义十分重大。一年来，在古城区委的正确领导和市委统战部的大力指导下，全区统一战线工作始终坚持以邓小平理论和“三个代表”重要思想为指导，认真落实科学发展观，全面学习贯彻党的十七大、第20次全国统战工作会议及全市统战工作会议精神，紧紧围绕区委、区政府的中心工作，充分发挥统战工作的优势和特点，广泛引导和动员统一战线各界人士，为加快古城区经济社会发展，推进“和谐、文明、小康”古城建设作出了积极的贡献。

【贯彻党的民族宗教政策 努力维护区内民族宗教的稳定】 2008年，区委统战部进一步加大宣传教育力度，加强调查研究，认真落实党的民族、宗教方针政策，努力做好民族宗教工作。一是为做好藏区稳定和发展工作，在确定维护藏区稳定工作的重点村社、重点寺院及重点人员的基础上，区委统战部有5个干部职工参加区委抽调的五个工作组，具体负责联系区安乐藏族村、金山东元“白塔”、普济寺、基督教、伊斯兰教和重点人员，实行藏区稳定工作情况日报制度，全面加强对重点寺庙、重点人员、重点地区情况收集研判的同时，加强对游僧、非法出境回流人员、曾到境外学习或与境外联系密切的旅行社外语导游的梳理排查工作，通过各级各部门和工作队员近5个月的共同努力，确保了全区藏区的稳定发展，为奥运火炬在丽江的顺利传递，为奥运会的即将召开做出了应有的贡献。二是加强对寺庙、宗教活动场所及神职人员的管理。为认真贯彻落实《宗教事务条例》，区委统战部向“普济寺”、金山东元“白塔”两个点派驻了以统战部、民宗局、公安局、司法局为主要成员的藏传佛教寺庙法制宣传教育工作队，在各寺庙中广泛深入开展好法制宣传教育，增强广大僧尼的法律意识和法制观念，使他们知法、懂法、守法，自觉做到不支持、不参与违法犯罪活动，建设和谐寺庙，积极引导宗教与社会主义社会相适应。同时，配合有关部门加强对国外藏胞出入境管理，加强在藏民及信教群众中巩固爱国主义教育成果，增强抵制境外宗教渗透的能力，提高对反分裂、反渗透工作长期性、艰巨性、复杂性的认识。三是做好古城区清真寺的建设工作。3月，古城区清真寺在原址上按规划进行了改扩建，大殿建筑面积600平方米，造价近120万元，目前已完成大殿主体建设，完工后完全可以满足丽江城区及来丽观光信教群众的宗教活动需要。四是定期盘查民族宗教工作中易引发不稳定事件的隐患，对境外人员的传教情况、基督教信教群众私设聚点的情况等进行了调查，并制定好处理突发事件的预案，尽可能地把问题解决在当地，解决在基层，解决在萌芽状态。五是认真做好教职人士低保审报工作。为认真贯彻落实丽统联〔2008〕11号《关于认真做好宗教人士农村低保工作》的通知精神，区委统战部与区民宗局根据市委统战部下发的宗教教职人员名册，认真做好宗教人士低保对象的核定工作，并将核定人员名单报市委统战部和区民政局审核。经核定，全区上报农村低保的教职人员为43人。

【全力以赴 努力营造和谐稳定的寺院环境】 奥运前夕，区委统战部根据弘法寺没有消防设施的实际，购买了10瓶灭火器支持该寺的消防建设，改善了寺院的消防条件。另外，为了让古城区广大僧尼都能观看第29届奥运会，区委统战部根据全区寺院大多没有安装电视接收设施，无法收看清晰的电视节目的实际，在市委统战部、古城区文广局等部门的支持下，为普济寺、白马龙潭寺、基督教聚会点等宗教活动场所配备了电视，安装了电视接收设备等，确保了奥运会期间全区寺庙不出任何安全隐患。

【突出重点 抓藏区的稳定发展工作】 古城区的黄山安乐藏族村共有58户，全民信仰藏传佛教，是古城区开展藏区工作的重点。由于全市旅游业发展的需要，该村于2000年从大东乡甲子甘海子整村搬迁至安乐村，至今已有9年。全村藏民的生产、生活方式都要改变，就业难、生活难、生产更难等实际问题引起了市委、区委的高度重视，将该村列入2008年度社会主义新农村建设试点村。市委副书记邢渭东，市政协常务副主席、市委统战部部长奚丽宏，区人大主任陈先富，区委常委、宣传部部长李朝红，区政协副主席、统战部部长和金贵以及各挂钩单位多次到安乐村进行实地调研，根据安乐村的客观条件，因地制宜，结合市、区两级现场办公会议的精神，制定目标、任务、措施和规划等，对安乐村新农村建设面临的新问题、新情况和难点、热点问题跟踪调查，对安乐村社会主义新农村建设工作提出了许多中肯的意见建议，指导制定了安乐村社会主义新农村建设规划，进行整村推进，到目前已投入资金80多万元，用于村活动中心建设、村容村貌整治等项目，有力地促进了全区藏区的发展稳定工作。

【圆满完成区政协的换届工作任务】 按照政协章程规定，古城区第二届政协于2008年1月届满，为使换届工作圆满、成功，配齐配好政协委员及政协领导班子，区委统战部根据市委、区委的指示精神，通过征求区政协党组的意见后联同区委组织部草拟了《古城区政协换届工作方案》，区委以古发[2007]42号文件下发到全区各单位，各部门，各乡、街道，批准了该实施方案。古城区政协换届工作方案突出了五个方面的特点：一是明确了古城区政协换届工作的主要任务。二是确定了区二届政协委员的规模设置。经多方协商，根据区二届政协委员会履职的工作特点，报经区委及市委统战部批准同意，区纪委审查，本届区政协委员设置规模为179名，比上届增加17名。委员结构按中央、省、市的有关规定，党内委员所占比例不超过40%，党外委员所占比例不低于60%的要求安排。设本届常委39名，其中：党内政协常委所占比例不超过政协常委总数的35%，党外政协常委所占比例不低于政协常委总数的65%。古城区政协主席班子共设5人(一正四副)，其中党外副主席不少于50%。三是界别设置合理。第二届区政协共设置中共、无党派人士、共青团、工会、妇联、青联、工商联、文学艺术、科学技术、经济、农林牧水、教育、体育、新闻出版、医药卫生、少数民族、宗教、港澳台侨(属)、社会科学和特邀20个界别。四是明确规定了委员应具备的条件和产生的范围。五是规范了委员推荐、提名方法和程序。该方案的制定实施，为区二届一次政协全会如期召开提供了有力的保障。区委统战部严格按照实施方案，深入到各单位、基层，本着第二届区政协委员整体素质要有所提高，委员中党外比例要有所提高的指导思想，始终把协商推荐党外委员、优秀妇女委员放在优先的位置，坚持把文化层次高，身体健康，能积极参加政协的各项活动，有一定的社会声望和代表性，有较强的社会活动能力和参政议政能力，能在政治协商、民主监督中发挥作用的人士推荐到委员中来。协商推荐工作注重吸纳各条战线上的专家、学者、能人、志士，充分体现了第二届委员人才荟萃、智力密集的特点，形成了一支能为古城区改革、发展、稳定建言献策，能履行政治协商、民主监督、参政议政三大职能的高素质的政协委员队伍。在政协全会期间，区委统战部全体干部都抽调为工作人员，为政协全会的召开作出了努力。

【加大引进侨资力度】 清明节和五一节，利用台胞回乡祭祖扫墓和返乡探亲旅游的机会，热情接待，周到服务。台胞们把统战部当成自己的家，对区党统战部倍感亲切，称赞有加。“两节”期间，区委统战部共接待返乡台胞18人（次），来访台属87人（次）。另外，在利用侨资侨智方面，加强与市侨联联系，2007年和2008年先后争取了马来西亚《星洲日报》侨联资助古城区大研中学、金山中学、区一中在校学生40人，共计4万多元，有力地支持了古城区的教育事业。还储备了一些资助项目，区委统战部正与有关部门联系争取。

【发挥职能优势 服务好各界统战人士】 一是落实在春节或中秋国庆节期间看望知名统战人士、慰问困难统战对象的制度。春节前，代表党委政府看望慰问了31名各界统战人士，把党的温暖带给了各界人士。二是随着丽江知名度的不断提升，来古城区旅游和从事经商居住的港、澳、台侨胞不断增多，目前，在全区从事经营活动的台湾人有近80余人（户），区委统战部把做好这部份人的工作作为对台工作的重点，对台胞、台商、台属的来信来访，都热情及时地帮助解决，对涉及重要信访件，部领导都深入到信访户家对信访内容进行反复调查了解，并协调有关部门认真加以解决，直到信访人满意为止。三是近两年，区内因各种原因出国的人员也在增多，做好这部分人士的思想政治工作也成了统战工作的重点，为此积极协助相关部门对区内归侨、侨眷、侨属和出国人员进行调查，主动与他们加强沟通，解决实际问题，联络感情，促进友谊，为构建和谐古城服务。并将情况及时上报。四是代表党委召开新春茶话会。为认真做好统战人士的工作，加强同各界统战人士的联系，区委统战部在春节前召集具有广泛代表性的统战对象参加新春茶话会，向他们汇报了古城区经济社会发展情况，认真听取他们为古城区的发展建言献策，能解决的尽力解决，不能解决的报区委、区政府解决，力所能及地帮助他们解决一些实际困难。五是关心离退休老干部生活。春节前，区委统战部由部长带队，到6位离退休老干部家中慰问，带去对他们节日的问候，重阳节在区委统战部召开了座谈会，让老干部们充分了解2008年统战工作情况，倾听老干部们对统战工作的意见建议，并希望老干部们在保重身体的同时，继续发挥余热为古城区的统战事业的发展献计献策。

【积极开展各种扶贫捐款活动】 2008年，区委统战部积极响应区委、区政府的号召，积极参加向汶川地震灾区献爱心捐款700元，缴纳用于支援灾区工作的“特殊党费”5 400元，谢文贤等台商向汶川地震灾区献爱心捐款5 000元，开展“爱心圆梦大学”助学捐助等活动。累计捐款近15 000元。

【高度重视信访工作】 信访工作是统战部门工作的重点内容之一，2008年区委统战部共调解信访案件9件，其中1件为宗教问题信访，1件为民族问题信访，5件为涉台问题信访，另外2件为困难统战对象困难申请信访。接到信访件后，区委统战部认真按《信访条例》的规定处理好来信来访案件，热情接待来访人员，登记信访内容，并由部领导带队，多次走访相关人员、村社，了解事情经过，做到在规定的时间内对来信来访问题作出答复，为区委政府的工作积极排忧解难。问题解决后，信访人员表示非常满意。

【组织统一战线系统成员参加纪念活动】 为隆重纪念中共中央发布“五一口号”60周年，广泛学习宣传贯彻党的统一战线以及多党合作的理论、政策和基础知识，促进中国共产党领导的多党合作和政治协商制度建设，推动古城区统战工作不断向前发展，按照省、市委统战部相关文件要求，区委统战部积极动员和认真组织全区统战系统干部和统一战线广大成员共200人积极参加了由省委统战部主办的“云南省纪念中共发布‘五一口号’60周年统一战线知识竞赛”活动。

【深入开展各项调研活动】 一是深入5乡、4个街道、区公安局出入境管理中心等进行了全区港澳台侨胞人数、居住状况、职业状况、办理签证等情况调研。二是深入全区各单位开展了非党干部调研活动，掌握了全区非常干部情况。三是开展了基督教调研活动，掌握了古城区各级党政干部对宗教工作特别是对基督教发展的认识和评价。四是到金江乡开展了《民族乡工作条例》贯彻执行情况调研，到金江乡和七河乡开展了移民安置工作调研。

【切实加强部门建设】 一是积极争取区委、区政府的支持，2008年开始把统战工作经费10万元列入财政预算，为统战工作提供了资金保证。二是改善了办公条件。年内新购置4台笔记本电脑、1台打印机、3个档案柜、3套办公桌椅等，极大地改善了办公条件。三是进一步加强了制度建设。为扎实有效地开展好全区的统战工作，切实改进工作作风，提高工作效率，区委统战部在原有的基础上，进一步完善了学习制度、会议制度、保密制度、考勤制度、财物管理制度、车辆管理制度等，细化了工作职责，完善了工作职责、办公室工作职责、部长工作职责等。通过制度建设，充实岗位职责，建立督促落实管理措施等方面来加强和完善制度建设，切实做到工作有章可循、用制度管人管事，从而提高了干部职工的自觉性和主动性，促使区委统战部各项工作都得以创造性地开展。

（杨耀芬）

党校工作

【综　述】 2008年，在区委、区政府的正确领导下，在业务指导单位及组织、宣传等部门的支持配合下，区委党校15名教职工坚持以邓小平理论和“三个代表”重要思想为指导，全面贯彻落实科学发展观，紧紧围绕区委的总体发展思路和奋斗目标，按照《中共丽江市古城区委关于进一步加强党校工作的意见》精神，立足职能任务，群策群力，团结奋斗，忘我工作，教学教研、组织队伍建设、思想建设、作风建设、制度建设等工作均取得了突破性进展。

【教学工作】 2008年度，党校严格按照“一个中心，四句话”教学新要求，继续深化教学改革，加大办学力度，拓宽培训面，创造性地开展了教学培训工作，干部教育培训、党员教育培训、学历培训等均得到了长足的发展。一是着力抓好十七大精神培训。年初，区委成立了以区委党校教师为主的深入到村（社）进行宣讲的“区委十七大精神宣讲团”。在宣讲团的宣讲中，区委党校教师分赴全区5个乡4个街道办事处的58个村（社）宣讲党的十七大精神58场。全区共4 097名基层党员和村社干部得到培训，真正做到了十七大精神培训不留死角。二是积极开展党课教育。年中，区委党校结合“讲党性、重品行、抓落实、促发展”为主题的作风建设教育活动和解放思想大讨论活动，派出骨干教师到乡、街道和部门结合教育活动讲授十七大精神为主要内容的党课11场，培训524人。党的十七届三中全会召开后，区委党校及时组织开展了党的十七届三中全会精神培训。在培训中采取“请进来”的方式，于11月7日邀请了云南省委党校赵晓彪教授在丽苑酒店六楼会议室举行“古城区学习贯彻党的十七届三中全会精神专题讲座”一期，全区副科级以上干部三百多人参加了学习培训。三是做好新型农民技能培训。8月，区委党校为西安街道的48名农民进行了为期20多天的电脑技能培训。培训以课堂讲授和上机操作相结合的方式进行，内容涉及到互联网，办公软件等多个方面。通过培训，不但使培训对象掌握了理论，更使他们能熟练地操作了计算机，拥有了一技之长。四是认真抓好函授教育工作。区委党校的函授教育坚持遵循“社会效益第一，教学质量第一”的办学指导思想，注重对学员“理论、知识、党性、能力”的全面培养和提高。2008年，对在校的2006级大专班，2006级本科班和2007级本科班进行了两次面授，并组织了2005级大专班和2006级本科班的毕业论文答辩，全部学员均通过论文答辩顺利毕业。

【调研工作】 2008年，区委党校坚持以教学带动科研，以科研促进教学，大力支持教师到基层调研，要求和鼓励教师多出科研成果。年内，区委党校教师每人下乡调研不少于3个月。在充分调研的基础上，每位教师都撰写了调研报告。在为教学服务的同时为区委区政府决策提供参考。

【思想建设】 2008年度，区委党校狠抓思想建设工作。一是深入学习党的十七大、十七届三中全会精神和省市党代会及有关会议精神，全面贯彻落实区第二次党代会和区委二届四次全会精神；通过集中收看电视转播，组织召开会议，交流讨论，传阅文件资料多种有效形式狠抓职工学习，提高教职工理论素养。二是切实建设和完善党员领导干部为基层讲党课制度。在党的十七大精神宣讲中，区委党校领导带领教师宣讲58场党课，在宣讲过程中，校领导主动承担授课任务，通过领导讲党课带动了基层组织建设整体推进，带动了干部队伍建设，带动了“三个文明”建设。三是切实加强思想政治建设，认真开展科普教育、争先创优“六个一”活动、“三力建设”主题实践活动，加强和改进群众工作，全面开展形势政策宣传教育和“三理”教育活动。四是切实加强精神文明建设和民主法制建设。积极开展《公民道德建设实施纲要》的宣传教育，大力倡导“八荣八耻”的社会主义荣辱观，加强社会公德、职业道德和家庭美德教育；全面深入开展“五五”普法活动，坚持依法行政，努力促进法制建设与道德建设，依法治国与以德治国的紧密结合；深入开展精神文明创建活动，倡导讲文明、讲卫生、改陋习、树新风的社会主义新风尚；积极组织开展各种活动，学先进比作风，学科技比成绩、学本领比贡献创建服务型、文明型单位，争当群众满意的党员。

【组织队伍建设】 2008年区委党校狠抓组织队伍建设。一是加强领导班子建设。班子成员分工明确、团结务实、开拓创新、奋发有为，能自觉学习和践行“三个代表”重要思想和贯彻落实科学发展观，坚决贯彻执行党的路线、方针、政策，坚持民主集中制原则，作风民主，凡是校内的重大事项均集体研究决定；支部班子素质好、能力强、作风强，具有很好的带头作用，认真做到“十抓、十建设”，为经济建设服务、为基层服务、为群众服务，建设学习型组织、实干型集体、文明型单位、服务型队伍，并取得明显成效。二是加大教师培训力度。为着力提高教师队伍素质，使党校干部教育培训工作再上一个新台阶。先后选派3位教师到玉溪市委党校参加省委党校组织的“教学方式改革培训班”的培训；选派2名教师到省委党校参加《政府信息公开条例》的学习培训；选派1位教师赴省委党校参加“反邪教师资培训班”的培训；选派2位教师到市委党校参加省委党校组织的全省艾滋病知识培训；先后派教师17人（次）到市委党校参加十七大精神和解放思想大讨论知识等的学习培训。

【作风建设】 2008年，区委党校在作风建设方面着重抓好了以下工作。一是狠抓教育活动，筑牢思想防线。深入开展“讲党性、重品行、抓落实、促发展”为主题的作风建设教育活动和“解放思想、深化改革、扩大开放、科学发展”的解放思想大讨论活动。二是结合实际，整改提高。为营造积极向上的氛围，支部组织职工进行了3次司诺克、乒乓球、跳棋和双扣比赛，丰富了党员生活；设立了一间图书阅览室，方便了职工和学员学习。

【制度建设】 2008年，区委党校进一步抓好制度建设工作。一是进一步完善各项制度。进一步完善了《党员经常性制度》、《支部学习制度》、《支部三会一课制度》、《交心谈心制度》、《党员身份承诺制度》、《无职党员设岗定责制度》、《党员干部联系和服务群众制度》、《公开承诺制度》、《民情恳谈制度》、《首问首办责任制度》、《责任追究制度》、《工作纪律制度》等多项制度。二是与时俱进，开拓创新，制定新制度。制定了每位职工特别是教师每天必须至少在阅览室集中学习一小时，在学习中做好学习学习笔记和学习心得，每月完成一篇学习心得体会在宣传栏张贴，每周报送一条信息，校领导每月对学习情况进行一次检查的《学习制度》；制定了教师在充分深入全区基层进行实地调研的基础上，每人每年至少完成2篇高质量的调研报告的《下乡调研制度》。

【扶贫及公益事业】 2008年，区委党校着力抓好扶贫及公益事业工作。一是在四川汶川发生特大地震时，区委党校14名教职工积极自发地向灾区捐款2 300元支持抗震救灾，12名党员缴纳5 100元特殊党费支持四川灾区；二是在区一中王芬同学生病需要帮助时，党校教职工为她捐款850元用于治病；三是为社会主义新农村建设联系点捐款5 000元；四是全年教职工扶贫和献爱心捐款2 600元；四是深入开展困难党员结对帮扶工作，按照领导一帮一、普通党员三帮一的帮扶方式，3位领导和9位普通党员结对帮扶了文汇社区的6名困难党员，全体党员多次深入结对帮扶户中走访慰问并为困难党员脱贫致富出谋划策；四是积极参加了义务植树，先后到丽大路和金虹山面山义务植树120多株并做到包栽包活。

（周明流）

政研工作

【新农村建设工作】 为认真履行好新农村建设领导小组办公室工作职责，2008年区委政研室严格按照区委制定的全区新农村建设指导思想和目标任务，把新农村建设作为改善民生的重要工程来抓，在宣传发动上突出了广泛性，在安排部署上突出了整体性，在结合实际上突出了针对性，在形式载体上突出了创造性，在狠抓落实上突出了实效性，新农村建设工作取得了明显成效。农民群众的思想观念得到根本性转变，农村环境得到明显改善，农村经济得到快速发展，社会保障和改善民生取得新进展，农村党的建设、精神文明建设和民主法制建设得到了进一步加强。

一、新农村试点工作

为做好2008年社会主义新农村建设试点工作，根据“突出重点、分类指导、连片推进试点村”和“依托大项目，促进大发展”的总体思路，区政研室先后到金山、七河、束河、祥和等乡、街道通过入户走访、问卷调查、与村干部、居民座谈等方式对试点村的现状、新农村建设的条件、存在的问题进行了认真细致的分析汇总后，按照新农村建设试点建设的总体思路，选出了基础好、发展潜力大、代表性强、示范作用好的束河龙泉社区庆云居民小组、金山漾西西林瓦1、2、3、4居民小组等13个村（居）民小组作为2008年新农村建设试点村，并制定了《2008年社会主义新农村建设试点村实施方案》提交区委决策，同时，积极向市委政研室上报市级试点村，通过积极沟通，七河乡共和东关、大研文智5社等6个村组被列为市级试点村，新农村试点村建设涉及面广，群众要求紧迫，为认真做好试点工作，使试点村真正起示范带动作用，区政研室在人少事多的情况下，除了要做好试点村资金的拨付工作，还要对每个试点村从资金审批到项目实施进行指导、督查，一个试点村平均要到实地查看3—4次。因试点村是逐年实施的项目，2008年7月根据区委、区政府的要求，区新农村建设督查组组长刘彦带领社会主义新农村建设领导小组办公室成员一行，先后到七河乡、金山乡和大研街道、祥和街道、西安街道、束河街道，采取听汇报、召开座谈会、现场查看等方式，对全区2007年12个新农村试点村项目建设、实施及资金使用情况进行了全面督查。从督查情况看，试点村的挂钩领导和帮扶部门以及各乡（街道）都能认真贯彻落实中央、省、市、区社会主义新农村建设的文件精神，按照《丽江市古城区社会主义新农村建设试点实施方案》和《中共丽江市古城区四套班子领导及区直部门社会主义新农村建设试点挂钩联系制度的通知》古发（2007）60号的要求，扎实开展社会主义新农村试点村建设工作。全区12个新农村试点村在2006年的基础上，重点建设了公共活动场所（篮球场、门球场、地掷球场等）、人畜饮水、排污管道铺设、村道和田间道路、农田灌渠和农产业扶持等项目。在督查结束后，及时把督查情况反馈给各乡（街道），并把两年来新农村试点村建设存在的问题、需要改进的工作建议形成《政研内参》提交给区委常委领导。2008年已完成束河街道龙泉居委会庆云居民小组、黄山社区安乐居民小组、金山乡漾西西林瓦村民小组的活动中心建设，束河街道开文社区东开8居民小组村巷道建设和黄山社区茨满1、2、3组乡村休闲广场等13个新农村试点建设项目。全区13个新农村建设试点，区财政预计投入试点建设资金260万元，区直部门和领导帮扶资金近300万元。市级新农村建设试点预计投入将超过200万元。

二、新农村建设指导员工作

2008年2月19日，古城区选派的29名新农村建设指导员汇同省、市下派的7名指导员组成9支新农村建设工作队正式开始到全区各个建制村委会、社区，帮助指导全区新农村建设。2月20日在完成了对省、市、区36名新农村建设指导员动员、培训下派工作后，在办公室经费紧张的情况下，认真组织完成了《指导员管理办法》、《实施细则》等相关文件材料，并及时将指导员工作手册和相关材料印发给每位指导员和工作队长；为使指导员安心驻村、耐心工作，办公室多次深入到指导员所驻村，了解他们的工作、学习、生活情况，与指导员交心谈心，及时布置各项工作任务，十七届三中全会召开后，要求指导员以讲课、问答、出黑板报等形式大力宣传十七届三中全会精神和党的政策法规。为了总结交流半年来新农村建设指导员工作中取得的成绩和经验，为指导员们搭建一个交流工作、相互沟通、相互学习、增进友谊的平台，于2008年7月24日组织全区新农村建设指导员召开了经验交流会，区委副书记和茂卓在会上作了重要讲话，对指导员们提出了殷切希望，会后，办公室组织编写了《指导员调研报告汇编》，一年来，36名新农村建设指导员紧紧围绕新农村建设这个主题，充分发挥聪明才智，办实事、做好事、解难事，在争取项目资金、理清发展思路、调整产业结构、促进农民增收等方面做了大量卓有成效的工作，为古城区新农村建设注入了活力，有力地促进了古城区新农村建设工作。如：驻金山文化村的和照平，驻村期间利用自己的专业技术帮助村民做好动植物疫情防控，并多次组织村民召开学习培训班，向农民传授种植养殖技术，为农民群众提供致富信息，传授经验，为当地农民增收、农村经济发展做出了较大贡献；驻大研街道文智社区指导员尹淑先通过积极协调，促成古城保护管理局和大研街道共同出资的文莲居民小组社会主义新农村建设综合项目开工建设，该项目包括绿色村庄建设、村道建设、居民活动中心建设、安装数字电视、瓦屋面翻盖成石灰瓦、墙体刷白工程和修建沼气池，该建设工程已于2008年6月25日正式启动，前期资金共投入10万元。到目前为止绿色村庄建设工程共栽种树木2 000多棵；村道建设水泥路面到户40户，共计930平方米；闭路电视安装工程已于奥运会前全面完成，其它后续工作也在紧锣密鼓地进行当中；驻七河五峰的李宗育主动要求继续担任指导员，并通过多方奔走寻求支持，促成总投资23万元（其中协调争取资金20万元、群众投工投劳折资3万元）的北排水库于2008年1月招标开工建设，2008年5月竣工验收，并投入使用。其它指导员如杨忠红、李坤生等也积极为所驻村争取取项目资金，办实事、好事。驻村期间指导员门共走访农户6 257户；为所驻村（居)委会办实事、好事120件；宣传党在农村的方针政策3 892人（次）；参与村（居委会）中心工作500多人（次）；完成驻村摸底调查300多份；提出合理化建议148条；为所驻村（居）委会争取项目12个；争取资金100多万元。

【农业农村工作】 2008年，在区委、区政府的正确领导下，在各部门的大力支持配合下，农业农村工作紧紧围绕中央一号精神和农业农村工作实施意见，以新农村建设为主线，以大力发展农村经济，努力促进农民增收，加大农村改革力度，优化农业产业结构为目的，创造性地开展工作，取得了显著成效。一是进一步对“三农”问题开展深入细致的调研，特别是就全区农业产业结构调整、促进农民增收、民生等方面的问题做了重点调研，今年10月为配合市委政研市做好土地流转、农村改革开放30年改革发展成绩等调研工作。在接到调研工作任务后，及时召集各乡（街道）和相关部门召开了座谈会，并深入七河、束河等乡、街道进行实地调研，圆满完成了山区综合开发，农村土地流转、农村经济社会发展形势、农村改革开放30年改革发展情况等调研任务，并组织撰写了《农业农村工作实施意见》、《农业农村工作总结》、《全区农业农村形势分析报告》《以旅促农、以城带乡、夯实基础，加快城乡经济一体化进程》等，二是组织筹备并按时召开了全区农业农村工作会议；三是认真完成上级部门交办的各项工作任务。2008年8月全市召开农业农村工作和下派指导员工作会议，为认真总结全区农业农村和新农村建设工作，在接到会议通知后，政研室全体干部职工加班加点准备会议材料，制作反映全区农业农村工作和新农村建设工作的专题片，会上和茂卓副书记做了交流发言，并播放了专题片，成为首家以多媒体形式汇报工作的区县，得到了参会领导的一致好评。完成上级部门交办的其它各项工作任务。积极做好各类数据材料报表和信息收集、汇总、报送工作，积极组织参加了省农办举办的首届“三农”书画摄影展，并在组织、宣传动员、作品收集筛选等方面做了大量工作。

【科技下派工作】 2008年，科技下派工作在区委、政府的坚强领导和相关职能部门的共同努力下，通过加强协调、督促、检查，及时协调解决工作中出现的各种新情况、新问题，为科技下派人员创造增长见识、学习先进经验、相互交流的平台，组织全体科技下派人员到宾川县进行考察学习等一系列工作，科技下派工作取得了显著成效。一年来，广大科技人员紧紧围绕区委、区政府制定的经济发展思路，投身三农、扎根三农、破解三农、充分结合自身优势，在实践中发挥科技专长，将自己掌握的科技知识与古城区的实际相结合，利用地方资源优势，通过独办、领办、联办、合伙或到农业企业中兼职等多种形式，在广大农村带动农户发展种植养殖业，手把手地指导农户推广农业科技，发展新兴产业，树立产业意识，带动周边群众，共同走科技兴农、科技强区之路，极大地推动了全区农村经济结构调整、为全区经济社会的持续、健康和稳定发展注入了新的活力，促进了农民增收、农业增效，得到了区委区政府的高度评价，也得到了农民群众的普遍欢迎。如：和灿军创办的集园林绿化、兰花养植、花卉繁种、大棚制作、农产品开发和农业科技培训于一体的七星众诚园艺花卉有限公司，2008年共完成了市烟草公司、市移民局以及大丽路与丽永路交界处等总造价为200万元的绿化工程，同时与日本签订完成了70公斤三色堇制种订单，实现利润4万美元，全年公司共解决和吸纳周边农村剩余劳动力达100余人；张玉生在五峰北排租地4亩，先后投资60多万元，修建了玉鑫科技养殖示范园，后又成立了玉鑫畜牧科技开发有限公司，她新建的种猪饲养场，每年能为周边农户提供200头左右的种公猪和种母猪。2004年7月到2007年底玉鑫畜牧科技开发有限公司共出栏肥猪2 100多头；出售架子猪900多头。2008年1-11月共出栏DLY产品猪1 012头，出售架子猪150头，年销售收入达到83万元。公司于2008年10月被评为“丽江市农业产业化经营重点龙头企业”，同时公司已于今年成功注册“七河玉鑫”商标，为下一步“标准和绿色安全食品”的认证打下了基础。

【扶贫工作】 2008年，区委政研室扶贫工作在人员少，任务重，自身财力、物力有限等情况下，结合实际，认真落实区委、区政府要求的单位党员干部结对挂钩扶贫工作。多次深入到边远的金江乡四个困难党员家进行了“一对一”结对帮扶工作。2008年上半年政研室的扶贫挂钩点被安排在七河乡忠义五村，根据挂钩领导的要求，部门内部省吃俭用，节衣缩食，采取协调解决一部份，单位拿一部份的方式扶持七河乡忠义五村1 000元，用以改善公共基础设施建设，此外，本单位还积极参加了“献爱心”扶贫捐款活动，“慈善一日捐”等活动，完成了各类扶贫捐款，全年共累计捐款7 500元。

【党建工作】 一是建立健全党内互帮互助机制，积极开展党内互助“八个一”活动，全体党员深入到边远的金江乡四个困难党员家进行了“一对一”结对帮扶。二是积极发展党员，为党组织注入新鲜血液。2008年通过严格考察，按期转正了两名预备党员，确定了一名发展对象。三是四川汶川地震发生后，党支部及时组织了向灾区同胞捐款活动，并积极交纳特殊党费，支部解文兴同志个人捐款1 000元，获得了中央组织部颁发的荣誉证书，其它党员也都获得了省委组织部颁发的荣誉证书。四是党支部积极参加区委总支组织的“庆七一”党员活动，活动内容丰富多彩，有体育比赛，文艺表演等，极大地丰富了党员生活，陶冶了情操。

【服从服务区委政府中心工作】 在积极做好部门各项业务工作、农业农村工作、新农村建设工作、新农村建设指导员工作、科技下派工作的同时，单位坚决贯彻落实区委、区政府的决策决定，按时、按质、按量完成区委、区政府交办的各项工作任务，并积极主动服从服务于区委、政府的中心工作大局，发挥部门职能作用。一是部门领导按时参加区委、政府通知的各种会议和组织活动，并及时组织学习传达会议精神，使全体党员干部及时领会、掌握最新的政策信息，便于部门工作的顺利开展；二是按时、按质、按量地完成区委、政府交办的各种调研工作和各类上报信息材料；如期完成了区政府交办的山区综合开发汇报交流材料和旅游业、生猪养殖业带动山区综合开发光盘的制作工作；收集图片材料参加了《辉煌古城》第一稿的编撰工作，完成了山区综合开发，农村土地流转、农村改革开放30年改革发展成绩等调研活动。中央调研组和中央党校到古城区进行社会主义新农村调研时，积极作好协调配合工作；三是积极主动搞好信息收集、上报、反馈等工作及时处理各类突发事件，认真做好重点项目协调服务工作。四是服从区委、政府的统一安排，奥运火炬传递期间，抽调车辆参与安全保卫工作，并按时、按质、按量地完成植树造林、河道清污、卫生打扫、护林防火等任务。按照区委的要求，订阅了各类刊物，给扶贫挂钩点七河忠义五组征订了《云南日报》、《丽江日报》等报刊，足额完成了区委下达的党报党刊订阅任务。

（和木全）

直属机关党委工作

【组织建设】 古城区直属党委在原来的基础上，2008年度建立健全了29个总支、132个支部（其中包含了2个直属支部）。年内增加了两个党支部：一是环卫局党总支因党员和党组织关系管理的需要，申请增设支部，经党委研究，结合该总支实际，同意在原有三个党支部的基础上，增设一个党支部，成立古城区环卫局清扫二队党支部。二是新成立的古城区规划局因党员和党组织管理需要，申请成立支部，党委研究同意成立为直属支部。年内将两个直属党支部划到政府总支进行管理：因工作需要，根据《中国共产党党和国家基层组织工作条例》相关规定，经2008年8月12日区直属机关党委会议研究决定，将古城区规划局党支部和古城区驻昆办党支部划归古城区政府人民党总支进行管理。各党总支、党支部在及时进行了换届选举后，班子结构更加合理，成员分工更加明确，做到了优化组合，各基层党组织工作运转正常，更好地起了机关党组织的监督、协助和保证作用。

【双目标管理的签订与贯彻落实】 加强领导，机构健全，责任明确是搞好党风廉政建设工作和党建工作的保障。区直属党委在与古城区委签订《党建目标管理责任书》和《党风廉政建设责任书》后，结合古城区直属机关实际，有针对性地制定《责任书》，与29个党总支、2个直属党支部签订，各党总支再与下属各党支部进行责任书的签订，形成了一级抓一级，层层抓落实的有效的责任网络。

【发展新党员工作】 加强党的建设的一项重要任务，就是要经常地吸收新鲜血液，不断发展壮大党的队伍，保持党的生机与活力，提高党的战斗力。发展新党员工作是一个程序复杂和细致入微的工作，区直机关党委严格按照发展党员的“坚持标准、保证质量、改善结构、慎重发展”的十六字方针，做到了工作有计划、程序规范化。为了不断提高发展新党员的质量，使发展新党员的程序符合党内有关规定，于2008年5月底，举办了一期区直机关入党积极分子培训班，参加培训的学员共有87人。平时对各党总支、党支部前来咨询的同志认真耐心的接待，尽量在入党程序上给予帮助，还免费了发放入党志愿书、入党积极分子考察表和党费证。于9月初举办一期培训班，本着“理论与实践相结合”的原则，重点培训了各党总支、党支部的党务工作者的实践技能，书记还专门就党员发展和党组织关系接转工作要点进行了细致的讲解。为了确保发展新党员的质量，直属党委专门由书记和党委班子成员负责进行对新党员谈话，把好新党员的入口关。2008年1月1日至今，直属机关党委共发展新党员48名（其中女党员22名、35岁以下40名、本科学历14人、专科学历20人），按期转正了53名预备党员。

【党组织关系的接转】 直属机关的党员流动量大，几乎每天都要接待来接转组织关系的同志。办公室的工作人员都能够热情、耐心、认真、负责地为其办理。年内，古城区直属党委转出党员70人，转入党员142人。

【认真进行党费的收缴和管理】 为了适应新形势的要求，进一步加强和改进区直机关的党费收缴和管理工作，根据古城区委组织部关于转发《关于中国共产党党费收缴使用和管理的规定的通知》精神，直属机关党委积极开展宣传，按照各党总支造册登记标准，党委办公室与财政局共同复核、党委审批的程序，对每个党员的党费收缴标准逐一核对，做到逐级把关、准确无误。2008 年 4 月开始，党费收缴按新标准执行。2008 年度区直机关党员 2 016 人，共收缴党费 239 582.7 元，顺利完成了年度党费收缴工作，党员党费收缴率及党费标准收缴率均达到了 100%。

此外，5 月 12 日四川汶川发生 8.0 级大地震，区委组织部发出紧急通知，每位共产党员要积极行动起来，交纳一次特殊党费，帮助地震受灾的群众。党委仅仅用了一个早上的时间就把 72.1 万元特殊党费进行登记造册后提前上交区委组织部。这些都充分体现了直属机关广大党员干部高度的组织观念和对党的忠诚，证明了区直机关党员队伍是一支具有很强战斗力的队伍，也通过这次交纳特殊党费援助灾区群众的行动，进一步增强了党员的责任感、使命感和自豪感。

【党组织和党员信息库建设】 根据《古城区党组织和党员信息库建设工作实施方案》的通知精神，党委结合实际，采取有力措施，加紧进行建库存档，全面完成党组织和党员信息库建设任务，为充分发挥信息技术的优势，实现党员日常管理工作的信息化和规范化，全面提升党内统计工作水平，打下了坚实的基础。

【制度建设】 结合工作实际，认真查找党委工作的不足，及时进行总结，不断完善制度建设，形成用制度规范权力运行、约束干部的从政行为，按制度办事、靠制度管人的机制，从制度上保证领导干部廉洁从政，不断提高反腐倡廉制度化、法制化水平。在坚持原有制度的基础上修改、补充、完善了以下制度，即：党委工作制度、党风廉政建设责任制、民主生活会制度、电脑管理、车辆管理、考勤管理、财务管理、文书事务管理、学习制度、办公室工作职责、社会评议机关作风制度、机关党员干部民情恳谈制度、机关首问首办责任制度、机关公开承诺制度等制度。同时还要求下属各级党组织在原有制度基础上全面推进制度建设和创新，抓好制度的落实并在实践中进一步健全和完善。

【实施“云岭先锋”工程】 按照区委的要求，直属机关党委坚持把保持共产党员先进性教育活动好的成果延续下来，结合作风建设教育活动，不断创新党建工作机制，着力解决党组织和党员队伍中存在的突出问题，全面加强基层组织建设，认真实施“云岭先锋工程”，不断提高党的执政能力，认真贯彻落实中共丽江市古城区委《关于实施“云岭先锋”工程，开展“四级联创”活动，大力推进党的基层组织建设的决定》。从 2004 年开展“云岭先锋”工程至今，直属党委共审批“共产党员先锋岗”190 个，“共产党员示范窗口”7 家。按总体目标要求，在区直属党委下属的党总支、支部切实开展好以创建“四带头”先进机关和“五型”机关为主体的争先创优“六个一”活动，认真搞好自查、自评工作，及时进行总结和报批先进。积极配合区委、区委组织部搞好党建联系点、党建示范点工作，推动大党建工作全面发展。

【作风建设教育活动】 根据区委的统一安排部署，结合《关于在全区干部中开展“讲党性、重品行、抓落实、促发展”为主题的作风建设教育活动的通知》精神，严格按照《实施方案》的要求，把握好每一个关键环节，扎扎实实地展开了以“讲党性、重品行、抓落实、促发展”为主题的作风建设教育活动，不断加强机关作风建设，努力推进和谐社会建设，切实加强党同人民群众的血肉联系，有力地促进了区直机关的作风转变，取得了很好的效果。通过开展作风教育活动，进一步理清了工作思路，加大工作措施，调动党员干部的积极性。推动各项工作，切实做到两促进、两不误。在以后的工作中也将克服人少事多的矛盾，紧紧围绕全区中心工作，合理安排，相互促进，协调发展。

【认真开展党内互助“八个一”活动】 党委积极响应市委、区委号召，深入挂钩点，多方了解，研究确定了结对的贫困党员；到困难党员家中与其促膝交谈，详细询问结对党员的身体状况、家庭经济情况和存在困难等，拉近距离、贴近心灵，进一步地了解困难的原因；在中秋佳节组织开展慰问困难党员活动，向区直各级党组织挂钩联系点的困难党员送去了党的温暖；为七河乡后山村送去了办公桌椅、传真机等办公用品，力所能及地帮助村委会和村党支部搞好阵地建设；送去支部生活等书报党刊，丰富党员和村民的精神生活，提升党员的素质；召开党员会议，号召党员充分发挥先锋模范作用，在社会主义新农村建设中成为领头雁、排头兵和中流柱；与村党支委畅谈党员发展和组织建设，共商如何把优秀的村民吸收到党员队伍中，如何在社会主义新农村建设大潮当中发挥好党组织和党员的作用。

【完成区委、政府的中心工作】 在人少事多的情况下，直属机关党委不仅能够认真完成本部门工作，还能认真完成区委、区政府的中心工作。根据区委、区政府的调配，参加“服务奥运圣火传递”活动的安全感工作；服从区委组织部的安排，参加2008年度目标管理考核工作；按照有关部门的要求，认真组织干部职工参加义务劳动，清扫卫生区域，金虹山和丽大路进行义务植树；选派下属党总支、党支部优秀党员以及有特长的党员参加各部门组织的活动，特别是区纪委组织的知识竞赛和演讲比赛，直属党委选送的选手都获得了好成绩，直属党委也获得了组织奖。

【隆重开展“七一”庆祝和表彰工作】 为开展好中国共产党成立87周年纪念活动，本着少花钱、多办事的原则，直属机关党委在“七一”期间组织召开了座谈会和表彰大会，评选出的先进党支部13个、优秀共产党员46人进行了表彰。古城区直属机关在实施“云岭先锋”工程，开展“三级联创”活动中，成绩突出，得到了区委的表彰。总共有3个党总支、3个党支部、5位党务工作者及37名共产党员获得先进集体和先进个人。

（和丽梅）

丽江市古城区人民代表大会常务委员会

【综　述】 2008年，区人大常委会在中共古城区委的领导下，坚持以邓小平理论和“三个代表”重要思想为指导，认真贯彻落实党的十七大，十七届二中、三中全会，省委八届四次全会，市委和区委二届四次全会精神，全面落实科学发展观，认真履行宪法和法律赋予的各项职责，坚持把发展作为第一要务，把人民利益作为一切工作的出发点和落脚点，解放思想、实事求是、与时俱进、开拓创新、扎实工作。一是围绕古城区经济社会发展中的重大问题和关系人民群众切身利益的问题，认真组织开展好监督工作，年内听取和审议了“一府两院”工作报告13个，组织开展各种视察、执法检查、调研8次，形成推动古城区经济社会发展的审议意见32条，较好地发挥了地方国家权力机关的作用。二是遵循“抓大事、议大事、定大事”的原则，坚持深入调查研究，广泛听取各方面意见，对事关全区改革、发展、稳定全局的重大问题及时作出决议、决定，既保证党的路线方针政策的贯彻落实，又充分体现人民意愿。三是认真做好人事任免工作，为发展提供有力的保障。依法选举产生了新一届地方国家权力机关、行政机关、审判机关和检察机关领导人员，圆满完成了换届任务；年内重新任命及任免国家机关工作人员共129人（次），撤销职务1人。四是认真贯彻落实代表法，不断创造条件，采取有效措施，切实加强人大代表工作，努力发挥联系人民群众的代表机关作用。年内接受了3名人大代表的辞职，依法补选了3名人大代表。五是围绕中心、服务大局，为推进发展作出积极贡献。年内常委会3位副主任分别挂职在重点建设项目上，积极协调解决各种热点、难点问题，有力地促进了古城区重点招商项目和重点工程建设的顺利进行；充分发挥密切联系人民群众的优势，深入基层开展宣传教育，指导平安创建工作，为全区的维稳工作作出了积极努力；共筹积资金120余万元，实施了一批实现农民增收致富的民心工程和富民工程，全面推进了扶贫工作和社会主义新农村建设。六是加强自身建设，不断提高履职能力和服务水平。坚持在加强学习、指导实践、推动工作上下功夫；制定出台了3项新的工作制度，进一步规范了常委会的履职行为，保证了常委会各项工作依法有序地开展；加强勤政廉政建设，不断增强了常委会组成人员和机关干部廉政勤政的意识和拒腐防变能力，进一步树立了常委会的良好形象。

【第二届人大一次会议】 丽江市古城区第二届人民代表大会第一次会议于2008年1月9日—1月13日在古城区召开。156名代表出席了会议，83名列席了会议。会议审查批准了古城区人民政府工作报告、古城区2007年国民经济和社会发展计划执行情况的报告与2008年的计划、古城区2007年地方财政预算执行情况的报告和2008年地方财政预算；审查批准了区人大常委会工作报告、区人民法院工作报告、区人民检察院工作报告；选举产生了第二届区人大常委会主任、副主任、委员，区人民政府区长、副区长和区人民法院院长、区人民检察院检察长；审议通过了丽江市古城区人民代表大会议事规则。

【第二届人大常委会第一次会议】 2008年2月2日召开古城区第二届人民代表大会常务委员会第1次会议。会议对国家权力、行政、审判、检察机关工作人员进行重新任命。

【第二届人大常委会第二次会议】 2008年5月6日召开古城区第二届人民代表大会常务委员会第2次会议。会议听取和审议了区人民政府关于食品安全工作情况的报告、区人大常委会执法检查组关于检查古城区贯彻实施《食品卫生法》情况的报告，审议通过了《丽江市古城区人大常委会2008年工作要点》，进行了人事任免。会议形成了审议意见，一、进一步提高对实施食品卫生法重要意义的认识，有针对性地加强普法工作；二、抓住薄弱环节，加大执法力度，切实解决好食品卫生安全的突出问题；三、进一步理顺食品卫生监督管理体制，形成在政府统一领导下，各有关部门密切配合的食品卫生监督管理体制；四、提高认识，集中力量做好对城乡集贸市场、学校及学校周边饮食摊点及旅游接待宾馆酒店等重点区域的食品安全整治工作，并做好相关防范措施，有效防止食品安全事故的发生，确保高质量完成奥运期间的旅游接待工作，维护古城区良好的旅游形象。

【第二届人大常委会第三次会议】 2008年7月17日召开古城区第二届人民代表大会常务委员会第3次会议。会议听取和审议了区人民政府关于2007年度区本级财政决算的报告、关于2008年上半年地方财政预算执行情况的报告、关于2008年上半年国民经济和社会发展计划执行情况的报告、关于2007年度区本级财政预算执行和其他财政收支的审计工作情况的报告，区人大常委会执法检查组关于检查古城区贯彻实施《中华人民共和国劳动合同法》情况的报告，审查批准了2007年度区级财政决算，审议通过了《丽江市古城区人民代表大会常务委员会组成人员守则》。

【第二届人大常委会第四次会议】 2008年9月18日召开古城区第二届人民代表大会常务委员会第4次会议。会议听取和审议了区人民政府关于办理区人大代表建议、批评和意见情况的报告、区人大常委会视察组关于视察古城区社会主义新农村建设情况的报告、区人大常委会执法检查组关于检查古城区贯彻实施《城市房地产管理法》情况的报告，批准了《丽江市古城区人民政府关于拟向建设银行丽江古城支行申请流动资金贷款的议案》，进行了人事任免。会议形成了审议意见：

一、关于《城市房地产管理法》实施情况

(一) 进一步加强学习宣传和教育，使广大人民群众对《城市房地产管理法》的理解和支持成为依法保护自身权利的法律武器。同时，提高广大房地产企业和执法人员知法、懂法、守法和严格执法的自觉性，促进《城市房地产管理法》在古城区贯彻实施。(二) 进一步加强规划审批管理工作。在房地产开发用地审批时，要严格执行土地利用总体规划和城市规划，既要留足公共服务用地，还要一次性建设好排污、供水（气）、绿化等公共配套设施，严把审批关。要进一步加强执法队伍建设，加大行政执法力度。在搞好日常监督检查的同时，及时有效地查处房地产领域中的违法违规行为。(三) 要进一步加大对已出让土地的监管力度，严格按照土地使用权出让合同约定的土地用途、动工开发期限开发土地。(四) 加大对房地产开发企业的监管，严把企业资质认定关，使房地产企业有稳定的经营队伍和强大的技术力量；严把房地产建筑质量关，从而使房地产建筑质量总体平衡，让消费者满意、放心。(五) 要采取切实可行的管理办法，加强对房屋大修基金的监管，充分发挥房屋大修基金的作用，保障权益人的合法权益，有效防止房屋大修基金流失。(六) 进一步规范房地产交易程序，加强对中介企业的管理。不断完善格式化合同，在房地产交易中真正做到公平、公正、公开，防止用一些不正当的竞争方式进行竞争，从而误导消费者；进一步规范物业管理工作，按照《物业管理条例》，制定结合古城区实际的实施办法，规范收费标准，逐步扩大物业管理覆盖面，使这一工作走上规范化，程序化的轨道。

二、关于社会主义新农村建设

（一）新农村建设是一项长期而艰巨的任务，不可能一蹴而就，必须将中央 20 字方针与古城区的区情紧密结合，量入为出，重点实施，逐步推广。（二）通过加强宣传教育和培训工作，根本改变群众“要我建到我要建”的思想观念，充分发挥政府和老百姓两个积极性，坚持“谁积极支持谁，小干小支持，大干大支持，不干不支持”的原则。（三）社会主义新农村建设涉及方方面面，必须按照总体规划，广泛征求群众的意见及建议，在尊重群众意愿的基础上，作出科学合理的项目规划，项目规划要注重产业支撑，坚持先易后难、先急后缓的原则。（四）在实施社会主义新农村建设试点过程中，要因地制宜、以点带面，集中财力物力办实事，切实为群众的产业发展打下良好的基础。（五）在社会主义新农村建设过程中要落实奖惩制度，表彰先进，鞭策后进，有力地促进社会主义新农村建设的有效开展。

【第二届人大常委会第五次会议】 2008 年 11 月 20 日召开古城区第二届人民代表大会常务委员会第 5 次会议。会议听取和审议了区人民政府关于 2008 年区级财政预算部分变更意见的报告、关于集体林权制度改革工作情况的报告，区人大常委会视察组关于视察古城区城市建设和管理情况的报告，批准了 2008 年区级财政预算部分调整方案，进行了人事任免。会议形成审议意见：

一、关于城市建设和管理工作

（一）要进一步加强学习宣传城市建设和管理方面的有关法律法规，使《城乡规划法》等法律法规深入人心。要强化宣传教育工作，充分发挥社区、居民在环境卫生管理方面的作用。（二）加强规划的科学性、合理性、超前性，充分发挥好规划部门的职能作用。（三）加强环境卫生管理工作，特别是对城郊结合部和人员居住比较密集的“背街小巷”的环境卫生管理工作需进一步加强。（四）加强队伍建设，加大综合执法力度，不断克服执法难和难执法的问题。（五）完善落实城市建设和管理方面的各种制度，建立健全长效机制，强化监督考评，切实增强城管工作的超前性、针对性和实效性，促进城市建设管理水平不断提高。（六）进一步加大对城市建设和管理的财政支持力度。（七）城市绿化工作要讲求艺术性，注重提升城市绿化的档次和水平。

二、关于集体林权制度改革工作

（一）进一步提高集体林权制度改革工作的重要性、必要性的认识，认真总结经验，分析存在的困难和问题，把林改工作做深、做细、做实。（二）加强对有争议的林地的协调工作，进一步查找相关依据，进行确权认证。妥善解决移民过程中存在的林地权属问题。（三）从对历史负责、对人民负责的角度出发，认真做好林权档案整理、归档工作，确保档案的完整、准确、规范、系统和永久保存。（四）要进一步加大林改工作经费的支持力度，确保林改工作顺利开展。

【代表工作】 不断创造条件，采取有效措施，切实加强人大代表工作，努力发挥联系人民群众的代表机关作用。一、增加代表活动经费，切实保障了人大代表履行职务和代表活动的顺利进行。今年区人大代表活动经费提高到每人 1 000 元，乡人大代表活动经费提高到每人 600 元。二、每次常委会会议，都邀请 6 名以上的人大代表列席常委会会议，让代表了解并参与对全区大事、要事的审议。三、扩大人大代表对常委会执法检查和工作视察、调研活动的参与。全年共有 68 名人大代表参加了执法检查和工作视察。四、建立和完善了向本级人大代表通报重大事项的制度。将常委会会议材料形成公报，印发每一位人大代表，让更多的人大代表知情、知政。五、加强人大代表议案、建议的督办工作，保证代表满意，人民群众得实惠。在区二届人大一次会议上，人大代表提出建议和意见共有 146 件。

区人大常委会严格执行议案、建议处理办法和面商、督办协办、跟踪问效、现场办公、奖惩等制度，并从 3 个方面加强了代表议案、建议的办理力度。一、在加强综合分析、实行统一交办的基础上，主任会议将代表反映比较集中、事关全区大局的建议作为办理重点，由相关的工作委员会负责督办。二、对涉及多个部门的建议，由主办单位牵头负责，相关单位参加，共同办理。三、加强与代表沟通，注重办理实效。经过各方面共同努力，办理人大代表建议做到了事事有交待，件件有落实，面商面复率、答复满意率达到100%，所提出的问题已经解决或正在抓紧解决的比例，已达到71.2%。其中，有许多建议办理质量好，代表满意，群众得到实惠，有力地促进了一方发展。如：《关于加大对金山乡农村道路建设力度的建议》，区人民政府投资177万元，先后在金山乡实施了新金路、东漾路、拉马古路、石文路、贵峰路、良美路、东江路共17.7公里农村公路建设，极大地改善了当地人民群众的生产生活。如：《关于扩建大东完小、建新完小的建议》，区人民政府投资62.5万元实施了大东完小教学楼及附属工程建设项目，改善了办学条件，有效整合了教育资源。如：《关于进一步扶持沼气池建设资金的建议》，沼气池建设已列入2008年区人民政府十件实事之一，截至目前，累计投资105万元完成了“一池三改”1 050户。

【区人大常委会和区人大代表的执法检查】

一、检查《中华人民共和国食品卫生法》贯彻实施情况

2008年4月14日，由区人大常委会副主任刘亚梅任组长，区人大常委会副调研员张学圣、木文胜任副组长，区人大常委会委室主任7人、区人大代表3人为成员的检查组，对古城区贯彻实施《中华人民共和国食品卫生法》的情况进行了检查。听取了政府及其相关部门的汇报，对个别学校食堂、食品加工点、超市等食品生产经营的场所、设施和有关环境进行实地查看。全面了解掌握了区人民政府及相关部门学习、宣传、执行《中华人民共和国食品卫生法》的总体情况；开展食品卫生监督管理工作，保障食品安全的情况。提出了进一步贯彻实施的意见、建议。

二、检查《中华人民共和国城市房地产管理法》贯彻实施情况

2008年8月28日，由区人大常委会副主任和亮云任组长，区人大常委会副主任刘亚梅任副组长，区人大常委会委室主任7人，区人大常委会兼职委员4人，区人大代表2人为成员的检查组，对古城区贯彻实施《中华人民共和国城市房地产管理法》的情况进行了检查。听取了政府及其相关部门的汇报，对部分用工企业、单位实施劳动合同制度情况进行实地查看。全面了解掌握了区人民政府及相关职能部门学习、宣传、执行《中华人民共和国劳动合同法》的总体情况；区人民政府相关职能部门对实施劳动合同制度监督检查的情况。提出了进一步贯彻实施的意见、建议。

三、检查《中华人民共和国城市房地产管理法》贯彻实施情况

2008年8月28日，由区人大常委会副主任刘亚梅任组长，区人大常委会副调研员张学圣任副组长，区人大常委会委室主任7人，区人大常委会兼职委员2人，区人大代表4人为成员的检查组，对古城区贯彻实施《中华人民共和国城市房地产管理法》的情况进行了检查。执法检查组实地察看大研房地产、裕安房地产开发的部分项目，听取了区人民政府关于贯彻实施《城市房地产管理法》的情况汇报，全面了解掌握了区人民政府及相关职能部门学习、宣传《中华人民共和国城市房地产管理法》的基本情况；房地产开发用地、房地产开发、房地产交易、房地产权属登记管理等基本情况。提出了进一步贯彻实施的意见、建议。

【区人大常委会和区人大代表的视察、调研】

一、视察社会主义新农村建设情况

2008年9月8日，由区人大常委会副主任罗金荣任组长，区人大常委会副主任和亮云任副组长，区人大常委会委室主任7人，区人大代表4人为成员的视察组，对古城区社会主义新农村建设情况进行了视察。实地察看束河办事处黄山社区中信村和茨满四、五组社会主义新农村建设试点村，听取区人民政府及相关部门的专题汇报，形成视察报告，提交常委会会议审议。

二、视察城市建设和管理情况

2008年11月6日至7日，由区人大常委会副主任刘亚梅任组长，区人大常委会副调研员张学圣任副组长，区人大常委会委室主任7人，区人大常委会兼职委员1人，区人大代表3人，四个街道人大工委主任为成员的视察组，对古城区城市建设和管理情况进行了视察。区人大常委会陈先富主任参加了视察。实地察看了金甲村排水工程，国安路、玉泉路、金虹山面山绿化，丽江会堂拆迁绿化，寨后上村和安乐村的城中村规划，祥和丽城片区的路灯、垃圾房建设等情况，听取了区人民政府对城市建设和管理情况的专题工作汇报，形成视察报告，提交常委会会议审议。

三、调研集体林权制度改革工作情况

2008年10月22日，由区人大常委会副主任和亮云任组长，区人大常委会副调研员木文胜任副组长，区人大常委会委室主任7人，区人大代表3人为成员的调研组，对古城区集体林权制度改革工作情况开展了专题调研。实地察看金安乡的林权制度改革工作开展情况，听取区人民政府及相关部门的专题汇报，形成调研报告，提交常委会会议审议。

【区人大常委会和机关扶贫工作】 2008年，挂钩扶贫七河后山高美村共协调筹集资金27.85万元，共实施了5个具体项目。一是投资4万元，实施完成从后山村委会所在地到高美村6公里的道路铺沙工程。二是投资8万元，实施完成了1英寸钢管4 500米、0.5英寸钢管3 042米的人畜饮水工程建设。三是投资5.6万元，实施完成了一块篮球场建设。四是投资6万元，实施完成了包括会议室、图书室、娱乐室等在内的村级活动场所。五是针对该村海拔高、气候冷的实际情况，投资4.25万元，为每家农户购买配置了一个藏式火炉，不仅在很大程度上节约了森林资源，而且极大方便了群众的生产生活，很受广大群众的认可。通过扶贫项目的认真组织实施，帮扶工作取得了较大的成效，极大地改善了山区农村生产、生活条件，加深了农民的科技意识，提高了人民群众建设家园的积极性和主动性。

【区人大常委会和机关建设社会主义新农村工作】 2008年，开展建设了一批与群众生产、生活密切相关的建设项目，改善了群众的生产、生活条件。一是协调市社会主义新农村建设资金30万元，建设从安乐三社到安乐完小的村道路面硬化约800米。二是投资25万元完成了村级组织活动场所及厨房等续建工程。三是支持5万元资金，发动群众进行绿化建设，该项目正在实施当中。四是建立了垃圾清扫制度，并正在进行投资3万元的垃圾房建设。五是投资1.5万元进行环境整治活动，村容村貌有了较大改善。六是依托资源优势，充分挖掘和保护本民族文化，鼓励村民发展“农家乐”等乡村民俗旅游。

【精神文明建设】 按照区委的安排部署，常委会因地制宜，不失时机地在干部职工中组织开展各种创建实践活动，扎实推进精神文明建设。一、组织干部职工参加“慈善一日捐”、扶贫捐款和向汶川地震灾区捐款等扶弱助残献爱心活动，年内26名干部职工共捐款9 490元。二、交纳特殊党费15 400元，支持汶川地震灾区。三、积极组织干部职工投身植树造林、河道清淤和城市环境卫生整治等各项公益活动。四、向七河后山完小捐赠了价值5 000多元的455册图书，建立了“爱心书库”。五、多次组织全体干部开展爱国卫生运动，为美化亮化古城，树立古城良好旅游城市形象做出了应有的努力。

（马建明　木立文）

丽江市古城区人民政府

【综　述】 2008年是深入实施“十一五”规划，加快构建和谐文明小康古城的关键一年。一年来，在市委、市政府的坚强领导下，区人民政府团结带领全区各族干部群众，以邓小平理论和“三个代表”重要思想为指导，深入学习贯彻党的十七大、十七届三中全会精神，认真学习和实践科学发展观，以加快古城发展为己任，解放思想、求实创新，抢抓机遇、狠抓落实，推进了全区经济社会又好又快发展，在构建和谐文明小康古城的道路上迈出了新的坚实步伐。

【成立丽江市古城区规划局】 为进一步加强古城区

城乡规划管理工作，1月12日，区人民政府研究决定成立丽江市古城区规划局，其职能设置和内设机构及人员编制方案由区机构编制委员会下文批复。

【园林城市创建工作】 1月29日，二届区人民政府第一次常务会议研究，决定按照市、区的统一安排部署，进一步加大绿化建设力度，认真实施好以下绿化工程：一是在大丽路金山段种植玫瑰300亩、苗木5万株；二是民航路中央绿化带和行道树建设；三是东郊绿化景观带建设；四是拆除人民会堂及中医院二门诊等5家单位并恢复绿地；五是继续实施“1人种活1棵树”和“绿色村庄”、“绿色社区”创建活动，年内力争完成12万株树苗种植任务，其中7万株在街道集中连片种植；六是加大城区零星空地绿化力度，尽快实施市烟草公司办公大楼前空地绿化，确保年内实现省级园林城市创建目标。

【在全区境内金沙江流域实施长江禁渔期制度】 为进一步保护金沙江渔业资源，遏制金沙江渔业资源衰退的趋势，确保金沙江渔业经济的可持续发展，根据《中华人民共和国渔业法》有关规定和我国渔业经济发展要求，1月30日，区人民政府研究决定在古城区境内金沙江流域实施长江禁渔期制度。

【制定出台《古城区行政机关推行服务承诺制 首问责任制 限时办结制实施方案》】 2月25日，区政府制定出台《古城区行政机关推行服务承诺制 首问责任制 限时办结制实施方案》。

【制定出台《古城区政府部门及乡街道行政负责人问责制实施方案》】 2月25日，区政府制定出台《古城区政府部门及乡街道行政负责人问责制实施方案》。

【开展农村民居抗震性能普查工作】 根据《国务院关于加强防震减灾工作的通知》和《国务院办公厅转发地震局建设部关于实施农村民居地震安全工程意见的通知》精神，为进一步掌握农村民居的基本情况和抗震性能，2月25日至3月20日，对全区农村民居抗震性能进行全面普查。

（李金星／摄）

【古城区学校及周边治安秩序集中专项整治工作】 为切实防范和打击学校及周边各类违法犯罪活动，全力维护学校及周边治安秩序的稳定，根据《丽江市人民政府办公室关于开展学校及周边治安秩序集中专项整治工作的通知》要求，区人民政府将把整治行动工作列入综治目标考评范围，成立工作领导小组，明确工作职责，从3月1日至5月31日在全区范围内深入开展学校及周边治安秩序集中专项整治工作。

【委托丽江市齐乐医疗废物处置中心有限公司组织实施丽江市医疗废弃物处置中心项目】 根据工作需要，3月14日，区人民政府研究决定委托丽江市齐乐医疗废物处置中心有限公司为丽江市医疗废弃物处置中心项目的国有资产代表人，并负责项目的组织实施工作。

【核定古城区青少年学生校外活动中心机构设置、职能配置、人员编制及运行经费】 古城区青少年校外活动中心是个集青少年学生思想道德建设、科普活动、文艺体育活动为一体的场所，是教育局直属的全额拨款教育事业单位。为明确职能，规范管理，3月22日，区人民政府核定了古城区青少年校外活动中心机构设置、职能配置、人员编制及运行经费。

【同意世界遗产公园不再作为公园使用并停止公园经营活动】 为盘活世界遗产公园国有资产，发挥效益，根据区委第18次常委会议研究决定和丽江城市规划以及旅游业发展需要，并鉴于黑龙潭公园免费开放，城市休闲公园相继建成，区人民政府研究同意世界遗产公园从 2008 年 5 月 1 日起不再作为公园使用，并停止公园经营活动。

【设立区环境监测站】 为进一步提高全区环境保护基础能力，加快推进环境友好型社会建设步伐，5 月 12 日，区人民政府研究决定设立丽江市古城区环境监测站。

【制定出台《丽江市古城区人民政府工作规则》】《丽江市古城区人民政府工作规则》经 5 月 22 日二届区人民政府第 4 次常务会议通过，自发布之日起实施。

【2008 年城镇退役士兵安置工作】 一、古城区 2008 年城镇退役士兵安置实行部分岗位安置和自谋职业安置相结合的安置办法，即“部分岗位安置，其余人员采用发放补偿金自谋职业安置”。古城区 2008 年接收的城镇退役士兵共有 22 人，其中岗位安置 16 人，自谋职业安置 6 人。二、岗位安置按照《云南省城镇退役士兵考试考核安置办法》实施，经双考后成绩列前 16 名的，通过择优选岗进行岗位安置。三、自谋职业补偿金发放标准按照《云南省城镇退役士兵自谋职业促进办法》第六条规定执行。古城区按照上年度在职职工人均工资 1.8 万元的标准发放自谋职业补偿金。四、岗位安置接收单位接到区政府安置部门发放的退役士兵安置通知书后，做好接收工作，并于 2008 年 7 月 15 日前安排上岗。

【开展第二次全国经济普查】 根据国务院及省、市有关文件要求，古城区充分认识这次经济普查的重要性和必要性，增强责任感和使命感，按照国务院、省政府和市政府的要求，按时、按质、按量完成好这次经济普查工作。普查的标准时点是 2008 年 12 月 31 日，时期资料为 2008 年度。

【开展乡（街道）统计体制改革】 为进一步完善统计方法制度和调查体系，提高源头数据质量，避免数出多门，充分发挥统计在国民经济运行中的作用，根据《云南省人民政府关于开展云南省乡镇统计体制改革的通知》和《丽江市人民政府关于开展乡镇统计体制改革工作的通知》精神，结合古城区实际，从 8 月 14 日开始开展了乡（街道）统计体制改革工作。

【制定出台《丽江市古城区区级预算单位银行账户管理办法》】 8 月 19 日，区政府制定出台《丽江市古城区区级预算单位银行账户管理办法》。

【古城区人民政府残疾人工作协调委员会更名和调整成员】 8 月 22 日，区人民政府研究决定将古城区人民政府残疾人工作协调委员会更名为古城区人民政府残疾人工作委员会，并将成员进行调整。

【设立乡农村公路养护管理所】 为保证古城区农村公路管理养护体制改革试点工作顺利推进，切实做好农村公路特别是乡道和村道的管理养护工作，提高农村公路养护管理和服务水平，按照《云南省公路局印发关于全面推进我省农村公路管理养护体制改革工作的指导意见的通知》要求，8 月 22 日，区人民政府研究决定设立乡农村公路养护管理所。

【清理整治户外广告工作】 为加强户外广告（招牌）管理，规范设置行为，提升城市管理水平，按照《中华人民共和国广告法》、《云南省城市建设管理条例》等法律法规和《丽江市城市户外广告招牌设置规划》要求，结合全区实际，从 3 月 15 日至 9 月 15 日，在全区范围内开展清理整治户外广告工作。

【乡级林权制度改革工作】 9 月 26 日，二届区人民政府第 6 次常务会议研究决定根据区第二批林权制度改革实施意见，5 个乡林权制度改革方案由区林改工作领导小组审核后实施，要求在 10 月底前完成主体改革任务。

【制定出台《丽江市古城区创建国家级园林城市实施方案》】 为进一步优化城市人居环境，改善城市生态功能，促进经济社会和城市生态环境的持续协调发展，根据《国家园林城市标准》和市委、市人民政府的安排部署，10 月 25 日，区政府制定出台《丽江市古城区创建国家级园林城市实施方案》。

【深入推广丘北经验切实加强农村道路交通安全工作】 为切实加强全区农村道路交通安全工作，从源头上消除重特大道路交通事故多发的隐患，从根本上解决好农村群众出行难、出行不安全的问题，根据省、市深入推广丘北经验切实加强农村道路交通安全工作的相关文件精神，从10月30日起，在全区范围内开展深入推广丘北经验切实加强农村道路交通安全工作。

【制定出台《丽江市古城区基本普及十三年教育工作实施方案》】 12月24日，区政府制定出台《丽江市古城区基本普及十三年教育工作实施方案》。

【丽江古城经营性娱乐服务场所整治工作】 为进一步规范古城内经营性娱乐服务场所管理，不断提高服务质量，维护良好旅游形象，从11月10日至12月31日，在全区范围内开展古城经营性娱乐服务场所整治工作。

【城中村和城郊结合部环境卫生工作】 2008年，古城区全面贯彻落实科学发展观，按照“统筹城乡、完善基础、理顺机构、明确责任、建立机制、全民参与”的工作思路，全面推行城市主要街道专业队伍清扫保洁、城郊结合部市场化运作和城中村实施居民定点倾倒、社区定员收集、环卫定时清运的城乡环卫保洁制度，加强环卫硬件设施建设，完善目标管理考核机制，促进环境卫生管理由治脏、治乱、治差向做美、做亮、做优转变，努力使城中村和城郊结合部环境卫生质量水平与城市主干道相一致同水平。

【深入贯彻落实责任政府“四项制度”】 2008年，古城区高度重视责任政府“四项制度”的贯彻实施工作，各级各部门根据各自职能职责对外公开服务承诺。各级干部职工率先垂范、身先士卒、认真履职，实现责任意识明显增强、工作效率明显提高、人民群众满意率明显提升、政府的公信力和执行力明显提高的预期目标。

【奥运火炬传递工作】 古城区高度认识奥运火炬传递的重要意义，把这项工作作为当前全区最紧迫的工作、最艰巨的任务，按照职责分工认真完成好各项工作，向全世界展现丽江的良好风貌。

【“平安城市”视频管理系统建设】 系统建成后试运行半年来，治安综合视频管理系统前端设备及主控中心运行稳定正常，初验遗留问题基本解决，各项功能均通过测试。

【创建省级食品安全示范区工作】 为加强食品安全监管，规范食品生产经营秩序，消除食品安全隐患，保障人民群众饮食安全，根据相关文件精神，古城区制定实施方案，明确职责，狠抓食品安全监管，大力加强食品安全专（兼）职监管队伍建设，建立覆盖城乡监管网络，着力提升食品安全整体水平，有效控制食品安全事故发生。目前，古城区被列为省级食品安全示范区。

【区人民政府办公室工作】 2008年，区政府办在区委、区政府的坚强领导下，坚持以邓小平理论、“三个代表”重要思想和党的十七大精神为指导，深入贯彻落实科学发展观，紧紧围绕构建和谐、文明、小康古城总体目标，以促进经济社会全面发展为出发点，以创建“学习型、服务型、创新型、廉洁型、高效型”办公室为目标，主动服从服务于区委、区政府中心工作，团结务实，开拓进取，扎实工作，圆满地完成了各项工作任务。

一、结合四项制度的实施，扎实开展业务工作

一年来，区政府办全体干部职工按照四项制度的要求，牢固树立“五个理念”，坚决做到“八个不让”，切实落实“六项机制”，充分发挥主观能动性，努力做到工作超前，全面完成了各项工作任务。

（一）认真做好办文办会工作。一是加快办文速度，对所要办理的文件，一般做到当日文件当日清，电信公文及其它紧急公文随到随办。二是提高办文质量，无论收文处理还是发文处理，都按《国家行政机关公文处理办法》严格规范，坚决克服公文处理的随意性，并把办文质量的好坏作为对有关科室、有关人员考核的重要依据。三是严格按制度办文，可发可不发的文件坚决不发，该由部门发的文件由部门自行发文，不包揽，不升格。四是认真做好办会工作，会前认真做好材料准备、会议审定、会议通知，会后及时做好会议精神的催办督办、信息反馈等各项工作。一年来，共制定下发区政府和区政府办文件430份，处理下级机关的请示报告480份，处理上级来文240份、传真电报140

份，全部做到了及时、准确，无一差错。同时，承担了220次大小会议的服务工作。

（二）全力做好服务工作。常年坚持24小时有人值班，并做到节假日、重大事件发生时加强值班，坚守岗位，及时处理、解决群众来访和突发事件，把各种隐患消灭在萌芽状态，保证政府工作的正常运转。进一步加强车辆管理，保证领导工作的及时安全用车以及各种庆典、会议的接待服务用车。认真组织开展机关大院的绿化美化、环境卫生等工作，带头开展好全区城市绿地管护责任制工作以及义务植树、清淤等义务劳动，被丽江市创建园林城市工作领导小组评为“创建园林城市工作先进单位”。积极组队参加第五届职工运动会等各种体育活动，被评为“2003年4月—2008年3月群众体育工作先进单位”。不断加强和改进食堂管理，努力为广大干部职工创造良好的生活和工作环境。

（三）强化督查督办和信息服务。始终把督查督办和信息服务工作作为办公室的一项重要工作常抓不懈。督查督办的内容主要有各级文件、会议精神以及领导指示、重大紧急事件等的落实办理情况，对督查的每项内容都确定专人具体负责，争取做到事事有着落，件件有回音，力求工作落实到位。每月至少2次到有关乡、街道和区直各办、局开展综合督查和专项督查，并把督查督办情况及时反馈给相关领导和部门。年内向省政府办公厅报送信息250条，被采用了27条；向市政府办报送信息210条，被采用了36条。每月印发《政务信息》1期、《督查工作反馈》2期，进一步扭转了“决定多、落实少”状况，确保了政令畅通。

（四）认真开展政府信息公开和法制工作。一是扎实推进政府信息公开工作，区政府办作为全区政府信息公开工作的牵头部门，认真组织开展全区《政府信息公开条例》学习考试，举办了2期信息公开工作业务培训。共指导建立政府部门信息公开网站73个，公开信息库有效信息量累计达2 000多条。通过公开栏、政府信息公开门户网站等多种渠道，主动向社会公开领导分工、办公程序、工作职责、办事指南以及与公众密切相关的重大事项等方面信息，有力地推动了全区政府信息公开工作，进一步增强了政府工作透明度，保障了群众的知情权、参与权、表达权和监督权，为推进依法治区、推行政务公开作出积极贡献。二是进一步加强对行政执法人员资格审查、培训、考试等工作，年内组织开展了2次行政执法检查。

（五）高度重视人大代表建议、政协委员提案及来信的办理工作。认真做好146件建议、89件提案和16件来信的交办、催办、督办和办复工作，并实现了解决率和满意率的双提高。被评为市、区政协提案办复工作先进单位和区人大代表建议意见办理工作先进单位。

二、积极开展扶贫济困与新农村建设工作

区政府办以促进经济社会发展为出发点，充分发挥积极性和创造性，深入调查研究，把扶贫济困与新农村建设工作有机结合在一起，切实有效地为基层办实事。一是组织办公室干部职工到金安乡义新五坝里扶贫挂钩点和束河街道龙泉社区庆云居民小组，深入基层调查研究，积极开展帮扶工作；二是根据联系点和挂钩点实际，积极筹措资金扶持种植业和养殖业，结合义新五坝里扶贫整村推进项目组织相关部门和人员，开展核桃产业发展项目和科技培训工作，在技术、政策、信息等方面提供服务，切实解决群众实际问题；三是搞好各项扶贫帮困活动。办公室从有限的办公经费中拿出41 000元开展扶贫济困，全体干部职工共捐助扶贫资金3 890元、“慈善一日捐”2 190元、“献爱心圆大学梦”3 040元、“送温暖献爱心”10 520元、“党员挂钩”53 400元，通过捐款捐物在金江中学建立了一个“爱心书库”。四川汶川地震发生后，全体干部职工共捐款8 650元，党支部在职党员缴纳“特殊党费”22 941元。

三、扎实做好信访工作

一年来，区政府办始终坚持“群众利益无小事”和“热情、依法、负责、奉献”的要求，以“维护群众合法利益、构建社会主义和谐社会、加快经济社会发展”为目标，进一步强化信访工作责任制，积极探索信访工作长效机制，及时反馈信访信息，扎实有效预防和妥善处置信访突出问题及群体性事件，深入开展矛盾纠纷排查化解和重信重访专项治理工作，解决了一大批信访突出问题，进一步强化区长接待日制度，认真处理区长信箱来信以及上级督办、交办案件和复信回访案件，努力做好信访形势预测分析工作并及时报告。年内共收到来信362件，接待来访145批270人（次），通过认真细致的工作，来信来访全部及时、妥善地得到了处理，保证了全区经济社会的稳定，推动了信访工作健康发展。

四、认真开展好统战、工会、共青团、妇女以及老干部工作

一年来，区政府办全面贯彻宗教信仰自由政策，充分发挥职能作用，确保了民族团结、社会稳定、经济发展。切实加强对共青团、妇女、工会工作的组织领导，并定期进行专题研究。充分利用社团、群团组织，团结一切可以团结的力量，调动他们的工作积极性，积极参与全区的经济建设。认真搞好支部的国防教育，积极完成上级武装部门安排的各项工作任务，被评为“2007 年度征兵工作先进单位”。关心体贴离退休老干部，在春节、敬老节期间，班子成员尽量抽出时间走访慰问离、退休党员，把党的温暖、组织的关心及时送到老党员的心中。

五、加强思想政治工作，不断提高队伍整体素质

坚持把思想政治工作放在各项工作的首位，加强树立“学习型、服务型、创新型”机关形象，有效推动各项工作开展。一是认真贯彻执行落实党的各项方针政策，组织学习党的十七大、十七届三中全会、省委八届四中全会、市委二届四次全会和区委二届四次全会精神。二是坚持以党的最新理论成果武装头脑、指导工作，确保各项工作坚持正确的政治方向。三是深入开展解放思想大讨论活动和“讲党性、重品行、抓落实、促发展”为主题的作风教育活动，教育广大干部职工坚持党性原则，加强品行修养，切实转变作风，促进科学发展。四是加强思想作风建设，进一步坚定理想信念，加强学风建设，不断提高党员干部整体素质，加强工作作风建设，努力提高服务水平和能力，加强领导作风建设，切实增强领导干部的民主意识，加强生活作风建设，树立党员干部的良好形象。五是鼓励干部职工积极学习市场经济知识、法律知识和各种科学文化知识，认真钻研政策、业务，不断提高个人综合素质和工作能力水平。六是组织干部职工深入学习和实践科学发展观，深入剖析孟连事件案例等。通过开展多种形式的学习教育活动，使干部职工认识到，作为一名政府机关工作人员，要牢固树立执政为民的思想，坚决守住思想道德防线，一切以国家、人民群众利益为重，切实增强加快发展的紧迫感和责任感。被市委、市政府评为“2008—2010 年文明单位”。

六、全面加强党的建设，充分发挥战斗堡垒作用

区政府办始终把党的建设作为充分发挥办公室“三服务”职能，有力推动各项工作的关键工程来抓，进一步加强和改进党的基层组织建设，努力形成责任明确、领导有力、运转有序、保障到位的工作机制，把党建工作与党风廉政建设，与办公室的各项工作相结合，积极开展“讲党性、重品行、抓落实、促发展”作风建设教育和解放思想大讨论等活动，不断增强党组织的创造力、凝聚力和战斗力，充分发挥战斗堡垒作用。2008 年，经党支部推荐，群众评议，支委研究，把工作积极、各方面表现好的 1 名同志确定为入党积极分子、3 名同志转为正式党员。被评为“三级联创”实施“云岭先锋”工程先进党组织

七、加强社会治安综合治理，确保维护社会稳定

2008 年，按照社会治安综合治理“谁主管、谁负责”的原则，结合办公室实际，调整充实了工作领导小组，认真落实了责任制。把综治维稳工作纳入办公室领导班子工作议事日程，定期召开会议，专题研究相关事项，做到了年初有部署，年中有检查，年底有总结。组织专门力量，定期不定期对单位重点部门认真开展以“四防”为主的安全检查。认真搞好信息反馈工作，并进行自检自查，在具体工作中不断总结好经验、好做法，初步形成了横向到边、纵向到底、上下联动的工作网络。特别是奥运圣火传递、雪山音乐节等重大节庆活动期间都派专人进行督查，切实做好各项安全防范措施，防止出现任何缺漏。被评为“2007 年度丽江古城保护管理工作先进集体”。严格按照依法治区的方略，继续积极开展“五五”普法工作。加强“黄、赌、毒”警示教育和反腐、反邪教等专题教育，进一步建全和完善值班制度以及办公区巡防等制度，切实落实人防、物防的各项安全措施。对财务室、档案室及其他重点科室实施物防和技防，严防可预防性案件和治安灾害事故的发生。一年来，区政府办未发生集体上访事件，无因职工矛盾或因职责范围内工作不深、不细等问题而引发的刑事、治安案件，无涉及“黄、赌、毒”等的违纪违法情况。积极参与市、区的“创安”活动，深入开展“创安全文明科室”、“创安全文明家庭”等系列活动，形成了“人人参与、齐抓共管”工作氛围，整体防范能力进一步增强。

八、加强党风廉政建设，全心全意为人民服务

区政府办始终把党风廉政建设作为一项重要工作来抓，成立了以办公室主任为组长，政府党总支书记为副组长的党风廉政建设领导小组，加强对党风廉政建设工作的领导，并明确责任，把党风廉政建设纳入日常工作中，与业务工作同部署、同检查、同考核。同时，紧紧抓住廉政建设这一重要环节，把坚持反对和防止腐败作为一项重大政治任务来抓，强调班子成员的模范带头作用，保证了党风廉政建设责任制的落实。被区委、区政府评为“2007年度党风廉政建设先进单位”。

【驻昆办工作】 2008年，古城区驻昆办不断提高服务质量，强化“桥梁”功能，发挥联系广泛、接触面广的优势及窗口作用，广交朋友，牵线搭桥，广泛宣传丽江，积极开展各种接待服务工作，为古城区到省直部门办理项目立项、争取资金等做了大量穿针引线工作，为全区群众提供在昆办事的协调服务，并为区委、政府的决策及时提供信息，做到上情下达、下情上报。一年来，共接待客人4 500余人（次），代订飞机票、汽车票1 600余张。

（和丕煜　戴文杰　王学坤　木培升）

政协丽江市古城区委员会

【综　述】 2008年区政协在区委的坚强领导和市政协的精心指导下，高举邓小平理论伟大旗帜，坚持以“三个代表”重要思想为指导，坚持以科学发展观统领政协工作，认真贯彻落实党的十七大精神、紧紧围绕全区工作大局，积极履行政治协商、民主监督、参政议政，立足谋大事、献良策、求实效，在服务全局上准确定位，在推动发展上主动作为，在工作方法上勇于创新，为促进全区经济建设、政治建设、文化建设和社会建设做出了新的贡献。

【古城区政协二届委员会第一次会议】 区政协二届委员会第一次会议于1月9—13日召开。会议听取并审议了《古城区政协一届委员会常务委员会工作报告》、《古城区政协一届委员会提案工作情况报告》；协商讨论了《古城区政府工作报告》和“两会”的其他报告；选举产生了古城区政协二届委员会主席、副主席、秘书长和常务委员；审议通过二届一次会议《提案审查情况报告》；审议通过区政协二届一次会议《会议决议》。

【区政协二届委员会常委会第一次会议】 区政协二届委员会常委会第一次会议于1月12日上午召开。会议协商人大、一府两院人事推荐名单（草案）。

【区政协二届委员会常委会第二次会议】 区政协二届委员会常委会第二次会议于1月12日下午召开。会议内容：一是收集各小组对区政协二届一次《常务委员会工作报告》和《提案工作情况报告》的讨论情况；二是收集各小组对政府工作报告和两院工作报告讨论情况。三是收集分组协商讨论人大、一府两院人事推荐名单情况。

【区政协二届委员会常委会第三次会议】 区政协二届委员会常委会第三次会议于1月12日下午召开。会议内容：一是审议通过区政协二届一次会议《提案审查情况报告》（草案）；二是审议通过区政协二届一次会议《会议决议》（草案）。

【区政协二届委员会常委会第四次会议】 区政协二届委员会常委会第四次会议于2月22日上午召开。会议内容：一是举手表决通过和丽明等9位同志任职情况；二是审议通过各专委会专委委员名单；三是审议通过全体委员工作规则、常委会工作规则、专委会通则；四是对重点提案进行了说明。五是和志华主席作了重要讲话。

【区政协二届委员会常委会第五次会议】 区政协二届委员会常委会第五次会议于12月12日召开。会议内容：一是审议通过《丽江市古城区政协对区园林局开展民主评议工作报告》；二是审议通过《关

于大中型水利水电工程建设古城区移民搬迁安置情况视察报告》；三是关于李文、杨其顺、彭展翎等同志辞去政协委员职务的情况说明；四是有关人事问题。

【开展考察调研课题】 按照区政协二届一次会议的部署，结合全区经济建设的现状，年内区政协先后对企业劳动用工执法情况、古城区移民搬迁安置情况、原丽江县图书馆馆藏图书中古籍部分现状、古城区血吸虫防治工作等进行了视察和调研，并形成了4篇调研报告，从不同的层面向区委、区政府提出了建议意见，成为决策参考。另外，配合丽江市政协完成了对丽江市区户外广告管理工作情况调研、对丽江市市区城中村及城郊结合部环境卫生治理情况、对《中华人民共和国民族事务委员会民族乡行政工作条例》贯彻落实情况等调研工作。对党建联系点、新农村建设联系点、扶贫挂钩点、全区烤烟生产情况、古城区移民搬移安置进展情况进行了视察、调研，形成了视察报告1篇和信息简报18篇，提出了数十条意见和建议。所提意见和建议受到了区委区政府的重视和有关职能部门的采纳。

【提案工作】 区政协二届一次会议期间和会后共收到108件提案，经提案审查委员会审查，共立案92件，作为来信来访处理16件，占14.8%。立案的92件提案内容涉及党群政法方面的有3件，占立案总数3.3%；计划工交方面的有12件，占立案总数13%；科教文卫体方面的有20件，占立案总数21.7%；农林水牧方面的有17件，占立案总数18.6%；人事和劳动社保方面的有2件，占立案总数2.2%；市政建设、旅游环保方面的2件，占立案总数2.2%；统战民宗方面的4件，占立案总数4.3%；市政建设、社会保障方面的22件，占立案总数23.9%；财贸金融方面的有5件，占立案总数5.4%。其中关于请求建立垃圾周转站的建议和关于建议丽江市政路灯采取节能措施两件提案作为重点提案。年内为了切实提高提案办理质量和速度，于4月1日召开提案交办会，按照分级负责、归口办理的原则交办了提案，落实了承办单位和责任人。7月15日又召开了提案催办会，催办督办未复提案。12月11日召开了提案办理情况征求意见会。经努力，年内92件提案和16件委员来信来访已经全部办理完毕，办复率100%。92件提案中，所提意见建议已经解决或基本解决的22件，占24%；正在解决或已列入计划的提案有52件，占57%；因职能、政策和条件限制，暂时难以解决或不能解决的18件，占19%。

【开展民主评议监督情况】 年内区政协创新开展民主评议。8月至10月，区政协对园林局的工作进行了民主评议。为搞好这次民主评议，成立了以和志华主席为组长，区政协领导班子其他成员为成员的“政协古城区委员会民主评议工作领导小组”，并组建了评议工作组，制定了《政协古城区委员会关于对区园林局开展民主评议的实施方案》。采取听汇报、开座谈会、基层走访、明查暗访、查阅资料、问卷调查等方式进行了广泛深入的调查。评议工作分为准备、评议动员、问卷调查、民主评议、述职评议五个阶段进行。于9月9日召开了民主评议动员大会，9月26日召开了评议组全体成员与区园林局中层以上领导面对面的评议座谈会，10月15日组织区委、政府、人大、政协领导和市政、规划、建设、园林等的相关部门负责人对全区园林绿化情况进行了视察。10月29日，召开了区政协对区园林局民主评议述职评议大会。并在问卷调查阶段中，工作组于9月9日至9月25日深入丽大路、祥和路、福慧路等城区主干道，祥和街道办事处祥云社区“绿色村庄”康仲村、现云居民小组、西安街道清溪村进行视察调研。并分别在祥和街道办事处、大研办街道事处、西安街道办事处、三朵园林公司走访调查并召开了街道干部、社区居委会代表、居民群众代表和辖区公共单位代表参加的征求意见座谈会，认真征求意见（据统计，走访调查86人（次），发收问卷调查155份）。通过扎实开展，评议活动取得圆满成功，收到了实效，较好地起到了总结成绩、宣传亮点、找准问题、帮助整改、推动园林绿化工作上新水平的作用，基本实现了群众满意、党委政府满意、政协委员满意、被评议部门满意的预期目标，也客观地指出了全区城市园林工作中一些需要进一步加强和改进的问题，并对全区城市园林绿化工作中存在的问题提出了系统的建议和对策。

【组织委员开展委员小组活动】 年内，根据区委、政府的工作重点，区政协和各委员活动小组从古城的发展和各自实际出发，按照“五个一活动”（搞一次调查、提一条建议、反映一条社情民意、提一件提案、办一件实事）进行了统一部署，重点确定了视察调研活动的范围和内容，按照小型节俭、围绕热点、注重实效的原则进行了早安排，早开展。8个城区委员小组，选择围绕古城经济、政治、文化、社会发展的方向，针对对口工作的重点及难点问题，先后组织了视察调研活动，形成了一批有质量的视察调研总结。5个乡镇、4个街道的政协委员小组，针对全区新农村建设这一问题，分别对农村公路建设、环境保护、市政街道建设、农网改造、人畜饮水工程、农业产业结构调整、社区建设、基础教育等方面的工作进行了视察调研。在视察调研中，委员们通过实地考察、问题研讨、各类座谈，一是更加了解了全区经济社会发展方方面面的情况，为更好的参政议政提供了好的基础；二是探讨了发展中经验和存在的问题，并通过各种视察报告、工作简报、社情民意等形式和途径，将情况反映到有关部门，使经验得到了推广，成绩得到了肯定，建议引起了重视，问题得到了解决。

【扶贫挂钩、新农村建设、党建联系工作】 年内，按照区委的统一安排，区政协各位主席认真抓好联系帮扶工作，分别牵头联系了新农村示范村、重点项目建设、基层组织阵地建设、对口帮扶贫困村、社区建设等方面的工作。各位主席始终保持同区委、政府的工作合拍，自觉地经常深入联系乡、村、社区调查了情况，认真搞好调研、视察、督察，组织有关部门协调，反复研究措施方案，为推动全区各个时期的阶段性工作和中心工作开展做出了应有的贡献。年内为扶贫点金山乡永红村民小组，协调资金10万元和50吨水泥，帮助该村修建5 300米三面光水渠和9个蓄水池，彻底解决了永红村民小组农田灌溉难和人畜饮水难问题；为党建挂钩联系点金安乡三古村委会协调资金40万元，帮助该村修建了一幢教学楼；为黄山社区茨满一居民小组新农村建设试点，协调资金10万元，为他们修建了两公里长的田间村道和一个集休闲、娱乐为一体的居民活动所场；引进上海市台湾同胞投资企业协会资金30万元修建了大东完小，为改善贫困乡村办学条件，促进教育公平，发展基础教育事业出谋出力；为金安光乐五组扶贫点协调资金100多万元，修缮村道和建设烟水配套工程；组织政协干部职工为贫困山区群众、城区贫困家庭和地震灾区献爱心捐款，年内共捐1万5千多元，党员自愿交纳特殊党费2万3千多元。

【抢救、保护和弘扬民族文化】 认真细致做好民族史料的挖掘和弘扬工作。年内由区政协文史委编辑出版的《光绪丽江府志》和《民国丽江史志资料汇编》参加省市两级社科成果评奖活动，并获得了奖项。打印完成清代李洋、杨泗藻、杨超群、杨菊生、桑炳斗等几位诗人的手抄孤本诗集，为丰富丽江古城文化内涵，提升丽江古城文化品位，发挥了重要的作用。收集并向市政协提供《纳西百年实录》史料。支持参与玉泉诗社活动，编辑出刊《玉泉》诗刊。

【协调指导烤烟生产工作】 年内区政协在指导烤烟生产中工作，紧紧围绕“重心下移、着眼基层、突出服务、加强基础”的生产方针，突出“坚持双控、依靠科技、提高质量、规范管理、提高效益”的工作重点，切实加强烟叶生产指导工作。为了加强对全区各个种烟乡的联系，区政协领导先后10多次深入各乡的烤烟基地田边地角，对烤烟育苗、大田移栽、田间管理、收购工作等进行了跟踪视察和调研。还组织种烟乡的书记、乡长和烟办、烟草公司有关人员到省内烤烟区县学习考察。并为加大烟水配套工程建设，改善烟叶生产的水利条件，增加烤烟生产科技含量协调资金、出谋划策。经多方努力，年内全区种植烤烟5 749亩，完成收购烟叶15 190.7担，总产值为10 526 996.08元。保质保量完成了指定的任务，增加了农民收入，达到了烤烟生产稳步发展目标，为发展农业、促进农民增收、繁荣农村经济作了积极的贡献。

【服从和服务中心工作】 围绕全区经济社会发展的中心工作，完成了多项区委交办、政府委托的工作。按照区委要求，在全区林权制度改革工作中，派遣4名处级领导和1名科级干部参加林权制度改革，其中4名担任工作组组长；在“大丽铁路”建设中，派遣一名科级干部参加土地征用、移民搬移工作；在2008年度目标管理考核工作中，区政协积极支持考核工作，派遣4名处级领导分别担任考核组长。

（田建芝）

丽江市古城区纪律检查委员会、监察局

【综　述】 2008年，全区党风廉政建设和反腐败工作在区委的坚强领导下，在市纪委、市监察局的正确指导下，坚持标本兼治、综合治理、惩防并举、注重预防的方针，扎实推进惩防体系建设，狠抓责任制和各项任务的落实，各项工作取得了新的成效，区委连续六年被市委市政府评为党风廉政建设先进单位，区纪委监察局被市纪委监察局评为党风廉政建设先进集体，为维护全区改革发展稳定大局做出了积极贡献。

【加强组织领导　健全责任制工作机制】 一是及时安排部署。于2008年3月6日组织召开了区四套班子领导和副科以上党员干部300多人参加的全区党风廉政建设大会。在认真总结2007年工作的基础上，全面安排部署了2008年党风廉政建设和反腐败工作任务。二是进一步完善责任书。把贯彻落实十七大精神和《建立健全教育、制度、监督并重的惩治和预防腐败体系实施纲要》、《中共中央纪委关于严格禁止利用职务上的便利谋取不正当利益的若干规定》的要求列入党风廉政建设责任书，进行细化量化。并将廉政与勤政分开考核，大幅度提高了廉政考核所占的分值（廉政和勤政各占100分），使任务更加明确、内容更加具体、形式更加规范。三是分类签订责任书。根据各乡人民政府、街道办事处和区直各部门的职能、任务和要求，把2008年党风廉政建设责任书分为乡（街道）类，党群类，政府及其它部门类，经济、园林、市政类，法院、检察院类等5个类别，与81个单位签订了责任书。各级各部门也结合实际，层层签订了责任书，形成了横向到边、纵向到底，一级抓一级、层层抓落实的责任网络。四是强化责任落实。制定了古城区2008年《党风廉政建设实施方案》、《党风廉政建设和反腐败主要任务分解》、《关于进一步抓好党风廉政建设责任制工作的通知》，狠抓责任落实，切实解决了责任不明确、考核难操作、追究不到位等问题。五是完善党风廉政建设责任制巡视督查制度。通过成立年终综合考核组，将党风廉政建设责任制考核、党建目标、社会治安综合治理、思想政治工作等五大项考核内容统一归纳起来，进行集中考核，既实现了考核的目的，又节约了考核成本减轻了基层的负担，得到了基层部门的普遍认可。六是完善保障机制和奖惩机制。为保证全区党风廉政建设和反腐败工作的顺利开展，区财政每年安排的党风廉政建设考核奖金从2006年起由原来的30万元增加到40万元，对党风廉政建设责任制工作落实较好的20个单位和部门予以表彰奖励，同时对存在问题的单位进行了责任追究。

【加强廉政教育　筑牢思想道德防线】 一是严格保障学习教育机制。通过深入学习十七大、十七届三中全会精神和开展以“解放思想、深化改革、扩大开放、科学发展”为主题的解放思想大讨论活动和以“讲党性、重品行、抓落实、促发展”为主题的作风建设教育活动，建立健全学习科学理论的长效机制，使机关全体党员领导和干部职工的党纪意识、政治意识和责任意识得到了进一步增强，思想政治素质和业务素质有了明显提高。二是开展廉政短信宣传教育活动。从2008年年初开始，区纪委监察局联合移动和联通公司以手机短信传播媒介为平台，坚持每月向全市45万手机用户发送以“反腐倡廉、廉洁奉公、艰苦奋斗、敬业奉献”为主题的廉政短信。三是开展警示教育。组织两委换届后新任职的村（居）委会干部80多人到丽江监狱开展“看监狱、想守纪”活动，通过服刑人员的现身说法和高墙内的亲身感受来敲警钟、防腐败。四是订阅反腐倡廉刊物。组织全区各部门订阅2008年《中国纪检监察报》78份、《党风廉政建设》48份、《中国监察》27份等反腐倡廉刊物。五是组织开展党风廉政教育月活动。在广泛征求意见，拟定教育月活动方案的基础上，全面组织开展一次党风廉政知识竞赛；领导干部上一次党课；组织一次演讲比赛；组织一次“看贫困、想满足”教育活动；建设一批机关廉政文化展示栏；举办一次廉政专题讲座；播放一批反腐倡廉电视系列专题片的“七个一”活动，不断将党风廉政宣传教育月向深度和广度推广。六是深入开展廉政文化“六进”活动。积极探索廉政文化“进机关、进社区、进农村、进学校、进企业、进家庭”的六进活动。制作5幅廉政公益标语，开辟了一批反腐倡廉教育宣传栏，2008年，制作了廉政台历460份和20 000份廉政日历，创作了8首廉政歌曲、2个廉政小品，编排演出了数场廉政文艺晚会，组织以廉政文化进社区、进农村为主题的文化下乡活动。通过开展各种教育活动，全区上下形成了贯彻落实党风廉政建设责任制的浓厚氛围。

【认真开展作风建设、解放思想大讨论活动 不断提高干部职工政治素质】 在干部职工中认真开展以“讲党性、重品行、抓落实、促发展”为主题的作风建设教育活动和以“解放思想、深化改革、扩大开放、科学发展”为主题的解放思想大讨论活动。结合实际，拟定了两个活动的实施方案，采取有力措施，从“四个抓好”入手，实现了学教活动与工作两不误、两促进的目标。一是抓好学习打基础。开展教育活动以来，把抓好学习贯穿于整个教育活动的始终，把提高学习质量、丰富学习内容、优化学习方式作为一项重要的指标抓紧抓实。采取自学与集中学习相结合、分组讨论与交流发言相结合的方法，认真学习相关的理论文章和其它相关知识。二是抓好宣传造氛围。在此次教育活动中，在认真借鉴以往教育活动成功经验的基础上，把舆论宣传作为一项重要的工作来抓。《丽江日报·古城版》设立专栏，加大作风建设教育活动的宣传力度，为活动开展营造了良好的学习宣传氛围。三是抓好材料促落实。对教育活动的实施步骤进行了精心的安排部署，对各个阶段的任务提出了具体要求，进一步明确了作风建设教育活动的意义、目标和任务。在此基础上，严格按照区委作风建设教育活动领导小组办公室的要求，认真做好学习记录，撰写心得体会文章，搞好自查报告，力求每个环节做到严肃认真、务求实效。四是抓好督查促成效。结合解放思想大讨论活动与上半年党风廉政建设督查工作，由6个纪工委监察分局组成督查组，通过“听、查、问、看”等方式，对各部门进行了突击性督促检查。对巡视督查中发现的问题提出了明确的整改要求和时限。通过开展两个活动，促使全区党员干部的宗旨意识和纪律观念明显增强，促进广大党员干部以科学求真的态度、真抓实干的作风的对党和人民事业高度负责的精神投入工作，切实抓好各项工作任务的落实，推动全区经济社会又好又快发展。

【维护党的纪律 强化领导干部廉洁从政】 一是严肃廉洁自律有关规定。为认真贯彻落实中纪委有关文件精神，区纪委以文件印发的形式，进一步强调各单位在元旦、春节期间一律不准走访拜年，倡导艰苦奋斗、勤俭节约，严格执行党风廉政建设和廉洁自律的各项规定，禁止用公款大吃大喝、游山玩水，禁止用公款赠送礼品、现金、有价证券（卡）。二是认真贯彻落实《中共中央纪委关于严格禁止利用职务上的便利谋取不正当利益的若干规定》文件精神。把《规定》列入《2008年党风廉政建设责任书》和全区党员干部作风建设教育活动学习的重要内容，促使广大党员干部牢记《规定》事项，维护党的纪律。三是统一规范津补贴。在元旦和春节期间要求区直各部门务必遵守相关政策，禁止滥发奖金、补助等。从而使全区公务员的工资收入得到了统一规范，未发生不良行为。四是全面推行党务分开。根据《中国共产党党内监督条例（试行）》的有关规定，充分借鉴并运用政务公开的成功经验，全面推行党务公开，做到了党务公开与发展大局相结合、与群众反映的问题相结合、与实际情况相结合，促进了党内民主与发展的有机统一。五是做好廉洁自律认定工作。对拟提拔的干部、评选优秀先进、会议代表等304人（次）、65个单位作出了廉洁自律的认定。

【注重源头治理 加大行政执法监察力度】 坚持从权力制约、资金监控入手，抓住容易发生腐败问题的重点领域和关键环节，深入开展执法监察工作，努力实现了教育、制度、监督三者的有机统一。一是继续推行政务公开。根据古城区政务公开及事业单位办事公开实施意见，对全区各部门通过电话督促、明察暗访、巡视督查等方式进行检查，着力抓好乡、街道和区直机关政务公开工作，进一步加大了政务公开力度。二是整顿和规范建筑市场秩序。

严格实行建设工程“双合同”制度，2008年共签订重点工程项目《廉政合同》70份，诫勉谈话219人，涉及资金2.2328亿元，创造了公开、公平、公正的招投标环境，有力地维护了建筑市场秩序的稳定。三是严格规范建设工程招投标活动。加强和改进了对招投标的行政监督，创造了公开、公平、公正的招投标环境，有力的维护了建筑市场秩序。四是进一步完善政府采购制度。严格执行《政府采购法》的有关规定，根据云南省财政厅、监察厅、审计厅转发的《财政部、监察部、审计署、国家预防腐败局关于开展全国政府采购执行情况专项检查的通知》的精神，积极配合财政、审计等部门，重点对全区18个乡（街道）和区直部门执行政府采购情况进行了重点监督检查。4次对政府采购进行现场监督，政府采购预算资金607.9652万元，合同金额515.9276万元，节约财政资金92.0376万元，节约率达15.14%。政府采购招投标的实施，进一步规范了政府采购行为，提高了政府采购资金使用效益。五是加强行政效能监察。为深入贯彻“四大纪律八项要求”及“八条禁令”，切实履行职能，秉公办事，从4月底开始，由监察局、人事局、区政府督查科共同联合，对服务性部门和行业窗口的服务态度、工作作风、上下班纪律等方面进行了不定时的督促检查。同时对2008年全区的近20个重点工程和重点建设项目进行了全面的监督检查。六是全面推进政风行风建设。重点对教育、卫生、劳动社会保障、旅游、园林等5个行业16个部门开展行风评议。对教育、卫生主管部门落实去年评议工作整改措施进行跟踪督查。聘请32人评议代表(其中人大代表13人、政协代表8人、居民代表8人)，召开座谈会24个，参加人数286人，发放和收回调查问卷1 800份，走访群众221人，向被评议单位指出问题28个，提出整改意见27条，通过民主评议解决不正之风问题27个，占所反映问题总数的96.4%。积极参与“政风行风热线”，促进作风全面转变。区市政局和环卫局两个单位的6名主要领导走进“政风行风热线”直播间，就现场群众热线电话中提出的问题，逐一进行了解答。七是全面推行“四项制度”。从年初开始，便着手拟定并全面推行了古城区行政负责人问责办法、服务承诺制、首问责任制、限时办结制等四项制度。会同人事部门共同组织实施了全区各级行政机关公务员以及参照公务员管理的行政事业工作人员对“四项制度”的培训考核工作，做到了行政机关公务员人人熟悉、遵守和执行“四项制度”。对《中华人民共和国道路交通安全法》及其配套法规规章的执行情况进行执法检查。检查组先后深入到区交警大队、区交通、区农业局农机监理站等单位和部门，认真听取了相关单位的工作汇报，针对存在的问题，提出了整改要求和建议。

【对重大项目进展情况进行监督检查　维护政府的权威】　一是对市政府部署的重大项目进行督查。区监察局会同区政府办、区人事局等单位先后对农村通达工程、石屏至新团公路、古城区西山油路、清溪河环境整治等项目进展情况进行监督检查，确保了丽江市2008年重大项目的顺利实施。二是加大对区重大项目进展情况的监督检查。由监察局牵头组成联合督查组，对全区实施“四项制度”和区重大项目进展情况进行监督检查。先后对“世界遗产公园”出让工作、区供销社实施的七河供销社改制工作、金山乡实施的白塔路建设工程、市政局实施的大丽路太阳能路灯改造工程、区园林局实施的园林绿化工程、束河街道实施的农村环境整治工作、区农业局实施的“一池三改”等工作进展情况进行监督检查。有力的维护了区委、区政府的决策的贯彻执行，促进了全区重大项目建设的顺利进展。三是对省、市的重大部署进行监督检查。（一）对奥运圣火丽江传递活动古城区站工作部署活动进行监督检查，确保了奥运火炬在古城区的顺利传递；（二）对古城区向“5.12汶川地震”捐款活动进行监督检查。要求每天由区民政局向全区通报每天捐款金额和上缴情况，确保募捐资金安全和及时的上缴；（三）对区人事局补录6名公安民警面试工作进行现场监督；（四）对高考、事业单位、公务员考录工作进行监督检查，先后派出24人（次）对全区两个高考考点考务工作，事业单位、公务员考录工作进行了监督巡视，确保2008年高考、事业单位、公务员考录工作顺利进行；（五）对退伍士兵安置情况进行监督；六是对《政务信息公开条例》考试工作进行监督。

【深入开展纠风和专项治理工作　加大源头治腐工作】　一是元旦春节期间治理公路“三乱”工作、

确保了全区道路安全畅通。二是对丽江市政府纠风办批转的群众来信反映“白龙潭小学向外来务工人员子女收取书本费（含保险费）、借读费”的问题，进行调查核实。三是按照国家、省、市有关纠风工作的文件精神，进一步加强了对中央价格监管措施落实情况的监督检查，维护市场经济秩序和人民群众切身利益。四是按照全国旅游工作会议和全国纠风工作会议的部署，配合旅游局开展了旅游系统及管理部门和所有旅游经营单位民主评议政风行风工作。五是对古城区乡（街道）卫生院及村（社区）卫生室药品集中采购进行监督指导，从源头上保护了群众利益。六是深入督查教育乱收费问题。督促教育部门认真贯彻落实国务院关于深化农村义务教育经费保障机制改革电视电话会议精神和“西部地区全部免除义务教育阶段学生杂费”政策，严格执行公办高中招收择校生“三限”政策。全年全区没有出现学校乱收费现象。七是坚决纠正医药购销和医疗服务中的不正之风。督促医疗卫生部门严格落实新《药品管理法》和关于药品采购、质量检验、保管、发放等方面的有关规定，对属于集中招标采购目录的药品都进行了跟标。八是继续清理城镇房屋拆迁中侵害居民利益的问题。全区未出现违法强制拆迁的行为，未出现在征用农民集体所有土地补偿费管理使用中侵占、截留、挪用等问题。九是组织开展清查“小金库”工作。为深化财政管理体制改革，推动从源头上治理腐败，彻底解决“小金库”问题，按照省委、省政府和市委市政府的部署要求，从2008年1月30日开始，对区级机关、事业单位、人民团体、社会团体和各乡（街道）集中开展了清查预算单位“小金库”工作。纪委明确表态：清理工作结束后，凡设立“小金库”的部门和单位，对其责任人一律免职；凡是用“小金库”为小团体和个人谋取私利的部门单位，对其责任人将依纪依法进行严肃查处；对个人贪污、挪用或小团体私分“小金库”资金的，坚决从严惩处，触犯刑律的，要移送司法机关追究刑事责任。从而表明了对清理“小金库”工作的态度和决心。十是全面推行村（居）财乡（街道）管民用制度。在个别街道对集体经济特别是村级财务管理模式取得成功经验的基础上，通过召开会议、以会代训、现场观摩等方式于2008年5月在全区各乡、街道进行全面推行，并把该项工作的实施情况列入年底考核党风廉政建设责任制的重要依据，作为硬性指标来加以落实。为下一步在实施村财乡管，开展零户统管和全面推广全区会计电算化奠定了坚实的基础。十一是认真督促减轻农民负担工作。协同建设、劳动等部门严格执行中央关于农村税费改革和减轻农民负担的各项政策规定，切实把减轻农民负担作为纠风工作的重点，加强监督检查，全区农民负担各项指标严格控制在《农民负担费用与劳务管理条例》规定的限额内，没有出现因增加农民负担而引发的恶性案件和群体事件。

【狠抓信访举报和查办案件工作】 始终把信访举报工作作为纪检监察工作的基础和重点，定期召开会议，深入了解和全面掌握全区纪检监察信访工作。规范和完善信访举报工作，向社会各界公开纪检监察信访举报渠道，公布电子举报邮箱和举报电话。2008年，区纪委监察局共受理信访件46件，其中来信31件，来访15件，转立案1件。46件信访件中属纪检监察受理范围内的有18件，业务范围外的28件，重信重访12件。46件信访件中已全部办结。

【加强纪检监察机关自身建设】 按照“政治坚强、公正清廉、纪律严明、业务精通、作风优良”的要求，进一步加强纪检监察机关自身建设。一是深入学习党的十七大、十七届三中全会、中纪委十七届二次全会精神，贯彻《实施纲要》，以提高纪检监察干部的自身工作水平和能力，提高对党组织和党员领导干部实施有效监督的能力，提高依法执纪、依法办案的能力，提高协助党委加强党风建设和组织协调反腐败工作的能力，提高维护党内民主和保障党员民主权利的能力。二是组织纪检监察干部参加由省、市、区组织的纪检监察业务培训，提高纪检监察干部的业务素质和政治素质。三是专题召开古城区纪检监察工作会议。2008年年初组织区纪委监察局、各纪工委监察分局干部职工，公安分局、各乡（街道）纪委（纪工委）书记及区直部门纪检组长，并邀请市纪委的领导到会指导培训。会议传达学习中央纪委十七届二次全会、省纪委八届三次全会、市纪委二届三次全会精神，印发了《丽江市古城区2008年纪检监察工作要点》，部署2008年全区纪检监察工作，并进行了案件检查和行政监察工作业务培训，使全区纪检监察干部明确年度工作任务、目标和重点，并通过培训提高干部队伍素质。四是切实转变作风、深入基层、深入群众，为民办实事、办好事。组织机关干部到扶贫挂钩点，深入贫困户家庭，进行“看贫困、想满足”教育活动，与山区群众面对面交心谈心，认真倾听群众呼声，深切体察群众疾苦，切实解决好困难群众的实际问题，使干部职工树立正确的人生观、世界观和价值观，增强了责任意识、服务意识和奉献意识，并联系个人生活、工作的实际，更加坚定了进一步做好本职工作的信心和决心。

【扶贫工作】 2008年纪委监察局的扶贫挂钩点是七河乡忠义五组，纪委监察局多次召开会议作专门安排部署，具体分析扶贫项目的实施办法，确定忠义五组的扶贫攻坚项目：一是对原有的村道进行拓宽、铺沙、边沟开挖和村委会周围350米路面进行水泥路硬化，方便村民生产生活；二是进行25户农户2 500米饮水管道和3个50立方水池改造，用以全面解决村民的人畜饮水问题；三是发展产业项目，发展续断50亩，木香20亩；四是发展养殖产业，投入生猪养殖，发展母猪30头，引进公猪1头。以上四项扶贫项目共投入资金近25万元。

【新农村建设工作】 古城区纪委监察局2008年社会主义新农村建设联系试点居民小组为金山乡漾西村西林瓦第二村民小组，一是深入实地调研科学制定规划。深入实地进行调研，了解村里经济社会发展情况。召开调研会议，认真分析情况，提出符合试点村实际的发展思路和规划。二是政策支持，多方面、多渠道筹措资金，积极推进新农村建设。坚持“村民自筹，区级财政支持，帮扶单位资助，社会各界捐助”的原则，从政策上予以大力支持。对重点项目予以资金和政策上的支持，优先保证新农村建设的顺利开展。此外，还积极与联系部门协调，争取各种政策和资金支持，全力解决新农村建设的资金需求。

【党建工作】 一是建立健全领导机构，认真研究制定了机关党建的总体规划和年度计划，有目标，有任务，做到年初有部署，中期有督促和落实，年终有检查和总结，做到认识到位、责任到位、措施到位，为搞好党建工作打下了坚实基础；二是按照要求与区直属机关党委签订了2008年党建目标考核责任书；三是结合区纪委支部的实际，机关党支部分别与党员签订了党建目标责任书；四是按时足额收缴和上缴党费；五是强化思想政治教育。党支部利用周一学习日和支部学习日，认真组织学习马列主义、毛泽东思想、邓小平理论和“三个代表”重要思想，深入学习党的十七大、十七届三中全会和新《党章》，深入学习新时期纪检监察业务知识等。积极参加由组织、人事部门组织的培训活动，单位党员、干部受教育面达100%。

【思想政治领域工作】 一、强化先进典型教育活动。深入学习和推广加强和改进思想政治工作的先进经验，引导全体干部职工结合实际开展形式多样、内容丰富的思想政治工作。开展“争先创优”活动，以典型引路，由点及线，由线及面，用个别带动一般，推动思想政治工作向深度和广度拓展，形成人人关注思想政治工作的浓厚氛围。

二、强化道德法制教育活动。一是围绕文明单位创建工作部署，加强岗位培训；二是按照《公民道德建设实施纲要》“二十字方针”的要求，组织开展宣传教育活动，社会公德、职业道德、家庭美德教育有声有色、入脑入心；三是深入开展以八荣八耻为主要内容的思想教育活动，大力弘扬“丽江精神”，倡导和谐理念，培育和谐精神，形成风清气正的创业和干事环境。

三、强化专题教育活动。把思想政治工作与党风政风行风建设有机结合，经常对干部职工进行形势任务教育，开展党风廉政宣传教育月活动、作风建设教育活动、解放思想大讨论活动，以此为平台，努力推动党风政风行风根本好转。

四、强化创建学习型机关活动。坚持每周一思想政治理论学习日制度，组织广大党员干部学习邓小平理论和“三个代表”重要思想，认真学习十七大、十七届三中全会精神和省、市、区党代会精神，认真学习中纪委十七届二次全会精神，坚持用邓小平理论和“三个代表”重要思想统领纪检监察工作。

【综治维稳工作】 切实抓好挂钩联系点综治维稳基层基础规范化建设工作，一是明确一名副书记协调挂钩联系点综治维稳工作，并配备专人具体负责挂钩联系点综治维稳各项工作，定期到挂钩联系点协助开展工作。二是专题召开会议，研究部署挂钩联系点综治维稳各项工作，认真分析联系点治安形势，明确工作重点，扎实指导工作。三是结合挂钩联系点实际，协助挂钩社区建立完善综治维稳各项工作台帐，在开展矛盾纠纷排查化解的过程中，积极给予协助，将工作做细做实，切实把矛盾纠纷化解在基层，化解在萌芽阶段。

（李 川）

接待工作

【综 述】 2008年古城区接待办在区委、区政府的正确领导下，全办干部职工围绕中心、服务大局，精心安排、热情服务，全区接待系统不断提高服务质量和服务水平，充分利用接待工作优势，大力宣传古城区得天独厚的旅游、文化资源，热情介绍古城区良好的发展前景和投资环境，努力为古城区实现追赶型、跨越式发展服务，让领导和客人深切感受古城区改革开放的发展浪潮及敢为人先的创新品质和良好的精神风貌。2008年，古城区接待办会同相关部门圆满完成了中央和国家部、委各级领导到古城区考察参观的接待工作。此外，还圆满完成了省委、省人大、省政府、省政协和市四套班子的各种检查、指导、督查以及各类调研工作，兄弟区（县）友好往来和其它接待。

【精心组织 全力做好各项政务接待工作】 随着国家和兄弟省（区、市）对丽江的日益关注，古城区经济与社会的快速发展和对外合作交流的不断扩展。一是赴古城区考察的重要来宾也比去年增多，这对区接待办的接待工作是一个挑战。二是接待任务重。主要体现在来宾数量特别是人次数增长迅猛，淡季趋热、旺季更旺。接待工作量比去年同期大幅增长。每承接一起接待任务，均以高度的政治责任感、精益求精的工作态度认真对待，超前谋划、主动协调，迅速制定接待工作预案，呈报区委政府相关领导审定后，及时协调相关部门和单位，布置接待任务，印制接待手册等相关材料，共同保障接待任务的顺利进行。

【加强管理 积极推进接待工作的规范化和科学化】 全年，区接待办本着提升接待服务水平，加强内部管理的工作目的，进一步理顺了接待工作体制，实行了接待工作“一条龙”模式，进一步规范了接待工作。通过严格的规章制度来约束接待工作，来促使各项工作有章可循、有据可依。严明工作纪律，把廉政建设与业务工作同部署、同考核，大力倡导廉洁勤政之风，大力弘扬求真务实之风和艰苦奋斗、勤俭创业的优良传统，促进接待人员洁身自好、尽职尽责做好每一项接待工作，实现了热情服务与勤俭节约的有机结合。通过健全完善制度、细化工作流程和打造特色精品，在接待工作的方方面面和各个环节突出古城区作为世界级精品旅游胜地的整体形象，不断了丰富工作内涵，推进了接待工作的规范化和科学化。

【在思想认识上求突破 努力发挥辅政职能】 区委区政府站在全局的高度，充分认识政务接待工作的辅政作用，抓建设、强保障，抓机构、强职能，抓协调、强合力，不断推进政务接待工作向科学化、规范化迈进。使接待工作与改革开放和经济社会发展的新实践、新要求紧密结合，成为软环境建设的重要组成部分。

区接待办努力在工作方法上求创新，通过健全完善制度，不断推进规范有序；通过细化工作流程不断优化服务质量；通过打造特色精品，不断丰富工作内涵，以热情、周到、规范、特色、廉洁的工作，营造优良的内外发展环境，努力将接待转化为生产力，为全区的中心工作服务，在履行接待职能的同时，积极宣传古城区的文化历史、景区景点，及时收集重要客人的政务、商务信息，发挥了宣传古城树形象、广交朋友增友谊、牵线搭桥促发展的作用，努力做到了“让来宾满意、让领导放心”。

【在工作落实中求形象 不断强化队伍建设】 人是接待工作的主体，既是服务对象，同时也是接待任务的具体落实者。一是加强了理论学习与业务学习相结合的学习教育方式，在年初就拟定了办公室学习计划，首先是认真学习理论，切实加强思想政治工作，建立健全了学习责任制，同时还加强了对接待理论、礼仪知识的培训，进一步提高了接待人员的综合素质，增强了责任感、事业心和服务意识。二是坚持“走出去、请进来”的学习方法，积极组织接待工作人员到省外学习，借鉴先进的接待经验为我所用，同时，在兄弟县（区）同行来古城区考察时，积极主动交流经验，加强了与兄弟县（区）的紧密联系，做到了相互学习，共同提高。三是加强人才培训和储备工作，以区内的大型活动和重要接待为契机，积极对接待的人员和青年志愿者进行规范培训，认真指导、全面锻炼，为古城区储备了一批年轻能干的政务接待工作人员。

【坚持方向 保证接待工作质量】 接待工作不断完善了一保障二宣传的职能。一保障，保障各级党委政府领导视察、考察等工作的顺利进行，是接待工作的基本职能，是领导同志在古城区期间吃、住、行等各个工作生活细节的保障。把服务细化和个性化作为重点，认真研究接待过程和环节。领导看的是结果，区接待办研究接待过程和环节，而结果是由过程和环节体现的，只有把过程和环节研究深、研究细、研究透、标准高，结果才能好，宾客和领导才能满意。区接待办的全体干部职工以高度责任感，爱岗敬业的精神，在工作中，动脑筋，想问题，增添服务项目，丰富服务内容，在实践工作中留心每个细小环节，留心每一位服务对象的生活习惯，得到了每位宾客的好评。二宣传，就是以接待为契机，宣传古城区，让领导更快、更多的了解古城。采取了直接宣传和间接宣传两种方式。直接宣传就是在领导身边的接待人员，要求他们不失时机的，恰到好处的向领导介绍古城区的经济、社会、文化、旅游等情况。间接宣传就是发挥接待人员的形象代表作用，在接待工作中，通过一言一行，把政府的高效、廉洁等作风，把古城区人民向上、进取的精神风貌展现出来，给领导留下良好的印象。

随着古城区各项事业的快速发展，接待工作不断增加了新的内容，现在已建立的联系制度、通报制度、反馈制度等丰富了接待服务内容，为发展接待工作奠定了良好的基础。

【提高认识 搞好接待中的节约工作】 统一思想认识、增强节约意识，采取了有效措施，扎扎实实做好了接待工作的节约活动。在接待工作中，统筹安排，大胆突破，注重接待经费的节约，降低了接待成本，提高接待资源的使用效率。按照区委区政府的内宾接待规定、内宾接待细则，内宾接待的各种费用标准等，把节约做为原则之一，长抓不懈，以制度为保证，区接待办从就餐、用车、住宿等各个环节抓起，认真作好节约工作。

（李　敏）

民族宗教事务工作

【综　述】 2008年，古城区民族宗教事务局在区委、区政府的正确领导下和省、市民宗系统业务主管部门的帮助指导下，认真学习贯彻党的十七大精神、省委七届三次全会精神、市委二届四次全会精神、区委二届四次全会精神，和中央、省、市民族宗教工作会议精神。在工作中认真贯彻落实党的民族宗教政策，法律法规，紧紧围绕区委区政府的发展战略和奋斗目标，坚持立党为公、执政为民，大力弘扬求真务实真抓实干的精神，不断深入基层，调查研究，扎扎实实有效地搞好全区民族宗教事务方面的各项工作，抓住共同团结奋斗，共同繁荣发展的民族工作主题，巩固和完善平等、团结、互助、和谐的社会主义民族关系，与时俱进，开拓进取，有力地推进了全区社会经济的协调发展，促进了民族团结、社会稳定。

【促进民族团结】 按照丽江市人民政府关于民族团结目标管理责任制的要求，年内与5乡4个街道，53个村（居）委会签订了民族团结目标管理责任书，把民族团结目标管理责任制全面落实到辖区内的所有乡、街道。主动采取措施及时排除影响民族团结的各种隐患，真正把影响民族团结和社会稳定的各种隐患解决在基层，处理在萌芽状态，切实维护了社会安定团结的局面。积极参与民族贫困地区的经济建设，着力推动少数民族和民族地区实现又快又好发展。按照省、市民委经济建设项目的发展战略和具体要求，积极做好2008年民族经济项目的申报工作，认真调查，科学论证，严格把关，选准选好项目。申报省级民族经济项目12个，项目资金78万元，现已落实10个，资金53万元；申报市级民族经济项目资金7万元，现已落实资金5万元。申报丽江市古城区“纳西人”民族服装有限公司500万元贴息贷款和七星民族用品纺织服饰有限公司500万元贴息贷款，及丽江丽雪民族服装有限公司500万元贴息贷款（已批），各得5万元的贴息资金已落实到位。严格管理项目资金，专款专用，因地制宜，因族举措，为少数民族和民族地区经济社会发展服务，项目资金全部用于贫困山区的校舍、引水、人畜饮水、人马驿道等公益事业和基础设施建设，促进民族地区的社会经济发展。

抓好民族教育、文化、体育建设，促进民族地区精神文明建设，积极配合教育等部门，采取有效措施，改善边远地区民族学生的入学、“普九”义务教育和寄宿制，半寄宿制学生的民族教育情况。

做好少数民族奥运火炬手的选拔工作。奥运圣火在丽江传递，这为广大的丽江市民创造了一个近距离接触北京奥运圣火的机会，同时也是丽江对外宣传的一个机会，这对进一步促进丽江旅游事业的发展和构建和谐丽江有着极其重要的意义。古城区民宗局根据丽江奥组委选拔火炬手的标准和要求，在全区范围内选用了6名少数民族群众作为丽江火炬传递的火炬手，从而使全区少数民族文化得到进一步提升和宣传。

【维护古城稳定】 “3·14”事件发生后，为将职工的思想和行动统一到中央、省委、市委和区委的决策上来，古城区民族宗教事务局积极组织全体干部职工认真传达了事件的真实情况，深刻揭露了达赖集团的阴谋，使广大职工充分认识了达赖集团假和平、真暴力；假对话、真对抗；假支持奥运，真破坏奥运的真实面目，教育广大干部职工要相信党中央的能力，坚信共产党不动摇，努力营造了稳定的内部环境。结合上级部署，古城区民族宗教事务局积极配合公安、统战等部门，认真做好全区范围内的调查摸底工作，对重点寺庙、重点村、重点人员进行了认真部署和安排，做到了加强监控，不留死角；为了迎接奥运圣火在丽江的传递，古城区民族宗教事务局组织召开了专题工作会议，安排部署了这一阶段的工作，并成立了工作队，深入到重点寺庙和重点村进行监控，密切关注寺庙与重点村的动态。在圣火传递的当天，全局干部职工（除值班人员外）深入到各自负责的点进行监控，确保奥运圣火在丽江传递的安全。古城区民族宗教事务局为了维稳工作和对古城区寺庙的管理，在北京奥运会开幕前，为7个宗教活动场所赠送了电视机，保证了古城区7个宗教活动场所的僧人及信教群众能够收看到奥运会比赛。通过收看奥运会的开幕式和比赛后，让僧人及信教群众切身感受到祖国的伟大建设成就，坚定了爱国爱教的信心。并组织僧人及群众观看“3·14”事件的真相纪实录像，并与僧人们进行交流，向僧人讲清事件的事实真相，澄清是非，揭露达赖策划打砸抢烧暴力事件，是破坏奥运、危害人民、分裂祖国的罪恶行径，使僧人彻底认清了达赖集团祸国祸藏祸教的反动本质。

【加强宗教和谐】 掌握宗教具有长期性、群众性、民族性、国际性和复杂性的基本特点，认真贯彻落实党和国家的民族宗教政策，经常深入到辖区4个宗教活动的场所进行调研，做好宗教团体和信教群众的思想政治工作，依法加强对宗教事务的管理，积极引导宗教与社会主义社会相适应。为了方便信教群众对须设立的宗教活动场所的申请登记工作，制定了《古城区民宗局宗教活动场所登记工作程序》。2008年初，古城区民宗局共收到设立宗教活动场所申请3份，按照《宗教事务条例》，进行了认真细致的核查，并逐级向上进行了申请，得到批准后，先后依法登记了弘法寺（汉传佛教）活动场所、文林聚会点（基督教）和东干河聚会点（基督教)，成为全区合法的宗教活动场所，为全区的信教群众提供了更多的活动场所，进一步解决了擅自聚会、非法传教和家庭聚会的现象，为保护合法宗教活动，依法及时严厉打击非法宗教活动工作打下了坚实的基础。2008年10月，积极与区委统战部、区公安局、5乡、4个办事处配合，在全区范围内，联合开展基督教专项调研。通过调研，进一步了解古城区基督教信教群众的基本情况，并对全区的基督教信徒建立了档案，同时对两个高校的信教师生进行了登记，积极引导他们到全区两个依法登记的聚会点过宗教生活。使宗教事务管理步入法制化、规范化的道路。切实做到依法保护正常宗教活动，坚决打击歪理邪说，抓好“热点”、“难点”问题的调处工作。

【宣传党的民族宗教政策】 采用多种形式积极宣传党的民族宗教政策和法律法规。运用各种新闻媒体广泛宣传《云南省〈中华人民共和国民族区域自治法〉办法》、《云南省民族乡工作条例》、《城市民族工作条例》、《宗教事务条例》等法律法规。《宗教事务条例》是党中央、国务院高度重视宗教工作，切实加强对宗教工作领导的重要体现，也是宗教工作法制化、规范化的重要标志。全局干部职工积极带头学习、宣传、贯彻《宗教事务条例》。同时还积极征订《今日民族》70份，发放到5乡、4个街道和2个民族乡15个村委会、4个中学、12个小学、8个部门，还送区委、区政府主要领导和分管领导。

【做好扶贫挂钩工作】 按照区委、区政府和有关部门的要求，全体干部职工积极配合区委、区政府做好扶贫帮困工作，积极参加各种捐款慰问活动。四川地震发生后，全体干部职工（包括退休干部）为灾区捐款1 550元，并缴纳特殊党费4 200元；七个宗教活动场所为灾区共捐了21 400元；慈善一日捐360元，爱心圆梦捐款270元，扶贫捐款1 400元。并将为扶贫挂钩点金安乡义新五坝里争取民族经济项目资金2万元，为贫困户和受灾群众做一些实实在在的实事，解决一些实际困难，同时还积极为贫困户寻求致富门路，宣传科普知识。

【做好调研工作】 积极配合区委区政府的中心工作，充分发挥部门的职能作用。深入基层，调查研究，走村串户，与各族群众交心谈心，主动了解民情，体察民意，在沟通思想的基础上，广泛宣传党和国家的各项方针政策，民族宗教工作方面的法律法规，确保民族团结与社会稳定。2008年5月，为了进一步了解和掌握民贸企业销售货物增值税政策的执行情况，古城区民族宗教事务局对古城区的三家民贸企业进行了认真的走访，认真了解民贸企业在享受货物销售增值税的返还情况，并形成《古城区民贸企业货物增值税政策执行情况调研报告》上报丽江市民宗局；2008年7月，为了进一步了解古城区傈僳族贫困地区发展情况，古城区民族宗教事务局在金山白族乡人民政府和大东乡人民政府的支持下，深入到金山白族乡拉马古村委会和大东乡建新村委会，对古城区两个傈僳族聚居村委会进行了认真细致的调查，并结合金山白族乡拉马古村委会妹罗村的情况，积极向省民委申报了拉马古妹罗傈僳族村整村推进项目，并得到整村推进项目4个，资金17万元，同时，形成了《古城区“三江一线”傈僳族贫困地区调研》上报市民宗局；为了进一步了解古城区基督教的情况，加强对基督教的管理工作，2008年10月，根据中央，省委和市委的统一部署，古城区民族宗教事务局与区委统战部和区公安分局联合组织开展了一次基督教专项调研工作，认真了解和掌握了古城区基督教信教群众、神职人员和宗教活动场所的情况，并对古城区的基督教信徒进行了登名造册，依法加强了管理，并形成了《古城区基督教专题调研报告》上报丽江市人民政府。

（王永昌）

六、群团组织

总工会

【综　述】　2008年，古城区总工会在区委和市总工会的正确领导下，坚持“组织起来，切实维权”的工会工作方针，按照“扩大工会工作覆盖面，增强工会工作凝聚力”要求，在全区广大干部职工的共同努力下，全方位地开展了工会工作，圆满完成区总工会一届六次全委（扩大）会议提出的目标任务，为推进古城区经济社会又好又快发展作出新的贡献。

【工会组织建设工作】　坚持“哪里有职工，工会建到哪里”原则，把工会组建和会员发展工作当成“一把手工程”来抓，并纳入工会工作考核目标，建立责任制，层层分解抓落实，做到组建一家、巩固一家、规范一家、发挥作用一家、职工会员满意一家。做到新建企业和街道社区建工会少留空白，减少无工会组织的情况。年内，区总工会在七星个私实验园区、建筑行业中发展新会员1 447人，最大限度把广大职工组织到党领导的工会中来，巩固和扩大了党的阶级基础及群众基础。

【创建“职工之家”】　组织开展“创建学习型组织，争做知识型职工”活动和健康向上的文化体育活动，培养和造就有理想、有道德、有文化、有纪律的“四有”职工队伍。年内，古城区204个机关企事业单位开展职工之家建设活动，其中，区级合格职工之家131个，先进职工之家48个，工会工作先进集体20个，优秀工会工作者78名；市级先进职工之家16个，省级模范职工之家1个，省级模范职工小家1个。

【实施“送温暖”工程】　继续开展“进万家门，知万家情，解万家难，暖万家心”的送温暖和金秋助学帮扶活动。分别于元月份和8月份对大研、经贸、粮食、供销等5个困难企业、305名困难职工、6个因病特殊困难家庭户、8户单亲职工、78户困难家庭学生、4名家庭困难的劳模进行“送温暖”和“金秋助学”帮扶活动，共支出资金25.1万元。

【职工医疗互助活动】　职工医疗互助活动是工会组织为职工群众办实事、做好事的一项十分重要的工作。到2008年6月30日止，古城区参加职工医疗互助活动人数达10 433人，实现参加基本医疗保险和大病补充保险的职工100%参加到互助活动的目标任务，全年共收缴互助金53.17万元，获得补助的住院人数达599人，共补助互助金28.13万元，从而为因病致贫、因病返贫的职工提供帮助。

【职工维权工作】　区总工会加大对《劳动合同法》、《促进就业法》、《企业工会工作条例》、《职工劳动保障条例》等法律法规的宣传力度，提高职工的自我维权意识。在解决职工热点难点问题、维护全区职工队伍稳定工作中，努力承担好第一知情人、第一报告人，主动协调，减少磨擦，化解矛盾，把问题解决在萌芽状态中，充分发挥好部门职能作用。在企业改革改制期间，全体干部职工多次深入企业调查了解实情，认真做好广大职工的思想政治工作，协调疏导、宣讲政策、耐心说服教育，把热点难点解决在基层。按照上级工会要求和部署，积极协同相关部门，对农民工工资清欠工作进行全面的摸底调查，为党委政府制定政策提供依据。同时，对全区范围内下岗、失业职工情况进行摸底调查，建立预测、预报、预防机制，在维护职工队伍权益和社会稳定方面发挥了重要作用。

【民主管理和厂务公开工作】 全区共有123家企事业单位建立了职代会，并建立每年至少召开一次职代会、重大事项向职代会报告和实行民主评议企事业单位领导干部等各种形式的民主管理制度。在全区145个企事业单位（含新建企业）中贯彻落实，并取得明显成效。对丽江供排水公司、大东发电有限公司、先锋糕点厂、大研粮油工贸有限责任公司、玉峰集团等厂务公开工作开展较好的5个单位进行表彰奖励，从而强化了职工主人翁地位。

【签订集体合同】 平等协商签订集体合同，充分发挥工会维护职能。全区公有制企业、城镇集体企业20家已签订集体合同；新建企业工会45家签订集体合同；集体合同到期的企业都续签了合同。同时，加强签订后的动态管理，使其真正成为企业协调劳动关系的有效机制，成为保障职工参与企业民主管理的重要法律形式。

【工会财务和经费查审工作】 一是主要领导亲自抓，工会常委、全委、女职工委员、经审委员共同抓；二是下达任务数和制定奖励办法，认真抓落实，一级抓一级；三是区工会按照60%的规定比例把全额拨款单位的工会经费下拨到各个基层工会，为其开展工作提供保障。通过全体工会干部职工的共同努力，2008年超额完成了市总工会下达的经费上解任务数，为工会开展工作提供了重要的物质保障；四是在经审工作中基本做到“五有”，即有组织机构、有工作人员、有工作经费、有规章制度、有审计队伍。

【信访工作】 区总工会十分重视职工群众来信来访工作，及时认真解决来信来访。年内，共接待来信来访36人（次），对来访者认真宣讲政策，站在国家、企业和职工三者利益兼顾的立场上，耐心说服教育，公开、公平、公正地处理好问题。

【女职工工作】 区总工会女职工委员会始终把加强女职工组织建设，提高女职工队伍素质作为一项重要工作来抓。一是全区女职工10人以上基层工会有104个单位全部建立了女职工委员会，女职工10人以下的84个基层工会都明确分工一人负责女职工工作；二是通过各种渠道努力争取各部门、各单位关心支持；三是抓教育促提高，加强思想政治教育，采取以会代训等形式，使女职工掌握新时期女职工工作的理论、目标和工作方法；四是抓典型促工作，年内，区总工会对26名先进女职工进行表彰奖励，加大对先进女职工的宣传力度，发挥女职工在各条战线上的作用，使女职工工作学有典型引路，干有示范榜样；五是组织基层女职工参加“情系粉红丝带　关爱女性健康”保健知识和预防“艾滋病”知识讲座，帮助广大妇女树立科学健康理念。

【职工文体活动】 全面开展职工文化体育活动，对于搞好基层工会工作，增强工会的凝聚力和向心力，具有十分重要的现实意义。年内，总工会在区直机关、市政、公安、财政、经贸、教育、卫生系统和新建企业中组织开展足球、蓝球、拔河、乒乓球、登山等项目比赛。通过开展各种丰富多彩、有声有色的职工文体活动，进一步凝聚人心，提高工会组织在职工心目中的地位，也为广大职工展示良好的精神风貌和综合素质提供了舞台。

（和金兰）

共青团

【综 述】 2008年度，团区委全面贯彻落实党的十七大团的十六大精神，充分发挥共青团组织联系青年的桥梁和纽带作用，结合共青团工作特色，认真扎实地开展团的各项工作，不断提高团组织的凝聚力、创造力、战斗力，以科学发展观统领全团工作，不断加强学习，主动适应新发展、新要求，坚持“服务大局、服务社会、服务青年”的三大宗旨，以“党政满意、社会认可、青年欢迎”的标准衡量工作，全面加强团的自身建设，充分发挥共青团作为党的助手和后备军的作用，发挥团组织在构建和谐社会中的作用，团区委以“议大事、干本行、抓载体”为工作思路，务实创新，较好的完成了全年各项工作任务。

【青年中心建设】 年内在4个街道办事处和3个乡成立了青少年活动中心。在上级团委的关心支持下，在祥和街道义和社区成立青年中心示范点，投入近10万元为示范点配备6台电脑和办公设施，改善基层团组织的办公条件。

【“青春彩云南”建功新农村活动】 一是组织一期“新农村、新农民”为主题的农业科技培训班，全面提高农村青年素质，造就新型农村青年，涌现出金山青年农民和四军、七河花卉种植带头人和良军等一大批青年致富带头人。二是抽调1名同志担任社会主义新农村指导员，一方面使抽调的同志在基层得到锻炼，另一方面单位也积极支持抽调同志的工作，并为挂钩的村委会捐赠电脑1台，解决团建活动经费2 000元。

【青年志愿者行动】 团区委组织近万名团员青年在金山乡龟山片区种植约5 000棵树木，同时积极养护认养的束河转台绿化带。组织全区600多名中小学生和企业团员到古城、黑龙潭公园等地打扫垃圾，清理河道。“三五”志愿者日期间，组织学校及企业团员慰问孤残老人，并为他们奉献爱心；“3·12”植树节期间，组织志愿者到金山开展植树造林活动；“五四”期间组织志愿者开展志愿演出等活动；“5·12”汶川大地震后，积极号召全区青少年捐款捐物，为灾区人民奉献爱心。

【青年就业创业行动】 采取多种方式促进大学毕业生到企业就业，依托团组织信息优势，积极鼓励引导大学毕业生到企业中去就业。2008年，团区委结合大学生志愿服务西部计划古城区地方项目的实施，在原补助标准600元基础上增加200元，按每人每月800元标准，推荐20名优秀大学毕业生到企业中就业，从而为企业的团建工作打开良好的局面。通过实施古城区“青年人才库”计划，依托党建带团建，形成古城区青年人才社会化选拔、信息化管理、系统化培养、项目化使用、规范化举荐的发展机制，竭诚为青少年成长成才服务。

【“爱心圆梦大学”助学活动】 启动2008年“爱心圆梦大学”、“爱心成就未来”助学行动。共筹集助学金57 000元，资助38名贫困大学新生，圆了他们的大学梦。同时，团区委充分利用网络，将全区贫困生的资料登录到云南省青少年发展基金会的网页，争取省内外爱心人士的资助，开辟古城区贫困生资助的新渠道。

【“青年文明号”创建活动】 团区委结合古城区青年文明号长期以来缺乏社会认可度与公众影响力的实际，积极响应团省委号召，开展“和谐社会，和谐青年，和谐行动”青年文明号集体爱心促和谐活动，省级青年文明号阿丹酒店团支部结对文智完小，资助贫困学生30名；市级青年文明号王府酒店资助金山新文完小20名贫困学生；消防二中队团支部结对扶贫文智社区四名孤寡老人；市级青年文明号三朵园林花卉公司团支部为祥云完小解决200套课桌椅；省级青年文明号古城区医院内科住院部全体医护人员资助束河完小10名贫困学生等。通过这些活动，青年文明号的广大青年在和谐社会建设中成为传递爱心的使者、洒播和谐的纽带。

（杨丽星）

妇女联合会

【综 述】 古城区妇联在区委、区政府的坚强领导下，在市妇联的关心和支持下，一手抓维权，一手抓发展，坚持以邓小平理论和“三个代表”重要思想为指导，加强妇联班子建设，完善和规范妇联各项规章制度，坚持深入实际，贴近群众，贴近生活，扎实推进各项工作开展。在服务大局、服务基层、服务妇女的过程中，抓住机遇，积极履行工作职责，扩大社会影响，实现了全区妇女工作新发展。

【认真做好换届工作】 一是根据规定古城区妇女联合会于2008年8月4~6日三天，召开古城区妇女第二次代表大会。古城区委常委10人（一人出差在外）及四套班子领导出席开幕式，并对会议筹备召开给予高度肯定。会议邀请了市、县妇联主席，特邀11人，列席9人，产生代表132人。大会选举产生了新一届古城区妇联领导班子。二是按照区妇女第二次代表大会精神，于10月~12月在各乡（街道）妇联相继召开乡（街道）妇女代表大会，产生各乡（街道）妇联领导班子，健全妇联组织领导机构，促进了古城区妇女工作顺利开展。

【妇女培训工作】 年内，妇联干部1人参加全国妇联举办的妇女干部培训班，5人参加省妇联举办的妇女干部培训班，2人参加云南省预防艾滋病项目培训班。共举办种植培训56期，受教育人数3 987人（次）；举办家庭教育10期，受教育人数640人（次）；养殖培训43期，受训人数3 015人（次）；法律知识培训29期，受训人数2 345人（次）；妇幼保健培训28期，培训妇女6 860人（次）；其它培训43期，培训妇女2 269人（次）。

【“三八”节活动】 3月5日下午3时，古城区庆“三八”纪念暨表彰大会在丽苑酒店六楼会议室举行。会议授予西安街道妇联等3家为“双学双比”先进协调领导小组；授予丽江市公安局古城分局出入境管理大队等3家为“巾帼文明岗”荣誉称号；授予李桂莲等18名同志为“双学双比”女能手荣誉称号；授予李文丽等18名同志为“巾帼建功标兵”荣誉称号；授予李凤开等10户为“五好文明家庭”荣誉称号；授予赵丽英等21名同志为优秀妇女工作者荣誉称号。号召全区妇女学先进、赶先进，为古城区经济建设和顺利实施“十一五”规划作出更大贡献。3月7日上午9：00，“三八”专题《呀哈哩跳起来》大型民族打跳比赛，在古城四方街隆重举行。27支参赛队经过两天紧张激烈角逐，产生一等奖1名，二等奖3名，三等奖5名，组织奖8名。

各乡、街道妇联、区直各单位妇委会，在积极参与区妇联开展活动同时，充分发挥“妇女之家”（学校）作用，组织广大妇女开展形式多样、丰富多彩的庆祝活动。各乡、街道表彰“双学双比”女能手73名，五好文明家庭93名，优秀妇女工作者13名，好婆婆19名，好媳妇20名，敬老好儿女18名，十星级文明户10户，平安家庭2户，“巾帼建功”标兵30名，诚信经营女能人5名，古城保护管理先进妇女10名，社区文化活动积极分子8名。

【“六一”活动】 5月22~30日，在古城区委副书记和茂卓、古城区人民政府副区长、区妇儿工委主任李润兰带领下，区妇儿工委成员单位教育局、残联、团委及关工委，慰问24名孤残儿童、5家幼儿园，以及从四川地震灾区转学到古城区幼儿园的彭永骁、田寒枫、张义凡3名小朋友，帮他们解决实际困难，给他们带去节日问候及党和政府的温暖。6月1日，由古城区妇儿工委牵头，区关工委、大研街道妇儿工委在古城四方街共同举办大型游园活动，近万名家长和儿童前来参加。区妇儿工委成员单位、各乡、街道妇儿工委因地制宜地开展各种纪念慰问活动，共慰问76名孤、残、贫困儿童，以不同方式来关爱弱势群体儿童，关注儿童成长，为儿童办实事、办好事 。

【“迎奥运”活动】 积极组织全区儿童和家长参加省妇联组织的“迎奥运、促和谐、百万家庭总动员”为主题的奥运知识竞赛、“奥运梦想”征集活动。除参与网上答题外，有28个单位参加书面答题，共收到答题卡11 642份，“奥运梦想”感言2 234条。6月1日上午9时，妇儿工委与教育局在国际文化交流中心共同举办主题为“迎奥运　中国加油　四川加油”第五届纳西娃娃书画展开展仪式。书画展共展出全区中小学及幼儿园作品1 000余幅，展期7天。

【调研指导工作】 区妇联于九月、十月两个月中，到5个乡、4个街道调研妇联工作，与所有基层妇女主任进行交流，取得较大成效。一是各乡、街道妇联对古城区妇女第二次代表大会精神贯彻非常到位，广大妇女对今后发展充满希望。二是以会代训。在充分了解基层换届选举筹备情况后，针对存在问题与基层党委领导进行沟通并加以指导，每家补助3 000元妇代会经费。三是与各乡、街道妇联主席签订《2008年基层妇联工作目标管理考核责任书》，区妇联在12月30日前进行考核。下发《丽江市古城区妇代会主任、社区妇联主席管理办法》，进行意见征求，2009年正式纳入工作进行考核。四是就如何开展好今后妇联工作，广泛征求基层妇女干部的意见建议。

【妇女维权工作】 结合“五五”普法，在广大妇女群众中宣传党的基本路线、基本纲领、基本理论、基本经验教育、法律法规，特别是让农村妇女学会掌握一定的政策理论、法律知识，在遇到问题时能够运用法律知识自主解决，在关键时刻能够运用法律来保护自己，从源头上减少维权案件发生，维护社会和谐稳定。2008年9月25日云南省第十一届人民代表大会常委委员会第五次会议对《中华人民共和国妇女权益保障法》进行修订，出台《云南省实施<中华人民共和国妇女权益保障法>办法》。区妇联订购2 000册，发放到各级妇女干部手中，并要求按各自辖区范围进行宣传，力求让古城区每一位妇女对自己的合法权益有所了解。

【关注弱势群体】 束河街道龙泉居委会中和居民小组居民王芬，2006年因患暴发性肝豆状核变性疾病，其家境贫寒。古城妇女联合会牵头协助束河街道办事处开展向王芬募捐活动，共收捐款118 293元，由束河办事处负责与安徽中医院神经病学研究所附属医院联系，全部资金用于王芬治疗费用。

【信访工作】 制定群众来信来访月报制度，认真梳理群众反映强烈的突出问题，配备专门的维权信访工作人员，力争解决好每一件来信来访案件。2008年区妇联共接待来访47件，达72人次，其中抚恤金纠纷1件，分红纠纷8件，咨询3件，困难求助3件，婚姻家庭纠纷25件。户口纠纷3件，落实政策1件为妇女外流1件。抚养纠纷1件，其它1件。妇联干部办理信访案件深入基层26天，达48人次。经过多方协调、耐心说服讲解，已处理37件。各乡（街道）共接待来访95件，处理95件。

【科技扶贫】 依靠科技带头人带动更多贫困妇女发展致富。由于去年生猪价格高幅度上涨，严重影响了广大人民的生活，国家出台了一系列相关政策。古城区妇联把循环金100 000元一次性投放给科技下乡致富带头人张玉生支持其事业。目前张玉生养殖发展状况良好，为回报社会带动更多妇女走致富路，张玉生与妇联合作把20头香猪母猪无偿投放到七河贫困山区家庭，并进行技术指导，待母猪下崽后无偿返还两头，其余以每斤10元的价格由张玉生收购。

【禁毒防艾工作】 关注健康，拒绝毒品，远离艾滋。毒品与艾滋病给人类特别是妇女儿童带来灾难。区妇联于今年内与区疾控中心再次签订合同，共同实施中英全球基金艾滋病防治项目。在2007年培训村妇女主任的基础上，2008年，把宣传预防艾滋病工作深入到村社，每月培训10人，共121人；与区疾控中心在红太阳广场共同组织“12.1”预防艾滋病活动、内容有文艺演出、发放宣传资料和避孕套、真假药物辨别等。

（尹丽琴）

工商业联合会

【非公经济发展】 截止2008年12月31日，全区共有个体工商户12 680户，从业人员32 715人，注册资金30 671万元，分别比2007年增长1 410户、1 3671人、2 295万元；私营企业1 002户，从业人员11 024人，注册资金110 677万元，分别比2007年增长364户、3 011人、15 388万元。

【内引外联工作】 2008年，区工商联立足职能，充分发挥工商联“经济性、统战性、民间性”三性之优势，广交朋友，不断拓展商务会务工作的新领域。一是经常与关系密切的同行大理市工商联、武汉硚口工商联、沧源工商联等保持联系和交往，交流工作经验，探讨工作方法，增强信息和感情沟通，促进事业发展。二是除接待友好来访同行，同时也把古城推荐出去，为古城区扩大开放、加大招商引资力度作出一己之力。8月份，区工商联与湖南耒阳工商联缔结友好商会。

【会员队伍持续发展】 一是力所能及地为非公企业及会员服务。年内，为外商企业、会员企业速8客栈及樱花屋酒吧协调解决经营许可证、建筑用地等问题。及时探望病、丧会员及亲属，专程到昆明探望车祸中受伤的正龙公司董事长杨四龙，送去亲情和温暖。二是根据《关于推荐中小企业争取融资担保贷款支持的通知》）精神以及市联要求，经认真考证，多方核实，推荐七星建工集团、正龙实业、金山建筑公司、金龙塑料厂、丽明生态园等5家非公有制企业为贷款担保企业，为企业的后续发展注入新鲜血液和强劲动力。2008年，共有工商联会员391人，其中企业会员120人，个体会员254人，机关会员及相关部门会员16人，团体会员1人。一些上规模、上档次的优秀行业代表企业、个体户都积极加入到工商联组织，工商联会员已成为古城区非公有制经济的发展主体。

【参政议政工作】 在区政协二届二次会议上，工商联届政协委员立足本职，积极建言献策，共提交《关于恢复古城区便民服务中心的建议》、《创建园林城市，应以乡土树种为主，外来树种为辅》、《关于加快生态香猪产业化养殖的建议》、《关于重视旅游产品诚信的建议》等提案，切实履行作为一名人民政协委员的神圣职责。

【非公经济代表政治工作】 做好非公有制经济人士的政治安排工作是工商联的一项重要任务，是广大非公有制经济人士参与地方社会、政治、经济生活的重要途径。2008年，推荐丽明生态园经理李文丽、黎明风味园经理和晓明以及杨兴华、吕桂金等四位非公有制经济人士成为区妇联第二次妇代会代表。区工商联推荐的非公有制经济人大代表、政协委员都在各自的政治生活中发挥着积极作用。

【表彰和奖励】 2008年七星建工集团被区委区政府授予争先创优“六个一”“一行业一窗口”先进集体，丽明生态园总经理李文丽被区妇联授予“巾帼建功”标兵荣誉称号。 （张云珍）

残疾人联合会

【综　述】 2008年，古城区残疾人工作，按照党中央提出的“发扬人道主义，发展残疾人事业”要求，为进一步缩小古城区1万多名残疾人生活状况与社会平均水平的差距，逐步改善残疾人平等参与社会生活物质条件和社会环境。全区残疾人工作者认真学习贯彻《中共中央国务院关于促进残疾人事业的意见》，充分发挥残联“代表、服务、管理”的职能，结合古城区残疾人事业发展现状，深入基层，深入残疾人家庭、调查研究，为下一步贯彻实施《意见》打下基础。

【残疾人组织联络工作】 根据实际工作情况，调整充实区政府残工委、完善其工作职责，古城区残工委各成员单位认真履行职责，积极协调解决残疾人工作中的重大问题，服务于残疾人事业的各项具体工作。年内完成城市社区、农村村（居）委会残疾人协会和村（居）民小组残疾人协会小组的组建和制度建设工作。建立健全了基层残疾人事业工作组织机构，实现基层工作有人管有人做并顺利通过中残联、省残联、市残联对古城区基层残疾人组织的检查验收。

【残疾人康复工作】 区残联认真贯彻全国、全省第三次残疾人康复工作会议精神，以实现残疾人“人人享有康复服务”为总目标。一是在全区范围内采取走村入户、落实到人的方式，开展三次全面、深入、细致的残疾人康复服务需求调查。调查率达到全区残疾人总数的85%以上，填写调查表1万余份，对所有调查对象进行建档立卡，为开展各项康复工作提供详实可靠的依据。二是依靠和利用当地医疗资源，实施白内障复明扶贫手术140例，帮助广大白内障患者走出黑暗、重见光明。三是安排配套资金，向台湾曹仲植基金会争取对等捐助轮椅一批100辆，全部免费发放到重度下肢残疾人手中。四是争取国家彩票公益金康复项目，为广大残疾人提供拐杖、座便器、生活自助器等辅助器具100余件。五是根据上级残联要求，进一步扩大精神病防治康复试点项目成果，精防工作在全区展开，覆盖人口14.6万人，同时开展100名贫困精神病人免费服药和10名免费住院治疗的彩金项目。六是认真开展每年一次的“精神卫生日”、“爱耳日”、“爱眼日”和预防碘缺乏病等以预防各种残疾为主题的宣传活动，为提高全民预防残疾意识、有效控制残疾的发生，促进人民身心健康起到积极作用。七是做好转介服务工作，对有康复需求而在本地无法实施康复手术的各类残疾人做好康复转介服务，帮助他们联系上级医疗康复机构接受康复治疗，并在经费上予以帮助。

【残疾人社区康复试点区建设】 古城区被确定为云南省残联与CBM组织合作开展社区康复试点区。在区委、政府重视下，制定出台切合古城区实际的实施方案，成立从区到乡（街道）、村（居）委会的社区康复工作组织领导机构，技术指导机构和康复服务机构，区与乡（街道）签订目标管理考核责任书。招聘9名专职康复员，配了58名康复管理协调员，区财政每年按全区人口每人0.3元的比例安排工作经费4.38万元；康复员工资7.56万元（每人每月700元）；康复协调员补助1.91万元。按项目要求，进行社区管理干部培训、康复员上岗培训，盲人定向行走、低视力、肢体康复训练、精神病康复、听力言语康复、智障康复等师资培训。康复员全部实现持证上岗，并完成45名盲人和72名肢体残疾人进行定向行走和康复训练，取得较好的成效，试点区建设正扎实稳步推进。

【残疾人教育工作】 一是认真贯彻执行《教育法》、《中国教育改革和发展纲要》、《残疾人教育条令》，用残疾人教育政策和法规规范工作。在执行教育“两免一补”等优待政策中，与区教育部门协作，对各类残疾学生和残疾人子女给予优先照顾。确保古城区残疾儿童少年入学率稳中有升，失学率大幅下降，适龄残疾儿童少年入学率达到80%以上。二是组织实施中国残疾人福利基金会“轮助制春雨助学”、“中国彩票公益金助学”、“长江新里程”盲童助学、“集善嘉年华”助学、古城区“春雨行动”助学和一次性资助大、中专残疾学生等扶残助学项目。三是认真落实大中专院校招收残疾考生的政策，协调教育部门按政策放宽体检标准，拓宽残疾学生接受教育的渠道，使更多残疾考生能顺利进入大中专院校安心就读。

【残疾人就业工作】 一是严格按照国家、省、市、区残疾人就业的法律、法规和政策在全区机关、企事业单位进行按比例安排残疾人就业工作，共安置8名残疾人就业。并对辖区内未能按比例安排残疾人就业的单位依法征收残疾人就业保障金，年内共征收残疾人就业保障金100多万元。二是做好残疾人职技能培训工作。全年共开展种植养殖等适应残疾人的职技能培训 9 期，共培训 900 名各类残疾人，同时完成盲人按摩培训、盲人计算机培训各 6 名。三是充分发挥职能，参与民政部门共同监督和审核区内福利企业安置残疾职工的比例数、残疾人职工上岗、收入、劳动保障等情况，保障福利企业中残疾职工稳定就业。

【残疾人救助工作】 一是在实施整村推进、部门挂钩结对扶贫、异地搬迁等扶贫工作中，贫困残疾人给予优先列入，在政策、资金等方面给予倾斜、重点扶持。二是做好残疾人职技能培训工作。全年共开展种植养殖等适应残疾人的职技能培训 9 期，共培训 900 名各类残疾人。三是在年内接待因病、因灾到残联寻求帮助的各类残疾人 30 人，解决临时救助资金 3 万多元。

【残疾人维权工作】 结合古城区普法工作，着力宣传和贯彻落实《中华人民共和国残疾人保障法》、《云南省实施＜中华人民共和国残疾人保障法＞办法》、《云南省残疾人优待规定》、《云南省按比例安排残疾人就业规定》、《丽江市残疾人优待规定》以及市、区按比例安排残疾人就业实施办法等法律、法规和政策，使古城区残疾人事业逐步走上法制化轨道。在新建和改建的城市道路和公共场所中，全部按要求规范建设人行道缘石坡道、盲道等无障碍设施。做好残疾人来信来访接待工作，年内接待来访残疾人 130 人，处理来信 10 件，努力使残联成为“残疾人之家”，对所有来信来访 100%做到“有信必复、有问必答，热情接待、耐心细致”，杜绝“五难”现象，从未发生过越级和集体上访事件。

【残疾人工作队伍建设】 一是进一步完善充实 58 个社区村委会残疾人协会，制定相应工作制度和工作职责。二是组织村居委会、社区居委会的全体残协联络员，进行相关义务培训，安排布置相应工作。三是按贯例于年内组织召开 2 期工作会议暨理事长培训会。

【走访慰问残疾人】 开展“助残日”、“精神卫生日”等专门节日的专题宣传和慰问活动，共计走访慰问 200 多名贫困残疾人，安排经费达 4 万元。在把党和政府的温暖送给残疾人的同时，加大残疾人事业相关法律法规宣传，让更多人都来关心支持残疾人事业的发展。

（和耀庚）

科学技术协会

【综　述】 2008 年，区科协在上级部门及区委、政府的正确领导下，深入学习贯彻党的十七大精神，高举中国特色社会主义伟大旗帜，坚持以邓小平理论和“三个代表”重要思想为指导，全面贯彻落实科学发展观，紧紧围绕构建和谐、文明、小康古城总目标，始终突出又好又快发展这一主题，认真贯彻落实省科协第七次代表大会精神，履行党和政府联系科技工作者的桥梁纽带职责，坚持为经济建设服务，为提高全民科学素质服务，为科技工作者服务，团结动员全区广大科技工作者，围绕中心，服务大局，充分发挥科协大团体优势，按照大联合、大协作的工作方式，全面实施全民科学素质建设和科普惠农兴村工程，促进了全区公民科学素质的提高，促进了人的全面发展，促进了和谐社会建设。

【科普网络建设】 古城区科协在 5 个乡、4 个街道设立了乡（街道）科协。农村专业技术合作协会 11 个，会员 1 556 名，区级学会 2 个，会员 343 名，区级协会 2 个，会员 101 名。科普队伍不断壮大，有一支 42 名离退休老专家组成的科技服务团，涉及 28 个单位（部门）组成 229 名科普志愿者。科普经费 9 万元，农技协 15 万元、农函大 3 万元专项经费都列入财政预算。与古城电视台联合开设每周三播出的《科普大篷车》电视栏目，全年共播出 52 期。

【基层科普建设】 基层科普设施建设具有一定规模，2008年在原有基础上市政广场新建1个科普画廊（长：10米）。古城区5个乡4街道设有办公室、科普图书和培训室。37个村、社区居委会设有科普宣传栏，这些科普阵地在普及科学知识，传播科学思想、科学精神和科学方法上起着重要作用。

【科普日活动】 根据《古城区关于组织开展2008年科普日实施方案》，区科协结合自己实际，坚持贴近实际、贴近生活、贴近群众的原则，在科普日活动期间，充分利用市政广场、金甲市场、寨后生态市场的科普画廊，张贴 以“美化城市、绿色奥运”、“交通安全知识”、“节粮在我身边”、“科学生产、健康生活”为内容，图文并茂的科普挂图40张，在古城区形成多层次、多渠道、大规模的公众科学素质教育格局。

【实用技术培训】 根据《古城区全民科学素质行动计划纲要实施工作方案》，农业、畜牧、林业、水利、科技、卫生等相关单位和专业协会，充分发挥部门优势，采取举办培训班、以会代训、现场指导、播放技术专题片等形式，在农村大规模开展各类实用技术培训。2008年举办种植业技术培训74期12 116人（次）；养殖培训45期4 489人（次），发放培训资料15 000多份。

【农函大工作】 农村致富函授大学是提高广大农民和农村基层干部科学文化素质与技能，发展社会经济的一条重要途径。2008年共招收农函大学员1 205名，开设7个专业（其中：省办专业1个200名；自办专业6个1 005名）。自办专业有6个1 005名学员：油桃栽培技术120名、核桃栽培及嫁接管理技术150名、蔬菜栽培技术400名、花卉栽培技术100名、冬桃栽培技术35名、养猪防疫技术200名。通过农函大办学培训，在广大农村营造一个相信科学、爱科学、学科技、用科技的良好氛围。

【核桃嫁接改良工作】 立足各乡乡情进一步加大核桃嫁接改良力度，积极举办核桃嫁接改良技术培训班，培训35人，培训期为6天。经嫁接理论和实际操作技能考核合格后，对35人发放嫁接上岗证。2008年嫁接改良5 156亩，经组织验收，其中金安乡共嫁接550亩，涉及4个村社，共发放枝条10 526芽，枝条利用率80%，嫁接成活率92.5%；大东乡共嫁接830亩，发放枝条16 198芽，嫁接成活率90%；金山乡共嫁接1 370亩，共发放枝条18 522芽，成活率90%；七河乡龙潭、忠义村共嫁接1 000亩，共发放枝条13 740芽；金江乡共嫁接1 000亩，涉及3个村社，发放枝条13 600芽，成活率76%；区委办扶贫挂钩点（大东乡建新村茨里满）嫁接400亩，七河乡西哨移民点嫁接6亩；嫁接平均成活率为87.7%。为进一步做大做强古城区山区核桃产业，9月19日~9月22日古城区科协组织35人核桃改良技术员、种植大户前往大理州漾濞县考察学习。

【农村专业技术协会工作】 农村专业技术协会是在家庭联产承包责任制条件下，农民群众依靠科学技术，实现农民共同富裕愿望的一种新型经济合作组织。截止2008年12月止正式民政登记注册11个。4月8日金山乡核桃产业技术经济合作协会正式成立，会员有65户。7月29日，金安乡香叶天竺葵产业技术经济合作协会正式挂牌成立，会员有86户，香叶天竺葵种植面积182亩，涉及6个村民小组，其中，金安乡光落村委会4个小组，七河乡羊见村委会2个小组。目前来看，出油量8.8公斤/亩，亩产收入3 000~6 000元之间，实现产值57.6万元，市场前景可观。

【实施科普项目】 2008年古城区科协上报项目4个：省级科普项目2个（云南省科普惠农兴村计划项目，丽江市古城区优质核桃母本园科普示范基地项目）；中国科协科普项目1个（2008年全国科普示范县（市、区）“站、栏、员”建设示范项目），中央财政支持农民专业合作组织项目1个（万亩铁核桃改良推广）。2个项目得到立项（云南省科普惠农兴村计划项目，2008年全国科普示范县（市、区）“站、栏、员”），2个项目由有关部门推荐到财政厅和财政部。在项目资金管理方面，严格按照财政部《科普惠农兴村计划专项资金管理办法》，坚持量入为出，突出重点，专款专用，加强跟踪管理。通过项目实施，古城区科普基础设施建设得到进一步加强，科普工作走上经常化、社会化、规范化的轨道。全国科普示范县（市、区）“站、栏、员”建设示范项目被评为优秀示范项目，此项目区科协严格按照中国科协《关于进一步加强农村科普工作的意见》中提出要以“一站、一栏、一员”建设为农村科普工作重点的要求，不断加强了乡、村，街道、社区科普宣传栏建设，有效发挥其科普功能作用，逐步形成覆盖全区的科普工作阵地。

【开展青少年科普工作】 2008年古城区参加科技创新大赛的福慧学校、祥和中心校，参赛学生有500多名。经认真筛选，申报了300多个创新作品。在云南省第二十三届青少年科技创新大赛中，福慧学校张伟同学的《绽放曙光空中的楼阁》、曹铭的《我的梦想》、刘若璐的《垃圾净化器》、郭思航的《星球保卫战》获云南省科幻绘画赛三等奖。在市科技创新、科幻绘画赛中福慧学校陈莹等八位同学获丽江市科幻绘画赛优秀奖。福慧学校陈丽娟、白龙潭小学和雪婷等十位同学获丽江市科幻作文赛优秀奖。

【社会调研工作】 一是老科协的畜牧组，撰写了《科学养猪技术》文章，提出六个方面的建议意见供相关部门参考。编写古城区新型农民实用技术培训教材1本，发放3 500册。二是在区委、区政府关怀下，老科协6位理事由古城区老干局局长带领下，于9月1日~9月7日观光考察保山、腾冲、漾濞等地，写出考察报告，提出园林绿化、环保等建议提供给区委、区政府。区老科技工作者协会被评为“老龄工作先进集体”，有4位会员被评为“老有所为先进个人”，受到区委、政府的表彰奖励。

【表彰奖励】 2008年科协党支部被评为区委总支表彰的先进党支部，赵绍云同志被评为优秀共产党员。区科协荣获“云南省科协系统先进集体”称号，荣获中国科协、财政部“全国科普惠农兴村先进单位”称号。

（和秀花）

七、军 事

丽江军分区

【综 述】 2008年，分区坚持以战备训练和后备力量建设为中心，以分区第十一次党代会制定的“力争通过五年的努力，使分区部队政治建设水平有新的提高，军事斗争准备有质的突破，县级人武部基础设施建设全面完成，国防动员信息化建设整体跃升，部队和后备力量建设基础更加牢固，分区全面建设再上一个新的台阶”为目标和“抓表率、求发展、抓基层、保稳定”的工作思路，狠抓工作落实，各项工作呈现出稳步发展的良好势头。

【军事斗争准备】 根据胡主席在十七大报告中关于“做好军事斗争准备，提高军队应对多种安全威胁、完成多样化军事任务的能力”重要指示精神，在抓好各级年度战备训练基础上，把协助地方维护社会稳定作为重要任务，全力以赴抓好落实。针对拉萨3·14事件以后丽江市出现的一些不稳定因素，按照省军区有关指示精神，分区和各人武部及时成立应急维稳领导小组，加强对维稳工作的领导和协调。投入5万余元，为机关和独立连配备必要的防暴和野外作业器材。在指导独立连完成新兵训练、抓好单兵基础训练的同时，突出展开以警戒勤务、警棍盾牌术为主要内容的防暴课目训练，有效提高连队遂行维稳处突任务的能力。各人武部按时完成民兵组织整顿，加强民兵应急分队建设，强化训练，共训民兵1 600人。

【安全稳定工作】 分区针对不同时期的任务和特点，加强各人武部、独立连的安全管理，深入细致地抓预防案件、事故工作的落实，加大“三个力度”。一是加大安全教育的力度。在军区召开安全稳定工作电视会议，及时组织官兵收听收看，并结合实际提出具体要求。节日前后、两会期间和各个敏感时期，都有针对性地加强对官兵的教育引导，确保官兵的思想稳定。坚持以《安全工作条例》、《预防犯罪工作条例》为基本教材，组织官兵系统学习并参加省军区组织的《安全工作条例》知识竞赛，有效增强官兵的安全意识。结合作风纪律专项整治，深化“黄赌毒私特艾”和形势政策教育，组织官兵收看典型案例警示片，邀请丽江监狱服刑人员到分区“现身说法”，使官兵受到深刻的教育，从而增强遵纪守法的自觉性。二是加大“六个管好”力度。围绕管好人员、车辆、枪弹、营院、财务和信息载体，对分区《岗位责任制实施细则》进行修改完善，层层签订责任书，进一步健全分级管理、分类管理、区域管理责任制。结合开展违规办事专项整治活动，规范分区机关、人武部和独立连按章办事的各项制度。三是加大检查督促力度。结合安全隐患排查整治发现的问题，建立完善日检查、周讲评、月小结的检查督促制度，采取值班随机抽查方式，对各人武部、连队、仓库和机关各类值班进行检查，确保安全稳定。

【后勤建设】 按照后勤装备工作要紧紧围绕军事斗争准备来展开的要求，分区结合自身实际，有条不紊地抓各项工作的落实，主要是进行“三个加强”。一是加强基础设施建设。确定2008年为“大抓基层年”，督促各人武部加大建设步伐，加快建设进度，保证建设质量，全区基础设施建设全面推进、整体提高。宁蒗县人武部办公楼竣工投入使用，古城区人武部综合治理全面完成，被省军区评为人武部全面建设试点先进单位。二是加强经费的管理使用效益。坚持开源节流，主动协调市财政、古管局划拨分区迁建经费。按时完成2007年度经费结算和2008年度经费预算工作，并对2008年度经费使用情况进行结算。由分区领导带队对各人武部全年经费运行情况进行1次详细检查，摸清各家经费管理使用真实情况。三是加强装备的维修保养。根据分区驾驶员多数只会开车，不会修车保养的状况，落实每周五半天车场日制度，请汽车修理厂技工到场指导，加强车辆的保养、维修，确保车辆处于良好的技术状况。

【配合友邻部队遂行藏区维稳任务】 3月16日，步兵某师某团、炮兵团和武警某师1个团分别从大理、蒙自紧急进驻丽江、迪庆遂行藏区维稳任务。丽江军分区接到上级通报后，迅速派出前进指挥组，协调市委、政府和交战部门，组织当地民兵和交警部门共300余人，遂行保交护路任务，保障进驻藏区部队共3 800余人，近450台车辆装备，安全顺利通过“214”国道丽江段。4月20日～10月30日，根据任务调整，步兵某师某团进驻丽江军分区教导队遂行维稳驻训任务。丽江军分区主动配合，积极修缮营房设施，完善水、电路线，给驻训部队提供宿舍近80余间，并协调市委、政府给驻训部队解决专项补助经费10万元，配合维稳部队高标准完成藏区维稳任务。

【参加奥运安保】 6月10日，丽江军分区出动独立连官兵50人、古城区和玉龙县民兵1 200人，在李观水司令员的具体指挥下，负责奥运火炬从阿丹阁酒店路口至玉龙雪山进山收费站路段往返传递的安全保卫任务，责任路段全长25.4千米。全体指战员根据丽江市奥组委的总体方案，充分预想传递过程中可能出现的各种突发情况，对处置方法进行反复演练，并落实安全保卫责任制。执行任务过程中，全体指战员发扬“特别能吃苦、特别能战斗”的精神，令行禁止、严格执勤，确保传递过程中不发生抢夺火炬或阻碍火炬传递活动正常进行的事件。做到不发生“法轮功”、“藏独”、“门徒会”敌对势力对火炬传递活动进行破坏、侮辱的案（事）件；不发生针对奥运火炬传递活动的上访、游行示威、静坐等案(事)件，确保奥运火炬在丽江站的安全传递。

【组织专武干部培训】 8月25日，丽江军分区基层武装干部业务技能培训在华坪县人武部举办，63个乡（镇）、6个企业基层武装部部长（干事）共69人参加为期15天的培训。培训围绕完成兵员征集、组织调整、军事训练等任务所需的基础技能展开，穿插计算机基础知识、民兵分队遂行处突需把握的原则和方法、“四会”教员培训考核、民兵信息员收集上报信息的基本程序和方法等内容。通过培训，进一步提高基层武装干部的业务综合技能，有力激发基层武装干部爱岗敬业的政治热情。

【参加社会维稳】 4月26日，玉龙县宝山乡发生村民与中铁15局工程车队的群体性械斗，事件发生后，人武部党委高度重视，及时上报分区作战值班室，组织民兵协助公安机关平息事件，出色地完成任务，受到党委政府高度评价。

（单 蕊）

古城区人民武装部

【综 述】 2008年，古城区人民武装部深入贯彻落实科学发展观和两级军区、军分区党委扩大会议精神，按照“用硬件成果带动软件规范，以软件建设提升硬件档次，实现全面建设协调发展，打造‘窗口’人武部”的思路，科学统筹年度工作，软硬件建设并举，扎实做好安全稳定工作，强力抓好民兵队伍遂行多样化任务的能力建设，圆满完成年度各项工作任务，推进国防后备力量建设稳步发展。被省军区党委评为团级单位先进党委。

【思想政治建设】 依据《思想政治教育大纲》，采取集中辅导、随机教育、思想工作、行为引导等方式，落实思想政治教育。按照分区的统一安排，以理论灌输和行为践行为主，集中组织开展“坚定中国特色社会主义信念，有效履行我军历史使命”主题教育。依托年度主题教育，积极探索教育路子，努力构建人武部思想教育体系，结合实际持续开展履行使命职能教育，旅游多元化信念教育，“黄赌毒私特艾”系列教育。及时组织重大政治时事教育，专题学习胡主席在纪念党的十一届三中全会召开30周年大会上的讲话，组织干部职工学习讨论抗震救灾精神。

【党委班子和干部队伍建设】 按照抓班子带干部促发展的思路，围绕提高学习实践科学发展观能力，加强党委班子和干部队伍建设。采取挂靠分区同步学习和党委中心组带干部职工的方法，以科学发展观为重点，依托季度理论学习，系统组织四个专题的理论学习，安排干部分期参加地方政府组织的领导干部时代前沿知识讲座。根据两级军区和分区的统一部署，采取组织思想分析、个人对照检查、群众民主测评等方法，认真开展“讲党性、重品行、作表率”主题教育，结合半年民主生活会，查找纠正省军区关注的干部管理中七个方面的问题。班子成员调整到位后，本着和谐合力开展工作，及时组织学习《党委工作条例》，进行党委委员分工，广泛开展谈心交心活动，较好规范议事决策程序，统一团结干事创一流的思想认识，确保工作的连贯性。加强对干部的培养教育和实践锻炼，积极鼓励在职函授学习，注重搞好传帮带，开展好“机关建设月”活动，干部开展工作由担心变为放心、由依赖变为独挡、由生疏变为内行。采取定岗明责、考勤奖惩、福利关心等方法，激活职工队伍。党委班子核心凝聚力强，干部队伍骨干作用明显，有力带动职工主人翁作用的发挥。

【民兵军事训练】 深化爱军精武活动，突出应急维稳训练，强化战备方案演练，着力提高遂行多样化军事任务能力。按照企业民兵成建制组训、基层民兵集训骨干、专武干部业务培训、党政干部过“军事日”的思路，以应急维稳为重点，落实民兵军事训练，集训民兵应急分队150人，组训民兵尖子20人，轮训民兵骨干90人，训练党政机关干部600人。干部职工依托岗位练兵和伴随民兵集训，突出技术重点、信息难点、体能弱点的训练。配合分区集训和以会带训组织进行专武干部的“四会”（会整组、会组训、会点验、会开展民兵政治工作）训练。结合藏区维稳战备要求，修改完善战备方案，进行处置突发事件的应急演练，加强战备执勤值班，切实做好应急作战的各项准备工作。积极承担应急抢险任务，圆满完成抽调600名民兵执行奥运火炬传递安保任务，组织400名民兵参加低温雨雪灾害抢险救灾，较好发挥民兵在应急抢险中的突击队作用。在执行奥运火炬传递安保任务中，有3名干部、3名武装部长和1个武装部受到分区表彰。

【国防后备力量建设】 坚持民兵预备役工作的中心地位，继续深化城市民兵改革，加强民兵应急分队建设，重视国防动员工作，实现武装工作和后备力量建设协调发展。一是召开武装工作会议，全面部署武装工作和后备力量建设任务，使其进入基层党委政府的全年责任目标。二是结合年度民兵组织整顿，深化城市民兵改革，继续优化民兵布局“三个转移”（农村向城镇、国有企业向非公企业、分散向滇藏公路沿线）和民兵组织“四个延伸”（社区街道、行政机关、技术单位、大专院校）。三是加强民兵应急分队的重点建设，依托玉峰水泥厂民兵连，建好一支能应急应战的120人民兵应急分队，各乡（办事处）分别组建一支30人的应急分队。四是重视国防动员信息化建设，建立国防动员信息库，进行国防支前潜力数据库的采集更新。五是开展城市重要经济目标的调查，科学组织重要经济目标的等级评估，按时完成数据录入和材料上报。六是加强基层专武干部队伍的教育管理，调整使用3名武装部长。七是继续巩固“青年民兵之家”试点建设成果，挂靠村级活动场所和乡文化站建设，每一个乡（办事处）均挂一个“青年民兵之家”匾牌。八是精心组织年度征兵工作，圆满完成67名新兵征集任务。九是持续开展国防教育和党管武装宣传教育，积极组织稿件，在《西南民兵》刊载党管武装和国防后备力量建设经验做法。

【内部建设】 以云南省人武部全面建设“试点”为契机，实行软硬件建设并举。一是围绕干部周转房建设、营区绿化美化、旧房改造、水泥地面铺设四个项目，投入130万元，完成整个营院综合整治，为干部职工营造一个良好环境。二是投入35万元按省军区人武部全面建设“试点”标准，着重进行“九室两库”升级改造，调整增设相关库室，整治完善值班室，配齐战备物资器材，使设施更加配套，档次更加提升。三是注重制度建设和管理，按“三分四定”要求规范器材摆放，统一制作各类职责标牌，统一办公室物品摆放和卫生标准。修订完善并严格执行《营区管理规定》、《人员分值管理办法》等规定，人武部战备、训练、工作、生活四个秩序逐步正规。试点工作得到省军区检查组的一致好评，撰写的经验材料评分较高，被省军区评为全面建设试点先进单位。

【安全稳定工作】 高度关注安全稳定，坚持依法从严治军，落实正规化管理。一是认真贯彻两级军区和分区安全稳定工作电视电话会议精神，强化安全发展理念，坚持节假日安全教育和季度安全分析制度，对照检查干部违规开车、酗酒贪杯、违规上网、交往过滥等问题，加强人员、车辆、弹药、营区和信息的安全管理，全力做好“两会”和奥运期间的安全工作。二是积极开展年终安全宣传教育月活动，认真落实基层预防犯罪工作，重视关注社会维稳，确保安全无事故。三是继续把资料建设作为软件建设的突破口，采取分类编目和综合统编、专项整理和集中装订、材料汇编和图片收集、电子存档和资料存放“四结合”的方法，加强资料管理，实现数据库管理和材料图片存档双规范。四是持续开展“树好军队形象、体现军人作风、规范军营秩序”整治活动，严格值班，坚持交班，实行考勤，强化卫生责任管理。五是认真组织违规办事清理，重视依靠制度管理，各项规章制度能够有效落实，依法办事成为自觉行动，无违规办事行为。

【召开武装工作会议】 3月25日，古城区人武部召开年度武装工作暨民兵整组会议。会议由政委主持，区委常委、区人民政府常务副区长和学勇、区委副书记和茂卓出席会议，各乡街道办分管武装工作的领导、武装部长，企事业武装部长，区国动委各办公室领导共32人参加会议。会议总结部署2008年度武装工作和民兵整组工作，并对10个先进个人、5个先进单位进行表彰。

【上级检查指导】 4月26日，省军区张肖南参谋长在军分区顾智乐政委、毛东海副政委的陪同下到区人武部检查指导“讲党性、重品行、作表率”专题教育整顿工作。

5月25日，省军区何德文副参谋长在军分区李观水司令员、李述朗参谋长陪同下到区人武部检查指导“狠刹七歪风”专项整治工作。

7月10日，省军区陈明昌副参谋长率交叉检查组一行13人到区人武部检查指导工作，对人武部正规化试点建设情况进行考评验收，并给予较高评价。

7月11日，丽江军分区组织出席分区党代会的代表和分区机关干部共30人到区人武部观摩学习正规化建设成果。

【完成奥运会火炬传递安全保卫任务】 6月10日，古城区人武部组织出动600名民兵配合地方执行2008北京奥运会火炬在丽江传递活动的安保任务。广大民兵发扬“特别能吃苦、特别能战斗、特别能奉献”的精神，从6月10日凌晨4时到达执勤位置持续奋战至下午14时30分任务结束后撤离，圆满完成长达29.9千米的安全保卫任务，受到北京奥组委和省、市领导的高度赞扬。

（周和鹏）

武警丽江市支队

【综 述】 2008年，武警丽江市支队坚持以“三个代表”重要思想和科学发展观为指导，深入贯彻落实总部、总队党委扩大会议精神，按照“强班子、抓基层、谋发展、保稳定”的要求，扎实打基础，反复抓落实，在不断解决薄弱环节中推进支队建设稳步发展，圆满完成以执勤、处突为中心，以藏区维稳和奥运安保为重点的各项任务。支队党委被武警总部表彰为“先进党委”，古城区中队和永胜县中队被总队评为“基层建设先进中队”，9个单位和部门、9名个人受总队通报表彰，20名个人荣立三等功。

【支队党委扩大会议】 1月26日~28日召开支队党委扩大会议，机关股以上干部和基层主官39人参加。会议传达学习总队二届七次扩大会议精神，总结2007年工作，部署2008年工作，表彰2007年度先进单位和个人。大会审议通过支队2008年度军事、政治、后勤工作计划，签订2008年度党风廉政建设和安全、计划生育工作责任书。28日中午，支队组织与会人员参观新机关及支队团购房建设情况。

【反恐集训汇报表演】 5月21日~6月3日，40名官兵集中支队教导队参加支队举办以紧急出动、反爆炸、反袭击、攀登、射击为主要内容的反恐怖骨干集训，对反恐基本战法进行研练。6月4日下午，丽江市委、市政府、公安局等主要领导在支队党委成员的陪同下观看支队反恐分队以反爆炸、反袭击、攀登、射击和群体性事件处置等内容的反恐汇报表演，支队长蒋德宏致欢迎辞并介绍情况，市委书记和自兴作重要指示。通过演练，有效地提高反恐人员战斗技能，为进一步确保奥运火炬在丽江安全传递和奥运会胜利召开打下坚实基础。

【成立“官兵困难补助基金”】 年内，支队党委成立“官兵困难补助基金”，资金从三个方面筹集：一是号召支队全体官兵捐一部分；二是从支队经费中筹措一部分；三是向地方政府争取一部分。4月30日，支队全体官兵积极响应党委号召捐款30 518元，筹集基金10万元。

【支队机关、直属队整体搬迁】 2006年3月2日，支队向总队上报《关于武警丽江市支队机关、直属一中队整体搬迁新建的请示》，支队新机关于2007年1月16日开工建设，2008年6月20日完成新营区建设。6月20日~7月1日，支队按照先直属队后机关的顺序有计划有组织搬入新机关。

【安全保卫任务】 1月18日，参谋长沙马日都带一中队16名官兵，担负军委委员梁光烈一行26人首长驻地警卫、专机守卫、飞机起降时跑道巡逻等勤务，19日下午，部队圆满完成任务。3月15日02时，根据总队指示，支队150名官兵在总队副参谋长李家贵带领下以摩托化方式向迪庆开进，于06时13分到达迪庆，比总队下达的时间提前1小时47分，成为第一支、第一时间到达迪庆藏区，第一支担负城市武装巡逻的部队，实现保到位就是保胜利，为迪庆藏区的稳定赢得了主动。6月9日~11日，支队170名官兵在支队长蒋德宏的带领下圆满完成奥运火炬在丽江境内传递的专机守卫、火种存放点守卫、运行团队住地警卫、专机机组人员警卫、火炬随队护卫、机场跑道警戒、机动备勤等任务。8月15日，支队参谋长温旭林带领警勤中队中队长马春宏及中队8名战士担负云南省省委书记白恩培到丽江视察期间首长驻地警卫勤务。

【总部首长到支队检查指导工作】 3月21日，总部副司令员何映华少将在总队政委王海亮少将的陪同下检查指导丽江藏区维稳工作。

4月4日，总部藏区维稳指导组总部后勤部副政委董书民少将在总队后勤部部长张志海大校陪同下到支队检查指导工作。

4月14日，总部藏区维稳指导组总部后勤部副政委董书民少将在支队长将德宏的陪同下到宁蒗县永宁乡看望藏区维稳官兵。

5月24日，总部藏区维稳指导组总部后勤部副政委董书民少将在总队政治部主任徐鲁海大校的陪同下到支队重点检查指导奥运安保工作。

7月28日，总部副政治委员李清印中将在总队长周军少将、政委王海亮少将、政治部主任徐鲁海大校等领导的陪同下到支队视察并与机关干部合影留念。

8月3日，总部藏区维稳指导组总部后勤部副政委董书民少将在总队副总队长杜筑华陪同下到丽江检查奥运战备工作。

10月24日，总部营房部副部长刘占琪在总队副总队长郭志刚、后勤部副部长刘景波、营房处处长晏国谱陪同下到支队视察藏区增编部队营房建设。

12月31日，武警部队司令员吴双战上将在总队长周军少将、政委王海亮少将、参谋长杨绍华大校的陪同下到支队视察工作。

【欢送退伍老兵】 11月25日，支队召开退伍老兵欢送大会，丽江市委、市政府、市公安局等领导到会，欢送支队101名老兵光荣离队。

（陈树新）

消 防

【综 述】 2008年，古城区公安消防大队以邓小平理论和“三个代表”重要思想为指导，以科学发展观为统领，以构建和谐警营、服从服务和谐发展为主题，以深化“三基”工程建设为主线，全面实施示范单位建设和执法规范化建设，攻坚克难，求真务实，锐意进取，勇于突破，使部队正规化建设水平、消防工作社会化水平和火灾防控能力再上新台阶，确保以古城为重点的消防安全和部队的高度稳定，全面推进古城消防事业又好又快发展。

【灭火救援】 年内，大队共参加灭火救援75起，出动警力964（人）次，共出动车辆187台（次），其中扑救火灾33起，参加抢险救援41次，参加重大执勤保卫14次，为建设“平安古城”创造良好的消防安全环境。

【执勤岗位练兵】 进一步规范、完善重点单位和消防水源管理档案，加强节日和重大活动期间重点单位和重点区域、重要活动场所灭火预案的制定和演练。大队结合古城消防实际，根据不同区域制定与之相适应的灭火作战预案，防止灭火作战预案千篇一律，提高辖区中队扑救古城火灾的实战能力，进一步加大“六熟悉”和“四掌握”力度，做到底数清、情况明。年内，两个中队修订和制作灭火预案107份，开展灭火演练76次，检查市政消防设施消火栓607个，发现问题86个，并及时将检查情况向区政府作了专题汇报。8月，以大队官兵为主组成的支队代表队在协作区执勤岗位练兵对抗赛中，取得滇西协作区执勤岗位练兵团体第二名、总队集中比武第五名的优异成绩，大队也被支队评为执勤岗位练兵先进大队，一中队被评为岗位练兵先进中队，五名同志被评为岗位练兵先进个人。

【拥政爱民】 年内，大队努力践行“忠诚可靠、赴汤蹈火、服务人民”的新时期公安消防精神，积极开展各项警民共建和拥政爱民活动。组织警民共建活动9次，组织消防官兵冲洗街道24次、义务献血11 100毫升，义务植树600株，看望孤寡老人9人（次），为四川汶川地震灾区捐款7 835元，为天红博爱小学捐款2 276元，为丽江雪灾捐款1 762元，衣物81件套，进一步拉近警民距离，密切警民关系。

【后勤装备建设】 2008年，大队建立健全“开源节流、监管到位、保证重点、提高效益”的后勤管理工作机制，找准工作突破口和工作方向，拓宽资金渠道，多方争取经费，确保各项建设任务的圆满完成。年内，共争取地方业务经费170多万元，为部队“三基”工程建设提供强有力的支持和保证。4月、6月，大队投入80余万元购置“三基”常规器材、抢险救援器材、个人防护装备和消防监督器材装备，实现器材装备“零缺帐”。6月，大队投入15.6万元改造家属区、一中队餐厅、娱乐室、荣誉室、图书室等设施，为官兵营造良好的生活环境。

【消防专项整治】 年内，大队紧紧围绕支队2008年工作的指导思想和奋斗目标，先后组织开展人员密集场所专项治理、校园周边整治、红盾五号、红盾六号、红盾七号、奥运保卫攻坚战、古城客栈整治、文化娱乐场所整治、易燃易爆场所整治等专项行动。检查单位（场所）486个，下发《责令限期改正通知书》59份，消除火灾隐患600余条（处）；办理公众聚集场所开业前消防行政许可146起，审核建筑工程41个，竣工验收21个，实施“三停”7起，当场处罚13起，罚款115 410元，消除火灾隐患，震慑消防违法者。9月，华汇工业品市场、格兰大酒店、百信商场3家省、市、区级政府挂牌督办单位火灾隐患全部整改完毕并销案。

【执法规范化建设】 年内，大队执法人员苦练基本功，不断提高业务素质，在监督执法过程中执法准确，用语规范，书写正确，大队执法行为、程序和法律文书得到进一步规范，执法总量、执法质量、执法效率和服务水平得到进一步提升。8月2日，支队执法规范化现场会在古城大队召开，充分肯定大队的执法规范化建设成果。

【派出所消防监督工作】 为认真落实《云南省公安派出所消防监督管理规定》，进一步强化公安派出所的消防监督职能，规范基层派出所消防监督执法行为，大队结合辖区实际推出“四项措施”：一是建立健全制度，结合古城实际特点，实行分管领导和所长负责制。二是实行防火监督干部定点联系派出所制度，对派出所定期开展业务培训，强化对派出所的帮助指导。三是大队招收8名合同制消防员全部下派到辖区派出所开展消防监督工作，增强派出所执法监督力量。四是加强派出所硬件建设，大队为城区4个派出所配备电脑，专门用于录入各类数据。通过以上举措，进一步规范派出所消防监督执法程序，提高派出所消防监督执法队伍的执法能力。

【消防宣传工作】 年内，大队共组织社会单位法人代表、消防安全管理人及从业人员800多人参加消防安全培训，并取得培训上岗证。在悦榕庄酒店、电影城、官房大酒店、绿韵酒店、联通丽江分公司、市烟草公司、大研幼儿园开展消防安全知识讲座，受教育群众达1 200多人。“11·9”消防日宣传期间，大队向过往群众发放《消防法》宣贯材料、“家庭防火小常识”、“生活消防小常识”、“青少年自我保护掌中宝”等消防宣传资料4 000余份，发放“橙丝带”1 000余条。

【推先创优工作】 大队扎实深入贯彻落实上级党委既定的“爱民护城”推先工作目标，深化“亲民、爱民、为民、助民”活动，使二中队真正成为“三基”工程建设和勤务机制改革的示范单位，成为思想素质好、业务能力强、战斗力不断提高的过硬中队，成为坚持执法为民、爱民护城的模范中队。同时，借助外力，扩大社会宣传。为宣传古城二中队先进典型，古城区委划拨20万元专项经费，邀请各级主流媒体，多次深入采访，进行集中性、密集性、大力度宣传，引起社会各界的广泛关注。5月15日，云南省人民政府在丽江隆重召开表彰大会，正式授予古城二中队“爱民护城模范消防中队”荣誉称号。

【火灾案例】 2008年，全区共发生火灾6起，其中用火不慎1起，玩火1起，电气火灾1起，放火1起，吸烟引起火灾1起，待查1起，死亡2人，受灾12户，直接经济损失155 8641元。与2007年同期相比，火灾次数下降167%，损失上升603%，无重特大火灾发生。

1月2日零时20分，古城区束河街道黄山社区安乐二组和某某户用火不慎引发火灾，受灾5户，直接财产损失101 373元。

1月22日15时，古城区中济中海村和某某户小孩玩火引发火灾，直接财产损失42 000元。

2月9日零时20分，古城区大研办事处文智一社2号发生火灾，直接财产损失222 966元。

2月16日10时10分，中国人寿保险公司丽江市分公司发生电气火灾，直接财产损失4 500元。

3月25日，古城区南门丽水缘酒店发生火灾，直接财产损失1 142 692元。

4月17日，古城区大东乡建新村委会十二栏杆三组发生火灾，造成2人死亡，直接财产损失45 110元。

（刘成云）

通信营

【综　述】 2008年，通信营严格落实上级党委的统一部署，以《军队基层建设纲要》为依据，以党的十七大会议精神为指导，深入贯彻落实科学发展观，紧紧围绕上级党委的工作思路，认真开展政治教育、值勤训练、后勤建设、装备保障等各项工作，圆满完成各项任务，确保部队高度稳定。

【组织建设】 坚持从转变观念、改进作风、提高能力入手不断强化党委、支部的自身能力建设。针对党委委员、支部委员工作调整的情况及时健全党委（支部）领导班子，为确保更好发挥党支部的战斗堡垒作用，各支部强化支部班子对《政工条例》、《党支部工作条例》等内容的学习，使支部班子能尽快熟悉工作，进入状态。年内，党委书记、副书记先后11次到各支部开展面对面传帮带，并进行2次党组织建设经验交流，使分队的各类组织建设同步协调发展，党委（支部）班子成员的工作能力得到明显提高。

【政治教育工作】 年内，以扎实开展“坚定中国特色社会主义信念，有效履行我军历史使命”主题教育和十七大精神的学习贯彻为主线，结合部队形势，总结教育中好的经验做法，有针对性开展四项重大教育、条令条例学习活动、“四个”教育、防间保密、普法教育、爱装管装、驻地社情民情、法规政策和官兵生理、心理健康等教育活动。为切实把思想政治教育工作抓深抓实，充分调动技术干部、排长、班长骨干承担部分主题教育及实时形势教育的授课任务，提高骨干四会教学水平。同时注重拓展教育手段，充分利用现代传媒、视频会议系统、报纸、军事综合信息网等多种手段开展教育，以开展知识竞赛、组织专题大讨论、进行课后小辅导、撰写心得体会、随机考核和阶段考试等形式，巩固教育成果。

【军事训练工作】 把“练为战，比为战”的思想贯穿于年度训练工作的始终，突出“练为战，一切从实战出发”的训练指导思想，严格按《军事训练大纲》及上级训练工作部署抓阶段性训练工作。一是党委、支部高度重视训练工作，积极开展参训、议训，军政主官齐抓共管，严格落实各项训练制度，确保军事工作全面落实。二是坚持科技兴训、依法治训，从实际需要出发，从难从严抓训练。三是狠抓基础训练、新兵岗前训练，3月组织为期1个月的新兵集训，实行共同科目和基础科目的理论教学，确保新兵尽快上岗。四是分层次施训，突出军官和士官的训练。根据官兵文化程度、理解能力、业务技术层次的不同，对训练内容进行合理安排，分层次突出应用型人才培养训练，采取岗前训练和岗位训练相结合的方式，把干部、士官作为重点，对文化基础好、愿学、肯学的战士进行重点培养，并积极推荐到友邻单位进行岗位轮训。

【安全管理工作】 为进一步规范部队“四个秩序”，落实“六个管好”，定期组织学习《安全工作条例》、《预防犯罪工作条例》，巩固官兵安全意识、法规意识，同时加强“防范重大安全问题”专项预案演练，增强官兵处置突发事故的应急能力，不断修订完善各类“防范重大安全问题专项预案”、“个人安全预案”。年内，共组织《防范重大火灾专项预案》、《防范群体性食物中毒专项预案》、《防范重大军民纠纷专项预案》、《防范重大涉密问题专项预案》、《防范自然灾害应急疏散预案》等进行演练60余次，在经常性防事故演练中，切实提高官兵应急处置能力。在汶川大地震后，结合分队所处地理位置的实际，以视频会议的形势组织《地震、泥石流等自然灾害原理》、《自救互救》等常识教育，增强官兵对自然灾害的科学认识和防范意外事故的应急能力。

【后勤建设工作】 年内，积极为各连修缮房屋漏水5处，粉刷营院墙面约1900平方米，投入24 000元安装太阳能、热水器解决部队官兵洗澡难的问题，并购买洗衣机、电暖器、饮水机、规范内务储物盒等生活设施共计9 000余元。投入10 000余元购买斯诺克台球桌、多功能健身器、DV摄像机、DVD影碟机、书籍等文化娱乐设施。年初，驻迪庆两个连队遭遇雪灾后，积极开展生产生活自救，在上级机关的帮助下，投入65 000余元及时对受损营房、大棚等设施进行修复。同时，各连组织对营区绿化带进行整理，种植草皮800多个平方米、铺设花园小路1条、搭建花园凉亭1个，美化生活环境。

【社会公益性活动】 引导官兵树立视驻地为第二故乡的思想，积极参加和服务地方各项建设，主动与驻地政府及相关部门搞好协调，开展拥政爱民活动。在“六一”前为丽江长水路孤儿院送去价值1 500元的学习用品。驻德钦县的官兵在迪庆州“1·28”雪灾后参加县政府组织的清扫街道积雪活动，并购买2 000余元的慰问品慰问当地困难群众。7月在香格里拉县土官村发生泥石流后积极开展救灾活动，帮助受灾群众抢救财产，清理城区河道垃圾2公里。年内，全体官兵参加驻地义务植树、学生军训等义务劳动1 300人（次），向雪灾灾区捐款6 020元，向“5.12”地震灾区捐款24 195元，捐赠衣物124件，全体党（团）员向灾区交纳“特殊党费”17 006元，在四川休假的李勇同志积极主动到抗震救灾一线救灾，得到上级首长表扬。

（罗　燚）

军民鱼水情深　（佚名）

八、法制

政法委

【综　述】 2008年，古城区委政法委在市委政法委和区委的坚强领导下，以邓小平理论和“三个代表”重要思想为指导，深入贯彻落实科学发展观，认真学习贯彻党的十七大及十七届三中全会精神，高举中国特色社会主义伟大旗帜，按照全国全省全市政法工作会议、区委二届四次全委会和区委政法委员会（扩大）会议的部署和要求，牢牢把握奥运安保和反恐维稳的政治任务，牢固树立“发展是第一要务、稳定是第一责任、和谐是第一目标”的观念，紧紧围绕创建“全国社会治安最好城市之一”奋斗目标，突出“推动科学发展、保障服务民生、促进社会和谐”三个重点，狠抓政法队伍建设和基层基础建设两个关键，不断推动全区政法综治维稳工作全面、协调、可持续发展，采取强有力措施，凝聚全社会力量，全面巩固、深化“平安古城”创建活动，实现了“五个更加”：即社会治安防控网络更加健全，矛盾纠纷排查化解机制更加完善，社会管理水平更加提高，人民群众安全感更加增强，社会大局更加和谐稳定，全区公民对社会治安的满意率提高2个百分点达95%，平安建设工作再上新台阶，为构建和谐文明小康古城创造了平安和谐稳定的社会环境和公正高效权威的法制环境。古城区被市委、市政府评为2008年度社会治安综合治理维护稳定工作先进区；被省委、省政府授予“2008年度云南省先进平安区”称号；被中央社会治安综合治理委员会、国家人力资源和社会保障部评为“2005～2008年度全国平安建设先进区”。同时，区委书记周鸿，区委副书记、区人民政府区长金光闪和区委常委、政法委书记和红卫及区社会治安综合治理工作办公室主任和春立等四位同志，在领导社会治安综合治理和创建全国平安建设先进区工作中尽职尽责、成绩突出，受到了中央综治委、中央组织部的通令嘉奖。

【强化打防结合　突出打击整治】 坚持“打防结合、预防为主，专群结合、依靠群众”的工作方针，全面加强社会治安防控和严打整治斗争。一是建立群防群治网络。在社区，依托19个警务室和40个民警，吸纳“保洁”、“保绿”、“低保”人员，组建了义务联防队；在小区，建立了段巷、商铺户户联防制度；在古城，组建了打更巡逻队；在农村，组织广大民兵、团员开展了“治安联防”、“邻里协防”活动；在酒店、机关企事业单位，依托保安公司派驻或聘用巡防人员共计2 100人，实现了由古城、农村、社区、小区、机关企事业单位等9 000余人共同构筑的群防群治网络，全方位做好不同区域的自我防范和治安巡逻。二是建立警务网络，在街面，有110流动警务车开展现场勤务办公；在主要街道，设立18个警务亭，有巡防人员实行每天24小时不间断巡逻。三是建立技防网络。在110“三警”合一的前提下，安装了262个“全球眼”探头，已经建成基本覆盖全城区主要区域的视频监控系统。四是加强治安乱点和治安突出问题的排查整治。采取滚动排查、滚动整治的方法，有针对性地整治娱乐服务场所拉客、涉黄和旅游行业“四黑”、偷盗破坏“三电”设施等行为。特别是针对过去全省个私经济示范园区七星旅游商贸街与其他区域相比，治安有一定差距的问题，通过实施“4881”整治方案，采取设立警务站、警务前移、规范行业自律等一系列措施，加大整治力度，园区内刑事、治安案件不断减少。五是深入开展严打专项斗争。牢固树立“案件少才是硬道理、破案多才是真本事”的理念，深入开展严打专项斗争。在全区流动人口拥有常住人口一半多。旅游人数年均增长8%达465万人次以上的情况下，年内共立刑事案件1 002起，破获722起，综合破案率72.06%。古城公安分局被评为全国县级公安机关执法示范单位、全省公安机关贯彻落实“八条措施”先进集体。区检察院相继被评为全省、全国“先进基层检察院”。六是认真做好防范和处理邪教工作。成功抓获潜入全区张贴反动宣传单的外籍“法轮功”顽固分子2人，一举摧毁了2006年底传入全区的“实际神”邪教组织体系。区委610办被评为全省防范和处理邪教工作先进集体。

【强化维稳大局 确保藏区稳定】 西藏拉萨“3·14”事件发生后，作为全省第二大藏区，加之奥运火炬传递活动的举行，本区藏区维稳及“反恐”工作面临的形势和任务变得异常严峻。按照“无事当有事准备”的工作要求，本区及时制定了《古城区处置突发事件应急预案》，成立了藏区维稳工作和反恐应急指挥机构，并根据职能职责设置了情报信息组、现场协调组、外援和处突组、群众工作组、法律援助法律宣传组、机动应急组、交通秩序维护及车辆清障组、后勤保障组、现场督查组等9个工作组。坚持“内紧外松，宽严有度，不事张扬，保障安全，维护稳定”的原则，全力做好七项工作：一是加强情报信息工作，共收集上报维稳和涉恐信息2 088条；二是对新疆籍、藏区人员等重点人员进行每日两次排查，对安乐村、白塔、普济寺等重点村社、寺庙和人员实行“三包”责任制；三是每天出动警力200多人、车辆30余辆对重点部位、路段、道路、广场进行武装巡逻，对丽江新城区、大研古城、束河古镇等重点区域实行全天候不间断监控；四是对涉爆、涉枪、涉毒和放射性物品进行“地毯式”的安全检查；五是对关系国计民生的重点单位、要害部位、基础设施，加强安全保卫工作，并与180家单位签订了责任书；六是切实做好反恐力量准备、装备准备和处置准备，确保一旦发生恐怖袭击事件能在“第一时间”进行有效处置；七是严格落实硬质隔离、远端分流疏导、制高点控制、提前布控清场等措施，圆满完成奥运火炬在丽江传递的安全保卫任务。通过采取以上措施，实现了省委、省政府提出的藏区维稳工作确保“不出大事、力争不出小事”目标。

【综治维稳基层基础规范化工作】 全年，始终把加强基层基础建设作为维护社会稳定、构建和谐社会的一项战略性、根本性任务常抓不懈。一是进一步加强政法机关队伍建设。2008年，全区基层派出所的民警达168人，占公安民警总数的56%，加上一线实战部门的干警占到公安民警总数的86%。全区各乡（街道）均成立司法所，并有56%完成了规范司法所建设，落实人员编制20名。区法院和区检察院在原有基础上各配备了2名专职审判委员会和检察委员会委员。区公安分局内设机构规范工作全面完成，一次性调整提拔科级干部79名，较好地解决了基层领导职数偏少、领导干部不足的问题。二是调整充实基层治保调解组织，落实补助经费。全区58个村（居）委会的治保会和调委会在村（居）委会“两委”换届之际，进行全面的调整充实，明确基层治保调解组织的工作职责。依托相关部门开展治保调解业务知识培训。综治维稳工作经费按全区人均1.00元的标准列入同级财政预算，主要用于补助基层治保调解工作经费。三是在取得试点工作经验的基础上，全面推进全区综治维稳基层基础规范化建设工作。区综治办、维稳办认真拟定《区综治维稳委关于切实加强综治维稳基层基础规范化建设实施方案》提请区委办、区政府办转发全区贯彻执行。9月25日，召开全区综治维稳基层基础规范化建设工作推进会，对做好此项工作提出了具体的要求，对前来参会的各乡（街道）综治维稳专干及各村（社区）治保会和调委会主任进行了培训，并向各乡（街道）发放了统一制作的工作制度牌、专用电脑、兑现了原来确定的经费。通过进一步健全工作机构、规范工作机制和工作制度，抓好区、乡（街道）、村（社区）三级综治维稳组织有人干事、有钱办事、按章理事三项工作。四是实行综治维稳领导及成员单位挂钩联系基层综治维稳工作制度。为充分发挥区综治维稳各成员单位的职能作用，帮助指导基层抓好综治维稳基础工作，全区实行了区综治维稳领导及成员单位挂钩联系基层综治维稳工作制度。区综治维稳主任、副主任分别挂钩联系一个乡（街道），58个综治维稳成员单位分别挂钩联系58个村（社区）居委会。区综治维稳委作出五项相关规定和三项工作机制，有效确保了此项工作制度的顺利实施，进一步加强了全区综治维稳基层基础建设。通过狠抓以上工作，使基层基础工作做到了机构设置、硬件标准、职责制度、台帐资料的“四统一”和组织建设、人员经费、硬件达标、资源整合、制度运行的“五到位”。

【加大排查调处力度 化解社会矛盾纠纷】 一是区综治维稳委制定出台《古城区关于建立矛盾纠纷排查化解工作体系的实施方案》，建立党委、政府统一领导，维稳部门组织协调，部门（单位）共同参与，社会各方整体联动，人民调解、行政调解、司法调解相互衔接、相互补充，综合运用法律、政策、经济、行政等手段和教育、协商、疏导等办法的多元化、全方位矛盾纠纷排查化解工作体系，健全分级负责、责任明确、归口办理、限期处理、巩固治理的矛盾纠纷排查化解工作机制，实行定期排查通报制度，加强督查督办，全区各级人民调解委员会排查矛盾纠纷115件，受理调解矛盾纠纷439件，其中调解成功423件，调解成功率达96.4%，努力把影响社会稳定的矛盾纠纷排查在基层、调处在基层、化解在基层，确保了全区社会大局稳定，为构建和谐文明小康古城营造了良好的社会环境。二是为认真贯彻落实中央《关于全面深入开展矛盾纠纷排查化解工作的意见》、“全省深入学习贯彻科学发展观，做好新形势下群众工作专题研讨班”和全市矛盾纠纷排查化解工作座谈会精神，11月21日，由区矛盾纠纷排查化解工作领导小组牵头召开全区矛盾纠纷排查化解工作会议，分析了全区矛盾纠纷排查化解工作形势，传达了全省综治维稳基层基础规范化建设现场会精神，并就落实《中共丽江市古城区委办公室 古城区人民政府办公室关于进一步明确近期矛盾纠纷化解工作任务的通知》进行了具体的安排部署，对27项矛盾纠纷化解工作任务明确了责任单位、具体责任人和责任领导。三是为密切关注各类社会动态，全面、及时、准确地收集、掌握当前影响社会稳定的突出问题和不稳定因素，切实加强对社会稳定形势的研判预测工作，按照市维护稳定工作办公室的有关要求，从12月份开始，严格实行每周情况信息报送工作零报制度，并将信息报送情况纳入年度综治维稳工作考核中，要求各乡（街道）综治维稳委、区政法各部门指定一名信息员负责情况信息报送工作，每周按时上报对辖区内影响社会稳定的情况信息，由区维稳办对影响全区社会稳定的本周社会动态进行汇总整理和分析研判，形成影响社会稳定情况信息每周分析研判书面材料并及时向市维稳办进行报送，从而进一步加大了影响社会稳定矛盾纠纷的排查化解力度。

【召开区委政法委员会（扩大）会议】 4月17日，区委政法委在丽江国际大酒店组织召开中共古城区委政法委员会(扩大)会议，会议由区人民政府副区长、区委政法委副书记、区公安分局局长和卫红同志主持，区委常委、政法委书记和红卫同志作了题为《深入贯彻落实党的十七大精神，为建设全国社会治安最好城市而努力奋斗》的重要讲话。会议认真传达了全国全省全市政法工作会议精神，简要总结了2007年的政法工作，研究细化了区委二届四次全会和区“两会”作出的“关于加强和改进全区政法工作，加强社会治安综合治理维护稳定”的总体部署，深入分析了当前面临的形势，全面部署了2008年的主要任务。区委政法委员会书记、副书记、委员等12位同志出席会议，不是区委政法委员会委员的区公安局党委委员，区检察院、区法院党组成员及非党副职，区司法局、区消防大队、区森林公安分局、区交警大队副职以上领导干部及区委政法委机关全体干部职工共23人参加会议。

【加强和规范监外执行罪犯管理工作】 6月17日，古城区政法委召开区公、检、法、司领导和区检察院监所科、城区四个派出所负责人参加的上半年古城区监外执行罪犯脱管、漏管执行情况联席会议。各职能部门分别汇报了自2007年开展清理核查纠正监外执行罪犯专项行动以来到2008年上半年对监外执行罪犯的执行情况。会议对监外执行工作中存在的“政法部门思想认识不到位、职能部门工作衔接不密切、执法干警责任心不强”等问题进行了认真的梳理和细致的分析。会议要求，全区政法各部门必须认真贯彻落实好清理核查纠正监外执行罪犯专项行动结束后制定的《丽江市古城区监外执行罪犯交付执行制度》、《丽江市古城区监外执行罪犯监督管理制度》、《丽江市古城区监外执行罪犯回访考察制度》、《丽江市古城区监外执行罪犯监督管理联席会议制度》等四项制度，进一步健全完善和创新发展监外执行工作长效机制，严防监外执行罪犯脱管、漏管情况的发生。

【见义勇为古城协会成立】　为了加大对见义勇为的宣传力度，广泛发动社会各界及广大人民群众支持见义勇为事业，筹集见义勇为基金，根据区委办公室相关文件，经丽江市社会治安综合治理维护稳定委员会、丽江市见义勇为协会批准，7 月份，挂牌成立了丽江市见义勇为协会古城工作站，明确了工作站组成人员，设立了见义勇为基金账户，区政府专门为工作站安排了见义勇为基金 10 万元。下一步，工作站将严格按照《丽江市见义勇为协会章程》、《丽江市见义勇为协会筹集及使用管理规定》、《丽江市见义勇为奖励办法》等规定，筹集、使用和管理好见义勇为基金，大力宣传和表彰见义勇为行为。

【清理执行积案工作】　为深入贯彻落实中央、省、市集中清理执行积案活动会议精神，由区委政法委牵头成立了古城区集中清理执行积案活动领导小组，12 月 18 日，召开了专题工作会议，区人民政府副区长、古城公安分局局长和卫红同志主持会议，区公检法司、发改、民政、社会保障、国土、工商等部门负责人参加会议。区委常委、政法委书记和红卫同志作了重要讲话，区法院院长赵勇对清积工作进行了安排部署。全区集中清理执行积案工作构建了“党委领导，法院主办，各部门密切配合，全社会共同参与”的联动机制。截至 12 月 22 日，共排查清理积案 411 件（其中涉及特殊主体的有 8 件、特殊困难群体的有 181 件），共执行完毕积案 23 件，执结金额达 115 712.5 元，拘留 5 人。

【充分发挥职能作用　全力服务中心工作】　一是委机关根据区委、区政府的有关文件要求，更加注重解决广大人民群众最关心、最直接、最现实的利益问题，把政法工作出发点和落脚点放在如何更好地保障、服务和改善民生上，克服人员少、任务重、自身财力物力有限等困难，以“三个代表”重要思想、十七大及十七届三中全会精神为指导，在积极开展好“送温暖、献爱心”活动的同时，认真落实区扶贫领导小组及办公室提出的部门挂钩扶贫工作责任制的各项内容，切实为扶贫挂钩点整体推进项目村解决生产、生活上的困难，并按时、按质、按量地完成了各项扶贫工作任务。2008 年 12 月 5 日，区委政法委书记和红卫同志会同区人大副主任、区总工会主席赵锡康同志和古城博物院院长黄乃镇同志，率领政法委、工会、文广局、招商局等相关部门的领导，深入到金江乡产构村委会产构二组开展扶贫调研工作，听取金江乡党委、政府关于全乡党建、综治和经济工作整体推进的工作汇报，实地查看产构二组的村容村貌，向村组干部了解生产生活情况和全村发展思路，并为建设村活动中心解决项目缺口资金 7.5 万元。通过深入开展扶贫挂钩工作，为基层群众办了实事，进一步密切党群干群关系。二是积极响应抗震救灾慈善捐款活动及交纳特殊党费的号召，向汶川地震灾区共捐款近 10 000 元。三是大力开展困难党员的结对帮扶工作，成立了以区委政法委书记和红卫同志为组长的党内互助“八个一”活动领导小组，建立“一对一”、“三对一”结对帮扶困难党员活动档案，委领导班子成员每人结对帮扶 1 名困难党员，委机关 3 名普通党员联合帮扶 1 名困难党员。年内委机关全体党员先后两次到挂钩联系社区大研街道办事处义尚社区文明村和文林村，共向四户困难党员家捐款 3 400 元，送去委机关全体党员的一片心意，密切了与贫困党员的关系，进一步加深了友谊，增进了感情。四是更加注重服务中心工作。积极与社会主义新农村建设联系挂钩点（西林瓦村）村民共谋社会主义新农村建设大计，共商经济社会发展措施，切实帮助该村进一步改善村民的生产生活和村容村貌。五是认真抓好挂钩联系项目蛇山森林国际休闲运动公园的协调推进工作。在认真指导好金山蛇山片区社会主义新农村建设、集体林权制度改革各项工作的基础上，组织做好荒山租赁、土地征用、项目规划、开通公路等大量前期工作，为项目正式开工建设打下坚实的基础。

【中央综治委检查验收组到本区检查指导工作】 11月10日，中央综治委检查验收组一行莅临古城区，对本区2005～2008年度社会治安综合治理和平安建设工作进行检查验收。全区分别召开古城区创建全国平安建设先进区工作汇报会及座谈会。汇报会由区委副书记、区人民政府区长金光闪同志主持；中央综治办协调室主任陈显辉，中央监察部部长办副主任许颜，省委政法委副书记马继延，市委常委、政法委书记吉宏·龙佳，区委书记周鸿，区人大主任陈先富，区委常委、政法委书记和红卫，区委常委、区人民政府副区长何贵林，区委常委、区委宣传部部长李朝红，区人民政府副区长、区公安分局局长和卫红，区政协副主席杨冬春等领导出席了会议；区直政法部门及乡（街道）部分负责人参加了汇报会。区委书记周鸿同志全面汇报了全区四年来的社会治安综合治理和平安建设工作情况，中央综治委检查验收组听取汇报后，对全区平安建设工作中存在的问题和不足，提出了建设性的意见和建议。座谈会由区委副书记和茂卓同志主持；中央综治委特邀巡视员杨其洪，中央综治办协调室副处长禹丽芸，省委政法委综治办基层指导处处长郭品，市综治维稳委副主任、综治办主任赵明华出席了会议；区人大代表、区政协委员代表、群众代表共22人参加会议。会上，中央综治委检查验收组听取了与会人员对全区社会治安综合治理和平安建设工作的意见和看法，并填写了一份由检查验收组提供的《群众安全感调查表》。会后，中央综治委检查组一行还分别深入到大研街道新华社区、古城消防二中队实地查看了社区综治维稳基层基础工作亮点和古城消防工作创新模式。通过“一听、二谈、三查、四看”，检查组对全区经济社会发展成就和平安建设工作成效给予了高度的评价和充分的肯定。检查组认为，古城区经济大发展，维护稳定形势很好，综治维稳和平安创建工作取得了很大的成绩，真正做到了通过社会稳定促进经济发展，特别是2008年期间全区出色完成奥运火炬传递活动的安保工作和“反恐”及藏区维稳工作，对全国、全省的稳定工作作出了贡献，这些成绩的取得都是得益于区委、区政府高度重视社会治安综合治理和平安创建工作，得益于古城区深入贯彻落实科学发展观和争当科学发展观排头兵。检查组强调，古城区要在省委、省政府和市委市政府的坚强领导下，在科学发展观的引领下，通过全区上下的共同努力，经济社会建设会更好更快发展，各项工作将进一步向前推进，平安建设将迈上一个新的台阶，古城区的明天会更加平安、更加和谐、更加美好！

（和丽强）

公安工作

【综　述】 2008年，古城公安分局以科学发展观指导政治建警、科技强警、文化育警、服务导警工作，以深化“三基”工程建设和强化奥运安保、藏区维稳工作为着力点，紧紧围绕构建“和谐平安古城”的总目标，牢牢把握“两个最大限度”的总要求，坚持力量往基层使，工作往实里干，着力提高公安机关的“四个能力”和“两个水平”，公安工作和队伍建设取得了长足进步，为全区经济社会持续、快速、健康发展创造了和谐稳定的社会环境，圆满完成了全年各项公安工作任务。

【“三基”工程建设】 2008年是公安部“三基”工程建设的决战、决胜年，分局党委在前两年所取得成绩的基础上，强化重点，深入调研，选好突破口，采取有效措施，稳步推进“三基”工程建设各项任务的全面完成。

一、在“三基”工程建设中，分局党委坚持把依靠党委政府的领导、争取有关部门的支持贯穿始终。先后投入500多万元，购买了车辆22辆、电脑111台、活体指纹采集仪4套、现场勘查箱10套、单警装备300套、对讲机80台、车载台8套办、案用的录音录相设备等装备，直接装备到派出所、刑警队、巡警队等一线实战部门。分局还投入了80万元配齐基层执法办案民警按 12 件套标准个人防护单警装备；投入近 20 万元改造巡警大队办公楼；投入 5 万元建设和改善 350 兆对讲通讯系统中继站；投入 60 万元改建戒毒所食堂、学员住宿楼、办公楼、围墙；投入 20 万余元建设完成两个生产车间，建设完成两个车间；投入 10 余万元改建龙山派出所；投入 450 余万元新建祥和派出所；投入 70 余万元重建七河派出所；投入近 40 余万元新建金江派出所。极大地改善了基层一线公安机关的基础设施和装备水平，分局整体警务保障能力得到明显提升。

二、按照“力量往基层使，工作往实里干”的要求，积极落实年人均 35 100 元的保障经费。一是把近三年新招录的 50 名民警，全部充实到任务较重的一线部门。目前，一线警力占到全局警力的 85.89%；二是结合辖区实际，积极推行责任区警务模式。西安所除保留刑侦中队外，将治安中队和社区民警中队合一，强化一警多能，缓解警力不足的矛盾；古城所实行了“321”工作机制，将辖区划分为三个大的责任区，将相邻警区划分为一个责任区，实行警长负责制，组建了社会面控制组和情报信息组，将信息导警的工作方式和理念体现到工作中；三是进一步加强派出所档案规范化建设，顺利完成 9 个派出所的档案达标工作。

三、按照基础工作信息化，信息工作基础化的要求，分局坚持“硬件”和“软件”两手抓，全力推进警务信息化建设。全年分局投入资金 35 余万元购置电脑 67 台，派出所的电脑配备率达到：城区四个派出所电脑配备率不低于 90%，其余乡 5 人所不低于 4 台，6～10 人所不低于 6 台，10 人以上所不低于 8 台的要求。分局还制定了《2008 年民警信息化应用基础技能培训考核实施方案》，采取分局集中培训各室所队业务骨干、再由其培训所在单位民警的方法，集中培训业务骨干 84 名，在年底进行的考核中，合格率达到 100%。

四、多措并举，社会治安掌控能力明显提升。一是按照市委、市政府“关于丽江城区要建成全天候无缝隙的社会治安防控体系”的要求，现已形成覆盖七星街、古城、主要街道路口、娱乐场所、新建小区近 160 多个探头的视频监控网络，这一防控网络的投入使用，极大地提高了公安机关发现、控制和打击犯罪的能力；二是实施流动警务，充分体现打击和服务职能的快速反应能力。分局在网格化布警，警务前移的基础上，又推出了移动警务措施：出资 70 余万元，购置了能开展现场办公的 110 流动警务车，实现了流动警务车、警务亭巡防、内部单位保安和商铺联防力量整体联动，收到了较好的社会效果，得到省市主要领导的高度评价和肯定；三是深入实施社区警务战略，根据分局制定的《古城分局社区警务战略实施方案》，按照“有室、有警、有制度”的标准，已建成警务室 45 个，其中城区 23 个，农村 22 个。配备社区民警 37 名，农村责任区民警 27 名；四是加大三支辅警力量建设力度。分局制定的《古城区治保会建设方案》，得到了区委、区政府高度重视，在“两委”换届结束之机，对换届后村、居委会治保主任、副主任共 176 人进行专门培训。同时，分局向区政府上报关于确定古城区重点单位的请示，经区政府批准，与首批 80 个重点单位签定《治安安全责任状》，建立了基础台帐。同时加强了保安培训管理和派驻力度，目前共派驻保安人员约 350 人，参与治安防范的巡防人员 130 人，在治安防控体系中充分发挥了积极的作用。

【奥运安保工作】 古城公安分局将奥运会、残奥会安全保卫工作作为全年的一项重要工作，超常谋划，超常部署，超常措施，经过连续奋战，圆满完成了奥运会、残奥会安保工作任务，实现了“以一域之安促全局之稳”的工作目标。

一、成立由一把手为组长的奥运安保工作领导小组，制定详细的工作方案，建立奥运安保工作责任制，层层签订责任状，形成高度重视奥运安保、狠抓工作措施落实的浓厚氛围。

二、充分发挥情报信息的收集报送、分析研判和转化应用在奥运安保工作中的重要作用，切实将奥运安保工作做实做细。积极深入辖区，加强对重点人员的摸排、管控，及时获取国内敌对势力和国际恐怖势力针对中国奥运会和火炬传递进行恐怖破坏活动的深层次、预警性的情报信息，为党委、政府和上级公安机关决策提供及时准确的信息，全年共收集上报维稳信息 373 期。大力开展各类矛盾纠纷和不稳定因素排查活动，对重点单位内部、法轮功顽固分子、对社会不满分子、信访重点人员等各类重点人群实行有效监控，确保了奥运会举办期间全区未发生有影响的案件和群体性事件。

三、严厉打击盗、抢、黄、赌、毒等违法犯罪活动，消除影响奥运会安全的管理漏洞和隐患，确保奥运会举办期间古城区社会治安的稳定、有序。期间，共出动警力11 000人（次），出动警车860辆（次）；清理暂住人口17 627人、出租房屋1 292户4 213间，当场处罚不按规定申办暂住证违法人员125人，督促办证1 589人，签定治安安全责任书1 292份；检查娱乐场所57次，网吧104次，二手机经营店铺67个，发放整改通知书4份；收缴管制刀具172把，水果赌博机2台。同时，积极开展不稳定因素大排查、民用爆炸物品排查整治、道路交通安全集中整顿、两项大排查、火灾隐患集中整治等公共安全隐患排查整治专项行动。共检查涉爆单位42家、烟花爆竹存储仓库1个、民爆物品存储仓库1个，发放整改通知书3份，要求立即整改3家；检查涉枪单位17家，发放整改通知书3份，及时消除了一批隐患漏洞。

四、抽调60名精兵强将组成应急分队，加强与武警部队的协调配合，采取车辆巡逻、徒步巡逻、武装巡逻等方式，合理布警，加强街面巡逻防范，增强“见警率”，提高了社会面治安控制能力。自“3.14”以来，在每一个“敏感日”，将全局90%的警力投入到街面巡逻，确保对突发性事件做到及时发现，及时处理。年内共投入巡逻警力15 240人(次)，车辆1 980辆（次）。

【维护稳定工作】 一、积极做好反恐怖袭击事件的应对工作。拉萨“3.14”事件发生以后，为切实提高反恐应急快速处置能力，加强对维稳工作的组织领导，分局认真落实“一把手负总责，分管领导具体抓，其他领导各负其责”的维稳工作责任制。及时成立了古城区反恐领导小组，实行24小时值班制度，抽调60名精兵强将组成应急分队。同时制定了针对性、可操作性强的预案，增强反恐维稳处突的预警能力、防范能力、指挥能力、协同能力和处置能力，确保一旦发生突发事件，能够在总指挥部的领导下做到快速反应、妥善处置，尽快平息事态，恢复正常秩序，把影响和损失降低到最小限度。

二、严厉打击“法轮功”等邪教组织的煽动破坏活动。继续加大对“法轮功”等邪教违法犯罪活动的打击力度。对辖区内在册的“法轮功”重点人员进一步落实监控措施和责任，并对原“法轮功”习练人员进行全面回访排查，掌握其思想动态，坚决防止了“法轮功”等邪教组织进行跨地区串联、聚会和赴省进京滋事。有力地打击了各类邪教组织违法犯罪分子的嚣张气焰。

三、积极预防、妥善处置各类群体性上访事件。坚持“及时排查、分工负责、工作在前、预防为主”的工作原则，对全区群体上访不稳定因素进行彻底排查，做到早发现、早控制、早解决，有效防止个别问题群体化、简单问题复杂化，努力把矛盾解决在基层、解决在内部、解决在初始阶段。

四、认真做好控申信访工作。进一步建立健全《局领导信访接待日制度》等信访工作责任制度，健全完善信访工作长效机制。严格坚持每天有一名局领导坐阵接访，确保每位来访群众都能及时得到热情接待并切实解决有关问题。认真落实信访重点对象的稳控措施和责任，确保不离视线，切实将其稳控在当地，实现“零进京、赴省”信访工作目标。积极主动排查梳理公安信访突出问题以及可能引发信访问题的各种苗头性、倾向性、预警性问题，坚决做到排查不留死角，稳控不留隐患。并对排查出的信访问题分类逐案明确责任，逐案落实解决措施，确保在公安信访环节不发生影响社会稳定的问题。全年共受理群众来信、来访案件14件，办结14件，办结率为100%。

五、加强重大节日的安全保卫工作和警卫工作。圆满完成“春节”等重大节日、“奥运火炬接力丽江境内传递”“雪山音乐节”以及中央、省、市领导来古城视察调研等重大活动的安全保卫、警卫工作任务。年内完成三级以上警卫任务9次，各类安全保卫任务15次，共投入警力5 000余人(次)。

【打击刑事犯罪】 始终保持严打高压态势，有力打击犯罪分子的嚣张气焰。

一、大力开展“侦破命案专项行动”。分局把侦破命案放在打击刑事犯罪首位，紧紧围绕“命案必破”、“两降一升”工作目标，采取挂牌督办、专案侦查、责任倒查等措施，强化大要案攻坚。2月29日成功侦破了福慧路“凡耐思酒店”旁陈某被人打伤致死一案，4月13日发生在黑龙潭内的吕某、胡某、杨某、陈某抢劫杀人案等一批危害严重、影响恶劣、党政领导和人民群众关注的命案。此外，还侦破了“10.19”等3起积案。全年共发生命案17起，破18起（其中年前积案3起），综合破案率为105.88%，其中年内案件立17起，破15起，破案率为88.24%。与去年同期相比，发案数减少5起。

二、深入开展多项打击刑事犯罪专项行动。相继组织开展打击“两抢一盗”犯罪、打击现行犯罪、打击破坏电力通信设施犯罪等专项行动，破获了一大批刑事案件，惩处了一批犯罪分子，有效地遏制了刑事案件高发势头，人民群众安全感不断增强。全年共立各类刑事案件1 002起，破获722起，破案率为72.06%。其中破获“两抢一盗”案件326起，破获盗窃摩托车、电动车、自行车案件69起，打掉犯罪团伙56个207人，追缴被盗摩托车5辆，电动车20辆。与去年同期相比立案绝对数减少11起，破案绝对数增加5起。年内共刑事拘留345人，取保候审77人，报捕310人，批捕280人，执行逮捕331人，起诉264人。

三、广泛开展追逃专项斗争。将“网上追逃”等现代追逃手段与专门追捕、政策感召等传统手段相结合，有效地提升了追逃工作的水平。为消除社会隐患，抓住在逃人员节日期间可能返乡的有利契机，多次组织广泛开展“追逃”集中统一行动，抓获了大批逃犯。全年共上网追逃人员信息84份，抓获上网逃犯134人，及时消除了社会隐患。

【禁毒工作】 以“预防教育、禁吸戒毒、堵源截流、禁毒严打、禁毒严管”五大战役为重点，掀起新一轮禁毒人民战争高潮。大力开展吸毒人员动态管控机制建设；“无毒社区”、“无毒村”创建工作深入开展，覆盖面不断扩大；禁毒执法工作得到加强，打击毒品违法犯罪成果显著。全年共破获毒品案件24起，抓获违法犯罪嫌疑人30人，逮捕17人，治安处罚13人。缴获毒品海洛因1 122.7克，缴获冰毒201片（净重19克），毒资2.9万元。收戒吸毒人员240人（次），其中古城区籍60人，外省籍51人，省内其他县、市、区129人。

【社会治安防控】 一、强化治安秩序整治，解决社会治安热点难点问题。相继开展了治爆缉枪专项行动、治理自行车被盗问题专项行动、特种行业专项整治、打击涉丑违法犯罪专项行动等整治行动，解决了一批群众反映强烈的治安热点、难点问题。全年共受理行政治安案件2 196起，查处2 109起，查处率96.04%，查结2 109起，查结率为96.04%，发案数与去年同期相比，增加738起，上升50.61%，查处率上升2.28%。共处罚各类治安违法人员2 078人，其中行政拘留326人。

二、强化道路交通秩序管理，创造良好的道路交通环境。以进一步强化道路交通综合整治和预防交通事故工作机制为切入点，紧紧围绕“降事故、保安全、保畅通”的中心任务，积极探索城市道路交通管理新途径、新方法，深入开展一系列专项道路交通安全整治活动，使全区的道路交通管理水平明显提升，为辖区经济、社会发展营造了一个安全、畅通、有序的道路交通环境。全年共受理交通事故1 221起，死亡8人，受伤215人，经济损失49.5万元。

三、强化消防管理，大力提升防御火灾的整体能力。充分发挥消防监督工作服务社会、服务经济建设的作用，狠抓《国务院关于进一步加强消防工作的意见》的贯彻落实，党委、政府对消防工作更加重视，消防安全责任体系更加健全，消防工作社会化进程全面加快，全社会抗御火灾事故的能力明显提升，全区火灾形势明显好转。全年辖区共发生火灾6起，死亡2人，直接经济损失558 641元。与去年同期相比，火灾起数减少5起，损失增长8倍，死亡人数增加1人。

四、强化出入境管理，维护正常的出入境秩序。分局进一步强化出入境管理和外国人管理基础工作，建立健全了特定岗位人员和法定不准出境人员的报备制度。加快推进外国人管理信息系统建设，建立了适应形势发展需要的外国人管理工作新机制。全年共受理公民出国境申请758人，其中出国境团队旅游554人，因私出国境204人，受理台湾同胞签注延期77人，处理涉外事件20起，受理涉外案件3起，有效维护了正常的出入境秩序。

五、强化“两所”管理，确保绝对安全。通过加强戒毒所、拘留所规范化建设，狠抓各项监管规章制度的落实，大大提高了“两所”管理工作水平，确保了两所的绝对安全。全年共收戒吸毒人员237人，接收治安拘留261人，杜绝了各类事故的发生。

【落实"四项制度"】 从更有利于为经济建设服务出发，进一步解放思想，更新观念，把遵守和执行四项制度的要求转化为做好各项工作的内在动力，强化公安服务职能，狠抓管理服务，努力提高服务经济社会发展的积极性和主动性，着力解决群众最关心、最直接、最现实的利益问题，积极为全区的改革开放和经济建设大局提供优质服务和强力保障。

一、简政放权，建立良好的投资软环境。分局结合社会发展和人民群众的需要，不断在户证、出入境、交通、消防管理等方面推出便民利民新举措，方便群众办理，提高工作效率，尽量减少群众的办事成本，努力为广大群众创造优质高效的服务环境。在审批时限上，凡是能够现场办结的，实行即来即办，对现场不能办结的承诺审批事项，在3天内必须办结，特殊审批项目在5天内办结，真正做到即办事项快捷、方便，承诺事项守时、无误，让人民群众满意。

二、严厉打击经济领域违法犯罪活动。积极开展一系列专项行动，严厉打击经济领域违法犯罪活动，规范正常市场经济秩序。全年共受理各类经济犯罪案件21起，立案3起，破案3起，打击处理2人，挽回直接经济损失27.96万元，追回涉案车辆1辆，电脑3台。

三、大力提高服务群众的能力和水平。进一步规范了投资、纳税、购房落户及大、中专毕业生落户等服务本区经济发展的户口政策。积极推行预约服务、延时服务、登门服务、代办服务四项便民服务制度，有效解决了办证企业和群众的实际困难。全年共受理第二代居民身份证115 963人，临时身份证6 651证，圆满完成二代证办理任务。办理准迁证1 098份1 459人；准刻证173份321枚；特行许可证622份；开具准购证201份；审批炸药226 892千克、雷管457 770枚、引线285 250米。

四、积极做好旅游秩序整治工作。结合"春节"、"十一"黄金周等安全保卫工作，与交通、消防、旅游等部门通力协作，对旅游景区、景点，集中开展了以防火、防盗、防治安灾害事故和重大交通事故为内容的安全大检查，重点治理各旅游景区、景点存在的各类安全隐患和问题。确保了全区旅游景区、景点秩序良好和游客的生命财产安全，不断净化旅游环境。

【队伍建设】 一、认真贯彻落实公安部正规化建设实施纲要和省厅队伍正规化建设的总体规划要求，通过科学规划、落实责任、考核促进、典型示范等有效手段，深入推进队伍正规化建设工作。

二、结合基层基础年建设活动，按照公安部"抓基层，打基础，苦练基本功"的要求，本着"干什么练什么，缺什么补什么"的原则，以基层所队为单位，组织全体民警以"三考"（基本法律知识考试、执法办案卷宗考评、信访和考查）为重点，在全局范围内广泛开展了岗位练兵活动和"法律法规一口清"竞赛活动，做到带着练兵的要求去工作，带着要解决的问题去练兵，使广大民警的基本知识、基本技能、基本体能等综合素质得到普遍提高。

三、把领导干部廉洁自律工作作为深化反腐败和党风廉政建设的首要任务，督察部门认真对贯彻落实党风廉政建设责任制情况进行检查。继续把纠风工作作为党风廉政建设的一项重要内容，认真落实"四项制度"，积极开展"解放思想大讨论"、"讲党性、重品性、抓落实、促发展"等各种教育活动，民警违法违纪情况得到有效遏制。

四、按照"三个必训"的要求，坚持做好经常性的教育培训工作，完成了初任民警培训、警衔晋升培训、科级领导干部培训等多项综合性教育培训工作。大力加强干部队伍建设，着力提高干部管理水平，年内提拔任命了48名科级以上干部。

五、坚持从优待警。认真落实民警年休假制度；实施民警、职工子女教育奖励制度；切实提高民警职级待遇；建立健全了民警执法权益保护机构，成立了古城区警察协会，积极开展维权工作，为今后进一步做好民警维权工作打下良好基础。

【宣传工作】 从有利于公安工作大局和树立公安机关新形象的角度出发，大力加强公安工作正面宣传，弘扬正气，鼓舞士气，防止负面宣传报道对公安机关形象的损害。全年在主流媒体上共刊登稿件省级5篇、市级17篇。在丽江市电视台、古城区电视台的大力支持下，《古城警界》栏目分别在市区两级电视台顺利开播，截止12月30日，分别播出68期、51期；与古城区电视台联合制作侦查破案专题片，在《说法》栏目周末版播出44期。

【执法监督工作】 分局不断加强和完善执法监督工

作，认真抓好《丽江市公安局古城分局执法办案责任制（试行）》等各项制度的落实。继续贯彻执行和落实案件四级审核制度，明确执法过程中各个环节的责任。严格按照案件审核、审批规定办事，加强对民警的业务培训和对执法活动的实时、有效监督，有效地控制违法违规办案和执法随意性的问题。全年共审核、考评、复核各类案件达 2 934 件（次），其中审核刑事案件 347 件，行政案件 773 件，审批劳动教养 1 件 2 人，移送起诉案件 68 件，无一发生差错，执法水平明显提高。

【立功受奖】 2008 年，分局被省公安厅评为“三基”工程建设优秀单位、“破案追逃”先进集体；强制戒毒所被省委、省政府评为“三年禁毒人民战争先进集体”；巡特警大队被省公安厅评为“藏区维稳先进集体”；古城派出所被省公安厅评为“三基工程”建设优秀科所队。33 名民警受到省级表彰；市级表彰集体 10 个、个人 27 人（次），区级和分局表彰集体 18 个、个人 114 人（次）。

（年悦勤）

森林公安

【综 述】 丽江市森林公安局古城区分局现有在职民警 24 人（其中工勤人员 2 人），分局内设机构有办公室（含警务督察队）、法制科、政工科、计划装备科、刑警大队、治安大队，下设城郊林区派出所、东部林区派出所，局党总支下设三个党支部。古城区森林覆盖率为 68.4%，林地面积为 100 074.6 公顷，是全省重点林区之一，管辖区域为 5 乡 4 个街道办事处。

全年，森林公安局受理各类案件 109 起，其中：立刑事案件 11 起（重大案件 3 起），查破 10 起；立治安案件 2 起，查破 2 起；立林政案件 96 起，查处 96 起。处理违法人员 126 人（次），其中逮捕 12 人，取保候审 3 人，治安拘留 2 人。收缴木材 358.299 立方米，上缴罚没款 305.865 元。

【队伍建设】 全局始终把队伍正规化建设摆在突出位置，努力从思想政治建设、纪律作风建设、业务技能建设和警务督察建设四个方面着手，全面加强队伍正规化建设，不断提升队伍整体素质，为完成全局工作提供坚实的组织和思想保障。

一、抓思想政治建设

以邓小平理论和“三个代表”重要思想为行动指南，坚持落实科学发展观，认真学习“三个代表”重要思想、党的十七大、省委八届四次全会、市委区委二届四次全会精神等一系列重要讲话和文件。按照思想政治工作要求，全年，全局按照丽江市森林公安局的安排部署，认真开展《丽江市森林公安队伍作风教育整顿活动》，全面查找思想方面存在的问题和不足，认真撰写查摆剖析材料，针对查摆出来的问题，制定切实可行的整改方案，并按方案进行整改；并根据古城区委、区人民政府的部署要求，积极组织开展“解放思想、深化改革、扩大开放、科学发展”大讨论活动和“讲党性、重品行、抓落实、促发展”为主题的作风建设教育活动，采取集中学习与自学、记读书笔记与撰写心得体会相结合等形式，紧密联系个人的思想和工作实际，全面查找作风建设方面存在的问题和不足，认真撰写查摆剖析材料并上交心得体会 23 份，接受教育面达 100%，达到了教育目的。

二、抓纪律作风建设

通过干部作风建设教育活动，对原有的一些规章制度进行认真修改完善，并结合省、市、区关于行政问责办法、服务承诺制、首问责任制和限时办结制“四项制度”的贯彻落实，认真研究制定内务管理制度、财物管理制度和警务执法规范。通过健全各项规章制度，从言行举止、警容风纪、内务卫生、财务运行和执法办案等方面进行规范管理，逐步形成一整套长效管理运行机制，更好地推动队伍正规化建设和警务活动的正常有序开展。严肃纪律，严格管理，真正做到令行禁止，警令畅通。重新完善和制定了《领导班子工作和学习制度》、《党内民主生活制度》、《车辆管理制度》、《警务督察制度》、《信访工作制度》、《请销假制度》等一系列规章制度，由分局警务督察队每星期两次针对遵守上下班、警容风纪、警车警驾、学习签到等方面进行现场督察，并在大会上予以通报，将通报情况与岗位目标管理考核办法相挂钩，直接纳入年终评先评奖。按照有关通知精神，在分局岗位目标管理考核办法的基础上，各科、所、队、室结合各自部门的工作和学习情况制定切实可行的年度考核制度，保障警令政令畅通，实行风险抵押金制，量化考核，奖勤罚懒，弘扬正气，真正体现了“按制度办事，用制度管人”的原则，使队伍得到全面提高。

三、抓好业务技能建设

以“三懂”、“四会”为重点，坚持贴近实战、战训合一、练以致用、注重实效的原则。为进一步打牢法律法规知识基础，切实提高分局全体民警执法技能，规范执勤执法行为，分局把组织开展的“三考”活动作为“三基”工程的重点来抓，积极采取果断有效的措施，在分局掀起了学法、用法、规范执法的高潮，扎实推动民警业务素质的整体提高。根据相关文件的要求，9月18日，分局局长和城郊派出所所长被抽取参加云南省森林公安机关三考基本法律知识考试。根据不同时期民警职工的思想状况，有针对性地组织职工开展各种形式的学习教育活动，还积极动员全体民警参加各种形式的学习，如全局民警参加晋司、晋督培训、丽江市森林公安机关民警木材与家具检验业务培训，全省公安现场勘查技术员培训班，全国森林公安机关民警法律知识业务培训，古城区直属党委举办的支部书记培训等省、市、区举办的各种培训达31人(次)。通过多种途径的系统学习，全体民警进一步强化了政治意识，认清了当前形势，增强了政治敏锐性和政治鉴别力，既充分保持分局党员队伍的先进性和纯洁性，又使队伍始终保持了高昂的斗志和积极向上的状态。

为了提升全局民警的执法水平，提高案件质量，扭转新闻宣传工作滞后的局面，本年，分局将公安宣传报道列入岗位目标管理考核中，加大宣传力度，切实加强舆情信息和进一步做好新闻宣传工作，分局全年在市、区报刊发表稿件4篇，上云南省公安网省市州刊、简报2篇，全年共完成分局简报11期、“三基”简报5期、政工简报5期，舆情信息9期，积极认真完成区委、政府、市局下达部署的各项宣传报道任务。

四、抓警务督察工作

一是采取灵活多样的方法和措施，对民警贯彻执行公安部“五条禁令”、“内务条例”、上下班签到制、着装上班、警车警驾以及贯彻执行“四项制度”等情况进行督察，严肃查处有令不行、有禁不止、各行其责等违纪行为。二是按照“人要精神、物要整洁、说话要和气、办事要公道”的要求，严格规范民警的言行。在开展警务督察工作中，全局民警无“冷、硬、横、推、拖”现象和“乱收费”、“乱罚款”、“乱摊派”等违规、违纪现象的发生。

【狠抓班子建设 发挥核心堡垒作用】 分局领导班子本着克己奉公的原则，团结务实，开拓进取，一心为民警队伍争先动脑，为森林公安工作创优出点子。在班子的自身建设上，认真贯彻民主集中制，坚持集体领导和个人分工负责相结合的制度，分局领导班子密切协调、集思广益，能坚持少数服从多数的原则，一经局务会决定的事情，班子成员都能雷厉风行、不折不扣地执行；在干部任用等敏感问题上，本着任人唯贤，能者上、平者让、庸者下的原则，充分利用考察成果，把一批政治素质高、工作业绩大的民警调整到重要岗位担任部门负责人，并推荐提拔1名年轻有为的民警到大东乡挂职副乡长，使全局民警的工作积极性得到大大提高。

在党的组织建设中，把工作着眼点放在党支部战斗堡垒和党员先锋模范作用的发挥上，在严把入党关的同时做到了“四个及时”，即及时培养入党积极分子，及时按程序报批审查，及时主动配合找谈话，及时收齐党费并按规定时间上缴。按照发展党员成熟一个发展一个的原则，全年发展新党员2名，入党积极分子1人，预备党员1名。

结合实际，分局及时成立了党内互助“八个一”活动领导小组，以局长为组长，副局长、副政委为副组长，相关科室负责人为成员的领导小组，办公室设在分局政工科负责日常事务工作。7月~9月，分局积极响应市委、区委的号召，先后两次到漾西村党支部走访了解情况，确定互助对象，以局班子成员每人帮扶1名困难党员，其余3名普通党员联合帮扶1名困难党员的方式结成对子，建立结对帮扶困难党员活动档案。在“七一”建党节和“中秋节”之际，全局民警分别走访慰问8户结对帮扶贫困党员家庭，送去了《支部生活》杂志，面对面的与结对帮扶党员交心谈心，了解结对帮扶家庭在生活中遇到的困难和问题及以后的发展思路，竭尽全力为结对家庭提供最及时、最急需、最贴近的帮扶和关怀。从思想上、生活上、生产上对结对贫困党员进行了全方位的帮助，真心实意帮助贫困党员解决生产、生活中遇到的困难和问题，从而使互助活动取得实效。

【“三基”工程建设】 本年是全国公安“三基”工程3年规划建设决战年，也是全省森林公安“三基”工程新3年规划建设第一年，分局本着实行将“人、财、物”充实到一线实战部门的战略目标，使基层所队从人员结构、办公设施、办案经费到车辆装备都得到根本的转变，按照森林公安机关“力往基层使，工作往实里干”的总体要求，认真贯彻落实“五条标准”的工作方针，领导班子认真开展调研，重新调整“三基”领导小组成员，将年轻精干民警调至一线，并为刑警大队、派出所配置了指导员，由副局长、副政委挂靠到两个实战部门，坚持每月5天与实战部门共下乡、同办案，深入基层村社，同时将分局各科室民警挂靠到两个实战部门，统一指挥、统一行动；另一方面及时为一线部门更新车辆，办公设施、办案器材等。

认真落实政法专项编制问题。根据国办42号和上级关于政法专项编制过渡的有关精神，分局结合自身实际，多方协调，积极努力，狠抓政法专项编制的落实。截止8月，分局在职23名民警全部过渡为政法编制公务员，并进一步完善公安人事系统的建设，完成全局24名人员的人事信息采集。积极争取古城区委、政府和有关部门的重视支持，切实抓好森林公安经费保障机制的落实，并实现全额达到了当地公安经费保障标准，每年人均35 100元。

【打击违法犯罪工作】 全年，分局在区委、区政府及上级公安机关的领导下，高度重视加强林区治安形势的分析研究，采取有效措施，及时解决林区治安存在的突出问题，确保林区社会治安的基本稳定，使打击破坏森林资源和野生动植物资源违法犯罪活动工作有了新的起色。

一、各类案件查处情况，全年共发生并受理各类案件109起，其中：立刑事案件11起（重大案件3起），查破10起；立治安案件2起，查破2起；立林政案件96起，查处96起。处理违法人员126人(次)，其中逮捕12人，取保候审3人，治安拘留2人。收缴木材358.299立方米，上缴罚没款305 865元。

二、古城区是全省重点林区之一，森林防火任务重。森林防火工作是森林公安的一项重要工作内容。分局始终坚持“预防为主，积极消灭”的方针，从保护森林资源、维护生态平衡和改革发展大局的高度，把森林防火工作列为全年的一项重要任务来抓，齐抓共管，层层落实防火责任制，形成“单位领导负总责，部门齐抓共管，社会积极支持，群众广泛参与”的工作局面。严格按照《处置林区突发事件工作预案》规定执行，并与重点林区村社签订《护林防火责任书》，把责任制落实情况作为民警年终考核的重要依据，严格考核和奖惩，做到见火就查，违章就罚，犯罪就抓，达到查处一案、教育一片、震慑一方的目的。全年发生火警3起、无火灾。

三、认真组织开展各类专项行动：

（一）认真组织开展“飞鹰行动”

3月～10月，根据上级要求，在全区范围内组织开展由森林公安、林业、公安、工商等多部门联合执法、集中打击破坏野生动植物资源违法犯罪活动代号为“飞鹰行动”的专项行动。为切实抓好破坏森林资源、野生动物资源案件的各项查处工作，分局及时制定了《古城区森林公安分局关于开展打击破坏野生动植物资源违法犯罪专项行动实施方案》，按照上级部门关于开展“飞鹰行动”的部署和要求，结合分局工作实际，精心组织、周密部署，为确保专项行动取得实效，分局“飞鹰行动”领导小组在组织开展行动的同时，抓紧对未结案的破坏森林资源案件进行了一次彻底清查，定人定责定案，集中力量侦破；对群众反应强烈、社会影响恶劣的大要案及时督办；同时，紧紧依靠当地党委、政府，实行公安、林业、工商多行业联动，抓住重点、控制要害、突破难点，多头出击。在行动中，广泛动员，与各乡林工站、派出所、木材检查站采取联合行动，清理大小餐馆、饭店、商铺 、花鸟市场129家，检查过往车辆1 265车（次），共出动警力 1 037 人（次），车辆 326 台（次），共立刑事案件 11 起，其中重大案件 3 起，破获 10 起，刑事拘留 10 人，逮捕 9 人；查处林政案件 39 起，林政罚款 110 113 元；清理野生动物驯养繁殖场所 2 处；清理木材加工经营场所 82 处；检查野生动物活动区域 19 处；收缴国家二级保护野生动物 2 只（已及时放归大自然）。

（二）积极开展重点整治活动

位于玉龙县大具乡、鸣音乡及古城区大东乡交界处的“老鹰山”林区多次出现盗伐、私运木材的情况，引起古城区党委高度重视。6 月 19 日，古城区政府召集古城区森林公安分局、大东乡人民政府、古城区林业局负责人召开专题会议，研究部署对“老鹰山”进行一次大规模的专项整治行动。经过精密安排部署，6 月 20 日凌晨 3 时，由古城区森林公安分局、大东乡人民政府、古城区林业局执法大队及古城区森警中队抽调 40 余名精兵强将组成的专项整治行动联合小组，对“老鹰山”进行专项整治，当场抓获玉龙县籍 12 名盗伐林木犯罪嫌疑人，收缴油锯、弯把锯、斧头等作案工具，其中 6 名犯罪嫌疑人被刑事拘留，并于 9 月由古城区人民检察院批准逮捕，“老鹰山”专项整治行动首战告捷，有力震慑了犯罪分子的嚣张气焰。

（三）清理整顿规范木材加工企业

古城区作为丽江市政治、经济、文化中心，各种矛盾焦点尤为集中，木材供需矛盾特别是非法木材加工市场这一问题日趋突出。分局在强化源头管理，严厉打击偷砍盗伐的同时，举全局之力，克服人少、事多、装备差等一切困难，不断加大对流通领域，特别是城区木材加工市场的清理打击力度，全年共清理整顿城区木材加工厂 82 处，并签订责任状，规范经营管理。全年查处涉及非法木材加工企业的林政案件 54 起，处罚 66 人（次），上缴罚没款 122 111 元。

（四）奥运期间安全保卫工作

根据古城区委、区政府《关于切实做好北京奥运会、残奥会期间有关工作的紧急通知》及《云南省森林公安局关于全面进入奥运安保实战状态全力以赴投入奥运安全保卫工作的紧急通知》的精神，一是局领导班子高度重视，及时召开全局民警动员大会，进一步增强全局民警政治意识、大局意识、责任意识，认真分析研究，及时加强本辖区的重点热点部位、重点车辆、重点人口及重要交通要道的监控，加强源头管理，预防在先，将各种矛盾苗头化解于萌芽状态。二根据丽江市古城区“处突办”关于《古城区处置突发事件预案》的要求，为进一步做好社会的治安工作，保持治安稳定、秩序良好，结合奥运安保综治维稳工作，分局负责维护玉龙桥（玉河广场）社会治安。4 月 30 日开始至 9 月 15 日残奥会结束，每天抽调 4 名民警，由局领导班子成员轮流带班，从早晨 9 点到晚上 11 点共 14 个小时，负责玉河广场的巡逻执勤任务。三是迅速成立了奥运会期间安全保卫工作领导小组，由局长元正中同志任领导小组组长，领导小组办公室设在分局办公室，主要负责每天维稳执勤的排班、协调、信息收集、上报相关数据等日常事务工作。由于领导重视，思想统一，认识到位，此次维稳任务的顺利完成提供了组织保障。奥运安保期间全局共出动警力 520 余人（次），当场抓获扒手 3 名，解决纠纷 16 起，处理火灾隐患 1 起，送领走失游客 32 人（其中老人 7 名，小孩 3 名，外国游客 4 名），救助生病人员 2 名，解答游客咨询千余件。

【精神文明建设】 分局从讲政治的角度出发，认真积极参加区委、政府举办的各项学习活动，认真完成党报党刊和各种学习材料的征订任务；积极参加区委、政府组织的迎“奥运”运动会及市古管委组织的“古城杯”篮球比赛；积极参加创建文明城区活动，义务植树，卫生区域管护，绿化责任区管护，古城清沟排污；深入开展农村平安建设，完成奥运安保任务，挂钩联系基层综治维稳工作；积极参加各项公益事业活动，献“爱心”扶贫捐款，党内互助“八个一”活动，向汶川地震灾区捐款捐物，全年集体个人共捐款 24 641.4 元。

积极发挥工会组织作用，坚持对住院民警和病故家属进行看望制度，并积极为住院民警、退休干部申请大病医疗救助金，为困难和患病民警送温暖，伸出援助之手，体现“一人有难，八方支援”的高尚风格。春节期间，由局领导带队，对退休老干部进行慰问，使他们体验到家庭般的温暖。合理安排民警休假，组织全局民警进行常规体检，为每位民警投入意外伤害保险，从工作上、思想上、生活上积极为民警解决后顾之忧，真正体现了局领导在从严治警的同时从优待警，充分调动全局民警的工作积极性。

【表彰情况】 年内，8 名民警分别获得丽江市森林公安局、古城区委、区人民政府、区直属党委表彰奖励；分局被评为全市森林公安机关年度综合考核第一名，并呈报集体“三等功”，个人“二等功”1 名，个人“三等功”1 名，嘉奖 2 名。

（廖 宁）

道路交通管理

【综 述】 2008 年，古城区交警二大队紧紧围绕“降事故、保安全、保畅通”的中心任务，以“三基”工程建设为主线，牢牢把握“最大限度地减少道路交通事故，最大限度地让交通违法行为人心服口服”的工作要求，以打造国际精品旅游城市为目标，为最大限度保障城区道路的安全、畅通、有序，通过不断开拓管理新路，完善管理手段，积极探讨城市道路交通管理新途径、新方法，为辖区经济、社会发展营造了一个安全畅通、和谐有序的道路交通环境，有效遏制了重特大道路交通事故，取得了一次死亡 3 人以上特大道路交通事故为零的好成绩。全年，大队累计查处交通违法行为 14 512 起，其中，酒后驾车 202 起，无证驾驶 370 起，罚款并拘留处罚 13 人。共受理交通事故 853 起，事故造成 1 人死亡， 173 人受伤，直接财产损失 426 400 元。与去年同期相比，辖区交通事故起数、死亡人数、受伤人数、直接财产损失分别上升 8.26%、下降 94%、上升 7.96%、和上升 8.14% 。

【夯实基础 深入推进“三基”工程建设】 一、加强队伍建设，提升队伍整体素质和战斗力。（一）细化管理措施，加强制度管理力度。为加强队伍正规化管理，将队伍建设成一支执勤执法规范、工作保障有力、人民群众满意的公安交通管理队伍，大队于年初制定了《古城区交警二大队队伍管理规定》；为完善、细化勤务管理规定，大队从勤务管理、内务管理、车辆管理、八小时外管理、岗位督察等十余个方面制定了《古城区交警二大队交通勤务管理规定》；该规定根据城区路网中的各个路口、路段的性质以及交通秩序、交通安全情况和交通流量饱和状况，将城区路口分为三类，路段分为三级，形成一个“三类、三级”的路面勤务管理体系。即要求城区所有路段、路口一线执勤人员在流量高峰期实行“路口守点”管理，最大限度提高各路口、各路段的道路通行效率；在交通平峰期通过以驾车或走路的方式对不同级别的路段实行每 20 分钟、40 分钟、60 分钟一次不等的“路段巡逻”，最大限度地扩大管理覆盖面，将原来警力顾及不到的如祥和丽城等部分路段纳入管理，加大管理的力度和密度，有效查处严重交通违法行为，遏制重特大道路交通事故的发生。同时，大、中队领导按照规定要求，对一线执勤人员开展每月不少于 26 次的岗位督查工作，以确保各项措施的落实到位。同时，大队在 10 月份从昆明考察学习后及时调整工作措施，制定了《古城区交警二大队勤务管理补充规定》。（二）实行当月考核，形成争先创优的良好局面。大队通过对全体人员的执法行为、履行公路巡逻民警职责、交通安全宣传“五进”等几个方面进行当月考核并逐一排名，在各岗组之间形成争先创优的良好局面。（三）坚持政治建警，加强队伍思想政治建设。大队不定期组织开展政治学习，认真贯彻落实党的十七大关于“继续解放思想、坚持改革开放、推动科学发展”的战略部署。大力开展送温暖、献爱心活动，分别于 7 月高考期间和中秋节前、汶川大地震后开展了“爱心送考”、“送温暖”、“爱心募捐”等爱民、亲民实践活动。（四）坚持从严治警，加强队伍廉政建设。大队定期召开队伍建设工作会议，有针对性地组织民警、协管员观看“五条禁令”警示片、强化“五条禁令”的教育和监督力度，定期不定期地组织对民警执法执勤活动进行明察暗访，规范公安交通民警行为，促进公正、文明执法，倡导民警理性执法、平和执法、文明执法。（五）加强教育培训工作，深化大练兵活动。大队以“三考”为契机，将其作为全面提高队伍素质和执法状况、改进执法工作、加强队伍建设的一个重大举措，在民警自学的基础上，专门组织了为期10天的培训班，强化民警基本法律和业务知识学习，全面提升队伍的执法水平和执法能力，并参加了由市公安局、省交警总队、省公安厅组织的“三考”法律基本知识考试。（六）落实从优待警措施，建立健全谈心谈话制度。大队不定期对民警、协管员思想状况进行分析，及时了解掌握民警的思想动态和急需解决的困难问题；认真落实民警体检、休假制度，坚持民警、家属生病探望制度，扎实做好民警安心工作，解决其后顾之忧。

二、狠抓基层建设，夯实道路交通管理工作基础。（一）加强基层警力保障。全年大队新增6名警力全部充实到秩序中队进行锻炼；为提高民警、协管员执法素质和执法水平，大队于3月~5月开展了为期三个月的系列培训活动。培训内容包括事故处理、队列、三大步伐、交通手势指挥、摄像机、照相机、录音笔等设备的使用、执勤执法规范用语、执勤文明用语等。期间，大队还专门邀请公安分局治安大队、支队车管所车管、驾管科以及事故对策处的领导为大队民警和协管员进行统一授课；（二）是加强基层警务保障。年内，大队购进和更换车辆共9辆、数码相机2台、电脑5台、录音笔7支、摄像机6台、测速仪1台、酒精测试仪2台、对讲机20台，同时，大队46名基层民警全部配发了公安单警装备，实现了基层民警单警装备率达100%。

【完成体制改革 有重点加强交通管理工作】 按照省公安厅统一安排部署，1月16日，原古城区交警大队分设为古城区交警大队和古城区交警二大队，在体制调整期间，为了保证人心不散、思想不乱、工作不断、强化队伍内部管理和弘扬“团队精神”，大队及时召开会议，要求全体人员提高思想认识，充分认识到此次公安交警管理体制调整是省委、省政府根据交通管理工作新形势、新任务的新要求，是进一步加强公安交通管理工作做出的一项重要举措，旨在积极推进道路交通管理社会化，对公安交警队伍正规化建设和提高公安交通管理效能具有巨大的促进作用。将原古城区交警大队一分为二，是为了进一步加强和改进公安工作，满足城市交通不断发展、增强道路交通管理效能，积极推进丽江建设国际精品旅游城市的需要。在改制后，两个交警大队分别以抓农村事故预防和抓城市交通秩序维护为工作重点，有序开展交管工作。同时，为适应交通安全管理的新形势和交通管理工作发展的新需求，实现对城区以及祥和丽城有侧重的进行管控，2月1日起，大队结合辖区实际，对原东、西城中队的管辖范围进行了重新划分，即东城中队主要工作职责为保障古城的道路安全、有序，西城中队主要工作职责是做好新城区交通秩序维护及事故预防工作。

【强化源头管理 做好重点对象监管】 为做好与人民群众生命财产息息相关的客运车辆管理工作，加强校车及校园周边管理，古城区交警二大队一是对客运驾驶员不良嗜好进行排查。在春运开始前，组织全区所有客运企业进行了一次节前车辆技术检验、签订了《客运企业交通安全责任书》，于奥运火炬传递前与所有客运企业签订了《奥运安保责任书》，并按照《云南省道路交通安全条例》的相关要求，于9月初对全区客运企业驾驶员进行了嗜好排查，将有喝酒、打麻将、斗地主等不良嗜好的驾驶员列为重点管理对象，通过“企信通”系统于“十一”期间向有不良嗜好的驾驶员有针对性地发送温馨提示短信共114条；同时，为动员社会力量，严厉整治涉及客运车辆严重交通违法行为，大队于10月中旬，对全区750辆客运车辆粘贴了违法举报电话提示卡，让广大人民群众自觉加入到对驾驶员违法行为监督的行列中，减少客运车辆驾驶员交通违法行为，杜绝客运车辆交通事故的发生；二是有效规范校车管理。在3月1日和9月1日学校开学前对城区校车进行了一次安全隐患排查，通过对各校车驾驶员及校车的排查，加强和规范对校车及驾驶员的管理，保障师生的出行安全，在做好隐患排查的基础上，大队与全区27所学校签订了《学校交通安全责任状》，并对全区14辆校车进行了逐一排查，完善了台帐，规范了校车的管理；三是将学校保安纳入兼职协管员队伍。大队在继续对公路附近学校派出警力进行学生上学、放学期间道路交通秩序维护的基础上，对丽江市一中、区一中、福慧学校、大研中学路段实行单向通行，并设置了相应的标志牌，极大缓解了学生放学期间学校门前交通拥堵的情况，得到了广大市民和家长的普遍赞誉。同时，大队积极与学校协调，在校方的支持下，市一中、古城区一中、福慧学校等学校的9名保安在学生上学、放学时履行交通管理职责，成为兼职交通协管员。同时，大队组织9名保安进行专业培训，并配发了交通协管员制服。

【提升服务能力 圆满完成各项安全保卫工作】 一是提升服务能力，提高服务水平。在春节来临前，大队提前安排路面执勤民警对城区内主要酒店、宾馆以及饭店所处的地理位置了解熟悉，以便在外地游客问路时能更好地为其提供服务，通过这一举措，有效提高了路面执勤民警的服务水平，提升了丽江交警的良好形象；二是圆满完成“十·一”安全保卫工作。通过大队精心组织、严密部署、狠抓落实，严格各项交通管理措施，圆满完成了“十·一”黄金周交通安全保卫工作，特别是在“十·一”期间人流、车流迅猛增长，安保工作任务繁重的情况下，圆满完成了本年丽江束河“哈里古”酒吧推介暨民族文化展示系列活动、丽江第三届雪山音乐节以及古城菊展等一系列交通安全保卫工作；三是圆满完成奥运安保工作。为了做好奥运火炬传递活动期间的各项交通安全保卫工作，确保做到万无一失，在奥运火炬传递前，大队在对奥运火炬传递涉及线路进行反复研究、多次进行实地勘察的基础上，制定了详细、周密的《奥运火炬接力传递交通安全保卫方案》，并及时总结演练活动，查缺补漏，通过大队全体人员的共同努力，保障了大队管辖范围内的道路交通安全，圆满地完成了火炬接力交通安保任务，为火炬接力传递活动创造了安全、畅通的交通环境，得到党委政府、上级公安机关和社会各界的一致好评和高度赞扬；四是圆满完成各项临时性交通安全保卫工作。在做好春运、黄金周等交通安全保卫工作的基础上，在警力紧张、城区交通保通工作任务繁重的情况下，大队还圆满完成了“正月十五棒棒会”、“滇西北生物多样性保护工作”等各项临时性交通安全保卫工作，圆满完成交通安全警卫14起。

【创新管理方法 有重点推进交通管理工作】 一是规划实施等待区，有效提高通行效率。在现有道路资源有限而城区机动车以平均每天30辆的速度迅猛增长的情况下，大队充分挖掘现有道路资源，实地调研后在官房路口、阿丹阁路口、八中路口、森龙路口等几个重要路口，实施了左转待转区和直行待行区，通过指挥车辆靠前等候信号灯的方式，最大限度提高了路口的通行效率，并于官房路口粘贴了“请提前十秒进入等待区”字样；二是建设港湾式站点，拓展路面通行范围。对森龙路口、阿丹阁路口、民航路等主要路段的公共车站点改建港湾式候车点。三是设置提示标志，减少事故隐患。为缓解玉缘路口的交通压力，大队于5月起，在玉缘路口、官房路口共设置6块“右转车辆必须等待被放行车辆及行人先行”标志牌，对右转车辆在右转过程中不停车让行或减速慢行的行为起到了有效的提示作用，保障了行人的安全，最大限度实现了路口的畅通、有序。四是因地制宜改造路口，提高通行效能。对玉缘路口重新规划实施了标线，在原基础上增加了一条车道，提高了通行能力；根据市政府搬迁后阿丹阁岔口由北向南方向车流量猛增的实际，将右转车道改为直行加右转，提高了直行车的通行效率；并于4月初将福慧东路双向三车道改为双向四车道，缓解了福慧东路车流量大、交通拥堵的现状，提高了通行效率。五是规划实施停车泊位，解决停车难问题。在城区一些次干道上，在不影响正常通行的前提下，规划实施停车泊位400余个，有效解决了停车难问题，规范了管理。

【开展农用车、拖拉机喷涂工作 消除事故“盲点”】 为有效杜绝拖拉机、农用车违法载人事故的发生，最大限度保障农民群众的生命财产安全。4月中旬，大队联合农机部门，深入辖区各街道办事处，依靠当地政府部门，组织各办事处的农用车、拖拉机驾驶员进行了交通安全学习，并在拖拉机、农用车的明显部位喷涂了“严禁载人”字样，完成4个街道办事处的133辆拖拉机及143辆低速货车的车身喷涂工作，一定程度上减少了拖拉机、农用车违法载人行为。

【强化打击犯罪职能 保护群众合法权益】 严厉打击涉车违法犯罪活动，建立健全中队涉车犯罪侦查工作制度、明确工作职责，提高查缉盗抢机动车等涉车违法犯罪的能力。在4月套牌车专项集中整治行动第一天就查获套牌车三辆，有效遏制了套用机动车号牌等交通违法行为的上升势头。全年，大队共查获驾驶报废车案件14起，驾驶拼组装车2起。经过两个多月的努力，清理了2008年1月份以前暂扣滞留于停车场的机动车504辆，将有关涉嫌盗抢的车辆及时移交刑侦部门。

【加强交通事故处理能力 提高肇事逃逸破案率】 为严惩肇事逃逸者、维护受害者合法权益，在肇事逃逸案件增加的情况下，加大了对肇事逃逸案件的侦破力度。年内，共发生交通肇事逃逸案件20起，其中查破19起，破案率达95%。4月份，在七星街发生一起肇事逃逸案件，事故处理中队民警在10分钟内将该案迅速侦破，得到了受害者家属和社会各界的好评。本年，事故处理中队共接受人民群众赠送锦旗2面。

【危险路段排查整治工作】 为加强道路交通安全隐患的整改治理，最大限度地预防和减少道路交通事故的发生，切实保障人民群众的生命财产安全，年初，大队排查香格里大道与庆云路交叉路口、长水路嘉禾建材城路段至长水冷冻厂路段、玉甘线（上下行线）香港纪念碑至老收费站等3处危险路段，取得较好的治理效果。

【组织和开展各类严重交通违法行为专项行动】 大队按照上级公安机关的有关要求，根据不同时期时段的车流、人流状况，不同违法行为的特点，有针对性地调整警力部署和勤务模式，开展了"套牌车集中专项整治行动"、"打击假冒军车专项行动"、"打盗抢抓逃犯专项行动"、"奥运安保攻坚战苦战40天专项整治行动"、"危险化学品运输交通安全集中整治行动""拖拉机、低速货车违法载人集中整治行动"、"安全生产百日督查专项行动"、"农村交通安全集中整治行动"、"危险化学品运输车辆集中整治行动"、"中小学幼儿园校车集中整治行动"、"预防特大道路交通事故百日行动"等一系列专项行动，通过专项行动，严厉打击和查处了一批严重交通违法行为，有效降低和减少了各种严重交通违法行为。

【开展重点整治 净化道路交通环境】 一是规范客运站附近交通秩序。客运站搬迁到祥和丽城后，由于部分车辆占道停车、乱停乱放，存在极大交通安全隐患，针对这一情况，大队于3月中旬在客运站前专门设置了一个交警岗亭，并派出警力加强对客运站周边道路交通秩序维护工作，有效净化了新客运站周边道路交通环境;二是整治市场周边道路交通环境。为进一步改变忠义市场、三家村环岛，玉龙县医院周边乱摆摊设点及乱停车现状，5月中旬，大队联合市政监察大队、祥和办事处，对忠义市场周边占道经营、乱摆摊设点、车辆乱停乱放的行为进行了联合整治。同时，为了彻底整治这一"顽疾"，大队要求忠义市场岗位人员加强对忠义市场沿线路段的整治维护力度，彻底改变忠义市场附近"车难开、人难行"的局面;三是整治花马街周边道路交通环境。为解决花马街两侧道路机动车乱停乱放问题，最大限度保障人民群众的生命财产安全，营造一个良好的道路交通环境，6月17日起对花马街两侧道路内乱停、乱放的机动车进行了集中整治，对花马街周边商铺逐户发放《古城区交警二大队关于规范花马街两侧道路机动车停放的通告》，大队还派出人员向花马街两侧所有经营户做好相关宣传工作，保障了整治工作的顺利进行。

【创新交通安全宣传措施工作】 一是开展大规模宣传活动。7月25日～10月25日，大队于每月25日分别举行了主题为："遵守信号、文明礼让、促和谐"、"开开心心游丽江 平平安安在旅途"、"关注学生交通安全"、"关爱生命、平安和谐"的大型交通安全宣传活动。通过发放宣传资料、摆放宣传展板、播放宣传光碟、邀请交通安全志愿者参与等形式营造较为浓厚的交通安全氛围。同时，考虑到涉及学生交通安全事故呈上升趋势的特点，从11月1日起，让云南大学旅游文化学院的100余名学生分批作为交通安全志愿者参加到交通秩序维护的行列中来。二是制作专门宣传单，有针对性进行发放。年内，大队共制作《规范驾驶电动车 保障道路安全畅通》、《自觉遵守交通法规 保障进城务工人员生命安全》、《安全参与交通 共建平安公路》《开开心心度假 平平安安回家》、《平安在旅途》、《关于规范花马街两侧道路机动车停放的通告》、《关于规范非机动车（含电动车）管理的通告》等近10万份宣传资料，深入建筑工地、学校、客运企业、企事业单位以及各主要路口和集贸市场进行发放，开展声势浩大的针对进城务工人员和电动自行车交通安全宣传月。制作5块交通安全宣传栏和12块交通事故常识宣传展板分别在大队内部和各企业、学校、单位轮回宣传，在全区掀起了轰轰烈烈的交通安全知识宣传学习活动。三是交通安全进“单位”。7月份起，大队采取分系统的方式对全区各机关、企事业单位、社会团体的专职驾驶员和持有机动车驾驶证的广大干部职工进行了大规模的《云南省道路交通安全条例》宣传、学习活动，期望通过“地毯式”的宣传教育方式，实现全区单位驾驶员交通安全意识和交通安全法律法规水平的进一步提升，有效减少单位驾驶员因酒后驾驶、疲劳驾驶等严重交通违法行为导致交通事故的发生。完成了全区10余个系统的学习培训，面对面宣传教育人数近700人。四是交通安全“入企业、进校园”。以交通安全宣传月活动为契机，为迎接奥运会的到来，大队于5月初分别到全区所有客运企业和市一中、古城区一中、福慧学校、实验学校开展了“迎奥运 文明出行”为主题的交通安全知识竞赛活动。全区2 500名客运企业、出租车协会、微型车协会的驾驶员和2 000名中小学生参加了此次由中宣部宣传教育局、公安部交管局联合举办的“迎奥运 文明出行”为主题的交通安全知识竞赛活动，并有166名驾驶员和751名中小学生获得满分。在对中小学生及客运企业驾驶员日常遵守交通法规、交通事故发生情况等因素进行综合考评后，云南省旅游汽车公司丽江分公司驾驶员张小平在中宣部宣传教育局、公安部交通管理局组织的“迎奥运、文明出行”全国道路交通安全知识竞赛中荣获三等奖；实验学校的邱婉月、大研中学的王琳等4名同学分别获省级一等奖和纪念奖，受到了中共云南省委宣传部、云南省教育厅、云南省公安厅交通警察总队的联合表彰。五是交通安全宣传“进社区”。大队深入西山游路沿线的黄山、中济、开文等三个居委会的10个村民小组开展了旨在消除隐患、提高安全意识为目的的专项整治行动。通过向居民进行《云南省道路交通安全条例》宣传，重点向居民介绍了西山游路事故多发原因以及交通参与者安全参与交通的方式，并在群众出行量较大的路口、市场等处粘贴了《云南省道路交通安全条例》，有效提高了西山游路沿线居民的道路交通安全意识和交通法律法规掌握程度。六是交通安全宣传“进家庭”。7月28日～8月1日大队联合丽江市人民广播电台播出了包括“行人文明出行篇”、“车辆文明行车篇”、“文明执法、规范执勤篇”等内容在内的五期专题节目，在节目中通过大队民警和广大群众、驾驶员共同做客丽江人民广播电台探讨交通法规、行车、走路等常识的形式，对城区交通管理工作进行了有效的宣传和介绍，也通过电波为千家万户送去交通安全知识。滚动播出两集由省交警总队摄制的《交通安全宣传公益广告》，春节及8月份期间，播放长达两个月，通过短小精悍、群众喜闻乐见的交通安全公益公告片，让广大市民在休闲娱乐的同时掌握交通安全法规，养成自觉抵制不文明交通行为的良好习惯。全年，大队在市级以上媒体共刊登稿件123篇，其中，省级以上报纸、杂志刊登稿件7篇、《丽江日报》刊登稿件89篇,《丽江交通管理信息简报》刊登稿件27篇，在市级以上网络刊登稿件108篇，省级以上网络刊登稿件12篇，上电视新闻60期，上广播新闻145期，向有关单位及客运企业报送《古城公安交通管理简报》26期。

【学习借鉴先进经验 改进勤务管理模式】 10月13日～17日，由支队王丽雄副支队长带队，科技处副处长冯明强、大队中队领导、各小组组长等组成的考察团一行14人，赴昆明交警支队考察学习城区道路交通管理工作。考察学习结束后，对年初制定的勤务管理规定进行了补充。一是加强了对城区非机动车和行人的管理力度。为减少非机动车不安全驾驶、不文明驾驶行为，减少涉及自行车特别是涉及电动车道路交通事故，11月1日～12月31日作为对非机动车和行人集中宣传月，要求一线执勤人员对非机动车（含电动车）违法载人、逆向行驶等行为予以查纠并签名确认，为扩大对非机动整治宣传覆盖面，大队还专门制作了6 000份宣传单在各路口进行广泛发放，并要求从下年1月1日起对非机动车（含电动车）的违法行为依法予以罚款处罚。二是细化八小时外路查工作。为有效遏制重特大交通事故的发生，针对进入冬季以来，城区内严重交通违法行为在夜间有所增加的情况，大队将原来制定的八小时以外路查工作进行调整细化，规定路检路查以各岗组为单位，每月至少安排两次夜查，夜查开始时间在20：00以后，且不得少于两个小时。三是抽调人员参与“补高”工作。为了加强早、晚高峰期交通疏导工作，缓解“高峰期”警力不足的问题，大队借鉴了昆明交警支队“补高”经验，由大队部、事故处理中队、违法处理办公室每天抽调8名人员在早高峰8：00~8：40以及晚高峰17：00~17：40到城区官房、阿丹阁、玉缘、森龙四个主要路口参与交通高峰期“补高”工作。四是为了加大测速力度，要求测速组改变以往定人定时定岗的模式，采取不定时，固定测速与流动测速相结合的办法，加强测速监管力度。

【完善执法监督体系 推行警务公开】 为进一步推进警务公开，让广大人民群众及时了解、掌握有关警务信息，大队广开警务公开渠道，一是于各办公室、中队门前设置“服务牌”，公开办公室、中队人员在岗及外出情况，以方便前来办事群众。二是要求一线执勤民警切实履行“一警多能”职责，及时为广大人民群众和来丽游客排忧解难。三是充分利用各岗亭和大队内设置的13个“交通执法意见箱”，倾听群众意见，及时发现问题，及时弥补纠正。四是于5月26日起，将《云南省道路交通安全条例》中的法律责任部分制作成展板悬挂于违法处理办公室门前，使所有前来接受违法处理的驾驶员对各项交通违法行为的危害性以及应承担的法律责任有了一个更加清晰的了解和认识。五是积极联系电台、电视台、报纸等各大新闻媒体，及时发布大队各项交通管理举措。

【着眼细节 打造城市交警新形象】 为积极响应市委、市政府“打造世界级文化旅游名市、构建和谐丽江”的目标，大队按照市人民政府市长王君正提出的“抓城市树形象”的工作要求，细化各项工作措施。在执勤执法工作方面：一是要求全体民警和协管员严格落实《古城区交警二大队队伍管理规定》以及《古城区交警二大队勤务管理规定》的各项要求，按照“按时上岗、警容严整、装备齐全、指挥有力、用心履职、用智工作”的总体要求，最大限度发挥自身的主观能动性；二是要求一线执勤人员在使用对讲机以及与违法驾驶员进行交流时必须使用规范用语，并要求在执法、执勤过程中一律使用普通话；三是进一步规范一线执勤人员对交通违法的查纠行为，做到每查纠一起交通违法行为都按要求进行一分钟的交通安全宣传教育（包括告知其所违法行为、应接受的处罚等）并规范法律文书的填写，要求做到字迹清楚、法律、法规使用准确；四是要求事故处理中队出警时必须着反光背心并戴执勤帽，以规范执法行为、保障自身安全。

【提升交通管理水平】 一是要求继续发挥三个“示范岗”的示范带头作用，严格交接班制度；二是继续加强各种业务培训，特别是严格对《道路交通安全法》及其实施条例以及《云南省道路交通安全条例》的考试考核制度，以提高交通管理水平和业务水平，真正实现内强素质、外树形象；三是在有条件的路段规划实施停车泊位，通过“疏”的形式，切实解决群众难停车、乱停车与交通和谐、畅通之间的矛盾；四是每月设置“警营开放日”，通过向群众展示执法执勤装备、违法案件、交通事故处理过程，赢得更多群众的理解和支持；五是违法处理窗口及事故处理中队每天实行“值日警官制”，有疑难问题向值日警官进行询问；全体民警切实履行“首问负责制”；六是进一步加大科技投入力度，实现科技管理、科技强警。

【积极推出便民利民举措 加强服务群众能力】 一是为体现交警的“人性化”执勤，各执勤路口在遇婚、丧、嫁、娶车队行经路口时，积极指挥、疏导，确保车队一次性通过，充分体现交警部门结合管理实际、严格执法与热情服务的有机结合；二是要求外勤民警要对80%以上的简易程序案件实现当场处罚，以减少群众不必要的往返；三是要求全体民警制作“警民联系卡”（正面：姓名、联系电话；背面：交通法规、交通违法处理程序、事故处理程序等），在路面执勤、执法、交通安全宣传以及事故处理过程中，积极向广大群众发放，加强与群众之间的联系沟通。

【探讨实施“首违不罚” 促进警民关系和谐】 为认真落实“以人为本”和“管理与服务并重”的理念，倡导理性执法、平和执法、文明执法，实现执法效果与社会效果的统一，唤起广大交通参与者自觉遵守交通法规，在学习借鉴昆明城市交通管理工作先进经验的基础上，12月1日起，对100种轻微交通违法行为实施“首违不罚”。

【立功受奖情况】 全年，大队荣获市支队集体嘉奖一次，王海明等三人被省公安厅授予“维稳”工作“先进个人”，肖伟等五人荣获支队奥运攻坚战“先进个人”表彰，汪大斌等三人获市公安局奥运安保“先进个人”表彰，赵志军在全省交警系统法律法规“一口清”知识竞赛中获“先进个人”称号，“女警示范岗”被云南省公安厅、云南省妇女联合会授予“巾帼文明岗“荣誉称号。

（张兰春）

古城区人民法院

【综　述】 2008年，古城区人民法院在中共丽江市古城区委的正确领导和上级法院的指导下，在区人大常委会的法律监督和工作监督、区政协的民主监督和区人民政府的大力支持下，始终以邓小平理论和“三个代表”重要思想为指导，坚持“三个至上”（党的利益至上、人民利益至上、宪法法律至上），坚定正确的政治方向，以科学发展观为统领，以服务古城区经济、社会发展为中心，以维护人民利益为根本，按照中国特色社会主义事业建设者和捍卫者的职能定位，认真履职，全面完成了全年工作任务。全年共受理各类案件1 267件（含旧存执行积案411件），审结605件，结案率为95.58%，执结183件，执行标的409万余元。

【坚持宽严相济　促进平安建设】 2008年共受理刑事案件184件，审结184件，结案率达100%。一是坚持“严打”方针不动摇，从严、从快惩处严重危害公民生命健康和财产安全的多发性犯罪，特别是“两抢一盗”等严重危害社会治安犯罪，对涉案被告人依法判处刑罚，坚决打击和遏制犯罪分子的嚣张气焰。二是加大对经济领域和职务类犯罪的打击力度，共查处贪污贿赂类案件9件，制止腐败现象的滋生和蔓延，促进反腐败斗争深入开展。三是坚持宽严相济。对主观恶性不大、偶尔失足的轻微犯罪，特别是青少年犯罪，根据案件具体情况多判缓刑、管制、单处罚金等非监禁刑罚，全年共对92名罪犯依法适用非监禁刑，有效地减少社会对立面和不稳定因素。四是注重发挥司法调解功能。共审理刑事附带民事案件12件，经调处并及时清结，尽力缓解了社会矛盾。五是进一步强化对未成年人犯罪的审判工作。坚持“教育、感化、挽救”方针，推行“庭后帮教回访、谈心”等举措，注重审判工作向庭前、庭后延伸，促使未成年被告人认罪服法、真心悔改、重新做人。全年共开展二次帮教回访活动，取得较好的社会效果。

【强化调节保障　促进社会和谐】 坚持“能调则调、当判则判、调判结合、案结事了”民商事审判方针，以息诉止争、解决纠纷为目标，将调解贯穿于诉讼活动全过程。全年共受理民商事案件441件，审结413件，结案率93.65 %。一是妥善审理婚姻、抚养、继承以及家庭财产分割案件121件，尽力化解家庭纠纷，促进社会稳定。二是慎重审理劳动争议类案件5件，保护弱势群体合法权益，促进劳动力市场的规范发展和社会保障体系的进一步完善。三是认真细致地审理人身损害赔偿类案件70件，保障受害人及其亲属的合法权益。四是妥善审理购销、借款、租赁合同等商事纠纷案件227件，平等保护各类市场主体的合法权益，制裁违约行为，保障交易安全，维护诚实守信、公平竞争的市场环境。

【监督支持并重　促进依法行政】 支持依法行政的同时，充分保障行政管理相对人的诉权，切实维护他们的合法权益。全年共受理行政诉讼案件4件，并全部审结。一是依法审查行政机关具体行政行为的合法性，及时提出中肯的司法建议，支持和监督行政机关依法行政。二是积极探索解决行政争议的新方法，通过和解方式尽力化解行政机关与行政管理相对人之间的矛盾与纠纷。三是审查、执行行政机关申请强制执行的非诉行政案件4件，裁定准予执行3件，裁定不予执行1件，执结3件，确保行政机关有效履行社会管理职能。

【改进执行思路　促进良性循环】 更新执行理念，

加大执行力度，注重执行效果，努力实现执行工作良性循环。共受理执行案件634件（含旧存411件），执结183件，涉案标的409万元。一是加大执行力度。以查找可供执行的财产线索为重点，充分运用查封、冻结、扣押、司法拘留等强制执行措施，确保案件顺利执行。二是注重执行和解。将调解切实落实到执行活动全过程，最大限度地减少不和谐、不稳定因素，30%的执行案件通过和解得到有效解决。三是强化群体性纠纷案件的执行。讲究执行方法，最大限度地减少涉执上访，减少社会对立面。四是加强对弱势群体的保护，特别是涉及农民工、人身损害赔偿、赡养、抚养等案件，穷尽手段、优先执行，尽快实现当事人的合法权益。五是推进“阳光执行”。对执行查证情况，在规定时间内给予答复和反馈。及时召开执行听证会，消除当事人误解，减少缠执上访。六是坚持执行新案、清理积案两手抓，包干到组、量化到人，采取提级执行、交叉执行、共同执行等有效措施，对历年积案进行集中清理，共清理执行积案411件，目前清理积案数已达100%。七是推进执行工作信息化发展。加强软件建设，配备专门人员，将全部执行案件信息录入到全国法院执行网络管理系统，推动全国执行威慑机制的逐步建立。

【健全利民便民机制 着力构建和谐司法】 古城区法院把实现好、维护好、发展好最广大人民群众的利益作为各项工作的出发点，以人民满意为最高标准，不断完善各项便民、利民措施，努力营造便捷高效的诉讼环境，为人民群众办实事、解难题，以司法和谐促社会和谐。一、畅通绿色通道，提供诉讼便利。以加强“立案窗口”建设为重点，不断完善从接待、咨询到立案的“一站式”服务，畅通诉讼的“绿色通道”；采取电话咨询、一次性告知等措施，尽力方便当事人诉讼。推行首问负责制、立案释明制，热情、耐心解答当事人的法律咨询，依法告知和提示当事人的诉讼风险，正确引导当事人理性进行诉讼。二、加大救助力度，体现司法关爱。充分关注特殊群体的司法需求，加大司法救助力度，同时为年老体弱或经济困难的当事人及时联系法律援助中心律师为其提供无偿的法律服务，全年共为13件案件、经济确实困难的当事人减、免、缓交诉讼费18 111万余元。对涉老、涉残等案件优先审理、优先执行，维护他们的合法权益，全年共对3位涉老、涉残案件免交诉讼费。三、强化信访申诉，营造和谐氛围。坚持畅通信访渠道和维护信访秩序并重，对当事人的投诉和来访，按照分级处理、归口管理的原则，实行领导包案、部门督办、责任到人，重点解决重复访、集体访等难点问题，做到逐案登记、跟踪管理、专人填报、件件答复。建立并实行“院长接待日”制度，方便当事人来访。强化全员信访意识，实行“诉前指导、判后答疑”，让当事人“赢的清楚、输的明白”。坚持“维护生效裁判权威”，对当事人的申诉指定专人进行全部审查，耐心细致地做好明法析理、服判息诉工作，对确实错误的提起再审。本年无申请再审案件。四、延伸审判职能，推进综合治理工作。一是认真贯彻“打防结合、预防为主”的方针，紧密结合审判工作实际，适度扩大、延伸工作领域，积极参与社会治安综合治理。3月～9月，共出动警力1 080人（次），参与处突维稳执勤，为奥运会的成功举办和丽江的社会稳定作出积极贡献。二是认真开展扶贫攻坚工作。按照帮扶计划逐步实施扶贫计划，争取早日实现脱贫致富的目标。年内，区法院共扶贫捐款29 756元，解决当地群众发展生产、致富增收的燃眉之急。三是认真开展法制宣传，提高公民的法制意识。除利用法庭释疑、巡回法庭、法律咨询宣传法制外，还利用12·4法制宣传日积极认真开展法制宣传工作，为促进本区两个文明建设，创造良好的法制环境。

【围绕可持续发展 着力加强自身建设】 把法院自身建设作为提供司法保障、服务工作大局的立足点，强化队伍管理，狠抓基础建设，确保法院工作全面协调和可持续发展。一、队伍建设常抓不懈。紧密结合工作实际，深入开展解放思想“大学习、大讨论”和科学发展观等各项学习教育活动，教育和引导干警不断增强宗旨意识、大局意识和责任意识。认真学习中央和省委关于加强党风廉政建设的有关文件，深入开展党风廉政教育和警示教育活动，坚持不懈地抓好党风廉政建设责任制的落实，形成了党组统一领导、纪检监察部门组织协调、审判和其它部门各负其责的工作格局。通过狠抓院领导及各部门负责人的廉洁自律工作，为全院干警作出了表率。同时，逐步加大反腐倡廉工作力度，严肃查处和纠正审判工作中存在的违法违纪问题，决不姑息迁就，切实给党和人民群众以满意答复。二、“学习型”建设长足发展。树立善于学习、终身学习的理念，倡导和鼓励全体人员利用一切机会和条件进行学习，着力提高干警的综合素质与自身修养。年初，按照理念导入、树立共同远景、系统思考、团体学习等步骤，制定详细实施方案，广泛开展以业务建设为切入点、以文化建设为结合点、以效能建设为突破点的“创学习型法院，做思想型法官”活动，全力打造“职业、时尚、团结、奋进”的法官队伍。倡导全院干警多思、勤谋、善悟，开拓视野、陶冶情操，激发和提升干警学习、创造的软实力，取得良好的效果。年内，有2名干警通过司法考试。三、制度建设逐步完善。树立和加强科学管理意识，逐步完善各项规章制度，做到“人人有目标、事事有监督、层层抓落实”。（一）健全内部监督机制。制定并完善案件评查、征求当事人意见等制度，不断完善自身预防、纠错机制。（二）拓宽外部监督渠道。及时、主动向区人大常委会备案件，自觉接受监督。（三）进一步加强廉政建设。将廉政建设作为一项长期、首要任务常抓不懈，逐步建立了“一岗双责”制、廉政承诺制，诫勉谈话制和一票否决制等制度，层层签订“廉政建设责任书”，全面强化对审判人员的监督和管理，预防和杜绝腐败现象的发生，确保司法公正。全院无违法违纪案件发生。

（李玉良）

古城区人民检察院

【综 述】 2008年，古城区检察院在区委和上级检察机关的正确领导下，在区人大的法律监督、政协的民主监督及政府的有力支持下，坚持以邓小平理论、“三个代表”重要思想为指导，学习和贯彻科学发展观，紧紧围绕构建社会主义和谐社会，牢固树立社会主义法治理念和正确的稳定观，按照“强化法律监督，维护公平正义”的工作主题和“加大工作力度，提高执法水平和办案质量”的总体要求，充分履行法律监督职能，全面开展各项检察业务，切实加强执法规范化建设，不断推动基层检察院建设工作协调、全面、持续发展。先后获得全省先进基层检察院、全省检察机关侦查监督工作先进集体、市区两级文明单位、市级园林式单位、区“四五”保密法制宣传教育工作先进集体、区党风廉政建设工作先进单位等称号。驻丽江监狱检察室还被最高人民检察院评为全国二级规范化检察室。特别是，被推荐为全国先进基层检察院。

【依法严厉打击各类刑事犯罪】 充分发挥批捕、起诉职能，依法打击各类刑事犯罪活动。围绕确保北京奥运会安全举办等全局性工作，认真履行职能。2007年12月11日～2008年12月10日，共批准逮捕的各类刑事案件犯罪嫌疑人332人，提起公诉393人，共提前介入16件35人（次），派员出庭支持公诉156件，发表公诉意见156篇。为体现诉讼经济的原则，提高办案效率，建议法院适用简易程序审理33件，目前已宣判的案件，均为有罪判决。

【依法查办职务犯罪】 认真贯彻落实《关于建立健全惩治和预防腐败体系2008–2012年工作规划》和区委的工作部署，把惩治的威慑力、教育的说明力、制度的约束力、监督的制衡力有机结合起来，促进查办和预防职务犯罪工作协调发展。一、加大惩治腐败力度，净化经济建设环境。坚决贯彻中央关于反腐败斗争的部署，不断加大查办职务犯罪的力度，全年共受理贪污贿赂案件5件5人，其中，挪用公款3件3人，私分国有资产2件2人，立案侦查4件4人，不立案1件1人，侦查终结4件4人，大要案2件2人，涉案金额共计75万余元，为国家挽回经济损失68万余元。有针对性地集中力量查办大案要案以及群众反映强烈的涉农职务犯罪案件。二、注重治本，增强预防职务犯罪工作的实效。针对新农村建设中容易诱发职务犯罪和农民群众关注的热点问题，1月23日，牵头在丽江监狱组织召开了“古城区乡（办事处）基层干部党风廉政建设警示教育现场会”。11月27日，组织金山乡党委政府、金山乡各村委会干部及驻金山的所有企业负责人召开“金山乡预防职务犯罪警示教育现场会”，警示参会人员不断加强学习和思想改造，做到“老老实实做人，踏踏实实做事，清清白白做官”。结合查办案件特点，针对案件多发、易发的重点单位和部门，加大预防工作力度，及时对发案单位提出检察建议，协助建章立制，堵塞漏洞，有效发挥法律的威慑力和预防的控制力。三、深化职务犯罪预防工作，有效开展对重大工程建设项目的同步预防。适时参与区内重大工程项目招投标监督35次，为国家节省资金560.5万余元，工程竣工验收1次，有力促进创建“工程优质、干部优秀”的“双优”工程活动。同时，参加政府采购大宗物品招投标会议2次，不断加强对政府采购工作的监督。

【认真处理涉检信访】 把执法办案同化解矛盾纠纷结合起来，即解开当事人的“法结”，又解开当事人的“心结”，真正实现定分止争、案结事了。一是建立健全检察长接待日活动，在工作中坚持“一张笑脸、一句问候、一杯热茶、一张椅子”，让群众真切感受到检察机关办事热诚、高效、公正。全年共受理来信来访49件，所受理的案件做到事事有交待、件件有着落。

【积极参与社会综合治理工作】 一、深入积极开展平安创建工作，认真参与社会治安防控体系建设，在负责金山乡综治维稳工作过程中，经过细致调查研究，针对金山乡社会治安的普遍性、苗头性问题，向区党委、政府及相关部门发出专题报告2份、检察建议4份。二、在区委的领导下，依法参与处置重大群体性事件。“3·14”西藏事件后，按照区委安排，及时成立维稳领导小组，积极参与束河值勤维稳工作，安排专人专车，每天3人1辆车，共组织警力300余人（次），出动警车100余台（次），放弃休息日和节假日坚守在束河值勤，干警发扬不怕苦、不怕累和连续作战的精神，出色完成束河维稳工作，为奥运火炬在丽江安全传递做了大量富有成效的工作。三、继续加强法制宣传教育，6月23日~24日，开展以“依靠群众、惩防并举”为主题的举报宣传活动，通过活动增强人民群众反腐倡廉意识，促进预防工作的社会化。在12月4日即全国第八个法制宣传日，根据检察机关的职能，大力宣传反渎职侵权、反贪污贿赂局工作的职能、性质、管辖，发放宣传材料800多份，从而达到使广大群众学法、懂法、守法、用法的目的。

【积极开展预防青少年犯罪工作】 6月中旬，在辖区内的福慧学校、金安中学，采用法制宣传栏的形式，开展以《人民检察院办理未成年人刑事案件的规定》、《学生的法定义务》、《未成年人的主要合法权利》、《中华人民共和国预防未成年人犯罪法释义》四个内容为专题的法制宣传教育活动。通过开展专题法制教育宣传活动，进一步促进青少年学生法律意识的增强和自我保护意识的提高，深化社会、学校和家庭与检察机关共同参与预防未成年人违法犯罪工作，为构建和谐校园和促进未成年人的健康成长提供更好的司法保障。

【强化诉讼监督 提高监督实效】 高度重视群众反映强烈的司法不公问题，积极探索和谐社会建设中诉讼监督的实现方式，不断丰富监督内容，提高监督水平。一、加强立案监督和侦查活动监督。年内，提前介入重、特大案件共16件35次，协同公安侦查人员一道深入第一线，适时向侦查人员提出意见和建议，引导公安机关进行侦查取证，对一些疑难案件中涉及的问题，和公安人员一起共同协商和探讨。同时对侦查活动中个别公安人员的一些过急行为和违反程序的行为进行了监督纠正，为顺利侦破案件、严惩各种刑事犯罪活动起到积极的作用。二、加强刑罚执行和监管活动监督。共深入各监区开箱5次，办理服刑人员信访案件2件2人，参加审查新犯收押活动22人（次），监督收押新犯605人，深入各监区和外役点开展各项检察活动13次，对服刑人员进行个别谈话教育8人（次），检察禁闭室3次，提出口头检察建议5次，口头纠正意见5次。共审查新收容劳教人员11人、解除劳动教养202人，驻劳教所检察室还分别到各个劳教场所上法制课3次，切实履行了刑罚执行和劳教执法监督职能。三、强化民事行政审判监督。始终坚持“敢抗、会抗、抗准，公开、公正、合法”的办案原则，既注意加大抗诉力度，又注意使用非抗诉方法开展监督。坚持监督与支持相结合，对正确的判决、裁定，积极做好申诉人的服判息诉工作，维护司法权威。四、依法查处司法不公背后的问题，把监督重点放在一些行政执法单位执法不公、执法不严上，共向相关部门发出检察建议 83 件，帮助相关单位规范执法，堵塞漏洞。

【不断改进检察工作】 坚持在执法办案中为古城区旅游经济服务，始终把打击的锋芒指向人民群众深恶痛绝的严重暴力性犯罪和多发性犯罪，特别将对游客的犯罪案件作为打击重点，定期不定期地牵头召开相关执法部门联席会议，分析研究辖区内的治安现状，制定安全防范措施，做到快捕快诉，形成打击合力，为本区旅游经济健康发展提供了坚定的司法保障。一、全面贯彻宽严相济刑事政策。认真贯彻《最高人民检察院关于在检察工作中贯彻宽严相济的刑事司法政策的若干意见》，在办理案件中坚持以事实为依据，以法律为准绳，当宽则宽，该严则严，宽严适度，依法惩治。对于未成年人犯罪案件，主观恶性较小、情节较轻的初犯、偶犯以及过失犯罪案件，因邻里、婚姻或家庭纠纷引发的轻伤害刑事案件，因债务纠纷引发的民转刑案件，涉及群体性利益、合理的诉求与不恰当的表达方式相交织的轻微刑事案件，区别情况，坚持少捕、少诉，慎捕、慎诉，无逮捕和起诉必要的，果断不予批捕、起诉，最大限度地减少社会对抗。二、推进检察改革，积极探索实施人民监督员由人大任命的工作机制。4 月，检察院向全社会公开增聘了五名人民监督员，完成第二届人民监督员的换届工作，积极探索实践人民监督员由人大任命的工作机制。由检察院向区人大提供拟选任人民监督员名额名单，经各相关部门和检察院对拟选任人员进行考察，最终由人大向选任人颁发《人民监督员证书》，进行正式任命，进一步提高和规范人民监督员的监督能力和工作程序。此举走在了云南省检察系统的前列。三、对附条件批准逮捕制度进行尝试。附条件逮捕制度是检察机关为准确贯彻执行刑事诉讼法关于逮捕条件的规定，实现惩治犯罪与保障人权的统一而提出的一项工作创新举措。在实际工作中，一些案件有证据能够证明有犯罪事实，但定罪证据尚未达到准确、充分程度，为了界定对这类案件“捕”还是不“捕”，使检察机关的批捕工作既符合刑事诉讼法的规定，又有利于保障人权，附条件逮捕制度应运而生。区检察院对涉嫌重特大案件的两名犯罪嫌疑人采取了附条件逮捕措施，为公安机关继续侦查赢得了时间，有利于打击犯罪，保障受害人权益，维护社会稳定。四、设立专职检委会办公室工作机制。院党组按照上级院的相关要求，按同级党委副职待遇配备了 2 名办案经验丰富的检察官担任专职检委会委员。设立检委会办公室，实行委员专兼职结合，是基层检察机关改革的一项重要内容。检察机关改革实践证明，设立检委会办公室工作制度，完善运行机制，提高工作效能，是确保检察委员会有序、高效、高质运转的基础。

【大力加强基层检察院建设】 一、深入开展各类专题学习活动。年内教育活动较多，首先全国检察系统内部开展了“大学习、大讨论”教育活动，区委又连续组织以“解放思想，深化改革，扩大开放，科学发展”为主题的大讨论活动以及“讲党性、重品行、抓落实、促发展”为主题的作风建设教育活动，为正确处理工学矛盾，使业务工作和教育活动两不误，院党组同时把几项教育活动有机地结合在一起，成立强有力的领导小组，由相关领导分阶段地组织实施，为各项教育活动的顺利实施打下良好的基础，取得较好的效果。二、切实加强队伍建设。积极争取区委、人大的支持，调整充实院领导班子，经过调整，院领导班子平均年龄 43 岁，比去年下降 1.3 岁，本科及以上学历已占 83.4%，比去年上升 16.7%，领导班子团结干事、锐意创新的能力更加提高。进一步落实全院干警定期集中学习制度、党组中心组学习制度，把教育培训作为加强法律监督能力建设的一项重要措施，大力加强专业技能培训，针对不同岗位人员实行分类培训，切实搭建学习平台，着力提高领导班子和检察队伍的整体素质和执法水平。全年参加省院司考班培训 9 人，达到国家 A 类标准 6 人，通过率 67%。积极参加有关部门的理论培训，参加省院高级检察官任职资格培训 2 人（次），考官培训 1 人（次），工勤人员培训 4 人（次）。三、综合工作齐头推进。把检察信息、调研、宣传、技术、警务等工作，作为检察工作不可缺少的重要内容，不断加强规范和创新。按照《基层检察院计算机局域网建设方案》的要求，全面推进信息化应用，现已基本完成内部局域网建设，形成与全国检察系统联网的运行稳定的网络平台，建成古城区检察院综合信息发布系统、办公自动化系统、文件传输系统、机要通道、邮件系统、电视电话系统、举报电话自动受理系统、电话专网等信息化通道，各业务部门已基本实现办案自动化，进一步提高了办案质量和效率。四、重视开展扶贫工作。扶贫攻坚是一项长期的政治任务，院班子十分重视扶贫攻坚工作。全院干警积极参加“献爱心”、“慈善一日捐”、“扶贫济困送温暖”和“献爱心、送温暖”等一系列的捐助活动，发起“大灾面前有大爱、灾难无情人有情”为主题的向四川汶川、云南楚雄等灾区捐款捐物活动，干警主动捐款总计达32 580元。

【反腐倡廉工作】 党组十分重视党风廉政建设工作，将其与检察工作同部署、同落实、同检查、同总结。3月，与区委签订《责任书》，并结合全院的实际认真加以贯彻落实，使党风廉政建设任务到人、责任到人，“一岗双责”落实到位，做到责任制层层分解，层层抓落实，进一步明确了各自的职责，强化了各级领导的责任意识。认真贯彻落实《中共中央纪委关于严格禁止利用职务上的便利谋取不正当利益的若干规定》，认真进行自查自纠，按区纪委和上级院的要求，让每位党员干警认真填写自查表，并将自查表存入干警的《廉政档案》。

（木泽林）

司法行政

【综　述】 2008年，古城区司法局在区委、区政府的正确领导下，在区人大、区政协的大力支持和监督下，以邓小平理论和“三个代表”重要思想、十七大会议精神为指导，全面贯彻落实科学发展观，紧紧围绕构建和谐古城、文明古城、小康古城三大总目标，突出又好又快发展这个主题，充分发挥司法行政工作职能，以普法和依法治理为基础、以化解社会矛盾为主线、以法律服务为落脚点，以服务服从于区委区政府工作大局、服务社会主义新农村和社会主义和谐社会建设为中心，为促进全区经济又好又快发展做了大量扎实而有成效的工作。

【普法与依法治理工作】 一是积极开展送法下乡活动。1月23日~29日，按照古城区文化科技卫生“三下乡”活动的工作安排，古城区司法局派出4名干警、1辆法制宣传车组成普法工作组，到“五乡四办”开展法制宣传下乡活动，共发放《移民手册》及“五五”普法宣传材料3 000册，发放《治安管理处罚法》、《信访条例》、《物权法》等法制宣传单20 000份，解答乡镇广大人民群众提出的各类法律咨询400人（次）。二是大力推进“法律六进”活动。3月份，在全区5个乡4个街道办事处的村（居）民小组中开展以“提高全民法律素质、构建和谐法制村社”为主题的法制讲座28场（次），受教育人数近10 000人，内容有《妇女权益保障法》、《公证法》、《调解实务》、《刑法》、《治安管理处罚法》、《婚姻法》、《预防青少年犯罪法》、《物权法》、《道路交通安全法》等10多个法律法规。5月份，古城区司法局按照《关于开展“法律六进”示范活动的通知》，有选择地确定了六家单位作为古城区首批“法律六进”示范单位，突出了具体要求，确定了联系领导。三是开展纪念《法律援助条例》实施五周年和《中华人民共和国保密法》颁布二十周年活动。9月1日~5日，开展以“维护困难群众合法权益，构建社会主义和谐社会”为主题的法制宣传活动。四是开展移民安置区法制宣传。9月3日，局领导率领工作小组到七河西哨移民点实地调研，耐心询问移民群众的生产生活状况，调查了解存在的困难和问题。在移民安置点和七河乡新民村委会喷绘了两条大型永久性标语，以提高移民群众的法律素质和法制意识，促进全区移民安置工作深入推进。五是开展“12·4”法制日宣传。购置了专用法制宣传车，二十个联合依法治区领导小组成员单位在红太阳广场进行大型法制宣传活动，推出了公益广告法制宣传、公交视频宣传，在新大街开设“法制一条街”，取得极好的效果。六是加强传统普法阵地建设的同时，开辟媒体普法阵地。一方面，不遗余力地加强和完善宣传栏等传统普法阵地的内容。5月17日~5月23日，在七星街科普宣传栏和束河普法专栏张贴了《劳动就业促进法》挂图和《大中型水利水电工程建设征地补偿和移民安置条例》、《物权法》、《治安处罚法》等法制宣传资料，同时制作悬挂横幅标语1幅；另一方面，利用政务信息公开网站信息公开平台，开辟了网上普法阵地，开展了《法律援助条例》、《公证法》、《物权法》、《劳动合同法》等法律法规的宣传。继续办好古城区电视台《说法》节目，通过生动的案例场景再现和深入浅出的法理释义，使群众加深对法律知识的理解，达到了普及法律知识，弘扬法治精神的目的。七是紧紧围绕“绿色奥运、人文奥运”的主题，与时俱进地展开奥运法制宣传。八是加强有关土地征用、房屋拆迁、环境保护等方面法律法规的宣传，促进政府依法行政，保障全区各项建设依法、有序、稳健进行。九是适时进行“五五”普法进展情况的小结汇报和督导督促。本年是“五五”普法的第三年，是“五五”普法关键之年，古城区司法局认真组织开展了“五五”普法中期督查工作，为全区的“五五”普法工作走在全市前列打下良好的基础。十是广泛开展“民主法治村”创建活动。在总结“四五”普法期间创建“民主法治示范村”工作经验的基础上，扩大了创建“民主法治村”的数量。先后有古城区祥和街道八河居委会、古城区七河乡五峰村委会申报省级“民主法治示范村”。通过形式多样的法制宣传，全区人民群众的法律意识和法律素质进一步提高，“学法、守法、懂法、用法、护法”的大好环境基本形成，全区依法治理工作进一步深入。

【基层司法行政工作】　一年来，古城区司法局以司法所建设为依托，积极开展人民调解、148法律服务、安置帮教等各项工作，取得一定的成绩。切实把司法所规范化建设放在重要位置，认真制定建设规划，积极筹备落实。截至目前，已建设完成金山、七河、金安、大东、金江5个乡的司法所建设，并投入使用。2008年7月4日，古城区人民政府召开二届5次常务会议，对全区司法所建设问题进行专门研究。司法局积极协调，已和区财政局签订了房屋租赁协议，财政局把原来大研财政所的房子租给大研司法所使用，区交通局将质检站办公用房划拨给西安司法所，束河司法所办公楼现已开始破土动工。祥和司法所建设正在积极协调中。切实加强基层管理指导工作，规范法律服务，建立健全基层人民调解委员会的组织、制度和业务建设工作。2月27至29日，局领导和各科室长先后到七河、金安、金山、大东、金江指导基层司法所工作，与乡领导班子和司法助理员召开座谈会，对基层司法所规范化建设，即三大牌子（司法所、法律服务所、调解委员会）和五个办公室（所长办、调解室、接待室、档案室、法律服务室）建设工作提出了具体要求，对存在的问题和困难力所能及给予解决（配备七河司法所长安微型车1辆，支持金安司法所电脑1台及5 000元办公设施资金）。做好人民调解工作。坚持抓早、抓小、抓苗头，强化依法调解，把矛盾纠纷解决在萌芽状态，把问题解决在内部。7月份，基层科对各乡、街道司法助理进行了《矛盾纠纷调解情况登记表》、《矛盾纠纷排查调处工作统计表》、《影响社会稳定矛盾纠纷排查化解统计台帐》等业务报表使用培训，指导基层司法所建立了规范的矛盾纠纷排查化解统计台帐。统一刻制发放了全区5个乡4个街道办事处人民调解委员会的印章。建立了司法助理员例会制度。从本年9月起举行例会，将每月第一周星期五定为全区司法助理员例会日，并将其作为司法局一项工作制度。到目前为止，共召开了三次司法助理例会。深入基层，指导司法建设工作。10月份，分管基层的副局长和1名资深法律工作者，前往世界遗产公园为区政府解决世界遗产公园遗留问题提供有关法律法规帮助。年初，派遣第二批机关干部基层锻炼人员，分别派往金山乡和束河街道办事处。一年来，全区9个人民调解委员会共调解矛盾纠纷439件，其中调解成功423件，调解成功率达98.7%；排查矛盾纠纷115件。做好148法律咨询服务工作。共接待来电来访324人（次），受案分流56件。做好刑释帮教工作。成立了古城区刑释解教人员安置帮教办公室，成员由区委宣传部、司法局、妇联、团区委、法院、检察院、劳动和社会保障局、民政局、工商局、国税局、地税局等11个相关部门人员组成。办公室成立以来，对解教人员建档立卡进行登记，并及时跟踪帮教，加强思想教育；对全区2004年~2008年刑释解教人员开展了全面的调查摸底、分类；搭建信息工作平台，加强安置帮教工作办公室信息自动化工程建设，做好刑释解教人员信息管理软件的使用运行，设备配置，数据传输和人员培训工作；全力动员工商、税务、劳动社会保障、民政等部门充分利用自身职能，在不违背社会公平的前提下，为刑释解教人员创业自谋生路提供工商执照、税收、就业、社会保障等方面的优惠和照顾，给刑释解教人员重返社会、重新就业、实现自身价值创造条件，提供舞台，使刑释解教人员尽快找回对社会的信任和对生活的信心和热爱。

【公证律师工作】 一是律师业务工作开展有力。一年来，泰联律师事务所共办理各类案件84件，其中刑事案件50件，民事诉讼代理19件，经济案件诉讼代理3件，非诉讼法律事务12件；解答法律咨询326人，代写法律文书13件，为社会各组织担任法律17家。二是法律援助工作成绩显著。法律援助工作充分发挥“贴近基层、贴近群众”的优势，牢固树立社会主义法治理念和以人为本、服务为民的工作思想，把促进民生问题的解决作为工作的出发点和落脚点，把责任心和使命感落实和体现在为民、利民、惠民上，急群众之所急，帮群众之所需。按照司法部《法律援助事业“十一五”时期发展规划》的要求，对法律援助中心人员进行重新调整，增加了法律专业人员，将人员从原来1人增至3人，使中心的业务水平、规范化工作能力、工作质量和效率都有了很大的提高。全年，法律援助中心共接待来访咨询226人（次），受理各种法律援助申请97件，为符合援助条件申请人提供法律援助36件（诉讼8件，非诉讼28件），承办区人民法院指定刑事辩护案件86件，共办理各类法律援助案件113件。三是认真组织人员进行了云南电视台《法案故事》栏目的选题任务分解和按时报送，完成了省中心组织的法律援助工作调研报告、全省“百件优秀法律援助案例”的推荐工作和《云南省法律援助条例（草案）》征求意见活动，参加了省厅安排的司法行政系统法律服务人员业务知识培训。四是顺利解决了古城区律师体制遗留问题。

【公证工作】 本局公证员在巩固老证源，开拓新证源的基础上，按照四项制度的要求，以优质高效的公证服务办理业务，不断提高办证质量。本年以办理现场监督公证为主，办理招投标、政府采购、事业人员招聘面试等现场监督公证达67件，也办理了一些民事协议、经济合同等各类型的公证案件，作为雪山公证处的咨询点解答公证咨询接待的当事人日均达3人以上，出证的案件未发现有错证、假证，确保了办证质量和社会公信力，有力地促进了经济社会的发展。

【中心工作】 全局紧紧围绕古城区构建和谐古城、文明古城、小康古城三大总目标，坚持围绕中心、服务大局的工作方针，坚决服从服务于区委、区政府的中心工作，结合全局工作实际，全面完成各项临时性工作任务。全年，全局参加区委、区政府指派的中心工作主要有：一是服从服务于区委、区政府的人事调用决定。长期抽调城市建设拆迁工作队1人，抽调古城区集体林权制度改革工作队1人，派出社会主义新农村建设指导员1人（大东乡，1~8月），政府办见习1人（3~4月），区委办见习1人（10月份至今），抽调金山征地工作组1人（6~7月）。二是服从服务于区委、区政府的社会维稳工作安排。3月31日，按照区委、区政府的要求，全局干警参加“3·31”维稳工作日（黑龙潭公园巡逻）；4月份至今，全局21名干警分7个组轮流负责红太阳广场维稳巡逻工作（上午八点半至晚上十二点），并每天按时向区处突办报送《维护藏区稳定工作情况日报表》。三是积极开展植树造林、河道清淤和卫生保洁工作。3月27日，全局干警参加关坡木糖醇厂旁地段的义务植树活动，共植树110株；6月25日，响应古城区防汛抗旱指挥部的号召，全局干警参加鱼米河清淤活动；及时打扫爱卫会指定的卫生区域路段，保持卫生清洁。四是积极开展献爱心和抗震救灾工作。3月28日，按照区委、区政府“献爱心”文件安排，本局共捐款3 200元（交到区扶贫办）；5月14日，根据区委、区政府《关于迅速向四川汶川地震灾区献爱心捐赠活动的通知》精神，全局干警发扬“一方有难、八方支援”的精神，共捐款4 500元（交到区民政局）

支援四川地震灾区抗震救灾工作；5月16日，全局15名党员共交纳特殊党费8 300元（交到区直属党委）支援灾区；5月17日，响应市司法局的号召，全体干警共捐款1 450元（交到市司法局）支援灾区。五是认真组织开展庆祝古城区成立5周年系列活动。5月18日，全体职工参加了在木府举行的古城区成立五周年庆典。在本局大门口悬挂了“热烈庆祝古城区成立五周年”和“满怀豪情贺区庆，勇创佳绩迎奥运”的两条大型醒目横幅。在七星街科普宣传栏、束河普法专栏，对区县分设五年来全区在立法、司法、行政执法和普法宣传等依法治区建设方面取得的巨大成就和经验向广大人民群众进行了客观、全方位的宣传展示。六是积极参与社会主义新农村建设。按照“生产发展、生活宽裕、乡风文明、村容整洁、管理民主、邻里和谐”的要求，深入基层调研，充分发挥司法行政职能，扎实推进挂钩单位的社会主义新农村建设。七是认真参与区委、区政府安排的国庆59周年各种庆祝活动。9月29日，本局副主任科员以上干部在局领导的带队下参加了在木府举行的2008古城金秋菊花会。10月1日国庆节当天，本局副主任科员以上的干部，参加了在狮子山烈士墓举行的献花仪式，深切缅怀革命先烈。八是做好政务信息公开工作。按照政务信息公开条例的规定和上级部门的要求，组织专门人员对政务信息进行了公开公示。结合“五五”普法网上普法阵地建设，充分利用公开平台，重点对法律援助的工作流程、办理公证业务的程序和注意事项等涉及群众切身利益的内容进行了网上公布，以方便群众点击查阅，为今后网上普法的进一步展开做好了初步准备。

【学习教育活动】 一年来，古城区司法局认真开展学习教育活动。司法行政机关作为构建社会主义和谐社会的重要保障力量和建设力量，加强自身建设显得尤为重要。全局大力加强以局党支部为核心的队伍建设，努力造就一支政治坚定、业务精通、纪律严明、品德高尚、作风优良的司法行政干警队伍，切实加强局党支部建设和干部队伍建设。一是认真开展学习教育活动。先后开展了以“执行力、创新力、凝聚力”为主题的三力建设实践活动、以“解放思想、深化改革、扩大开放、科学发展”为主题的大讨论活动和以“讲党性、重品行、抓落实、促发展”为主题的作风建设教育活动。二是加强学习。本局始终把提高干部职工政治业务素质作为重要工作来抓，坚持把学习作为提高全体干部职工政治业务素质的有效途径。坚持每周一的学习制度，认真学习党的一系列方针政策、邓小平理论、“三个代表”重要思想、党的十七大、十七届三中全会精神和中央、省、市、区各级政法工作、司法行政会议精神及与司法行政工作相关的法律法规，并且按照每个教育活动的具体要求和部署，结合工作实际，认真撰写心得体会，查找存在的问题，做到边学习边整改，使全体干部的政治素质和业务素质得到了进一步提高。11月7日，全局副主任科员以上领导干部参加了十七届三中全会专题讲座，会后大家表示，一定要准确理解全会的精神实质，切实把思想和行动统一到全会精神上来；把学习全会精神作为当前和以后的一项重要政治任务，联系实际，深入学习，指导实践，推动工作；进一步增强做好普法与依法治区工作的责任感、使命感和紧迫感；突出重点，抓住关键，加大普法力度，增强工作实效，为全区的经济社会发展做出新的更大的贡献。

（木俊芳）

九、人事 劳动和社会保障

人 事

【综 述】 2008年，古城区人事局加强公务员队伍建设，深化事业单位人事制度改革，创新人才机制，优化人才环境，拓宽就业渠道，全面推进建立古城区充满生机与活力的人事人才机制，为全面建设和谐文明小康古城提供坚强的人才保障。

【加强公务员队伍建设】 一是公务员队伍建设成效显著。1月，古城区公安分局被市委、市政府评为“人民满意的公务员集体”；古城区委副书记周兆光被市委市政府评为“人民满意的公务员”等。二是第一批参照公务员法管理单位工作人员登记工作顺利完成。完成第一批参照公务员法管理16家单位共75人的登记工作。三是完成第二批参照公务员法管理单位上报工作。按照《关于审批上报第二批参照公务员法管理单位相关事项的通知》，古城区公务员法实施领导小组经过认真摸底调查，从下属事业单位中挑选8家具有法律法规授权的公共事务管理职能和财政全额拨款占用事业编制的事业单位，上报丽江市公务员法实施领导小组办公室。四是完成2007年公务员补录工作。公务员管理股从2007年古城区公务员招录过程中因受笔试、面试、开考比例限制的空岗6个岗位中，向市人事局申请6个岗位进行补录，并从2007年公务员考试人才储备库中通知补录面试人员12人，于2008年3月31日重新组织面试。通过面试、体检、体能测试、政审、考察等程序，补录6名公务员到古城区公安队伍中，进一步充实古城区警力。五是完成2008年公务员招考工作。按照“公开、平等、竞争、择优”的原则，古城区2008年计划招录公务员岗位共35个，其中笔试、面试、开考比例限制空岗2个岗位，共有552人报名，余下的33个岗位共有63名考生通过笔试进入面试。通过面试、体检、体能测试完成招录公务员33名，其中公安8名、参公9名、乡镇16名。六是做好有关单位人员缺岗工作。共调配人员72人（其中区外调动24人，区内调动48人），充实有关单位工作人员。研究考察任命35位股室长，落实工龄6人。

【深化事业单位人事制度改革】 一是推行聘用制度。结合古城区实际，年初与各事业单位工作人员签订聘用合同，聘任计划生育、水务局、林业局、农业局下属23个事业单位股所长。对古城电视台、《丽江日报》古城区记者站进行集中规范，鉴证24份聘用合同，办理教育局下属学校4名教师辞职合同解除鉴证。二是做好事业单位新进人员公开招聘。年内，在2007年人才储备库中补充招聘2名人员，公开招聘95名事业单位工作人员，其中教育局5名（含高中教师8名）、建设局2名、交通局2名、林业局2名、卫生局22名、农业局4名、畜牧局5名。在招聘工作中，贯彻落实《事业单位公开招聘人员暂行规定》，在全区各类事业单位全面推行公开招聘制度，扩大公开招聘覆盖面，规范公开招聘工作程序，完善招聘考试考核办法，在坚持形式多样化的同时，适当集中，做到信息公开、过程公开、结果公开，提高公开招聘质量和公信度。三是继续完善专业技术职务评聘制度。全年共评审初级专业技术职务资格数150名，向市级中评审委送审中级专业技术职务资格66名，高级专业技术职务资格13名，均已评审通过。在专业技术职务评聘中强化监督管理，严把申报材料关，防止弄虚作假，加强对评委会的指导监督，加大公示力度，实行双公示制。

【加强机构编制管理】 一是做好机构调整工作。根据上级部门下达古城区的行政编制数，深入调研论证，以2004年以来“三定”方案确定的领导职数与内设机构数为测算基准，科学制定新增行政编制分配方案，按时序进度完成新增行政编制核定工作。积极争取上级编制部门支持，规范事业单位设置，重新核定22家事业单位的“三定”方案。根据古城区城市建设的需要成立古城区规划局。完成古城区财政局职能配置、内设机构及人员编制“三定”方案的调整。根据大研古城管理的需要把大研古城管理所机构规格升格为副科级。环保局增设下属事业机构宣传教育中心和环境影响评审受理中心，移民局增设后期扶持科和乡移民所，建设局增设内设股室拆迁管理办公室和物业管理股，文广局成立非物质文化遗产保护管理中心，统计局成立地方统计调查队等。二是配合行政审批制度改革。坚持按照审批、监管、服务职能适度分离原则，在内设机构、人员编制、领导职数“三不变”的前提下，设立审批股，成建制进驻行政服务中心的建设局、发展和改革局、卫生局、环保局等部门进行内部审批职能改革，整合审批股职能，实行统一受理、集中审批，实现行政提速和政务公开，努力推动政府职能从“审批型”向“服务型”转变。拟订《古城区政务服务中心“三定”方案》和《古城区行政综合执法局“三定”方案》，并做好向上级编制部门的请示工作。三是完成事业单位参照公务员管理审批工作。根据省、市编制部门有关事业单位参照公务员管理文件精神，区编办严格按照事业单位人员编制核定，完成第一批21家单位（古城区卫生监督所、文化市场综合执法队、环境监察队、森林病虫害防治检疫站、区医疗保险管理局、区社会保险管理局、区劳动就业服务局、5个基层财政所、9个基层国土资源所）参照公务员管理审批工作和第二批9家（渔政渔港监督管理局、植保植检站、地方海事处、流动人口计划生育管理所、动物卫生监督所、旅游质量监督管理所、城建监察大队、农机监理站、非税收入征收管理局）参照公务员管理的申报工作。四是实施机构编制日常管理。坚持从严控制原则，从经济建设发展大局出发，用联系和发展的观点审理日常机构编制问题。对每一项机构编制事项，认真查找相关法律法规和上级文件规定，做好基础调研，提出科学合理的审理意见，供编委领导决策。2008年，根据工作的需要，增加政府其他事业单位1个。五是加强机构编制监督检查。年内，编办向全区各单位转发《中共云南省纪委、中共云南省委组织部、云南省财政厅、云南省人事厅、云南省编办关于联合开展全省机构编制监督检查的通知》，要求各单位认真进行自查工作。加大力度做好相关法律法规和中央文件精神的宣传工作，对各级各部门的要求，做好政策解释工作，并及时向区委、区政府做好请示汇报工作，当好参谋助手，严格履行职责，严肃机构编制纪律。

【做好机关事业单位工资福利工作】 一是完成2007年工资报表。二是加强对机关、事业单位工资管理。完成2008年1月机关公务员“滚动升级”和事业单位工作人员“正常晋升薪级”审批工作。三是完成机关、事业单位知识分子补贴，检察官、特级教师、人民警察警衔、人民法院法官等级变动法官津补贴审批273人。四是完成人民法院司法警察工作岗位补贴补发审批2人。五是完成遗属生活困难补助审批56人。六是完成离休干部护理费审批12人。七是完成密码津贴审批16人。八是完成转正定级工资审批84人。九是完成新录人员工资审批138人。十是审批退休人员5人。十一是查阅档案完成符合技师申报条件6人。

【规范档案管理】 一是加强档案管理硬件设施建设。购置档案柜、电风扇、打空机等设施，加大档案管理物防力度，确保档案安全。二是加大档案收集整理。对全部档案进行重新整理装订，更换标准档案盒。三是完善制度建设。建立健全档案管理八项制度：即档案查（借）阅制度、收集制度、鉴别归档制度、传递制度、检查核对制度、保管保密制度、管理人员职责和送交档案材料归档工作制度等。实现档案管理规范化、标准化、制度化。

【做好军转干部管理工作】 根据云南省军转办下达的军队转业干部安置指标，2008 年完成 4 名军转干部安置工作，接收 2 名自主择业军转干部，协调有关部门办理落户、医保、办理工资卡等工作，并核算退役金。为历年来安置的 19 名自主择业干部核算退役金跨年增资。为 1 名企业军转干部兑现解困资金。为 9 人支付 2008 年全年企业军转干部工资补差总数 28 837.32 元。

【人才交流工作】 一是做好回乡报道大中专毕业生登记接受工作。年内共登记大中专毕业生 537 人。二是招开人才供需洽谈会。年内招开两次人才供需洽谈会，53 家企事业单位入场招聘，拟招人员 729 人，入场求职人数达 1 280 余人，达成意向性协议 350 余人。三是协调云南省人事厅争取到 16 名全省“三支一扶”名额，通过公开选拔招募，充实到基层事业单位从事临时工作。四是选聘 9 名高校毕业生到村任职。

（和兴园）

劳动和社会保障

【综　述】 2008 年，古城区劳动和社会保障工作按照“在增加就业总量的同时更加注重提高就业质量和完善城乡统筹就业，在扩大社会保险覆盖面的同时更加注重完善劳动保障体系建设，在全面维护劳动者合法权益的同时更加注重社会群体利益的调整平衡，在推进各项制度改革的同时更加注重协调推进各项基础工作”的工作思路，以完善社会保障体系为根本，以维护社会稳定为主线，以扩大社会保险覆盖面为核心，从改革、发展、稳定大局出发，求真务实，开拓创新，全面完成各项工作。年内，单位内设办公室、社保科、基金监督科、职业技能开发科、法制监察科、劳动争议仲裁科，下设社会保险局、劳动就业服务局、医疗保险管理局、农村社会保险管理中心和执法监察队，职工 45 人。

【就业再就业】 坚持以经济发展带动就业，以政策扶持促进就业，以市场机制调节就业，就业再就业工作取得显著成绩。全区新增就业人员 1 200 人，完成全年任务 1 000 人的 120%；下岗失业人员实现再就业 310 人，完成全年任务 200 人的 155%；特殊困难群体实现就业 170 人，完成全年任务 70 人的 242.9%，其中“4050”人员 72 人；实现就业并签订 1 年以上劳动合同人数达 1 428 人；开发就业岗位 1 600 个，开发公益性岗位 25 个，其中安排再就业下岗失业人员 8 人；为 64 户企业完善招用工审批手续，建立用工档案、办理录用登记 1 900 人，办理失业证 600 本；城镇登记失业人员 731 人，城镇登记失业率控制在 3%以内，低于全市总体水平。一是加强再就业资金筹措管理，不断提高资金使用率，促进再就业工程实施。年内免费技能培训 1 641 人，其中农民工 1 500 人，享受社会保险补贴 262 人计 46 万元。二是配合人事部门做好大中专毕业生就业服务工作。通过劳动力市场已有 1 010 名大中专毕业生实现就业，并进行录用工登记。三是开展古城区社区“零就业家庭”申报认定工作。建立“零就业家庭”动态台帐，保持“零就业家庭”动态清零。四是依托社区平台，以西安街道象山社区为试点，开发居民缴费性、公益性岗位，建立充分就业社区 1 个。五是对生活困难职工基本情况进行摸底调查，开展对失业群体中“4 050”人员和“零就业家庭”的帮扶、“送温暖”活动。“两节”期间慰问困难失业人员、困难企业职工 127 人，发放慰问金 3.91 万元。六是在 3 月、5 月，开展为下岗失业职工、进城务工农民“架金桥、送岗位、促就业”的“春风行动”和“民营企业招聘周”活动。参加招聘单位达 156 家，到现场求职登记人数累计达 569 人（次），洽谈成功 305

人，占求职登记总数的53.6%，为全区广大群众带来实惠。

【农村劳动力转移就业】 根据《古城区人民政府关于解决农民工问题的实施意见》精神，坚持政府统筹、部门协作、社会参与的原则，立足区位和资源优势，针对古城区劳动力市场需求，充分发挥政府补贴培训作用，综合运用政策扶持、项目带动和激励机制，协调相关培训机构，把培训学校的培训设备及师资直接入村、进社区，最大限度方便农民，全面提高农村劳动力转移就业能力，促进劳务经济发展。年内，在古城区5乡4个街道办事处先后举办36期农村劳动力技能培训，涉及果木工、家畜养殖、电脑操作等多个工种，培训人数达2 500人，完成全年任务1 500人的167%，其中职业技能培训1 500人，现已自主创业和就业人数达956人，就业率达60%。实现农村劳动力转移就业2 900人，完成全年任务2 800人的103.6%。

【参统企业离退休人员养老金发放】 2008年，全区共有参统企业209户，参统企业离退休人员2 538人。共委托银行和邮局按时足额发放养老金2 786万元，社会化发放率和养老金发放率均为100%。

【企业退休人员社会化管理】 2008年，古城区分别在大研办事处、西安办事处10个退休人员居住比较集中的社区建立5个退休人员管理服务站，纳入管理服务站管理的退休人员有2 327人，占古城区参统企业退休人员总数的92%，为退休人员建立基本信息卡2 327人，占纳入社区管理总人数的100%。齐乐商贸、大研粮贸、丽江大酒店等共计补缴11万元的社区管理费。年内，管理服务站工作人员在社会保障政策咨询和宣传、走访高龄（重病）等特殊退休人员家庭、帮助家属申领离退休人员死亡后各项待遇及为退休人员办理医疗保险提供服务等方面做了大量工作，对深化古城区企业改革和经济结构调整，保障企业退休人员基本生活，维护社会稳定发挥积极作用。

【养老保险】 2008年，结合劳动执法年检、社会保险稽核、企业用工登记及劳动合同登记等工作来开展养老保险扩面工作，养老保险覆盖面进一步得到扩大，基金收缴率不断提高。年内，全区参加城镇基本养老保险当年新增投保企业16户，参保人数累计达到14 601人，其中职工12 063人，基本养老保险覆盖率达80%；共收缴基本养老保险费3 576万元，基本养老保险征缴率达95%以上，养老保险实现收缴与支付基本持平，养老保险基金累计结余4 600万元。

【医疗保险】 一是全区城镇居民基本医疗保险筹备工作进展顺利。通过健全工作机构、明确职责分工、广泛宣传动员、组织业务培训、深入调查摸底、认真登记复核、启动资金测算等环节的落实，古城区前期准备工作取得明显成效。二是加强对定点医疗机构、定点药店管理和监督，严格控制不合理费用支出，保证安全用药。2008年，全区参加城镇职工基本医疗保险单位共有292户，参保人数累计达16 300人，其中，在职职工11 999人，离退休人员4 301人，农民工725人；参加离休干部、老红军、二等乙级以上伤残军人医疗费统筹70户，人数199人，其中：离休干部188人，二等乙级以上伤残军人11人。收缴基本医疗保险金1 596万元，完成目标任务收缴率95%以上，统筹基金支付558万元，参保职工个人帐户入帐1 060万元，支付参保职工住院药费计657万元，累计报销离休干部、老红军、二等乙级革命伤残军人医疗费用151万元。

【失业保险】 2008年，失业保险参保单位数由上年末的146户，增加至189户，参保人数由上年末的5 200人增加到6 000人，完成目标任务5 900人的101.7%。征缴失业保险基金240万元，对享受失业保险待遇人员支付失业救济金2 400人（次）计120万元，切实保障失业人员基本生活，充分发挥失业保险“保护网”和“稳压器”作用。

【工伤保险】 2008年，全区参加工伤保险人数累计达13 442人，完成目标任务10 000人的134.4%。参统企业共有209户，企业在职职工参保人数共有7 414人，参保率达100%，其中：农民工2 015人，完成目标任务2 000人的100.8%。收缴工伤保险费98万元，发生工伤事故2起，实际享受工伤保险待遇有38人，共支付工伤保险金9.5万元，工伤保险基金累计结余283万元。按照“严格执行标准，认真调查取证，客观公正鉴定”的原则，加强工伤性质和等级鉴定工作。全年初审工伤案件 29 件，上报市局认定工伤 17 件，劳动能力鉴定 1 件。

【生育保险】 2008 年，全区参加生育保险人数累计达 13 442 人。参统企业共有 209 户，企业在职职工参保人数共有 7 414 人，参保率达 100%，完成目标任务 6 000 人的 123.6%。收缴生育保险费 120 万元，实际享受生育保险待遇的有 136 人，共支付生育保险金 98 万元。

【农村养老保险】 2008 年，古城区农村养老保险工作按照“理顺体制、管好基金、稳定队伍、加强调研、整顿规范”部署，确保基金安全、档案清楚、数据完整无缺，维护参保农民的切身利益。年内，参保人数累计达 7 118 人，年末基金滚存 839.4 万元。收缴养老保险金 0.6 万元，保险金支出 21.55 万元，支付率为 100%；到期新领取养老保险金人员 70 人，月均领取养老保险金人员达 468 人。

【社会保险基金监督】 一是组织开展社会保险基金安全教育活动。采取多种形式广泛宣传党和国家的社会保障政策及基金管理监督法规，营造人人关心基金安全、重视基金安全、维护基金安全的社会良好氛围。二是建立健全各经办机构内部控制制度，坚持用制度管人、用制度管事、用制度管钱，强化内部审计，接受社会监督。三是完善基金监管工作机制。建立地税、财政、社保经办机构三方对账机制，认真做到账账相符、账表相符，保证参保职工社会保险待遇正常支付。四是认真执行国家财经纪律、财务制度以及社会保险政策相关规定，严格执行社保基金支付审批制度和报销制度，确保各项基金安全平稳运行。五是积极配合审计部门开展五项社保基金审计工作。8 月 20 日 ~ 9 月 8 日审计部门对古城区 2007 年度五项社保基金财务收支及管理情况进行就地审计，五项社保基金运行状况和管理情况良好。

【职业技能开发】 一是技能鉴定和高技能人才培养取得新成绩。全年职业技能培训鉴定 1 348 人，其中：在岗职工 1 215 人，机关事业单位 133 人，新增职业技能资格鉴定获证人数 233 人。培养高技能人才 100 名，其中技师 6 名；各类企业就业人员中高级以上技术工人 700 名。二是本着服务社会，方便群众，增强下岗失业人员再就业竞争力的原则，不断改进和完善就业培训制度。年内，组织下岗失业人员再就业培训 140 人，完成全年任务 100 人的 140%，其中 103 人经过培训后实现再就业；创业培训 69 人，完成全年任务 30 人的 230%。三是会同相关部门集中开展“清理整顿劳动力市场”专项活动，对古城区经审批设立的职业中介机构或人力资源市场进行检查，规范各类职介活动，确实保护广大求职者利益。经检查评比，古城区涵丽职介中心荣获丽江市“2008 年度放心职介服务单位”称号。

【劳动保障监察】 一是精心组织，圆满完成 2007 年度劳动执法年审工作。年内，对 169 户用人单位进行劳动执法年审，涉及劳动者人数 10 667 人，其中年审合格单位 152 户，经复查整改合格单位 16 户，年审不合格单位 1 户；共下达整改指令书 17 份；追缴五大保险费 117.4 万元，追发劳动者工资等待遇 12 人（次）计 7 000 余元；清退抵押金 121 人（次）计 2.1 万元。二是开展日常巡察、专项检查和举报专查活动。认真开展清理拖欠农民工工资、禁止使用童工、劳动合同签定、劳动用工、社会保险费缴纳稽核等专项检查活动，主动深入用人单位和劳动场所进行监察、检查。同时，指导企业制定规章制度，帮助企业落实各项劳动标准，及时纠正违法行为；公开举报投诉电话，发现问题及时查处，有效预防劳动争议案件发生，切实维护稳定的劳动关系。年内，共受理群众举报拖欠工资投诉案件 142 件、立案 128 件、结案 125 件，结案率达 98%，纠正用人单位违反劳动保障法律法规内部规章制度 17 件，维护广大劳动者的合法权益。三是严格执行《建设领域农民工工资支付管理暂行办法》，将此项工作纳入年度重点工作，认真开展拖欠农民工工资专项检查、清欠农民工工资工作，及时查处拖欠农民工工资投诉举报案件，确保农民工拿到应得工资。年内，共为 981 名劳动者追回拖欠工资 98 万元，切实解决弱势群体“讨薪难”问题。四是进一步加大综合执法检查力度。9 月 ~ 10 月中旬，抽调人员组成综合执法检查组，对辖区内的酒店、超市、购物广场招用工登记、订立和履行劳动合同、执行最低工资标准情况、职业技能培训和持证上岗、社会保险登记和缴费情况、农民工合法权益保障情况检查，对11户用工不规范的企业当场下发劳动保障限期整改指令书，并责令限期整改，从而规范企业用工行为，维护劳动关系双方的合法权益。

【信访仲裁】 认真贯彻执行《信访条例》，制定重大情况报告制度、重大信访协调处理工作制度，明确责任，逐步规范信访工作行为，依法处理来信来访，加强劳动争议处理，及时查处问题，力争将矛盾化解在最基层。严格执行劳动争议办案规程，认真开展劳动争议案件申诉接待、审查立案、调解仲裁工作。贯彻“预防为主、调解为主”的方针，及时把争议隐患消灭在萌芽状态。年内，共接待职工来电、来访951件计2 323人（次），来信5件，及时妥善化解劳动争议和劳动纠纷，通过妥善处理国际大酒店因劳动合同纠纷引发的上访事件，促进劳动关系和谐稳定。年内，共受理劳动争议案件24起，结案24起，不予受理案件1起，为劳动者和用人单位挽回经济损失41万元。

【劳动用工管理】 一是推行劳动合同制度三年行动计划。2008年是劳动合同制度三年行动计划实施以来的最后一年，三年来，古城区基本实现各类用人单位与劳动者普遍依法签订劳动合同，劳动合同内容趋于完善，履行趋于规范，管理统一化、法制化，劳动用工登记制度全面建立。年内，全区企业使用劳动者总人数累计12 327人，劳动合同签订人数11 710人，劳动合同签订率95%。其中：国有及国有控股企业使用劳动者总人数912人，劳动合同签订人数899人，劳动合同签订率为98.6%；股份制企业使用劳动者总人数6 849人，劳动合同签订人数6 597人，劳动合同签订率为96%；乡镇企业、私营企业及其他各类用人单位使用劳动者总人数5 566人，劳动合同签订人数5 110人，劳动合同签订率为90%。二是加强劳动合同登记和审查工作。督促劳动关系双方依法签订劳动合同并及时做好劳动合同的订立、终止、解除、续订、变更等工作，是预防劳动关系争议案件发生的重要手段。年内，共依法审核劳动合同13 380份，涉及劳动者4 460人；登记、备案集体合同增至95份；审查、备案用工单位用工规章制度74份，其中，纠正用工单位规章制度28件。三是建章立制，狠抓落实，加强对外来务工经商人员的教育。充分利用劳动力市场、职业介绍中心和培训机构，制定针对外来务工经商人员的教育制度，外地来古城区务工经商人员受教育率逐年提高。年内，以《劳动合同法》、《劳动争议调解仲裁法》和《就业促进法》为教育主题，开展3次主题教育活动，共授课18余次，外来经商人员占到60%以上。

【劳动保障公共服务基础建设】 一是进一步加强劳动力市场建设，大力提高劳动保障服务质量。通过完善硬件设施，挖掘潜力，从落实四项制度入手，着力推进部门政风行风建设，工作作风不断转变、服务质量不断提高，为社会提供便捷、优质、高效的劳动保障综合服务。二是实现劳务市场新建搬迁。为规范对进城务工人员的管理，切实维护进城务工人员的合法权益，促进劳动力合理流动与科学配置，按照市、区政府的统一部署和要求先后关闭在丽客隆超市对面及纳西大酒店旁的两个劳务市场，并在安通路中段88号和三家村综合市场内新建两个劳务市场。2008年，新劳务市场已全面投入运作，用工及务工人员在宣传引导下正逐步转移至新建劳务市场进行劳务活动。三是完善基层劳动保障工作平台建设。通过举办业务技能和相关法律、法规的培训，加强对基层社会保障工作业务指导和检查，提高工作人员的业务素质和实际工作能力，确保业务工作正常开展，从而保证全区9个乡、街道办事处劳动保障所的稳定和职能的发挥。同时，投入60余万元资金，配齐9个乡、街道办事处劳动保障所劳动执法监察用车。列入古城区“2113116工程”建设的5个乡、街道办事处，标准化建设工作已见成效。四是努力争取上级支持，完善劳动保障服务体系基础建设。根据云南省劳动保障厅《关于做好云南省县级劳动保障公共服务体系基础建设调研准备工作的通知》，配合省调研小组工作，认真组织调研材料，全面、客观地反映区劳动保障服务体系基础建设发展现状和未来趋势，力争建设项目在古城区实施。2008年，古城区被列入全省20个县级劳动保障服务体系基础建设项目试点之一。

【劳动保障信息化建设】 年内，加大劳动保障信息网络建设力度，投入资金完善局域网建设、养老保险数据库建设、劳动用工数据库建设、完善劳动保障信息公开网页、实施办公自动化等一系列工作。一是局域网建设已覆盖劳动就业、劳动仲裁和监察、职业技能培训以及社保等部门，为实现各相关业务部门对劳动力市场网络系统信息的共享提供有力的物质保障。二是养老保险数据库建设已基本完成。三是劳动用工数据库建设日趋完善。年内，网上登录企业 215 户，登录劳动者累计 12 809 人，其中发放劳动用工登记证企业 120 户，涉及劳动者 6 608 人。初步实现对用人单位与劳动者签订、续订、变更、解除、终止劳动合同情况的动态管理。四是完善劳动保障信息公开网页。结合古城区政府信息公开网站建设工作，加强古城区劳动保障信息公开网站建设，建立完善信息公开目录，努力将网站建设成为推进和交流工作的综合平台，成为政务信息公开的主要渠道和服务社会公众的快捷通道。

【劳动保障法律法规政策宣传】 2008 年，区局依靠宣传部门，借助报纸、电视、广播和简报等新闻媒体，利用重要事件、重要纪念日、节庆日，深入企业、单位、机关、社会团体、学校和建筑施工工地等劳动者较为集中的地方，采取张贴标语、宣传画、开辟宣传栏、现场咨询、上门宣讲、发放宣传资料等方式，对劳动法律、法规政策进行广泛深入宣传。年内，发放《劳动合同法》、《劳动争议调解仲裁法》和《就业促进法》宣传资料 15 000 余份，其他劳动保障政策法规宣传资料 7 060 份，发放城镇居民基本医疗保险宣传资料 20 000 多份，张贴宣传标语、宣传画 130 幅，开辟宣传和咨询点 7 个场（次），接待咨询人员 2 140 人（次），增强用人单位与劳动者遵守法律法规的自觉性，提高劳动者依法维护自己合法权益的意识。

（王　晨）

道路交通安全宣传　　（唐新荣／摄）

十、经济管理

发展和改革

【国民经济和社会发展计划】 2008年1月10日召开古城区第二届人民代表大会第一次会议，审议并通过国民经济和社会发展计划目标：地方生产总值增长12%，全社会固定资产投资增长15%（不含金安桥电站投资），地方财政一般预算内收入增长20%（扣除不可比因素），社会消费品零售总额增长16%，居民消费价格总水平涨幅低于去年实际涨幅，农民人均纯收入增长10%，城镇居民人均可支配收入增长10%，旅游接待人数增长8%，旅游综合收入增长15%，城镇登记失业率控制在3%以内，人口自然增长率控制在6‰以内。年内，全区完成地方生产总值33.7亿元，同比增长12.5%。工业总产值实现10.4亿元，同比增长20.6%。全社会固定资产投资完成33.6亿元，同比增长20%。全年完成社会消费品零售总额13.2亿元，同比增长29.4%。完成地方财政一般预算收入3.05亿元，同比增长8.7%。接待国内外游客465.5万人（次），同比增长9.9%。实现旅游总收入53.6亿元，同比增长10.2%。全年居民消费价格总水平上涨4.9个百分点。城镇居民人均可支配收入达13 860元，同比增长16.3%。农民人均纯收入达3 885元，同比增长10.6%。

【综合计划工作】 编制完成《丽江市古城区人民政府关于2007年国民经济和社会发展执行情况和2008年计划（草案）的报告》，2008年1月10日提交古城区第二届人民代表大会第一次会议审议通过，下发《古城区2008年国民经济和社会发展计划》。根据国际、国内、省、市经济走势，结合古城区实际搞好季度经济分析，编制完成《丽江市古城区2008年一季度经济运行分析》、《丽江市古城区人民政府关于2008年上半年国民经济和社会发展计划执行情况的报告》以及《丽江市古城区1～3季度经济运行分析》，及时上报区政府和丽江市发改委。协同相关部门编制《古城区金山坝区经济社会发展概念性规划》，完成《丽江市古城区关于廉租房建设情况的汇报》等专题调研材料。

【固定资产投资】 年内，完成固定资产投资44.86亿元，同比增长15.1%。其中城镇投资完成35.57亿元，同比增长15.7%；农村非农户投资完成1.61亿元，同比增长83.5%；房地产开发投资完成7.42亿元，同比增长2.3%。重点项目建设顺利推进，固定资产投融资结构进一步优化。积极向上级争取项目建设资金5 490万元。配合国家扩大内需促进增长政策措施的出台，上报80个项目，计划总投资672.73亿元，其中政府投入13.53亿元。中央扩内需资金共争取到1 878.15万元，主要投向城乡基础设施建设及科教文卫等民生项目。编制上报《2009年城市环保设施争取中央投资计划》、《城市道路贷款贴息项目》、《廉租房建设新增中央预算内投资计划》、《历史文化名城旅游基础设施建设项目》

以及《丽江市古城区2009—2012年固定资产投资项目规划》等，为古城区未来几年的投资规模、资金投向、投融资渠道、投资结构、产业布局等方面搭建科学合理的框架，开发和储备一批符合规划要求、前期工作完备、产业关联度高、科技含量大、带动作用强的项目。

【价格管理】 以保持价格总水平基本稳定为目标，切实加强对市场物价的监管力度。一是根据各级主管部门的价格政策，对实行政府定价和指导价的部分重要商品如燃油、自来水、农资等价格实行备案制管理，为政府宏观调控和价格监管决策提供基础数据。二是根据《云南省临时价格干预措施实施办法》，建立处置价格异常工作预案，确定调价备案商品和企业名录，并经区人民政府批准后将需备案的商品种类和企业名录向各行各业进行公告。对列入临时价格干预措施范围内的商品及服务加大市场供求和价格变化情况的监测预警力度并及时上报。三是进一步规范经营服务型收费行为，搞好专项成本调研。结合古城区第一批廉租住房的成本审核情况，进一步规范古城区城镇廉租住房租金管理，确保房屋维修和管理费的正常使用。进一步规范古城区农村短途道路客运、“3·8”路、出租车、公交车行业的收费标准以及公共厕所收费。对丽江七星个体私营经济实验区的物业收费问题进行调研。与水利部门配合开展水利工程供水价格和水资源费及相关情况调研并及时上报。加强对辖区内各大超市、商场出售的奶制品的价格、产量、库存、销售等情况的监管力度。

【行政事业收费管理】 继续完善收费公示制度，认真按照国家和省有关收费法律法规及文件精神，组织开展《行政事业性收费许可证》年度审验工作。

【物价监督检查】 根据国家、省、市发改委的工作部署，认真开展电力价格、农资价格、教育医疗收费价格、旅游市场价格以及电信资费等专项检查。年内，共查处价格违法案件19起，实施经济制裁32 376元，其中退还消费者金额4 846元，罚款金额9 750元，没收违法所得金额17 780元，上缴财政金额27 530元。配合价格部门实施价格临时干预措施，定期对关系民生的企业及重点商品进行监督检查，严厉打击价格违法行为。切实履行价格举报中心职责，建立黄金周价格异常处置小组长效机制，认真受理价格和收费举报投诉案件。

【价格信息检测和成本调查】 古城区是云南省确定的48个价格信息监测点之一，区局负责对18种农副产品、9种农业生产资料、19种工业生产资料及工业消费品、38种服务价格共84种商品和服务的市场价格进行监测，并以年报、季报的形式上报省价格监测中心，每周向省价格监测中心报送粮油副食品价格监测周报报表。搞好自来水等工业品成本调查工作并及时上报，为上级物价部门进行价格决策提供基础数据资料。根据省、市关于物业收费管理的有关规定及关于开展物业管理服务收费成本调查的通知要求，积极开展全面的物业管理服务成本调查。

【价格鉴证工作】 积极受理司法、行政机关的委托，及时办理刑事、行政案件涉及的财物价格鉴证工作。依据《云南省涉案财物价格鉴证管理条例》、《云南省涉案财物价格鉴证操作规程》，推行“承办人负责制”、“采价制度”和“审核制度”，使鉴证工作实现规范化、科学化。年内共完成各类价格鉴证316项，鉴证总价值近90万元。

（蒋　曙　和学耀）

统　　计

【综　述】 2008年，古城区统计局内设机构为办公室、业务股、社会经济调查股和核算服务股。年内，区局坚持“为经济社会科学发展、和谐发展、率先发展服务是统计工作第一要务”这一指导思想，努力提高统计调查的科学性、准确性和权威性，立足当前、着眼长远，不断提高统计数据质量，全面提升统计服务水平，开拓统计工作新局面，更好地发挥统计部门职能作用，为上级部门领导决策以及全区重点项目协调，促进经济社会又好又快发展提供有力统计保障。年内，区统计局在全市上一年度统计工作先进单位评比中，荣获一等奖，党支部荣获区先进基层党组织荣誉称号。古城区第二次全国农业普查办公室被表彰为国家级先进集体，局长杨学新同志荣获第二次全国农业普查省级优秀组织者表彰。

【扎实开展乡镇统计体制改革】 6月，根据相关开展乡镇统计体制改革以及组建县（区）级地方统计调查队文件精神，局领导多方联系，积极协调，经局务会认真研究后，向区人民政府以《关于设立乡（街道）统计站和组建区级地方调查队的实施意见的请示》行文，主动争取政府支持，区人民政府及时召开常务会议研究决定，同意乡、街道单独设立统计站，人、财、物由乡人民政府和街道办事处统一管理。8月20日，古城区机构编制委员会办公室下发《丽江市古城区机构编制委员会办公室关于组建古城区地方统计调查队的通知》，核定古城区统计调查队下属事业编制5名，其中专业技术人员编制5名，地方统计调查队队长由区统计局1名副局长兼任。9月，由区统计局统一刻印的各乡（街道）统计站公章发放到位。

【编印古城区2003~2007年统计资料汇编】 在古城区设立五周年之际，区统计局精心组织编印《2003—2007年统计资料汇编》，使全区各级党政领导和有关部门全面掌握全区五年来经济社会和政治文化发展建设取得的巨大成就。4月，区统计局发布《丽江市古城区2007年国民经济和社会发展统计公报》，及时发送到区党政领导部门，各乡（街道）及各行政部门。

【服务业统计纳入定期统计任务】 年内，统计局在承担并组织实施好十多类统计专业常规统计调查工作的基础上，按照上级统计部门制定的服务业统计制度要求，加强对全区重点服务行业（即执行企业会计制度，年主营业务收入500万元及以上服务业企业法人单位）的调查统计，通过2007年度服务业年报数据筛查，全区共计46家服务业法人单位纳入季度定期统计范围，从而新增一项常规统计专业内容。

【统计年报与分析撰写】 年内，完成2007年度统计年报工作，及时、准确上报各专业数据资料。深入开展统计调查与分析，继续着力做好能源统计、投资统计、规模以上工业企业统计以及社情民意调查工作，各统计专业共撰写报送统计分析16期。

【地方统计报表清查工作】 依据《云南省统计局关于开展统计报表清查工作的通知》要求，区统计局召开专题工作会议，部署古城区统计报表清查工作，并进行认真细致的梳理和清查，较好完成清查工作。

【服务创建首批省级文明城区工作】 在古城区申报首批省级文明城区工作中，按照创建达标要求分解任务，局领导安排专人负责，搜集整理、核算协调相关数据，多次与区创建省级文明城区办公室联系，将所需数据全面准确及时上报。

【协助推进全区节能减排工作】 区统计局按照年度工业能源统计报表制度的总体要求，参照《丽江市单位GDP能耗数据质量评估办法》(试行)以及《丽江市能源报表数据质量评审办法》(试行)等资料，对全区规模以上工业企业能源消费情况数据进行收集、整理和报告，密切与区经济局节能减排工作小组联系协调，将能源统计作为专人负责统计项目，统计专业人员积极参加全省及市能源统计培训工作会议，进一步提高业务素质和工作能力，对相关数据坚持原则，严格把关，大力协助完成全区节能降耗工作任务。

【开展第二次全国经济普查前期工作】 按照《关于认真做好第二次全国经济普查的通知》精神，及时成立区第二次全国经济普查领导小组及领导小组办公室，办公室设在统计局，由局长杨学新兼任办公室主任。并从区发展和改革局、区经济局、区民政局、区国税局、区地税局和区工商局等部门抽调人员充实到区经济普查办公室，区统计局全体干部职工同时作为区经济普查办公室成员参与普查各项工作。通过组建区经普办，购置必要办公用品和办公设备，制定工作制度和方案；绘制经济普查工作流程图，强化工作责任制；协调参与合理划分普查区和普查小区；认真选调普查员和普查指导员；建立单位清查底册；配合市经普办进行综合试点工作；及时开展单位清查业务培训；举办古城区第二次经济普查单位清查业务培训会；全面开展单位清查入户登记以及深入进行普查宣传等一系列工作，各项工作按照普查方案有条不紊，深入推进。

【建立健全局党支部委员会】 5月，经局务会研究、局党员大会讨论通过，调整充实了局党支部委员会结构。

（李　杰）

工商行政管理

【综　述】 2008年，古城区工商局内设机构8个：办公室、纪检监察室、法制股、公平交易股、市场准入登记管理股、市场登记管理股、商标广告监督管理股、机关服务中心，派出机构2个：七河分局和大研分局。管辖4个办事处，5个乡，辖区人口15万。全区共有各类市场22个，市场总面积达129 873㎡，区局登记注册的企业1 311户，个体工商户7 780户。全局在职人员58名，其中公务员49人，工勤人员9名，离退休人员35名。全局设1个总支，3个支部（局机关、大研分局、老干部支部），共有党员59名。

2008年，全局干部职工严格按照“四个统一”、“三个到位”、“四化建设”和“六个好”的目标要求，着力突出抓学习、抓监督、抓服务、抓建设四大主题，深入整顿和规范市场秩序，切实提高执法效能，努力建设高素质工商干部队伍，为营造公平公正、规范有序、和谐诚信的市场经营环境和安全健康的市场消费环境做出成绩。年内被省消委授予“抗震救灾优秀组织单位”、区委授予“党风廉政建设先进单位”等多项荣誉称号和表彰奖励。

【法制建设】 2008年，区局紧扣“加强指导服务，强化监督，规范执法”的工作思路，以规范执法为主要内容，不断拓宽执法监督范围。一是认真执行“一月一法、一季一考”学习制度，组织全体干部职工学习相关法律法规知识，邀请党校法学讲师和市局科室领导为干部职工和个体、企业业主开展法律培训，开展市场办管人员法律知识培训班1期。二是加强法制核审工作，做到一案一审。全年按一般程序处理的立案案件500多件，每个案件都进行立案、核案、审批程序，确保案件质量。

【纪检监察】 一是局党组与各股室、分局负责人，总支与各支部，支部与各个党员都层层签订《党风廉政责任书》。二是按照建立健全惩、防体系要求，加强教育，完善制度，强化监督。开展大研分局向监管服务对象的述职述廉活动，进一步加强工商廉政文化建设，与作风教育有机结合，狠抓“四项制度”的落实，引导干部牢固树立“依法行政，执法为民”的观念。

【信息化建设】 2008年通过省、市局支持和加大资金投入，区局硬件设施有一定的改善，满足办公需要。同时在提高干部职工计算机应用能力上下功夫，认真安排好计算机应用大练兵活动。58名干部职工参加了技术技能培训，1名干部在市局计算机技能竞赛中获得一等奖。全面普及计算机知识，提高计算机应用能力，以适应现代办公的需要。

【非公有经济监管】 充分发挥职能作用，始终把支持发展非公经济作为促进全区经济发展社会稳定的重要工作来抓，竭尽全力支持非公经济的发展，认真贯彻执行中共中央、国务院关于下岗失业人员再就业优惠政策，应届大学生下岗失业人员、退役士兵、伤残军人优惠政策，从事养殖业人员的优惠政策，开辟“绿色通道”，提供相关政策、法规和信息咨询服务，简化相关手续，为从事个体经营设立专门服务窗口，做好再就业有关服务工作。2008

年，区局继续认真执行相关优惠政策，为对已经持有劳动部门颁发《再就业优惠证》的个体工商户、自谋职业的大学毕业生、退役士兵、两劳释放人员、残疾人共 1 003 户给予优惠，免收个体管理费 54 240 元。年内，全区共有个体工商户 7 780 户，从业人员 14 291 人，注册资本累计 26 940 万元。

【企业注册登记管理】 一是坚持准入条件和程序，严把市场准入关，规范市场主体资格。认真按照国家局下发的“五个令”，对与人民群众和社会生活有密切相关的行业进行重点严格的审查，对有前置审批规定的行业在办理中严格把关，并按《行政许可法》所要求的步骤和程序来规范各类企业的登记管理，严把市场准入关。二是积极支持国有、集体企业实施规范的公司改造，放宽准入条件，简化登记程序，以最快捷的速度办理相关手续，并实施一系列的优惠政策，把支持鼓励外商投资企业与调整优化产业结构、促进区域经济协调发展，维护国家经济安全结合起来，努力营造便利外商投资的良好环境。三是不断提高监管水平和服务质量，完善政务公开，推行首办责任制，服务时限承诺制，积极推进企业信用体系建设，为各类企业提供优质高效的服务。四是积极开展注册登记能手竞赛工作，在窗口岗位的工作人员都进行统一学习和选拔赛。2008 年全区共有各类企业 1 311 户，对各类企业实行分类管理。

【工商执法】 一是调整充实一线执法人员，增强执法力量。二是通过加强培训和开展执法岗位能手选拔赛，进一步规范执法行为。三是加大查处力度，对商标广告、企业违反登记规章、制假售假行为严厉打击。全年共查处各类案件 500 多起，罚款 56.55 万元。

【市场监督管理】 一是集中力量对辖区七星市场、古城东大街、22 个市场内的经营户开展诚信教育工作，同经营户签订《诚信经营责任书》，规范经营户的经营行为。同时加大对欺诈侵权，不正当竞争行为的打击力度，引导市场办管法人逐步探索市场退出机制，利用市场竞争力量和行政手段使不诚信经营的主体退出市场经营。二是开展“诚信市场”创建活动，公开消费承诺，公布监督电话，开展以诚信为主题，包含市场经营的各项规范的综合评比。全年全区 22 个市场及四条主要街道都参加创建行动，对成绩突出的 7 个市场、2 条街道授予“诚信市场”和“诚信一条街”称号。三是全力加强整顿市场经济秩序工作。全年组织食品市场整治、文化市场整治、成品油市场整治、粮食市场清理整顿、建材市场整治、校园周边环境治理等近 45 次大规模的整治。四是加强猪肉市场监管。对辖区市场、进行全方位严密排查，责成各市场加强市场防疫检控，加强屠宰点，冷冻点的消毒、清扫，禁止未经检疫的肉食、禽蛋制品进入市场，建立肉食制品、活禽经营户出入货登记造册制度和报告制度。加强对市场监管检查，营造安全健康的消费环境。区局先后组织开展“两节”市场整治、五一、国庆黄金周整治、中秋食品市场整治、文化市场整治、农资市场整治、短斤少两行为专项整治、非法出版物整治、校园周边环境整治、“三鹿婴幼儿奶粉”专项整治、网吧专项治理等整治 40 多次，出动人员 453 人（次），车辆 121 台（次），检查经营户 5 661 户（次），有效净化辖区消费环境。四是深入开展食品安全专项整治。年内，查获不合格食品 1 860 千克，督促辖区内 3 600 户食品经营户建立七项自律制度，下设二个分局建立了“四制”、“两图”，签订责任书，构建食品质量和食品安全长效机制。五是全力打击非法传销和变相传销。为严厉打击和有效遏制传销活动的回潮和蔓延，维护社会主义市场经济秩序，保持社会稳定，区局加大打击传销的力度，在检查清理传销人员的工作中，工商、公安交叉组合、分头行动，采取明察暗访，分片区进行摸底调查，发现问题，统一行动，形成整体合力。年内，联合出动 3 次，打击传销窝点 3 个。在打击过程中，工商、公安、民政、交通等部门共驱散传销涉案人员 2 次共 40 人。

【商标监督管理】 一是加大力度，深入开展保护知识产权行动。加强对专卖（营、修）店的监督管理，实施登记备案制度，要求提交相关手续进行备案。加强一般商标注册的引导、宣传和咨询服务工作，提高古城区商标注册的数量和质量，使商标注册工作走上规范健康的轨道。加大执法力度，严厉查处商标侵权案件，依法打击商标侵权行为，结合开展保护注册商标专用权行动，对奥林匹克标志、食品、药品等商品发生商标侵权假冒案件，进行重点清理和整顿，前后共出动97人（次），检查2 276店（铺）、检查市场39个（次），查处商标侵权案2件，罚款4 000元。二是积极开展推优工作。根据辖区实际情况，对企业信誉良好、市场效益好、市场开拓前景良好的地方知名商品，积极支持鼓励参加省著名商标评选工作，进一步提高企业知名度。

【广告监督管理】 健全广告审查员制度，通过组织举办广告审查员培训班，提高广告审查员履行广告审查行为的能力和水平，预防虚假违法广告的滋生。严把户外广告的审批登记，重点针对医疗广告、药品、食品等广告经营行为强化监督管理，从源头上杜绝违法广告的滋生，先后受理登记户外广告140条，车身广告、立柱广告134件，广告登记备案率100%。进一步整顿和规范辖区广告市场，维护人民群众的切身利益，保障广告业的持续健康发展，先后组织开展药品、医疗、烟草、门牌等广告以及广告中存在不良文化的专项整治，强化户外广告的监管，查处违法广告24件，罚款22 000元。

【财务管理】 一是认真执行“收支两条线”规定，全年上缴行政性收费569．88万元、罚没收入56．55万元。二是认真做好预决算工作，严格执行收支两条线，严格执行一支笔审批，厉行节约，合理安排经费开支，努力创建节约型工商，有利保障区局的高效运转。三是加强票据管理，完善管理办法，严把票据的领、发、结算关。四是加强财务监督管理，严肃财经纪律，严禁坐收坐支，挪用公款。五是严格执行行政性收费项目的许可证审批制度。对收费项目、收费内容、依据、标准进行全面清理，做到公开亮证收费。

【消费者权益保护】 一是认真开展“3.15”活动，紧紧围绕主题年活动，开展声势浩大、形势多样的宣传咨询活动。集中进行假冒伪劣商品展示、法规宣传和受理咨询服务活动，使消费维权的意识深入人心，把消委会和工商工作的职能任务向社会广泛宣传。二是认真调处消费纠纷，全年共受理投诉512件，接待消费者来信来访145人（次），为消费者挽回经济损失17万余元，为创造安全健康的消费环境做出了贡献。三是积极发挥消保工作职能作用，积极探索商品准入制度建设，对重点商品加强抽查，对食品市场、农资市场、文化市场、医药市场实施商品质量监督关口前移。四是建立消费维权网络，推进“一会两站”建设，推进“12315”进市场、进社区工作，在各分局、各大市场、商场设立消费者投诉站，并对相关人员进行培训；推行进货登记备案制，对重点商品进行全程监控。

【老干工作】 全局有离退休人员35人，其中离休人员3人，退休人员27人，提前退休人员5人。年内，区局按照省、市局有关老干部管理工作的部署，强化服务意识，多途径地做好老干工作。一是从思想、政治、组织上关心老干部，落实老干部服务管理具体工作机构和老干部服务管理人员，建立离退休党支部。二是结合实际开展形式多样的尊老爱老教老活动，组织开展慰问、体检、疗养、座谈、学习、比赛等丰富多彩的活动。春节、中秋节、重阳节期间由局领导带队对老干部进行走访慰问，让老干部感受到组织的关心，集体的温暖。三是设立老干部活动室，活动室设有麻将、扑克、象棋等活动工具，每周换一次报刊杂志，为老干部提供良好的精神食粮。成立老干部门球队，经常与当地的老干部一道参加各种赛事，使广大老干部老有所乐，老有所学，老有所为。

【个私协会工作】 一是召开古城区个体私营经济协会二次代表大会暨先进表彰会，170多名代表参加大会，听取名誉会长、会长的重要讲话。对2004～2008年15名先进私营企业和50名先进个体户，5名协会先进工作者，1个协会先进单位进行表彰。二是为广大个体私营企业征订年画，组织个私协会会员开展特困个体户慰问活动，向四川汶川地震灾区献爱心活动、在“八·一”前夕对人民子弟兵进行理发、照像修理、缝纫等义务服务。三是召开私营企业主座谈会和个协代表座谈会对协会存在的问题和发展方向等进行研究和探讨。

（赵建升）

审 计

【综 述】 2008年，古城区审计局坚持以邓小平理论和“三个代表”重要思想为指导，深入贯彻落实科学发展观，坚持围绕中心，服务大局，认真履行职责，强化审计监督。年内，共完成审计项目24个，超额完成年初计划数，其中上级统一安排审计项目3个，自定项目21个。按审计项目分类为：财政预算执行审计3个，行政事业财务收支审计4个，专项资金审计8个，领导干部经济责任审计5个，投资审计项目4个，查出违规违纪金额2 485万元，上缴财政各类资金1 260万元，上缴财政处理资金776万元，调账处理资金115万元，归还原渠道资金485万元，审减资金314万元。

【深化财政预算执行情况审计】 年内，区局对区级财政预算执行和其他财政收支情况进行重点审计，同时对2007年区税收征管情况和大东乡2007年度财政预算执行情况进行审计。并从财政管理及监督控制层面上进行分析，提出审计建议，为区政府科学决策，解决预算管理中存在的问题提供客观依据。通过审计，进一步规范古城区财政收支行为，完善财政管理制度。

【开展区直各部门财务收支审计】 年内，分别对区司法局、区林业局、区移民局、区慈善工作站等4个部门2007年度财务收支情况进行审计。通过审计，揭示了部分单位会计基础工作不规范，会计基础薄弱，单位内控制度不健全的情况，并提出相应的整改措施。

【加大对涉及群众切身利益资金审计力度】 针对社会热点、难点及涉及群众切身利益的问题，开展专项资金审计，确保各项惠民政策落到实处。年内主要开展对古城区2007年度社保资金收支管理、区财政局农综办2005～2007农业综合开发项目资金使用情况、古城区向四川地震灾区捐赠款物情况、区农业局2007年度新型农民科技培训项目资金管理使用情况、古城区2008年度低温雨雪冰冻专项救灾资金管理使用情况、区水务局2005年～2006年人饮安全项目资金管理使用情况等8个项目的专项资金审计。通过审计，揭示了专项资金在归集、管理和使用中存在的问题，并有针对性地提出审计意见和建议，促进被审计单位进一步完善制度、规范管理、防范风险，确保资金安全运作。

【强化领导干部经济责任审计】 年内，共完成领导干部经济责任审计项目5个。通过审计，促进财务核算的规范和相关制度的建立和完善，增强领导干部财经法规意识和经济责任意识，加强对领导干部权力制约和监督，为区委管理、评价和考核使用干部服务。

【积极开展投资审计】 年内，区局组织开展审计中介机构实施的投资审计项目4个。通过审计，为政府节约资金，提高投资效益。

【配合省厅开展“土地出让金”审计】 年内，按照省审计厅的部署，积极配合省厅工作组进驻区国土资源局、区财政局、束河茶马古镇项目指挥部、东郊整治指挥部、龙泉悦榕酒店项目指挥部等单位，开展为期三个月的审计。重点对土地专项资金的征收管理使用情况、建设用地审批情况、农用地征收转用及报批情况、国有土地使用权供应情况等进行审计。通过审计，促进了土地出让金会计核算不断规范，财务管理和收益分配制度进一步完善，加强国有土地有偿使用收入的征收管理，保证国有土地有偿使用收入的足额征收。

【开展异地交叉审计】 年内，区局分别派出2名审计人员，参加“西发”项目和“土地出让金”项目异地交叉审计，审计时间均在1个月以上。

（赵胜优）

质量技术监督

【综　述】 2008年，古城区质量技术监督局不断加强质监队伍执政能力建设，开拓创新，真抓实干，进一步加快质监事业发展，树立“科学、公正、廉洁、高效”的质监部门新形象，为古城区经济健康发展和构建和谐社会作出积极贡献。

【加大行政执法力度】 按照国家质检总局和省、市局的安排布置，全体干部职工紧紧围绕产品及质量、计量、标准化、特种设备、食品安全和组织机构代码证使用等工作重点，对违规、违法行为，采取有效措施，加大执法打假和监督检查力度，坚决消除安全隐患，努力遏制假冒伪劣产（商）品的生产、销售，为规范和整顿古城区市场经济秩序作出贡献。年内，重点检查各类生产、加工、销售企业310余家，对违反质量、计量、标准化、特种设备和组织机构代码管理的违法行为依法进行查处，涉案货值金额达40余万元，共出动执法人员367人（次），145车（次）。办理行政违法案件125起，其中，立案案件33件，现场处罚案件92件，罚没款共360 096.76元。一是深入开展食品打假治劣工作。结合年内创建省级食品安全示范区工作，区局坚持以食品安全监督检查为重点，注重日常监管和证后监管，坚持以保证食品安全为工作目标，深入开展食品打假治劣工作。对21起食品生产、经营单位进行立案查处，涉及货值金额达30万元，累计没受和销毁食品原料、成品达11.2吨。对白酒食品进行抽样检查，其中白酒抽取22个样品，对2个不合格产品进行查处。二是深入开展工业产品等执法打假工作。在监督抽查白酒22个样品的基础上，对古城区辖区内的12家普通烧结砖进行抽检，经检验不合格的6家砖厂进行行政处罚。对塑料管、PVC管、钢筋等建材抽检不合格的4家也依法实施行政处罚。三是积极受理消费者投诉案件1起。

【规范食品生产加工环节质量监管】 有效规范食品生产加工行为。根据动态管理的原则，在2007年产品质量和食品安全专项整治的基础上，结合2008年古城区创建省级食品安全示范区的各项工作目标和要求，继续跟食品生产加工企业、小作坊签订食品质量安全承诺书，连续跟踪原辅料进货台帐，通过小作坊现场巡查和获证企业年度审查，强化食品生产环节监管，确保食品质量安全。对101家获证企业、小作坊进行全面的现场监督检查。重点检查食品生产加工企业、小作坊的健康证、食品添加剂的备案和使用、原辅料进货台帐记录、质量控制点、食品安全承诺书的履行情况，认真做好《食品生产加工企业现场巡查记录》，对发现问题提出处理意见，并责令其限期整改。针对周边州县存在鲜粮制品中加有吊白块的情况，区局于10月23日联合工商和卫生部门对古城区辖区内的米线、饵块、面条生产加工企业17家进行1次突击检查，检查中发现“米面品质改良剂”当场没收，并于次日对其法人进行食品相关法律法规、鲜粮制品地方标准和国家对小作坊监管的相关文件精神进行宣传贯彻培训。

【严把食品质量安全准入制度】 认真实施食品质量安全市场准入制度，加强对生产许可证工作的监督管理，保证食品市场准入获证企业的产品质量。根据年初在各大商场、超市宣传的《云南省质量技术监督局关于组织开展28大类食品和食品用塑料包装容器工具等制品无证查处工作的通知》，全面启动28大类无生产许可证查处工作。对古城区食品获证企业21家23个产品进行严格的年度审查工作，有2家停产，2家换证，最后对17家19个产品进行全面审查，有13家14个产品年审一次性通过，4家5个产品复查通过。根据国家相关规定获得QS食品生产许可证目前已到换证期限的白酒生产企业，以及原先获得XK工业生产许可证的白酒生产企业必须在年内完成换证工作，证书统一换为QS食品生产许可证，局聘请2位省级专家于8月

22日和23日2天到古城区5家白酒生产企业作现场指导，以实现顺利换证工作。年内检查19家奶制品经营企业，其中查出经营问题乳制品1家，发现问题奶粉进货数量168千克，下架封存问题奶粉8.66千克。

【加强特种设备安全监管】 牢固树立“安全第一，责任重于泰山”思想，强化安全监管。按照《特种设备安全监察条例》第26条的规定，建立全区特种设备使用档案67家，实行动态管理。加强动态监控，规范日常监管，检查企业108家，涉及特种设备402台，气瓶14 530只，下达《安全监察意见通知书》21份，排查事故隐患50条，依法查处违法案件1起。全年出动执法人员286人（次），车辆87车（次）。协助市检测中心对超期未检和设备经检验后存在安全隐患的15家使用单位进行督促和强制性整改。年内未发生特种设备安全责任事故。

【质量工作】 依据历年企业质量档案普查的情况，结合实际，完成古城区14类重点产品的普查建档工作。通过排查，对8家重点产品企业进行建档录入，其中7家是工业生产许可证获证企业，在建档的基础上，进行年度监督审查。

【计量工作】 根据市局的相关文件要求，组织辖区内各计量器具使用单位填写强制鉴定工作计量器具明细档案，并录入674台件计量器具，摸清在用强制检定工作计量器具的基本情况，建立强制检定工作计量器具明细档案，进而推动强制检定工作的深入开展。

【组织机构代码管理工作】 年内，为企事业、机关、社会团体等机构办理组织机构代码证新办、变更、换证、迁址、注销等手续580份，年审696份，合计1 276份。

（谭春梅）

食品药品监督管理

【综　述】 2008年，古城区食品药品监督管理局坚持以科学发展观统领食品药品安全监管工作，以确保人民群众饮食用药安全为中心任务，认真贯彻落实全省、全市食品药品监管工作会议精神，强化队伍综合素质建设，提高执法监管能力和水平，坚持为民监管、依法监管、全程监管、和谐监管，深入开展食品药品放心工程，积极开展省级食品安全示范区创建工作，大力整顿和规范食品药品市场秩序，食品药品安全监管各项工作进展顺利，为构建和谐社会，促进古城区经济社会又好又快发展作出新的贡献。

【行政执法】 2008年，共出动执法人员804余人（次），检查涉药单位340家（次），查办药械违法案件97件，销毁假劣药械价值0.67万元，取缔无证经营19户，处罚款21.47万元。一是在加强日常监管的同时，结合古城区实际，深入开展“元旦、春节、五一、国庆”期间药品、医疗器械市场专项监督检查，开展医疗机构药品、医疗器械安全整治年活动。二是重点对各医疗机构的药品和医疗器械采购、验收、养护、储存、调配、使用行为进行全面检查，开展物理治疗设备和隐形眼镜市场专项检查。三是检查经营产品是否具有《医疗器械注册证》等相关资料，经营企业是否持有《医疗器械经营企业许可证》，产品进货渠道是否合法、购销记录是否齐全等。四是开展物资交流会期间“缅药”专项治理。针对物资交流会期间无证销售“缅药”问题专题向区政府汇报后，政府召集公安、卫生、工商等相关部门召开协调会，形成多部门共同治理的长效机制。五是开展中药饮片专项治理。对中药饮片采购渠道整治，规范中药饮片包装及加大中药材、中药饮片监督抽查检验力度，查处违法案件4起。六是认真落实奥运会期间药品安全保障措施。成立反兴奋剂专项治理领导小组，制定工作方案，出动执法人员130人（次），检查药品零售企业105家（次）。七是开展疫苗制品专项检查。对全区疫苗使用单位的储存、运输、供应、销售、分发和使用等环节进行专项监督检查，积极开展问题疫苗的追根溯源工作。八是开展医用氧专项整治。医用氧专项整治是规范旅游景区药品市场秩序的重点，区局从2007年开始一直不间断的开展工作，对全区医用氧经营单位进行拉网式检查，对17家违法单位和个人进行立案查处。

【药品不良反应监测】 年内，高度重视药品不良反应、医疗器械不良事件监测工作，进一步加强监测网络建设，逐步完善各项规章制度，促进全区药品不良反应监测工作走上制度化、规范化、科学化的发展轨道。积极组织开展刺五加注射液不良反应事件处置工作，对辖区内142家药品使用单位进行检查，全年共上报药品不良反应报告22例，上报率达100%。

【农村药品“两网”建设】 按照年初工作会议的安排，积极探索药品安全监管示范点建设工作。通过建立食品药品协管站，建全全区药品安全监管网，做到全面掌握各乡（街道办）药品经营使用情况，将农村“两网”建设工作与“万村千乡”市场工程工作有机结合，积极探索两网建设与新型农村合作医疗相结合的新思路、新办法。一是继续完善药品供应网络。由云南省丽江市医药有限公司、云南白药大药房有限公司、云南东竣大药房在古城区行政村及较大自然村承建56个非处方药品专柜，农村药品供应网乡镇覆盖率达100%，村级覆盖率达97.1%。二是加大监督网建设力度，加强对药品供应网点的监督检查。各乡（街道办）挂牌成立食品药品协管站，使农村药品监督网络覆盖率达100%。

【诚信体系建设】 按照《丽江市药械经营企业信用体系建设管理办法》，采取多项措施，强化药械经营使用企业信用体系建设。一是落实药品管理法律法规和各项政策规定，实行监管责任制，加强日常监管和GSP跟踪检查力度。二是建立监管信用评定档案，对企业违法违规行为记入企业档案。三是严厉打击制售假劣药械和严重违法违规行为，对全区224户药械经营使用企业建立完整规范的诚信档案。

【食品安全综合监管】 充分发挥食品安全监管综合组织协调职能，集中时间，集中精力，认真开展联合执法检查。一是在重大节日期间，组织工商、卫生、质监、农业等部门开展联合执法，共出动执法人员244人（次）。二是为保证奥运圣火在古城境内传递期间食品安全保障工作，由区局牵头，组成4个食品安全联合检查组开展拉网式大检查。三是开展“三鹿”等问题奶粉应急处置工作。“三鹿”事件发生后，区政府召开专题会议安排部署“三鹿”奶粉事件应急处置工作，区局按区政府及上级部门有关要求协同工商、质检、卫生等部门开展查处工作，对辖区内的问题奶粉采取下架封存等措施。

【省级食品安全示范区创建】 2008年，是古城区省级食品安全示范区创建年，区局充分发挥“牵头”与“抓手”作用，积极开展工作。一是区政府成立由分管副区长为组长、各相关部门一把手为成员的省级食品安全示范区创建工作领导小组，及时出台《古城区创建省级食品安全示范区实施方案》，组织召开省级食品安全示范区创建动员大会，落实创建配套经费10万元。二是组织相关部门赴昆明、大理市等地考察学习创建经验，结合实际，把西安、束河定为食品安全示范点，花马街定为示范一条街，寨后农贸市场定为示范农贸市场重点加强建设，区、乡（街道办事处）两级政府负总责，各职能部门分段监管，以点带面，全面推进创建工作的开展。

【农村食品安全监管】 建立健全农村食品安全监管网络。各乡（街道办事处）在成立食品安全工作领导小组的基础上，挂牌成立食品药品安全协管站，设立75名专兼职食品药品安全协管员和食品药品安全信息员。保证农村食品安全工作信息的互享互通，初步形成区、乡（街道办事处）、村三级食品监管联动长效机制。深入落实农村自办宴席申报登记备案制度，按照《古城区食品安全委员会关于加强群体性聚餐食品安全监管工作的通知》要求，积极协调卫生部门开展农村自办宴席厨师食品安全知识及专业技能培训工作。全年共登记备案80例，逐步实现农村自办宴席由无序自由状态到有效安全监管，从源头上预防和杜绝农村宴席群体性食物中毒事件的发生。

【宣传培训工作】 按照《古城区2008年食品安全

宣传教育实施方案》要求，组织印发20 000余份食品安全知识宣传资料，开展食品安全宣传“进农村”活动和“食品安全校园家庭1+2”，小手牵大手的宣传活动，起到良好的社会效益。利用“3·15”“五一”、“十一”等重大节日开展宣传活动，发放食品药品安全监管法律法规等宣传资10 600份，在全区范围内大力宣传《药品管理法》、《药品管理法实施条例》等法律法规。全年共举办培训班2期，培训604余人（次），发放各种学习资料1 500份；食品药品电视新闻宣传报道12次，编发食品药品监管信息31篇，发布食品安全预警公告3期。

（杜玉彬）

昆明海关驻丽江办事处

【综　述】 2008年，昆明海关驻丽江办事处发扬团结协作，无私奉献精神，牢固树立科学治关、和谐建关理念，深入推动准军事化海关纪律部队建设，党组织建设及业务建设各项工作均取得较好成绩。年内，共承办10次全国性会议，接待会议代表738人，调研考察人员2 933人（次），树立了昆明海关良好的对外窗口形象。

【税收征管工作】 年内，昆明海关驻丽江办事处针对出口业务量少，无稳定税源，税收计划数为零的实际，认真分析税源，积极主动走访企业，向企业宣传海关“属地申报”政策，不断开拓海关业务，服务地方经济。2008年，征收税款46万元，圆满完成办事处税收计划。

【出口邮件监管工作】 办事处认真落实值班制度和工作程序，对合法出境的国际邮件提供方便快捷的通关服务，出口邮件监管工作稳步推进。全年共监管出境邮寄物品990件。

【加强开展稽查工作】 年内，认真开展企业管理清查工作，对辖区企业进行全面清理，健全、完善丽江辖区企业档案数据库，为通关工作奠定坚实基础。

【其它业务监管工作】 一是完成丽江高美古天文台暂时进出口设备安装工具的进出境监管工作。二是完成丽江辖区减免税设备中期监管工作。三是继续为丽江悦榕酒店有限公司酒店自用物品进出口做好监管服务工作。四是通过关区内“属地申报，口岸验放”监管模式为永胜映华植物化工有限责任公司的高附加值产品在丽江报关做好服务工作。五是认真做好报关员资格考试工作。年内丽江有48名考生参加报关员资格考试，主要生源是云南大学旅游文化学院在校大学生。

【政务公开】 充分利用网络资源，建立《昆明海关驻丽江办事处政府信息公开门户网站》，及时发布更新海关行政法规、四项制度、公开指南、公众监督等栏目。年内，共发布信息164条，在海关丽江办事处互联网门户网站上公开海关信息322条，在办公大厅公开办事处机构设置、业务通关流程、行政收费标准、海关公告及投诉监督电话，主动接受社会监督，做好规范、公正、透明。

（刘晓楠）

招商引资工作

【综　述】 2008年，招商引资工作紧紧围绕区委、区政府提出的“以大开放促进大发展，以招商引资作为拉动经济增长的重要突破口”的工作思路，坚持以对外开放、发展外向型经济为主战略，开拓创新，积极进取，认真分析总结过去的招商引资工作经验，明确工作目标，理清工作思路，制定切实可行的工作措施和管理办法。通过一系列工作的开展，较好地完成区委、区政府下达的各项考核目标任务，并取得新的突破。

【开展招商引资工作情况】 认真贯彻落实中央、省、市关于招商引资工作的相关政策，狠抓项目库建设，确保良好的招商引资工作秩序，不断提高招商引资工作水平。坚持以项目建设为中心，切实把招商引资各项工作落到实处，在抓好项目储备的同时，认真做好项目的前期规划工作，多方争取工作经费，印制招商引资宣传资料，不断更新招商引资网站项目，积极参加昆交会，并在会上发放招商引资宣传资料，介绍古城区的区位优势、人文环境、投资环境、基础设施、资源情况、招商引资优惠政策、软环境等，使储备项目备受投资商的关注，使前来洽谈项目的投资商络绎不绝。同时，对投资商以诚相待，注重服务，当好参谋。在为外来投资商提供服务的过程中，提高办事效率，坚持做到多方协调，主动搞好全程服务。一是协调办理项目审批手续，为企业起草立项申请、项目建议书、科研报告、企业章程，帮助办理立项、验资注册、增加增强投资商的决心和信心。二是经常保持对外投资商后续服务和联系，以加深友谊，做到找得来，留得住。为提高办事效率，建立和完善“一站式”服务制度，推行承诺服务制、首问责任制、行业规范公示制、公开办事制度和挂牌上岗制及责任追究制度。对外来投资者实行办事公开制度，推行“八公开”，即：政策规定公开、职责权限公开、办事依据公开、办事程序公开、办事结果公开、办事时限公开、责任追究公开、廉政规定、监督办法公开。三是真正将“爱商、富商、助商、安商”落到实处。在招商引资工作中，牢固树立“你发财、我发展”的双赢理念和“你投资、我服务”的意识，想客商所想，急客商所急，为客商提供全方位的服务。四是坚决落实招商引资各种优惠政策。及时落实省、市、区招商引资政策，坚决不打折扣，树立诚信政府形象。6月，对政协提案中提到的“给予失地农民返还地及预留地开发招商优惠政策”向工商税务等7个相关职能部门发放征求意见函，并将征求到的意见加以汇总反馈给提案政协委员。五是及时听取投资者意见和建议。在开展学习实践科学发展观活动和作风建设教育活动中，通过定期不定期召开外来企业家座谈会、发放问卷调查表等形式了解情况，听取意见，制定措施，使客商及时准确掌握招商政策和动态，形成招商引资工作的良性互动。

【投资建设重点项目进展情况】 一是引进云南福国投资有限公司投资南门福国大饭店，该饭店总投资近2亿元，按五星级酒店标准兴建。饭店位于世界文化遗产—丽江古城南门，以纳西文化为主题的豪华饭店。饭店总占地面积1万余平方米，整体设计为花园、流水、庭院式风格，环境优雅舒适，装修精美绝伦。饭店设有各式房型，风格迥异，充分体现丽江纳西民居风格与中国传统古典风格，设有不同档次的套房10套、各式风格标间120余间，有充分体现纳西建筑风格、能容纳200人的餐厅，配有不同规模、专业会议系统的会议室若干个。在装修风格细微之处洋溢浓郁的纳西文化气息，满足商旅者对品味和时尚的追求。二是引进中国金茂（集团）股份有限公司开发世界遗产公园改扩建项目，该项目预计投资10亿元。丽江世界遗产公园占地500多亩，按照国家AAAA级景区标准建设。公园设计紧扣“遗产”国际品牌主题，通过艺术创作挖掘以“三江并流”、“丽江古城”为代表的丽江自然文化景观资源的精华。世界遗产公园原属国有企业丽江三朵园林旅游开发有限责任公司所有，由金茂集团接手后，将建造超五星级度假酒店，并由位居世界顶级酒店管理集团之列的环球凯悦集团管理。该项目的建成，将有利于进一步盘活国有资产，优化资源配置，整合丽江世界遗产公园的存量资产，提高运行效益，同时也是外来投资企业参与丽江国有企业改制的一项重大工程。三是把原有引资项目丽江束河——茶马古镇保护与发展项目不断向纵深发展。该项目在注重保护古镇民居风貌的同时实施文化发展战略，曾被评为“中国魅力名镇·最佳人居环境名镇”、“国家AAAA级旅游景区”。自2003年引进以来，累计完成投资达3亿元。四是鼎业集团完成占地60亩的“束河购物商城”；进一步实施占地77亩、总投资1.3亿元的“酒吧街”工程；预计总投资3亿元的“溪禹谷酒店项目”已举行开工典礼。

（和川花　李亚萍）

十一、农业 畜牧业

农　业

【综　述】 2008年，古城区农业局以科学发展观统领全局，一方面抓好小春生产和冬季农业开发工作，一方面狠抓春耕生产、夏秋生产和各项增产增收措施落实工作，进一步提升传统产业，巩固特色产业。坚持解放思想，更新观念，围绕年初制定的农业生产和农民增收目标，以市场为导向，科技为依托，农业产业结构调整为切入点，突出特色和优势，全面完成农业生产任务，推动全区农业和农村经济持续、健康发展。2008年，全区粮食总播种面积17.98万亩，比上年减0.28万亩，粮食总产量4万吨，比上年增0.18万吨，增4.71％。其中：夏收粮食作物播种面积7.94万亩，比上年减0.25万亩，总产1.48万吨，比上年减0.07万吨，减4.52%。秋收粮食作物播种面积10.04万亩，比上年减0.03万亩，减0.3%，总产2.52万吨，比上年增0.26万吨，增11.5%。

【落实支农政策】 2008年，区农业局认真贯彻落实强农、惠农政策，做好惠农资金发放工作，发放种粮补贴（包括良种补贴和粮食直补）95.4万元，受惠面积8.7万亩，受惠农户1.7万户。发放农资综合直补资金766.85万元，受惠面积12.1万亩，受惠农民1.84万户。发放油菜种植补贴48万元；完成农业机械购置补贴40万元；地膜玉米补贴60万元；测土配方施肥补贴60万元；就位农业血防项目资金49万元。

【产业化经营】 年内，区委、区政府把发展壮大龙头企业作为增加农民收入，带动农业经济结构调整的一项重点来抓。通过资金倾斜、技术扶持、资产重组等多种形式，培育一批具有一定经济实力和市场竞争力的市级龙头企业。2008年，丽江玉鑫畜牧科技有限公司、丽江良华屠宰有限公司两家企业获得第四批市级龙头企业认定，使古城区市级重点龙头企业总数达到9家。加快农业区域布局调整，发展区域特色农产品生产，产业化经营，已成为古城区农业结构调整的重要内容。按照突出特色搞调整、突出区域优势搞调整、突出规模效益搞调整的原则，全区以金山、七河、束河、金安为主要核心板块，形成优质粮食（小麦、玉米、水稻）、优质烤烟、优质水果、无公害蔬菜、畜禽、农产品加工等农业主导产业。农业结构调出规模、调出效益、调出特色。年内，全区共实施青食蚕豆、优质冬桃、青梅、早熟油桃、优质烤烟、芸豆、冷凉补淡蔬菜等特色农产业十几项。通过产业结构调整，全区种植烤烟6 000亩，产值1 052万元；油菜1.24万亩，产值781万元；啤饲大麦7 500亩、产值360万元；蔬菜16 000亩，产值2 152万元；洋芋9 645亩，产值1 016.33万元；芸豆5 430亩，产值138.96万元；水果面积1.76万亩，产值1 962万元；花卉450亩，产值106万元；药材1 132亩，产值324万元。实施科技带头人下派工程，加快农业科技进步，促进农民增收。12位科技下派人员在束河、金山、七河、金安开发种植无公害蔬菜（大白菜、小葱、白萝卜、青花菜、甘蓝、生菜），建设无公害蔬菜试验、示范和推广基地，种植优质核桃520亩，油桃1 500亩，改良核桃9 000亩，杂交玉米制种基地150亩，带动农户近千户，经济效益显著。种植业大户发展到30户，大户种植作物涉及蔬菜、花卉、林果、药材、烤烟各类经济作物。大户种植面积发展到4 050亩，产值达到8 249万元。

【农业科技推广】 坚持引进、试验、示范、推广四步走，切实做到技术引进与试验创新相结合、典型示范与大面积推广相结合。通过组织实施重点科技项目，引进推广农业新品种、新技术，农技推广力度逐年加大，农技推广步伐进一步加快，先进实用技术应用面不断扩大，科技对农业增产、农民增收发挥巨大作用。全年完成国际合作项目蚕豆示范、食用豆抗逆性鉴定试验2组；蚕豆、油菜、燕麦、小麦、大麦、洋芋新品种试验20组；杂交玉米新品种试验4组；西红花试验2.7亩，推广生物多样性栽培8万亩，测土配方施肥10万亩；“双低”油菜0.8万亩，其中连片示范0.25亩；推广粮食作物优良品种5.9万亩，其中优质稻1.4万亩，专用小麦2万亩，专用玉米2万亩，脱毒马铃薯0.5万亩，青食蚕豆0.3万亩；推广无公害蔬菜0.6万亩，化肥深施4.6万亩，节水灌溉1.2万亩，大棚蔬菜0.05万亩，大棚水果0.02万亩。农业先进实用技术的推广，提高广大农民的科学意识和水平，保证各项新技术的顺利推广和实施。

【园艺技术推广】 围绕产业结构调整，积极培育各项具有发展潜力的名、特、优水果和花卉项目，实施“菜篮子工程”，确保园艺工作持续健康发展。在建设优质水果基地过程中，加快发展名、特、优、新品种的同时，实行早、中、晚熟品种合理搭配。2008年，全区优质冬桃面积达到3 000亩，推广20万封冬桃套袋。引导金山乡东江村委会千亩优质油桃示范基地建设，油桃面积发展到1 400亩。针对古城区苹果生产现状，开展苹果老果园改造项目：一是进行老果园改造科技培训。在红水塘等地共举办4期培训班，培训200多人（次）。二是建设10亩优质苹果示范园。三是改造100亩老果园。四是推广20万封苹果双层套袋，起到以点带面的作用，为1 000亩苹果老果园改造奠定基础。五是在大东、七河、金江的江边河谷区域引导培训农户发展1 000亩优质椪柑。加强科技培训，冬桃栽培技术培训4期，培训200人次；油桃栽培技术培训3期，培训180人（次）；苹果老果园改造科技培训4期，培训160人（次）。五月桃培训40人（次）；柑橘栽培技术培训9期，培训650人（次）；梨栽培技术培训40人（次）。10月下旬古城区农业局从省农机推广站引进N—ECB20G—05小型制冷设备，并从昆明塑料厂引进500个果箱，建设完成果蔬保鲜库，冷藏红水塘苹果15吨。

【烤烟产业】 认真贯彻落实市、区烤烟工作会议精神，狠抓科技兴烟工作，实施大田预整地与中层环形施肥、定位移栽等大田移栽技术。改造烤房771座，投入资金204.32万元，实施漂浮育苗大棚44个，育苗面积11 685平方米，与1 227户种烟户签订合同，种烟面积0.57万亩。通过“三个统一”提高烤烟育苗规范化管理，减轻烟农在漂浮育苗管理上的劳力投入，及早就位烟用物资348吨。完成烤烟总产0.08万吨，收购烟叶1.52万担，其中出口备货1 000担，完成任务100%，完成税收21%，烟农收入1 052.6万元。

【农产品质量安全】 为全面提升农产品质量安全水平，农业局立足于本职工作，主要做好农产品生产环节的质量监管、农业污染源普查，无公害农产品基地建设及检测管理和进入市场的监管工作。一是加大无公害农产品生产技术的宣传和指导工作。二是加强对农资市场的清理整顿工作。三是对进入市场的农产品进行农药残留的抽验检测，共检测样品48次，1 305个，合格1 279个，不合格26个，合格率98%。四是积极参与创建省级食品安全示范区工作，共印发食品安全宣传资料4.2万份。

【病虫害防治】 坚持“预防为主，综合防治”的植保方针，做好各种主要农作物病虫预测预报和综合防治及植物检疫工作。发布《病虫简报》4期，印发病虫情报资料60份。培训农药经营人员156人（次），核查检疫证书12份，办理产地检疫合格证1份，同时开展柑橘大实蝇和稻水象甲调查工作。

2008 年，病虫草鼠害发生面积 65.18 万亩（次），比去年减 4.01 %，组织指导防治面积 62.23 万亩（次），比去年增 0.18 %，挽回粮食损失 4 294 吨，挽回经济损失 585.82 万元。

【农村经营管理】 2008 年，区农业局积极引导农村农民发展各类专业合作经济组织，农村专业合作经济组织发展到 10 家，为使农民专业合作社发展壮大，对有优势、有潜力的农民专业合作组织，在政策上给予支持、资金上给予扶持、业务上给予指导，使 10 个农村专业经济合作组织和协会共发展会员 1 294 人，带动农民 7 020 人，逐步建成独立的法人实体。通过龙头企业和经济组织的带动作用，全区各类农产品生产、加工得到快速发展。农产品附加值大大提高，拉长了产业链条，农民收入得到稳定增长。提高农业产业化经营的组织化程度，加强农村集体资产及财务管理，严格规范财务，促进集体资产保值增值。推行新《村集体经济组织会计制度》，培训财会人员，以点带面推行财务电算化，实行联社会计制度，健全和完善村务公开和民主管理制度。在 4 个街道办事处各居委会和七河乡五峰村委会实行“组财村代管”的农村财务管理模式，即村委会专设（兼设）1 名联社会计，统一管理所辖村民小组财务。把祥和办事处作为省农村财务管理规范化试点，挂牌实行电算化会计管理。准确、及时、系统作好农经统计工作，加强农村经济运行动态分析。

【农机管理工作】 年内，培训拖拉机驾驶员 3 期 253 人，培训农田作业操作手 360 人，全部合格，拿到驾驶证。推广微耕机、旋耕机 45 台。完成机械耕耙作业服务 5 万亩，完成农机抽水保苗 3 万亩，完成机收小麦、水稻 3 000 亩，完成机播小麦 1.5 万亩。监理站组织路检路查 267 人（次）、68 车（次），全年完成拖拉机检审 1 379 台，新车落户 173 台，清理“黑车”120 台，查处违章驾驶 47 人，驾驶员审验 53 人，印发安全宣传资料 900 余份，并与农机手签订安全生产责任书 1 662 份。

【农业教育工作】 2008 年，投入新型农民培训项目资金 75 万元，共开班 50 个培训班，培训学员 3 050 人，培训内容包括：种植业（粮食作物栽培和果蔬栽培）、养殖业、农业机械、烹饪、庭院经济和电脑等技术。同时组织协会、专业合作社和龙头企业负责人、种养大户参加综合培训班，开展科技下乡活动 3 次，印发科技宣传资料 2 万份。编写发放《丽江市古城区新型农民实用技术培训》5 000 册，设立科技宣传栏 3 个点，张贴挂图 1 000 份。

新型农民培训　（农业局供）

【农业环保工作】 实施国债沼气建设项目，村容村貌不断美化。总投入资金 421 万元，完成 2006 年～2007 年“国债沼气池”建设任务共 4 000 户，完成“一池三改”4 000 户落实在金安、金江、七河三个乡，21 个村委会。完成古城区第一次农业污染源普查工作。建立机构，制定方案，选调查普查员和普查指导员，组织培训，广泛宣传，扎实摸底调查，耐心细致填报数据，严把录入关，保质保量及时完成普查任务。共普查全区的种植户 163 个，畜禽养殖户 62 个，水产养殖户 139 个。做好区外来入侵生物种类的分布及对农、林的危害，重点对紫茎泽兰进行调查，共收集图片 20 张，标本样品 10 份。做好国家重点保护农业野生植物调查工作，发现金山乡漾西村委会和新团村委会部分区域有丽江山荆子和香水月季的分布，对于这两种濒危野生植株的保护和繁育提供有利支持。开展 2 万亩无公害蔬菜基地蔬菜抽样送检，组织农业龙头企业开展产地资质认证，参加区里组织的食品安全监管检查。

【种子工程】 一是新品种试验示范、推广。种子部门根据全区农业生产特点，广泛开展玉米新品种选育、引进、试验及优质小麦、水稻良种示范、推广工作。实施云南省丽江市杂交玉米新品种 34 个玉米品种区域试验，云南省农科院7个玉米品种引种试验。推广“珍油玉9号”500亩、“森玉8号”120亩、“长城799”30亩、“海禾17”50亩。二是做好种子供应。完成杂交玉米种子供应8.5万千克、常规良种供应2万千克。三是抓好市场监管，完善种子市场管理工作。分批分期对古城区10个农贸市场和乡村集市蔬菜种子销售点，进行定期和不定期抽样检查。同时加强《种子法》、《行政许可法》等法律法规宣传普及工作，全年共印发宣传资料3 500份，出动执法人员35人（次）。

【设施农业】 2008年，全区建钢架连栋温室13栋，面积41 693.3平方米，蒙古式大棚15座计1 400平方米，日光温室15平方米，普通钢架大棚343座计103 466.6平方米，竹棚242个共计42 240平方米，设施农业面积达到20万平方米。设施农业给蔬菜、花卉、水果等产业带来很好效益，塑料大棚每亩年收入为6 000～10 000元，一般竹棚每亩年收入也达3 000～5 000元左右，钢架连栋温室和蒙古式大棚，每亩年收入可达1～2万元。种植品种包括：玫瑰、康乃馨、满天星、非洲菊、百合等花卉，蕃茄、黄瓜、荷兰豆、空心菜、芹菜、鲜食玉米、葡萄、甜瓜、西瓜等优、特、新果蔬。

现代设施农业示范样板

【扶贫活动】 2008年，区局积极组织人力、物力、财力，充分发挥农业专业技术优势，以科技扶贫为主，以资金和物质扶贫为辅的扶贫工作。全年，共投入扶贫资金126.3万元。其中：投入农产业发展扶持资金19万元，投入金安玉河村委扶贫挂钩点2万元，投入三古村委会社会主义新农村建设项目8万元，投入金山王家庄扶贫资金1万元，投入束河红山村扶贫资金1.5万元，投入救灾资金90万元。通过开展以上工作，促进贫困地区经济发展，改善群众生产生活、人居环境质量，提高科技文化素质，加快脱贫步伐，发挥良好的示范和引导作用。

【新农村建设】 2008年，古城区农业局继续致力于社会主义新农村建设试点村建设工作。在充分调查试点村基本情况后，按照“高起点、高标准、高质量、高要求”的原则进行规划和建设。重点开展村道硬化、绿化亮化、农贸市场、文化活动室、卫生室、农田水利、特色产业等建设项目。实施社会主义新农村试点村建设，总投资84.5万元。其中，金安乡三古空滤村总投资64.5万元，争取20万元省级项目资金，在祥和办事处康仲村、七河共和华丰二社两个村民小组实施村容村貌整治工程。实现基础设施完备、村容整洁、环境优美，其中金安乡三古空滤村已通过市、区两级验收。

【抗灾救灾工作】 一是突出重点任务，做到领导到位、责任到位、措施到位、工作到位，透彻研究面临的不确定因素，扎实做好春耕备耕及农业生产的各项工作。二是根据丽江市财政局农业局《关于做好2008年低温雨雪冷冻灾害农业生产救灾工作的通知》要求，结合全区受灾实际，分项目、分产业，及时拟定农业生产救灾项目补助方案，明确项目实施地点、实施主体和实施内容。三是切实加强种子种苗的调剂和技术服务工作，帮助农民积极抢种、补种、改种和补栏、补苗，修复受损农业设施，最大限度地挽回灾害造成的经济损失。四是切实加强春耕春管，引导农民推广应用农业新技术，抓好田间管理，努力保障农产品市场供应，多渠道增加农民收入。五是抓好农用物资到位工作。全年到位化肥18 900吨，农膜350吨，农药70吨。水稻良种9万千克，杂交玉米种11万千克，良种覆盖率达到98%，其中包衣种子占玉米良种的比例达到100%，为粮食增产提供基础保障。

【行政执法工作】 年内，区局联合工商、质管、公安等部门，对全区农资市场进行不间断检查，全年出动执法人员317人（次）。累计检查农药经营农户69家，种子经营户7家，农机经营户22户，检查农资市场82场（次），卷烟营销市场4次，查处违规经营9起，责令整改4起。没收假劣杂交玉米种子450千克，没收过期和无证经营的农药275千克。没收非法经营香烟6 540条。

【农业信息工程】 古城区农业局协同各乡镇开展“数字乡村”工程建设工作已进入乡村视频信息制作阶段。年内，共更新402份数据报表，100张图片，49份文本，采集完成56份视频资料，共制作20个视频文件。推进全区农业和农村信息化，全面提升农业信息化水平，充分发挥信息网络建设在发展现代农业、促进社会主义新农村建设中的作用。

【农情上报工作】 2008年，区农业局通过加强与有关部门的联系和沟通，掌握第一手材料，做好农情工作。一是定期做好农业生产进度的上报，累计上报各类统计报表160份。二是收集准确的农业灾情信息提供给上级部门80份。三是编辑各类工作总结、报告、项目申报书等材料70余份，宣传报道农业战线上的新人新事，激励广大农业科技工作者的工作热情。四是针对农业生产中出现的新情况，新问题，如开展抗旱救灾、改种晚秋作物，发展绿色食品、无公害农产品、病虫害防治等方面，及时进行深入调查、了解、并提出解决的措施。

【农业项目建设】 2008年，区农业局根据农业部、云南省农业厅农业项目申报指南的具体要求，结合全区农业、农村实际，选择特色农产品基地、观光农业项目、社会主义新农村环境整治工程、新型农民培训工程、农机购机补贴、植保农业有害生物预警和控制区域站建设项目、中央财政现代农业发展蔬菜产业项目等20个有针对性，可行性强的项目，编制申报材料，报送市农业局、省农业厅、国家农业部。共争取到项目10个，到位资金1 100万元，为古城区农业注入新的活力。

（和理准）

畜牧业

【综　述】 古城区畜牧局下设办公室、财务科、业务科、区畜牧兽医站、区兽医卫生监督所和6个乡级畜牧兽医站。全局在职在编职工76人，其中行政6人，事业70人，拥有专业技术人员68人，其中高级职称2人、中级职称24人。2008年，古城区委、区政府相继出台一系列以生猪为重点的畜牧业发展扶持优惠政策，畜牧局根据古城区畜牧业发展的新形势、新机遇，全体畜牧科技干部职工齐心协力，在全区广大人民群众的积极配合下，在各级支农政策的扶持下，以科学发展观统领古城区畜牧生产，以千方百计促进农村经济发展、增加农民收入为切入点，培育、壮大畜牧产业、促进畜牧业又好又快发展为中心，明确工作重点，立足优势、开拓创新，早作安排、统筹规划，强化队伍素质建设，加大畜牧科技推广力度，强化动物疫病防控体系建设，加强动物卫生监管力度，狠抓落实，圆满完成2008年畜牧生产任务目标。

【畜牧生产情况】 年末，全区大小牲畜存栏157 126头（匹、只），比上年减4 914头（匹、只），减幅为3.03%。大牲畜存栏23 430头（匹），其中牛存栏20 924头（黄牛16 650头、能繁母牛6 325头、乳（奶）牛418头、水牛3 856头、能繁母水牛1 122头），马属存栏2 506匹（马1 290匹、能繁母马613匹，驴523匹，骡693匹）。生猪存栏97 413头，其中能繁母猪22 044头。羊存栏36 283只，其中：山羊31 987只、能繁母羊16 811只，绵羊4 296只、能繁母羊1 384只。年内，出栏肉猪140 255头，比上年增14 466头，比上年同期增11.5%，出栏率150.8%。出栏牛7 593头，比上年增1 372头，比上年同期增22.05%，出栏率32.59%。出栏山绵羊31 637只，比上年减1 388头，比上年同期减4.21%，出栏率72.2%。肉禽出栏228 468羽，比上年减12 402，比上年同期减5.2%。禽蛋产量542吨，比上年同期增13.9%。牛奶产量170吨、比上年同期增40.5%。肉类总产12 547吨、比上年同期增10%。实现畜牧业产值2.31亿元、比上年增25.55%，占农业总产值的47.09%。

【畜牧科技推广】 根据古城区初步形成的畜牧业生产区域发展格局，区局充分利用区域优势，拓展发展空间，用创新理念开创畜牧业发展模式，发展环境友好型、资源节约型现代畜牧业，实现产品提质增效，保障和丰富市场供给，明确发展思路，着力实施科技创新、成果转化、现代畜牧业示范、农民科技培训四大工程，全面提升畜牧科技基础实力、创新能力和转化效力。利用科技进步、市场拉动两大优势，坚持“加快发展生猪生产，大力发展草食畜、禽类和特色养殖”方针，走“突出重点，以点带面，点面结合”发展战略，尽快恢复和发展生猪生产，大力发展牛、羊和禽类及特色养殖，进行分类指导，逐步形成养猪、养牛、养羊、养禽和特色养殖五大产业并举的养殖产业群。与社会主义新农村建设有机结合，紧紧围绕“双百”大户和4个“十村养殖”工程，培植和扶持科技养殖示范场（园）、适度规模养殖户，加大良种繁育体系建设，改善畜禽饲养环境，实施农田种草，推广饲草饲料综合利用技术。通过开展下派科技人员创办、领办养殖示范场与科技入户等各种参与式的有效措施，广泛普及科学养畜综合配套技术，激发畜牧行业从业者运用现代畜牧科学技术的主动性和积极性，有效促进养殖业的整体科技含量。整合项目，在改建或新建圈舍、引进良种畜、种草、养殖贷款贴息等按年初制定的补助政策，加大扶持力度，并向示范村、重点户、科技示范场（园）倾斜，对科技含量较高、实绩比较突出、效益显著且有明显示范带动作用的规模养殖户采用以奖代补的方式给予适当奖励和重点补助等扶持政策，促进养殖业的稳步发展，增强发展畜牧业生产的融资能力。鼓励和扶持社会能人、科技人员创办了玉鑫、瑞祥良种猪场，巩固了金山纯黑山羊供种基地、良美黄牛冻改点，形成古城区特有的良种畜禽繁育体系，增强良种畜供种能力，扩大良种覆盖面。扶持和发展丽明农业生态园（香猪）、长绿农产品开发公司（肉牛）、红水塘兴农养殖场（黑山羊）、贵峰养鹿场（梅花鹿）、乌骨羊良种繁育场、七河乡养猪产业协会生猪交易市场、瑞祥、玉鑫、鑫隆、德为、啟柯、啟良、南风、长松坪、清溪（生猪）等养殖场，这些科技养殖示范场（园），增加古城区畜牧业发展内涵。良华牲畜屠宰场、玉鑫养殖场、长绿农产品开发公司相继成为市级重点龙头企业，为古城区围绕龙头发展基地建设、促进产业化发展提供一个良好平台。2008年，全区共引进和投放良种畜732头（只），其中：公猪68头、母猪615头、西门塔尔公牛4头、良种公羊45只，完成牛冻改126头，加大良种覆盖面，提高畜禽群体生产性能。从改善生态环境、降低养殖成本、保障畜禽营养需要、提高种植收益、增加养殖效益可持续发展模式出发，大力推广农田种草，实施草畜配套工程，推广农田种草2 510亩，完成青贮450吨。重点抓19个养殖村建设，共发展规模养殖户414户，其中：出栏肉猪50～99头以上的200户、出栏肉猪100～499头以上的77户，出栏肉猪500～999头以上的8户，出栏肉牛5头以上的57户、出栏肉羊30只以上的56户、饲养蛋鸡1 000羽以上的6户、出栏肉鸡500羽以上的9户、出栏肉鸡10万羽以上的1户。完成新建改建猪舍面积12 860.9平方米，牛舍新建面积1 772.5平方米，鸡舍新建面积41.3平方米，羊舍新建面积126平方米。为规模养殖场（小区）配备配合饲料机设备7台。

【畜禽疫病防控工作】 一是认真贯彻《中华人民共和国动物防疫法》、《云南省动物防疫条例》、《中华人民共和国重大动物疫情应急条例》等法律法规，确保重大动物疫病防控工作有条不紊开展，坚决贯彻执行国务院制定的“加强领导、密切配合、依靠科技、依法防治、群防群控、果断处置”24字工作方针，科学制定《古城区2008年兽医工作安排意见》，组织力量，加强落实。二是抓好春秋两防及季防月补免疫工作，做好各种畜禽常规免疫与强制免疫，推广二维码免疫标识，认真开展动物疫病和抗体监测工作，逐步建立和不断完善动物疫情的预警预报机制。三是严密关注区内外疫情动态，建立与邻近市县、交通沿线和城郊结合部防疫带，适时设置临时动物报检点。四是高度重视高致病性禽流感、口蹄疫、高致病性猪蓝耳病等重大动物疫病防控工作，不断完善重大动物疫病防控应急预案，增强其科学性与可操作性。五是按照市重大动物疫病防制指挥部的统一布置，把各项措施、任务与责任落实到人，建立工作责任制和不作为问责制。从6月22日～10月中旬，在金安桥、树底，五峰、梓里桥、江边设立5个临时动物检疫点，实行24小时值班，对进出古城区的生猪及其产品严格查证验物，凡证物不符，手续不全的，及时按照有关规定进行处理。全年检查消毒车辆55 328辆（次），有效阻止疫病的传入。六是注重规模养殖户（场）高密度饲养环境下新的疫病防控工作，做好畜禽疫病诊治、年初雪灾恢复生产、高致病性猪蓝耳病防控等工作，将畜禽疫病扑灭在起始阶段。七是组织好区、乡、村三级突发动物疫情专家队伍和应急预备队伍，抓好疫病防控应急队伍建设和防控工作业务培训，全面提升应急防控能力。八是组织开展多种形式的宣传活动，提高群众防疫意识，强化和增强对发展养殖业的保障。年内，生猪、大牲畜死亡率分别控制在4%、1.5%以下的目标，有效遏制疫情在古城区流行、蔓延和重大动物疫病在古城区传入、发生，确保畜牧业生产持续、健康发展，保障市场供给，促进社会稳定。2008年，禽流感强制免疫29.6万羽，规模养禽场禽流感免疫密度和农村散养家禽免疫密度都分别达到100%、70%以上。猪瘟免疫注射192 400头（其中：春防完成102 471头，秋防完成89 929头），免疫密度达114%。口蹄疫强制免疫251 392头、只（其中：猪155 044头、牛31 927头、羊64 421只，应免密度分别达到112%、101%、99%）。高致病性猪蓝耳完成免疫注射89 614头（其中：种公猪192头、母猪4 832头、其它猪84 590头）。鸡新城疫免疫注射183 200羽，仔猪副伤寒免疫注射26 060头，猪细小病毒1 000头，猪喘气病1 500头，能繁母猪乙型脑炎1 000头，猪伪狂犬500头，猪肺疫、猪丹毒二联苗200头，羊三联四防苗160只，牛出败免疫注射3 660头，牛气肿疽免疫注射3 280头。佩带免疫标识156 701头。完成家畜（禽）驱虫320 762头（只、羽），其中猪138 600头，牛1 347头，羊1621只，禽178 200羽。

【畜禽疫病和抗体监测工作】 为加强对重大动物疫病疫情监测，实施对重点地区和疫情高危地区监测，切实做好家畜血吸虫病、高致病性猪蓝耳病等疫病监测和畜禽免疫抗体检测工作。对规模养禽场、猪场、屠宰场进行7次病原学监测，共采检120份，其中：鸡喉气管100份、猪棉试子20份，高致病性猪蓝耳病病原学监测脾、肺各25份；牛脑干样品15份，羊脑干样品6份；开展免疫效果集中监测及常规监测，共采检血样1 102份（其中：猪270份、牛257份、羊125份、鸡400份、猪全血50份），狂犬病免疫效果监测20份。有效抗体均达到70%以上。根据家畜血防（2004～2008）规划，六月份在疫区金山、七河、祥和、大研4个乡（办事处）15个村（居）委会开展家畜血吸虫病普查工作，共完成牛粪检2 036头，无阳性畜。

【动物卫生监督工作】 为确保畜禽产品生产与消费安全和社会稳定，区局加强领导、加大力量，不断强化动物卫生监管力度，规范辖区内畜禽产地、屠宰、活畜禽交易市场检疫工作。根据国务院《关于加强产品质量和食品安全工作的通知》精神，结合《丽江市古城区产品质量和食品安全专项整治行动方案》通知，与相关部门参加各种食品安全联合执法检查活动，净化古城区肉食市场和畜禽生产资料（包括饲料及添加剂、兽药、生物制品等）市场，确保生产安全。2008年，完成产地检疫：生猪46 405头、牛7 446头、羊485只、马93匹；活畜禽检疫家禽168 000羽、处理845羽，仔猪27 145头；屠宰检疫猪98 177头、牛羊10 577头，处理病害肉120头（其中：高温31头、无害化处理89头）；动物产品出境检疫冷冻猪头63吨，牛皮10 12张，猪毛7.5吨，血粉9吨，猪气管1.5吨；办、换证362本。组织兽药检查、市场督查365人（次），查办私屠滥宰34起。抽检动物产品15份、抽检饲料11份进行监测违禁、药物残留及常规监测，全部合格。送检瘦肉精检测（尿液）81头（份），无阳性。在动物卫生监管工作中，处罚违法案件事实清楚、证据确凿、程序合法、运用法律法规条款准确、处罚得当、卷宗齐备，无一起提起行政复议，保障了畜禽生产和畜禽产品的安全。

【科技、执法培训和宣传工作】 一是对专业技术人员、组织者和从业者，进行多层次、全方位学习交流、科技培训、普法宣传和执法培训。包括《中华人民共和国动物防疫法》、新颁布的《中华人民共和国畜牧法》等法律法规，卫生防疫、卫生监督、品种改良、饲养管理、饲料营养、种草养畜、饲草饲料资源的科学有效利用等。共培训58期2 415人(次)，发放各种畜牧科技材料与普法宣传材料2 390份。二是对技术人员、村级动物防疫员进行培训。根据农业部、省农业厅“关于组织开展2008年新型农民科技培训工程项目，实施开展村级动物防疫员培训工作”通知要求，在区农广校的协助下，组织区、乡、村三级畜牧兽医防疫人员共152人参加理论与现场操作相结合的业务培训，取得良好效果。

【实施重点项目】 一是血吸虫病农业综合治理项目顺利完成。根据农业部“关于印发《全国血吸虫病农业综合治理重点项目建设规划》通知”和云南省发展和改革委员会下发的《关于编制农业血防治理项目可行性研究报告的通知》规定的农业血防任务和目标，紧紧围绕2008年全区要达到血吸虫病传播阻断的目标要求，实施“巩固清净区、突破轻疫区、压缩重疫区”战略，结合“围绕农业抓血防、坚持综合治理”路子，明确工作责任、目标任务和组织措施。编制上报《古城区血吸虫病农业综合治理项目可行性研究报告》，经评审后，云南省发展和改革委员会、云南省农业厅下发《云南省发展和改革委员会云南省农业厅关于2007—2008年血吸虫病农业综合治理项目可行性研究报告的批复》的工作重点是血防实验室建设和疫区家畜圈养，已于年底前实施完成，并通过验收。二是生猪标准化养殖场扩建项目。抓住生猪市场的波动作为生猪生产恢复和发展的契机，充分利用各级政府加大对发展养猪业扶持措施，结合云南省生猪标准化基地建设项目，鼓励养殖户增加补栏，在继续实施好大研粮贸、玉鑫、丽明、德为、五峰等7个生猪标准化规模养殖场（小区）建设项目的同时，申报并实施鑫隆、南风、长松坪、瑞祥、清溪5个生猪标准化规模养殖场建设项目。三是生猪规模养殖项目。生猪规模养殖建设项目四年来，紧紧围绕产业发展大局，始终坚持发展生猪规模养殖，指导农户修建三级沉淀化粪池、沼气池等，极大地改善养殖环境，实施品种、防疫、饲料、管理、厩舍建设、疫病监测六个统一的管理模式，推进规模养殖，扩大生产规模，普及提高母猪生产力、仔猪育成率、肉猪育肥等关键技术。生猪规模养殖建设项目，名列丽江市及云南省冷凉地区前矛，取得显著的经济、社会、生态效益，该项目荣获2008年云南省农业厅科技推广二等奖及古城区人民政府科技进步二等奖。

【能繁母猪饲养补贴发放与保险工作】 按照《云南省能繁母猪补贴资金管理实施细则》及《关于下达2008年中央和省级能繁母猪补贴资金的通知》文件精神，及时做好100元/头的能繁母猪饲养补贴发放工作。同时按照政府主导、市场运作、广泛参与、协同推进的要求，全面开展能繁母猪保险工作。年内，完成由中央、省、市、区四级财政配套的17 151头能繁母猪饲养补贴发放和保险工作。

【编写科学养殖技术手册】 组织编写《丽江市古城区农村科学养殖实用技术丛书》，分《科学养猪技术手册》、《科学养牛(奶牛和肉牛)技术手册》、《科学养羊技术手册》、《科学养鸡技术手册》、《畜禽配合饲料生产技术手册》共五册，着重从品种、营养、环境、管理、防疫几个要素向养殖户提供易于操作的实用技术。

【项目申报与实施工作】 根据上级部门项目申报提纲，结合古城区实际，充分作好具有前瞻性、可操作性并能有效促进现代畜牧业发展、促进新农村建设和小康社会建设的项目储备与申报工作。申报了《丽江市古城区生猪标准化生产示范区建设》、《丽江市古城区肉牛生产示范区建设》、《丽江市古城区肉羊生产示范区建设》、《丽江市古城区禽类生产基地建设》、《丽江市古城区良种繁育体系建设》、《丽江市古城区动物疫病防控体系建设》、《丽江市古城区乌骨羊胚胎移植技术》、《古城区农业血防综合治理实施方案》及5个生猪标准化规模养殖场（小区）建设项目的申报。同时，抓好肉牛易地短期育肥、圈养山羊、人工种草、秸秆养畜、乌骨羊养殖、香猪养殖等重点项目，以促进全区资源节约型、环境友好型的可持续生态养殖产业发展。

（和志渊　和忠凤）

烤烟生产

【综　述】 2008年，古城区烤烟生产按照丽江市烟草专卖局（公司）2008年烟叶生产工作的总体要求，结合古城区金沙江流域的自然生态条件，本着"立足资源、主攻质量、注重特色"的丽江烟叶品牌发展思路，认真贯彻落实党的十七大精神和中央关于农业农村工作新要求，坚持"市场引导、计划种植、主攻质量"的生产指导方针和坚持"双控"不动摇，确保烟叶生产"控得住、稳得住"的目标，进一步落实"重心下移，着眼基层，突出服务，加强基础"的工作方针，大力实施"科技兴烟、科技强烟"的战略，狠抓各项科技措施的落实，全面提高烟叶生产水平和质量。2008年，完成烟叶收购15 190.7担，中上等烟比例92.48%，均价693元/担。实现了烟农、政府、企业、客户四满意。

【烟叶生产工作】 在烟叶生产工作中，从改善烟田水利基础设施建设、恢复烟田生态环境方面进行合理规划实施，从体制、机制、制度上加大对烟区的管理力度。2008年全区实现100%大棚漂浮育苗，各项技术措施落实到位率大大提高，基础设施建设正稳步推进，2008年烟叶生产工作取得新进长。对全区植烟区域进行了调查分析并进行规划细化，提出古城区（2009～2013）特色烟叶生产与发展规划报告，为实现古城区烤烟跨越式发展提供了第一手资料，为2010年实现90%种烟区域实现标准化生产奠定基础。一是严格按照《丽江市烟草公司2008年烤烟收购合同管理实施办法》规定进行规范管理，加强内部监管，做到对合同的领用、签订、核实、发放、录入、收回、报废、销毁等实行层层把关、层层负责、责任到人，确保合同管理的严肃性，从而确保"合同、育苗、面积"三吻合。二是根据各乡当年的生产计划任务，统一配发、管理烟种，对剩余的烟种实行统一回收，并上交市局（公司）统一集中处理。烟苗的发放严格按照合同面积统一发放，发放数量与合同栽烟面积一致。移栽结束后，多余烟苗在专卖内管人员监督下统一集中铲除，确保双控工作落实到位。三是移栽结束后组织内管人员对烟叶种植收购合同与种植面积进行核查，确保"三吻合"的落实。3月25日前完成合同签订，合同信息录入，并进行公示。古城区签订烟叶种植收购合同1 227份，种植农户1 227户，指令性收购计划1.4万担、出口备货0.11万担，种植面积5 749亩。

【严格规范烟用物资采购、供应工作】 根据丽江市烟草公司《烟用物资采购供应管理办法》，由市公司物资采购委员会对烟用物资实行集中经营和统一管理，充分发挥集中的优势，保障物资供应的及时性和有效性，物资价格的合理性，确保烟叶生产的顺利开展。2008年，全区发放烟种4 690袋，其中供应催芽云烟—87包衣种2 270袋，常规云烟87包衣种630袋；催芽云烟—85包衣种290袋，常规云烟85包衣种1 500袋。供应各类化肥320吨，地膜23吨，漂浮育苗盘3 693张，基质3 775袋，农药4.94吨。

【烤烟生产技术措施】 一是搞好商品化、专业化育苗工作。2008年育苗播种工作于2月25日～3月5日结束，古城区有育苗专业户19户，44个大棚，育苗面积为11 685平方米，可移栽面积5 749亩。通过狠抓育苗专业队伍建设和规范育苗管理，确保各项技术措施落实到位，监督考核到位，实现烟苗清秀无病、苗龄适中，壮苗率达到了95%以上。二是规范预整地，抢抓节令，集中移栽。烤烟移栽工作克服雨水过多、前作矛盾突出等困难，全面实行预整地制度，采用中层环状平衡施肥，按行株距为120cm×50cm的规格，以片区为单位统一集中移栽，做到高起垄明水深栽，盖膜后露出外面的茎杆高度为2～3厘米，全面实现规范化移栽。全区移栽工作于5月20日前全面结束，完成移栽面积5 749亩。三是适时揭膜培土，中耕管理工作卓有成效。为搞好烤烟田间管理工作，通过下发《烤烟地膜覆盖及揭膜管理技术规程》、《2008 年烤烟大田管理技术规范》、《关于切实抓好烤烟中耕管理工作的通知》等。集中人力、物力，在全区实施以中耕揭膜培土为中心的田间管理措施，实现 100%揭膜促管理，为烟株的协调生长创造良好的环境。四是加强病虫害统防统治。围绕“预防为主、综合防治”的植保方针，以村委会为单位组织成立专业化植保队伍，在生产过程中进行积极有效的统防统治工作。统防农药严格按照中国烟叶公司公布的《2008 年度烟草农药使用推荐意见》统一集中采购为主。同时，在不同烟区病虫害系统测报点，积极进行病虫害普查工作，为全区烤烟病虫害统防防治提供科学依据。经过积极组织，有效预防烤烟病虫害的大面积发生，确保田间烟株长势的清秀。五是及时打顶抹杈，合理留叶。为提高烟叶质量，以合理留叶为中心，进行规范封顶打杈，在大田烟株 50%中心花开放时进行一次性水平封顶，单株有效留叶数 20～22 片，同时抹去大于 2cm 的腋芽后，统一进行化学抑芽。六是强化科技培训，确保技术措施的落实。进一步加强对技术员和烟农的相关技能培训。大力推行“企业 + 农户”的管理模式，实行层层管理、分片包干、责任到人的制度，建立考核考评指标，使服务和指导真正落到实处。针对不同生产阶段的不同工作重点，举办针对性强，实用性强、覆盖面广的烟叶生产技术培训班。特别对培育壮苗、深翻地、高起垄、保深栽、适时揭膜管理、烘烤技术、烤后烟烟叶管理、分级扎把、小等级入户预检等关键生产技术措施，进行理论与实践相结合的培训。全年全区累计培训达 1 200 多人（次）。七是烟叶生产技术创新。2008 年，结合古城区特色优质烟叶生产项目示范及现代烟草农业建设，开展“新品种示范”、“烘烤技术试验研究”、“有机肥施用试验示范”、“砂培育苗试验示范研究”等试验示范课题，为进一步提升烤烟生产水平，实现烤烟生产的可持续发展奠定技术基础。

【烟叶标准化生产】 为提升全区烟叶生产整体技术和管理水平，科学构建烟叶产前、产中、产后各个环节的技术、管理和服务标准体系，全面推进全区烟叶标准化生产，进而提升烟叶生产整体水平。根据烟叶标准化建设要求，结合古城区实际，精心组织，周密部署，对当前和今后很长一个时期的烟叶标准化建设进行规划。着手进行标准化基本烟田规划建设，同时在当前的烟叶生产各项工作中不断践行、推进标准化。要求到 2010 年，古城区 90%以上烟区将实行烟叶标准化生产。

【特色优质烟叶开发】 做好特色优质烟叶开发项目工作不仅是当前做好烟叶生产工作的基础，也是烟叶实现可持续发展的重要举措。围绕“立足资源、主功质量、注重特色”的丽江烟叶品牌发展思路，完善“政、工、商、研、农”五位一体的特色优质烟叶开发体系。借鉴玉龙县特色烟叶开发工作成功经验，进一步探索古城区特色烟叶开发线路，以特色烟叶开发促进全区烟叶质量稳步发展。

【认真搞好现代烟草农业示范点工作】 紧紧围绕国家局提出的“一基四化”总体要求，严格按照“科学规划、坚持标准、严格管理、务求实效”的十六字方针，结合特色优质烟叶开发项目，积极推行“公司 + 专业户 + 农户”、“公司 + 大户”的现代烟草农业建设模式。一是通过合理的符合政策的土地流转，土地向种烟大户转移，逐步解决户均种烟面积小、零星分散的问题，实现规模化种植和集约化经营。二是通过引导部分素质高的烟农从事专业化服务，逐步实现专业化生产。三是通过建立烟农星级管理、烟农户籍化管理和 IC 卡管理等逐步实现烟叶生产、收购的信息化管理。从而完成传统烟草农业向现代烟草农业转变。

【完成烟叶收购任务】 为顺利完成 2008 年烟叶收购工作，开仓前，对收购前、中、后的各项工作进行全面部署。及时出台《丽江市烟草公司玉龙营销部 2008 年烤烟收购管理办法》，加强对入户预检员的考核管理。在收购前 15 天全面进入烟农家中指导烟叶分级扎把，对烟叶进行预验。保证收购工作的顺利开展。7 月 20 日开始，组织召开以烟站（点）为单位的 2008 年烤烟预检员、收购人员培训会。2008 年，共完成烟叶收购 15 190.7 担，中上等烟比例 92.48%，均价 693 元 / 担。

【烟叶生产基础设施建设】 古城区烟叶生产基础设施建设紧紧围绕“两个至上”的烟草行业价值观，

积极筹措资金完善烟叶生产基础设施建设，夯实烟叶生产可持续发展基础。2008年，古城区烟水工程总投入462.2万元，烟草行业补贴资金323.54万元，烟农投工投劳折资138.66万元。有沟渠工程35件12．82千米。水窖273件，容量5 440立方米。管网2件，配套管网长度35 978M，配套水池137个4 084立方米。小烤房改造878座，补贴资金232.87万元，已全面投入烘烤使用。积极推进站点建设，为适应、优化收购流程，规范收购程序，对大东烟点进行重新修建，对金安烟点进行大面积修缮，为烟叶生产和收购提供硬件保障。

（和继元）

丽江优质苹果 （农业局供）

十二、林 业

林 业

【综 述】 2008年是全面实施“十一五”规划的第三年，也是全区林业自主创新、提档升级的关键年。一年来，全局在区委、区政府的正确领导下，在上级林业主管部门的具体指导下，按照政府工作的总体要求，立足部门职能，紧紧围绕建设社会主义新农村这一主题，全面贯彻落实科学发展观，以着力抓好生态文明建设为目标，认真学习党的十七大及十七届三中全会精神，市委、区委二届四次全会精神和全省林业局长会议精神，切实加强森林防火和资源林政管理工作，认真组织实施天保、退耕、农村能源建设工程，全力以赴开展深化集体林权制度改革工作，通过全局上下的共同努力，全面完成了区委、区政府交办的各项工作任务，充分发挥了林业在全区经济社会发展中的基础作用。

【作风建设教育活动】 区林业局高度重视解放思想大讨论活动，及时召开局领导班子会议，专题研究有关问题，结合林业局实际，制定了《古城区林业局关于开展“解放思想、深化改革、扩大开放、科学发展”为主题的解放思想大讨论活动实施方案》。活动分为学习提高、查摆问题、整改落实、总结检查等四个阶段，紧紧围绕主题，重点抓好“七个一”活动，即组织好一次动员会、开展好一次中心学习、举办好一场报告会、抓好一批深入学习实践科学发展观活动的试点科室、开展好一次交流总结会，加强组织领导，扎实推动工作充分认识开展解放思想大讨论活动的重要性和紧迫性，在认清形势、明确任务中解放思想，在学习先进、查找差距中解放思想，在真抓实干、破解难题中解放思想，从而在解放思想中统一思想，在更高层次上深化改革、扩大开放、推动发展、促进和谐。通过开展“解放思想、深化改革、扩大开放、科学发展”为主题的解放思想大讨论活动，全局干部职工增强了科学发展观的自觉性和坚定性，切实提高了大家的思想道德素质，取得了“以思想的大解放，推动工作的大进步”的明显实效。

本局集中时间，采取自学与集中学习相结合，分组讨论与交流发言相结合的方法，以召开动员会、举办讲座等多种形式。每位党员干部都做好学习笔记，并与个人的思想和工作实际相结合，撰写学习心得体会。局领导班子认真组织召开民主生活会，从党性观念、道德品行、思想作风、工作作风、领导作风等方面进行自查自纠，找准班子和个人存在的突出问题。整改提高阶段，本局结合单位、科室和个人的实际，细化“讲党性、重品性、抓落实、促发展”标准，认真做好了整改。通过开展此次活动，全局干部职工明确了作风建设主题教育活动的重要性和必要性，不断提高了自己的道德境界和党性修养，养成了良好的作风，树立了良好的林业工作者形象。

【深化集体林权制度改革工作】 根据省、市、县、乡、村“各级书记抓林改”的要求，本区切实重视林改工作，实行高位推动，把林改作为党政“一把手”工程，坚持“区直接领导，乡组织实施，村具体操作，部门搞好服务”的工作机制。成立了由区委书记任组长，区长、副书记、分管林业副区长任副组长，相关部门主要领导为成员的林改工作领导小组，领导小组下设办公室；区政府召开常务会议，研究出台了林改工作实施意见，为全面开展林改工作提供了政策依据。同时，先后抽调两批懂政策、善于做群众工作和熟悉业务、能吃苦耐劳的领导干部及工作人员171人组成林改工作队。各林改工作队队长都由处级领导干部担任，并相应成立了由乡党委（街道党工委）书记任组长，乡长（办事处主任）任副组长的林改工作领导小组，落实了林改工作办公室人员，于2008年9月份为解决技术力量不足的问题，聘请了西南林学院师生21人，协助本区进行林改工作，为林改工作的顺利开展提供了强有力的技术保障。

经过一年零四个月的不懈努力，全区主体改革工作按照市委、市人民政府的要求，已按质、按量完成。全区林改应确权1 415 813亩，截止本年12月初，确权户数13 793户，确权宗数18 745宗，确权面积1 404 988亩，确权率达99.24%；核权发证工作做到应发尽发。通过实施深化集体林权制度改革，进一步保护好了森林生态资源，发展了现代林业、提高了林业生产力水平，全面落实好了科学发展观和推进了社会主义新农村的全面建设。自林改工作启动以来，先后召开各类林改会议528次，在《丽江日报》上开辟“深化集体林权制度改革，推进社会主义新农村建设”专栏，刊登相关文章23篇，在古城区电视台新闻频道播放林改新闻40期，林改标语180条；编写林改简报40期，林改宣传专栏115期，印制林改横幅、标语120余条，印发《致全区林农朋友的公开信》12 000份、林改宣传资料6 300份。通过深入广泛的宣传，扩大林改宣传的覆盖面，纵向到底，横向到边，使广大群众了解了改革的目的、意义、内容及政策措施，为改革的顺利进行营造了良好的舆论氛围。

【森林防火工作】 区森林防火指挥部紧密结合深化集体林权制度改革新形势，深入贯彻落实省、市森林防火电视电话会议精神，坚持“预防为主、积极消灭”的方针，有效地控制了森林火灾的发生。去冬今春，本区境内森林防火工作取得较好成绩，境内没有一起森林火灾，成绩名列全市第一，受到市人民政府的表彰。

【天然林保护工程】 本年全区天然林保护工程的主要工作：一是全面完成森林管护任务。2007年，上级下达给本区的森林管护任务为100.6万亩，至年底，完成了100.6万亩，完成率100%。二是加强项目资金管理。按时向上级主管部门上报古城区天保工程项目进度月报、公益林建设资金进度月报、财政专项资金进度月报，使上级及时掌握全区工程进展及资金使用情况。

【退耕还林工程】 为继续巩固退耕还林成果，规范工程管理，确保工程质量，针对本区退耕还林保存率不高、管理粗放、管护责任不落实等影响退耕还林成果巩固的情况，年内对各乡、街道，督促其存在的问题，认真制订好整改措施，及时进行整改，进一步加强退耕还林的管护。由于受到百年不遇的冰雪灾害，退耕还林受灾面积达10 405亩，尤其是核桃死亡严重。3～4月份，派出工作人员深入各乡、办事处，针对区级自查及受灾情况督促开展补植补造工作。年内，国家林业局和省林业厅对古城区到期退耕地进行验收，全部验收合格。

【加强林地管理工作】 林地是森林资源的载体，是林业生产建设和实现林业可持续发展的根本和基础。本局加强宣传《森林法》、《云南省林地管理办法》等相关法律法规，提高人们对保护林地重要性的认识。在建设项目征占林地工作中做好上下协调，主动配合项目单位办理林地征占用手续。省厅已审核审批了1起（丽宁公路跃进村至拉马古村段）复建工程项目，征占面积4.5243公顷，上缴森林植被恢复费133 597元；正在申请办理4起项目：丽江市220千伏华坪输电工程（华坪至丽江单回220千伏线路）项目；金安乡龙山大发砖厂技改扩建项目；丽江蛇山森林国际休闲运动公园建设项目；云南省大理至丽江铁路工程。同时，配合土地、环保、安全检查等有关部门，加大林地管理执法力度。

【加强林区管理工作】 林区是林政管理的难点和热点。林政管理部门认真分析存在的问题，有针对性的开展了工作。一是加大《森林法》等林业法律法规的宣传力度，提高林农爱林护林意识；完善区、乡、村三级护林网，通过乡党委、政府强化林工站、天保所及“三员”的管理。二是加大林区的巡护力度，把管护任务落实到山头地块，责任到人。三是针对林区不稳定因素，按照区政府的统一安排，林业局、森林公安分局、森警中队及各乡（街道）一起开展林业专项整治行动，打击违法行为。四是加大路检路查力度，严厉打击私拉乱运和非法收购林木的行为。据统计，全年共办理区内二次木材运输手续116起，办理木材594.212平方米，征收育林基金30 169元，罚没金额25.844 5万元。通过具有成效的依法治林工作，林区秩序一直趋于稳定，没有出现大的乱砍滥伐。

【营林造林工作】 为加快绿化古城步伐，打造城市景观长廊，积极推进国际精品旅游城市建设，深入推进全民义务植树活动的开展，根据区政府的安排和部署，7~8月份，在古城区区直机关义务植树活动中，积极做好植树活动的测量、技术指导、检查验收等工作，完成园柏25 000株、石楠20 000株，共计200亩的植树造林、补植补造工作。

【林业产业工作】 为加快林业产业发展，认真贯彻落实“生态建设产业化，产业发展生态化”的发展思路的具体措施，以深化集体林权制度改革为契机，推进社会主义新农村建设。全年，以林果业种植为主的林产业发展情况为：核桃3万亩，雪桃1 000亩，花椒2 000亩，青梅5 000亩，苹果2 000亩，芒果1 000亩，海棠果3 000亩。

【农村能源建设工作】 鉴于农村沼气池建设难度越来越大，本局创新工作方式，在工程的实施中加大与各乡、街道的协调力度，加强技术指导力度，确保工程质量和进度。积极向上争取农村能源建设项目，得到了省林业厅、财政厅的大力支持。目前，完成沼气池建设208户，节柴改灶任务800户。加强农村能源知识的培训与宣传，与区农业局一道在金安乡三古村委会举办能源建设技术人员培训，培训技术骨干60人，发放沼气安全生产和安全使用知识宣传资料近千份。结合全区农村能源建设情况，积极预防，开展沼气用户防火、防爆、防中毒以及防范人畜掉进沼气池和沼气泄漏等工作，排除隐患户数50户。

【“利剑2008”专项行动】 根据《丽江市林业局关于开展“利剑2008”森林植物检疫执法专项行动的通知》文件精神，4月份，成立了以局长和圣军同志为组长的“利剑2008”森林植物检疫执法专项领导小组，制定专项行动实施方案。对古城区辖区内从事生产、经营、利用松木产品的古城建材城、尚义建材城、金安桥水电公司等部门，进行了一次关于植物检疫的宣传和调查摸底，共计调查54家经营、利用松木制品的单位和个人。同时对全区生产、经营苗木的单位和个人进行检疫摸底调查，共计19.51万株，检疫率100%。根据《关于进一步加强林业有害生物防治检疫宣传报道工作的通知》精神和要求，对各林工站站长进行森防法律法规及森防知识的培训。大力宣传了全区林业有害生物的发生、危害、监测及“2008利剑”森林植物检疫执法专项行动等的开展情况，发放宣传册300份。

（和　武）

十三、水利 电力

水务局

【综 述】 2008年，在区委、区政府的坚强领导下，在局领导班子的高度重视和全体干部职工的积极参与下，古城区水务局以邓小平理论和“三个代表”重要思想为指导，认真学习贯彻党的十七大和十七届三中全会精神，深入贯彻科学发展观，紧紧围绕水利改革与发展这一中心工作，采取有力措施，加强组织领导，加大工作力度，有力地推进古城区古城区水利事业再上新台阶。

【中心工作】 全局认真执行区委、区政府的工作安排部署，服从区委、区政府的各项决定、决议，配合协调有关部门，跟踪项目协调服务，不断加快项目实施进度。本年本局1名职工参加福象片区环境整治项目120亩征地及拆迁补偿工作；1名职工参加“三河三路”环境整治项目410亩征地及拆迁补偿工作；1名职工参加古城综合整治活动，全局积极参加奥火传递、向地震灾区捐款、纪念改革开放三十周年活动等工作，做到及时上情下达、下情上报，保证政令畅通。为进一步规范行政行为，加强自身建设，提高工作效能，增强执行力和公信力，认真组织实施四项制度。

【人畜饮水工程】 获得安全饮用水是人类生存最基本的需求，关系群众的身体健康和生命安全。根据相关文件的通知，全区建立健全了组织机构、编制《实施方案》、搞好饮用水源水质检测，制定有关规章制度，全年完成管网延伸工程1件，完成投资12.06万元，其中中央国债资金3万元，区级配套7.22万元，群众自筹1.84万元，群众投劳1 000工日，解决了金山新团存仁村383人饮水安全问题。同时利用省、区级小农水资金，实施大东次里满、金山东元莲湾、七河忠义一组、束河黄山中信等村人饮安全工程，完成投资105.5万元，解决1 776人的农村饮水困难问题。两项共计完成投资117.56万元，解决了2 159人饮水安全及困难人口问题。

【水毁修复工作】 区内水毁工程较多，通过充分调查、论证后，认真开展规划，进行勘测设计，编制实施方案，及时对水毁工程进行修复，对存在安全隐患的水库进行应急处理，完成金山上存仁沙河、金江产构河、昌洛河等河道河堤挡墙1 037米，完成投资34.68万元。实施大研文莲、金山干地坝水库应急除险工程，完成投资23万元。通过以上各项工程的实施，确保了当年的农田灌溉及安全度汛。

【五小水利建设工作】 年内，本局积极筹措资金，完成大东白水四清沟，金安光乐，金江罗玄坡脚，大东文和，束河茨满、开文，七河共和、羊见等三面光7 278米，完成投资90万元；实施了七河五峰下排、七河中村、金江罗玄坡脚等水塘的建设，完成投资18万元，增加蓄水8万立方米；在金江江边二组、七河羊见、五峰下排村产业结构调整区实施小型水利配套工程，完成小水池 38 个，增加蓄水 4 000 立方米，完成投资 33 万元。通过实施以上小型水利项目的实施，改善了全区农田的灌溉条件。

【水利血防建设工作】 根据云南省发展和改革委员会、省水利厅相关的通知精神，下达了全区漾弓江及其支流河（渠）道整治项目投资计划，总投资为 2 000 万元，其中中央资金 600 万元。为了确保项目按质按量完成，全区及时成立项目指挥部，并按“有多少钱办多少事”的原则，地方配套必要的项目工作经费，按基本建设工程要求完成项目招标投标工作。根据工程招标投标情况，计划治理漾弓江七河共和段 1.8 千米，其主要工程量为：土方开挖 26 601 立方米，土方回填 28 265 立方米，$M_{7.5}$ 浆砌块石 7 694.4 立方米，C_{15} 埋石砼 5 291.97 立方米，C_{20} 砼 1 861.12 立方米，钢筋制安 32.1T，木桩10 566 根。在完成了三通一平和导流渠工程的基础上，工程于 3 月 27 日开工建设。在项目实施过程中，由于河道须扩宽，永久和临时占地较多，为此成立了项目协调领导小组，多次组织召开项目协调会议，完成工程占地问题的协调工作，共完成临时占地协调 59 亩，永久占地 20 亩。

项目完工后，极大地改善了项目区的水环境，消灭了钉螺的孳生环境，对疫区内人民群众的身心健康、加快当地社会经济的发展起到了良好的作用。

【防汛抗旱工作】 由于上年降雨少，影响了清溪、黑龙潭等泉群的出水量，黑龙潭泉群 6 月下旬干枯，给本区农业生产带来很多困难。本局认真做好各个水库调度运行及用水管理，并协调玉龙县从拉市海调水 1 520 万立方米，保证了农田灌溉用水及城市生活用水、景观用水。做好水资源的统一调度，千方百计增加水库复蓄水量，从清溪水库至黑龙潭输水管道供水 230 万立方米，确保了丽江古城的景观用水，保证了丽江旅游业正常开展。

本年降雨较为适中，并未出现以往年的大暴雨等恶劣天气。本局认真组织汛前清淤、汛中检查，各水库管理所严格防汛值班制度，各乡和街道办事处积极配合，反应迅速，高度重视防汛安全，城市防洪工作得到上级部门的肯定。

【水土保持工作】 为圆满完成“长治”七期工程治理任务，全区高度重视水土保持治理工作，将其列入重要议事日程，在项目建设中，成立了以项目所在乡（办事处）主要领导为第一责任人的“长治”领导小组，与项目乡签订了小流域治理责任书，做到任务明确、责任到人，形成区、乡、村及业务部门共管“长治”工程建设的良好态势。层层分解任务，加强管理和技术指导，积极依靠政策和机制创新，调动全社会力量多渠道增加投入，加快水土保持生态建设步伐。七期“长治”工程勒马小流域共完成治理面积 12.27 平方千米，其中坡改梯 300 亩，保土耕作 980 亩，发展水保林 130 亩，发展经果林 280 亩，落实封禁管护 17 000 亩，植物护埂 34 千米，小型水利水保工程蓄水池 3 口，渠系配套 3 千米，塘堰整治 1 座，溪沟整治 0.5 千米，拦砂坝 1 座，谷坊 3 座。累计投入 3.25 万个劳动工日，累计完成土石方 9.3 万立方千米，投入治理资金 116 万元。

针对全区建设项目较多的实际情况，积极推行开发建设项目水土保持方案报批制度，对没有编制《水土保持方案》的新开发建设项目，发改部门不予立项，环保、国土等部门不审批相关手续。全区已报批的开发建设项目《水土保持方案》达 32 个，其中省级审批的有 3 个，市级审批的有 3 个，区级审批的有 26 个。无论在乡（办事处）还是在城市规划范围内，小到几百平方米的开发建设项目都要向水行政主管部门申报水土保持可行性研究报告书或填报水土保持方案报告表。

【水产养殖工作】 全面实施完成了当年的长江禁渔工作。出动宣传车队 6 次，张贴标语 150 份，发放宣传单 500 份，并在古城电视台做了宣传报导，重点治理电、炸、毒鱼行为，取得明显成效。

开展了稻田养鱼的推广工作。今年在没有省级专项资金支持的情况下，筹集 3 万元支持稻田养鱼的推广工作。年内完成稻田养鱼面积 850 亩，实现产值 42.5 万元，每亩平均增收 500 元，为农村产业结构的调整作出积极的贡献。完成了冷水鱼基地县建设的规划和申报工作，该项目的上报实施对古城区渔业经济的发展有较大的推动作用。全年，古城区水产品产量达到 640 吨，较上年略有增加。

开展实施了水产血防工程，该项目本年在古城区实施100亩，批准项目投资36.5万元，国家财政投资24.3万元，地方自筹12.2万元，该项目在12月底前完工。

【项目规划工作】 按照《十一五总体规划》及上级水行政主管部门的要求，为积极争取中央和省里的立项支持，加大了各类项目的前期工作编制，完成了《中央财政小型农田水利项目长埂河灌区节水改造项目建议书》、《小（二）型水库安全评估报告》及《2008年中央预算内农村人饮安全项目实施方案》、《长江流域规划修编》、《肯古落水库除险扩容工程项目建议书》、《2009—2015年水利血防规划》、《古城区水利设施雨雪冰冻灾后重建项目规划》、《古城区“5.12”地震受损水利设施应急修复和灾后恢复重建规划》等项目的前期工作，为全区今后水利工程的实施储备了一批项目，为稳步推进水利工程的建设、提高水利化程度奠定了基础。

【水政执法工作】 全年有3人参加全国性的水行政执法培训，1人参加了全省监督执法能力培训，并都取得了合格证书。根据《水政监察工作章程》和省厅的要求，建立健全了《古城区水政监察人员学习培训制度》、《古城区水政监察人员岗位责任制度》、《古城区水政监察人员行为规范》、《古城区水政监察人员执法办案制度》、《水行政执法错案责任追究制度》、《水行政执法统计工作制度》、《水行政执法行为文档案管理制度》等制度，通过建立完善各项水行政工作制度，并做到制度上墙、程序成图、身份公开、行为规范，逐步有效地促进了执法队伍的能力建设和内部管理，进一步树立了水利行业良好的执法窗口形象。曾先后在文山、玉溪召开的全省水政工作会议上做了典型发言交流，参加了全省地下水资源治理规划研讨会（仅有两个县区级单位水政人员受邀参加），古城区地下水治理活动在年内省电视台经典人文地理节目中以“水之战”为题进行了报道，昆明、大理等地先后到古城区取经。

不断总结经验，积极探索坚持日常巡查执法活动和开展集中性的专项执法行动相结合的路子。在2006～2007年地下水资源专项行动的基础上，集中开展了开发建设项目水土保持方案实施情况的专项执法。通过4个月的努力，先后完成了摸底调查（调查开发建设项目452个），登记注册上报，整改补办和总结提高四个阶段的工作，并以此为契机，开展了取水许可和供水水源地保护专项执法大检查，顺利通过省水利厅的执法验收。完成《丽江市古城区地下水功能区划》和《丽江市古城区地下水利用与保护规划》、《丽江市古城区突发性水污染事件应急预案》、《丽江市古城区饮用水应急预案》、《丽江市古城区水源应急监测预案》、《丽江市古城区应急调水预案》、《丽江市古城区主要干支流沿岸污染源排查调查》、《漾弓江流域治理规划》，同时完成了《丽江市水资源公报》古城部分的编制工作。通过专项执法行动，树立水法律法规的权威，增强公众的水法规意识，为构建水行政执法良好环境奠定社会基础。

加大水行政执法力度，维护正常水事秩序。一是对全区近200个建设项目取水许可进行了取水检查，查处水事违法案件4件，责令拆除违法占用河道建筑6起，在取水许可水源地保护、地下水开采、河道拆违清障、水土保持、水资源费征收、占用水域、水工程保护执法中、共出动检查人员517人（次）。对水事违法案件坚持“三必查”，即上级交办的案件必查，群众举报的案件必查，涉及影响社会稳定和人民群众人身安全的案件必查。在加强和巩固上年地下水治理成果的基础上，封填承压井2口。在“世界水日”、“中国水周”宣传日，在古城区电视台专题报道宣传片“人水法”一周，播出时间150分钟。

积极探索依法治水新途径，坚持“预防为主，预防和监督相结合”的工作方针，水行政执法工作逐步由事后执法处理向预防和宣传相结合转变。认真组织开展了古城区水利（水事）矛盾纠纷隐患的专项排查工作，对水事矛盾纠纷存在的不稳定因素，进行了认真的梳理排查和调处预防，并制定了《古城区重大水事纠纷应急处置预案》，采取积极预防，主动介入，预防和执法相结合的方法，确保重大节庆日没有发生一起因水事纠纷而引起的群众性事件。同时在贯彻水土保持法17周年之际，结合古城区水土保持预防监督执法的特点和实际，完成了宣传活动的调研报告。

全面贯彻实施行政许可法，分步推进行政审批制度改革。在本年度开展了水利行政审批项目清理，实施主体清理和实施依据清理，完善配套制度，实现了工作重心由制度建设向规范管理的转移，促进了政府职能的转变。上报的行政审批有25项，依据相关水法规，审批建设涉水项目9件，河道事项6件，参加省评项目1件，市评项目6件，区评项目2件。特别是水土保持方案报告书的区级评审，加强与环保、规划和发展改革等单位的联系，强化了开发建设项目水土保持一票否决制的意义。在具体水行政审批程序中，对申请水行政审批的，不需要论证评审的，当时递交、当时办理、当时完成；对需要现场查看核查的，以方便用户为前提，能当时到现场的，当时去，如去不了的主动和用户约好时间，一切以方便、服务用户为宗旨；对交纳行政规费的，主动送用户到缴款行，方便用户；大多数水行政审批做到了当天申请当天批复，极少数需要评审，核查的都是在规定的四分之一时间内完成；对不符合审批程序的，对照相关法律法规逐一向用户解释清楚。

依法加强对水资源费、水土保持设施补偿费、行政事业性规费的征收力度，共征收水资源费58.04万元；完成水土保持设施补偿费4.15万元，完成行政事业性规费1.33万元。水事违法案件结案率100%，取水许可证核发前现场验收率达到100%，入河排污设置论证，水资源论证更加完善，灌溉水利用率达到48%，农业节水灌溉率超过30%，用水定额标准更加科学化和制度化。

【重点水利工程项目建设工作】 在上级有关部门的关心和支持下，团山水库除险加固工程列入省重点水利项目，工程概算总投资5 983万元。团山水库除险加固后，工程规模为最大坝高26.5米，坝顶高程2 429.50米，总库容1 153万立方米，兴利库容827万立方米，调洪库容285万立方米，正常蓄水位2 426.30米，最高防洪水位2 429.21米。水库本区径流面积24.6平方千米，外流域引水面积16.3平方千米。主要建筑物有：大坝，坝高26.5米，坝顶长446米，为土石坝；溢洪道，为开敞式溢洪道，全长285米，堰宽8米，堰项高程2 426.30米，下泄流量35.7立方米/秒；输水隧洞，全长232米，断面1.5×1.8平方米，闸底高程2 408.50米，设计最大流量4.8立方米/秒；外流域引水渠三条，共5.7千米，引水流量4.0立方米/秒；灌渠分东干渠、西干渠、中灌渠，东干渠全长21千米，流量1.5立方米/秒，西干渠全长8.5千米，流量1.0立方米/秒，中灌渠全长8.8千米，流量0.7立方米/秒。团山水库是以农业灌溉为主，兼顾防洪的水利工程，总灌溉面积2.78万亩，灌区为金山乡的新团、金山、良美、贵峰村委会，大研办事处文智居委会。工程的全面竣工，将解决金山乡的农业灌溉缺水问题，为古城区工农业生产及国民经济的发展创造有利条件，积极推动地方经济的发展。

【争取项目资金工作】 古城区基础设施建设较弱，水利化程度不高，区水务局积极向上争取支持，全年向水利部、长江水利委员会、省水利厅等争取到900多万元，为古城区水利建设发挥了巨大的作用。

【新农村建设工作】 本年，本局的新农村建设挂钩点是束河街道黄山社区茨满二社。本局结合实际，力所能及的投入到帮扶工作中，给茨满二社补助人民币2万元，用于修建2.26千米的田间便道和村活动中心。

【党风廉政建设工作】 紧紧围绕全区水利改革和“十一五”水利发展目标，拓宽从源源头上防治腐败工作领域，坚持标本兼治、综合治理、惩防并举、注重预防的战略方针，认真落实全年党风廉政建设责任制，积极推进具有水利特色的惩治和预防腐败体系的建设，以更有力的措施、更扎实的工作，坚持不解地抓教育、抓源头、抓拓展、抓制度、抓促进，把党风廉政建设和反腐败工作不断引向深入，为全区水利事业的健康发展提供坚强的政治和纪律保证。

坚持把党风廉政建设责任制纳入局务会的重要议事日程，成立了党风廉政建设领导小组，下设办公室，负责日常工作。召开党风廉政专题会议，研究并制定符合自身实际的党风廉政建设实施方案。明确领导班子成员的责任，层层签订责任状，把党风廉政建设具体要求和反腐败各项任务落实到各个领导干部身上和每个岗位环节之中，形成了比较完善的责任网络。认真开展反腐倡廉宣传教育，班子成员以身作则，严格要求自己，全局干部职工形成廉洁从政的良好风气。根据区纪委本年廉政文化“六进”活动的相关要求，结合实际，着重抓好廉政文化廉政文化进机关、进家庭，取得了实实在在的效果。在党风廉政教育月中开展了宗旨教育和警示教育，利用正反两方面的典型，教育党员干部要从身边人、身边事中吸取教训，警钟长鸣，心中筑起道德和法纪两道防线。结合实际工作，局领导班子每年定期召开两次的专题民主生活会，通过批评与自我批评，达到了统一思想、增进团结、开拓进取的目的。

在工程建设中，实行“双合同制”，即对工程项目在签订施工、监理合同的同时，也签“廉政合同”。局务会议决定重大事项，涉及人事、资金、项目安排以及投资等重大事项，不是局一把手说了算，不搞“一言堂”。

全年，没有私设“小金库”，也没有违纪违法等行为。单位的各项资产，均纳入单位会计核算。贯彻执行“收支两条线规定”，杜绝坐收、坐支、用钱先斩后奏、未经领导批准随意以票据抵交各种款项等问题的发生。

【政务公开工作】 根据上级文件精神，年初成立了政务公开工作领导小组，制定政务公开实施方案，及时将局里的重大决策、小型水利建设地方匹配资金的分配、工程预算、财务审计、人事任免、招投标等情况公开，将政务置于社会与群众的监督之下，长抓不懈。为认真贯彻落实《行政许可法》，本局将行政许可的收费及标准公示，并严格执法。3 月 18 日，成功举行漾弓江血防改水河道治理工程招标投标会，决定出中标单位。通过政府采购，5 月份购买了 1 辆本田、1 辆长安之星微型面包车，12 月份订购了 3 台电脑、1 台笔记本电脑和 1 台数码照相机。

【精神文明建设工作】 本局高度重视宣传思想工作，不断丰富学习内容，进一步完善学习计划，树立终身学习的理念，全局职工通过不断加强理论学习和业务学习，切实提高了自身思想水平、政治素质和业务技能，转变了工作作风。

认真学习党报党刊，充分发挥宣传舆论工具的引导作用。全年本局在办公经费紧张的条件下，丝毫不放松对职工作好宣传教育工作，共征订《人民日报》2 份、《经济日报》1 份、《求是》2 份、《云南日报》9 份(含扶贫挂钩点 1 份)、《支部生活》15 份、《丽江日报》9 份、《高管信息》1 份、《中国纪检监察报》1 份以及《中国水利报》8 份、《中国水利》2 份、《中国水土保持》12 份。

深化“十看十想”教育活动，结合实际，提出“看水库，想水利”、“看农村，想农民”，建立党员干部“一对一结对帮扶”联系制度，局机关全体党员干部为古城区七河乡忠义村的 12 户困难党员送去了 3 600 元用于购买生产资料，组织职工向四川地震灾区捐款，全局职工累计捐款 14 000 多元，全体党员积极缴纳“特殊党费”9 600 元，积极缴纳扶贫捐款、献爱心捐款等。

【解放思想大讨论活动】 根据有关的文件精神，认真组织开展解放思想大讨论活动。在解放思想大讨论活动中，紧密联系水利工作实际，高度重视、精心组织，周密部署，扎实推进，完成了“解放思想、深入讨论，对照检查、讨论整改，考核评议、总结提高”三个阶段的各项任务。在大讨论活动的推动下，机关的工作作风进一步好转，工作效率进一步提高，发展理念进一步增强，收到了预期效果。

【办理人大建议、政协提案】 近年来，中央到地方对“三农”问题普遍关注，水利问题备受关注，人大代表、政协委员从更大的问题、更广阔的视野来关注水利，就水利问题积极建言献策，且更具有针对性，在“两会”中，一共提了人大建议 28 件、政协提案 5 件，交由本局办理。

本局始终把办理建议、提案列入重要办事议程，及时成立办复领导小组，由局长和忠明任组长，总支书记及副局长任副组长，成员由各科室负责人组成，下设办公室。从领导小组成员到工作人员，都参与调查核实情况，研究问题、与代表委员见面协商的全过程，为办理建议提案提供了组织保证；为办复好建议、提案创造了前提条件。

本局以办复工作为契机，结合作风建设活动的开展，将办复工作当作向代表委员汇报工作和接受人民监督的一种形式，进一步了解各乡、办事处的水利现状，注重通过办复建议提案，广纳良策，促进水务工作的科学化。确定承办工作重点，对重点建议组织专门班子，制定办理方案，明确责任，注重实效，狠抓落实。

在办复过程中本局首先深入基层，联系代表，采取走访、座谈、交心谈心，当面协商，通过沟通的方式与代表达成共识；其次，组织专业技术人员到实地了解情况，调查研究，进行论证，做到胸有成竹，根据水利的现状，人民群众的实际困难和水务局的统筹规划，寻求切实可行的解决办法。以高度的责任感和对人民负责的精神，实事求是，严肃认真，优质高效地完成办复工作。6月10日～20日，局长带着答复亲自与代表、见面，协商解决问题的途径和办法，征询代表的意见，根据反馈意见，及时采取措施，让每一位代表委员真正满意后，方以红头文件形式复文。

代表们提出的建议大部分是广大人民群众关注的实际问题，因此，本局在办理过程中不回避矛盾和困难，本着少说空话，多做实事的原则，把解决问题作为办理工作的根本出发点和落脚点，积极向省、市水利主管部门反映，争取支持。如和学诚代表提出的《关于改建增明大沟三面光工程的建议》，自金安桥水电站进场施工以来，增明大沟供水压力不断增加，供水矛盾日益突出，本局曾多次对增明大沟进行防渗处理，年内补助10万元对增明大沟险工险段再次进行修复。如和柏忠代表提出的《关于修善金安光乐村委会水沟的建议》，为改善当地群众的生产生活用水情况，补助10万元，实施光乐河三面光工程。如和耀坚代表提出的《关于忠义村饮水困难问题的建议》，补助资金1.5万元，水泥20吨，先解决燃眉之急。如和海忠代表提出的《关于要求资助五峰各组水库扩容的建议》，由于水源局限，只能依靠东山河水班进行浇灌，但东山河水往往供应不及时，不能满足灌溉需要，各村大春、小春两季用水十分紧张，为此五峰村委会依靠上级部门在北排和南排水库进行了扩容加固，给予3万元补助资金。如和卫东代表提出的《关于改善金安乡玉河四、五村人畜饮水问题的建议》，向玉河村委会补助2万元用于购置饮水管并提供所需水泥。在33件建议提案中，已经解决和近期马上实施的有20件，其余13件已被列入计划，将积极向上争取资金，使问题能尽快得到解决。

【表彰情况】 全年，本局被评为区级第二批文明单位、市级文明单位，被区委、区政府评为“2007年度社会主义新农村建设派出指导员先进单位”，被省水土保持委员会评为“2005～2007全省水土保持先进集体”。

（李丽森）

电　力

【综　述】 2008年，丽江黑白水电力股份有限公司坚持对丽江市委、市人民政府负责，服务古城区、玉龙纳西族自治县为己任，加强管理，迎难而上，全年完成供电量4.6亿千瓦时，比上年增长15%，主营业务收入2.4亿元（含税），比上年增长15.68%，实现利税总额为5 000多万元，比上年增长17.6%，圆满完成了各项目标和任务。公司设有公司本部，东、西区供电分公司，电力勘测设计事务所，营销与用电管理服务中心。在职员工506人，其中具有大中专学历及中级以上专业技术职务职称的占54%。

【安全生产工作】 认真贯彻《安全生产法》，正确处理安全与生产、安全与效益、安全与发展的关系，全面落实安全生产责任制，层层签订《安全生产责任状》，强化源头管理、事前控制、普及教育，积极推进安全生产管理工作，全年未发生电力行业六种重大责任事故和一般责任事故。

扎实开展“隐患治理年”和“百日督查”工作，分别在5月、10月对24个安全生产考核单位进行了两次安全生产大检查。在2月和7月对安全生产整改落实情况采用抽查方式进行复查、回访。同时公司、分公司安全生产领导小组，重视安全生产资金投入，全年安全隐患整改资金投入达206万元。

组织发电、变电、供用电营业管理、业扩、收费服务窗口等453人分四批进行安全生产培训，听取安全生产形势报告和安全生产知识专题讲座，其中，持有电工特种作业证的286人通过年度安规考试。配合市、区、县安监部门在安全月活动中，到乡镇、学校组织安全生产知识讲座12场，发放25 000份安全生产知识及电力法规宣传资料。

【基本建设工作】 本年，受金沙江中游金安桥电站库区水位上升的影响，黑白水三级电站改建工程于4月7日开工，完成110千伏升压站搬迁及组合电器安装，完成压力管道隧洞开挖和主厂房、开关站基础工程以及压力钢管制作安装等。

为进一步优化丽江城区供电网络和缓解110千伏北门坡变电站的供电压力，7月6日，开工建设110伏金山变电站，以承担大研古城东片区和金山片区供电任务，到12月17日，电气设备安装调试完成，具备投运条件。一期工程装有31 500千伏安主变一台，开断110千伏北南线的方式进行∏接，110千伏进出线各1回，35千伏出线1回，10千伏出线6回。

【城乡电网改造工作】 积极与上级主管部门协调，完善了《玉龙县、古城区城网改造工程管理办法》、《玉龙县、古城区城网改造工程招投标管理办法》和相关工程监理、质量监督、竣工等资料。完成了《玉龙县、古城区2009年无电地区电力建设工程初步设计方案》。

【经营管理工作】 全年加强成本控制，采用《计划成本管理》方式，加强对分公司成本预算的控制和管理，按新出台的所得税法调整和完善《成本管理制度》。强化审计的监督和服务职能，完成对两个分公司的经营状况审计，对4位高层管理人员的离任审计，对古城区、玉龙县完善西部农网改造10千伏以下工程结算情况专项审计。受理和勘查客户供配电工程174项，新装配电变压器131台，新增配电容量31 585千伏安。查处违章用电和窃电24起。

【基础管理工作】 精细化管理试点工作取得成效。年内，采用基本保留基础工资、岗位工资，加大绩效工资额度，将绩效、安全、服务、台变数等可以量化的具体生产经营指标完成情况与站所工资总数、职工工资分配挂钩的办法，实现多劳多得、优质优酬，发挥分配制度的杠杆和激励功能，推进精细化管理工作，实现线损降低0.69%。

十星级班组建设得到进一步巩固和发展。6月，《十星级班组管理》荣获云南省电力行业协会管理创新成果二等奖。通过十星级班组建设，夯实班组基础管理，有力促进了精细化管理工作的实施。

【供用电管理工作】 完成供用电信息系统中心机房硬件系统建设，对福慧、祥和、金山、玉河、玉缘、黄山收费营业厅供用电管理系统软件进行升级。电子地理生产管理系统，完成系统主题包括数据采集、录入、校对等工作，并投入试运行。完成35千伏、10千伏配网调度系统设计和前期准备工作。实施了8个变电站10千伏出线关口电能表，西华苑、丽江人家等小区4 500只户表的远程抄表系统建设。视频会议系统的安装、测试；主要变电站、办公区电子围栏监控系统建设工作。

【优质服务工作】 坚持“人民电力为人民”的宗旨，认真贯彻“优质、高效、规范、便捷”的服务方针，进一步强化服务意识，改进工作作风，提高服务质量，落实四项制度，巩固和发展“全国文明单位”创建成果。修订完善《黑白水电力职工文明公约》、《首问首办责任制》、《供电服务承诺制》《限时办结制》等制度。11月，举办了两期供用电管理、窗口服务人员服务礼仪培训班。

【保供电工作】 1月24日~2月2日的雪灾，共有22条10千伏线路（含支路）停电，倒杆53基，断线112处，造成12个乡镇33个村委会187台配电变压器停运，到2月7日，全部恢复供电。2月12日，太安乡、金安乡、玉龙山片区遭受罕见的暴风袭击，中心最大风力达12级，造成7条10千伏线路停电，倒杆35基，大部分杆尖扯断，2月17日全部恢复供电。按照上级党委政府要求，积极落实维稳工作部署，下发《维护稳定，确保安全供电工作方案》，从3月24日起，加强和完善了供配电设施的安保措施。出色完成奥运火炬丽江站传递和奥运会举办期间的电力保障工作。6月10日，奥运火炬丽江站传递活动，公司董事长和自荣担任火炬传递组委会电力电信保障组组长，总经理刘建国担任电力保障现场总负责，投入应急自备电源柴油发电机组4台，敷设电缆1 000余米，装设配电柜6套。全年共完成7次重大保供电任务。

【奥运火炬手】 公司董事长，全国五一劳动奖章获得者和自荣，公司副总经理、第二届丽江市十大杰出青年和景旗光荣入选北京奥运会火炬手。丽江站的火炬接力起点在市中心人民广场，终点在玉龙雪山下的甘海子，和自荣在207棒，和景旗在148棒。

【人力资源管理工作】 重视职工队伍的教育培养，始终坚持以人为本的方针，多渠道、多形式开展职工教育培训，举办各种专业技术培训班八期，共有480人（次）参加。录用了专业对口的大中专毕业生15人充实到基层。

【党建工作】 始终坚持以促进企业发展作为党建工作的出发点、着力点和落脚点，认真贯彻落实十七大精神，努力实践科学发展观，以建设学习型党委、学习型党支部、学习型党员为抓手，全面落实公司第四届二次党代会精神。党委充分发挥党组织政治核心作用，进一步加强党风廉政建设，继续实施云岭先锋工程，扎实开展解放思想大讨论活动，推进精神文明建设，积极做好维护稳定工作。

结合企业实际，党委原5个党支部分设为12个党支部，21个党小组，共171名党员。全年共有27人递交了入党申请书，其中6人列为入党积极分子，2人确定为发展对象。6月20日起，开展了为期五个月的解放思想大讨论。7月完成了第二批全国文明单位资料整理、申报和上级部门的实地考核工作。努力提高《黑白水电力》的办刊质量，全年共刊印24期，刊发462篇（幅）文章（新闻图片）。举办通讯员培训班一期，有51人参加。公司纪委认真履行职责，参与工程、物资采购招投标工作21项（次），签订廉政合同21份。

【工会 女工委工作】 1月，丽江市部分地区遭受冰雪灾害，434名职工捐款12 010元；3月13日，召开第十二届职工代表大会第五次会议；4月，公司及441名职工向市见义勇为协会捐款44 940元；5月，公司及职工625人向汶川地震灾区捐款180 620元，169名党员交纳特殊党费59 478元，7名入党积极分子、8名职工再次捐款3 400元；6月28日～7月1日，隆重举办了第十五届职工运动会；9月，向市慈善会捐款21 757元；10月，组织57名年龄偏大、未出过省市的职工到北京考察学习，进一步拓展职工的视野；11月，向丽江华坪女子高级中学捐款10万元。积极开展扶贫帮困、送温暖、爱心捐助活动，先后走访看望生活困难、受灾、患病职工和家属122人（次）。共有858名职工（含退休）参加第四、五期医疗互助活动，交纳互助金41 250元。公司党委书记杨学恭个人再次向汶川地震灾区捐款1万元。女工委组织了144名妇女体检。坚持制度规范，认真履行工会职能，12月，公司工会被丽江市总工会评为“丽江市工会先进集体”。

【获奖情况】 1月，东区供电分公司、福慧营业收费班组分别荣获省总工会授予的“工人先锋号”和“云南省优秀技能提升班组”称号。3月，公司副总经理鲍群被丽江市妇联授予“丽江市三八红旗手”光荣称号。6月，《十星级班组管理》荣获云南省电力行业协会管理创新二等奖。

（和　军）

十四、工业 商贸

经　济

【综　述】 2008年区经济局以实施工业“倍增计划”为支撑，以加快推进新型工业化为主线，以确保工业经济又好又快发展为主题，以重点规模以上企业为依托，正确处理改革发展稳定的关系，努力克服各种矛盾困难，求真务实、开拓进取，努力确保全区工业经济继续保持“高开稳走”的发展态势。

【工业经济运行】 一、主要工业经济运行指标运行良好。2008年度辖区内工业总产值完成105 169万元，比上年增长22.7%，其中：规模以上工业总产值83 182万元，比上年增长24.4%；规模以下工业总产值21 987万元，比上年增长16.6%。规模以上工业完成增加值43 697万元，比上年增长38.2%；实现主营业务收入75 123万元，比上年增长25.0%；实现利税10 529万元，比上年增长24.9%；利润总额4 900万元，比上年增长18.0%。

二、重大产业化项目建设稳步推进。永保公司金山分公司日产3 300吨水泥生产线改扩建（一期）项目，计划投资30 995.9万元，完成投资20 276万元，完成建设总投资的72.4%。古城区良华现代化生猪定点屠宰场二期工程——猪、牛肉加工及储备库技改建设项目，计划总投资6 700万元，完成投资3 600万元。丽江机床有限公司数控机床产业化开发项目，计划总投资8 700万元，完成投资1 017万元，被认定为云南省第十批省级企业技术中心。古城区大研粮油工贸公司粮油加工综合利用技术改造项目，计划总投资4 279万元，完成投资3 362万元。丽江贡和实业有限公司青刺果产业化加工技改项目，计划总投资5 900万元，完成投资4 100万元。滇西北再生资源回收利用中心有限公司滇西北再生资源回收利用中心建设项目，总投资13 000万元。实施计划投资3 540万元建设丽江滇西北再生资源回收交易服务中心项目，完成项目立项前期工作，完成投资110万元。

三、扎实开展安全生产。牢固树立“安全生产，预防为主”思想，加强宣传教育，推进企业安全生产规范化管理建设，加强对全区工业企业安全生产检查，狠抓重点行业，重点企业安全生产，查找整改隐患，开展重大危险隐患排查、整治，预防重、特大安全事故。协同区安监局、区环保局等职能部门对企业燃煤锅炉清洁能源改造工作进行调查，开展燃煤企业专项整治，协同环保局对未达到排放标准及没有环保措施的企业下达整改通知书，并顺利通过市相关部门的验收。

【领导挂钩联系重点工业企业】 2008年，古城区领导干部挂钩重点企业13户，区委区政府领导深入企业调研，进行现场办公，做具体安排、部署和要求，顺利推动企业扩大生产和改建。

【节能降耗】 鼓励和引导企业进行技术改造，明确企业技术改造工作的重点是技术创新和发展循环经济，向资源综合利用、降低能耗、清洁生产等方面改造，节约降耗，优化资源消费结构，建设资源节约型企业。一、实施太阳能路灯改造工程，完成大丽路两旁的路灯改造。二、加大对重点能耗企业特别对列入省百家重点耗能企业和百家循环经济试点企业的监督检查，督促企业建立健全相应管理机构，健全能源消耗统计报表，完善能源监督管理机制。对年综合能耗在5 000吨标准煤以上的企业进行能源审计和对标管理，已完成一户水泥企业的能源审计。三、进一步开展清洁生产工作。为已经通过清洁生产审核的企业实施中高费方案的协调指导服务，组织两户企业开展清洁生产工作。四、根据国家、省的相关政策，组织企业实施国家节能奖励资金申报。五、高度重视淘汰落后水泥产能工作，做好玉峰水泥有限公司湿法窑生产线关闭后的转产方案，进入项目可行性研究。六、组织辖区内企业参加云南省经济委员会主办的资源综合利用培训班，切实将资源综合利用的新政策落实到企业。七、第十八个全国节能宣传周期间，组织区妇联、团区委、区总工会、区建设局、区环保局、区科技局、区文广局在红太阳广场进行“爱护古城家园、促进科学发展”为主题的节能宣传，提高群众节能环保意识。

【国企改革验收】 认真贯彻落实云南省进一步深化国有企业改革第二次工作会议精神和云南省人民政府办公厅印发的《进一步深化股份合作制企业改革的指导意见》，推进股份合作制企业改革，使企业真正成为“产权清晰，归属明确，保护严格，流转顺畅”的现代产权制度的法人和市场主体。古城区列入深化股份合作制企业改革的有8户企业，2007年完成6户企业深入改革任务，2008年完成2户企业改革。4月，云南省国企改革验收组对古城区三年国企改革工作进行检查验收，古城区圆满完成深化国企改革工作目标任务。

【新型工业化进程】 区委、区政府明确提出“围绕农业产业结构调整办工业、围绕旅游产业办工业、围绕生态建设办工业、围绕生物资源开发办工业”的新型工业化发展思路，以加快发展建设、优化工业结构、提高经济效益为目标，依靠科技、突出特色、改善环境、加大投入，重点抓好非公经济发展、传统产业结构优化升级、工业项目招商引资，培育和扶持重点项目，积极推进工业结构调整，加快深化企业改革改制。

一、充分发挥政府的协调服务职能，为工业发展创造良好环境。（一）加大固定资产投资，保持投资稳定增长，为工业发展创造更加广泛的市场；深化投融资体制改革，形成多渠道融资、多主体投资的融资体系；改善消费环境，拓展消费空间，进一步扩大消费需求。（二）维护发展各类市场，满足消费者需求；维护正常经济秩序，创造公平竞争市场环境，清理整治各种乱收费、乱摊派、乱罚款，切实减轻企业负担；进一步简化工业发展要求各项审批制度和办事程序，为各种市场主体创造宽松的发展环境。（三）实现退休人员从企业分离，建立社会化服务管理的新型社会保障体制。（四）加强工业人才队伍建设，加大培养技术骨干和职工业务知识培训和非公经济人才培训工作，采取更优惠政策措施，输送各种人才，特别是大、中专毕业生到非公企业。抓企业经营管理队伍培训，培养一批敢于抓工业、善于抓工业的人才队伍。

二、建立以企业为中心的技术创新机制，提升企业技术创新能力。（一）鼓励企业增加技术创新投入，支持企业技术开发，提高市场竞争力和自主开发能力。（二）建立激励创新分配制度，逐步实行股权、技术入股等分配方式，调动技术人才积极性。

三、构筑中小企业社会化服务体系。（一）建立中小企业产业发展促进机构，完善中小企业服务体系，为各类中小企业提供人才培训、市场拓展、信息提供、技术资源共享等各种支持和服务，促进中小企业向“专、精、特、新”的方向发展。（二）继续实行区财政安排60万元中小企业成长扶持资金政策，帮助企业发展。（三）通过租赁、兼并、转让等形式实现集体企业经济跨越式发展。（四）促进区域经济发展，开展旅游标识和旅游产品征集活动，将征集公告二次修改稿发至各相关部门征求意见，建议。（五）贯彻省市推进新型工业化会议精神，制定《关于加快推进特色新型工业化发展决定》和《关于加快中小企业暨非公经济发展的实施意见》，将二次修改稿送至各部门征求修改意见。

（综合办）

商 务

【综 述】 2008 年，区商务局局机关内设办公室、贸易流通科、对外经济技术和对外贸易管理科、市场规划管理科，年末在职干部职工 12 人。区商务局以 2008 年政府工作的总体要求、主要目标和各项任务措施为指引，全面贯彻落实 2008 年全市商务工作会议精神，紧紧围绕构建和谐文明小康古城总目标，始终突出又好又快发展的大主题，推进古城区商务工作快速、健康发展。

【“万村千乡”市场体系建设】 2008 年区商务局在前一阶段市场体系建设取得实效的基础上，充分听取龙头企业及各乡、街道的意见，认真筛选、科学布局，共建设完成 10 个日用百货店、1 个农资店。古城区辖区内已建“农家店”80 户，其中，48 户日用百货店，32 户农资店，共有乡级店 2 户，村级店 78 户，覆盖所有乡（街道办事处），建设完成 3 个配送中心。“万村千乡”市场工程使古城区逐步形成以配送中心为龙头、乡级店为骨干、村级店为基础的现代流通方式，为建立新型农村市场流通网络，农村消费经营网络，遏制农村的造假贩假现象、净化农村市场环境、方便农民消费、推动社会主义新农村建设，统筹城乡协调发展，促进城乡市场体系建设提供有力保障。

【加强市场调控和监管，保障粮油肉等重要商品有效供给】 区商务局根据《中共丽江市古城区委办公室关于对区委二届四次全体会议确定的 2008 年主要工作任务进行分解的通知》的文件精神，组织区工商局、粮食局、经济局、畜牧局及药监局等部门深入超市、购物商场，深入辖区内粮、油、肉的主要生产地进行调查研究，及时掌握第一手资料，上半年猪肉价格上涨时期，定期或不定期到农贸市场、生猪定点屠宰企业进行调研，做到肉食品价格供应信息互通，协调监督监管肉食品，要求生猪定点屠宰企业保障肉食品供应，稳定肉食品市场。同时针对上半年食用油价格上涨过快，部分油品出现脱销的情况，及时向省、市商务部门通报，积极与厂家、供应商协调调运，根据古城区市场销售情况，对主要超市、购物商场采取限购等措施，及时补充油品货源，切实保障粮、油、肉等重要商品的有效供给，保障主要商品不脱销、不断档。

【食品安全】 根据《丽江市古城区人民政府办公室关于印发 < 古城区创建省级食品安全示范区工作目标分解方案 > 的通知》及全国产品质量和食品安全专项整治工作会议精神，商务局采取专项整治和日常监管相结合的方式，定期不定期对辖区范围内的各大农贸市场、食品经营户、旅游接待点、野生菌经营户、食品生产加工企业、学校食堂及周边食品经营户等食品经营单位进行检查，进一步改善食品安全环境，强化食品安全意识，规范食品企业生产经营行为和食品市场秩序，全面提高食品安全水平，消除食品安全隐患。

【节能减排】 商务局认真贯彻落实《丽江市商务局关于分解 2008 年度商业节能目标任务的通知》和《丽江市古城区人民政府办公室关于分解古城区“十一五”节能减排工作目标任务的通知》精神，结合古城区实际，将节能减排工作纳入商务工作各环节，从局长到职工经常深入宾馆酒店、写字楼、购物广场、超市、餐饮等企业调查了解。2008 年协调、监督和指导金方购物广场全面改造推广使用 4 600 支节能灯，丽江贸易公司推广使用 950 支，七星个私商贸园区推广使用 2 500 支，合计完成改造推广使用 8 050 支节能灯，平均每月节约电量 1.8 万度，平均每日节约费用 1.6 万元，超额完成市商务局下达的 2008 年推广使用 8 000 支节能灯的目标任务。

【积极推动外贸工作 认真落实“走出去”战略】 2008 年，外经贸科加强与外贸企业交流，主动帮助企业排忧解难，定期召集企业传达国家的各项方针、政策，耐心向企业讲解各项方针、政策的实施细则和注意事项，及时帮助企业收集各类交易会、促贸会等对外交流信息，协助企业办理相关出口业务，增强企业“走出去”的信心和决心。截至2008年底，全区具有进出口资质的18家企业，有进出口实绩企业3家，其中进口企业1家，出口企业2家，实现进出口额2 484万美元，其中，出口2 441万美元，占古城区2008年GDP的4.95%，与上年的522万美元同比增长近367.62%，完成全年目标任务540万美元的452.04 %。在受全球金融危机及人民币汇率等多种因素影响的情况下，企业根据区域优势，多方寻找出口渠道，出口产品品种有所增加，结构进一步优化，年内新增纺织品、核桃、萝卜叶等农副产品的出口业务。

【加强酒类流通管理】 为进一步深化酒类流通体制改革，强化古城区酒类流通管理，根据商务部《酒类流通管理办法》和《商务部办公厅关于做好酒类流通备案登记工作的通知》的有关规定，区商务局通过电视、报刊及网络广泛宣传酒类流通管理办法，顺利开展酒类流通备案登记工作，保障酒类消费安全，切实维护经营者和消费者合法权益。

【再生资源回收行业健康、有序、快速发展】 2008年，区商务局协同相关部门对辖区内再生资源回收行业进行全面摸底调查和集中整治，对现有经营户进行上门登记备案，完成备案登记66户，基本掌握全区再生资源回收行业的基本情况。综合执法组对无证经营户提出限期整改通知，要求及时办证，按时备案，为实现再生资源回收行业归口管理，划地集中经营，促进行业自律、有效监管打下基础。

【深入贯彻实施《政府信息公开条例》工作】 4月3日，区商务局召开局务会议，组织学习《丽江市古城区人民政府办公室关于贯彻落实〈中华人民共和国政府信息公开条例〉若干事项的通知》，对实施《条例》工作进行研究，建立古城区商务局政务信息公开网页，确定政务信息联络员，明确工作职责，规范工作流程，加强同报刊、电视等新闻媒体联系，通报商务重大工作部署和重要政策，通报商务局组织开展的《食品卫生安全》、《“万村千乡工程”建设》、《生猪定点屠宰条例》宣传活动3场，由各媒体报刊网络宣传食品卫生安全6篇，对照《中华人民共和国政府信息公开条例》要求，在网站上开设“办事指南”、“政务公开”专栏，完成《古城区商务局政务信息公开目录》、《古城区商务局政务信息公开指南(试行)》、《古城区商务局保密制度》等制度的建设，规范政务信息公开的程序及时限、政务信息网上发布的保密审查。

【积极开展招商引资工作】 区商务局竭力为投资商做好协调服务工作，年内引进丽江最大的超市—会方购物广场丽江店，促成丽江国际商贸城、丽江古城四方庙会、丽江天顺超市等项目的落成。

【协调重点工程及扶贫项目供应成品油】 2008年5月始，国际成品油市场价格逐步上扬，特别是四川发生大地震后，为全力支援抗震救灾，区域内成品油市场价格逐步走高，古城区处于成品油供应网络末端，市区内部分加油站点个别时间出现0#柴油销售断档现象，辖区内重点工程建设和重点单位用油受到影响，区商务局积极向中国石化公司丽江分公司协调解决金安桥水电站七河西哨移民安置点建设用油40吨、金安乡人畜饮水工程用油20吨、古城区委党校食堂用油30吨。

(郭德志)

安全生产监督管理

【综　述】 2008年，区安监局严格贯彻执行“安全第一、预防为主、综合治理”的安全生产方针及安全生产方面的法律、法规、规章和各级领导的重要讲话、指示，坚持发扬与时俱进、开拓创新的精神，推动全区安全生产状况总体稳定，保障全区广大人民群众生命财产安全，保证和促进全区经济持续、协调、快速、健康发展，维护改革发展和稳定的大局，注重探索、注重实践，通过健全体制、完善机制，加强队伍建设，认真开展重点行业和领域的生产安全隐患排查治理整治专项行动工作，加大日常的安全生产执法监察，强化全区性的不间断的安全生产大检查，推进安全评估、评价及安全质量标准化建设，强化企业从业人员安全培训教育，促进全区安全文化建设等各类安全生产，确保全区全年无一起一次死亡3人以上的事故发生，全区生产安全事故死亡人数明显下降，大部分行业、领域事故下降、大部分地区安全生产形势较为稳定，全区安全生产量化控制指标进展较好，安全生产形势总体平稳。

【事故基本情况】 1–10月份全区各类伤亡事故876起，死亡8人，伤183人，直接经济损失90.2万元。其中：道路交通事故870起，死亡6人，伤183人，直接经济损失48.6万元；消防事故6起，死亡2人，直接经济损失41.5949万元；工矿商贸企业无事故发生；全区无一次死亡3人以上重大事故。1–10月份各类事故起数同比增加742起，死亡人数降低7人，分别上升553%、下降187%。直接经济损失上升200%。

【指标控制情况】 全区事故死亡人数比量化控制指标进度目标低3人。其中：工矿商贸无事故发生，死亡人数低1人；道路交通事故死亡人数低3人；火灾事故死亡人数超1人。

【全面落实各级安全生产责任】 区委、区政府多次召开专题会议布置安全生产工作，研究解决安全生产工作中存在的问题并督促相关部门及时落实。全区各部门、单位把安全生产工作放在首要位置，认真落实各级有关安全生产的各项方针、政策，组织召开安全专题会议，研究、分析解决安全生产工作中存在的问题，布置安全生产工作，组织开展各类安全大检查并抓好隐患治理工作，对安全生产工作做到长抓不懈、警钟常鸣。区安监局进一步细化全区安全生产考核指标体系，明确安全生产控制指标和工作目标，使安全生产工作层层分解、落实到人，并对各部门、单位的落实情况按照考核指标进行半年、年终考核，根据考核情况进行奖惩。同时，区直部门与生产单位、单位与安全主要管理人员层层签订《安全生产目标责任书》，按照《安全生产目标责任书》的具体工作目标进行任务分解，落实到各乡、街道办事处、部门，认真组织落实，确保各项工作任务的顺利实现。

【严格执法 及时消除安全隐患】 认真贯彻超前预防的方针，关口前移，重心下移，深入开展隐患排查整改，掌握安全工作的主动权，有效遏制事故发生。进一步规范隐患排查工作，建立完善隐患排查长效机制，对隐患排查的各个环节提出具体要求。制定下发危化、公共聚集场所等行业企业安全隐患检查与整改制度，明确不同行业检查内容、方法和整改的程序等。要求各部门和各单位严格执行工作制度认真进行安全隐患排查。做好日常检查的同时，组织开展重点行业和领域专项执法监督检查、危险化学品、烟花爆竹、公共聚集场所消防、建设工程项目等安全大检查活动。根据古城区的实际将易发生事故的危险化学品、烟花爆竹、公共聚集场所消防、非煤矿山等重点行业作为检查整治的重点，加大检查密度和力度，确保生产安全。

【规范企业安全生产行为】 2008年全区安全生产工作以对重点行业和领域的安全生产隐患排查治理专项整治为重点，对存在安全隐患的、不符合要求的企业进行督促并落实整改。区政府成立督查组，对全区的有关企业、乡（街道办事处）、部门的工作进行仔细地督查检查。以安全生产许可为契机，对全区的重点行业、单位开展安全评估、评价，全面准确分析现有安全生产条件下存在的隐患，提出合理的解决办法，为安全生产提供有力的科学支持，提高企业安全生产能力。继续加快非煤矿山的安全质量标准化建设，按照国家、省、市安全质量标准化标准和有关要求，结合非煤矿山的具体实际，逐项改造、建设，加大中深孔爆破技术和潜孔钻的推广应用，逐步实现非煤矿山的“管理规范化、安全标准化、生产文明化”。继续开展“非煤矿山、危化、建筑、民爆、人员密集场所消防”专项整治，对无证无照、证件不齐全的单位进行关闭取缔和停产停业整治，尤其是对非煤矿山企业，按照省政府关于严厉打击非法私挖乱采行为的指示精神，区安监局会同区国土、林业、环保等部门进行联合执法，严厉打击非法私挖乱采行为，规范从业单位安全生产。

【安全文化建设】 通过开展安全生产月、职工安全培训教育等活动，逐步推进全区的安全文化建设。在安全生产月活动中，发放宣传资料、张贴宣传画、宣传标语、开展安全咨询活动，向广大群众宣传有关安全生产法律、法规等有关规定，宣传日常工作生活中的安全问题，营造人人“关爱生命、关注安全”的良好氛围。安全生产月活动开展安全咨询、安全知识竞赛，并在丽江日报、广播电台等媒体就活动开展情况进行报道。各部门、各单位加强对职工以《安全生产法》为主要内容的安全法律、法规的学习教育，制定学习计划、实施方案，开展全员安全学习培训、教育活动。对重点行业、单位的主要负责人、安全管理人员和特殊工种按照有关规定到相关部门进行专门培训。

（羊跃先）

乡镇企业

【综　述】 2008年，古城区乡镇企业持续、快速、健康发展，全年营业总收入165 896万元，增长15.2%；企业总产值105 206万元，增长9%；企业增加值29 795万元，增长11.3%；完成工业总产值25 164万元，增长21.9%；完成国家税金4 850万元，增长12.3%；乡镇企业个（户）数9 898个（户），从业人员22 831人。

【深化企业改革】 年内，乡镇企业重点改革完善公司法人治理结构，推进企业建立现代企业制度，重点规范公司董事会、监事会和企业经营者的权责，加强企业党团组织和工会建设，认真开展厂务公开，探索现代企业职工民主管理的有效途径，维护职工的合法权益。通过深化企业改革，进一步明确企业干部职工的责任、权利和义务，调动企业经营者的主观能动性和职工的积极性，稳定技术和管理队伍，进一步加强乡镇企业的支农功能，增强经济效益和社会效益。

【安全生产管理】 年内，进一步加强乡镇企业安全生产管理。一是层层落实《乡镇企业安全生产责任状》，严格遵循“以人为本、安全第一”，“谁主管、谁负责”，“法人代表是第一责任人”的方针和原则，与各乡镇企业办和重点企业签订安全生产责任书，层层落实责任。二是结合“安全生产月”，在乡镇企业系统内广泛开展安全生产法规和安全生产基本知识的宣传教育活动，以正反两方面案例进行教育，警钟常鸣，强化乡镇企业干部职工的安全生产意识。三是完善乡镇企业安全管理规章制度，完善管理人员的安全职责，严格开采作业规程，制定应急处理预案。四是开展安全生产专项大检查和整治工作，本着“三不放过”的原则，以查安全意识，查制度落实，查事故隐患为主，对查出的隐患责令相关企业限时整改。通过狠抓落实，有效地把安全事故隐患消除在萌芽状态，确保乡镇企业全年无任何大小事故发生，促进乡镇企业的健康稳定发展。

【职业培训】 年内，开展食品检验、中药材种植、花卉园艺、制油、蔬菜加工五个工种的职业技能鉴定培训，参训人数146人，都获得云南省乡镇企业专业技术职称证书。

【“企村结对”活动】 年内，为充分发挥乡镇企业在吸纳农民就业和发展现代农业中的优势与作用，广泛动员企业和村（组）开展“企村结对”活动，共建社会主义新农村，积极探索建立“以企带村、以村促企、以工建农、互利共赢”的长效发展机制。丽明农业生态园和丽江福龙绿色农产业开发有限公司与农户开展企村结对，惠及村民748人，带动农户260户，村民人均增收1 300元，举办各种种植养殖技能培训504人次，吸纳村民就业2 410人，企业投入企村结对各种资金156万元。

【扶持企业】 加强为企业服务的职能，从争取扶持资金，协调关系，化解矛盾，开展政策法律咨询，信息服务等方面入手，认真为企业服务，全年扶持乡镇企业及中小企业60万元贴息资金，共扶持丽江福龙绿色农产业开发有限公司等12家企业。积极为企业跑项目、争取资金，为丽江先锋食品开发有限公司、丽江市古城区丽明农业生态园、丽江百汇商贸有限公司争取115万元省级乡镇企业贴息资金，解决企业困难。

【制度建设】 在落实原有规章制度的基础上开展三项制度工作，推行服务承诺制、首问责任制、限时办结制，增强部门工作透明度，提高工作效率和依法行政水平。结合作风建设教育活动，进一步完善考勤制度、学习制度、下乡制度、奖惩制度等各项规章制度，使各项制度落实到位，做到事事有人抓，项项有人管，既有秩序又有热情，全局上下，团结一心。（杨　雷）

供销合作

【综　述】 2008年，古城区供销社贯彻落实《中共云南省委、云南省人民政府关于深化改革推进供销社“二次创业”的意见》和《中共丽江市委、丽江市人民政府关于深化改革推进供销合作社“二次创业”的实施意见》，同时根据省委办公厅、省人民政府办公厅关于督查落实《意见》通知和督查目标任务分解要求，深入基层社、乡和行政村，广泛开展调查研究，认真分析全区代销系统的组织、网络、经营、人才等传统优势和存在的诸如职能不清、体制不顺、机制不活、网络体系不健全、社有企业散小弱等突出问题。在此基础上形成深化改革，推进供销合作社“二次创业”的工作机制。

【主要经济指标完成情况】 2008年，全区供销系统实现经营总额5 115万元，其中：商品销售总额完成4 078万元，比上年同期增长63%；农业生产资料供应完成3 368万元，比上年同期增长24.3%；上缴各项税金总额70万元。

【改革发展情况】 一是全面完成玉龙基层供销社的改革改制，初步建立产权清晰、权责明确、有效制衡的法人治理结构。二是全面实施七河供销社的自行解散工作，古城区人民政府补助资金87.5万元，2008年拨付37.5万元。

【两社一会】 2008年，在金山树底、大东白水塘、大研义尚文林村组建村级综合服务社3个，向周边区域扩展业务，在玉龙县石鼓街、白华、九河、鲁甸、石鼓江南村开办农资村级综合服务站5个。

【培　训】 年内区供销社依托古城区农业生产资料有限责任公司，举办新农药化肥推广应用，农作物种植、养殖培训班共5期，共参训284人次。（杨　钧）

十五、旅　游

旅　游

【综　述】 2008年，古城区旅游局在区委、区政府的领导下，全局干部职工紧紧围绕“打造文化旅游名市、建设国际旅游胜地”的旅游发展战略思想，以打造国际精品旅游城市为目标，用科学发展观统领旅游工作的全局。在工作中，打击整治扰乱旅游市场“四黑”行为，非星级酒店（客栈、招待所）进入一卡通，实施网络化管理为重点，使“创优”成果不断深化，行业素质进一步增强，市场开拓与资源整合全面推进，区域旅游品牌和城市旅游新形象不断提升，旅游经济各项指标取得历史性飞跃。

至2008年年底，古城区辖区内旅游接待设施和旅游企业共有：星级宾馆、酒店188家，其中五星级4家，四星级14家，三星级46家，二星级73家，一星级51家；非星级宾馆、酒店、客栈、招待所876家；旅游购物店30家；旅行社27家；已开发的旅游景区（点）13个。全区旅游日接待能力达5.5万人（次），旅游直接从业人员3.3万人，间接从业人员7.9万人。

2008年内，古城区共接待海内外游客465.45万人（次），与上年同比增长9.87%，其中接待海外游客40.07万人（次），国内游客425.38万人（次）；实现旅游综合收入53.62亿元人民币，与上年同比增长10.23%，其中旅游外汇收入达12 517.98万美元。

【旅游安全工作】 牢固树立安全意识，认真搞好旅游安全大检查。一是结合“安全生产月”活动，进一步加强对“黄金周”的旅游行业安全整治工作；二是完善和落实各旅游接待单位旅游安全生产的措施和责任制，并与各景区（点）有关单位签订《“黄金周”旅游安全责任书》。三是加强监督，协同古城区安全生产管理局和区消防大队在“黄金周”前夕对各旅游接待单位进行安全生产大检查。重点检查辖区内各旅游接待单位的安全疏散通道、疏散指示标志、应急照明用电线路及灭火器的配置。四是督导各旅游接待单位进一步完善应对公共突发事件的防控预案和应急救援预案。针对重点景区（点）举办与游客互动活动及其他公众聚集活动的情况，依照“谁主办、谁负责安全”的原则，责成旅游企业精心制定好公共突发事件的防控预案和危急救援预案，健全各项安全保卫措施，确保活动场所的设备设施符合安全要求。由于认识到位，组织到位，检查到位，2008年区内未发生重大旅游安全责任事故，为全区广大群众和中外游客营造了一个安全、舒适、文明的社会环境。

【旅游接待工作】 按照区委、区政府的部署和要求，古城区旅游局充分发挥“假日办”的职能作用，分别在两个“黄金周”到来之际及时召开假日旅游协调工作会议，对“黄金周”旅游接待工作进行全面部署，明确分工、细化措施，形成畅通、顺利、有效的假日旅游协调机制。要求各景区（点）

制定工作预案，为每个“黄金周”的到来早做准备。与各旅游企业签订《“黄金周”旅游接待工作责任书》，同时联合相关职能部门对各旅游企业存在的安全问题提前进行排查并督促整改。在“黄金周”期间实行24小时的全员值班，在古城口等游客聚集地设立旅游咨询投诉服务站为广大游客服务，及时处理突发事件和旅游投诉案件。通过全局干部职工的共同努力，确保“黄金周”假日旅游秩序井然，旅游接待情况良好，实现了假日旅游“安全、质量、秩序、健康”四统一和“政府、企业、游客”三满意的目标。

2008年的“十一”黄金周是我国假日制度调整后的首个长假。由于春节长假民众多选择与家人团聚，故“十一”长假成为了长线出游的首选，丽江旅游的市场呈现出异常火爆的局面。9月30日下午，随着长线游客及周边自驾车游客的陆续抵达，游客急剧增多，各宾馆酒店及非星级客栈逐渐爆满。区旅游局立即启动游客住宿调度工作预案，发挥假日办职能，紧急协调区职高的宿舍、区红十字会的被褥、贸易公司的备用被褥，以最快速度设置好临时游客住宿点。在客房最为紧张的9月30日和10月1日，共安置游客700多人（次），其中在职高临时住宿点安置103人，其余的分别安置在各宾馆酒店的会议室（加床位）以及足疗城、水疗中心等地，避免了游客露宿街头现象的发生，稳定假日旅游市场，维护了古城旅游形象。

【旅游宣传促销】 以旅游交易会以及奥运圣火在丽江传递为平台，抓好“奥运在北京，旅游到丽江”的宣传工作。通过举办节庆会展活动，创品牌、抓促销、扩大影响力，立足本土文化举办特色鲜明的节庆活动，为海内外旅游者提供丰富多彩的体验性旅游。大力协助相关单位成功举办“CCTV幸福春节·2008丽江发现”过大年现场直播活动、迎奥运暨区庆五周年文艺活动、束河中国情人节、第三届雪山音乐节、丽江古城2008金秋菊花会等旅游节庆会展活动，不断推出古城旅游新亮点，进一步提升和丰富了古城文化旅游品位和内涵。

【旅游从业人员岗位培训】 根据《云南省旅游条例》的有关规定，在上级业务主管部门的支持和协助下，对辖区景区（点）内从事旅游商品、住宿、餐饮、咨询以及讲解等服务工作的旅游从业人员进行全面系统的培训，经培训合格，颁发《旅游从业人员上岗证》，并继续进行跟踪管理。为尽量减少对商家的经营活动造成影响，培训时间基本安排在旅游淡季。根据《旅游从业人员上岗证》实行的一年一换，两年一训的管理办法，2008年共培训旅游从业人员10期共976人，换证5期共436人。

【治理旅游市场“四黑”现象】 一是严厉打击非法组团行为，重点整治零负团费；二是严厉打击偷逃古城维护费的行为，重点加强关坡旅游综合执法；三是严厉打击质价不符的旅游服务，重点整治团队入住非星级酒店；四是严厉打击无资质车辆经营旅游服务，重点查处坑害旅游者的黑点（店）；五是严厉打击旅游广告欺诈，重点治理白天沿街拉客行为。全年共查处违规导游142人，对涉及违规操作的昆明世博国旅、商务旅行社、金之旅、丽江新云岭等20多家旅行社进行行政处罚，旅游罚没24.21万元。

【古城维护费促收工作】 加强关坡旅游安全检查点综合执法力量，坚持24小时全天候值班，全年共检查车辆7 043辆，查处违规车辆和导游42起，发放温馨提示宣传单2万余份，追缴古城维护费72万余元；补缴古城维护费600万余元。有效维护丽江市、区合法旅游企业和地方政府的利益，对规范丽江市旅游市场秩序起到了巨大作用。

【加强制度创新 规范非星级旅游客栈】 古城区旅游局2008年内对非星级客栈进行总量调查，为组建古城区旅游行业协会做好前期准备工作，制定完善《古城区旅游行业协会章程》、《古城区非星客栈行业自律公约》、《古城区非星级客栈反不正当竞争公约》、《古城区非星级客栈实行等级评定的标准》、《古城区客栈质量保证金制度》等。依照“先试点后铺开”的原则，稳步推进非星级酒店（客栈、招待所）等级管理工作，进一步规范古城区非星级酒店（客栈、招待所）的旅游接待，树立良好的古城旅游形象。

【倡导绿色旅游 抓好节能减排】 根据旅游行业特

点，理清工作思路，制定切实可行的工作方案，狠抓节能减排工作的落实。一是向辖区各旅游接待单位下发节能减排工作方案及有关通知，对各旅游企业提出节能减排切实可行的工作要求；二是强化内部管理机制，完善节能减排；三是加强节能环保宣传工作。以灵活多样的形式，积极开展节能减排宣传工作，引导树立节能环保的观念，将节能、节水、节电、节材及回收利用等意识；四是督促旅游接待单位组织开展以节能减排为内容的教育活动。采取各种生动活泼的教育和宣传形式，鼓励员工关注工作生活中的节约方式，学习和寻找节能的窍门和方法，深化环保意识、掌握环保技能、养成环保习惯，达到熟悉要求、宣传群众、教育自己的目的；五是依靠技术进步，加快技术改造。坚持用新技术、新工艺、新装备改造传统工艺，淘汰高耗能设施和设备。广泛采用节能灯、高效高压气体放电灯、循环水系统等节能设施，积极创造条件安装污水处理及中水回用装置；六是开展专项检查工作。对辖区内的部分旅游接待单位进行全面检查。督促企业加大整治力度，淘汰落后耗能设施设备。

【旅游专项规划工作】 针对金安桥电站计划于2009年10月第一台机组开始运转发电，库区旅游即将成为古城区新的旅游资源，区旅游局配合规划部门在前期调研取得翔实资料的基础上制定《丽江市古城区东部库区旅游项目规划》上报省级相关部门，积极争取省级旅游项目发展基金，目前已到位80万元。

【乡村旅游工作】 积极响应区委、区政府“以旅助农、以旅促农”的工作方针，在年前对金安库区、西山油路进行实地调研，为指导和发展古城区乡村旅游做了大量的前期调研及基础数据收集工作基础上，进一步加大推动乡村旅游的工作力度。在全局的共同努力下，束河红山村民居建筑保护与开发被列入云南省乡村旅游发展项目，并确定为云南省旅游局主要领导的挂钩项目，该项目已完成可行性研究报告，正在征求国土、环保、林业等部门的意见。

【项目开发和资产整合】 由丽江裕安房地产综合开发有限公司开发建设的蛇山森林国际休闲运动公园总投资超过3.2亿元人民币，建成后将极大地有利于古城区旅游由观光型向休闲度假型的转变。鼎业集团为深度开发束河茶马古镇景区，先后开工建设了“哈里谷”乡村国际酒吧街、丽江旅游购物城、国际铂金五星级丽江溪禺谷酒店。世界遗产公园部分资产成功出让给金茂集团。黑龙潭公园内的“五凤楼”、“得月楼”、“戏台”、“龙神祠”、“解脱林”、“图书馆”全部移交天和投资公司统一管理。

【党风廉政建设工作】 在与政府签订《党风廉政建设责任书》的基础上，针对每一名干部职工的一言一行都代表着古城区的旅游形象这一特殊性，制定《丽江市古城区旅游局党风廉政建设责任书》，层层签订到个人。

【行风建设和作风建设】 以认真贯彻落实《中共丽江市古城区委关于在全区组织开展“解放思想、深化改革、扩大开发、科学发展”大讨论活动的实施意见》为突破口，积极参加市局组织的“谁砸丽江旅游形象的牌子，就砸谁的饭碗”大讨论活动，为丽江旅游业的健康发展谏言；开展“充分认识解放思想的重要性和必要性，切实改进工作作风”专题讨论活动。有力促进区旅游局全面准确深刻地把握科学发展观的科学内涵、精神实质和实践要求，准确把握古城区旅游经济、旅游业发展面临的新形势、新任务和新机遇、新挑战，增强解放思想、深化改革、扩大开放、科学发展的紧迫感和责任感，促进了区旅游局“四项制度”的落实和机关工作作风的提高，确保党风廉政建设各项工作任务落到实处。年内，区旅游局未出现任何“热点难点”问题，杜绝了“门难进，脸难看，话难听，人难找，事难办”现象的发生，密切党群、干群关系，树立行业“依法执法、文明执法、严格执法”的新形象，提高了干部队伍的整体素质，达到了“内强素质，外树形象”的效果。

（唐和红）

十六、财税 金融

财 政

【综 述】 2008年财政局综合运用财政政策，加大财源培植，加快县域经济发展，强化收入征管，狠抓财政收入，优化支出结构，强化财政监管，深化财政改革，圆满完成区二届人大第一次会议确定的财政预算收支任务。全区地方财政总收入60 883万元。其中：一般预算收入完成30 546万元，比上年增收2 437万元，增长8.7%，占年初预算的128.6%；基金预算收入完成30 337万元。全年地方一般预算支出完成54 788万元，比上年增支8 062万元，增长17.3%，其中：本级财政支出39 522万元，上级专款支出15 266万元；上解上级支出3 000万元；基金支出31 080万元。支出总计88 868万元。

【财政平衡情况】 地方一般预算收入30 546万元，基金预算收入30 337万元，上级各种转移支付资金11 251万元，一般预算上级专款补助15 266万元，基金上级专款789万元，一般预算上年结余995万元，收入总计89 184万元；一般预算支出54 788万元，基金支出31 080万元，上解上级支出3 000万元，支出总计88 868万元。收支相抵，结余316万元（其中一般预算结余270万元，基金结余46万元）。2008年财政预算执行情况主要特点是：一、一般预算收入在消化2007年不可比因素9 700万元情况下再创新高，首次突破3亿元大关，达到3.05亿元，比年初预算增长128.6%。二、预算支出进度明显加快。建立和完善预算执行动态监管机制，切实加强对预算执行的分析和监控，财政支出均衡性明显增强，较好地保障重点支出需要。三、实现真正意义上的财政预算收支平衡。

【强化收入征收管理】 采取各种有效措施，不断规范收入管理，改进征管手段，加大执法力度，各项税费做到应收尽收，及时足额入库，确保税收收入和非税收入齐头并进。一是加强征收管理，完成地方财政收入任务。按照全区财税工作会议精神，实行收入目标责任制，及时分解任务，层层落实责任。落实财税联席会议制度，定期分析收入入库进度，针对征管中出现的不足，及时采取切实可行的措施，确保财政收入及时均衡入库。二是加强对非税收入的征收管理。挖掘非税收入增收潜力，深化“收支两条线”管理和加大执法力度。进一步规范“以票管费、收缴分离”的收费管理，行政事业性收费收入和罚没收入增长迅猛，成为地方财政收入增收的稳定因素。

【争取项目和资金】 研究国家宏观调控政策，结合区情，规划和编制与国家政策扶持相对接的项目。国家出台扩大内需促进经济增长的“十项措施”后，全区各级各部门迅速开展争资跑项工作，通过多方努力共争取到上级财政专项资金16 055万元，各种财力性转移支付资金11 251万元，扩大内需资金 2 031 万元，豁免公益性国债项目转贷资金 2 409 万元，其他不通过区级预算市财政直接拨付给古城区企事业单位的资金 227 万元，共计 31 973 万元，切实增强区财政支付能力。

【保障机构正常运转】 一是保障全年人员经费支出 2.19 亿元。二是拨付运转经费，统筹安排全区 80 多个行政事业单位和各乡、街道的公用经费和办事经费 6 040 万元，基本保障全区行政事业单位和基层组织的正常运转。三是及时拨付应急资金 3 560 万元，着力解决涉及群众利益的热点、难点问题，促进全区社会和谐。

【支持社会主义新农村建设】 一是支持农林水事务支出合计 5024 万元。拨付团山水库加固扩建项目资金 220 万元，拨付水利、防汛抗旱、漾弓江治理及农村人畜饮水资金 583 万元，投入农业产业结构调整、产业发展、救灾资金 424 万元。二是拨付能繁母猪补贴资金 166 万元，安排生猪养殖扶持资金 30 万元。三是投入专项资金 293 万元，确保全区集体林权制度改革的顺利实施。四是进一步加大扶贫开发力度。投资 470 万元实施 16 个“整村推进”项目。五是按照关于社会主义新农村建设的总体要求，投资 650 万元认真实施 13 个新农村试点村建设。六是及时拨付强农惠农资金，确保中央政策资金落实到农户。年内兑现种粮农民补贴和农资综合直补 860 万元、退耕还林政策补助资金 15.7 万元，通过“一折通”的形式及时发到农户手中。

【促进社会事业全面发展】 一是加大对教育的资金投入力度。全年教育支出完成 7 532 万元。全面落实“两免一补”政策，及时拨付免除义务教育阶段学生学杂费、教科书费 730 万元，补助贫困家庭寄宿生生活费 400 万元；拨付义和完小拆迁重建工程款和工程拖欠款 250 万元专项资金，改善学校教学条件；拨付贫困大学生生活补助 130 万元，让农村及城镇低保的全日制在读大学生享受到政府关爱；拨付“英才奖学金”99 万元，对高考取得较好成绩的学生进行奖励；拨付教师节和教师培训基金 280 万元，推动全区教育事业全面发展。二是完善医疗卫生保障机制。医疗卫生支出完成 3 052 万元，同比增支 1 117 万元，增长 57.7%。主要拨付医疗工伤保险 722 万元、新农合配套资金 165 万元。新型农村合作医疗制度覆盖全区所有农业人口，参合率 98.8%。三是确保社会保障支出。全年社会保障和就业支出完成 8 484 万元，增支 1 613 万元，增长 23.5%。主要拨付城镇居民最低生活保障金 1 016 万元和农村最低生活保障金 176 万元，基本养老保险金 634 万元，冰冻灾害等自然灾害救灾款 371 万元，60 岁以上老年人免费乘坐公交车资金补助 240 万元和 80 岁以上老年人保健长寿补助 56 万元，有效保障弱势群体基本生活。

【维护社会稳定】 全年公共安全支出完成 4 757 万元，比上年增支 1 158 万元，增长 32.2%。对区公安分局按照年人均 3.51 万元的公用经费标准安排经费 1 158 万元，并提前预拨资金确保奥运会、藏区维稳工作。对区检察院、区法院按照年人均 3.19 万元保障标准的 70%分别安排 107 万元、87 万元公用经费，区司法局按照年人均 2.28 万元保障标准安排 29 万元，为维护社会稳定，保一方平安提供资金保证。

【推进财政各项改革】 一是深化部门预算改革。二是贯彻落实《政府采购法》，进一步规范政府采购管理，增强政府采购的透明度和公开性，全年共组织招标采购 24 次，采购规模达 1 830 万元，比上年增长 467 万元，节约财政资金 112 万元，节约率 8.62%。

【强化财政监管】 一是认真组织开展清查区直预算单位“小金库” 和规范非税收入管理工作。制定实施《古城区区级预算单位银行账户管理办法》，通过边规范、边清理，取得较好成效。二是强化财政监管，不断提高依法理财水平。强化财政资金跟踪绩效监督。以财务收支监督为中心，着重对财政性资金收、支、管各个环节的跟踪监管，努力做到“资金运行不拐弯、支出标准不提高、支出范围不突破、资金使用不浪费”。三是抓好全区财会人员继续培训，组织《会计从业资格证》的考试、考核、注册、登记工作，从而推进会计法制化、规范化进程，提高会计信息质量和财务管理水平。

【表彰奖励】 2008 年古城区财政局被市委、市政府授予“2008—2010 年文明单位”，被评为“丽江市工会工作先进集体”、“区工会工作先进集体”，区财政局党总支被区委授予“先进党总支称号”，团支部获得“五四红旗团支部称号”，被区政府授予“2008 年度森林防火先进集体”、“2008 年度消防安全工作先进单位”称号，获得“迎奥运暨建区五周年体育文化、旅游系列之体育运动会组织奖”、三八妇女节“舞动春天”女子柔力球比赛三等奖，被区人大评为“2008 年度人大代表建议、批评和意见办理先进单位”。

(赵文斌)

国家税务

【综 述】 2008 年，古城区国家税务局深入贯彻落实各级国税工作会议精神，紧紧围绕年初确定的工作目标和“作风建设年”的工作主线，牢固树立聚财为国、执法为民的宗旨，依法组织国税收入，深入推进依法治税，大力实施科学化、精细化管理，不断改进和优化纳税服务，全年共组织税收收入 18 334 万元，同比增收 1 455 万元，增长 11.54%，超额完成上级下达的税收任务。

【收入特点】 一是税收收入继续保持快速增长，各税种均有一定程度的增长，收入协调发展。二是税收收入增长各月份趋于平稳。三是股份制经济及私营经济发展壮大，多种经济成分相互依存，良性互动。各种经济成分占税收收入的比重：国有经济入库 6 070 万元，占总收入的 33.11%，股份制经济入库 5 238 万元，占总收入的 28.57%，私营经济入库 1 871 万元，占总收入的 25.73%；涉外企业税收入库 129 万元，占总收入的 0.70%。

【税源分析】 一是“两税”完成 9 686 万元，同比增收 1 828 万元，增长 23.26%，增幅较大。从增值税分项目的情况来看，电力企业增值税完成 3 409 万元，同比增收 813 万元，增长 31.32%；商业增值税完成 4 511 万元，同比增收 740 万元，增长 19.62%；水泥增值税完成 208 万元，同比减收 68 万元，下降 24.64%，全年共退还水泥生产资源综合利用即征即退税款 187 万元；受旅游业发展的拉动，酒类制造业及皮毛皮革加工企业增值税年内有所增加，受外来产品的冲击，税款增幅不大，皮毛皮革加工企业增值税同比增收 2 万元，增长 4%，食品制造业增值税同比增收 20 万元，增长 20.62%。二是消费税完成 60 万元，同比增收 1 万元，增长 1.69%。三是企业所得税完成 5 143 万元，同比减收 376 万元，下降 6.81%。四是个人储蓄存款利息所得税完成 568 万元，同比减收 275 万元，下降 32.62%。五是车辆购置税完成 2 937 万元，同比增收 181 万元，增长 6.57%。

【税收法制建设】 一是坚持依法治税原则，认真贯彻《全面推进依法行政实施纲要》和国家税务总局《实施意见》。二是进一步完善和落实税收执法责任制，加强执法综合评价和问题反馈处理，认真开展行政执法检查。三是认真清理规范性文件，杜绝一切与国家税收法律、法规相抵触的条文出现。四是进一步推进政务公开，增加工作透明度，拓宽社会了解国税工作的渠道，接受社会监督。

【税源管理】 2008 年古城区国税局以组织收入为中心，严格贯彻组织收入原则，强化收入任务目标管理，认真落实各项税收优惠政策，依托信息化建设成果，不断加强重点企业、重点行业管理。一是认真落实税收管理员制度。制定并完善以加强征管质量和执法考核为核心的税收管理员制度，明确各自的职责和任务，严格考核，认真兑现奖惩，确保制度落实到位；教育和引导税收管理员树立终身学习理念，加强税收管理员的业务和技能培训，提高素质。二是强化户籍管理，加大巡查力度，对管理盲区进行重点清查。认真做好新开业户税务登记，对城市改造区、新开发区、城郊结合部等地段进行排查，找出管理薄弱环节，组织人力对容易出现漏征漏管户的区域进行拉网式检查。三是提高纳税评估工作质量。围绕“以纳税评估为手段，抓住重点，突破难点，找准关键点”的总体工作思路，抽调税收管理业务能手组成评估小组，先后对水泥行业、商贸企业、房地产开发企业等重点行业的13户企业进行纳税评估工作，共补征增值税1.91万元，进项转出2.14万元，企业所得税57万余元。四是汇算清缴工作顺利开展。2007年度应有501户企业纳税人进行汇算清缴，至5月31日，所有企业纳税人均进行汇算清缴，年度内共缴纳企业所得税5 519万元，年度准期申报率100%。五是认真实施新企业所得税法。2008年是新企业所得税法实施的第一年，国税局统一部署，认真组织，确保所得税纳税申报。加强对纳税人的辅导和培训，利用媒体宣传和送税法到企业、走访辖区内重点纳税人的方式，大力宣传新企业所得税。六是全面推行个体工商户计算机定额核定系统。共调查采集836户，商业87个项目、工业25个项目、修理修配8个项目，以此确定定额项目的定额标准。通过四次培训和三次模拟环境的测试，个体工商户计算机定额核定系统于11月正式上线运行，11月电子定税上线274户，系统运行正常。12月在机外流转征收消费税的基础上，采取增值税和消费税一起核定，走同一份文书的做法，运行成功。

【信息技术应用】 一是做好所得税申报管理软件的推广应用。二是加强增值税一般纳税人申报表质量监控，实现申报数据的零差错。三是巩固和提高增值税管理系统及相关系统应用水平。做好货运发票税控系统、车购税征收管理系统的推广应用，提升车辆税收“一条龙”管理质量。进一步强化“四小票”稽核比对，加大比对异常发票的实地检查。四是扩大多元化申报范围。做好与银行的业务衔接，加强技术合作，提高申报质量，扩大业务范围。继续推行“储蓄扣税”和“介质申报”等多元化申报方式。

【增强对征管薄弱环节的控管】 一是流转税方面。加强对各类优惠政策落实情况的监控分析。继续加强农产品税收管理，规范水泥资源综合利用、民政福利企业等的减免税管理。加强增值税一般纳税人认定及管理工作。2008年末，全局共有增值税一般纳税人101户。认真做好消费税和车辆购置税的管理，组织人员对车辆购置税信息系统进行培训、对涉及的企业进行逐户辅导，逐户上门安装、调试企业端软件。二是企业所得税方面。按照“核实税基、完善汇缴、强化评估、分类管理”的工作要求，加强对企业收入、成本、费用、损失等项目的监控管理；加强对企业财务、会计与税法规定存在差异项目的监控管理，做好新企业所得税实施第一年的年度汇算清缴工作。三是出口退税和涉外税收管理方面。加大出口退免税管理和国际税收管理的力度，进一步建立和完善出口退税和国际税收管理机制，提高电子信息的应用水平，严格各项审核、审批，为出口退、免税审批权限下放和国际税收管理下放后的税收工作奠定基础。四是发票管理方面。切实加强发票安全管理，严格各项管理制度和措施，认真做好普通发票的审核检查工作，抽查面保持在5%以上，不断强化以票控税。五是档案管理方面。坚持电子信息档案与纸质资料、手工档案管理相结合，改进原有的管理方法和操作程序，结合征管软件上线后的操作程序与职能，及时修订档案管理办法，进一步加强和规范档案资料管理。

【税收执法】 不断增强依法行政观念，提高依法征管能力，把推进依法治税，规范执法行为，作为对纳税人最根本的服务落到实处。一是进一步规范行政执法行为，加大执法检查和监督力度。严格遵循组织收入原则，认真贯彻落实税收实体法和程序法，严格按照法定权限与程序执行各项税收法律法规和税收优惠政策。正确实施税务行政许可。进一步加大执法检查和监督力度，加强“税收执法管理信息系统”应用工作的管理，发挥执法考核功能和运行效能，切实提高税收执法质量和执法水平，促进依法行政和规范执法。二是继续整顿和规范税收秩序，积极宣传和培育依法诚信纳税意识。深入开展税收专项检查和专项整治。有针对性地组织开展了税收秩序整顿工作，重点是漏征漏管户的清理和定额调查核实、调整。三是认真做好税法宣传工作。围绕“税收·发展·民生”税收宣传主题，因地制宜、求实创新，精心组织开展第十七个税收宣传月活动。

【税务管理信息化建设】 一是认真做好金税工程的软、硬件及网络维护工作。对计算机应用系统、网络、硬件、机房、电源等进行逐步改造和整合，充分发挥计算机设备的功效。通过抓好金税工程各项制度规定的落实，明确岗责权限，严格各环节的操作规程，金税工程平稳运行。二是做好税收信息化运行维护工作。逐步建立和完善科学高效的技术与业务运维工作体系。业务和技术部门认真贯彻落实关于加强系统运行维护管理的有关要求，各司其职，形成合力。加强业务数据管理，定期对主要软件数据进行检测比对和考核，及时发现和清理垃圾数据，切实提高数据运维质量。三是做好系统软件的拓展应用工作。进一步提升综合征管软件、数据监控分析系统等系统性能。做好网络版车购税征收管理系统、企业所得税汇算清缴管理系统等软件的推广应用。加强综合征管软件的日常维护和数据分析利用，完成27号补丁至34号补丁升级，完成货运发票税控系统、抵扣凭证审核检查管理系统的上线运行，保障金税工程各辅助管理系统的正常运行。做好电子定税系统的推广应用。顺利完成增值税防伪税控系统网络版升级，及时做好税务端的升级设置，配合服务单位完成辖区内所有防伪税控用户的升级，如期完成增值税红字发票开具通知单电子版推广。四是严格落实网络与信息系统安全管理制度。定期检查设备，加强网络安全的监控措施，利用防病毒专用服务器，对重点设备进行病毒查杀，在病毒高发设备上安装专杀工具，采取双重防护。在全体干部职工中开展信息安全知识普及教育。

【机构人员】 截至2008年末，古城区国税局共有干部职工91人，其中：在职干部职工63人，离退休干部职工28人。在职干部职工中：党员37人，占58.7%；大专以上学历33人，占52.4%，其中，本科学历23人，占36.5%；专科学历7人，占11.1%。共有7个内设股室：办公室、人事教育股、监察室、计划征收股、征收管理股、税政管理股；1个事业单位：信息中心；2个副科级派出机构：第一税务分局、第二税务分局。

【文明创建活动】 古城区国税局把文明创建工作与国税工作相结合，把队伍建设、规范执法和文明服务作为精神文明建设工作的重点来抓，深入开展精神文明创建活动。2008年2月，古城区国税局被丽江市委、市政府命名为“文明单位”、被云南省国税局命名为“文明单位”；4月，省文明委组织新华社、香港文汇报、云南电视台等18家省内外新闻媒体记者采访团到古城区国税局采访，充分肯定国税局的精神文明创建工作。

（卢　洁）

地方税务

【综　述】 2008年全局累计入库各项税收25 515万元，完成市局要求年度税收任务数的100.06%，超收15万元。从分级次完成情况看，全年累计入库区本级税收22 045万元，完成区政府下达年度收入任务数的100.21%，超收45万元；全年累计入库中央级税收1 766万元，省级税收1 704万元。此外，全年累计入库文化事业建设费56万元，比上年增收3万元，旅游宣传促销费全年入库168万元，比上年增收35万元，城市水资源费全年累计入库58万元，比上年增收22万元，地方教育附加全年累计入库143万元，比上年增收36万元，社会保险费全年累计征收6 705万元，比上年增收1 499万元。

【税收征管】 一是严格落实各项税收优惠政策。对符合西部大开发、“两税”（房产税、城镇土地使用税）困难减免政策，以及符合下岗失业再就业人员税收优惠政策的企业单位及个体工商户，依法按程序给予税收减免。其中，对西部大开发优惠的企业7户、下岗再就业优惠个体工商户122户，批准减免税323万余元。二是加强各税费种管理。结合新修订的《城镇土地使用税暂行条例》和《丽江市古城区人民政府关于同意城镇土地使用税地段等级划分的批复》做好全区范围内城镇土地使用税的征收工作；深化和完善个人所得税全员全额扣缴申报管理，重点加强对高收入行业和个人的管理，做好年所得12万元以上个人自行纳税申报工作，逐步建立健全个人所得税自然人档案；认真落实新企业所得税法及其实施条例，进一步加强企业所得税分析评估和汇算清缴，确保新旧税法的平稳过渡。三是加大清缴欠税（费）力度。将欠税企业列为重点纳税户，由重点税源管理办公室负责跟踪管理，严密掌握清欠入库进度，并作为欠税公告的基础数据。四是认真进行土地增值税清算工作。根据省、市局相关文件精神，区局成立汇算清缴工作领导小组，对11户房地产企业，近20个开发项目作土地增值税清算。

【税收宣传】 一是在执法工作中加强对各项税收法律、法规、政策及电子申报和批量扣税等办税程序的宣传、辅导工作。二是在税收宣传月期间创造性地开展一些务求实效的税法宣传活动。区局开展的税法宣传咨询日活动，掀起税收宣传月高潮。宣传月期间共发放宣传单2 000余份，内容包括与公民生活密切相关的税收政策、税收管理和纳税服务等。为营造税收宣传月活动氛围，区局在办税服务厅、管理分局和20家纳税户门前悬挂横幅，同时在电子显示屏上连续滚动播放税收宣传标语，提高触摸屏的使用浏览率，达到显声、显影、显效的目标效果。同时鼓励动员全局干部职工积极参加市局与丽江日报联合开展的“税收·发展·民生”有奖征文活动。三是坚持日常宣传与税收宣传月宣传相结合，采取群众喜闻乐见的形式，开展新颖活泼、丰富多彩的宣传活动。不断提高税法宣传的针对性和实效性。

【纳税服务】 一是以全省地税系统开展“优秀办税服务厅”创建活动为平台，进一步提高纳税服务质量，为纳税人提供更加方便、快捷的税收服务。认真组织纳税人进行新出台的税收法律法规培训。充分利用现代信息技术，结合大集中系统的应用，优化业务流程，简化办税环节，提高办税效率，为纳税人提供更加方便快捷的涉税服务。二是制定《丽江市古城区地方税务局办税服务厅管理办法》，紧紧围绕四项制度的实施，作出服务承诺，确定具体的工作时限、工作时间，电子触摸屏的管理等。征收期，设置咨询服务台，由分局领导为纳税人提供咨询服务。

（和玉琦）

中国人民银行丽江市中心支行

【金融运行情况】 2008年，丽江市古城区金融机构在自然灾害和各种突发事件频繁、国际国内经济金融形势复杂多变的情况下，认真贯彻国家宏观调控政策，紧扣市委、市政府的经济发展思路，加大金融支持、优化金融服务，全辖区金融业保持平稳增长。金融运行特征：

一、各项存款实现较快增长。到2008年12月末，全区金融机构人民币各项存款余额994 828万元，比年初增长16.55%，比2007年同期多增近2.29个百分点。其中，储蓄存款余额501 486万元，增长23.32%；企业存款余额352 128万元，增长7.19%，市内企业支付能力总体得到提升。2008年末全市金融机构外汇存款余额291万美元，比年初下降41.14%。

二、银行信贷投放增势平稳。2008年末，全区银行业金融机构各项贷款余额912 637万元，比年初增长8.30%，同比回落2.41个百分点。新增贷款中，重点行业分布变化明显。其中，工业贷款比年初净增22 692万元，增长13.89%；农业贷款比年初增加13 429万元，增长19.99%；私营企业及个体贷款比年初增加1 772万元，增长202.05%。

三、银行信贷结构进一步优化。2008年末，古城区银行业金融机构各项贷款中，短期贷款余额358 546万元，其中：工业贷款余额186 044万元；商业贷款余额36 559万元；建筑业贷款余额10 330万元；农业贷款余额80 610万元。中长期贷款余额554 091万元。下岗失业人员、助学等薄弱环节贷款有所增加，信贷结构进一步优化。

四、银行业金融机构经营效益明显改观。2008年，全市银行业金融机构整体经营效益进一步好转，整体存贷比逐步趋于合理。股改后的工商银行、中国银行、建设银行经营效益逐年提高，经营发展和服务优势进一步增强；农业银行股份制改革工作取得实质性进展，农业发展银行服务“三农”的信贷职能和定位进一步明确；邮政储蓄银行实现转型，金融支持与服务功能进一步增强；农村信用社改革试点取得明显成效，各区县农村信用社法人治理结构逐步完善，产权制度逐步理顺，内控制度逐步健全，资产流动性逐年好转，经营效益逐年改观，经营面貌发生明显转变。至2008年末，古城区农村信用社1 233万元专项中央银行票据全部得到兑付，初步实现“花钱买机制”的试点改革目的，年末实现净利润354万元，比上年同期增长207%，不良贷款占比比年初下降18.35%。

【货币政策传导】 2008年初以来，全区金融机构面对不断变化的经济环境，准确把握宏观调控意图，积极顺应形势变化，及时调整思路，加大工作力度，使不同时期的各项政策措施得到了有效落实。上半年，全区金融机构坚持按照“区别对待、有保有压”的原则，根据《2008年丽江市信贷工作指导意见》，进一步明确2008年信贷工作重点和方向，限制对“三高”行业的信贷投入，合理把握调控的重点、节奏和力度，保证对区内优势行业、重点行业的信贷支持。对农村信用社贷款进度适时进行监控，适度增加对经济发展中的农村经济以及全市薄弱环节的信贷支持力度，保证全区信贷总量与经济发展相适应的增长，促进地方产业结构调整。下半年，根据国家宏观经济政策和货币政策变化，地方党委政府支持，先后两次召开全市金融工作座谈会，及时传导国家货币政策，鼓励金融机构加大对实体经济的信贷支持，同时，人民银行丽江市中心支行密切关注市内房地产、旅游、电力等支柱产业的发展形势，积极引导金融机构认真落实扩大内需、促进经济增长的有关政策和措施，筹措资金，增加信贷投放，对政策落实情况进行跟踪调查和监督，在不到1个月的时间里，银行业金融机构共落实资金5.6亿元，占承诺贷款总额的55%。有力地支持地方经济保持平稳较快增长。

【金融服务与创新】 2008年中国人民银行丽江市中心支行认真履行金融服务职能，扎实开展各项基础服务，不断加强人民币银行结算账户、支付结算、货币金银管理和国库经理，稳步提升金融基础服务水平。一是继续做好银行结算账户的清理核实，账户开立、撤并和变更管理工作。二是全面提高货币金银管理水平。年内完成货币金银管理系统软件版本更新，发行基金调拨管理和现金供应能力进一步提高。建立健全商业银行现金收支活动分析和监测制度，逐步构建人民币流通状况检测网，及时掌握商业银行现金收支动态和现金需求。积极建立反假货币工作长效机制，推进反假货币工作深入开展。建立社区反假货币工作站，在市政府的领导和市反假货币工作联席成员单位密切配合下，有组织、有计划、有安排地开展反假货币工作，保持对制贩假币犯罪活动严打的高压态势，对各金融机构进行人民币收付和假币收缴上岗培训，并在全市范围内深入城镇社区和偏远农村进行反假货币知识宣传，取得良好效果，维护良好的社会支付秩序。三是努力提高支付结算服务。四是做好辖区内银行卡的推广，改善辖区银行卡受理环境。为营造良好的奥运支付环境，中国人民银行丽江市中心支行有针对性地牵头组织开展“刷卡在丽江、好礼共分享”为主题的银行卡消费有奖宣传活动。同时，联合丽江市公安局成立联合整治银行卡违法犯罪专项行动工作领导小组和地方整治办公室，开展专项整治工作。五是国库服务管理能力逐步提高。2008年中国人民银行丽江市中心支行切实加强国库业务系统管理，夯实国库核算业务基础，圆满完成政府预算收支核算任务。

【支持地方经济发展】 2008年丽江市古城区金融机构结合地方产业发展，用好用足政策措施，加大信贷投放，金融支持取得明显成效。一、重点支持地方支柱产业升级、企业提质增效。2008年全区银行业金融机构紧紧围绕丽江市委市政府的经济发展思路，以地方产业调整和升级为契机，对旅游业、房地产、新型工业等地方支柱产业给予大力支持，全年累计发放贷款492 708万元。其中，累计发放短期贷款322 911万元，其中：工业贷款139 461万元；累计发放商业贷款43 081万元；累计发放建筑业贷款10 830万元；累计发放农业贷款63 584万元；累计发放乡镇企业贷款654万元。累计发放中长期贷款168 997万元，其中：基本建设贷款3 200万元；个人中长期消费贷款37 518万元。全年为企业累计办理票据融资800万元。为地方旅游、房地产、新型工业等支柱行业提供稳定的信贷支持。二、大力扶持中小企业发展。2008年古城区银行业金融机构根据自身的经营发展实际，完善对中小企业的授信制度，扩大信贷支持范围，积极扶持中小企业发展。三、加大信贷支农力度。2008年古城区银行业金融机构加大对农业的信贷投入，农业贷款呈大幅增长。截止2008年12月末，全区农业贷款余额80 610万元，比年初增加13 429万元，增长19.99%。

【洗钱刑罚化与金融机构反洗钱规章立法后评估国际研讨会】 5月27日至28日，中国人民银行总行“洗钱刑罚化与金融机构反洗钱规章立法后评估国际研讨会”在丽江市古城区召开，昆明中支行长杨小平应邀参加会议。

附：

丽江市2008年主要经济、金融指标

单位：万元

项　目	金 额	比上年增减额	比上年增减幅度（%）
银行机构各项存款	994 828	141 253	16.55
其中：财政存款	19 097	9 872	107.02
企业存款	352 128	23 624	7.19
储蓄存款	501 486	94 817	23.32
金融机构各项贷款	912 637	69 921	8.30
短期贷款	358 546	44 974	14.34
中长期贷款	554 091	25 508	4.83
现金投放（+）回笼（–）	–69 404	391.09	–23.72

（张绍祖）

中国银行丽江支行

【综　述】 中国银行丽江支行深入贯彻中央经济工作会议精神，坚持以科学发展观统领全局，紧紧围绕提高核心竞争力，实现全年的经营目标，截止2008年11月末，本外币各项存款余额57 382万元，较上年末增长6 886万元。其中人民币各项存款余额56 405万元，较上年末增长7 735万元，完成全年任务的59.44%。人民币存款中公司存款余额30 590万元，较上年末增长873万元，完成全年任务的10.91%；储蓄存款余额32 125万元，较上年末增长6 862万元，完成全年任务的136.88%。外汇各项存款余额143万美元，较上年末负增长107万美元，完成全年任务的–228%。

中间业务收入完成310万元，完成全年计划的34.23%。

人民币贷款余额54 698万元，比上年减少631万元。其中：公司贷款余额31 891万元；零售贷款余额22 807万元，比上年减少473万元，完成全年任务-35.48%。

税前利润各货币折人民币2 276万元，盈利能力较上年有了较大的提高。

【资产质量】 截止2008年11月末正常贷款余额34 536万元，占63.1%，关注类贷款3 540万元，占6.4%，次级类贷款269万元，占0.4%，可疑类贷款374万元，占0.6%，损失类贷款15 979万元，占29.2%。不良贷款余额16 622万元，不良率30.39%，较上年减少2.09%。其中公司不良贷款15 900万元，较上年末下降1 500万元，零售不良贷款571万元，较上年末减少150万元。年内共清收公司不良贷款1 500万元，其中永胜公路投资开发有限责任公司600万元，永保水泥有限责任公司900万元。累计清收零售不良贷款1 593万元，授信不良实现双降。

【"开门红"竞赛活动】 中国银行针对一季度各业务条线的阶段性规律和特点，开展2008年"开门红"活动。制定储蓄、公司、零贷、银行卡等相关业务的"开门红"考核方案，积极应对紧缩的宏观调控政策、人民币升值速度加快、本外币利差倒挂、资本市场和房地产市场调整等一系列影响业务发展的外部因素，团结拼搏，创先争优，以良好的精神状态，扎实的工作作风，全身心投入竞赛活动，积累工作经验。

【负债业务】 丽江支行认真分析当地社会经济形势和存款形势，制定出符合实际的稳存、增存政策，采取"一户一策"的营销思路，着力提升对优质客户的营销力度。通过改变经营思路，积极探索发展之路，针对丽江经济发展的特点，认真细致的研究发展方向，走访客户及相关职能部门，储备客户资源，为业务增长打下基础。

【优质行授信业务】 积极介入优质行业授信业务，以及大力营销零售贷款按揭楼盘，带动丽江支行整体业务的发展。2008年，为金安桥水电公司发放贷款10 000万元、丽江合恩金庄水电公司发放1 000万元、丽江新兴投资公司发放100万元、祥云县福泰矿业开发有限责任公司发放1 000万元；零售贷款共发放3 855万元，收回贷款4 742万元。

【内控及安全工作】 一是认真学习贯彻省行"2008年党风廉政建设监察保卫内控会议"精神，进一步加强反腐倡廉建设，巩固案件治理成果，做好安全稳定工作，保障各项业务健康稳定发展。二是开展"治陋除违"专项治理工作。依据云南省分行《关于在全辖开展"治陋除违"专项治理工作的通知》要求，成立由行长担任组长的"治陋除违"专项治理工作领导小组。全行员工清晰认识"治陋除违"专项治理工作的重要性，熟悉相关的制度，查找工作中的不良行为，增强员工合规经营的理念及风险范防意识。三是做好安全保卫工作。重新修定守库、押运合同，对守库、押运和保安工作重新定员定岗，款箱交接工作全部交保安公司。举办2期保安人员培训班，保安人员从13人增至22人。保证库房24小时坐班职守及大楼、营业网点的安全保卫。

【业务技能训练】 丽江支行提出"业务技能是立身之本"，对一线员工技能达标提出较高的要求。员工培养良好习惯，苦练业务技能。支行开展一系列的业务练兵活动，组织学习、讨论、交流操练经验。员工的整体技能水平得到较大提升，6月，云南省开展第六届"迎奥运、贺行庆、促服务"业务技能比赛，总共4个比赛项目，丽江支行取得其中3个项目的名次，获得团体第六名的成绩。

（张国光）

中国建设银行股份有限公司丽江市分行

【综 述】 2008年建行丽江市分行紧紧围绕总行、省分行确定的工作指导方针和工作重点，一手抓改革发展，一手抓党建和企业文化建设，以改革促发展，以管理促合规，以服务促效益，各项业务又好又快发展，经营规模和盈利水平再创历史新高。年内所属大研支行获省分行级“文明单位”称号、古城支行获全国级“青年文明号”称号；华坪支行和大研支行营业室继续被认定为总行级“青年文明号”。

本外币全口径存款余额35.39亿元，较年初新增5.95亿元，增长20.21%。其中：公司类存款20.87亿元，较年初新增2.99亿元，增长16.77%。个人类存款14.53亿元，较年初新增2.96亿元，增长25.54%。本外币存款在丽江四大国有商业银行中的市场份额为29.1%，较上年上升0.18个百分点；当年新增占比29.7%，在当地四大国有商业银行中存款余额和新增市场占比均居第二。

各项贷款余额24.03亿元，较年初新增3.61亿元。其中：公司类贷款余额17.08亿元，较年初新增4.32亿元；个人类贷款余额6.95亿元，较年初减少0.71亿元。各项贷款余额在丽江四大国有商业银行中的市场份额为28.52%，较上年上升2.87个百分点，在丽江四大国有商业银行中的市场占比位居第二；各项贷款当年新增份额78.13%，在丽江四大银行中的市场占比位居第一。

五级分类不良贷款余额86.84万元，不良率0.04%，较上年下降0.04个百分点。在当地四大国有商业银行中五级分类贷款不良率最低。中间业务收入1 594万元。全年实现账面利润9 768.5万元。较上年增加1 868.5万元。当年结益在当地金融机构中位居第二。建行云南省分行组织对全省各二级分行进行考核，通过价值创造、同业竞争、质量风险、效率成本、内控指标等五项指标考核的结果，建行丽江市分行与大理、曲靖、玉溪、保山和昆明城区等八家分行一道，被评定为二级行（考核等级共四级，一级为最高级别）。

【个人类存贷款业务】 建行始终突出发展主题，按照业务转型的客观要求，继续大力发展个人类业务，提高个银业务竞争力和价值贡献度。组织“五彩齐邀、喜上眉梢”旺季营销活动和“快乐刷卡、轻松享礼”等渠道和产品营销活动；组织开展网点转型和对已转型网点的复查固化，不断提高营业网点的销售能力和客户满意度。下半年根据上级对个银业务新产品和理财产品挂价考核等激励措施规定，制定下发15条专项措施。全年个人VIP客户新增728户，完成省分行下达新增计划的326.5 %；新增银联特约商户36户，完成省分行下达计划的120%。全行各类银行卡客户累计24.6万户，当年新增3.5万户。抓住年内多次降息的机遇，及时推出个贷业务专项奖励办法，全年累计发放个人类贷款1.52亿元，累计收回2.19亿元，年末余额6.95亿元。年末全行个人类贷款总量和占比继续在丽江四大银行中排首位 。

【公司及机构类业务】 继续稳步发展公司及机构业务。首先，继续做好各级财政、社保、医保、移民、军警、住房公积金等客户的维护和拓展工作，将公司类贷款优势与存款竞争相结合，提高资产业务对负债业务的贡献度。11月中旬按省分行有关部署组织开展企业存款“争先创优”营销活动，按照上级考核新思路，出台“奋战50天”的考核奖励措施，确保全年企业存款总体稳定增长。其次，重点抓住金沙江中游水电开发和古城管理公司贷款的投放，积极调整信贷结构，大力拓展中小企业贷款业务，配合主办行做好金沙江水电开发和大丽铁路建设等重点项目的现场金融服务。公司类业务快速增长，公司类存款当年新增2.96亿元，完成省分行下达新增计划的130.25%；公司类贷款较年初新增4.32亿元，完成省分行下达新增计划的732%。对公理财产品销售4 670万元，完成省分行下达计划的570%。

【中间业务及电子银行业务】 继续加快发展中间业

务和电子银行业务，积极落实战略转型要求。一是加大中间业务和电子银行业务在市分行绩效考评体系中的占比；二是制定和实施专项考核、挂价考核激励办法；三是在电子银行业务营销中，突出特色产品，积极寻找新的增长点，不断强化营销手段，扩大市场占比。中间业务收入中，银行卡、财务顾问、交易资金托管、造价咨询等中间业务稳步发展；贷款承诺费收入、代理保险业务收入成为其中的亮点。在受到资本市场持续低迷，基金销售严重弱化的情况下，全年完成中间业务收入 1 594 万元。其中，银行卡、财务顾问、交易资金托管、造价咨询等中间业务稳步发展；贷款承诺费收入、代理保险业务收入有所突破，全年代理保险业务收入 96.4 万元，同比增长 87.4%。全行个人电子银行活动客户新增 1 911 户，完成省分行下达任务的 119%；企业网银活动客户新增 15 户，完成省分行下达任务的 150%。全年实现电子银行渠道业务收入66.83 万元。

【调整优化资源】 进一步加强基础管理和合规教育，调整优化资源，为各项业务的发展提供支撑和保障。一是充分发挥财务资源配置对业务发展的引导作用。年内根据省分行对考核指标和考核办法的调整，及时调整业务考评体系，强化专项考核、追加挂价考核，充分发挥激励约束机制的引导作用，促进各项业务结构调整和优化。二是利用有限的财务资源，全年投入 68 万元，为各业务系统和网点更新部分设备设施；对全行各业务系统实施升级，为业务发展提供技术支撑和保障。

【基础管理及合规教育】 一是进一步加强会计基础管理和核算管理、监督。通过切实加强资金管理，压缩低效无效资金占压，全年资金备付率 1.35%，比上年降低 0.36 个百分点。其中：现金备付率 0.76%，比上年降低 0.18 个百分点。按网点转型的要求稳步推进营运体制改革，实施现金、重要单证的金库集中配送和数个会计营运系统及项目的上线推广；加强委派会计管理力度；对财务会计内部质量考核办法做修订；加强对帐管理，实现全年各月对帐及回收率平均保持在 99%以上。二是按照制度规范抓好档案文书管理。4 月份市分行档案室被省档案局评定为机关五星级档案室，为省级该系列最高级别。三是以合规要求规范全行各项工作，确保全行工作健康协调有序发展。在全行营造和强化“诚信、正直、守法、合规”的合规文化氛围。

【加强内控建设防范风险案件】 一是严把准入关，防止存量贷款产生风险。通过各种有效措施，年末五级分类贷款不良率降至 0.04%，较上年下降 0.04 个百分点，其中，公司类贷款不良率及当年新发放贷款不良率均为零。个人类不良余额 86.84 万元，不良率 0.12%。各项贷款逾期及非应计余额 57.08 万元，不良率 0.02%。关注类贷款余额 5 495.22 万元，占 2.29%。资产质量继续保持优良水平。二是组织开展“平安建行”创建活动，与各级层层签订安全责任书，并加强督促检查；积极推进远程监控报警联网集中管理，极大提升市分行安全防卫功能和快速反应能力；12 月根据上级有关守押后勤社会化的统一要求，认真调研、与地方相关单位联系沟通，完成全辖守押后勤社会化工作。年内国内部分地区发生历史罕见的雪灾、震灾后，及时总结经验，根据自然灾害可能对银行安全营运造成的影响，及时修订补充安全应急预案；采取有效措施，确保奥运火炬丽江段传递期间和北京奥运会期间的安全运营及上级有关在奥运期间“零上访信访”的要求。全年保持“零案件”和安全生产稳健运营的良好局面。

【员工队伍建设】 坚持以人为本的管理理念，注重员工职业生涯发展和素质全面提高。一是扎实开展学习教育活动，提高员工思想认识，合规意识。二是根据业务转型的要求，加大员工培训力度，全年共组织参加各级各类培训 252 期，参训 3 596 人次。组织 44 人参加上岗考核，本岗合格率 100%；两次组织星级柜员考核，共有 62 人分别达到一至三星标准。员工的专业理论水平和业务技能不断提高。

（和立新）

中国工商银行丽江分行

【综　述】 2008年，工行丽江分行紧紧围绕提升市场份额主线，强化“四争两保”经营理念，立足“当地最具活力银行”的战略定位，以竞争求生存，抓改革图发展，向管理要效益，实现各项业务又好又快发展，绝大部分业务呈现跨越式增长的良好势头，主要经济指标连创历史新高。人民币各项存款余额216 681万元，较年初增加39 156万元，全行人均拥有存款970万元。全辖各项贷款余额150 141万元，较年初增加25 380万元，增长20.34%，全行人均拥有有效贷款740万元。共实现中间业务收入1 708万元，比上年同期多增314万元，增长22.53%，人均实现中间业务收入8.1万元。全行以现金方式清收、转化和处置五级分类不良贷款3 384万元，年末，按五级分类不良贷款余额421万元，较年初的540万元减少119万元。全行全年实现账面利润5 850万元，同比增盈1 680万元；人均实现账面利润26万元，比上年增加5万元；实现净利润3 900万元，同比增盈800万元，人均实现净利润17万元，比上年增加2.63万元。收息完成率100 %，贷款综合收益率7.73%。

【业务发展】 牢固树立竞争出生产力、竞争出效益的经营理念，紧密结合竞争与业务发展，同业占比与绩效考核，深入挖掘市场潜力，全力抢占客户资源，夯实发展基础。一是努力实现劳动竞赛活动的目标。按照“百日迎新春劳动竞赛”活动方案的要求，加强对活动开展的组织领导和推动，抓住一季度业务营销的黄金季节，全力以赴抓好各项业务特别是核心业务的发展，细化目标，落实进度，确保各项业务“开门红”。二是加大力度营销信贷业务。充分利用同业信贷规模占优的有利时机，加大优质法人信贷客户营销，巩固扩大贷款市场份额。挖掘信贷资源，推进小企业信贷业务，当年新增小企业贷款13户、金额14 920万元，成为信贷业务的一大亮点，被省级金融权威刊物《时代金融》和中共丽江市委主办的《丽江信息》推荐报道；将个人信贷业务作为打造第一零售银行的突破口和“一把手”工程，研究市场，贴近客户，提高客户经理业务素质和营销技能，实施个贷业务从受理到发放一站式的服务流程，年末，全行个人贷款余额78 104万元，占各项贷款总额的45.34%，当年净增13 162万元。三是打牢传统业务基础。发挥竞争法人客户开户和现金结算业务的优势，采取组合方式，积极营销。四是大力发展新兴业务和短板业务。开办财政预算外资金收缴、地税国税电子申报纳税业务、国债销售、品牌金销售、外汇结算、票据承兑、支付密码器，电子回单柜、网上银行等业务品种，大力营销灵通卡、e时代卡、中油卡、代发工资卡。全面落实信用卡“三进”工作，北京奥运期间，与丽江市人民广播电台、共青团丽江市委员会和丽江市教育局共同举办工行牡丹卡杯“我爱奥运”知识竞赛活动，提升牡丹信用卡在同业产品中的知名度。利用工行独有的双向转账财务POS的转账结算、账务报销功能，向客户推广使用财务POS转账结算报账系统，签订财务POS单位73家，下挂标准版贷记卡1 000多张。至年末，全行信用卡存量24 155张，当年累计发卡13 854张，较年初净增13 539张，增长127.5%，人均增量57.4张，全年信用卡消费交易实现5 231万元，清算POS收单交易132 045笔，交易金额23 689万元。同期，电子银行“跑马圈地”取得长足进展，企业网银、企业网银证书版、个人网银、个人网银证书版、企业电话银行、电子银行交易额、网上银行交易额分别完成省分行下达全年任务的190%、132%、104.37%、116.25%、416.67%、221.29%和184.76%。五是继续保持中间业务收入高速增长的势头。抓住中间业务工作的重点，特别以理财产品销售为突破口，加强对中间业务发展的监督指导，全年累计销售基金9 147万元，销售理财产品22 149万元，分别代理销售保险和国债940万元和602万元；完成投资银行等公司类中间业务收入904.49万元。全部中间业务收入占全行纯利润的42.17%。

【服务工作】 通过持续开展优质服务竞赛活动及"迎奥运文明规范服务系列活动"工作，进一步树立以"客户为中心"的服务理念，不断丰富服务渠道，优化服务流程，加强产品创新，改进服务管理，提高服务水准，提高市场的竞争力。一是实行分区域服务，在丽江支行成立贵宾理财中心，集中全行获得AFP资格的人员，组建对理财金账户客户的关系维护和服务的客户经理队伍，通过专业化管理提升整体服务水平。二是以进一步解决网点排队为重点，实行一行一策，一点一策，明确各机构发展重点，形成有特色的发展模式。对每个网点研究个性化的人员组合和窗口设置。新增七星街、福慧路、雪山中路三个自助银行。及时分流排队等候的客户到自助银行服务区存取款，缓解柜面排队的压力，提高自助银行、电子银行的使用效率。三是按照贵宾理财中心、理财中心、金融便利店的分类标准，完成对四方街支行、雪山中路支行的装修改造，提升营业网点服务功能。四是建设高素质的客户经理队伍。以获得AFP资格的人员为核心客户经理，以网点大堂经理配置为重点，建立外勤客户经理营销渠道。

【改革创新】 一是绩效管理着眼于更好地提升市场竞争力，着眼于改善未来。充分发挥考核机制在市场竞争中的激励作用，业务考核主要体现"比市场"的原则，立足市场，充分发掘资源潜力，全面加强市场营销。在绩效考核方面逐步建立和完善以产品定价为主的考核机制，按照产品的销售额和定价系数来量化考核业务发展业绩。合理确定绩效薪酬分配差异度，完善柜员计件工资制和客户经理营销人员绩效考核办法，绩效薪酬分配既向一线和营销倾斜，又形成合理的收益分享机制。二是进一步深化机构改革。优化网点布局，营业机构随市场、随客户而动，顺利搬迁香格里分理处。优化渠道布局，调整部室职能，将电子银行中心并入个人金融业务部。三是建立健全绩效管理模式。细化到岗、考核到人，重点做好管理人员的绩效计划、绩效指导、绩效评估和绩效发展工作，激发员工工作热情，确保经营业绩和员工收入。

【内控外防】 在大力开展业务营销、业务发展的同时，全面执行"制度执行年"的要求，进一步加强内控制度执行，确保业务发展和安全经营。一是进一步完善对各类业务和各项经营活动全过程监测考核的全面风险管理体系。分别按月、按季、按半年及时做好1 000万元以上、5 000万元以上、10 000万元以上贷款大户风险动态情况监测分析报告。严格信贷资产质量认定程序，加强贷款分类偏离度和不良贷款迁徙率的监测考核，加大分类真实性的监督检查和责任追究。按照一企一策、一户一策的原则清收不良贷款，至年末，公司不良贷款压降为零，个人不良贷款率0.53%。二是巩固和扩大"内控达标"活动的成果，大力营造以"内控先行、稳健经营、诚信守责、审慎严谨、有章必循、违章必究"的氛围。进一步深化内控体系建设，积极推动制度梳理，坚持授权经营原则，广泛开展内控评价，提升内控管理的规范化、流程化、标准化水平，从源头阻止违规违章问题的发生。强化对基层机构负责人的监督管理，坚决贯彻基层网点负责人轮岗和强制休假制度，进一步完善支行以下网点营业经理委派制，强化授权管理，有效遏制管理人员的违规行为。构建运行风险管理体系，健全完善重要风险部位违规违章操作计分处罚办法，实行重点监督，防止屡查屡犯、屡禁不止现象发生。

（马云林）

农业发展银行丽江市分行营业部

【综 述】 农发行丽江市分行营业部2008年度认真贯彻落实省市分行工作思路和营业部2008年各项工作措施，坚持以业务发展为中心，防范风险为重点，提高效益为核心，积极发挥政策性金融职能作用，投身当地新农村建设，不断加大信贷支农力度。至2008年末，各项贷款余额62 237万元，比年初增加15 842万元，贷款净增数占全行的88%；日均存款余额21 286万元，人均日均存款458万元，完成率141%；代理保险手续费收入25.04万元，完成率111.79%；综合贷款利息收回率99.98%，实现帐面利润3 030万元，完成率146.76%。

【信贷业务】 一、开展开户企业的信用等级、综合授信、资格认定和贷款最高额核定等工作。完成古城、玉龙等4家粮油企业和得一、华利、老君山、青刺果等几家产业化龙头企业和农业小企业的信用评级和授信工作，对所辖粮油购销企业和粮油产业化龙头企业共6户进行资格认定和贷款最高额核定。二、贯彻落实农发行粮油信贷政策，保证各级粮油储备增储、轮换资金，抓好粮油收购、调销的资金供应和管理，对粮油企业自主收购所需信贷资金，按照“市场定价、企业自主”的原则发放贷款，不设定贷款支持的价格限制。先后向中储粮直属库、古城收储公司、玉龙收储公司和大研工贸公司等4家粮油收储公司投放政策性、准政策性贷款4 600万元，收购粮油2 700万千克，累计收回贷款3 388万元。三、创新商业性贷款营销，采取重点突破的方式，积极向上级行争取资金支持地方经济发展。一是大力支持农村基础设施建设贷款项目，年内共发放农村基础设施建设中长期贷款13 600万元，主要支持玉龙县拉市海调蓄水及配套工程建设2 600万元，支持宁蒗县泸沽湖环湖路项目建设7 000万元，支持金庄新主河合恩电站建设4 000万元。二是支持农业产业化龙头企业和农业小企业的发展。在确保信贷风险防范、抵押担保条件落实的前提下，坚持成熟一个支持一个，支持一个成功一个的原则，支持丽江得一公司、丽江华利公司等13户农业产业化、农业小企业，贷款余额5 060万元。三是响应国家扩大内需的宏观政策，建好信贷支农项目库。至年底储备玉龙雪山环境整治等5个中长期27 000万元的项目。

【存款组织】 一是加大存量资金管理，特别是对派生存款的管理，严格按照项目资金使用管理办法拨付，掌握项目实施进度，按工程量、工程进度拨付资金。二是加大对专项存款和帐户管理，对发放各类贷款所形成的派生存款以及销货回笼款和结算资金等存款的管理，严格按资金使用性质、用途拨付。三是改变营销方式，转变重贷轻存的思想，树立存贷结合，“双单作业”的营销方式，在开设水利资金存款专户的基础上，营销贷款时，积极营销存款，大力发展新客户，巩固和发展存款客户，扩大存款来源。四是重点突破，加大营销同业存款力度。五是加大考核力度，实施《丽江市分行存款组织奖励办法》，奖惩分明。年末各项存款余额20 552万元，比年初增加3 755万元，增幅27.28%，日均存款余额21 286万元，人均日均存款458万元，完成率141%。

【中间业务】 按照《丽江市分行2008年保险代理业务组织实施意见及考核办法》，提出具体的工作目标，将任务量化分解落实到人，明确奖罚措施；加强与企业和政府的合作，积极推行“双单作业”，努力实现企业财产保险、政府供养车辆保险由农发行代理；三是认真落实上级行要求，做好代理国开行结算业务；四是积极开办国际业务，增加中间业务收入。全年实现代理保险手续费收入25.04万元，代理国开行业务收入18万元。

【风险防范】 一、深入学习和执行总行制定的违反信贷和资金管理规章制度行为处理暂行办法等规定，开展信贷基础培训，抓好信贷管理体系建设，坚持审贷分离、相互制衡的原则，按照农发行的制度要求搞好贷前调查。二、深入进行贷款检查，加强贷后管理。除定期监管检查外，全年组织4次全面检查和两次重点整改检查。一是代财政垫付性项目检查，完善项目资料，摸清项目进展情况，提高监管质量。二是配合信贷管理部门进行贷款抵（质）押品价值重估，为维护贷款安全、防控风险提供物质保障。三是开展所辖粮油库存及贷款的全面检查。按照总行和省分行的检查方法和计量标准，对7个粮食企业的17个库点进行全面检查，彻底摸清粮油库存及贷款挂钩情况，为后续监管和整改提供依据。四是认真进行贷款“三查”制度执行情况检查、整改。三、认真落实抵押担保，不折不扣地按上级行要求和规定执行。四、有效利用CM2006系统，做好数据录入，搞好流程管理，提升信贷管理科技水平。 （李建生）

农村信用合作联社

【综 述】 2008 年，古城区联社将工作重点转移到加强管理，依法合规经营，进一步夯实基础、创新发展、强化管理、严防风险，推动古城区联社实现又好又快发展，通过全辖信合员工的不懈奋斗和共同努力，各项工作取得显著成绩，圆满完成上级下达的各项经营目标。年末各项存款余额 155 067 万元，比上年末上升 33 055 万元，完成计划 220%；各项贷款余额 98 287 万元，比上年末增加 14 687 万元，完成计划的 128%，累计发放贷款 65 999 万元，累计收回贷款 51 312 万元。2008 年农户贷款面计划比率为 78%，12 月末全区贷款农户占辖内农户的 89%；利润总额实际完成 1 115 万元，完成计划的 128%。年末，信用联社被丽江市政府授予“园林式单位”称号、被省联社授予 2007 年度“先进单位”称号。

【专项中央银行票据兑付成功】 2006 年末，根据国家对农村信用社的相关扶持政策，联社认购人民银行发行的 1 233 万元专项票据，用于置换信用社的不良资产 803 万元、弥补历年亏损 430 万元。按照人民银行、银监会专项中央银行票据兑付要求，2008 年专项中央银行票据到期申请兑付成功，兑付资金于 2008 年 12 月 5 日全额到账。

【区县联社分设】 2003 年古城区、玉龙县行政分设时，农村信用社县级联社没有分设，玉龙县行政区域内的农村信用社仍由古城区联社领导和管理。2008 年 12 月根据中国银行业监督管理委员会云南银监局《关于同意筹建玉龙纳西族自治县农村信用合作联社的批复》，丽江市古城区信用合作联社分设为古城区农村信用合作联社与玉龙纳西族自治县农村信用合作联社。

【发放小额信贷 支持社会主义新农村建设】 坚持“以农为本，面向三农”的经营理念，把信贷投放的重点放在“三农”贷款和农户小额信用贷款上，重点支持种植业、养殖业、加工、运输、外出务工等，突出贷款营销重点，加大支农力度，优化信贷结构。把服务“三农”的着力点放在支持粮食生产、农村产业结构调整、农民多元化增收三个方面，增加有效信贷投放，扩大贷款营销规模，优化信贷结构。在做好农户资金需求状况调查的基础上，扩大农户小额信用贷款的发放面和农户贷款证的发放量，满足信用状况好，还贷来源有保障农户的有效信贷需求，以农户为信贷营销重点。坚持以农民增收为出发点，全力推广农户小额信用贷款，进一步扩大农户贷款面，全年累计发放小额信用贷款 8 321 万元。

【强化清收转化措施 大力处置不良贷款】 以资产置换不良贷款的措施，共收回玉龙县机关事业单位多年拖欠贷款 600 多万元。三朵园林公司资产出让后，积极与古城区政府协调，收回万通公司、三朵园林公司等拖欠贷款 3 000 多万元。通过与古城区政府、土地部门的多次协调，采取公开挂牌出让的方式处置 300 亩置换土地。年末，不良贷款占比比年初下降 18.35 个百分点。

【基础设施和安防设施建设】 2008 年末完成联社营业部、大研信用社、玉河分社、象山分社、白华分社、白龙潭分社、拉市分社、巨甸信用社、石鼓信用社、三家村分社、鸣音信用社、义尚分社、金庄分社、大具信用社共 14 个网点的“双基本”改造工程，需进行新建营业用房的 3 个网点的工程建设进入收尾阶段，改善古城区联社安全防范能力。年内投入 168 万元资金，改造和更新监控设备和报警器材，购置防弹运钞车，换装防暴枪，提高守押人员的安全系数。

【巩固和完善“三项制度”改革】 年内办理 31 名员工内退和 3 名员工自谋职业手续，招聘 20 名高校毕业生，加速员工新老交替，逐步优化古城区联社人力资源。实行全员劳动合同制，与180名员工签订劳动合同书，使劳动合同制逐步走上制度化、规范化的轨道。

【员工教育培训】 年内组织两批62人次的会计电算化培训，参加省联社组织的银行本票和安贷宝业务培训92人次，组织开展事后监督员会计业务培训46人次，反洗钱和反假币知识培训共92人次，46人取得人民银行反假币资格证书。

【专项和常规稽核审计】 根据云南省联社2008年度全省农村信用社稽核审计工作会议精神，年内共投入249个现场检查工作日，对联社所辖23个营业机构进行财务会计管理现场稽核审计，分别下发现场整改通知书22份，共提出涉及内控方面整改意见119条；涉及财务会计方面的整改意见1 240条，要求各社限期进行整改。年内累计投入283个共工作日，对联社所辖18个营业机构进行涵盖信贷、内控、现金管理等方面的现场常规稽核审计，检查共发现问题816笔，金额3 691.89万元，其中现场整改315笔，金额1 568.36万元，现场整改笔数率38.6%，金额整改率42.5%。

【安全保卫工作】 2008年对全辖区信用社进行安全保卫工作检查33次，夜间电话抽查60次，远程视频抽查每星期2次，省联社联合检查2次，公安、银监部门检查5次，要求存在安全隐患的营业网点及时整改，防患于未然。组织安全保卫工作培训，增强职工的防范意识，提高防范技能，对全区设库网点的职工进行培训86人次，重点对防暴枪使用要领及操作进行培训，培训结束后，38支军用枪支已上交公安机关，所有网点正式使用防暴枪。

（办公室）

人保财险古城公司

【综　述】 2008年人保财险古城公司，全面贯彻落实市分公司的指导思想及各项经营要求，学习全国保险工作会议精神，结合“金牌服务示范窗口创建活动”规范服务行为，加深做好每一服务细节，树立积极竞争意识，创新发展思路，把握市场竞争的主动权，根据《中国人民财产保险股份有限公司营销团队建设方案》及省市分公司精神营销团队建设和管理，公司销售团队业绩进步、管理规范、文化先进、诚实守信、充满活力。全年共计完成保费收入2 643万元，同比增长3 %。

【贯彻全保会精神】 丽江市全保会议召开后，公司经理室及时召集全公司人员认真贯彻学习全保会议精神，结合丽江古城公司辖区实际，分析寻找可能实现的任务和发展道路。一是建立和完善各项规章制度；二是制定《2008年度古城公司经营管理及考核办法》，做到早安排、早部署、早落实。三是使各项工作任务分解量化到团队，再由团队将分散性业务具体分解量化到个人，为充分发挥团队精神及集体智慧，非分散性业务由团队领导统一管理安排集体展业攻关，全体员工都明确各自的工作奋斗目标；四是加大激励机制，由公司经理室分解下达各团队年度任务，具体分解量化考核到每个季度，采取不同的激励机制；五是每周及每月分别评选一名希望之星给予奖励，上公司光荣榜张榜公布，每周一晨会对上周业绩突出的前10名员工和天天进单人员给予奖励；六是每季度按业绩评比各团队，颁发“季度先进科室荣誉称号”并上光荣榜公布。

【保险业务】 一是稳固车险龙头地位不动摇，车险占公司总业务量的70%以上，2008年共计完成车险保费收入1 992万元。二是大力发展传统的效益性险种——企财和家财险，抓好续保业务，挖掘新保源，加大内部展业力度，认真分析脱保和未投保业务原因，准确掌握客户要求，有针对性的设计承保方案，巩固和扩大业务来源，拓展新市场加强新业务和分散型业务的发展，全年完成企财险保费收入241万元，家财险完成5.71万元。三是大力发展意外险业务，根据年初制定考核办法，将意外险任务层层分解，任务量化到每一个员工，全年完成意外险保费收入144万元。四是充分利用社会资原，完善保险服务网络，全年完成协作代理保费收入215万元。五是严把承保质量关，公司业管部制定出台承保岗位职责，明确岗位工作任务，制定考核办法，加深做细和规范服务每一细节，严把承保质量关。

【全力打造标杆团队】 公司紧紧围绕“以业务发展为中心，打造标杆型团队”的指导思想，一手抓业务发展，一手抓营销团队建设。坚持每天早上8:10—8:40晨会，每周五下班前17:10—18:00夕会，发展销售团队实行1加1及1带1的方式，业务不断发展，管理逐渐成熟。公司建立一套科学公正的用人制度，形成良好的育人机制，规划好员工的职业生涯，营造有利于员工学习与成长的人文环境，畅通员工的成长通道。建立起合理的薪酬和奖惩制度，充分体现“多劳多得、优质优酬”的分配原则，尊重人才，给员工特别是优秀员工应有的充分信任、关爱和鼓励，为其创造良好的工作、生活和发展条件。建立会议、来访、谈心、座谈等形式的沟通渠道，加强和员工之间的沟通。加强对营销员思想道德、自律诚信、业务技能等方面进行高起点、高标准培训，全面提高营销员的业务水平、展业技巧攻关能力。

（综合办）

中国人寿保险股份有限公司丽江分公司

【综　述】 2008年，中国人寿保险股份有限公司丽江分公司积极贯彻执行上级公司的方针政策，不断适应市场环境的发展与变化，紧紧围绕矩阵式考核要点发展业务，各方面工作均取得显著的成效，成功步入全省系统甲三A公司行列。2008年，丽江分公司共实现总保费收入14 591.4万元，其中股份公司总保费 14 027.4万元，较上年增长57%，长险首年保费7 340.1万元，长险首年期交保费2 298.1万元，短期险保费1 635.1万元。全年各类赔款及给付3 607万元，其中赔款支出1 140.3万元。

【业务、财务及印章管理大检查】 为进一步规范管理，加强内部控制，7月，丽江分公司组成专项工作组对全市各县支公司及乡镇营销服务部进行业务、财务及印章管理大检查。通过现场检查工作流程、查阅历史凭证、电话回访客户等方式对各机构的业务管理、财务管理及印章管理进行全面检查，提出检查情况反馈及整改意见，并对整改情况进行后续跟踪督导，规范公司各项管理。

【企业年金推荐会】 9月5日，中国人寿丽江分公司与丽江市劳动和社会保障局联合举办丽江市企业年金推荐会。会议对企业年金的政策法规、办理流程和申报手续，以及国寿企业年金的缴费方式、运作模式及相关服务进行全面的介绍与讲解，使参会代表充分了解企业年金在完善员工福利，增强企业凝聚力，以及构建和谐社会方面的重要意义，有效地向各企业宣传企业年金这一新形式的企业员工养老保险。

【“保险先进村”建设】 2008年，丽江分公司继续贯彻落实上级公司“情系三农、保险下乡”等相关精神，积极推进“中国人寿保险先进村”建设。与古城区金山乡政府联合召开“推进农村保险业发展启动大会”，以点带面，稳步展开“保险先进村”创建活动；利用云南省人民政府办公厅第35期《情况简报》刊出的《中国人寿云南省分公司积极服务我省地方经济社会发展和社会主义新农村建设》一文，加强与各级政府的联系，扩大影响和宣传。至年底，全市共有9个行政村通过上级公司的验收，获得“中国人寿保险先进村”称号。

（朱文真）

十七、交通邮电

交 通 局

【综 述】 2008年，古城区交通局在上级部门的正确领导下，围绕全面落实科学发展观，以全面实现交通工作的跨越式发展为目标，紧紧抓住党中央、国务院加大农村公路建设的机遇，乘势而上，着力开创全区公路建设的新局面。

【农村公路通达建设项目申报和实施】 为加快本区社会主义新农村建设进程，认真贯彻丽江市古城区第二届人民代表大会第四次会议精神，本局积极向省交通厅、公路局争取项目和资金，全年争取到通乡油路建设项目2个，资金2 120万元；通达工程项目9个，资金743万元；项目资金属中央车购税资金，视同国债资金管理。通过全局干部职工的努力和施工单位的精心组织施工，通达工程于年底前全面完成，通乡油路正在紧张的施工中。

【三义至金江公路建设情况】 丽江市古城区三义至金江公路是一条重要的地方经济干线，路线起点（K0+000）于大理至丽江公路K154+000，止于席草地村K63+000。路线全长63千米，是丽江市经济发展的重要交通基础设施。本年建设沥青路面为37千米，公路等级为山岭重丘区四级公路，计算行车速度为20千米/小时，路基宽度为4.5米，路面宽度为3.5米。工程预算总投资为1 820万元。

【文大公路建设情况】 金山乡文化至大东乡客运站公路设计等级为山岭重丘区三级公路，计算行车逗度20千米/小时。一般最小半径30米；极限最小半径15米。项目中，文化岔口至乡政府段已由阿海电站承建，根据实际情况该路分以下几个部分进行：一、阿海电站至大东客运站段长4.06千米，路基宽7米，路面宽6.5米，已全线建好路缘石；二、文大路K41km处至热水村（学校）段长2.43千米，老路改造，路基宽3.5米，设计等级为四级（山岭重丘），计算行车速度10千米/小时，一般最小半径30米，极限最小半径10米。目前已完成投资120万元。本局将在加大安全生产监督管理力度的同时，按质按量按时完成好文大公路建设项目。

【西山油路改建顺利完工】 西山油路改建工程全长12.82千米，其中古城区段7.32千米，玉龙县段为5.5千米。油路路基宽7.5米，路面宽6.9米，总投资3 200万元。工程于2006年10月10日正式破土动工，2008年5月完工。建设西山油路改建工程是本区推进社会主义新农村建设步伐，进一步完善公路网络，促进旅游业持续稳定健康发展，实现城乡一体化目标，推进经济结构调整，加快经济社会发展的重大举措。也是区委、区政府忠实实践“三个代表”重要思想、认真为民办实事的具体行动。

【石新公路全面开工建设】 丽江市古城区石屏—新团过境公路是本省省道308线丽江—攀枝花公路中的一段，是本省滇西北地区通往邻省四川最为便捷的陆路通道。石新路是大丽铁路连接城区的主干道，项目建设必将有力促进新团片区5平方千米物流、仓储、运输中心开发建设，并对构筑枢纽型、网络化的城市交通格局具有重要意义。工程于8月26日进行了开工典礼，并从相关部门抽调人员组成指挥部。该项目预算总投资1.2亿元。其中省补资金仅有1 225万元，其余资金属地方自筹。

【农村公路养护工作】 在上一年全面实施农村公路养护体制改革的基础上，继续推进农村公路管理体制改革工作，实现农村公路管理养护正常化和规范化。落实农村公路养护资金98.02万元，其中省补资金73.02万元，区财政配套补助25万元。农村公路养护资金有了保障。农村公路养护做到有人管护和有人巡查，做到路面清洁平整，路基、边坡稳定，排水通畅，桥涵等构造物维护完好，标志醒目（标志逐年配齐），路上无堆积物，晴雨通畅。

【路政管理取得成效】 继续保持治理力度，坚持上路巡查，巩固几年来治理公路“三乱”取得的成果，同时注重防止公路“三乱”的反弹，在建的文大油路，由于大东境内出产铅锌矿，拉矿的车辆进出较多，且存在超载、超限现象，对路基造成的破坏较大，对此，路政大队携带测重仪器，累计出动100多人（次），集中进行整治，在短时间内取得较好的效果。对收取的相关费用执行收支两条线，直接交财政部门在银行设立的专业账户中，做到收缴分离。

【水上交通规划】 本区水上交通发展比较滞后，只有金江乡金江渡口和金山乡拉马古两个渡口。金沙江中上游水电站建成，形成一库八级的局面后，海事工作面临库区监管。按规划，库区沿线准备修建3个码头，购置两艘50人座豪华游船，建一个海事现场签证点。同时，开发库区环线旅游，从金安桥水电站出发到大东三级站码头进行水上旅游，在大东温泉山庄游玩后从公路返回丽江市区。

【注重安全生产工作】 公路在建项目落实安全生产工作责任制，签定安全责任合同，定期和不定期检查落实安全生产工作情况。“春节”黄金周、“五一”黄金周前对本区区乡道路进行彻底的路况摸底排查，对存在安全隐患的路段进行重点监控，每月组织人到各乡进行道路安全检查，保证道路桥涵等道路交通设施的安全，做好雨季保通和节日运输的通畅。进一步提高和加强水上交通安全和渡口渡船安全监督管理工作，与金山乡、金江乡签订渡口渡船安全责任状，落实渡口渡船四级安全责任制。

【综合办公楼建设】 按照丽发改的通知要求，对行政事业综合管理用房项目进行了建设。项目于2月14日开工建设，项目用地面积1 666.67平方米，总建筑面积1 351.51平方米，项目总投资238.35万元，经过业主和施工单位艰辛的努力，该项目工程进展顺利。

【抗震救灾工作】 5月12日，四川汶川发生里氏8.0级地震，造成重大人员伤亡和财产损失。本局广泛动员职工，支援灾区抗震救灾工作，帮助灾区渡过难关。本局总支动员广大党员踊跃交纳特殊党费，副主任科员以上党员每人800元，普通党员每人300元，离退休党员也尽己所能踊跃交纳特殊党费，总支全体党员21人共交纳特殊党费8 900元。全局30个同志共筹集捐款6 220元，单位捐款2万元，为灾区的抗震救灾和恢复重建工作尽了自己的一份力。

（李江云）

交通征稽

【综　述】 丽江交通规费征收稽查所（以下简称丽江征费所），2008年度共计征收交通规费3 856.88万元（含白汉场征费所），其中征收公路养路费2 883.09万元，公路客、货运附加费973.79万元，比上年度多征收500万元，超额完成上级下达任务数的9%，并获得云南省交通规费征收稽查局授予的“先进单位”称号，有一人荣获云南省交通规费征收稽查局授予的“先进工作者”光荣称号，创下交通规费征费数的历史新高。

【提升服务意识 提高服务质量】 新年伊始，丽江征费所针对年初征费高峰期，缴费人员拥挤不堪的情况，采取增加征费人员、加开征费窗口、延长工作时间、预约缴费等举措，同时要求征费人员提高服务意识，在规定时间内办理完成征、缴费手续，不得出现差错和与车户争吵的现象。通过全体征费人员的共同努力、协作配合，减少了缴费人员的等待时间，未出现拥挤和与车户车主争吵情况，顺利圆满地渡过年初征费高峰期。

【强化劳动纪律 推进“三化”落实】 结合云南省交通规费征收稽查局提出的“三化”，即：“管理精细化、执法规范化、服务优质化”的要求，结合丽江征费所的实际情况，对征费工作制度、劳动纪律等制度进行了完善和改进，促进征费工作人性化和规范化管理，使征费、稽查等各项工作上了一个新台阶。

【积极开展“所长接待日”活动】 为认真贯彻落实《信访条例》、《中共云南省委联席会议关于开展（市、区）县委书记大接访、党政领导干部大下访活动的意见》，进一步拓宽信访渠道，做好信访工作，征费所建立了“所长接待日”制度。该制度的建立，有利于提高交通征稽工作的透明度和人民群众的参与度，更好地了解民意，为民排忧解难；有利于进一步转变征费所工作作风，增强单位的执信力和公信力，密切与车主和群众的联系。从8月份起，每月15日定为所长接待日。通过5个月的施行，先后接待4人。所领导认真听取车主和群众提出的问题和意见，对能解决的2个问题当场给予办理，对不能办理和解决的2个问题，逐级反映情况，10个工作日内给予了答复。通过所长接待日的实施，有效地控制了非正常上访，有效化解征、缴双方的矛盾纠纷，做好稳定工作，维护征费工作的正常进行。

【有效开展征费宣传活动】 7月开始，丽江征费所与玉龙数字电视传媒公司合作，利用数字电视传播范围广的有利条件，通过该台4套节目用滚动字幕方式宣传交通规费征、缴费方面的政策、法规、规定和知识，让广大车主车户和群众知晓交通规费征、缴方面的知识，便于及时缴费和办理相关手续，此举得到了广大群众的支持和好评。

【交通征稽辉煌的21年】 12月31日，国家燃油税费改革方案实施，交通规费的征收工作结束，丽江征费所至此完成了历史使命。从1987年7月成立丽江公路养路费征收稽查站到如今，走过了辉煌的21年。从1987年征收公路养路费360万元至本年征收交通规费3 857万元，征收额翻了十倍多，平均每年以7%的速度递增，21年来累计征收公路养路费2.536亿元，公路客、货运附加费（公建金）0.96亿元，丽江征费所为云南公路交通建设筹集资金3.496亿元。

（黄彦明）

民 航

【综 述】 2008年，中国南方部分地区严重低温雨雪冰冻灾害和四川汶川大地震等自然灾害以及全球金融危机等客观因素影响，机场不同程度受到冲击。奥运安保、不停航施工管理、不正常航班保障等工作给机场带来了极大的考验。丽江机场在集团公司的正确领导下，全体员工攻克难关、破解难题，努力克服发展变化带来的不利影响，围绕集团公司提出的“八四二一”工作思路，迎难而上、狠抓落实，确保丽江机场安全稳定和谐发展。

【安全工作】 丽江机场认真贯彻落实安全法律法规和民航各级安全工作会议精神，在大事多、难事多、任务重、压力大的情况下，严格执行《民用机场运行安全管理规定》，认真落实“隐患治理年”的各项措施，积极开展隐患治理排查、“安全生产百日督查”等活动；民航局十条航空保安特别工作措施和八条要求得到落实，奥运火炬接力境内传递航空运输安全及服务保障工作顺利完成，出色完成北京奥运会和残奥会的航班安全保障任务；RNP程序验证飞行在丽江机场取得成功；员工的安全教育和培训工作得到加强，安全制度执行力度进一步提高。全年未发生空防安全事故、重大航空地面事故和其它事故征候以上不安全事件，实现连续13个航空安全年的目标。

【经营目标工作】 丽江机场做好冰雪灾害、地震灾害、北京奥运会、残奥会，东航返航事件、昆明特大洪水等特殊时期的航班保障任务；针对全球金融危机冲击，积极想办法，研究对策，创造性开展好各项工作，努力把保障航空运输持续安全作为重要工作来抓，按照预期计划加快推进改扩建建设步伐，从优化服务、开拓市场、加强经营管理、优化资源配置、提升企业文化等几方面促进机场工作的开展。全年保障航班19 432架（次），旅客吞吐量1 882 228人（次），行货邮吞吐量12 695.9吨；机场主营业务收入同比增长5.15%，丽江机场连续六年保持赢利。

【节能减排工作】 机场有11家航空公司，13条运营航线，节能减排工作任务重。机构严格按照年初集团公司财务工作会议精神，结合机场实际，着力从增强资源意识、危机意识、风险意识、财务管理意识，加强市场的研究和开发，着重从预算管理、绩效考核、财务监管、财经纪律几方面抓好落实。拟定了《2008年丽江机场财务收支预算》及《2008年丽江机场运输生产计划》，在形势发生变化、经营目标出现下滑的情况下，加大各项预算管理的执行力度，确保资金使用有计划、有研究，切实在机场基础设施建设和安全设施投入上见成效。在加强经营管理的同时，注重航空市场的开发，祥鹏航空公司开通丽江—版纳航线，金鹿航空公司开通丽江—南京直航航线，深圳航空公司开通丽江—版纳、丽江—重庆直航航线。在机场成本管理方面，机场充分总结以往好的经验和做法，及时成立“节能减排”领导小组，结合一体化管理体系的运行，严格落实节水、节电、节能等管理规定，认真对承包的通讯费、水电费、燃油费、车辆维修费、日常办公费等进行量化考核和控制，并按照核定数量制定了严格的奖惩考核标准。用电量比定额降8.5%，用油量比定额降8.7%，纸张消耗比定额降31%，机场废水降低，噪声排放达标；通过有效措施减少耗材消耗使用量，固体废弃物集中处理率达到100%，为建设资源节约型、环境友好型社会做出贡献。

【优质服务工作】 继续深入推进平安机场、诚信机场、文明机场、和谐机场创建工作，全力以赴做好2008年冰雪灾害、地震灾害、东航返航事件旅客服务。机场结合实际，认真落实“要深化四个创建，运用两个策略，建立一个枢纽”的服务要求，促进机场和谐稳定发展。加强对《丽江机场航班不正常处置预案》、《丽江机场航班延误引发旅客群体性事件预防和处置措施》、《丽江机场“三超”行李管理规定》等规章制度执行力度，做好不正常航班旅客服务保障工作；逐步建立完善顾客满意度测评体系和服务质量监督管理体系，每季度定期开展测评工作；完善投诉处理机制和内部员工投诉受理机制，提高顾客投诉处理效率。邀请中国航空协会培训中心高级讲师作服务质量专题讲座，加强对工作人员在航班不正常情况下处置能力的培训，提高服务技巧，培养员工与旅客的“换位思考”意识，树立“航班延误、服务不延误”的服务理念。本年，丽江机场平均航班放行正常率达到98.5%，未发生旅客有效投诉事件，候机楼旅客服务满意度为93.33%，货运服务货主满意度为97.15%。航空公司、旅客、货主、商家对机场服务工作的认同感明显上升。

【改扩建工程工作】 本年，在改扩建任务非常繁重、初步设计未批复、大量手续不完善以及安全形势严峻、建设和机场运行矛盾越来越突出的情况下，通过协调沟通，充分发挥指挥部人员的积极性和创造性，完成3.2亿多元固定资产投资计划，努力加快改扩建步伐，对完成省政府下达的目标任务起到积极促进作用，受到云南省政府督查办、民航办、集团公司及地方政府的肯定，得到丽江市政府的奖励。针对飞行程序等难点问题，动员全体人员提高认识，全力配合协调导航台选址工作；在合同谈判、签订、履行过程，要求指挥部全体人员摆正自己的位置，认真履行职责，维护集团公司利益，宁当恶人不做“老好人”，为节约投资，“多快好省”地做好改扩建工作，就地基处理、航站楼基层处理、沟渠建设、地勘等多项工程提出建设性意见。

【专项整治工作】 外部加强与航空公司的沟通，强化授权和信息传递工作；内部优化程序、明确职责、领导带头，实现联动。结合自身特点建立了《行李运输管理系统》，实现行李运输管理规范化、系统化。一些好的经验和做法得到民航西南地区航空运输服务质量专项整治检查组肯定。丽江机场获“行李运输服务质量优胜奖”，受民航局、西南地区管理局表彰。

【重要保障工作】 丽江机场把切实做好第29届奥运会火炬接力在本市传递期间的航空运输保障和优质服务工作作为一项及其重要工作来抓，历时半年，精心准备，按照“确保安全、优质服务、进出顺畅”的保障宗旨，圆满完成奥运火炬接力境内传递航班保障任务。整个保障工作，领导重视，部署周密，组织有力，落实到位，得到各级领导的好评。

完成中央军委委员梁光烈上将、全国人大常委会副委员长韩启德、全国政协副主席王志珍、泰国临时总理素拉育、全国妇联主席顾秀莲、全国政协副主席罗富和等重要领导航班保障任务。

【RNP新技术成功推广和运用】 年内，民航局启动丽江机场RNP项目。采用RNP程序和常规程序混合运行方式，这在全国乃至全世界都是首次尝试，它需要程序设计、飞行、管制等多方面的共同配合。丽江机场航班量大，飞行冲突较多，采用混合运行困难很大。机场派员积极学习新技术、新知识，结合丽江机场常规程序的特点，从常规程序和RNP程序混合运行的角度考虑，为丽江机场RNP程序的设计提出了许多可行的意见和建议，并积极参与丽江机场RNP程序模拟机验证飞行、演示飞行。经过各方的共同努力，5月，丽江RNP程序通过民航局的验证。为确保新技术的推广和应用，丽江机场经过多方面分析，研究编制了《丽江机场RNP程序和常规程序混合运行的管制工作方案》，并得到了有关方面的认可，为丽江机场RNP程序的运行奠定了基础。为新技术的推广运用作出了贡献。新技术的运用，机场跑道将实现双向起降，安全运行水平得到提高、导航精准度得到增强，缩短航路、节省时间，降低航空公燃油消耗和机场基础设施的损耗，将为航空公司和机场带来更大的效益。

【落实民航总局航空保安特别工作措施】 3月11日，为深入贯彻落实民航总局在空防安全工作电视电话会议精神，丽江机场及时召开空防安全工作会议，传达民航总局3.11电视电话会议精神，认真学习领会民航总局《航空保安特别工作措施》有关条款和内容，结合丽江机场航空安全的实际，对照民航总局的十条措施，逐一比对、分解和细化，拿出了具体的实施方案，安排和部署丽江机场贯彻执行民航总局航空保安特别工作措施的多项工作。为不折不扣落实“十条措施”、“八条要求，”丽江市人民政府召开机场空防安全协调会，从“爆炸物品检测、液态物品携带、安检两率、免检和礼遇、行李和货运、安检现场执勤检测、机组管理、重点部位保卫巡逻、航空保安运行形势风险评估、政府汇报、背景调查”等十一个方面作了具体要求和细化，卓有成效确保机场空防安全。

【支持汶川地震灾区各项工作】 5月12日，四川汶川县发生里氏7.8级强烈地震。受灾地区电力、通信、交通、水利等设施遭到严重破坏，给人民群众的生产、生活和生命安全带来了严重的影响。5月12～15日，丽江机场飞成都航班取消11架（次），旅客滞留1 100余人。丽江机场全力以赴做好滞留旅客的安置工作，全体保障人员以高度责任心做好旅客说服解释工作，想尽一切办法，尽最大努力做好旅客安置事宜。5月19日，丽江机场候机楼前的国旗降半旗，表达对四川汶川大地震遇难同胞的深切哀悼。14时28分，现场一线工作人员、正在开会的机场领导和管理人员以及班组长全体起立，为四川汶川大地震遇难同胞默哀3分钟。5月26日，41名汶川地震灾区孤儿乘座当日3U8693航班抵达丽江机场。接到通知后，机场领导及时进行布置，各一线部门均抽调备勤人员，在道口加强引导，航务部机务队积极调配机位，在航班密集、能保证安全的情况下让该航班停靠廊桥，机场领导及一线部门负责人到现场指挥协调工作，为保障到丽地震灾区孤儿顺畅出港做了大量准备。提供精心细致的服务。震后，广大党员、团员、青年以不同形式进行捐款，累计向汶川地震灾区捐款达84 650.5元。丽江机场被民航西南地区管理局工会委员会评为抗震救灾先进集体。

【党建工作】 切实加强思想建设，认真开展以《党章》、党的十七大精神为主要内容的党员学习教育活动。积极开展“执行力、创新力、凝聚力”三力建设活动和“解放思想、深化改革、扩大开发、科学发展”大讨论，加强机场党风建设和反腐倡廉工作，签订党风廉政建设责任制，不断加强党的组织建设和廉政建设，促进机场和谐稳定发展。积极组织开展扶贫、帮困、救灾捐款活动，以不同形式向困难党员、困难员工和灾区捐款达到160 385.5元。积极开展员工劳动竞赛活动，深入进行“云岭优秀职工”、“云岭优秀班组”和“云岭青年先锋岗”、“青年文明号”的创建工作。

【文明单位创建工作】 丽江机场始终结合自身特点和实际，以“塑造新形象、加快新发展”为突破口，本着“以人为本、以德治企”的思想，大力倡导人文精神，努力营造一个团结和谐、积极进取的工作氛围。以党建工作为龙头，以企业文化建设为基点，以培养“四有”新人、提高机场员工的整体素质、提高机场的综合竞争能力为目标，遵循“实效性、特色化”的创建之路，努力打造一个环境幽雅、特色鲜明、管理规范的机场环境。在全国文明单位创建工作中，考评组对丽江机场扎实创建基础、富有特色的创建方法给予充分肯定。

【表彰情况】 年内，丽江机场被全国精神文明委评为“全国精神文明建设工作先进单位”；获得民航总局、西南地区管理局表彰的“抗震救灾先进集体”、“保障奥运火炬传递先进单位”、“行李运输服务质量优胜奖”等荣誉；被中共云南省委组织部、云南省国资委联合表彰为“先进基层党组织”；党委被云南省国资委党委表彰为“云岭先锋工程先进基层党委”；被丽江市委、市政府表彰为“2008北京奥运火炬接力丽江传递活动先进集体”。

（杨树平）

邮 政

【综　述】 2008年，丽江邮政坚持以科学发展观统领全局，全面实施体制改革，紧紧围绕年初确定的经营目标，以创新机制、强化经营、优化管理、改善服务为主线，抓住改革带来的机遇，进一步解放思想、开拓创新，在全局职工的共同努力下，顺利开展各项工作，基础管理工作不断提高，服务质量逐步提升，经营策略推陈出新，业务亮点频现，全局呈现出良好的发展态势。

本年，全市共完成业务收入 3 749.18 万元（一级支行收入 331.46 万元），完成调整后年计划 3 690 万元的 101.6%，超计划进度 1.6 个百分点，比上年同期增长 18.51%，净增 585.62 万元，其中：邮务类业务完成 1 035.80 万元，同比增长 15.26%，净增 137.10 万元；金融类业务完成 1 691.32 万元，同比增长 15.51%，净增 226.99 万元；速递物流类业务完成 845.89 万元，同比增长 28.97%，净增 189.97 万元；其他业务收入完成 176.17 万元（其中：含商品销售收入 24.62 万元），同比增长 21.83%，净增 31.56 万元。实现支差总额 960.48 万元，完成省公司下达的支差计划。全员劳动生产率达 74 388 元／人，比上年同期下降 7.11%。

【召开全市邮政工作会议暨一届四次职代会】 为确保全年的各项工作早安排、早落实、早见效益，丽江局及时筹划、精心准备，于 1 月 10 日～11 日召开全市邮政工作会议暨一届四次职代会。会议全面总结了丽江邮政上年的工作，对本年各项工作作了安排部署。提出本年丽江邮政的工作目标：全力构建一个体系，踏实做好“两抓”工作，实现三大目标。全力构建一个体系，即以专业营销为支撑、岗位营销为补充的营销体系。不断强化专业营销，创新营销手段，加大营销队伍建设力度，把增收的重点转到营销拉动上，使营销收入上规模、上台阶。踏实做好“两抓”工作，即：一抓营业和投递窗口的创收和服务能力，使窗口收入在本年实现稳步增长，重点抓好储蓄窗口的自然吸储能力和城区支局所的创收能力；二抓管理和服务，以管理精细化、服务标准化为目标抓好管理和服务两项工作。实现三大目标：一是实现业务收入 3 620 万元，达到 16%的增长；二是完成省公司下达的收差计划和资金上缴计划；三是实现职工收入增长 6%的目标。

会上对在上年工作中涌现出来的一批先进集体和个人进行了表彰，以营造一种“比、学、赶、帮、超”的良好发展氛围，用先进的精神感召和激励广大职工积极投身于邮政改革和发展，为丽江邮政持续健康发展作出积极贡献。

【召开 2007 年度邮政业务发展表彰大会】 1 月 31 日，丽江局召开上年度邮政业务发展表彰大会，全体管理人员、班组长、支局所长参加会议，这是自 1998 年邮电分营以来丽江局召开的首次大规模表彰大会。会议传达了全省邮政工作会议精神，公布了省公司兑现丽江局的预算执行奖励情况。宣读了丽江邮政《关于兑现 2008 年度报刊大收订奖励的通知》,《关于对获得 2007 年度总经理提名奖个人进行表彰奖励的通知》,《关于兑现 2008 年邮政贺卡业务奖励金的通知》,《关于发放二代证业务发展奖励的通知》等，对获奖人员进行了颁奖。会议充分展现了丽江邮政人在经历艰苦奋斗之后的丰收喜悦和奋勇争先的励志精神，对激励广大职工 2008 年夺取更优异的成绩起到鼓舞和鞭策作用。

【完成企业专业化改革】 2 月底，按照省公司的“三定”改革方案要求，以抓好管理体制建设为主，逐步规范职能部门，实施专业化改革，市局顺利完成了从市局到县、区局的企业机构改革，市局成立了函件分局、集邮公司、速递公司、物流公司四个专业部门，并成立了古城区邮政局和玉龙县邮政局，企业机构健全，专业化经营进一步规范，为推动各项业务发展奠定了坚实的基础。

【开展丰富多彩的“三八”节活动】 根据省邮政工会、女职工委员会的工作部署，丽江市邮政工会女职工委员会结合实际，精心组织，开展了丰富多彩的“三八”节活动。市局邮政工会女工委主任高莉芬同志和市局工会女干部，代表市邮政局参加了市妇联组织的“全市各界妇女纪念‘三八’妇女节 98 周年庆祝大会”。市局现业分两批组织女职工到大理洱源“地热国温泉”进行郊游活动，各县局也自行组织开展了丰富多彩的文体活动，为企业增添了和谐色彩。

【召开邮政服务中小企业推介会】 3 月 21 日，丽江邮政与丽江市经贸委联合召开主题为“依托邮政三流优势，为客户创造价值”的邮政服务中小企业推介会。市经贸委沙玛务达副主任，各区、县相关部门负责人以及全市 30 位中小企业代表参加了会议。会上，沙玛务达副主任代表市经贸委讲话。沙玛务达指出，此次会议的目的就是配合邮政部门，帮助中小企业了解邮政的各种资源优势，引导中小企业结合各自生产经营实际，把充分利用邮政的各种资源优势作为加快发展的有效途径，进一步开拓市场营销、物流仓储及融通资金的新渠道，促进自身发展壮大。从政府部门的角度出发，把邮政服务中小企业活动作为丽江市推进中小企业培育、成长、特色产业提升的重要措施来抓紧抓好，为邮政与中小企业搭建合作平台和交流平台，使广大中小企业能依托邮政，拓展信息沟通渠道，加大市场开发力度。同时也希望各级邮政部门与市经贸委相关部门互相支持，加大宣传力度，开拓服务领域，把主要精力放在如何将全面服务中小企业工作推向更高水平，使双方在发展中求得“共赢”上，要以“服务”为先，用自己真诚的服务来赢得中小企业的赞誉，和中小企业一起搭建起社会公共服务平台。

丽江邮政表示，将充分利用自身的资源优势，通过邮政的商业信函寄递业务，为中小企业搭建市场营销平台；通过邮政的多层次、个性化物流运输网络，为中小企业搭建商品流通平台；通过邮政覆盖城乡的金融网络，为中小企业资金运转平台；通过邮政的报刊订阅渠道，为中小企业搭建信息传播平台；通过邮政特有的邮票资源，为中小企业搭建企业文化建设平台，全力做好邮政服务中小企业工作。

会上，丽江邮政各专业负责人通过业务推介、产品展示等形式，向广大中小企业和市经贸委展示了邮政优质的服务、丰富的产品以及诚信的品牌。市烟草公司、三叠水公司、丽客隆超市等企业代表在会上发言，纷纷表示，与邮政的合作很愉快，通过邮政这个平台宣传企业很成功。丽江电视台对这次会议进行了全方位的报道，并在企业专栏节目“丽江之源—玉水寨”中对明信片门票的开发进行了针对性地采访，为函件业务的推动产生了很好的宣传效果，为进一步与各中小企业合作打下了良好的基础。

【开展维护稳定和防范教育培训工作】 4月2日下午，丽江市邮政局召开中层干部会议，赵家明副局长传达了市政法委组织召开的“关于维护社会治安和内部稳定”等会议精神，分析了当前面临的社会治安形势和丽江的综治动态。主持工作的赖云副局长根据省公司和市委近期对“维稳”工作提出的相关要求，结合丽江邮政的实际，对邮政如何加强维护社会和内部稳定，开展好防范教育，认真做好隐患排查等工作作了具体的安排，要求全局党员干部以高度的政治责任感，认清“法轮功”、拉萨3.14打、砸、抢、烧暴力事件等破坏国家安全和社会稳定的丑恶面目，严格按照各级部门的指示和要求做好邮政的本职工作。一是对危害社会稳定和公共安全以及敏感问题做到不传播、不信谣，对涉及邮件和资金、人身安全的要积极协助配合地方有关部门做好防范和处置工作；二是严格执行规章制度，营业窗口要认真做好邮件收寄验视工作，邮件处理环节要密切防范，发现可疑邮件迅速与有关部门联系，果断处置，并作为一项政治任务常抓不懈；三是加强金融安全预防工作，特别是业务处理、资金运行、管理等环节须加大督查力度，严防事故发生，保障人身、资金安全；四是在全市邮政范围内开展一次治安形势防范教育活动，做到人人参与，共同维护，并作为年内综治工作重点和对各部门考核的依据，加强应急预案的学习和演练，提高预防和处置能力，提高突发事件的警觉和辨别能力；五是由安保部牵头，各单位配合，按照省公司“关于开展安全隐患排查验收工作的通知”要求，对安全防范、安全生产重点部位和关键环节进行深入细致的排查，发现隐患及时整改，不能整改的向上级部门报告，巩固和维护安全生产工作取得的成果。

4月3日，市局各部门组织召开了部门会议，会上现业职工100%接受了安全防范教育培训，还就近期需要解决的安全防范问题听取了一线职工的意见，并专题向局领导作了汇报。各县局也通过积极开展防范教育和应急预案的演练活动，迎接省、市相关部门的排查验收，全面推进综治维稳各项措施的落实。

【工会召开全委会议】 5月10，丽江邮政工会组织召开了本年全市邮政工会全委会议。会上，市邮政局副局长、工会主席赵家明同志传达了李永康总经理在云南省邮政工会二届七次全委会上的重要讲话及李克超主席的工会工作报告精神，全面总结了上年丽江邮政工会工作，并对本年工会工作重点作了安排部署：一是要认真学习省邮政工会二届七次全委会议精神，结合丽江邮政实际和工会工作目标，把会议精神落实到工会的各项工作中，认真领会“五个推进”，重点围绕立足“三个着眼点”，实施“两个提高”，办好“十件实事”的3—2—10基本工作思路开展好各级工会工作；二是加大“树创”、

"推优"工作力度，通过多层面、多专业、多项目的推荐评选，推选出一批优秀模范职工队伍；三是抓好"职工小家"建设，总结去年取得的成功经验，实现建设一个，达标一个的目标，真正让基层职工感受到"家"的温暖；四是工会要积极主动配合行政做好邮政体制改革等重大活动中的职工思想工作，维护好职工的合法权益；五是做好宣传学习《劳动合同法》，配合市局相关部门采取宣传栏、知识问答、邀请专家讲课等形式，把《劳动合同法》学习落到实处，提高员工依法维权意识；六是积极组织职工参加省邮政公司组织的"十年成就、再创辉煌"主题文化艺术节活动，组织男女篮球赛、文艺演出、书法、摄影、征文等系列活动，把此次活动作为展示丽江邮政企业文化的平台，争创佳绩。会议通报了上年目标责任、工运论文、信息等完成情况，考核兑现了各部门工会目标责任。

【为汶川灾区捐款】 四川省汶川县发生里氏 8.0 级强烈地震后，市局领导高度重视救灾工作，立即召开中层干部会议，一方面，立即启动应急机制，成立抗震救灾应急小组，研究部署各项抗震救灾工作，全力做好应急处理准备工作；另一方面，号召全体邮政干部职工积极行动起来，弘扬中华民族"一方有难、八方支援"的传统美德，伸出援助之手，为灾区人民献爱心。全市迅速掀起为灾区人民送温暖献爱心的热潮，大家纷纷伸出援助之手，积极捐款。真情系灾区，爱心汇暖流，截止 5 月 15 日，全市邮政干部职工、离退休人员、劳务工、委代办人员共 635 人，向灾区捐款 38 640.00 元，并于当日全部交至丽江市红十字会。5 月 25 日，丽江市邮政局机关在职党员积极响应市委组织部的号召，开展"交一次特殊党费，关爱一名灾区群众"活动，52 名党员共交纳"特殊党费"26 400 元，统一交市委组织部。

【金融体制改革取得阶段性成果】 按照省公司党组的要求，截至 5 月 29 日，中国邮政储蓄银行丽江市分行及其下属的丽江古城区支行、四方街支行、民主路支行、香格里拉支行，永胜吉庆路支行、星湖支行、梁官支行，华坪南街支行和宁蒗北渠路支行等 8 个支行全部挂牌成立。市分行下设办公室、财务会计部、审计部、综合业务部、风险合规部、渠道与科技部六个部门。先后共两批人员（62 人）从邮政企业划入市分行，标志着丽江市邮政储蓄体制改革取得了阶段性的成果。

【全市首家邮储银行支行启动小额贷款业务】 5 月 27 日，中国邮政储蓄银行丽江永胜县吉庆路支行小额贷款业务正式启动，当日成功发放 5.5 万元首笔小额贷款。作为全省 13 个县（市、区）局试点开办单位之一，永胜县吉庆路支行小额贷款业务的成功启动为全市邮政金融揭开了新的篇章。

【建立健全企业党组织】 随着市局机构的调整，6 月 16 日市局党委组织召开党员扩大会议，要求尽快成立 5 个新党支部，即：机关党支部、专业局党支部、邮储银行市分行支部、古城区邮政局党支部和离退休党支部，健全党的组织，扎实开展好党的各项工作，更好地指导企业的发展。各党支部要结合企业实际，有计划、有内容、有组织地开展支部活动；要积极吸收优秀职工加入党组织，给各支部注入新鲜血液，使企业的党员队伍不断壮大；要正确处理好生产工作与组织生活的关系，处理好发挥党组织作用和遵从企业利益的关系，处理好奉献和报酬的关系，充分发挥党组织的战斗堡垒作用和党员先锋模范作用，形成党政合力，切实推进企业各项工作再上新台阶。截止 6 月 20 日，市局先后成立了机关党支部、专业局党支部、邮储银行市分行党支部、古城区邮政局党支部和离退休党支部，5 个支部分别通过民主选举，产生了支部书记及支部委员，进一步建立健全了党的基层组织。全年共有 28 名职工向组织提交了《入党申请书》，并通过由丽江市委组织部组织的培训，全部发展成为入党积极分子。

【市局做客丽江人民广播电台"政风行风"热线栏目】 7 月 4 日，丽江市邮政局应邀参加丽江人民广播电台"政风行风"热线栏目，市局综合办张立忠主任、市场部陈小平主任、函件分局和平凡局长及速递公司茶富春经理代表丽江邮政走进"政风行风"热线栏目直播室，与广大听众共享邮政近年来在改革发展方面取得的成就以及"四项制度"的贯彻落实情况，并分别接听了近 10 位听众打进的热线电话，对听众提出的问题一一作认真解答。

【组织开展“解放思想大讨论活动”】 7月9日，市局组织各职能部室和现业局的中层领导干部、党员及入党积极分子开展以“讲党性、重品行、做表率”为主题的“解放思想大讨论学习”活动，市局副局长赖云同志紧紧围绕主题，给大家讲了生动的一节党课。他介绍了解放思想最本真的意义——解放思想说到底就是解放人，就是解放生产力，即把人从旧有的社会关系中解放出来，从代表着旧有的社会关系的思想束缚中解放出来，让思想冲破牢笼而提升到生产力发展要求的新水平上来，从而促进生产力的发展。并结合丽江邮政改革发展的实际，从为什么要解放思想，解放什么样的思想，企业应该怎样解放思想，到如何将解放思想大讨论理论学习联系到工作实践中，均作了详细讲解。他强调，解放思想大讨论工作是一项长期而有意义的工作，每一位职工都要认真学习，深刻领悟解放思想大讨论活动的含义，切实结合自己的工作，把解放思想与日常工作合理结合起来，善于发现问题，用全新的思维去思考问题，解决问题，特别是领导干部要带头做好此项工作。

【贯彻落实“四项制度”】 市局按照市人事局“四项制度”考试办公室的要求，始终认真贯彻落实“四项制度”。7月11日，市局人力资源部组织现业局的中层及一般管理人员在丽江邮电宾馆八角楼会议室进行“四项制度”知识考试，考试采取闭卷形式，考察“四项制度”基本知识，参加考试面达到95%以上，平均分达到94分，取得全市较好的成绩。

【开展“八一”军转干部慰问活动】 8月1日，市局开展企业军转干部“送真情、送温暖”慰问活动。市局行政及工会领导亲自带队，深入到全局48名军转干部家中走访，与他们谈心、交心、了解情况、听取意见，并切实帮助解决实际困难，送去节日慰问金和慰问品，让大家感受到企业的关心和温暖。

【个性化邮票营销再创辉煌】 在“六一”、“八一”、父亲节、母亲节等节日期间，大力开发个性化邮票，共完成《金色童年》1 080版，超计划任务216%。新推出的《我的父亲母亲》，打开了个性化邮票营销的新市场，再次掀起丽江个性化邮票开发的高潮。

【奥运邮品热销】 随着北京奥运会的临近，奥运邮品出现一浪高过一浪的销售热潮。抓住奥运圣火在丽江传递的契机，市局早安排、早行动，仅火炬传递当日，就创收2.6万元。成功销售《奥运大全册》13册，创收39万元。8月8日～12日，在城区各集邮网点开展奥运邮票、邮品专项销售活动，并现场为购买者加盖纪念戳，奥运邮票、首日封、纪念封、专题册成为广大集邮爱好者抢购的邮品，《北京奥运版票精装册》于销售当日就实现零库存，售出10册，销售额达22 000元。

【古城EMS特快专递专营店开业】 丽江邮政积极调整经营思路，以不断提升速递市场竞争力为主，8月18日，全市首家EMS特快专递专营店在丽江古城关门口隆重开业，为速递专业化发展揭开了崭新的一页。

【中国邮政集团公司刘安东总经理到丽江调研】 8月30日，中国邮政集团公司刘安东总经理一行在云南省邮政公司李永康总经理等陪同下，到丽江调研。下午，刚乘车到达丽江，刘总便到古城四方街邮政支局看望员工，并与职工一一握手，亲切询问当班员工的生活、工作情况，详细询问了四方街邮政支局的业务发展情况和员工的收入情况。

【做好奥运邮政安全工作】 第29届奥运会在北京召开，为确保奥运邮政安全，市局党委高度重视奥运邮政生产安全工作，下发3份关于奥运邮政安全的相关文件，召开相关会议10余（次），并按照省公司相关要求，结合实际，成立了以赖云副局长为组长的“奥运邮政安全领导小组”，分别与各区县局签订了《奥运邮政生产安全责任书》，要求各单位必须高度重视安全生产，认真做好各个环节的安全检查工作。同时，从5月1日起，全市干部职工在节假日和周末外出时，实行严格的报告审批制度，至10月31日，全市未发生任何奥运邮政安全生产事故，树立了良好的社会形象。

【市总工会领导看望患病职工】 市局退休职工母仕

宏同志于1月初患“扩张型心肌病，三度房室传道阻滞、心率衰竭”重病，必须进行三腔心脏起博器植入术。面对昂贵的手术治疗费，母仕宏同志考虑到家境和病情欲放弃治疗。市局领导和工会得知这一情况后及时到医院看望，给母仕宏做思想工作，鼓励母仕宏一定要振作起来。为争取时间，市局及时拿出6万元钱让母仕宏同志作手术抵押金。母仕宏同志出院后，9月8日，丽江市总工会主席和钺、市邮政局工会主席赵家明一行五人到其家中看望慰问。和主席代表市总工会对母仕宏同志表示亲切慰问，详细了解其身体、生活状况，鼓励母仕宏克服困难，调整心态、战胜病魔，并将饱含着全市工人阶级爱心的21 720元职工互助医疗赔付金、1 000元慰问金送到母仕宏同志手中，母仕宏感动得热泪盈眶。母仕宏同志是丽江邮政第2个得到丽江市总工会互助医疗保险赔付的职工。

【第四届少年儿童书信文化活动启动】 9月17日，由共青团丽江市委、市教育局、市少工委、市总工会、市邮政局五家单位共同主办的第四届少年儿童书信文化活动正式启动。共青团丽江市委书记、市邮政局副局长、市教育局副局长以及各县团委、教育局、邮政局等单位领导出席了启动仪式。启动仪式上，组委会对第三届少年儿童书信文化活动作了总结，并对在第三届活动中获奖的优秀组织和学生发放了奖金，颁发了证书。在第三届少年儿童书信文化活动中，全市共有88所学校的23 642名学生参赛，市组委会共收到参赛书信2.37万件，参赛学生占学生总数的12.68%。经过评选共有117件作品获奖，其中，16名学生的参赛作品分别获得全省一、二、三等奖，101名学生的参赛作品分别获得全市优秀奖、鼓励奖。市总工会和丽江市邮政局工会还积极向省组委会汇报、申请，为3名获奖的贫困学生申请到了贫困助学金，切实为贫困学生做了实事。

第四届少年儿童书信文化活动以“我心中的奥运”为主题，增加了绘画比赛这一新的元素，以“我把快乐寄给你”为主题，引导全市少年儿童以实际行动迎接北京奥运，积极向上快乐成长，营造少年儿童健康成长的良好社会环境。

【中秋营销创佳绩】 佳节未到，方案先行，未雨绸缪市局把准市场脉搏，创新思路，以个人营销和团队营销相结合的方式，紧锁“外出务工人员邮购月饼馈赠家乡亲友”、“企事业单位、机关、团体的福利团购月饼”、“大客户单位公关礼仪消费”三大市场，抓住“特惠箱”和“礼盒型的个性化产品”两大特色，结合旅游市场，精选丽江特色产品，以月饼为主打，推出组合套餐，全力开展中秋营销活动，满足了不同客户的消费需求，深受广大市民和游客喜爱。加强与本地月饼供货商之间的寄递合作，利用月饼厂商做响邮政寄递品牌，提高寄递市场占有份额，实现了“月饼供货商”与“邮政”的双赢。累计销售“思乡月”15 486盒，完成销售计划13 250盒的116.88%，实现业务收入57.63万元，完成计划54万元的106.72%，同比净增22万元，名列全省第三名，刷新了丽江邮政中秋营销的历史记录。

【召开邮政工会二届四次全委会议】 9月19日，市邮政工会召开二届四次全委会议，市局副局长、工会主席赵家明同志传达了全省邮政工会二届八次全委会议精神，总结了丽江邮政工会1～3季度的工作，对第4季度的工作作了安排部署。赵家明强调：在当前邮政改革发展的关键时期，工会在职工维权等方面要积极发挥职能作用，全力协助行政做好各项工作。会议讨论通过了“丽江市邮政局二00八年职工小家建设实施方案”。本年“职工小家”建设工作根据各支局所的环境、业务结构和职工人数等分配配套设施，把建家工作与经营发展紧密联系起来，增强广大基层员工在争取建家项目上的竞争意识。

【下达奋战四季度动员令】 根据省公司“会战四季度，决胜闯关年”电视电话会议及相关文件精神，10月9日，市局召开全市“奋战四季度，决胜闯关年”动员大会，成立了奋战四季度工作领导小组，向全局上下发出确保调整后收入实现3 690万元的动员令。围绕新目标，局领导认真总结了1～9月份的生产经营情况，从为什么要奋战，怎样奋战等方面对“奋战四季度，决胜闯关年”各项工作作了动员，强调四季度要重点抓好函件、报刊、储蓄三大板块业务。

（周星榕）

电 信

【综 述】 2008年，古城区分公司认真贯彻落实省、市电信工作会议精神，按照“实施品牌经营，拓展客户规模，落实渠道建设，强化精确管理，提升服务水平，深化企业转型”的总体工作思路，以全面预算管理为指导，以绩效管理和员工行为管理为手段，以战略转型为契机，在工作中创新思维与管理，围绕“品牌、发展、转型”，拓展业务，坚持有效益发展的原则，强化责任意识和主动服务意识，加强流程管理与绩效考核，全年实现业务收入5 000余万元，电信用户累计达到11万户，新业务、转型业务等非话业务收入占比不断攀升，电话普及率达到50.44%。

【加强基础管理工作】 进一步完善基础管理制度办法，对客户资料管理、协议审批流程、营收资金管理、终端管理等管理办法作修改完善，强化基础管理工作的落实，建立健全对综合管理制度执行的抽查通报制度，强化员工执行力管理。积极探索员工行为管理工作，建立以班组晨会为载体的员工综合管理工作机制，将日常经营服务工作中存在的问题、成功的营销案例、新业务、新套餐、阶段型营销政策学习培训、经营工作指导等纳入晨会基础内容进行管理，规范员工的日常营销服务工作。通过员工行为管理模式，在明确“工作量、工作内容、工作质量”的基础上进行员工工作评价，提高员工对外营销工作的可控性，提高工作成效，使每日的工作有具体的目标和计划，做到通过短期目标来促成长期目标的实现。

【服务管理工作 】 认真贯彻“用户至上，用心服务”的要求，加强服务质量管理，落实工作责任，完善管理机制，努力推行标准化和规范化服务，贯彻“首问负责制”，不断提高服务质量。强化服务质量管理工作的周管控工作，对营销服务工作中存在的质量问题按周进行收集、汇总和分析，及时提交相关部门进行改进。基于大运维机制调整工作，建立了与后端建设部门按时组织的前后端资源展开周碰头会、前后端联席会等前后端联动工作机制，对所有业务提供、故障查修、需求提供工作和流程及时限进行全面跟踪、监督、检查、考核管理工作，加强部门间的沟通和交流，团结协作，使服务质量得到了保障和提升。加强服务质量的多方管控，形成了区分公司以服务质量监督管理、10000号监督检查和其它部门定期检查反馈与后端的定期沟通会议三方进行综合督查管控的形式，以强化服务工作。

【新/转业务有效发展 品牌经营得到强化】 按照企业战略转型的要求，在保障老业务的基础上，加大了对宽带、号码百事通、商务领航、全球眼等新/转业务的经营发展工作力度，通过了解用户需求、掌握市场动态，有效进行产品整合，使新/转业务得到有效发展。本年，各客户群新业务渗透率大大提高，用户结构进一步优化，宽带月收入增长迅速，成为继普通固话后贡献最大的产品。新转业务收入同比增长明显，非话业务收入占比不断攀升，进一步优化了主营收入结构，降低了收入风险。突出品牌优势，在号源、资费、售前、售中和售后的全过程中突出品牌客户优先优质服务工作，“我的e家”品牌认知度迅速提高，家庭固话和小灵通融合率提高，融合式发展带动了新业务的快速发展，在品牌发展的同时有效稳定了原先单一的家庭客户，降低了流失率。

【金牌服务迎奥运】 根据国务院国资委组织中央企业开展以“打造责任央企，实现更高、更快、更强”为主题的“金牌服务迎奥运”活动的有关要求，为进一步深化“用户至上、用心服务”的服务理念，充分调动广大员工爱岗敬业、开拓创新和争当服务标兵的积极性、主动性，切实从客户感知出发，在业务服务提供及保障的重点环节和流程方面深入做好服务质量改进工作，在省、市公司的统一部署和安排下，古城区分公司在全区范围内开展

“金牌服务迎奥运”活动，通过开展营业员、一线客户经理等对外服务人员统一佩戴“金牌服务从其做起”胸牌；开展“金牌服务迎奥运”—营业窗口服务明星评选活动；开展“金牌服务迎奥运”—电信服务到您家等活动，推进服务工作与企业经营发展、精神文明建设、员工道德教育紧密的结合，实现经营业绩和服务质量双丰收，树立中国电信良好的企业品牌和形象，为北京奥运会增光添彩，履行好企业的社会责任。

【全业务运营】 10月1日，中国电信与中国联通C网转移协议签订后，按照省公司的统一安排，C网服务主体正式变更，中国电信开始进行全业务经营，“10·1”成为全省C网首日运营日。为保证C网平稳承接以及首日运营的顺利进行，古城区分公司事先进行了业务、资费、服务标准等方面的培训，对移交的客户资料进行整理，对高值和重点客户及时进行外呼，设置了C网专柜，确保C网转移后经营和服务工作质量不降低。至此，中国电信在多次优化、重组后正式开始全业务运营。

【深入开展安全生产工作】 2008年是国务院确定的全国安全生产“隐患治安年”，为深入落实“隐患治安年”的各项工作要求，有效遏制各项安全生产事故的发生，古城区分公司成立了安全生产工作领导小组，坚持“谁主管、谁负责”的原则，坚持“安全第一、预防为主、综合治理”的方针，由区分公司经理亲自精心组织，定期不定期地认真排查，对区分公司安全生产和安全稳定工作中的薄弱环节制定整改措施，认真进行整改，将整改措施层层分解到相关责任人，并层层狠抓落实。切实提高了区分公司内部的防范能力与水平，做到“不出大事，少出小事，保障安全”。按照年初签订的《安全生产责任书》，层层明确和落实安全生产目标，使每一级都有明确的任务和要求，为区分公司整体经营工作提供有效运行的强力保证。

【精神文明建设工作见成效】 秉承“两个文明一起抓，两个成果一起要”的精神文明创建工作思路，切实落实精神文明建设各项工作，按照市公司关于开展文明班组创建工作的指导意见，积极组织区分公司开展文明班组创建工作，将创建活动纳入到日常经营服务工作之中，以客户感知为重点，以提升质量为目的，通过员工的积极参与，本年末，古城区分公司行业客户组、聚类客户组、稽核组被市公司授予“文明班组”称号，文明班组建成率达到50%。获得了市级“文明单位”的荣誉，进一步提升了企业在社会中的良好形象，“讲文明、树新风”的良好风气在区公司内蔚然成风，涌现出一批“优秀管理者”、“服务明星”、“营销能手”等优秀个人和团体，精神文明建设迈上新台阶。

（李红梅）

移动通信

【综　述】 2008年，中国移动通信集团云南有限公司丽江分公司秉承“正德厚生 臻于至善”的核心价值，以“创无限通信世界，做信息社会栋梁”为使命，以“成为卓越品质的创造者”为愿景，以“做世界一流企业，实现从优秀到卓越”战略为指引，以科学发展观为指导，以“三个继续”、“一条主线”、“一个确保”的工作思路创新客户价值，加快增值业务的发展、扩大规模，客户规模超过43万户。实现了全市63个乡镇乡乡通移动电话,实现城区、乡镇覆盖率达到100%，风景区覆盖率达94.74%，主要公路覆盖率达98%，村委会覆盖率达96.22%，自然村覆盖率达88%。分公司努力实现企业经营与社会责任的高度统一，致力于实现企业经济、社会与环境方面的全面、协调、可持续发展，为相关方不断创造丰富价值，实现和谐发展。

【召开2008年工作会议】 1月31日～2月1日，在分公司第一会议室召开全市本年工作会议。会议对上年的各项工作进行了全面回顾和总结，从行业、省情、市情角度深刻分析了本年的形势，并提出本年的工作计划和思路："三个继续"、"一条主线"、"一个确保"。即：继续深化三大体系建设，转变发展模式，继续发挥三大优势，巩固主导者地位，继续加强优秀企业文化建设，为企业和谐发展提供文化基础；以"降低离网率、创新客户价值、加快增值业务发展、扩大客户规模"为主线，确保全面完成各项经营指标和发展目标。会上对3个先进单位、5个先进班组、19名先进个人、6名服务明星、6名增值业务推广能手、8名青年岗位能手进行了表彰奖励。

【圆满完成奥运通信保障任务】 6月10日，奥运圣火火炬在丽江传递，在市委市政府的统一部署和安排下，丽江分公司为奥运圣火火炬传递期间的通信工作保驾护航，圆满完成了奥运火炬在丽江传递等重大政治经济文化活动的通信保障任务，受到丽江市委、政府的表彰奖励。

【集团公司副总裁到丽江分公司视察工作】 9月，集团公司副总裁张晓铁及省公司权明富总经理一行到丽江分公司视察。张总裁及省公司领导一行听取了谭秀元总经理对本年丽江分公司的生产经营情况及精神文明建设情况的汇报后，对丽江分公司在业务发展方面、精神文明建设方面取得的成绩给予充分的肯定，并强调精神文明建设是无形资产、无形品牌，要求分公司充分利用好无形的资产使之发挥更大的作用，要求中国移动的员工要在不同的岗位上树立标杆，做出一流的工作业绩。

【完成全国性会议服务工作】 中国移动通信集团西部十二省市高级交流会在丽江召开，丽江分公司承担会议服务工作。全体工作人员发挥艰苦奋斗、团结协作的精神，圆满完成会议的服务工作，受到集团公司领导和省公司领导的表扬。

【业务发展情况】 丽江分公司继续深化三大体系建设，转变发展模式；继续发挥三大优势，巩固主导者地位；继续以"抓服务、找差距、重管理、出效益"的市场经营指导思路和"增强核心竞争力、创造差异化、强化监督检查"的市场总体战略，加大创新力度，提高服务意识。通过开展全球通VIP讲堂"美丽人生 魅力女性"主题讲座、全球通VIP讲堂之高考志愿填报咨询讲座、向VIP客户及法团联系人赠送"全球通俱乐部代金券"等活动，实施品牌经营，形成"品牌优势"；通过梳理服务流程，优化社会渠道酬金体系，初步构建较完善的服务营销体系，打造"服务优势"。全力开拓新增市场，实现业务高速发展，企业规模持续壮大。

【开展精细营销活动】 丽江分公司借助节日及奥运契机开展了"心机大礼传心愿"、"M起来,心机理财更精彩"、"M起来,心连奥运更精彩"、"M起来,尊享回馈更精彩"等多个终端捆绑活动、"动感地带客户预存话费送礼包"、"三八妇女节预存营销活动"、"M起来,预存好礼更精彩"、"M起来,打超有礼更精彩"、"M起来,超值享受更精彩"、"M起来,情动中秋更精彩"、"M起来,欢乐乡村更精彩"、"真情好礼,尽显尊贵"、"岁末有惊喜，移动献好礼"等丰富多彩的预存送话费、送实物营销活动。

【客户服务水平持续稳步提高】 通过培训、示范、交流体系建设，开展全市范围内的"满意100流程穿越"活动，深入基层解决客户服务中存在的具体问题，促进管理人员换位思考，树立客户关注的服务意识；以"金牌服务、满意100"为主线，开展营业厅服务质量的专项提升，加大不良短信治理力度；完善充实了全球通VIP客户服务内容，通过开展全球通VIP讲堂"美丽人生 魅力女性"主题讲座、全球通VIP讲堂之高考志愿填报咨询讲座、5.17"走近奥运，走进中国移动"重要客户体验活动、全球通VIP讲堂之爱车俱乐部讲座、全球通VIP亲子夏令营活动、全球通VIP高尔夫邀请赛活动、向VIP客户及集团客户联系人赠送"全球通俱乐部代金券"等一系列VIP尊享活动，提高了VIP客户的满意度，服务优势持续保持领先。

【基础管理工作】 年内，丽江分公司以财务管理为重点，完善各项制度和业务流程，加强合同、备用金、收支、成本费用和安全生产等各项业务管理工作；加强综合管理，以人为本，关心员工；加强工程和生产现场的管理；加强交通、防火、防盗、防爆，资金的安全管理工作。继续推行三项制度改革，推进全员竞聘上岗工作，强化劳动合同管理，进一步提高了企业的综合管理水平，基础管理工作有新起色。

【打造企业文化驱动力 保障企业文化和谐发展】丽江分公司始终把党建工作、思想政治工作、企业文化建设、党风建设和反腐倡廉建设放在重要位置，推动人性化管理文化的落实。通过组织“三八”节、“六一”儿童节等文体活动，组织各种有益于员工身心健康的娱乐互动活动、体育比赛、文化交流活动，营造良好的企业文化氛围，提高团队凝聚力和员工向心力，做到“累并快乐，累但充实”，提高员工满意度。充分发挥党群、工会职能，搭建平台，开展业务、技术技能比赛和业务、科技、管理创新活动，组织各类情趣小组，以文体活动为载体，加强员工的凝聚力，形成一个生动活泼的企业和谐环境，促进企业可持续发展。

【“三个文明”建设情况】在省公司党组和地方各级党委政府的领导和关怀下，经过全体员工的共同努力，分公司连续六年保持“全国文明单位”的荣誉称号。为推进丽江社会主义新农村建设，丽江分公司积极响应政府号召，挂钩联系新农村建设试点，开展党内互助“八个一”活动；多次开展“送温暖献爱心”活动，及时伸出援助之手，通过民政、红十字会等慈善机构进行公益事业捐款 20 多万元，义务献血人数达到员工的 60%；分公司及全体员工共为汶川地震捐款 11.5 万余元，充分体现了丽江移动人无私奉献的精神风貌；成功承办“为奥运加油，千人奥运加油跑”活动，表现了丽江移动强烈的社会责任感和使命感，体现了中国移动“正德厚生 臻于至善”的核心价值观。丽江分公司在科学发展观的指导下，取得了“三个文明”和谐发展的可喜成绩。

（王莉炯）

联　通

【综　述】2008 年，中国联合通信有限公司丽江分公司公司（以下简称丽江联通）坚持以科学发展观为指导，千方百计抓好生产经营，积极稳妥推进电信重组改革，各项工作有序、有效开展，在网络建设、市场经营、客户服务、综治维稳、党建工作、文明创建等各方面均呈现出快速健康的发展局面。

【加强经营工作 促进公司发展】公司始终把发展作为第一要务，努力做好市场经营，拓展营销渠道，努力营造和谐、有序的市场竞争环境，积极稳妥开展各项营销活动，使有效发展率保持在 20%以上，全区用户近 6 万户；稳步推进网络建设，增强古城区信息化发展支撑能力，全区范围内累计建设通信基站近 70 个，GSM130/131/132 移动通信网络全面覆盖全区各乡镇、旅游风景区及公路沿线，在稳步促进公司发展的同时，为古城区经济建设做出积极贡献。

【贯彻电信体制改革 顺利完成重组工作】深化电信体制改革的目标，是为适应电信技术发展趋势和全业务经营的需要，通过深化改革，促进电信业持续健康发展。本年，丽江联通严格贯彻执行国家新一轮电信行业重组改革要求，积极响应工业和信息化部、财政部、国家发展和改革委员会关于深化电信体制改革决定，在集团公司的统一领导下，顺利平稳完成向中国电信出售 CDMA 资产及业务，平稳移交 CDMA 用户近 3 万户，网络资产近 2 亿元。公司全面完成对中国网通的吸收合并，双方互补优势，在网络资源共享、业务整合方面做了大量的工作，稳妥有序地完成组织架构调整和人员融合，保证了重组改革工作的顺利进行。公司总部正式更名为“中国联合网络通信有限公司”，实现了协同效应，增强了新公司的综合实力。公司正致力于通过各具优势的市场资源和业务能力，成为具有国际竞争力的宽带通信和信息服务运营商。

【加强党建工作 开展帮扶活动】公司党委坚持发展标准，加大培养力度，积极做好入党积极分子的培养工作，为党组织输送更多新鲜血液。全年共发展党员 3 名，使公司党员人数达到 32 名，在各条战线上发挥先锋模范作用，进一步促进公司的稳定发展。公司的党建工作得到丽江市委的充分肯定。

根据丽江市委组织部关于党员党内互助“八个一”活动相关精神，公司党委到所挂钩宁蒗县大村街社区党支部进行帮扶慰问，对社区党支部15名贫困党员进行一对一帮扶，赠送棉被、毛毯、电热毯、食用油、书籍等慰问物品，积极献计献策，加强基层组织建设，共谋村社发展。

【加强作风教育 倡导反腐倡廉】 组织开展干部员工作风教育活动，进一步增强干部员工的岗位职责意识，切实改进员工的工作作风，增强公司的凝聚力与执行力，确保公司各项业务的稳步快速发展。公司为深入学习实践科学发展观，加强反腐倡廉建设，开展“学习实践科学发展观，加强反腐倡廉建设”知识讲座。特邀中共丽江市纪委第四纪工委副书记、监察分局局长蒋树龙到公司做“防腐廉政、反腐倡廉”形势教育报告，明确防腐廉政的重要性，促进公司在新的竞争格局下实现新的发展目标。

【注重安全生产 确保安全发展】 公司充分认识安全生产在各项业务中的重要作用，进一步加大安全生产工作力度，建立安全生产层层责任制，坚持文明生产、安全生产。适时开展消防培训、消防演练活动，设置安全知识宣传专栏，制定切实可行的应急疏散流程，积极开展安全生产检查，扎实推进安全生产工作，使安全生产和应急防范意识深入人心，不断提升公司安全生产工作，为公司有效发展和维护稳定保驾护航。

【抗震救灾 众志成城】 5月12日，四川省汶川县发生8级强烈地震，造成巨大的经济损失和人员伤亡。丽江联通全体员工与全国人民一起，在为灾情感到无限悲痛的同时，积极向地震灾区募捐，献出联通员工的一片爱心。

积极响应总部及省公司党组的号召，报名争当抗震救灾无线通信志愿者，积极投身到抗震救灾的行列中。5月21日，丽江分公司委派抗震救灾无线通信志愿者高灿杰奔赴灾区，为抗震救灾、恢复重建作出丽江联通应有的贡献。

【圆满完成奥运圣火传递通信保障工作】 6月10日，北京奥运圣火在丽江传递。为做好奥运圣火在丽江传递期间的通信应急保障工作，丽江分公司代表云南联通参加由省通信管理局主办的“迎奥运圣火、保通信畅通”应急通信演练活动，加强对突发通信事件的应急响应速度及处理能力。圣火传递当天，省分公司下派应急通信车和技术人员到丽江现场帮助指导工作，通过各方努力圆满完成了应急保障任务，确保了通信畅通，顺利完成了奥运火炬在丽江传递的通信保障工作。在丽江市政府组织召开的丽江市奥运火炬转递活动表彰大会上，公司张瀚予总经理、建维部高灿杰被丽江市政府评为奥运火炬传递活动先进个人，受到2008北京奥运会火炬传递丽江组委会的表彰。

【积极参与社会主义新农村建设】 年内，公司党委响应市委的号召，在公司内部选拔优秀共产党员干部参与到社会主义新农村建设工作队的行列，为社会主义新农村建设添砖加瓦。公司党委通过在党员干部中开展评比活动，委派了年轻的党员干部黄东玲参与到宁蒗县新农村建设的大潮中，为丽江的社会主义新农村建设贡献力量。

【文明创建取得新进展】 年内，公司继续以省级文明单位为标准指导公司文明创建工作，依托多媒体会议室等载体，定期组织员工观看优秀影片，加强员工爱国主义教育。组织员工开展以“知荣辱、树新风、促和谐”为主题的演讲比赛，努力做社会主义荣辱观的模范实践者和积极推动者。与丽江市公安局、驻丽部队开展警民、军民共建活动，建立友好单位，定期对军队开展业务宣传、客户联谊等服务活动，营造军民共建精神文明建设的和谐氛围。年内，公司香格里营业厅、民主路营业厅通过复审后连续三年评定为省级青年文明号，公司被丽江市政府评为“花园式单位”、“依法纳税先进企业”、“综治维稳先进单位”等称号。

（和正武）

十八、城建 市政 环保

城市建设管理

【综 述】 2008年5月区建设局与区规划局分设，原北门坡1号办公地点及办公设备归规划局，建设局搬至祥和丽城康仲路111号办公。区建设局内设综合办公室、财务股、抗震办。古城区人民防空办公室、物业管理股、住房保障办、建设工程质量监督站、房产管理所、招标投标管理办公室、建设建筑管理股，城建监察队为财政全额拨款下属事业机构。丽江房地产交易中心为自收自支的下属事业单位。全局有干部职工55人，其中领导干部有4人。2008年是古城区城乡建设“质量年”，区建设局紧紧围绕改革、发展、稳定大局，依托中心城市，有序推进城镇化；逐步将城镇建设的重点从扩大规模、拉开框架、整治市容、美化环境向强化基础、完善功能、挖掘内涵、塑造特色转移；稳步推进城镇重大基础设施建设，统筹城乡建设开发；进一步改善城市形象，提升城市功能；强化城乡规划对经济发展和城乡建设的指导调节作用，加大规划决策透明度；维护公平、规范的市场秩序，加强行业监管，为建筑业长期快速发展提供服务保障；加强法制建设，不断提高建设行政效率和管理水平，保持建设事业持续稳定健康发展。

【城市规划管理工作】 2008年城市规划管理工作全面加强，“一书两证”发证率100 %，全年共办理《建设用地规划许可证》34件，总用地面积1 333.39亩；《建设工程规划许可证》962件，总建筑面积316.89万平方米；办理私人建设修缮许可证899件，总建筑面积11.73万平方米；补办私人建房许可证108件，总建筑面积16 243平方米。

【规范建设市场秩序】 区建设局加强对报建、承建资格审查、招投标程序、施工许可等各个环节的监管，促进承发包行为的规范。以构建和谐的招投标公平竞争环境、建立规范有序的建筑市场秩序为目标，进一步健全和完善招投标制度，强化科学监管，规范招标市场各方主体行为，净化市场环境，加强工程交易中心建设，不断提高服务水平，全区招投标市场秩序呈现健康稳定发展态势。全区应招标工程34项全部进行招标，招标率100%。投资总额20 424.92万元，共为招标单位节约资金560.58万元。其中房屋建筑工程23项，建筑面积91 841.31万平方米，投资额14 471.79万元；市政设施工程6项，投资额4 385.57万元；绿化工程5项，投资额1 567.56万元。区建设局积极组织跟踪督查，重点监管国有投资项目。年内区建设局招投标办联合执法队、建管股、质监站等股室对24个在建工程项目进行检查，共涉及建设单位15家，施工单位18家，监理单位2家，建筑面积13.56万平方米，工程总造价约12 649.32万元， 24个项目中，通过公开招投标的19个，邀请招标的5个。

【建筑工程质量监督和建筑市场管理】 按照《建筑

法》、《招投标法》和《建设工程质量管理条例》等法律法规，不断强化管理：一是规范建设市场秩序，2008 年新开工工程项目 46 个，总投资 23 776 万元，建筑面积 19.89 万平方米；其中：续建工程 2 项（公建项目），建筑面积 1 440 平方米；新建工程 44 项，建筑面积 19.75 万平方米，其中：商品住宅项目 4 个，建筑面积 88 978 平方米；二是狠抓工程质量，全区开展工程质量大检查 3 次，加强随机巡查、节假日和夜间抽查，共检查工程项目 45 项，全年累计检查、抽查 340 余人次，检查记录 67 余份，查出安全隐患和问题 30 多个，发现质量问题 20 余条，责令施工企业及时整改并复查，下发整改通知书 10 多份，局部暂停通知书 1 份，在建工程检查面 100%，有效保证工程质量。同时规范参建单位行为，对违反规范规定的单位或个人记录“不良行为”并记入企业的“诚信档案”，年内累计记录“不良行为”10 余条，通报 1 家监理公司；三是组织召开质量现场会，年内共召开 84 次，宣传政策法规，提高各参建单位的质量意识。推进工程“结构实体”和“使用安全”方面的监督检测及对工程质量的“结构鉴定”。在建工程基础、主体验收前均按照有关规定对混凝土强度进行回弹检测，年内累计对工程实体进行结构回弹 10 份（2 组构件）。全年累计监督工程 48 项，建筑面积 21.45 万平方米，工程造价 26 028.386 万元，竣工项目 10 项，建筑面积 87 413.6 平方米，项目综合验收 100%，合格率 100%。

【安全生产监督管理】 古城区建设局坚持安全生产和事故防范五个到位，即“领导认识到位，责任落实到位，督促检查到位，隐患整改到位，安全措施到位”。一是广泛深入开展宣传教育工作。全年举行宣传活动 4 次，共在施工地段张贴宣传标语 200 余张，张挂条幅 100 多条，悬挂安全警示牌 25 余套，发放建筑安全小册子 100 多册；二是加大建筑安全生产检查力度。建管股会同电力、安监、技术监督等部门对全区 2008 年在建 46 个工程、易燃易爆的 20 多家加油站、3 家液化气燃气公司和 10 多家烟花爆竹及化学物品共组织安全大检查 7 次，严格按《建筑施工安全检查标准》，重点对 18 家施工单位进行排查。特别对建筑施工中容易发生安全事故的脚手架搭设、拆除；塔式起重机、施工升降机、物料提升机安装、拆除作业；幕墙、外装饰作业；吊篮作业等可能导致高处坠落的部位进行逐项检查，共检查工程项目 46 项，查出安全隐患和问题 30 多个，下发整改通知书 30 多份，在建工程检查面 100%，全年施工单位无安全伤亡事故发生。三是进一步加强消防安全知识专题培训。10 月 24 日邀请云南省消防协会的专业教员开展消防安全知识专题培训，牢固树立责任意识，加强消防安全责任制，全面提高建安系统工作人员的消防安全素质和参与意识，建立“齐抓共管、群防群治”的长效工作机制。

【廉租住房建设】 2008 年结合古城区实际，制定廉租住房管理办法及操作规程，成立住房保障办公室，建立健全廉租住房档案和低收入家庭住房档案，制定廉租住房和补贴的申请、审核、公示、退出等管理，建立住房保障动态管理制度。年内分别对申请家庭资料进行两次公示，对公示有异议的部分家庭进行逐户核实，对经核实符合发放条件的 139 户（大研：118 户；西安：13 户；祥和：8 户）家庭发放补贴，每月共发放补贴 31 590 元，对未享受到补贴的部分家庭进行资料收集。9 月 28 日古城区廉租房建设工程开工。工程位于古城区卿云村，12 月 30 日工程竣工。

【环境整治和绿化工程】 以提高人居环境质量为目标，以环境基础设施建设为重点，多渠道筹集资金，推进重点项目建设：一、积极配合丽江市古城管理局实施东郊环境整治。经过清污水沟、清垃圾、清临建、重整洁、重绿化的“三清两重”环境整治活动，东郊环境明显改善。二、先后到玉河路、长水路、昌洛河等处工地，详细了解工程进展情况，协调相关部门及村社的工作，“三河三路”整治工程进展顺利。鱼米河中段、清溪河和昌洛河及长水路、玉泉路、雪山路已经实施一期整治工程。三、配合市局相关部门抓住良好时机，抢时间、争进度，高标准、严要求做好白龙文化生态广场建设，项目总投资 2 676.6 万元，建设内容主要有管理用房、灯光亮化、园林绿化、景观照明、场地铺装、游乐设施建设等。四、配合相关部门完成古城区玉泉路穿衣戴帽工程；完成医药公司仓库拆迁绿化工程，工程占地 12 亩，绿化面积 6 000 多平方米，总投资960万元；投资450万元完成建设面积为2 226多平方米的农业技术推广中心广场绿化工程，建设局被丽江市创建园林城市工作领导小组评为创建园林城市工作先进单位。

【房地产业快速健康发展】 2008年全区房地产完成投资8.57亿元，房地产业呈现出投资增长、结构改善、品质提高、供销两旺的发展势头。城区人均居住面积35平方米。房地产二级市场进一步活跃，出台关于进一步搞活房地产市场的若干意见，房地产交易量在原有的基础上稳步发展。古城区建设局房管所对房地产交易和权属登记进行一体化改革，简化程序，提高办事效率。

（综合办）

丽江古城保护管理

【综　述】 2008年丽江古城保护管理局深入贯彻落实科学发展观，按照市委二届四次全会和年初市人代会确定的目标任务，深入实施“文化立市”战略，创新保护理念，转变管理观念，加强基础设施改造，狠抓古城环境整治，不断优化古城环境，古城保护管理工作实现新跨越，丽江古城荣获“2008中国最佳旅游品牌景区”和“2008中国百强旅游景区”等荣誉称号。

【环境整治】 2008年始终贯彻“保护为主、抢救第一、合理利用、加强管理”的遗产保护管理方针，加大投入力度，实施以改善旅游、卫生、通讯、供电、供水、交通等基础设施为重点的一系列古城环境整治项目。

一、按照“拆墙透绿”“显山露水”的要求，整治古城和新城的分界线——狮子山的环境，至2008年10月止，完成军分区拆迁建设和白龙文化园建设工程，总投资1.5亿元。完成丽江会堂、玉龙县医院门诊（事业）、县物资公司（企业）、贸易公司（企业）、交警大队（行政）、肉联厂（企业）、市广播电视台等6个单位的拆迁，总拆迁资金5 549.53万元。

二、将武警丽江支队迁出丽江古城，投资7 371万元，在新城区建成全省一流的现代化部队营区，兑现中国政府向联合国教科文组织的郑重承诺，实现保护世界文化遗产丽江古城和部队建设的双赢。

三、军分区迁建新城区，原址建设白龙文化园，属狮子山环境整治工程的重要组成部分，工程投资4 500万元，实施绿化、亮化、美化工程，增加古城范围的休闲空间，改善古城周边环境。

四、东郊花鸟市场建设项目属古城东郊环境整治工程的重要组成部分，年内完成工程招标、图纸会审及技术交底等前期准备工作，并正式开工建设，完成投资610万元。

五、为保护好丽江古城，进一步改善古城周边环境，缓解古城压力，实施市委党校整体迁建工程。组织有关人员前往延安行政干部学院进行参观考察，按照高起点规划，高标准建设的要求，完成规划征求意见等工作。

六、深入实施数字化工程，完成古城视频监控系统的建设、古城数据库的建立、世界文化遗产丽江古城门户网站建设和古城保护管理局办公系统自动化，古城管理工作更加科学、规范。

七、2008年1月1日起，黑龙潭公园对广大市民及缴纳丽江古城维护费的游客进行免费开放。在古城事权划分和利益分配机制不变的基础上，每年安排1 200万元用于黑龙潭公园建设管护。

八、投资60万元（其中绿化投资15万元，厕所投资45万元），完成古城义尚村委会办公院绿化和厕所建设。投资55万元实施市电视台机房改造建设工程。投资25万元完善古城停车场等公共场所的风景点规范标识和美化环境项目。

【民族文化保护传承工作】 坚持“文化立市、旅游强市”的战略，牢固树立保护民族文化，就要依靠人民群众的观点，逐步建立民族文化原真性保护体系。

游客在丽江古城欢度中秋　（李金星／摄）

一、从古城维护费中安排 1 000 万元专项资金，用于丽江古城传统民族文化的挖掘、整理、传承和展示等保护工作，为民族文化的保护和传承工作提供资金保障。

二、积极探索加强民族文化保护的新途径，狠抓东巴文化、纳西古乐、民间工艺、传统服饰、节庆习俗的收集、整理、保护、传承；实施文化名人回落古城项目，形成“方国瑜故居”、“和志刚书斋”、“品正艺堂”、“东巴纸坊”、“听水轩”、“沙蠡书屋”等为代表的一批民族文化示范窗口，营造良好的人文环境。

三、组建丽江古城管理有限责任公司古城民族文化产业分公司，打造具有民族特色的纳西文化一条街，对少数古城原住民特色经营户及公司承租的饮食院，按照古城商业规划要求由公司投资进行整改，已有营业户 8 户。开发纳西文化一条街，恢复五一街以东的流官文化，带动东郊旅游经济发展，疏缓古城核心区的客流量。

四、开展“丽江古城”楹联征集活动，从文化内涵上有效体现丽江民族精神和古城文化品位，以名联促进古城的文化内涵，共收到全国各地 479 人的稿件 1 638 份，充分展示古城文化底蕴和精髓。

【拓宽古城保护投融资渠道】 为切实解决管理资金严重缺乏问题，实现“以城养城”的目的，古城保护管理局积极拓宽投融资渠道。

一、征收古城维护费 18 061 万元，比上年多征 1 250 万元。二、以古城维护费的收入为融资平台，积极争取商业银行的信贷支持，建设银行授信额度从 2005 年的 3 亿元扩大到 6.4 亿元。积极争取世界银行的信贷支持，继续巩固和改善与美国全球遗产基金会的合作，最大限度争取国内外的资金支持。2008 年争取到市人民医院改造资金 600 多万元。三、增强自身造血功能，扩大资金积累。古城管理公司各分公司、各部门积极探索经营策略、转化经营理念、严格财务管理，2008 年公司自营收入 1 350 万元。

【环境监测】 一、联合国教科文组织世界遗产监测组对丽江古城进行的为期 5 天的实地监测，认为丽江古城自列入世界遗产名录后，当地各级政府高度重视，投入大量的人力、物力、财力，不断加强古城民族文化保护、环境整治、法制建设，积极探索世界文化遗产保护管理的经验，丽江古城保护管理工作成绩斐然。

二、2008 年 7 月 2 日至 10 日，加拿大魁北克召开的联合国教科文组织第 32 届世界遗产委员会会议对丽江古城的保护状况进行讨论和审议并形成决议，决议对丽江古城基础设施建设、民居修复保护，环境恢复整治、民族文化传承和遗产保护与经济社会可持续发展方面所做出的成绩给予充分肯定，对丽江古城世界文化遗产的保护管理工作提出更高、更全面的要求。为落实第 32 届世界遗产大会决议要求，2008 年 11 月底世界遗产中心专家咨询团再次赴丽江古城考察工作，遗产专家对编撰“丽江古城突出普遍价值声明草案”和“丽江古城保护状况报告”提出意见和建议，12 月底上报文本，古城管理局及时研究和制定应对措施，成立遗产监测中心，健全机构，充实人员，不断提高保护管理水平。

【打造特色品牌】 古城保护管理工作贯彻“保护为主、抢救第一、合理利用、加强管理”的方针，全力保护尚存的，努力发掘可见的，尽力显示曾有的文化遗产资源，使丽江的文化遗产资源优势，转变为产业优势、特色优势、经济优势和竞争优势。

一、加强对外宣传，展示丽江古城的自然风光、风土人情，民族文化。组织“世界遗产日”活动；组织和参加旅游推介会和交易会；先后在中央电视台、日本 TBS 电视台、香港凤凰卫视、山东卫视、上海卫视、云南卫视、丽江电视台等多家电视台和《人民日报》、《求是》、《创造》、《纪检监察》、《丽江日报》和《商旅高尔夫》等刊物组片、组稿宣传。

二、2008年8月至10月，中央文明办、国家旅游局、国家住房和城乡建设部三部委对全国文明风景旅游区丽江古城进行三年一次的复查，进行实地调查研究和问卷调查、座谈等。古城保护管理局多次召开部门联席会议和现场会议，进一步整改完善古城景区软硬件设施，进一步开创丽江古城全国文明景区创建工作的新局面。中央文明办给予丽江古城创建工作“认识到位，工作扎实，措施得力，成效显著”的评价。

三、11月完成北京兴原认证中心审核组对古城保护管理局和古城管理公司的ISO9000质量管理体系、ISO14000环境管理体系和GB/28001-2001职业健康安全管理标准的体系再认证审核工作。探索建立一套切合古管局管理实际的管理运作模式，全面改进和加强古城遗产地保护管理工作的科学化、法制化、创新化、国际化。在全员参与的基础上，不断提高管理水平，推动丽江古城在良好的自然环境和社会环境中可持续发展。

（王　颖）

环境保护

【综　述】 2008年古城区环保局以改善古城区经济建设环境，推进全区经济、社会与环境协调发展为目标，紧紧围绕全局工作重心，积极推进“七彩云南”保护行动，深入开展“四项制度”、“解放思想大讨论”活动和作风建设教育活动，围绕主要污染物削减目标，污染物减排工作成效显著，加强评价管理，严把环评准入关，从源头严格控制污染，加强环境执法监督管理，解决一批突出的环境问题，认真排查饮用水源地环境隐患，减少城市污水直接向水体排放，认真开展生态乡镇创建工作，各项工作有了新的进展。

【七彩云南保护行动】 通过“六五”世界环境日和“环保世纪行”活动等形式，深入开展七彩云南保护行动，认真贯彻《滇西北生物多样性保护丽江宣言》，深入开展环保宣传活动，提高社会各界的环保意识，群众参与环保活动的主动性和自觉性有所增强，群众对环保工作的满意度显著提升。

【污染物减排工作成效显著】 2008年，围绕主要污染物削减目标，加快推进工程减排、结构减排、管理减排，一是按照主要污染物总量削减目标责任书及2008年度确定的削减项目，多次召开会议研究减排目标，分析减排形势，明确减排工作重点和突破口，详细核算减排量，制定减排计划；二是与丽江市毛纺厂、云南白药集团丽江分公司等单位签订主要污染物减排目标责任书，把减排任务分解到有关企业和单位，并定期督查，确保减排进度和质量。三是加大对已签订污染物总量削减目标责任书的7家企业和与市局签订的3家企业的监管力度，不定期对企业进行检查，深入了解污染物排放情况，确保各企业治污设施设备的正常运转并及时上报减排措施实施情况。2008年全区SO_2、COD圆满完成市政府下达的削减4%的目标任务。

【环保评审管理】 全年共受理各种新建、改建、扩建项目41项，其中审批建设项目环境影响登记表19项，上报审批22项。办理风景名胜区准营证416家，其中办证139家、换证189、变更88家，建设项目竣工环境保护验收7家。切实提高环评和“三同时”执行率，严格依法处罚建设项目未经验收擅自投运、久拖不验、超期试生产等违法行为。

【环境执法监督管理】 开展整治饮食服务业环境污染专项行动，完成整改并通过验收111家，年检44家。实行《排污许可证》制度，积极创造环保前置许可条件，为事前监管创造条件。开展“噪声”专项整治行动，古城区“两会”期间，出动执法人员20人次，出动车辆4辆，严格控制会场周围噪声，认真处理群众来信来访事件，保证“两会”的顺利召开。高考期间共出动执法人员 80 余人（次），车辆 30 余车次，保证良好的考试环境。开展“禁白”专项工作，全年共计出动人员 4 000 余人（次），车辆 460 余车次，说服教育 4 万余人（次）。没收一次性不可降解塑料袋、塑料杯、快餐盒及碗、碟万余个，城区“白色污染”现象得到有效遏制。开展“整治违法排污企业，保障群众健康环保专项行动”，成立环保专项行动领导小组，共出动执法人员 220 余人次，执法车辆 90 余车次，分别检查饮用水源地排污口和历年环保专项行动中各重点督查问题的办理落实情况。

【信访工作】 2008 年共处理群众来信来访污染投诉事件 86 起，其中噪声污染 44 起，大气污染 20 起，水污染 20 起，其它污染 2 起，结案率 100%。

【水污染防治】 加强对清溪水库、黑龙潭、束河九鼎龙潭、七河黄龙潭四个饮用水源地和备用饮用水源地团山水库的环境监管工作。清查饮用水源地排污口，认真排查饮用水源地环境隐患。填报古城区集中式饮用水源地基本情况调查表及评估材料，拟定古城区集中饮用水源地环境保护规划方案。

【创建绿色行动】 2008 年，推荐申报第三批市级绿色学校 6 家、丽江市绿色学校创建活动优秀组织单位 1 家、绿色学校环境教育优秀教师 6 名、丽江市绿色学校工作先进个人 4 人。

【污染源普查】 按照全国、省、市污染源普查工作会议的统一部署，开展古城区第一次污染源普查工作，共出动车辆 340 余次，出动人员 800 余次，走访 2 000 余家单位，确定符合普查条件的 1 424 家单位，其中生活源 1 377 家，工业源 44 家（重点工业源 37 家），农业源 372 家，集中式污染治理设施 2 家，清查规模以下污染源 1 579 家。通过逐次修改、完善，2008 年 10 月 8 日向市局上报最终普查数据。

【实行政务信息公开】 区环保局以《中华人民共和国政府信息公开条例》公布实施为契机，指派专人参加区政府法制办公室组织的政府信息公开业务培训，设立环保局信息公开工作责任科室，制定《古城区环保局信息公开指南》、《古城区环保局信息公开目录》和《丽江市古城区环保局信息公开申请表》。组织全局公务员 11 人参加全区《政务信息公开条例》考试，合格率 100%。政务信息公开工作严格按照《条例》相关规定开展，对环境保护热点、难点、焦点问题进行比较全面、及时、准确地公开。

【党建工作】 一是健全组织制度。明确创建“五好”支部目标，制定党建工作计划和创先活动方案，集体领导与个人分工负责相结合，一级抓一级，一级对一级负责，层层抓落实。二是进一步建立健全党员内部建设各项制度。三是与建设学习型机关相结合，制定党员理论学习和教育计划，确定全年的学习、教育内容和重点。四是积极做好项目服务工作，扎实贯彻“四项制度”，加强全局机关效能建设。五是抓基础，规范党支部的自身建设。严把党员“入口”质量关，年内推荐 2 名年轻干部参加入党积极分子培训。六是开展结队帮扶和访贫问苦活动，“七一”前后，深入大研街道北门社区走访、慰问结对困难党员 4 人，发放慰问金及慰问品计 2 800 余元。

【廉政工作】 2008 年，始终坚持标本兼治，综合治理，惩防并举，注重预防的战略方针，推进惩治和预防腐败体系建设，全面加强领导干部作风建设。一是开展廉洁勤政专题教育。创新党风廉政和反腐败教育途径，开展参观、讲座等活动，用事实教育干部职工。二是落实党风廉政建设责任制。与党员干部签订《廉政责任书》，认真贯彻执行环保系统“六项禁令”、环境监察人员“六不准”等规定。三是实行“阳光工程”。规范拓展党务公开，接受干部职工的监督，给群众以更多的知情权和监督权。四是加强行风建设。以“让组织满意；依法行政，维护群众环境权益，让群众满意；简化审批程序，提供优质服务，让企业满意”为目标履行岗位职责，全力打造群众满意工程。五是加强法制教育，提高遵纪守法意识，增强依法行政能力。将普法教育纳入日常工作，组织干部职工学习《行政处罚法》、《行政诉讼法》、《环境保护法》等一系列法律法规，提高干部学法、用法和守法的自觉性，增强依法行政的能力。

（李彬桢）

市政建设

【综 述】 2008年度，按照区委、区政府的总体部署和要求，古城区市政局统一思想认识，明确目标任务，在深入调查的基础上，紧紧围绕区委、区政府的中心工作，结合部门实际，认真分析制定部门工作目标任务，以求真务实、真抓实干的精神完成各项业务工作。

【贯彻落实“服务承诺制、首问责任制、限时办结制”】 全面贯彻落实《丽江市古城区人民政府关于印发〈古城区行政机关推行服务承诺制、首问责任制、限时办结制实施方案〉的通知》精神，制定《丽江市古城区市政局关于推行服务承诺制、首问责任制、限时办结制的实施细则》，市政局所辖监察队、路灯队、维护队结合工作实际，进一步细化工作内容，进一步明确办事流程、时限以及向社会进行的公开承诺，在原有举报电话5153333的基础上，增设举报电话5167646，增设投诉邮箱：SZJ5167646@163.com。

【政府信息公开】 根据《中华人民共和国政府信息公开条例》和《丽江市人民政府办公室关于2008年政府信息公开年度考核工作有关事项的通知》文件要求，按质按量完成政府信息网上发布工作。2008年公开政府信息46条，其中四项制度3条，科室职责9条，法律法规5条，发展规划类2条，行政许可类4条，行政处罚类6条，工作动态11条，目录及年度报告2条，业务服务类4条。

【人大代表建议和政协委员提案办理工作】 2008年由市政局办复的人大代表建议和政协委员提案共有7件，其中涉及户外广告招牌管理的1件，涉及城市路灯的5件，涉及市政设施建设的1件。市政局成立办复工作领导小组，办复工作分面商阶段、落实阶段、面复阶段、上报阶段四个阶段分步实施，工作人员深入实地进行调查了解，与人大代表和政协委员进行面商，根据实际情况与代表、委员协商，制定出切合实际的措施和方案，召开面复会对7件建议和议案作了实事求是的答复。

【加强和完善户外广告整治工作】 2008年4月30日召开古城区户外广告整治工作动员大会，部署古城区规划区范围内大、杂、散、乱、破等户外广告整治工作。对民航路、长水路、民主路、福慧路、玉缘路、花马街、象山路、安通路、东干河路、香格里大道9条城市道路和祥和丽城片区内的不符合规划设置技术标准或破旧、残缺、存在安全隐患、与周围环境不相协调的户外广告、门店招牌进行全面清理和整改。下发限期整改通知书582份，规范设置户外广告通知书582份，强制拆除通知书20份，拆除设置不规范、严重破损、陈旧、未经审批擅自设置和影响奥运火炬传递活动的各类户外广告牌700多块，共6 216.15平方米。年内审批、办理新增、到期年检各类户外广告109家，面积2 141.63平方米，审批临时性布标广告17家，共182条，拆除破损、擅自悬挂的临时性布标广告630余条。

【坚持和完善城市“牛皮癣”管理长效机制】 与丽生家政服务公司签订城市“牛皮癣”清除合同，城区的“牛皮癣”整治管理工作取得成效显著。平均每月清除非法张贴的纸类小广告260平方米，非法喷印的“办证号码”120平方米；每月定期清理、维护18块市政信息免费粘贴栏3次以上，清理粘贴面积768平方米。年内增设5块有偿服务信息粘贴栏，为市民提供信息发布的合法渠道，审批、办理咨询“114”服务平台4家。9月29日城市“牛皮癣”清除承包合同到期后，增加和完善部分承包合同条款，与丽生家政服务公司续签下一年的承包合同。

【完成大丽路金山段太阳能路灯改造工程】 2月20日，大丽路金山段太阳能路灯改造工程正式启动。太阳能路灯改造工程属古城区实施节能减排的重要措施之一，截至4月6日，总投资880万元的路灯工程全部完成，太阳能路灯工程长12千米，共24千米线路，安装341座太阳节能灯。

【社区路灯安装工程】 实施祥和办事处忠义东西村、白马龙潭村、康仲村、太和东西村、卿云村、吉祥村等部分村民小组路灯安装工程，9月26日工程竣工通过验收，工程合同总价为895 372.6元，安装路灯378套、15台电表和15个控制柜，线路总长45 000米。完成安装总投资72万元的玉河上村、东界河西南段居民路灯。

【国安路市政设施建设工程】 国安路建设于2007年12月24日正式开工，2008年2月24日完成油面层摊铺，25日试通车，主体工程历时约2个月。3月28日完成人行道、路灯、景观沟、绿化等附属市政设施。

【香格里大道排水系统改造工程】 香格里大道排水系统改造工程于2008年1月24日开工，5月15日竣工，工程全长180米，管径为DN600-800，投资约为230万元。

【莲湾村供水工程】 莲湾村在埋设排污管道过程中，由于部分河流改道，出现地下水源不足，水质达不到要求，根据村民的要求，2007年底开始实施莲湾村供水工程，2008年10月完成。主体工程为安装DN15至DN100的供水管线4.5千米，总投资80万元，173户莲湾村村民受益。

【新城片区排污管网一期工程】 新城片区排污管网一期工程2006年开始建设，2008年11月竣工并进行验收。三年建设工期，共完成象山、金甲、寨后上下村三个片区排污支户管网安装，完成安装排污管84千米，总投资3 050万元，受益5 437户。

（李悦华）

园林绿化管理

【综　述】 2008年，园林绿化管理工作坚持科学发展观，以改革为动力，以发展为主题，以崭新的精神风貌，全新的态度投入工作，全局上下在部门业务、扶贫攻坚、精神文明建设等方面取得较好的成绩。区园林局获得丽江市创建园林城市工作“先进单位”称号；由区园林局组织实施的金虹山面山绿化工程和祥和公园绿化工程获得“优秀项目奖”；局机关党支部获得“先进党支部”称号。

【绿化养护管理】 2008年，古城区建成区绿地总面积444.7万平方米（含水面积），比上年增加23万平方米，同比增长5.54%；绿地率29.13%，比上年提高1.53个百分点；绿化覆盖率34.13%；人均公共绿地面积13.58平方米。基本形成以公园、广场为重点，以道路、水系为纽带，以社区绿化为补充的绿化体系；基本形成城市绿化点、线、面、环布局合理及四季常青、山清水秀、传统美和现代气息交相辉映的城市环境格局。园林绿化管理局每周至少召开一次全局绿化养护管理工作会议，安排部署绿化养护管理的具体措施，统一思想，全体干部职工牢固树立“三分建设，七分管理”的养护理念，把绿化养护管理工作确立为“立局之本”。一、进一步加强绿化管理“日报制”。二、2007年9月，分别与115家相关单位续签《丽江市古城区市、区、县机关事业单位绿化管护目标责任书》、《丽江市古城区宾馆（酒店）及其他企业绿化管护目标责任书》，与1 654家个体工商户（临街商铺）签订《绿化管护责任书》后。认真落实“认建、认养、认管”制度，形成“人人重视绿化养护，人人参与绿化养护，人人乐于参与绿化养护，人人主动参与绿化养护”的良好氛围。三、坚持贯彻“预防为主、综合防治”的方针和“治早、治小、治了”的原则，严格依据植物病虫害的发生规律，因树、因时、因地认真进行病虫害防治。春季，采用喷洒、灌根、修枝等方式防治病虫害；冬季，大部分病虫进入越冬（或休眠）状态，采用深翻、涂白、清除枯枝落叶、剪除带病虫枝叶、灌冻水、药物喷雾防治等措施进行防治。年内对福慧路桂花树、长水路梧桐等行道树和香格里大道中央绿化带等用乐斯本、速扑杀、百事达、辛硫磷、大生、功夫等药物防治22次，撒农药137.5千克。四、旱季，制定浇水方案，做到定时、定人、定车、定段，并以“浇足水、浇透水”、“不漏一棵树，不漏一寸草”的标准要求进行浇水。4月22日到27日，组织动员社会力量在城区内公共绿化带、义务植树点、居住小区等地开展一次大规模的松土、除草、浇水等绿化养护周活动，城区所属118家单位参加；4个街道办事处共近1 000多人次干部群众参与所属公共绿化带的每天浇一次水的浇水周活动；古城区各机关单位干部职工共500多人参与机关义务植树点的浇水活动；团委组织青年团员对龟山共青团义务植树点进行浇水；福慧等6个学校自行组织开展浇水周活动；古城消防队、环卫局、雪山管委会及园林局共9辆洒水车进行全线供水、浇水。五、从2月底开始，严格根据植物种类、树龄等不同情况对城区部分行道树和矮灌木进行全面集中施肥。间隔15天施加一次，共施加撒可富复合肥4吨，价值1.5万元。六、依据树种、树种特性、树龄、树势、功能等要求，按照“无形不行，有形不死”的修剪原则，1-3月份根据城区落叶乔木的具体生长情况开展休眠期修剪，从4月底开始根据植物生长具体情况进行生长期修剪，年内对灌木修剪10次，乔木两次，草坪8次。七、初步尝试实行社会化管养，逐步推行城市公共绿地企业化管养模式。10月1日，园林局与丽江三朵园林旅游开发有限责任公司签订绿化管护合同。同期，把绿地交由三朵公司管养，合同期限为1年。管护绿地总面积49 674平方米，其中：乔木4 844棵，灌木面积22 631平方米，草坪面积27 043平方米。管护合同规定香格里大道阿丹阁酒店至官房红绿灯口所有绿地及行道树按一级养护标准进行养护，官房红绿灯口至云大旅游学院转台的所有绿地及行道树按二级养护标准进行养护。

【绿化建设】 一、认真组织开展义务植树活动。继续开展“一人种活一棵树”义务植树活动，3月28日始，机关、企事业单位干部职工、共青团员、学校学生、宾馆酒店员工等在丽大路两侧、木糖醇厂旁、龟山以及学校和酒店的空地等处共种植约5万株小白杨和速生柳，成活率95%。4～7月份，五乡、四个办事处组织村民及社区居民开展“绿色社区、绿色村庄”义务植树活动，种植89 579株的小白杨、速生柳及经济林果，成活74 713株。二、2月，祥和公园绿化工程全面完工，公园占地15.3亩，绿化建设面积5 909平方米，种植紫薇、红枫、梅树等乔木，配以南天竹、黄杨球、女贞球等，总投资360万元。三、乘种植时节组织开展城区内绿化带空地及死亡行道树的补植，共补植210棵行道树，补植绿化空地4 800平方米。四、组织开展民航路绿化改扩建工程，工程分三个标段实施。一标段增设中央绿化带，建设面积3 216平方米，种植260株雪松及毛叶丁香、红叶石楠等灌木；二标段增植两边行道树，种植750株石楠；三标段改造现有的两侧绿化带，改造面积4 610.72平方米，主要种植毛叶丁香、红叶石楠，增设8个公共车站台。五、年初，将象山东路的银杏、梅花等行道树更换为樱花。更换银杏47株，梅树42株，更换补植樱花106株。六、完成原丽江人民会堂绿化工程，建设面积6 500平方米，主要种植五角枫、山玉兰、滇楸等乔木及四季花、月季等灌木。七、组织开展阳光花园及福慧两个绿化小广场的前期建设工作。

【宣传报道】 运用电视新闻报道、标语宣传、报纸报道及发送简报等方式大力宣传园林城市创建工作。年内共出18期简报；电视宣传报道28次；报纸宣传报道近50次；在绿化带内插放120多张爱护绿化警示牌。

【古树名木管理】 1月始，对城区内的古树名木进行树种、位置、名称、树龄、树高、冠幅、级别等相关属性逐一的调查，建档立卡，统一挂牌，严格管理，4月中旬全面完成古城区辖区内1 112棵古树、44棵名木的挂牌工作，与古树名木和29棵大树的管护单位签订管护责任书。

【园林绿化执法管理】 1月，《丽江市古城区城市绿化管理办法》升格为《丽江城市绿化管理办法》。区园林局绿化监察队根据国家、省、市、区的绿化管理办法严格进行绿化执法，推行划片管理。每天安排执法队员进行绿化巡逻检查，及时发现和制止破坏或私占公共绿化地的行为；认真进行绿化地占用、挖掘、树木砍伐或移植的审批监督；参与绿化用地的改建、扩建工程的监督及验收，对绿化率不足的单位和小区不予验收签字，并责令其采用异地绿化和补种大树等方法进行整改；严格执行绿色图章制，评审新建项目方案；依法处理违法行为，确保绿化设施完好。年内，共处理机动车肇事造成的破坏绿化树木及设施的案件5起，收缴赔偿损失费16 000元，处理其它违法案件9起，收缴罚款及赔偿金额96 700元，各种破坏城市绿化行为明显减少。

【园林城市创建工作】 一是协助丽江市创建办做好审报园林城市资料收集、归档和总结等各项工作。二是加大创建园林城市的宣传力度，运用电视新闻报道、标语宣传、报纸报道及发送简报等方式大力加以宣传，营造创园氛围，使创建工作家喻户晓。三是3月始，根据市、区开展“园林式单位”、“园林居住小区”的相关文件精神，对区辖的省、市、区机关、企事业单位及酒店等单位及居住小区进行摸底、调查、测量、审核，将符合申报条件的106家“园林式单位”和22家“园林式居住小区”上报市政府。4月8日，市政府对丽江市国家税务局等106家单位和柏龙水榭等22家小区分别授予“园林式单位”、“园林式居住小区”称号并授牌。

【扶贫济困献爱心】 扶贫献爱心活动共捐款7 700元。5月16日，组织全局干部职工召开献爱心动员大会，为四川地震灾区捐款6 000元，局机关支部组织党员缴纳特殊党费6 800元，单位捐款2万元。向束河街道王芬同学捐款1 960元。根据《关于开展党内互助“八个一”活动的通知》要求，组织全体党员对中共古城区西安街道象山社区总支部委员会的7位困难党员进行帮扶，为他们捐款7 000元，中秋节开展共度“我们的节日”“月饼向下送”活动，为帮扶党员捐款1 200元。“慈善一日捐”活动，共捐款2 060元。

【积极投入社会主义新农村建设】 为大研街道办事处文智村筹集2万元资金用于村社绿化，改善和美化村社环境；为祥和街道办事处吉祥老体协筹资6 000元活动经费；为束河街道办事处黄山安乐村老体协筹资6 000元活动经费；为金山乡漾西村筹集绿化管护协调经费1 500元和10 400元村舍绿化管理资金；为七河乡西哨移民村设计并组织实施绿化工程。

【教育培训】 10月在全局范围内开展业务知识培训活动，聘请田学勇律师对职工培训5场（次），主要培训园林绿化管理执法和行政执法应注意的问题等；以送出去学习的方式培养技术骨干，先后选派3人次到外地参加学习培训。

（和秀良）

规　划

【综　述】 丽江市古城区规划局于2008年1月从建设局分设，并成立党支部。规划局成立后，按照“依法规范，切实可行、务求实效”的原则，制定《古城区规划局信访制度》、《古城区规划局公文规范处理制度》、《古城区规划局工作制度》、《古城区规划局党风廉政制度》、《古城区规划局学习制度》、《古城区规划局保密和安全保卫制度》、《古城区规划局车辆管理制度》等各项制度，紧紧围绕区委、区政府及丽江市规划局的中心工作，认真贯彻落实《城乡规划法》和《行政许可法》，实施规划审批、规划监察、拆迁安置等工作，积极推进规划编制和实施管理的各项工作任务，指导城乡建设。2008年度规划局党支部被评为先进党支部。

【城乡规划审批】 古城区规划局建立完善《古城区建设项目规划报批管理暂行规定》、《古城区私人建设管理暂行规定》、《规划助理员管理制度》等管理暂行办法。加强规划审批和管理环节，严格按照《丽江古城保护管理条例》、《丽江市城市规划管理暂行规定》等法律法规，将中心城区规划区范围内所有建设项目，包括农村个人、集体建房统一纳入城市规划管理的范围，杜绝“未批就建、少批多建、随意加层和随意更改规划”现象的发生，实现“城中村”建设与城市建设的协调，保证城市建设质量和城市特色。重大建设项目、主要地段城市设计报区政府分管建设领导审查。2008年共完成村镇选址121份，审批建设工程规划许可证1 011份，其中私人建设904份，审批改扩建面积339.77万平方米，其中私人改扩建12.62万平方米。实地踏勘800多人（次）。

【城市规划执法】 区规划局在全区各办事处（乡）、居委会、街道配置29名规划助理员，建立《规划助理员管理制度》、《规划助理员工作职责》并定期组织学习、培训。2008年，共发放建设行政责令整改通知101份，建设行政停工核查通知书121份，规划行政处罚决定书54份，发放建设工程放验线表22份，强制拆除违章建筑5起，强制拆除违章建筑面积3 901m²，调解邻里纠纷200多件（次），立案处理1件。

【规划编制】 结合社会主义新农村建设项目，古城区规划局到金江乡进行实地勘察，投资22万元，委托云南省规划设计院完成《金江乡小集镇规划》编制。投资62万元完成《丽江市新团片区控制性详细规划》修编。投资20万元组织实施安乐村规划。完成古城区医院综合楼、福慧学校综合楼、黄山完小办公楼、金甲公寓等单体建筑设计。

【拆迁工作】 为改善城市环境，完善城市功能，提升城市品位，古城区规划局成立拆迁办公室，2008年，在相关部门的配合下，完成清溪河环境整治项目和七星西路建设项目的拆迁安置工作，共涉及拆迁户24户，拆迁砖混结构3 995.82平方米、砖木结构1 152.21平方米、土木结构999.88平方米、简易结构463.308平方米。

【信访工作】 2008年，区规划局共受理来信来访60多件，多数为有关房屋建设等问题。规划局认真接待群众来信来访，及时排查调处矛盾纠纷，建立健全矛盾纠纷排查调处、群体性事件统计报表及台账。以“发现及时、控制得住、解决得好”的工作原则处理热点、难点问题，全面掌握，有效调处城市建设中的各种矛盾纠纷，对信访突出问题、群体性事件隐患和可能引发矛盾的纠纷进行排查，信访办结率和调解率达100%，没有发生群体上访及越级上访事件。

【人大代表建议和政协委员提案办理】 2008年，区规划局共办理人大建议议案和政协提案5件，其中涉及金江乡小集镇规划的2件，涉及“城中村”编制的2件，涉及祥和丽城环卫公共设施规划的1件。规划局密切与代表、委员联系，了解情况，全部在规定期限内当面办复，办复率100%，被古城区人大常委会表彰为“处理人大议案”先进单位。

【精神文明建设】 一是积极参加城市环境治理和环境绿化建设，按照上级对生态园林城市建设的要求，组织全局职工开展植树活动，在金虹山义务植树100株，定期对香格里大道两侧的花坛进行浇水与清除杂草；二是组织全局职工对古城河道进行清淤；三是开展慈善捐助活动，为汶川地震灾区捐款2 600元，“慈善一日捐”活动捐款2 650元；四是开展困难党员帮困活动，中秋节、春节期间慰问对口帮困的困难党员，资助帮困党员所在的开文居委会资金两万元；五是积极参与古城管理局组织的“古城杯”运动会，展现团结向上的团队精神风貌。

（汪金玲）

供 排 水

【综 述】 2008年供排水总公司完成销售收入4 145万元，超额完成145万元，完成计划的104%。污水处理厂列入国家一级环保重点监控单位，丽江市环保局与总公司签订COD减排合同，要求各级环保部门对污水处理运营的各项化验数据及时上报，排水公司在认真搞好每天污水处理运行的同时，按要求、按规范完成各类上报的报表，超额完成合同要求的COD减排量。2008年再度被评为“全国优秀污水处理运营单位”和“再生水利用先进单位”。

【安全供水】 2008年省、市、区的安全、公安、反恐等各级主管部门先后17次到供排水公司进行明察暗访。供排水公司多次开展确保供水安全和应急突发事件演习。借奥运全国抓安全的契机，根据公司下属各个单位和经营网点分散，安全防范的内容与措施各不相同等具体实际，健全和完善《安全生产制度》，与各部门、分公司签订《2008年度安全责任状》，将《丽江供排水有限公司安全生产组织机构图》、《丽江供排水有限公司突发事件应急预案》印发到各部门。进一步建立健全安全供水各项制度。

【供排水工程建设】 完成已经实施两年多的三束河水源至清溪水库中下段的输水管线工程，克服项目跨区县的协调困难，解决与沿线农业用水之间的矛盾和困难，改善白沙乡人畜饮水状况，将人畜饮水由沟渠输水改变为管道输水，减少水资源流失，村社农民饮用水不再受沟渠沿途的污染，充分利用三束河水源合理地解决农业用水与城市供水的矛盾。

莲湾村供水工程，在埋设排污管道过程中，由于部分河流改道，地下水源不足，水质达不到要求，2007年底实施莲湾村供水工程，2008年10月完工，安装DN15至DN100供水管线4.5千米，总投资80万元，莲湾村173户村民受益。

新城片区排污管网一期工程建设于2006年开始建设，2008年11月竣工验收。共完成象山、金甲、寨后上下村三个片区排污支户管网安装，完成安装排污管84千米，受益5 437户居民，完成投资3 050万元。

完成第二污水处理厂建设的选择厂址、土地征用、项目审批、施工图设计等前期工作，完成玉龙县过境路至二污厂门口的排污管网建设，完成投资1 800万元。

年内，实施白沙乡人蓄饮水工程，完成该项工程的70%；解决丽江总站42户集资房的排污管道安装。项目建设过程中共争取到中央预算内资金共计3 550万元，争取到国家开发银行资金1 480万元，总计5 030万元。

【生产经营】 完成供水量1 466万方，较上年增加147万方；完成供排水销售收入2 631万元，较上年增加125万元，有效供水回收率63.3%（不含免费用水部分）；完成纯净水销售收入266万元，较上年增加41.6万元；实现利润41.33万元，较上年增加21万元；完成安装及材料销售976万元，完成全年任务的130%，较上年增加296万元；实现利润45万元；完成污水处理986万方，处理污泥3 426吨，COD削减量1 696吨；实现总产值（GDP）3 810万元，较上年增加579万元。

（综合办）

十九、科技 教育

科 技

【综 述】 2008年科技工作全面贯彻落实科学发展观，坚持“创新为本、突出重点、彰显特色、支撑发展”的工作原则，紧紧围绕构建“和谐古城、文明古城、小康古城”的奋斗目标，全面落实区委二届四次全会精神，大力实施科教兴区战略，谋关注民生之计，施科技惠民之策，科技进步和创新取得新的进展。科技局被区委、区人民政府评为“党风廉政建设先进单位”、被区人大评为“人大代表意见、建议办理先进集体”。

【科技培训】 结合广大农民实际需要，全年在全区范围共组织举办各种形式、不同门类和层次的科技培训128期，1.38万人次参加。科技局干部职工共14人次参加市科技局举办的知识产权保护、科技成果管理和科技信息服务培训班，局领导2人次参加省厅举办的科技局长培训班。

【科技宣传】 一是开展新春“科技、文化、卫生三下乡”活动，组织专门科技人员和车辆，精心准备各种科技书籍、科技音像制品、科技报刊、蔬菜良种、山区炊事取暖两用节能炉样品等，会同文化、卫生、计生、司法等部门组成三下乡服务团，到金江、金安、大东、金山等地进行为期一星期的三下乡服务，二是组织“五月科技周活动”。向乡（街道）征集活动方案，确定各乡街道活动重点和特色，各乡街道充分结合各自辖区特点，举办科技培训、到集贸市场发放科技活动周专刊、科技资料，刊出科普专栏，多方式开展活动。

【强化科技项目申报】 强化科技计划项目的争取和管理，做到申报一批、储备一批、调研一批，加大科技项目的争取力度，提高项目实施质量和效益。2008年共组织上报云南省厅科技项目5个：云南省科技计划“非公有制经济发展专项资金（技术创新）”项目《丽江紫苏特色食品开发》；云南省科技计划“技术创新暨产业发展专项”项目《特色山嵛菜产业化》；云南省科技计划“重点产业创新工程”《滇杠柳等中药材野生抚育示范基地建设》；云南省科技计划“基础条件平台建设”项目《丽江市古城区科技信息服务网络建设》；云南省科技计划“科技富民强县”项目《优质生猪繁育及产业化开发》。

【知识产权】 一是专利工作再创佳绩。2008年全区共完成专利申请88件，授权20件，申请和授权量分别占丽江市的90%和95%。二是积极申报国家知识产权强县工程，古城区被云南省知识产权局选为云南省选报国家知识产权局的5个区县之一。三是积极开展知识产权保护的宣传培训工作。在古城区委党校举办古城区知识产权培训班，邀请上级专家授课，全区相关单位机关干部和企事业人员共95人参加培训。

【科技成果转化】 进一步规范科技成果鉴定和验收登记工作，下发关于科技成果鉴定的文件，严格按照政策法规积极履行职能职责，营造科技创新的服务环境。年内组织申报的区级科技成果有7项，其中推荐上报市级科技成果1项。

【科技示范】 一是干热河谷区域反季节早熟蔬菜种植示范。2008年在大东乡热水塘村新引进马铃薯新品种——大西洋进行反季早熟试验，现场测产验收亩产2 020千克，由先锋糕点食品有限公司按订单收购，折合亩产值1 745元，远远高于传统作物产值。二是组织开展中药材试验示范。在七河、金安、金山、束河等地组织实施300亩、10余种中药材的实验示范。三是继续抓好特色油料作物紫苏产品的开发及基地建设。组织相关科技力量，完成紫苏优质标准化示范种植基地面积220亩，并进行田间鉴评和测产验收。四是依靠科技积极抓好山嵛菜产业，从日本引进优质山嵛菜种子，委托丽江福龙绿色农产业开发有限公司在古城区金安乡龙山村公司基地进行育苗，全年在金安乡龙山村推广种植600亩山嵛菜。

【办理人大建议、政协提案】 2008年区科技局承办人大建议3件，政协提案2件，班子成员分别深入金江、金安、大东等地人大代表和政协委员家中进行面商和面复，分别从加强产业培育、加强科技服务、加大科技投入等方面加以落实，面复率100%、满意率100%。

【社会主义新农村建设】 结合挂钩点束河茨满村实际，制定切实可行的新农村建设帮建规划和工作方案，创新新农村建设的思路和机制，改变以往给钱给物的传统方式，将工作重点放在农业产业化及提高村民科技素质上。结合省级科技项目“黄山社会主义新农村科技示范”项目的实施，在联系点开展优质长寿王品种菜豌豆示范和推广50亩；邀请专家到新农村建设试点村讲解防治病虫害知识及优质蔬菜栽培技术。开展生猪、肉牛养殖和蔬菜种植科技培训3期共150人（次）。

（综合办）

教　育

【综　述】 2008年，古城区教育工作以科学发展观为指导，按照《中共丽江市古城区委、古城区人民政府关于进一步加强教育工作的若干意见》精神，大力实施教育“六大工程”和“四名战略”，教育公平得到推进，教师素质明显提高，办学条件切实改善，办学体制不断创新，教学科研成效显著，素质教育深入实施，教育教学硕果累累。高考取得历史性的突破，区一中总上线人数737人，上线率81.24%，一本上线85人，其中600分以上的15人，高考各项指标名列全市一区四县各高级完中第一。区职高保持良好的发展势头，毕业生就业率继续保持在95%以上，职大班升学率保持全市第一、全省领先。中考再创佳绩，650分以上的27人，占全市的40.9%，上重点线420人，占全市的26.63%，各项指标名列全市一区四县第一。初中毕业生升学率78%，更接近普及高中阶段教育要求。小学及学前教育教学质量有新的提高，教育事业有长足的进步和较快的发展。

【民族贫困地区中小学教师综合素质培训】 在新一轮民族贫困地区中小学教师综合素质培训项目中，古城区教师进修学校、束河中心校、福慧学校分别被评为2006—2007年度全国教育科学“十一五”规划教育部重点课题“有效推进区域教师专业化发展”研究与实验工作先进集体和云南省2006年新一轮民族贫困地区中小学教师综合素质培训项目先进集体。

【改善办学条件】 完成束河完小教学楼新建工程、金山十杰小学异地重建项目、金江江边完小改造工程、大东完小教学楼新建工程，启动七河丽首小学综合教学楼新建工程、七河后山完小教学楼新建工程、区民族中学学生宿舍楼新建工程、区一中学生宿舍楼及食堂改扩建工程、区福慧学校中学部综合实验楼新建工程，总建筑面积 12 041.65 平方米，投入资金 1 523.4 万元。

【七河三义完小异地重建工程竣工】 1月11日，七河三义完小异地重建工程竣工，区四套班子领导，区人大代表、政协委员，七河乡干部职工，三义完小师生，市、区电视台、报社等新闻媒体参加竣工典礼。三义完小异地重建工程于 2007 年 3 月开工建设，总投资 500 多万元，由丽江机场建设项目指挥部筹资、规划、协调和建设。

【2008 年体育中考】 3 月 10 日至 14 日，古城区 2008 年体育中考在丽江市体育场进行。区各初级中学，丽江市实验学校、文昌中学、祥和中学初三学生参加了中考。考试项目为立定跳远（10 分），实心球（10 分），跳绳（10 分），男子 1 000 米和女子 800 米跑（20 分）。整个考试过程实行全封闭管理，由公安局派公安人员负责门卫及考场安全工作，采取限制带队教师人数，带队教师凭证入场，严禁学生家长、亲属进入考场，由小学、高中体育教师担任监考员等新措施。

【中美教育合作项目—教育管理人员培训】 4 月 27 日上午，由区人民政府和美国佛蒙特大学亚洲文化交流中心共同举办的“教育合作项目—教育管理人员培训”在福慧学校举行。美国佛蒙特大学亚洲研究中心主任王觉非教授作题为“校长培训策略与方法”的专题讲座，全区各级各类学校校长、幼儿园园长，区直各学校党支部书记、副校长、教导主任、年级组长、教研组长，各乡（街道）中心校教研员，教育局全体干部职工，区教师进修学校全体教师聆听讲座。

【福慧学校和方国瑜小学获云南省“优秀甲等学校”】 经区、市、省中小学督导评估组分别对区福慧学校和大研兴仁方国瑜小学申报“优秀甲等学校”进行复评，云南省人民政府教育督导团复核审批区福慧学校和大研兴仁方国瑜小学为云南省“优秀甲等学校”。

【选派青年教师前往江苏学习】 5 月初，区教育局选派七河、金江、大东、金安 4 个乡的 10 名青年教师前往江苏学习，为期 4 个月，学员们到学习学校听课、备课、上课、说课、评课和学习教育教学管理，接受师德教育、教育政策法规、教育教学管理、教材教法、教育技术、普通话、教师心里健康等 7 个方面的培训，8 月 27 日，学员返丽召开总结会。

【支援四川地震灾区】 区教育系统干部职工、学生共向灾区捐款 501 993.21 元，其中教育局总支缴纳特殊党费 90 018.80 元。区教育局简化就学办理程序，为从四川汶川、都江堰、绵阳等地到古城区就读的 12 名学生及时安排就学。

【第五届纳西娃娃书画展】 6 月 1 日，由古城区教育局、古城区妇女儿童工作委员会共同举办的“第五届纳西娃娃书画展”在国际文化交流中心开展。画展以“迎奥运、献爱心”为主题，展出一千多幅少年儿童作品。

【校园集体舞比赛】 贯彻落实《中共中央、国务院关于加强青少年体质的意见的通知》精神，广泛开展“全国亿万学生阳光体育运动”，6 月 3 日，古城区教育局、古城区体育局在古城区体育训练中心共同举办“校园集体舞比赛”。比赛分小学、初中、高中三个组进行。有 15 个代表队二千余人参加比赛。大研中心小学获小学组金奖，福慧学校初中部获初中组金奖，由区职高获高中组金奖。

【综合考核 2007 学年度学校工作】 6 月 12 日至 25 日，古城区教育局学校年度工作综合考核组，根据《古城区学校工作年度综合考核办法》，采取查阅资料、看校容校貌、访学校行政领导及师生、听汇报、问卷调查等多种方式，对全区各乡（街道）中心校、区直学校 2007 学年度的学校工作进行综合考核。进修学校、区一中、福慧学校、区二中、祥和中心校、大东中心校、区职高、七河中心校、区幼儿园被评为优秀，金安中心校、大研中心校、区民中、金山中心校、束河中心校、区大研中学被评为良好，金江中心校被评为合格。

【2008 年中考、高考再创佳绩】 2008 年中考各项指标稳居丽江全市之首。区一中高考一本上线 85

人，其中600分以上15人，总上线率81.24%，一本上线率、二本以上上线率、三本以上上线率、一专以上上线率均高于全市四县各高级中学。

【2008年小学教师英语口语培训】 7月21日至24日，古城区教育局、云南师范大学文理学院和MSI国际专业服务机构在福慧学校联合举办古城区2008年小学教师英语口语培训班。古城区64位小学教师参加培训，云南师范大学教授杨涛、清华大学外语教授戴维·帕克斯等13位中外专家教授进行授课。通过培训，学员在教学理念和方式的转变、民主课堂的建设，让学生大胆开口、勇于实践等方面都有收获。

【2008年英才奖学金颁奖典礼在云岭剧场举行】 7月25日，古城区2008年英才奖学金颁奖典礼在云岭剧场举行。考取全国综合排名前十所重点大学的杨晓强等8位同学每人获得3万元奖学金，区一中77名上一本线的同学每人获得3 000元奖学金；区一中、与区一中联合办学的云师大附中高新一中分别荣获29万元和5万元奖励。

英才奖学金颁奖典礼 (教育局供)

【庆祝第24个教师节暨教育会议】 9月2日，古城区庆祝第24个教师节会议暨第四次教育会议在丽江云岭剧场隆重举行。会议总结古城区教育工作取得的成绩和经验；全面分析古城区教育现状；明确今后一个时期的教育工作目标、任务和措施。会议表彰10名优秀校长、10名优秀教师，向2007学年度教育工作13个先进集体和206名先进个人代表颁发奖牌和证书，表彰3项优秀教学科研成果。

【开展秋季学校食品卫生检查】 9月，由古城区教育局、卫生局组成的秋季学校食品卫生检查组对全区中小学、幼儿园进行饮水、食品安全为主的卫生检查，进一步规范学校的食品卫生工作。

【对外交流】 9月，古城区选派区一中副校长阮红英和区职高教师和丽莉到美国佛蒙特州进行为期10个月的文化交流。10月6日，美国佛蒙特州的Cheryl老师正式到福慧学校任教，为期10个月。

【中小学教师招聘面试】 10月7日，古城区中小学教师招聘面试在古城区职业高级中学进行。邀请古城区人大、政协、新闻媒体以及家长代表参与监督。经公平、公正的面试，从进入面试的100名优秀大学毕业生中录用50名中小学教师。

【食品安全宣传教育进课堂、进校园活动】 根据《古城区开展“食品安全进校园”宣传教育活动方案》，10月21日至24日，古城区教育局邀请古城区食品和药品安全监督管理局及卫生监督所的专家到区民族中学及祥和中心校白龙潭小学，通过举办讲座、发放食品安全知识宣传材料等形式开展食品安全宣传教育进课堂、进校园活动，进一步加强食品安全教育工作，普及食品安全知识，提高校园食品安全保障能力和水平。

【考察学习】 10月13日至21日，由古城区副区长李润兰、教育局部分干部职工、区属各学校校长、乡（街道）中心校校长组成的古城区教育考察团27人，赴上海、浙江宁波等地考察学习。分别考察上海市实验学校、格致中学，浙江宁波华茂外国语学校。考察团通过听、看、访，学习先进的办学经验。10月24日在大研中学召开总结会。

【“英特尔®未来教育”项目培训】 10月，古城区教育局举办两期“英特尔®未来教育”项目培训，共培训教师80名。培训中，“生－师”双重身份的转换与体验，使受训教师更加透彻地体验英特尔·未来教育的教育模式，理解英特尔®未来教育的教育理念。通过亲身实践的培训体验，形成一种全新的学习意识和教学理念，认为英特尔®未来教育项目培训不仅是计算机技能与新课改的有机结合，而且是新的教育理念与新的教学手段的综合应用，是提高学生学习兴趣、促使“差生”有效转变的教学手段，是大面积提高教学质量的有效途径。

【农民工随迁子女就学】 截至10月，在古城区义务教育阶段学校就读的进城务工随迁子女有4 640人，其中来自区内的761人，来自区外的3 879人；小学3 373人，初中1 267人，占全区义务教育阶段学生数的23.53%，比上年同期增加650人。

【检查评估“普通话应成为校园语言”目标学校】 12月，区教育局语言文字检查评估小组对大东中学、金安中学、金山漾西完小、七河三义完小、丽瑛双语幼儿园、七星幼儿园等6所2008年“普通话应成为校园语言”的目标学校进行检查评估。检查结果6所学校都建立健全了语言文字工作领导机构，有专职或兼职人员负责语言文字具体工作，营造说普通话、写规范字的良好氛围。能以课堂为主渠道，以活动为载体，结合实际开展工作，取得很好的效果。

【领导检查指导学校工作】 12月22日，云南省教育厅主管职业教育的罗嘉福副厅长一行到区职高检查指导学校工作。罗副厅长一行参观了学校、听取了办学情况汇报，对职高的办学成效给予充分的肯定，希望职高继续开拓进取，在专业设置和专业创新方面多做文章，在社会需求和专业技术培训方面多找路子，在灵活办学和科学定位方面多动脑子，不断做大做强职业教育，争取更大的办学效益。

【多媒体教育教学软件获奖】 在云南省教育学会、云南教育信息中心举办的云南省课改实验区第三届优秀多媒体教育教学软件评选活动中，教育局教研室组织选送59位教师的45件课件、电子教案、课堂实录全部获奖，其中4件获一等奖，9件获二等奖，32件获三等奖，区教研室获优秀组织奖。

【第三届中小学教师朗读竞赛】 12月25日，由教育局组织的古城区第三届中小学教师朗读竞赛在福慧学校举行，经初赛选拔的中、小学各14位选手参加竞赛。区一中教师元伟艺获中学组特等奖，福慧学校教师马丽梅和段云萍获一等奖；大研兴仁方国瑜小学教师和艳星获小学组特等奖，大研中心小学教师杨琪珍和金山乡文化完小教师陈雪梅获小学组一等奖。

（综合办）

气　象

【综　述】 2008年，加强气象业务现代化建设，提升气象服务能力，全力以赴做好气象服务工作。1月下旬丽江发生严重的雨雪冰冻灾害，气象局启动重大气象灾害Ⅱ级预警应急响应，做好监测、预警预报、跟踪服务和灾害影响评估工作，年内共报送《气象情况反映》4期，《春运专题天气预报》4期，《电力通讯专题气象服务》3期，《旅游专题气象服务》2期。北京奥运会火炬接力在丽江境内传递期间，气象局成立奥运火炬传递气象保障服务领导小组，制定《2008年奥运火炬接力丽江传递气象保障服务实施方案》，组织实施3次实战演练，提前5天准确预报6月10日的天气。积极推进气象科技服务，在开展电视天气预报服务、手机短信服务、专业气象服务、气球广告服务、专项气象服务等气象科技服务工作的同时，与丽江机场达成“丽江机场引用天气雷达信息”的使用合作项目；与金安电站共同建设20个5要素气象自动观测站，达成气象服务协议；增加梨园电站和鲁地拉电站的气象服务项目。不断拓宽防雷减灾技术服务领域，将防雷减灾工作向中小学校延伸，10月启动中小学校防雷工程。组织开展以电子显示屏为主的“农村气象综合信息服务系统”试点建设，全市安装30块电子显示屏进行试点。

【气 温】 2008年丽江站平均气温12.8℃，比正常年偏高0.1℃，属正常略偏高；极端最高气温27.3℃，出现在6月21日、22日和9月24日。极端最低气温-4.7℃，出现在2月14日，与正常年相比基本正常。

【降 水】 2008年丽江站全年降水量918.5 mm，比常年平均偏少49.5mm，5月10日进入雨季，比正常年偏早，最长降水持续日为5月31日-6月17日。干季（2007年11月—2008年4月）丽江站总降水量50.1mm，较常年同期偏少15.6mm。主汛期（6月—8月）丽江站降水541.6mm，较常年同期偏少74.2mm，出现大雨4次，未出现暴雨。10月5日，丽江站达到雨季结束标准，时间接近正常年，雨季持续时间148天。较常年多29天。秋冬季（10月—12月），丽江站降水量67.9mm。

【光 照】 2008年丽江站日照时数2181.7小时，较正常年偏少281.6小时。2月、4月、11月日照时数正常至偏多，1月下旬、3月下旬、4月底、5月中旬、7月初、8月、9月上旬、10月下旬和12月初日照时数偏少。

【主要天气气候事件】 1月25日到2月1日，丽江市古城区出现历年同期罕见的降水、降温天气，高海拔地区出现大到暴雪和较强降温，造成严重的低温雨雪灾害。6月9日丽江城区降雹，最大冰雹直径接近4厘米，持续时间长达40多分钟，为历年罕见。5月10～20日，全市出现大范围的连续降水天气，丽江站的降水雨量为87.1mm。9月中、下旬，出现高温少雨天气，9月24日，丽江站出现27.3℃高温，丽江站最高气温平了第三高纪录。

（和永清 李武春）

防震减灾

【综 述】 2008年，古城区地震工作紧紧围绕防震减灾2020年奋斗目标，树立防大震意识，提高地震监测预报效能，完善震灾预防体系，强化地震灾害应急救援能力，努力减轻地震灾害损失。重视创新、开拓，为构建和谐文明古城提供防震减灾安全保障。

【监测预报】 至2008年，区地震局观测的HCO3-、Mg2+、ca2+、F-、电导率连续14年在全省地震观测质量评比中获奖。区地震局加强宏观观测点的管理，在全区中小学中培养业余宏观观测员，在乡政府中培养兼职宏观观测员，从社会上聘请有文化的宏观观测员，争取人人参与，认真排查，捕捉临震异常，短临预报有所突破。

2008年，国家重点科研项目—中国川滇地区地电强化测试项目，米易、红格、元谋台由于各种原因已停测，仅有丽江站提供数据，2008年古城区政府投资18万元建立地电观测站，12月8日挂牌。年内7月10日，水质观测站由狮子山防空洞搬迁到古城区政府大院地震局。

【科普宣传】 区地震局多次深入中小学开展防震减灾科普宣传，一是在中小学生中培养宏观观测员，捕捉临震异常；二是在地震来临之际，教会学生沉着、冷静应对身边突发事件；三是身处绝境之际，教会学生如何树立生存的信心；四是在别人处于困难之际，教会学生伸出救援之手，培养学生的感恩之心。共计2133名学生受到宣传教育，并积极配合市地震局，到公共场所进行防震减灾宣传活动，共摆放展板12块，悬挂标语4条，发放宣传单、防震减灾知识手册7000多份，深入五乡四个街道办事处开展防震减灾科普宣传，普及地震科普知识。

【地震活动】 2008年，丽江及周边25° 5° N；99°-102° E范围内共发生3.0-3.9级地震50次，4.0-4.9级地震5次，5.0-5.9级地震2次，6.0-6.9级地震1次（8月30日在四川会理发生）。

（王向红）

生物资源开发创新

【综 述】 2008 年，古城区生物资源开发创新工作紧紧围绕建设云南独具特色的生物资源开发创新基地的总目标，大力推进生物资源开发创新，培育一批新的特色产业，形成新的经济增长点，为生物创新工作又好又快发展奠定基础。

【项目审报】 根据《云南省财政厅 云南省农业厅关于印发 2008 年省级财政生物资源开发创新项目申报指南的通知》精神，7 月，创新办组织区属符合申报条件的企业进行项目申报。本着客观、公正、好中选优的原则，从多家申报项目单位中选出丽江贡和实业有限公司申报的《青刺果产业化技术创新项目》、丽江先锋食品开发有限公司申报的《无公害鸡豆生产基地建设》和丽江福龙绿色农产品开发有限公司申报的《日本山嵛菜新品种引进栽培与示范推广》三个项目进行申报。

【雪桃产业】 截至 2008 年底，全区共发展雪桃 2 868 亩，其中年内完成 588 亩，已进入盛果期的有 1 800 多亩，年产值 90 万元。年内，创新办经过反复研究，在七河乡雪桃产业相对集中的片区与农户达成协议建立雪桃示范园区，每年在经济上给农户一定的补偿，要求农户提供一定的劳力、物力和财力，严格按照技术人员的要求，对雪桃进行科学、合理、规范的管理。通过示范园区建设，对雪桃产业进行科技推广示范，促进全区雪桃产业的健康、持续发展。

【药材种植】 至 2008 年底，全区药材种植面积 2 133.3 亩，其中年内新增面积 1 098.99 亩。4 月，创新办协同华利公司和束河街道办事处的工作人员到九子海了解当地的药材种植情况，召开村民大会，就适宜种植的药材品种和种植方法进行了广泛的交流。会上，华利公司与种植户确立了药材收购意向。

【野生铁核桃实生苗改良】 2008 年，投入 3 万元资金完成金江乡罗玄和普勤两个村委会 500 亩野生铁核桃的嫁接改良。

【反季蔬菜种植】 古城区大东乡、金江乡及金山乡、金安乡等个别村组处于金沙江沿线的干热河谷地带，适应反季蔬菜种植。经过综合考察，创新办投入产业资金 3 万元，在金江乡金江行政村发展种植 350 亩的冬早玉米和脱毒洋芋。该项产业带动百姓转变传统种植观念，促进百姓的增产增收。

【提升生物创新产品科技含量】 紫苏产业是古城区一项新兴产业，创新办遵循“企业 + 农户 + 基地”的模式，年内，投入产业资金 7 万元，依托丽江先锋食品开发有限公司大力发展紫苏产业。一是至 2008 年，紫苏标准化生产基地种植紫苏 5 500 亩，地点分布在祥和、金山、金安、金江、大东等地，10 月进行了测产验收；二是与西南大学食品科学学院合作开发纯正紫苏油及紫苏系列特色食品投放市场的基础上，与云南省农业科学院高山经济植物研究所、中科院昆明植物研究所合作开发的紫苏软胶囊保健食品。紫苏产业的良好发展，辐射带动广大农户，测产验收的数据给农业科研部门提供准确的科学依据，给企业提供优质原材料，实现产业发展质的飞跃。

【扶持产业协会、合作社的发展】 年内，积极扶持金山乡药材协会、金安乡香叶天竺葵产业技术经济合作协会、七河勒马水果生产农民专业合作社等发展资金 1.1 万元，通过协会、合作社集中零星种植户进行种植技术培训、经验交流，改变农户缺少种植技术，销售渠道窄的局面。

（综合办）

二十、文化 医疗 环卫 体育

文化广电新闻出版业

【综 述】 2008年，古城区文化广电新闻出版局机关设有办公室、文化事业科、新闻出版科、广播影视管理科等科室，有工作人员21人，系统在职职工139人，下辖古城区人民政府新闻办公室（副科级）、文化市场综合执法大队（副科级）、电视台、文化馆、图书馆、文物管理所、古城博物院及9个乡、街道办事处文化站等单位。8月25日，经古城区机构编制委员会批准成立古城区非物质文化遗产保护管理中心，为文化广电新闻出版局下设股所级全额拨款事业单位，现有专兼职工作人员4名。2008年，古城区文化广电工作坚持深入贯彻落实党的十七大提出的“推动社会主义文化大发展大繁荣”要求，按照区委、区政府的战略部署和总体要求，以建立和完善公共文化服务体系，保障人民群众基本文化权益为目的，紧紧围绕建设和谐文明小康古城为目标，坚持“重基础、抓重点、创特色、求实效”，真抓实干，锐意进取，开展一系列扎实有效的工作，为古城区的文化广电事业添上浓墨重彩的一页。

【新闻宣传】 一是围绕中心、服务大局。深入宣传党和国家的方针、政策；坚持贴近实际、贴近生活、贴近群众，正确引导社会热点，弘扬社会正气，通达社情民意，疏导公众情绪，搞好舆论监督；加大对外宣传力度，扩大知名度和影响力；抓好安全管理工作，确保广播电视优质、安全播出。二是狠抓重大事件宣传报道。年内，全面、准确完成区二次党代会、区二届人大一次会议、区政协二届一次会议的宣传报道任务；完成古城区建区五周年暨迎奥运文艺汇演录播任务；完成“向地震灾区捐款献爱心”、北京奥运会、第三届雪山音乐节等重大活动的宣传报道任务。三是内宣取得新突破。年内，《古城报道》累计播出260期近1 500条新闻，其中《环保世纪行》、《最可爱的人》、《推进节能减排，建设生态文明》等一系列报道深受好评。《我们这五年》系列报道累计播出27期，其中《小桥流水悠悠我心》、《我是纳西人》、《美丽古城·我们共同守护》、《扶贫于困兼授鱼渔》、《村庄美·风尚好·农民富》等节目受到广泛关注和认可。《说法》栏目累计播出365期，其中《来客》、《少年艾礼的扒手生涯》、《惊天命案》、《飞车贼》、《聚宝山劫案》、《8·10案件—决斗下消逝的青春》、《一个偷车团伙的覆灭》、《谁偷了我的耕牛》等52期独立采编节目，是发生在身边的典型案例。此外，《发现丽江》栏目播出52期，《绿色前沿》栏目播出52期，《科普大蓬车》和《科技窗》分别播出52期，《每周一歌》播出52期，新设立的服务类栏目《品位》播出52期。四是外宣取得新进展。年内，古城电视台制作的纪录片《风雨兼程》、《阿哩哩美和冬月》，应邀参加由文化部、国家广电总局、中央新闻办在青海西宁举办的中国（青海）三江源国际电影节暨世界山地纪录片节。全年有86条新闻、专题在中央、省、市电视台播出。

【群众文化活动】 一是开展文化“三下乡”活动。1月23日始，古城区文化科技卫生“三下乡”正式启动，历时十五天，先后到大东、金山、金江、七河、金安、祥和等乡办事处，为群众慰问演出15场（次），赠送各类科普图书5 000余册，书写春联4 000余幅，观众达16 000多人（次）。二是参与“CCTV幸福春节·2008丽江发现”春节电视直播节目。认真组织开展群众打跳、麒麟舞、牦牛舞、凤凰舞、纳西古乐演奏、“拉美拉古余”等民俗比赛活动，充分展示古城区丰富多彩的民俗文化，为弘扬民族文化，丰富人民群众精神文化生活，对外宣传丽江发挥了积极作用。三是开展春节文化系列活动。连续在四方街广场、玉河广场、红太阳广场、束河四方听音广场演出56场（次），观众达16万人（次），进一步宣传和展示丽江多姿多彩的民族风情，营造良好的节日氛围。四是举办“迎奥运暨建区五周年专场文艺演出”。5月18日，古城区举办“迎奥运暨建区五周年专场文艺演出”，文艺演出以别出心裁的创意、气势恢宏的场面、美仑美奂的乐舞，展示古城之美、和谐之魂。刚劲有力的《辉煌五载》，争奇斗艳的《和谐古城》，激情澎湃的《喜迎奥运》，高潮迭起，亮点不断，震撼了现场观众。专场文艺演出实现演艺人员本土化、节目内容大众化、艺术水平专业化，成功地将群众文化与专业文化、人文亮点和文艺创作巧妙结合在一起，既突出“和谐”主题，又体现古城特色，在社会各界引起强烈反响，得到各级领导的高度评价和专家的广泛认可。五是积极开展行业、社区、企业文化活动。组织举办“古城区廉政文艺晚会”、“黑白水电力股份有限公司改制十周年庆典文化演出”、“古城区政协联欢文艺晚会”、七河西哨移民安置点“中秋慰问演出”、武警与古城区“喜迎国庆佳节、警民共创和谐”文艺演出。参与“丽江市首届农村文艺汇演”、“魅力三江、七彩云南”滇西北生物多样性大型主题活动文艺演出、古城区妇女第二次代表大会文艺演出、玉龙县鸣音乡东良村委会通电典礼文艺演出、丽江市庆祝建党87周年文艺汇演、“束河2008情人节情歌演唱会”、雪山音乐节。

【阵地建设】 一是完成区图书馆迁址古城工作。1月22日，古城区图书馆从黑龙潭公园迁往世界文化遗产丽江古城内，并举行古城区图书馆落户古城揭牌仪式。二是丽江市与古城区合建广电大楼项目竣工。该项目古城区投资600万元，其中土建工程投资400万余元，内部装修和设备配置投入近200万元，该项目工程已全部竣工投入使用。三是完成金江文化站易址建站工作。依据《“十一五”全国乡镇综合文化站建设规划》，原则上乡镇综合文化站不得建设在乡（镇）政府办公场所内的要求，区局另行选址建站并于年内建成投入使用。新建站总投资50万元，占地面积达1 266平方米，建筑面积达599平方米。

【文艺创作】 一是创作发行一批歌曲。全年创作发行《魅力丽江》、《打跳丽江》、《我的丽江》、《祖国牵着你的手》、《摩梭夜歌》、《丽江圆舞曲》、《摩梭小夜曲》、《月亮花》、《丽江的夜》、《金沙情歌》、《呀哩拉哩》等具有浓郁地域特色、民族特色的歌曲。二是创作小品和快板。全年组织编导人员创作出贴近实际、贴近生活、贴近群众，具有观赏性、艺术性、思想性，极富时代精神的小品和快板。如廉政小品《西余索》、《八个方面要记牢》、《为人一辈子》、《好人好官》、《劝善咒》、《感化》、《老知青返乡》、纳西快板《玉龙雪山在欢笑》、《公仆颂》等。三是《呀哈哩，跳起来》出版发行。年内，首张民族健身操舞VCD《呀哈哩，跳起来》面世，为进一步传承和弘扬民族优秀传统舞蹈，推动全民健身运动的广泛深入开展将起到积极作用。四是出版发行专辑。年内，出版《纳西经典民歌与诗词》，出版《纳西儿歌》，编录《丽江金唱盘》CD、VCD、DVD全套歌碟。

书画展　（李金星／摄）

【文化市场】 一是规范文化市场许可行为，提高窗口服务质量。全面梳理属于区局审批、审核、备案的事项；发挥群众和社会监督功能，强化群防群治建设，主动接受人大代表、政协委员对文化市场的监督指导，切实加强对文化市场经营行为的监督；政策法规宣传和学习有效推进，采取多种形式，加强对执法人员的法规和业务培训，不断提高执法技能水平。二是文化市场整治有力推进。结合古城区实际，大力整治无证电子游戏室、歌舞娱乐和演出场所、学校周边及城乡结合部文化市场、网吧以及音像出版物市场，有效规范古城区文化市场经营秩序。全年共立案查处 72 件，行政处罚 72 家，取缔游商、地摊 17 家，收缴各类盗版音像制品 24 008 盘，各类盗版图书 9 205 册。全年共组织 6 次电子游戏专项整治，先后出动 438 人（次），处罚违规电子游戏室 22 家（次）；网吧专项整治工作以查处违规接纳未成年人和取缔“黑网吧”为重点，共出动执法人员 985 人（次），车辆 230 多台（次），立案查处 31 件；强化音像市场监管力度，严密监视集市动态，集中力量开展突击检查，对人流量大、人员密集的重点区域，采取不定期的检查方式进行检查，奥运期间开展出版物市场集中清查行动；强化出版、印刷、发行行业日常监管，严厉查处各类非法出版物印制活动，严禁打击反动、淫秽、迷信内容和国家明令禁止出版、印制的出版物；强化演出市场的日常监管，严把备案登记关，严厉打击违法演出活动。

【文化产业】 一是文化产业发展取得新突破。古城区文化产业占丽江市的 80%，涉及信息、广告、广播电视、音乐、酒吧、茶吧、网吧、图书、演艺、娱乐、印刷、工艺美术等门类。古城区现已成为全省规模最大、品种最多、民间艺人最集中的一块市场。年内，文化产业经营户有 2 640 户，文化产业增加值 38 828 万元，占 GDP 的 11.5%，文化产业从业人员 10 000 余人。二是文化产业监管取得新成效。在狠抓执法监管的同时，充分发挥文化产业协会的作用，进一步巩固“党委领导、政府主管、行业自律，文化经营户依法经营”的文化管理体制和行政执法、行业自律、舆论监督、群众参与相结合的“四位一体”市场监管体系，成为全省乃至全国文化产业发展的典型范例。三是文化产业创新取得新进展。年内，重点扶持培养一批民营文化企业。古城区初步形成投资多元化、经营多样化、项目品牌化、产业互动化，以文化促发展、全民参与大干文化产业的良好态势，涌现了一大批“自主经营、自负盈亏、自我约束、自我发展”的现代文化企业。

【遗产保护】 一是有效开展非物质文化遗产申报工作。根据《文化部关于申报第二批国家级非物质文化遗产名录项目的通知》及丽江市委、市人民政府的有关要求，区局抽调单位骨干成立申报“国家级非物质文化遗产”工作组，将丽江濒危纳西族古典音乐套曲《崩时细哩》和原始歌舞《热美蹉》申报为国家级非物质文化遗产名录。6 月 7 日，国务院公布，古城区原始歌舞《热美蹉》列入国家级非物质文化遗产名录。二是深入开展民族民间文化艺术普查工作。按照区委提出的“摸清家底、合理保护、有序利用”的要求，由区局负责开展民族民间传统文化普查工作，对全区范围内的民族民间传统文化进行调查统计、汇编成册，采取有效措施，对濒危的民族民间传统文化进行积极抢救和有效保护，对外宣传和展示古城区璀璨夺目的优秀民族文化。三是稳步推进文物保护工作。文物保护基础性工作有效开展，对古城区内的 24 个文物保护单位（国家级文物保护单位 2 个、省级文物保护单位 3 个、市级文物保护单位 1 个、区级文物保护单位 18 个）进行一次全面的安全检查，消除安全隐患、增强责任意识，确保古城区文物安全；依托国家和省、市级文物保护单位，联合教育部门积极开展爱国主义教育活动；第三次全国文物普查进展顺利，基本掌握区内不可移动文物的数量、分布、特征、保存现状、环境状况等基本情况，有效宣传普及文物保护知识，进一步增强全民文化遗产保护意识，为研究制定文物保护、利用规划提供科学依据。四是大力开展民族文化保护工程。举办纳西族民间歌舞“热美蹉”培训班，对民间艺术团和社区群众 100 余人进行培训；在黄山完小举办“少儿东巴舞培训班”；参与电影《宝贝计划》的纳西语译制工作。

【图书工作】 一是加强安全工作。进行 24 小时轮流值班，提高警惕，增强安全意识，积极开展图书的“防火、防盗、防灾、防虫”工作。二是认真做好图书馆采购工作。进一步加强图书馆文献资源建设，逐步形成馆藏文献特点。全年共采购各类图书500余册；收集地方文献资料6 581册（条）；装订报纸31种、杂志140种。三是加强图书借阅工作。全年阅览室读者达1 700人（次），杂志流量为5 400册（次）；外借室读者达1 143人（次），图书流量为4 500册。三是加强软件设施建设。全年投入10万余元，有效推进图书馆设备改造和资源共享工程建设，加强图书馆公共文化服务能力，图书服务领域不断拓展，充分发挥图书馆文化活动阵地功能，实现资源共享。

【对外交流】 一是囊括流行歌曲创作演唱赛大部分奖项。5月，在全国优秀流行歌曲创作与演唱大赛丽江站比赛中，由古城区选送的《魅力丽江》获得创作类二等奖，《古城之恋》、《摩梭夜歌》获得创作类三等奖，《我的丽江》、《丽江圆舞曲》、《摩梭小夜曲》、《月亮花》获取创作类优秀奖，《丽江的夜》、《西余索》、《金沙情歌》获取入围奖。在演唱类比赛中，和劲松获得金奖，和春秀获得银奖，涵密金组合、李福军分别夺得铜奖，三江组合获取优秀奖。二是获得中国西部民歌（花儿）大赛银奖。7月，古城区“涵蜜金组合”代表云南参赛队参加在宁夏举办的“第六届中国西部民歌（花儿）大赛”，经过4天的激烈角逐，在14个省市自治区的数十个代表队中，“涵蜜金组合”过关斩将，摘取银奖，被业内人士称之为来自云岭之巅的“一匹黑马”。三是亮相法国“土著之梦”艺术节。7月，古城区文化馆艺人马国国应邀参加法国“土著之梦”艺术节，并展演个人节目，受到主办方的高度赞扬和群众的广泛好评。艺术节组委会还特别安排“马国国口弦独奏个人专场演出”，被法国听众赞誉为“来自中国的天籁之音”。四挺进世界山地纪录片节。9月，古城电视台制作的纪录片《风雨兼程》、《阿哩哩美和冬月》，应邀参加由文化部、国家广电总局、中央新闻办在青海西宁举办的中国（青海）三江源国际电影节暨世界山地纪录片节，与中央电视台、香港凤凰卫视等26个国家（地区）的大媒体同台展出，成为参加该节的唯一一家区县级电视媒体，被受注目。四是走进中国民间艺术节。10月，受中国文联、中国民间文艺家协会邀请，古城区组织的《热美蹉》展演节目，参加在广州市番禺区沙湾镇举办的第七届中国民间艺术节，并被中国民间文艺家协会授予优秀表演奖和优秀组织工作奖。许多观众不无感叹地说：“第一次认识了真正的原生态歌舞”。五是推动云南民族大学丽江基地实训工作。继续与云南民族大学合作，圆满完成云南民族大学民族文化职业教育丽江实训基地第三期实训工作。六是全方位开展对外文化交流。3月，和文军、和劲松赴昆参加“旅昆纳西族同胞欢度三多节”文艺演出活动；4月，寸潮到广州参加第九届全国书法展览；5月，王国钧到昆明参加首届云南国际版画展；7月，和文军受邀赴上海参加“华夏艺术风采迎国庆电视文艺晚会”节目录制工作，由胡文作词、和文军作曲的2008年最新单曲《我的丽江》参加该晚会节目的录制；8月，和劲松作曲作词的《月亮花》入选全国优秀流行歌曲创作大赛云南选拔赛；10月，和劲松应邀参加深圳市沙滩音乐节。涵蜜金组合在参加首届云南省农村文艺汇演中，原生态民歌《呀哩拉哩》荣获二等奖。

【公共服务】 一是实施农村数字电视项目工程。年内，投资150万元全面实施农村有线电视工程。从4月始，区局历时3个月，实地勘查金安、大东、金江三个乡的数字电视信号传输路线，调查用户分布状况，制订《农村数字电视工程建设项目实施方案》。年内，完成金安乡农村数字电视项目建设和七河乡西哨移民安置点数字电视项目建设。二是实施广播电视“村村通”工程。对已有“村村通”工程建站点加强维护和管理的基础上，认真调研20户以上自然村广播电视覆盖情况，并形成实施方案。年内，全区共有46座“村村通”工程，全部运行良好。全区电视覆盖率保持在94.17%，极大地丰富边远山区和贫困乡村农民的文化生活，为广大群众脱贫致富和农村“三个文明”建设发挥积极作用。三是实施农村电影放映“2131”工程。进一步理顺农村电影工作管理体制，建立起长效服务机制，使古城区农村电影放映工作保持良好的发展势头，对提高广大农民的科技文化素质，弘扬先进文化，巩固农村社会主义思想文化阵地，发挥积极作用。全年电影放映565场（次），观众达69 000人（次），基本实现“一村一月放映一场电影”的目标任务。四是实施“农家书屋”建设项目。根据云南省新闻出版局《关于编制上报2008年度农家书屋工程实施计划的通知》要求，年初，区局组织人员做好古城区农家书屋建设的摸底、选点、上报、审核工作，并将七河乡五峰村农家书屋、金山乡金山农家书屋、束河办事处普济农家书屋正式作为云南省首批试点进行实施。7月，省新闻出版局对古城区三个点进行现场查看和验收，对试点工作给予高度评价，并提出要将它作为全国试点进行推广。五是全面推动新农村建设。充分发挥古城电视台的宣传职能，制作专题，开辟专栏，面向全区广泛宣传关于建设社会主义新农村的大政方针，及时跟踪报道社会主义新农村建设过程中的好思路、好办法、好措施，宣传社会主义新农村建设工作中涌现出来的典型经验和先进事例。全年以建设社会主义新农村为主轴的《科技窗》和《科普大蓬车》栏目各播出52期，为兴起社会主义新农村建设热潮，营造良好的舆论氛围和工作氛围。积极开展试点村包村蹲点工作，督促派驻指导员开展工作，深入试点村调查研究，为试点村建设献计献策，制定对试点村具体帮扶办法，组织开展帮扶工作，帮助完善经济发展思路。为试点村争取项目、资金、实物等，全年新农村建设支出资金10 000元。

（和世文）

博物院

【参观访问】 1月13日，世界文化遗产教科文组织丽江古城监测团专家到木府参观。

5月30日，中央党校第24期中青年干部培训班调研组到木府考察。

5月31日，丽江孤儿学校137名学生到木府参观，木府向全体学生赠送学习用品，并鼓励他们好好学习。

7月7日，宁蒗永宁温泉小学50名学生参观木府。

7月9日，中央党校中青班社会主义新农村课题调研组一行到木府考察。

11月2日，著名华裔物理学家、诺贝尔物理学奖获得者杨振宁博士参观木府。

12月15日，由吉布提争取进步人民联盟副总书记哈桑·法拉·米吉尔率领的考察团一行10人参观木府。

【文化活动】 2月10日，木府举办“2008年周霖、和石等七人书画暨摄影、兰花迎春展。”本次迎春展以周霖祖孙三代绘画作品、和石祖孙三代书法作品，以及其他艺术家书画、摄影作品和德艺双馨之花——兰花为主题，充分体现丽江解放、改革开放以来取得的文化、艺术丰硕成果和纳西人的文化艺术传承性。

4月12日，《寻找金花》湖南电视台摄制组到木府拍摄。

5月18日，丽江市古城区建区五周年庆典活动在木府举行。木府里千人汇集，喜庆奥运会圣火即将传递到丽江古城，欢唱古城区建区五周年取得的巨大成就和又好又快发展的美好明天。庆祝会上，唱响创造新业绩、喜迎中国北京奥运盛会的满腔豪情。

7月6日，由美国南加州大学中国学院、建筑学院主办的系列论坛“what′ s next”在丽江古城举行。论坛会上，丽江古城博物院院长黄乃镇为来自美国南加州大学的博士生、硕士生、本科生，就历史文化遗产保护和中国建筑的历史价值、文化意义进行阐述。

9月，《丽江木氏土司与滇川藏交角区域历史文化研讨会论文集》由北京中国藏学出版社出版发行。2007年11月2日~11月5日在云南省丽江古城博物院（木府）召开由中国社会科学院民族学与人类学研究所、丽江古城博物院（木府）联合主办的“丽江木氏土司与滇川藏交角区域历史文化研讨会”，是20世纪以来研究木氏土司规模最大、成果较为丰富的一次学术会议。此论文集除精选研讨会论文外，还收录20世纪40~80年代前贤研究木氏土司的代表性论文和《丽江木氏土司历史文化研究资料目录索引》。《丽江木氏土司与滇川藏交角区域历史文化研讨会论文集》的出版，进一步挖掘丽江古城历史文化内涵，弘扬丽江古城纳西族文化传统；深入研讨丽江木氏土司与滇川藏交角区域历史文化关系；深入研究“藏彝走廊”地区的少数民族历史文化，进一步提升滇西北及毗邻的滇川藏交角区域经济文化协作发展水平，促进“大香格里拉”区域的和谐发展和民族团结。

【建立丽江古城博物院流动党员驿站】 为充分体现党组织为党员服务，党员为群众服务的要求，进一步创新、加强和改进流动党员教育、管理、服务的新途径，把流动党员凝聚起来，更好地为丽江经济社会发展服务。7月17日，在流动党员比较集中，游客比较集中的丽江古城博物院（木府）建立流动党员驿站和游客服务点。目前，丽江古城博物院流动党员驿站的各项工作已经圆满完成，并积极投入到服务工作中去，取得一定的成绩。丽江古城博物院流动党员驿站的建立，进一步增强广大党员服务游客、服务旅游的能力和水平。

【举办菊花展】 9月29日，2008古城金秋菊花会在丽江古城博物院（木府）举行开幕式。菊花会共展出1万多盆菊花，充分体现纳西人民“以菊会友、以菊传情”的民俗风情，使旅客欣赏到“菊香十里醉古城”的别致美景，丰富了文化旅游的内涵。

（和　磊　和红媛）

史志编纂

【综　述】 2008年，古城区史志办按照年初工作部署，紧密结合区情，创新工作思路，探索工作方法，本着“尊重历史，实事求是”和“存史、资政、育人”的工作要求，挖掘地方文化资料，集中精力征集党史资料，编辑、出版、发行《丽江市古城区年鉴》和《古城春秋》刊物。

【党史征集研究工作】 年内，史志办认真学习贯彻省、市党史工作会议精神，积极开展古城区党史征集研究工作。一是开展社会主义新时期党史专题研究工作，组织人员配合玉龙县史志办，撰写原丽江县“四清运动”、“土地改革”等专题资料文章并进行上报。二是对古城区的党史胜迹进行初步摸底调查，主要是红军长征过丽江时指挥部旧址（在大研办事处四方街边科贡坊巷内）和开南研习所旧址(在金山乡贵峰村委会大来小学)。同时积极争取上级部门资金支持，开展党史胜迹的保护和开发利用工作。三是通过开展编辑《古城区年鉴》、《古城春秋》工作收录有关古城范围内的党史大事要闻、党史人物、党史图片、遗址遗迹保护利用等工作，为下一步编写古城区党史资料正本打下基础。

【宣传发行《古城区年鉴》2007卷】 年初，开展《古城区年鉴》2007卷的宣传发行工作，共发行1 000册，发行范围较广，赠送20多个省市信息部门和有关市级机构，发放到区直各部门、各乡、街道办事处、部分离退休干部、丽江籍在外人士，还发放到行业协会，公司和企业集团，充分发挥年鉴作为资料性工具书的作用。

【编纂《古城区年鉴》2008卷】 按照年鉴编纂工作流程，在实行主编负责制的基础上，进行工作任务分解，每个人承担几个部类编纂，做到既分工又合作。5月，区委办政府办联合下文，面向党政机关、综合部门、公司和企业、学术研究机构征集年鉴文字资料和图片资料，7~8月向各部门收集基础资料，9~12月完成年鉴的初稿编纂。2008卷年鉴设25个部类。部类栏目设置更为科学、完整，有些栏目篇幅减少，但信息量增加，在年鉴资料中注重反映民生、民情的内容，重视使用图片和数字。该年鉴计划出版电子版本，把年鉴发布于互联网，扩大年鉴的社会服务范围，发挥年鉴的功能作用。

【出版发行《古城春秋》杂志】 《古城春秋》是古城区委、区政府批准创办的综合性内部刊物。为发挥刊物的作用，面向社会广泛征集史志和综合性内容稿件，完成第四、第五期的发行和赠阅工作，编辑出版第六期。在拓宽收集稿源时，史志办还收集一些地方党史资料，如红军长征过丽江、滇西七支队活动情况、创办开南研习所、建立金江特区等有关资料。在第六期刊物中设置《工作论坛》、《史志人物》、《史海钩沉》、《往事回眸》、《友好交流》栏目。刊登古城区人民政府区长、古城区政协主席撰写的理论文章。重点推出《和志强同志墓志铭》、《方国瑜先生与丽江文教事业》、《古城区领导访日考察团纪行》。

【为上级部门提供古城区年鉴资料】 密切配合上级主管部门的工作，先后为《云南省年鉴》（2008卷）、《云南省小康年鉴》（2008卷）、《丽江市年鉴》（2008卷）提供古城区政治、经济文化、社会发展基本情况资料，共计3万多字。

（史志办）

档案工作

【综 述】 2008年，区档案局按照“依法治档、科技兴档、强化服务、发挥效益”的工作思路，与时俱进、求真务实，谋求全区档案事业的持续、健康发展，深入实施档案工作“六项工程”建设，优化服务质量，加强业务建设，促进全区档案工作为全面建设小康社会服务。

【档案利用服务工作】 2008年，区档案局以创新的精神，推动已公开文件查阅利用工作，通过各种渠道和方式，开展好档案利用工作。坚持以人为本，服务民生的理念，深入落实科学发展观，更新观念，创新服务，拓展领域，努力使档案工作面向社会、融入社会、服务民生，不断满足人民群众日益增长的档案利用需要，积极为社会各界排忧解难，成为党和政府联系群众的“连心桥”。年内共接待档案查阅利用者30人。

【档案业务监督指导】 对各单位档案归档、安全保管、利用等业务工作进行监督指导，认真落实各项安全管理制度，确保全区档案资源完整与安全。对历史久、档案多、积存严重的单位，反复上门做工作，使其尽快按标准归档，确保到期应移交的档案按期、按质量移交进馆。对保管条件好、档案管理较规范、经费条件允许的单位，动员其进行规范化管理等级申报，并对存在的问题现场指导。

【馆库建设】 年内，区档案局把馆库建设作为一项重要任务，玉龙县档案馆搬出本馆后，按照国家档案库房建设要求，对办公楼房进行改造，设置规范的办公室、库房、查阅室、复印室、值班室等，添置档案保管和保护设备，办公条件得到较大改善。积极收集丽江民族特色的历史档案资料，对进馆档案进行编目，做好目录数据库录入工作，为档案接收进馆创造良好条件。

【档案室星级考评验收】 “八项工程”是“十一五”期间全省档案工作的目标任务和具体措施。2008年，区局拓展档案基础业务建设领域，最大限度地发挥档案行政管理职能，推动档案工作全方位发展，对有条件的区公安局、区建设局房产管理所等开展考评验收工作。

【林改档案工作】 站在“为现实服务，替未来着想”的历史高度，抽调业务骨干到林改办开展林改档案工作，举办林改档案工作培训班，下发《林权制度改革文件材料归档范围和保管期限表》，明确归档范围、保管期限、分类方法，确保林权登记和换发林证过程中形成档案的完整、准确与安全。

【重点建设项目档案工作】 为进一步规范重点建设项目档案验收，加强重点建设项目档案管理，认真宣传贯彻《重大建设项目档案验收办法》，并对区级重点建设工程项目监督、检查和指导，深入移民局，齐抓共管移民档案工作，确保水电工程档案完整。加强对国大花马街档案的管理，整理丽江旅游文化城指挥部档案112卷，接收束河茶马古镇指挥部、古城区东郊整治指挥部、高原基地指挥部、悦榕酒店指挥部档案22卷。

【名人档案收集工作】 本着对名人负责、历史负责的态度，依据《云南省名人档案管理办法（试行）》的规定，建立名人档案征集机构，调配档案业务技术骨干到征集工作岗位中，对名人及其档案情况进行摸底调查，主动联系，有计划地开展征集工作。从收集纳西族作家和善庚档案开始，把名人的生平传记、著作、手稿、学术论文、来往信件、题词剪辑、照片、录音、录像、奖杯、奖状、奖章、证书及纪念品等征集进馆，把区档案馆建设成为爱国主义教育基地夯实基础。2008年已收集名人档案66卷。

【档案法制建设】 年内，把学习贯彻落实《云南省档案条例》作为开展档案工作的重要内容来抓，积极订购新修订的《档案条例》，认真学习新《条例》，并采取多种形式进行宣传报道，使广大群众充分认识到档案的作用，进一步增强档案意识和档案法制观念。本着发现问题、解决问题、完善管理的原则，从各机关、事业单位的档案行政管理、设施设备、业务建设、档案信息开发利用等分别进行检查，并按“八不准”和“十防”制度要求安全保管档案，对一些单位在管理中存在的问题或安全隐患，提出意见和建议，要求及时整改，从源头上较好地杜绝档案安全事故的发生。通过对新《条例》的贯彻执行，提高机关档案室的业务规范水平，促进全区档案事业的快速健康发展。

【职称评定工作】 按照省专业技术职务评聘工作的要求，积极参加职称外语考试、计算机能力考试及专业知识考试。2008年，有1人参加档案专业技术职务专业技术职务评审活动，评聘副研究馆员1人。

【业务论文】 结合工作实际，认真撰写业务论文，积极向省档案学会投稿。经过推选，全区3名档案人员参加2008年档案学术研讨会，有3篇论文在国家、省级刊物上发表。

（和建琳）

卫　生

【综　述】 古城区卫生行政主管部门管理的各级各类医疗卫生单位有：区人民医院、区妇幼保健院、疾控中心、卫生监督所、社区卫生服务中心、社区卫生服务站2个、民营医院3个、个体诊所82个、已发证村卫生室40个、已备案学校卫生室3个。2008年，卫生系统实有干部职工369人，其中局机关20人，区人民医院163人，区疾控中心58人，区妇幼保健院29人，区卫生监督所24人，基层卫生院75人，有村级防疫员、妇幼保健员92人。

【新型农村合作医疗】 全区5个乡、35个村委会、城区4个街道所辖农村10个居委会，参加新型农村合作医疗的农村居民8万人，覆盖率达到98.84%。全区共筹集新型农村合作医疗基金726万元，提取风险金21.8万元，2008年可使用资金为704.2万元。参加新型农村合作医疗的农民在区级以上、区级、乡级住院报销比例分别从去年的25%、40%、50%提高到30%、55%、70%，住院报销封顶线从去年每人5 000元提高到15 000元。相继把临近县份有关医疗机构和个别民营医疗机构相关科室纳入新型农村合作医疗定点范围，取消到市医院转诊的程序，参加新型农村合作医疗的农民就医更加方便，到市及市以上医疗机构住院893人（次），比去年同期645人增加38.45%；区县级医疗机构住院1 213人（次），比去年同期增加5.48%，参加新型农村合作医疗的农民满意度得到不断提高。全面实现区、乡两级微机联网，各定点医疗机构每天实时向区合作医疗管理中心传送数据，提高工作效率，增加透明度。

【计划免疫工作】 为巩固和维持全区无脊髓灰质炎状态，防止脊灰病毒的输入和疫苗衍生病毒的发生和流行，进一步消除免疫空白人群，保护全区人民的身体健康。根据卫生部、卫生厅等上级部门的要求，2008 年 1 月 5～8 日开展第二轮强化免疫工作，全区共发放疫苗 8 059 粒。11 月 11 日～20 日，开展一次全区范围麻疹疫苗强化免疫接种活动，共接种 2.9 万例。

【血吸虫病防治】 调查钉螺面积 5 483 171 万平方米，调查钉螺框数 226 728 框，查螺用工 2 492 个工日，未查出活螺。

【地方病防治】 1999 年～2000 年，七河乡忠义村等地曾发生不明原因猝死病例，为确保疫区无疫情，在金安、七河两地疫源地开展预防工作，主要组织开展全村爱国卫生运动，在村民委员会的协助下，以当地卫生院为主，组织人员在疫源地开展消毒消杀工作。用消毒灵速溶片，配制成有效的环境消毒液，对老百姓的厕所、畜厩、饮水进行消毒清杀。2008 年，共收治结核项目病人 23 人，其中初治涂阳 22 人，复治 1 人。

【艾滋病预防和控制】 开展大型麻风病、艾滋病、性病等宣传活动，发放宣传单 20 105 份，接待咨询人员 98 人，在区电视台播放艾滋病宣传片 1 次。6 月 4 日在古城区戒毒所开展 1 期主题为《拒绝毒品、法治艾滋、珍惜生命》宣传活动，参加本次活动强戒毒人员 213 人，拘留在押人员 30 人，干警 15 人，共计 268 人。开展同伴教育活动 16 次，受教育人数为 557 人，发放安全套 6 380 只，宣传材料 557 份。对外开展服务 73 人，发放安全套 730 只，宣传材料 73 份，转介服务 20 人。开展自愿咨询服务 200 人，自愿检测 200 人。

【卫生执法监督】 在区二届人大一次会议、区政协二届一次会议等重大会议，北京奥运圣火丽江站传递活动等重大活动，春节、国庆等重大节日期间，抽调卫生工作人员组成医疗保障分队、食品安全保障分队，全力以赴做好卫生保障工作，做到不发生一起工作责任事故及食源性疾患的目标。办理食品卫生许可证 1 791 户，食品从业人员健康培训合格证 8 571 本，卫生许可证持证率为 98%，健康证持证率为 98%。加强对学校及其周边食品经营场所专项检查整治工作，共检查学校幼儿园、场所，取缔一部分无证经营摊位，净化学校及其周边食品卫生环境。经过评分、考核，在辖区范围内评出 5 家 A 级餐饮业单位，分别为：小南国、森龙大酒店、大港旺宝、昌隆苑、丽江之春；3 家 B 级餐饮业单位，分别为：金生丽水、丽江大酒店、溢香苑，11 月 6 日对以上 8 家单位举行授牌仪式。查处食品经营违法案件 76 起，处罚人民币 5.17 万元，处理投诉举报 7 起，处理率达 100%。办理公共场所卫生许可证 1 012 份。全年共查处公共场所违法案件 34 起，共处罚人民币 8 200 元。出动监督员 200 余人（次），监督检查医疗机构 110 余家，提出整改意见 80 多条并责令限期整改，取缔游医摊点 5 个，没收药品器械 3 件，行政罚款 5 起共 12 000 元，吊销医疗机构执业许可证 1 家。举办古城区医疗事故防范和处理培训班 1 期，参加人数 120 人。举办执业医师“三基”培训班 2 期，参加人数 240 余人。加强生活饮用水监督检查工作，下达卫生监督意见书 7 份，对存在问题的 8 家单位进行限期整改，没收销毁不合格纯净水产品 2 472 瓶，罚款人民币 1 000 元，新发和换发生活饮用水卫生许可证 47 家。对古城区生活饮用水及桶装水进行专项监督检测，出动人员 86 人（次），检查单位数 17 家，抽样送检 15 份，合格率达到 93%。存在职业危害因素的 5 家厂矿企业及 3 家医用放射线使用单位进行日常监督检查。共受理并调查处理医疗事故争议纠纷患者投诉案件 10 起。对全区民营医疗机构 300 多执业人员进行备案管理，完成护士执业注册 53 人。

【社区卫生】 依托区人民医院举办社区卫生服务中心 1 个，社区卫生服务站 3 个，为居民提供预防、保健、计划生育、健康教育、康复、医疗等六位一体的优质服务。现有社区卫生服务人员 58 名，全部是专业技术人员，其中执业（助理）医师 28 名，护理人员 18 名，药剂人员 8 名，技师 4 名。具有中级职称人员 6 名，初级职称 41 名。2008 年，社区卫生服务机构门诊诊疗 35 610 人（次），出诊诊疗 321 人（次）；卡介苗接种 114 人（次），脊灰疫苗口服356人（次），麻疹疫苗接种348人（次），乙肝疫苗接种271人（次），百白破疫苗接种389人（次）；建立健康档案共3 976户，12 148人；专案管理老年人1 037人，产前检查817人（次），产后访视827人（次），孕产妇系统管理698人，儿童系统管理10 626人；慢性病管理245人，其中高血压病人207人、糖尿病病人207人、其他病人38人，管理精神病患者25人，治疗精神病患者25人，残疾人康复治疗112人（次）；发放健康教育宣传资料63 000份，举办宣传栏188期，举办健康讲座13次，共992人参加，健康咨询指导4 580人（次）；计划生育咨询指导2 804人（次），避孕药具发放22 097件，进行计划生育手术453人（次）。

【妇幼保健】 严格执行卫生部、国家教委颁发的《托儿所、幼儿园卫生保健管理办法》，对辖区内11所托幼机构进一步加强管理。2008年，全区0～7岁儿童7 064人，保健管理率82.38%，其中3岁以下儿童3 349人，系统管理率70.02%。全区婴儿死亡13人，婴儿死亡率13.49‰。孕产妇管理建卡937人，孕产妇系统管理816人，系统管理率达84.65%。住院分娩871人，住院分娩率达90.35%。同时还做好高危孕产妇管理工作，进行高危产妇管理209例，高危产妇住院率达100%。

【三聚氰胺奶粉事件处置】 根据国家和省、市卫生行政主管部门关于婴幼儿配方奶粉患泌尿系统结石婴幼儿诊疗工作的有关要求，古城区辖区有关医疗机构从2008年9月17日开始对食用含三聚氰胺奶粉婴幼儿开展免费救治工作，共排查婴幼儿1 320人，接诊儿童38人，收治病人16人。

【医政工作】 2008年，严格按照医疗服务市场监管有关卫生法规，继续加强对医疗机构的监督管理，进一步加大对医疗市场的监管力度，监督检查医疗机构110余家，除部分乡镇村卫生室外，对城区各级各类医疗机构监督频次达到两次以上，监督覆盖面达到100%，对存在问题提出整改意见80多条，并责令限期整改，取缔游医摊点5个，没收药品器械3件，行政罚款5起共12 000元，吊销医疗机构执业许可证1家。对医疗机构及医务人员卫生法规及传染病防治、医院感染管理、医疗废物处理、医疗事故防范等知识培训，对新发证的医疗机构及医护人员实行先培训再上岗的办法。6月，对新审批的6家医疗机构医务人员进行培训，7月举办古城区医疗事故防范和处理培训班1期，参加人数120人，10月组织举办执业医师“三基”培训班两期，参加人数240余人。受理并调查处理医疗事故争议纠纷患者投诉案件10起，在及时介入、依法查处、耐心调解下，争议纠纷得到及时解决。

【行风建设】 2008年，全区卫生系统深入开展民主评议政府行风活动。按照政治素质高、坚持原则、客观公正、责任心强、掌握政策、能反映民意、敢于和善于评议的标准，区卫生局、区纠风办公室联合选聘区药监局办公室主任、区工商局办公室主任、区政协教文工体委主任、区发改局物价所所长、区报社副主编等5名同志为卫生系统行风评议小组成员。通过组织专题学习、对照检查和整改提高，广大医务人员的思想道德素质和作风有明显转变，切实推动病人选医生、药品价格下调、价格公示、医疗服务清单制、政务公开、院务公开、所务公开等行风建设工作。在实际工作中让利于患者，实行98%以上的药品都进入招投标，并在招投标价的基础上，降低药品和检查费用，药品价格下降5%～15%，有效控制患者医疗费用增长。出院者平均住院费为2 423.29元，门诊平均医疗费用27.28元，门诊人均检查费5.42元，住院人均检查费260.42元，收费水平相当于乡镇卫生院收费水平，使医院实现“优质低价”的目标。为使社会弱势群体也能够看得上病，对持政府部门出具的困难证明的患者，全额减免挂号费，检查费用和医疗费用减免30%，医疗费用控制在成本线以下。行风评议组通过发放调查问卷、明查暗访等形式开展卫生系统政风行风调查，区人民医院和妇幼保健院的七项综合满意率分别达到98.5%、99.1%，区疾控中心和区卫生监督所综合满意率分别达到99%、98.5%，各乡卫生院的综合满意率显著提高。

【卫生基础设施建设】 通过项目争取和政府及各部门的大力支持，金安卫生院、金山卫生院、七河卫生院、大东卫生院被列入国债项目和中央预算内投资项目，相继下达项目投资计划。古城区5个农村卫生院被列入国债项目，相继下达金安卫生院、金山卫生院等卫生院项目投资计划。加快基层卫生院建设项目建设：一是金安卫生院建设两层综合楼一幢，建筑面积 359 平方米，预计总投资 45 万元，其中国债投资 15 万元，争取省红十字会援助 20 万元，年内已开工建设。二是金山卫生院建设两层综合楼一幢，建筑面积 279 平方米，预计总投资 35 万元，其中国债投资 20 万元，年内已开工建设。三是大东卫生院建设两层综合楼一幢，建筑面积 251 平方米，预计总投资 35 万元，其中中央预算内投资 30 万元，已开标，12 月正式开工建设。四是七河卫生院建设两层综合楼一幢，建筑面积 427 平方米，预计总投资 65 万元，其中中央预算内投资 45 万元，已正式开工建设。

（饶晓峰）

环　卫

【综　述】 2008 年，古城区环境卫生管理局认真贯彻落实科学发展观，把加快发展，精管实干作为第一要务，以提高环境卫生服务质量为重点，扎实有效开展环境卫生管理工作，努力创造整洁、卫生的城市环境。

【加强环卫队伍建设】 以构建一支“招之即来、来之能战、战之能胜”的队伍为目标，狠抓队伍建设。一是深化改革，创新环卫管理模式。坚持“能者上、庸者下、惰者退、齐心协力促发展”的原则全面实行聘用制，实现组长与组员的双向自由选择，建立分层管理、层层落实的管理模式，提高广大职工的工作热情。二是以各种学习讨论教育活动的开展为契机，狠抓职工思想素质的提高。各科室、队按照各自的学习要求，学习好各类相关文件、会议精神、政策法规。组织《保密法》知识、四项制度公开承诺服务事项、《新道路交通安全法》等一系列知识的学习和宣传。三是积极开展技能业务评比。本着“激励、竞争、团结”的宗旨，开展“争先创优”流动红旗评比活动，通过流动红旗班组的评比，激发广大职工的竞争意识、责任意识、忧患意识，有效提高工作效率。四是加强人才队伍建设。鼓励并组织职工通过各种渠道进行培训、学习、深造，优化人才结构，为环卫的长远发展奠定牢固的人才基础，在职工中形成钻研业务的良好风气。

【加强环卫专项监察】 在完成各项清扫保洁清运工作的基础上，环卫监察队加强全城范围内的环境卫生监督检查。在监督检查过程中，尤其注意对车辆带泥上路污染城市道路，以及建筑工地文明施工的督促管理。组织晚间巡查，纠正乱贴乱画，整治城市牛皮癣，加大“门前五包”。对违反《云南省城市管理条例》、建设部《建筑渣土管理规定》、《生活垃圾管理规定》的单位和个人进行教育规劝，并对情节严重者予以处罚。

【加强信息网络化建设】 区环卫局积极投入到信息网络建设中，建立环卫局政务信息公开网站，严格按照《中华人民共和国信息公开条例》，保证信息公开的全面、深入、准确、及时。完善单位内部人事档案，局办公室抽调专人负责督促、指导工作，要求全体在职干部和离退休职工填写人事档案信息采集表，并将全部人事档案信息输入人事管理系统，从而实现人员管理的信息化，同时加强对车辆的信息管理，完善车辆管理系统，真正做到管理工作全方位、信息化、数字化。

【生活垃圾收集清运网络建设和垃圾处理场建设】 为进一步加大城区清扫保洁清运力度，在城市主（次）干道和公共场所推行垃圾不落地管理，垃圾清运实行日产日清，垃圾和粪便处理做到无害化卫生填埋。第一辆扫地车的投入使用，结束古城区道路机械化清扫率为零的状况，机械自动化操作开始逐渐代替传统手工劳作方式。除加强日常清运工作，还加快丽江市第二垃圾处理场建设项目的建设。该项目是云南省城市环境建设项目，已通过国内审查审批和世行专家组的评估，并获国务院批准列入国家利用世行贷款2008年备选项目规划。目前，已通过世行专家组对该项目的调查、鉴别、科研、环评、社评、移民、财务、采购等报告的评估，该项目各项前期工作已基本完成。

【加强环境卫生应急事件处理】 在各项环境卫生检查工作中，全局所有管理人员都能深入一线，严格把关，不出漏洞加班加点履行职责，保质保量完成任务。在春节、五一、十一等重大节日，全体干部职工坚持在自己岗位上默默工作，为市民创造良好的节日环境。同时随时准备处理各种造成环境卫生污染的突发状况和事件，尤其在雨季随时上路冲洗因下雨而沉积的淤泥，避免引起二次污染。在奥运圣火传递前一天，由于傍晚全城范围内突降冰雹，刚刚清洗过的各城区主干道被冰雹打落的树叶覆盖，道路被淹，交通受阻，全局干部职工紧急投入到一线参加救灾清理工作，共清除残枝败叶200余吨，全面完成灾后恢复路面状况的清扫攻坚战役，给次日的传递工作创造了洁净环境。

【庆国庆图片展】 在国庆期间，由办公室牵头，广大干部积极参与，多方征集图片，对中国建国59周年以来所取得的辉煌成就以及古城区成立以来在环卫面貌所取得的成绩进行了一个总结展示，并制作一组优秀的庆国庆宣传栏，在局内进行展示，使职工进一步认识到祖国的伟大发展，同时也提高职工对古城区环卫面貌的变化及本部门发展的了解和认识。

【施玉春同志获得云南省第十九届劳动模范表彰】 2008年4月28日，区局清运保洁队职工施玉春同志被评为云南省第十九届劳动模范，区局广大干部职工参加了劳模座谈会，电视台、电台、报纸、杂志对该同志的先进事迹进行专访和报道，局内掀起了向施玉春同志学习的热潮，激发了广大职工的积极性和进取心。

【成功举办古城区第五个环卫工人节】 10月26日成功举办古城区第五个环卫工人节。在环卫工人节上召开工作总结表彰大会，表彰一批为全区环境卫生管理工作作出突出贡献的先进班组长和先进工作者，在表彰结束后还组织歌咏比赛。环卫工人节的成功举办，不仅宣传和号召广大市民参与环境卫生维护，也丰富干部职工的文体生活，增强广大干部职工的凝聚力和向心力，充分展现环卫职工向上、拼搏、进取的精神风貌，促进了区局环卫文化和环卫精神建设。

【节能减排工作】 按照《节能减排古城在行动工作方案》的要求，环卫局积极投入到节能减排工作中，对办公配套设施进行节能改革。对车辆加强管理，达到车辆节能降耗的目的。推进垃圾的资源化利用，实现垃圾减量化、资源化、无害化。

（赵蔚娟）

体 育

【综 述】 2008年，区体育局以邓小平理论和“三个代表”重要思想为指导，全面落实科学发展观，深入贯彻党的十七大、区委二届四次全会精神，紧紧围绕构建和谐文明小康古城的奋斗目标，按照年初制定的各项工作计划，积极组织开展全民健身活动，不断推进古城区体育事业的健康发展 。

【举办古城区第五届运动会】 根据区委、区政府关于区庆五周年的系列活动安排,古城区组织举办为期22天、有17个系统代表队，共960人（次）参加2008年“迎奥运”暨建区五周年体育、文化、旅游系列活动之古城区第五届职工运动会。本届运动会设有足球、篮球、排球、拔河四个项目。获得男子足球1～4名的是：大研街道、西安街道、市政交通城建环卫系统、文广系统代表队；获得男子篮球1～4名的是：农牧林水系统、金安乡、金山乡、文广系统代表队；获得女子篮球1～4名的是：束河街道、卫生系统、政法系统、西安街道代表队；获得排球比赛前两名的是：教育系统、四大机关代表队；获得拔河比赛 1～4 名的是：市政交通城建环卫系统、七河乡、文广系统、农牧林水系统代表队。获得优秀组织奖的是：市政交通城建环卫系统、财税工商系统、大东乡代表队。运动会的圆满举办，极大地促进古城区全民健身运动深入、广泛、持久地开展。此外，在本次运动会闭幕式上还表彰了区县分设五年来在群众体育工作方面作出突出贡献的区文广局等 20 个先进单位和杨福先等 50 名先进个人。

【成功创建云南省小康体育特色县（区、市）】 1月18日，古城区顺利通过省体育局检查组对古城区开展“云南省小康体育特色县（区、市）”创建工作的检查验收，并于 1 月 30 在云南省体育工作表彰会上，省体育局等十个部门将古城区正式命名为“云南省第二批小康体育特色县（区、市）”。“云南省小康体育特色县（区、市）”创建工作的开展，将极大推动古城区体育基础设施建设，为继续深入实施《全民健身计划纲要》，构建具有古城区特色的全民健身体系，率先全面进入小康社会目标迈入坚实的一步。

【古城区代表团参加云南省第六届城市运动会】 云南省第六届城市运动会于 7 月 14 日～21 日在保山市隆重举行。古城区派出以体育局局长为团长、两位副局长为副团长，共计 28 人组成的代表团参加本届城市运动会。本届城市运动会古城区参加了足球、田径、跳水三个项目的比赛。足球队获得第 1 名（计算为 3 枚金牌），积分 27 分；田径队获得一个第 5 名、一个第 6 名，两个第 8 名，获得积分为 10 分；跳水获得一个第 5 名，获得积分为 4 分。金牌数名列 31 个代表团中第 16 位，总积分列第 23 位，实现古城区在云南省城市运动会上金牌“零”的突破。

【老体协开展“迎奥运”健身活动】 8 月 8 日，古城区老体协在白龙文化广场组织举办有 29 支代表队近 1 000 人参加、有着浓郁乡土文化色彩和民族特色的“敬老新歌”健身操（舞）比赛。下午，进行千人太极拳、柔力球、健身操展演活动和古城区老年人“迎奥运万人健步走（2 008 米）”活动的颁奖仪式。古城区老年人通过组织体育健身活动来热烈祝贺北京奥运会的隆重召开。

迎奥运体育运动会　　　　（体育局供）

【加强体育活动中心管理工作】 切实加强体育活动中心场馆对外开放工作，以最好的场地条件和最优质的服务，创造良好的体育健身环境，来不断满足全市人民日益增长的健身需求。年内，共开展足球 784 场、篮球 285 场、网球 400 个小时、羽毛球和乒乓球 80 个小时。并为组织市纪委运动会、市交通局运动会、玉龙雪山管委会运动会、银行系统“迎奥运”羽毛球赛、束河街道农民“火把杯”足球赛、首届“古城杯”运动会等体育赛事活动提供方便，进一步促进全市全民健身运动的深入开展。

【首届“古城杯”运动会隆重举行】 由世界文化遗产丽江古城保护管理局主办，古城区体育局承办的首届“古城杯”运动会于 11 月 6 日～18 日在古城区体育活动中心隆重举行。本届运动会设有男子足球、男子篮球、女子篮球、男女混合拔河等 4 个比赛项目。参加单位有与古城保护管理局有工作联系的部门、古城区四大机关、玉龙县四大机关。经过为期 13 天、共计 63 场比赛，产生出各项比赛成绩：获得男子足球比赛前四名的代表队分别是古城区四大机关、玉龙县白沙乡、玉龙县四大机关、丽江市广播电视台；获得男子篮球比赛前三名的代表队分别是古城保护管理局、束河街道办事处、玉龙县四大机关；获得女子篮球比赛前三名的代表队分别是古城区四大机关、束河街道办事处、祥和街道办事处。通过组织体育赛事活动，加深古城保护管理局与各有关部门之间的联系，也进一步促进丽江市全民健身运动的深入开展。

【束河街道、祥和街道申报云南省先进体育社区】 束河街道办事处、祥和街道办事处已于2006年底进行云南省先进体育社区的申报，并在此后认真开展创建工作。11月23日，省体育局群体处范云处长为组长的省体育局检查组一行3人，来到古城区进行云南省先进体育社区创建工作的检查验收。通过“听、查、看、访”后，检查组对古城区两个街道的创建工作表示满意，并提出一些很好的建议。对两个街道的命名授牌工作将在明年初进行。

【古城区中小学生足球联赛】 为认真贯彻《中共中央、国务院关于加强青少年体育增强青少年体质的意见》，在全区推广青少年阳光体育运动，体育局与教育局联合举办的古城区第五届中学生“绿英杯”、第六届小学生“希望杯”暨东巴青少年体育俱乐部足球联赛于11月23～12月13日如期举行。获得第五届中学生“绿英”杯足球联赛前2名的学校是大研中学代表队、古城区第二中学代表队；获优秀组织奖的是古城区第二中学代表队；获体育道德风尚奖的是古城区民族中学代表队；获优秀教练员的是大研中学的和春龙、古城区第二中学的施丽合；获第六届小学生“希望”杯足球联赛前3名的学校是祥和中心校、束河中心校、七河中心校；获优秀组织奖的学校是大研中心校；获体育道德风尚奖的是福慧小学代表队；获优秀教练员的是祥和中心校的杨玉鹏、束河中心校的和继荣、七河中心校的和万寿。

【表彰情况】 年内，古城区体育活动中心被市委、市政府授予“2008年～2010年市级文明单位”，古城区体育活动中心被授予2008年云南省全民健身活动“优秀组织奖”，古城区体育活动中心被古城区委评为“2003年～2008年群众体育工作先进单位”，古城区老年体育协会被授予2008年云南省健身活动“先进单位”，体育局和丽杰副局长荣获全国“群众喜爱的社会体育指导员”称号，古城区体育局党支部被政府总支授予“先进党支部”。

（刘慧源）

二十一、社 会

人口与计划生育工作

【综 述】 2008年古城区人口与计划生育工作，坚持以党的十七大精神为指导，深入贯彻落实科学发展观，全面落实中央《决定》精神，围绕“稳定低生育水平、统筹解决人口问题、促进人的全面发展”这一中心任务，以机制建设为核心，以队伍建设为重点，抓好农村“奖优免补”工作的全面实施、综合治理出生人口性别比、加强区、乡计划生育服务网络建设、流动人口管理和服务、计生干部队伍建设五件大事，确保完成全年人口计生各项工作目标和主要任务，努力推进古城区人口和计划生育工作整体水平再上一个新台阶。

【人口与计划生育完成情况】 根据年末报表统计，2008年1～12月，古城区共出生1 030人，出生率为6.61‰，死亡735人，死亡率为4.72‰，自然增长率为1.89‰，计划生育率为95.05%，出生婴儿性别比为100：102，全区有28 719人落实节育措施，综合节育率为93.72%，三术率为85.18%。

【召开区人口计生会议】 4月29日区人民政府在丽江大酒店召开“古城区2008年人口与计划生育工作会议暨业务培训会”。区人民政府副区长李润兰、区人民政府助理调研员木灿新出席会议，区人口与计划生育领导小组成员单位、各乡人民政府和各办事处分管领导、计生专干、村（居）委会计划生育宣传员、流动人口计划生育专职管理员、计划生育服务站（所）、区流动人口计划生育管理所负责人等120余人参加会议。会上区人民政府与各乡人民政府、各街道办事处签订《2008年人口与计划生育目标责任书》，区人口计生局分别与各乡、各街道计生办、区流动人口管理所、区计划生育服务站、乡计划生育服务所签订《2008年人口与计划生育目标管理责任书》、《流动人口计划生育目标管理责任书》和《计划生育技术服务责任书》。通报2007年人口与计划生育责任目标管理考核情况，并兑现奖金。

【培训工作】 4月29日，对全区11名计生专干、54名计生宣传员、18名流动人口计划生育专职管理员和计生服务站（所）的负责人进行相关的业务培训。

【“奖优免补”工作】 继续贯彻执行“奖优免补”政策，全年共审核、审批一次性奖励80户，其中：1 000元79户，500元1户，共发放奖励金7.95万元；审核审批教育奖学金940人，其中：小学709人，初中231人，共发放教育奖学金17.35万元；审核审批养老生活补助162人，发放养老生活补助10.43万元，其中：独子92人，独女68人，无子女2人；审核审批特别扶助35人，发放养老生活补助4.008万元；审核、审批高考升学加分5人，中考升学加分19人；审核审批高中、大学阶段奖学金34人，其中：高中24人，大专4人，本科6人，共发放“奖学金”4.08万元。

【计划生育服务站改造工程】 区计划生育服务站改造工程于2008年3月开工，项目总投资395.17万元。资金来源为：国债资金90万元，政府搬迁补偿280万元，自筹25.17万元。11月完工，经相关部门验收合格，区人口计生局和计划生育服务站于12月迁入新址古城区义和社区居委会白马龙潭村办公。

【开展“科技大练兵活动”】 继续开展计划生育“科技大练兵活动”，采取理论与实践相结合，邀请丽江市著名医务专家，对古城区计划生育技术服务人员进行业务知识和技能培训，结合科技“三下乡”活动，到各乡、各街道开展生殖健康普查活动。进行免费B超监护1 274人（次），放、取环16人（次），心电图检查252人（次），红外线乳腺扫描309人（次），肝功能检查192人（次），尿十项检查27人（次），电子数码阴道镜检查267人(次)。

【调研计划生育技术服务工作】 4月20日～22日，市人口计生委副主任谭致率科技管理科一行四人到古城区计生服务站、七河乡、金安乡、大东乡计生所调研计划生育技术服务工作，调研组就区计生服务站和乡计划生育服务所的业务开展、人员配置、规范管理、业务用房、医疗设备等方面进行，并根据存在的问题和困难，提出了希望和要求。

【业务培训】 5月28日古城区流动人口计划生育管理所组织大研、西安、祥和、束河四个街道办事处计生专干、社区居委会18名流动人口专职管理员、5名计生宣传员进行综合业务知识培训。

【“5.29协会”宣传活动】 “母亲节”和“5.29会员活动周”期间，区计生协积极开展以“生育传承希望 关怀相伴和谐”为主题的宣传活动。6月2日～6日，区计生协与市计生协联合对古城区5个乡、4个办事处9名计生宣传员特殊困难户进行走访和慰问，并发放人均500元慰问金。

【“世界艾滋病日”宣传活动】 12月1日，古城区人口计生局组织大研街道办事处、区计划生育协会、区计划生育服务站在忠义市场开展以“遏制艾滋 履行承诺”为主题的宣传教育活动。

【流动人口计划生育工作】 按照“依法管理、村（居）民自治、优质服务、政策推动、综合治理”的人口与计划生育新机制要求，在2007年开展计划生育村（居）民自治试点工作的基础上，2008年又拓展了寨后、尚义、八河、光义4个点。积极组织区计划生育服务站，进入社区为流动人口进行生殖健康服务，免费发放避孕药具。

【开展政风行风建设工作】 8月～9月中旬，在全区范围组织开展民主评议行风活动。评议范围是区乡人口计划生育行政管理部门和技术服务机构，主要开展“请农民兄弟姐妹评计生”和“请流动人口农民工评计生”活动。评议主要内容包括：育龄群众对人口计生工作的满意度评价，计划生育政务公开、计划生育技术服务、计划生育文明执法和流动人口管理服务等5项。通过对调查问卷的统计分析，绝大多数被调查对象对人口计划生育工作感到满意，全区人口计划生育系统行风建设工作效果明显。

（和春月）

民政工作

【综　述】 2008年，古城区民政局进一步强化“以民为本、为民解困、为民服务”的核心理念，更好地履行“解决民生、维护民利、落实民权”的核心职责，切实推进现代和谐民政建设，充分发挥民政在构建社会主义和谐社会中的重要基础作用，为实现古城区经济社会又好又快发展作出更大贡献。

【社区建设】　一是在束河街道黄山社区建立一个便民服务中心试点，开展各项便民服务工作。二是由区公安分局牵头，设立45个社区警务室，积极开展各种业务。三是因地制宜，建立和完善社区医疗服务站。四是各社区建立党员电教室、妇女学校、老年学校等，并依托社区老年组织、妇联、学校，成立民族文艺演出队45支、还成立了门球、地掷球、书画、太极拳剑、东巴文化传习班等协会。五是坚持开展“社区是我家”为主题的社区环境整治活动，进一步推动社区环境的净化、美化、绿化和亮化，积极营造舒适的人居环境。

【基层社区建设试点工作】　年内，区民政局启动农村社区试点建设工作，在深入调研，广泛征求意见的基础上，结合区情制定《丽江市古城区农村社区建设试点工作实施方案》，并将省民政厅下拔古城区的30万元试点建设经费，按每个试点村6万元标准，一次性下拔到金山、七河、金安、金江、大东5个试点乡，于10月底全面完成试点工作。

【救灾救济】　年内，古城区境内先后发生“1·23”雪灾、“2·22”低温冷冻灾、“6·9”冰雹灾、“9·26”冰雹灾等重大灾情和风灾、泥石流滑坡等各种自然灾害。受灾人口达76 855人，因灾伤病人口880人，农作物受灾面积3 368.8公顷，成灾面积2 796.2公顷，绝收面积241.1公顷，损坏房屋2 642间，因灾死亡大牲畜33头，总直接经济损失2 662万元，其中农业经济损失1 680.9万元。民政局根据各乡、街道实际情况，及时安排下拨救灾款63.5万元，救灾粮274吨（折合人民币87.68万元），救济15 875人，安排衣被20 703件，救济5 176人，安排治病救济款13万元，救济60人，恢复居民住房420户，1 680间。

【汶川灾区捐助情况】　接收向四川汶川“5·12”地震捐助款3 136 325.74元、衣物70件，户外用品27件，全部物资移交市民政局，及时送往灾区。

【城市低保工作】　2008年，对辖区内城市贫困人口累计发放保障金1 037.08万元，发放人数达52 647户（次）、97 818人（次），占非农业人口的10%，人均补差106.02元。其中：优抚对象426人（次）；社会救助对象5 166人（次）；离退休387人（次）；企事业单位在职职工99人（次）；企事业单位下岗待岗人员（包括省属市属企业）4 311人（次）；城市无业失业者5 640人（次）；其他救助对象81 789人（次）。

期间，由于经济发展状况、物价上涨等因素影响，给低保家庭生活带来了困难，区民政局根据省、市有关文件精神，对辖区内低保家庭增发临时补助金，共计发放189.67万元。其中：发放临时补助金122.47万元，救济人数16 329人，补助标准每人每月25元；燃气补助金26.81万元，共救济8 936户，每户每月10元；春节一次性补助金40.39万元，共救济8 078人次，每人补助标准50元。城市低保边缘人群救助共计支出资金12.06万元，其中：单人户13户，每户200元；多人户118户，每户1 000元。

【农村低保工作】　上半年，核定农村低保人数为2 500人，人均补助标准为每人每月40元，支出农村低保救助金60万元。下半年，农村低保扩面后，人数增至4 300人，低保标准提高为每人每月50元，支出农村低保救助金129万元。全年累计发放农村低保金189万元。

【城乡医疗救助】　年内，城市医疗救助总人数为254人（次），共安排救助资金20.38万元。农村医疗救助总人数为4 646人次，救助资金30.68万元。一是对因患病个人负担费用难以承担，影响家庭基本生活的给予二次救助，共救助99人次，支出医疗救助金21.62万元；二是资助新农合对象4 531人，支出资金9.06万元。

【五保供养工作】　古城区五保户共有962人，其中在福利院集中供养的五保老人有109人，集中供养率为11%，已超过全省标准。五保金每人每月30元，上半年累计支出五保金17.32万元；下半年开始全部纳入农村低保。

【遗弃收养工作】　区民政局严格按照《中华人民共和国收养法》规定，依法办理收养登记8起，接收先天残疾弃婴1起，处理死婴3起，住院治疗弃婴1起，住院费近2万元。

【城市流浪乞讨人员救助工作】 全年共救助 58 人（次），其中，老年人 41 人（次），青壮年 4 人（次），少年儿童 5 人（次），残疾人 6 人（次），精神病人 2 人（次）。

【婚姻登记】 全年共登记结婚 1 084 对，其中：再婚登记 152 人，补办登记 111 对，复婚登记 14 对。离婚登记 149 对，补领 47 对，开具证明 182 份。

【廉租房管理】 廉租房 90 户住户已于 2007 年分 3 批入住完毕。住户入住后，区民政局制定《古城区廉租房管理制度》、《廉租房门卫工作职责》等相关工作制度，并对廉租房入住户资料进行详细张榜公示，以便社会各界监督。根据廉租房签订合同，2008 年对已入住人员再进行核查，重新审批，与符合入住条件家庭继续签订入住合同。

【农村民房统保试点工作】 认真开展农村民房统保试点工作，由区财政一次性出资给古城区境内 5 乡 4 个街道 20 249 户农户每户 10 元的保险，保险期限为一年。年末，因泥石流滑坡、风雹等自然灾害而家庭财产受损的 47 户农户 188 人，及时得到理赔累计 30 660 元。

【社会团体和民办非企业单位登记管理工作】 年内，古城区共注册登记民办非企业单位 8 家，注销登记 1 家。已注册登记并发证的社会团体 30 家，其中今年登记 4 家；正在申请筹备 1 家。

【门牌装订工作】 在完成对门牌调查摸底、编排和核定工作后，着手门牌上牌装订各项工作。共计编排门牌号 26 685 张，已制作门牌 26 685 张，已安装大小门牌 23 485 张、楼牌 39 张、户牌 561 张。

【乡镇界线联检工作】 古城区有 8 条乡级行政区域界线，在充分征求各乡、街道意见后，由乡、街道各自牵头对界线进行联检，对界线的相关情况作全面、细致检查，收尾工作将于 2009 年 3 月份完成。

【退役军人安置工作】 上年接收退役士兵复员士官 48 人，其中，转业士官 3 人，回乡安置 26 人，城镇户口及转业士官需安置 22 人，全部采取考试考核确定岗位安置资格和择优选岗等形式安置退役士兵和转业士官，经过有关部门对城镇退役士兵考核和全省统一考试后，待安置退役士兵 16 人，已经全部安置上岗，6 人自谋职业，已发放自谋职业补助金。

【优抚政策落实工作】 一是严格按照有关标准要求，按时足额兑现优抚对象抚恤金和生活补助费。二是在“八一”节前按全区农村人均 3 220 元收入水平，对 156 户 2008 年在册义务兵家庭发放 50.23 万元优待金。三是对全区 1954 年 11 月 1 日以后入伍并参加过作战人员进行调查摸底、确认身份 402 个参战人员按国家有关政策发放每人每月 100 元生活补助款。四是严格按照国家和省市有关城镇退役士兵安置政策规定，采取安置就业和自谋职业相结合的办法，妥善处理解决安置工作中存在的历史遗留问题，维护社会的和谐稳定。另外，根据民政部《优抚对象医疗保障办法》和省、市民政部门要求，古城区 274 人重点优抚对象全部由民政补助参加农村合作医疗保险和城镇居民基本医疗保险，并完成重点优抚对象住房难、医疗难人员情况调查。

【双拥共建工作】 区民政部门认真贯彻落实国家、省、市优待抚恤政策的同时，制定实施相应的抚恤优待政策。积极做好当年退伍士兵、转业士官的安置工作，为当年征集的义务兵家庭每户投价值 3 万元财产保险，还为农村 274 个重点优抚对象每人补助 20 元医保款。各乡、街道组织青年团员为军烈属在农忙季节开展助耕活动，在“八一”、春节开展砍柴送水活动。

驻古城区军、警部队认真开展拥政爱民教育，派出部队开展“讲文明、树新风”活动，积极支持地方开展国防教育，派出军训骨干给各类学校和机关开展军事训练 6500 人（次）。在“八一”节前后与地方党政机关党政领导一起过《国防日》活动，参加军事日党政干部 60 人。全区驻军部队成立拥政爱民服务组织 8 个，积极参加城市环卫、植树造林，抢险救灾等地方公益事业建设和公益活动，参加义务劳动活动官兵 750 人（次），参加义务劳动率达 100%。驻军部队医疗机构为地方群众治病 450 人（次）。驻丽江部队 420 名官兵为丽江住院群众献血 76 000 毫升。古城消防中队以古城为家，爱古城，积极开展护古城活动，认真仔细检查城区火灾安全隐患，为居民开展防火知识宣传教育，受教育人数达 7 000 人（次），在老城区整改整治 30 个火灾隐患。消防二中队被丽江市政府记集体二等功一次，被省人民政府授予“爱民护城模范消防中队”光荣称号。

丽江军分区资助大东乡福禄村 23.5 万元，修建 3.6 千米乡村公路和 20 千米引水渠，改善该村交通条件和人畜饮水条件，为该村引进优良核桃良种，促进农村产业结构调整，营造了良好的军政军民团结新局面。

【老龄优待工作】 认真贯彻落实《云南省老年人权益保障条例》和市人民政府第 19 次常务会议精神，于 5 月 4 日召开二届区人民政府第三次常务会议，作出两项决定：一是由区财政每月对市公共汽车公司补助 20 万元，让 60 岁以上老年人享受免费乘坐城市公共汽车的优惠政策；二是对全区无固定收入的 1 338 位 80 岁以上老年人每人每年发放保健长寿补助金 400 元，共计发放 55.52 万元。春节期间，区四套班子领导分成五个组，由主要领导带队走访慰问孤寡老人，共走访慰问 80 人，每人兑现慰问金 300 元。

继续办理《云南省老年人优待证》。2008 年发放《云南省老年人优待证》1 271 份，发放办证申请表 20 000 份。

【老龄工作】 积极开展创建活动，评选并上报老龄工作先进集体、先进个人。一是申报古城区为省级老龄工作模范县（区），报省级敬老先进村的有金安乡光乐村委会，敬老先进社区为束河街道黄山社区，省级老龄工作先进个人为区人民政府区长金光闪同志；二是市人民政府把古城区人民政府评为老龄工作模范区，和学贤、和万春两位同志被评为老龄工作先进个人；三是敬老节期间召开庆祝敬老节暨表彰大会，表彰老龄工作先进集体 17 个，敬老爱老先进个人 50 名，老有所为先进个人 61 名。

严格按照《云南省老年人权益保障条例》和“关于对 80 岁以上老年人发放保健和长寿补助的通知”要求，1 月底前，在对全区 80 岁以上老年人进行认真统计的基础上，根据二届区人民政府第三次常务会议精神，对全区 1 338 位 80 岁以上的老年人发放每人每年 400 元保健长寿补助，共计发放 55.52 万元。

【殡葬改革工作】 一是认真贯彻执行国务院《殡葬管理条例》和《云南省殡葬管理条例》、《丽江市殡葬管理实施办法》，规范全区殡葬行为，做到有法可依。二是在清明节期间开展殡葬法规宣传活动，发放 10 000 多册殡葬改革法规宣传手册，散发殡葬改革宣传单 3 万余份，张贴殡葬管理法规宣传标语数百条。三是先后成立“团山艺术陵园项目指挥部办公室”和古城区殡葬管理所，为进一步巩固和加强殡葬管理工作奠定基础。四是规范开展殡仪服务工作。截至今年 11 月份，共计完成运输、火化遗体 380 具，其中：丽江户籍 264 具，外地户籍 116 具；汉族 204 具，占 54%；少数民族 176 具，占 46%；处理无名遗体 6 具。

【公墓规划工作】 年内，公墓待征用土地 600 亩前期工作已完成，截止 5 月份，公墓总投资已达 800 万元，完成公墓“三通一平”基础设施建设近 300 亩，可安葬墓穴 614 座，已安葬墓穴 7 座。

【蛇山城市面山坟墓搬迁工作】 蛇山坟墓搬迁工作，通过金山乡及相关村社共同努力，截至 10 月 20 日，已搬迁 1 148 座坟墓，外地坟墓搬迁已完成 80%，本地坟墓搬迁完成 46%。

【信访工作】 区民政局对信访工作专门采取以下措施：一是认真搞好建议、提案的接收登记；二是提出拟办意见并明确办复责任人；三是办理前主动与代表、委员共商解决办法或达成共识；四是认真搞好答复函件的审定；五是认真做好办理意见的答复反馈。做到了提案议案批评意见办理工作有条不紊、有序进行。全年共收到人大代表批评建议 6 件，政协委员提案 3 件，代表批评建议和政协委员提案主要涉及城市社区建设、行政区划、城乡救助等，都是老百姓关心的热点和焦点。

（和向武）

移民安置

【综 述】 2008年，古城区水电移民开发工作全面推进，完成移民开发工作各项目标任务。年底完成金安桥水电站库区移民185户768人搬迁安置工作，完成规划数的97%。西哨移民新村的基础设施和公益项目建设全面完成，移民自建新房150所，分到人均0.5亩耕地并种小春作物，开始领取每人每月300元的长效补偿。金安小集镇移民安置点建设和树底街场迁建工程进展顺利。按期完成树底大桥复建和丽宁路局部改线的征地、拆迁、协调服务工作，保障工程顺利建设。配合业主和设计单位全面完成龙开口水电站可研补充调查，编制完成移民安置规划报告。在全省移民工作会议上汇报交流，受到省移民开发局表彰。获丽江市移民工作目标管理考核一等奖。

【库区移民搬迁安置工作】 金安桥水电站建设征地移民涉及古城区大东乡、金山乡、金安乡3个乡，6个村委会，17个村民小组，共征（淹）土地12 833亩，（库区8 661亩，施工区4 172亩）其中耕地1 118亩，园地708亩，林地5 679亩，其它农用地46亩，建设用地232亩，未利用地5 050亩。自2003年8月金安桥水电站进场筹建至今随电站枢纽区建设进度，已提供施工区用地4 172亩。全区规划生产安置移民人口1 195人，其中搬迁安置人口1 164人（西哨集中安置197户816人，金安小集镇安置62户270人，库周后靠安置78人）。规划在西哨安置的金安桥水电站库区移民，大东乡已签订《搬迁安置协议书》并实施搬迁26户104人，完成规划数的94%，金山乡已搬迁128户509人，完成规划数的100%，金安乡已搬迁36户148人，完成规划数的90%。全区规划到七河西哨集中安置197户816人，年底基本完成既定的搬迁安置规划。

【西哨移民新村建设】 根据社会主义新农村建设“生产发展，生活宽裕，乡风文明，村容整洁，管理民主”，使广大农民“劳有所得，学有所教，病有所医，老有所养，住有所居”的目标，遵循“搬得出、稳得住，逐步能发展”的移民安置原则，配合业主和设计单位搞好移民新村建设规划，年内实施完成以下工程并已通过区级自验：

一、移民新村建设占地200亩，按地形分13排平整宅基地207块，每户占地324平方米。完成宽为10米的主道水泥路面597米，宽6米的次道158米，宽4米的环村道6 740米，排水沟6 160米（兼三线入地电缆沟），水沟盖板6 061米。

二、人畜饮水工程。打107米深水井1口，修建蓄水池380立方米1个、100立方米1个，输水管网11 480米，解决移民816人和原住龙兴、西哨村民400人的饮水问题。

三、土地整理工程。完成旱改水256亩、低改高163亩，配套机耕路、田间斗渠，实施旋耕细耙，遍撒绿肥，增加肥力。建设大棚5座，种植甜瓜、蔬菜，聘请农艺师经营管理，作为示范基地，为移民免费提供科技培训。

四、公益设施建设工程。完成293.78平方米的移民活动中心建设，现作为指挥部、移民管理所、警务室、卫生室办公用房。建1块1 147平方米的篮球场、公厕2座，市场、停车场、警务室、卫生室，年底全部建成使用。

五、由区市政局实施的路灯工程已安装6米高路灯19座，由区园林绿化局实施的主道绿化工程已种植行道树。

六、由移民局和教育局共同出资建设移民小学教育楼、综合楼各1幢即将建成，2009年3月1日可在新校开学。

七、移民建房。金安桥水电站移民搬迁建房实行统一规划、自建为主的办法，首批搬迁7月～11月20日止，移民户已在西哨建楼房86所、平房59所。累计支付个人资产补偿及搬迁补助费1 556万元。移民从搬迁之下月起享受每人每月300元长效补偿费，已发放414人38.6万元。移民生产生活得到妥善安置，人心稳定。

【金安移民安置点建设】 为安置好施工区移民，在2004年已过渡性搬迁21户的基础上，结合金安小集镇建设，施工区移民62户270人（已含原过渡搬迁人数），将安置在金安小集镇，场平及基础设施建设工程计划年底全面完成。2009年初实施搬迁。

【树底街场迁建工作】 树底街场迁建基础设施工程已进场开工，计划2009年完成。随后有计划地安排一部分个体工商户进场建房经营。

【龙开口水电站移民安置规划大纲编制工作】 龙开口水电站涉及古城区金安、七河、金江3个乡、7个村委会、20个村民小组，规划生产安置人口1 217人。其中搬迁安置人口950人，通过可研补充调查，已编制完成移民安置规划大纲，规划在西哨集中安置940人，在金江小集镇安置150人，同时迁建金江街场、金江中学和小学。

【老水库移民后扶工作】 古城区移民局接管老水库移民后期扶持管理工作后，对团山水库享受后期扶持200人、吉子水库享受后期扶持15人，进行水库移民后期扶持政策宣传工作。统一思想后，以村组为单位，确定直补到人或项目扶持的扶持方案，并兑现每人每月50元补助金。

【加强机构和队伍建设】 认真贯彻执行国务院《移民条例》、移民后期扶持政策和云南省政府办公厅相关文件精神，加快水电站建设开发事业和移民安置工作，进一步修定完善《古城区移民开发局工作制度》。根据工作需要，经古城区编制办批准成立金山乡、金江乡、大东乡移民管理所。

蔡鹤喜

扶贫工作

【综 述】 2008年区扶贫办认真贯彻落实全国、省、市扶贫开发工作会议精神，深入贫困山区调查研究，及时规划各级各类扶贫项目，强化各项措施，严格规范项目资金管理，加强与上级主管部门和区级有关部门的联系，加大扶贫项目督促检查力度，创新思路，完善机制，以农民增收为核心，扎实推进整村推进、产业开发和技能培训，扶贫开发成效显著。

【整村推进工作】 2008年，全区共实施17个整村推进项目，其中，省级整村推进项目4个，市级2个，区级11个，项目分布全区5个乡及束河办事处，主要包括：新开挖公路、学校扩建、人畜饮水工程、灌溉工程、养殖业、种植业、劳务输出培训等，共投入各级扶贫资金255万元，其中区级投入整村推进项目资金165万元。

【扶贫到户贷款工作】 年内，扶贫办协同古城区信用联社发放800万元扶贫到户贷款，分别为：金江乡200万元，七河乡170万元，金山乡150万元，金安乡120万元，大东乡80万元，束河办事处80万元。资金覆盖全区35个村委会980户贫困户。贷款主要投向农村种植业、养殖业和加工业，对烤烟等支柱产业进行贷款扶持。在种植业方面，已初步形成一些优质梨基地。

【小额信贷】 小额信贷扶贫资金发放为全区农业增产，农民增收、后续产业的培植作出重大贡献。在稳妥发放小额信贷同时，扶贫办还通过专项信贷资金扶持企业发展产业。年内，扶持古城区玉鑫畜牧科技开发有限公司小额信贷20万元；扶持丽明生态园的900万元专项贴息贷款已通过市扶贫办审核；扶持良华屠宰场定点生猪屠宰生产线项目2 000万元。

【易地搬迁工作】 结合古城区实际，制定出古城区2008年度易地扶贫开发项目及项目实施方案，并向上级申报。通过实地考察、选址、规划、评审等相关工作，经省扶贫办批复同意，古城区2008年易地扶贫开发项目定点安置33户136人，插花安置15户64人，总投资135万元（其中省级财政100万元，区级15万元，群众自筹20万元）。现完成投资23万元，实施集中安置点宅基地开挖平整工作和总长2千米的引水工程；开展移民点宣传动员和科技培训5期165人次；插花安置点工作通过区扶贫办和大东乡政府以及村委会进行协调和安排，预计2009年10月份全部完成。

【社会帮扶资金筹措工作】 根据古城区委下发相关文件精神，3月在全区干部职工中继续开展“献爱心”扶贫捐款活动，2008年共收到捐款77.78万元。此笔资金将用于全区贫困山区基础设施建设的资金扶持，确保扶贫攻坚工程顺利实施，改善贫困山区人民群众的生产生活条件。

【帮扶济困工作】 2008年，用于改善贫困山区教学条件、加强村民小组基础设施建设上的补助款为24万元，用于贫困山区因学、因病致贫的困难户补助款为13.4万元，资助通过村委会及乡政府审核确实贫困的在校高中生及新考入大学学生47人，根据贫困程度分别给予每人600～2 000元资助。10月10日，古城区扶贫办向金山乡东江完小捐赠400本少儿图书，建立“古城区扶贫办爱心书库”。

深入党建挂钩点，送去浓浓一份情

【挂钩扶贫和部门帮扶工作】 年内，进一步开展单位和党员干部定点挂钩扶贫工作。区委、区政府先后下发《关于在全区干部职工中开展扶贫“献爱心”捐款活动的通知》和《关于进一步开展单位和党员干部定点挂钩扶贫工作的通知》两份文件，为挂钩扶贫工作的开展提供强有力保证。全区36个副处以上领导干部和78个区直部门组成16个扶贫小组，分别挂钩全区16个整村推进项目村。

（和文花　李木兰）

老干部工作

【综　述】 区委老干局现有离退休人员1 612名，其中健在的离休干部198名，副处以上退离休干部152名，企业离休干部30名，遗属16户。老干部局有干部职工13人（含老干部活动中心7人）。2008年，区委老干局以“三个代表”重要思想为指导，按照中央、省委、市委老干部工作会议精神，结合古城区实际积极探索新形势下加强和改进老干部工作规律和方法。以政策为依据，认真落实老干部“两项待遇”，使老干部工作贴近实际、贴近老干部、贴近生活。

【落实老干部政治待遇】 “老有所教、老有所学”是新形势下落实老干部政治待遇的主要内容。一是继续坚持老干部阅文学习制度，副处以上老干部中心学习组每月学习制度进一步加强，中心学习组通过以座谈会、报告会、专题讲座、通报等形式，组织老干部学习政治理论。二是坚持老干部参加重要会议和重大活动制度。凡区委副科以上会议，区委扩大会议、区人民代表会、区政协会等都邀请副处以上老干部和原单位老领导参加；由区委、人大、政府、政协、纪委组织的情况通报会，根据实际情况邀请副处以上离退休老干部参加，各单位还召开不同形式的老干部座谈会，通报区情及单位（部门）情况。三是为全区离退休老干部征订人手一份《云南老年报》、《老干部参考》等刊物充实学习材料。

【老干部党支部建设】 进一步加强退离休老干部党支部建设。全区有老干部党支部8个，党小组13个。老干部党支部制度健全，活动正常，从2007年起党费80%返还给老干部党支部，确保党支部工作正常开展。同时，各支部制定完善阅文、通报情况、党员联系等制度，组织开展传统教育进机关、帮扶活动进农户、文明创建进家庭、文娱活动进社区四项活动。

【组织老干部参观考察】 坚持老干部考察制度，进一步拓宽老干部视野。区政府拨出专款，由老干部局组织分两批共54名副处以上离退休老干部（参观考察前组织老干部到医院进行全面检查），到桂林、昆明和德宏参观考察，使他们切身体会到祖国改革开放发生的巨大变化。为鼓励和引导老干部发挥作用，让他们为古城区发展出谋划策，组织老科协专家七人到腾冲、漾濞等地进行调研。

【落实老干部生活待遇】 一、建立健全离休干部"两费"三个保障机制。二、加强对企业离休干部确保"三个机制"有效运转，制定完善老干部就诊、用药报销具体管理办法，确保离休干部医疗费按标准统筹。全年未发生拖欠养老金和医疗费现象。三、按现有政策规定按时足额发放离休金、各项专项经费。养老金、医疗费方面加大了财政支持机制，全区健在的30名企业离休干部与行政离休人员实行同等待遇，并做到专项经费全额财政支付。四、建立老干部特困资金，用来补助家庭有困难的离休干部。全年补助家庭困难离休干部8人共计4 000元。五、举办老年保健知识讲座，并为老干部购买人手一册《快乐老年健康枕边书》。

【老干部慰问工作】 按上级主管部门通知，老干部局对古城区1990年前退休的老干部进行全面调查和慰问。年内，老干部局派专人到安徽省肃县去看望慰问和办理企业离休干部王月兰（无儿无女）的代管工作。全面慰问安置在省内的老干部。

【老干部遗属补助】 对无固定收入的企业离休干部遗属按时发放生活补贴，并按相关文件通知，由原来每人每月250元补助标准提高到每人每月500元，从1月1日起执行，全额由财政支付。2008年，区委老干局补助离休干部困难遗属2人，共2000元。

【老干部文化生活】 关心老同志精神文化生活，组织古城区象山老干部百人合唱团参加在大理举办的"青春常在"艺术节。组织古城区象山老干部百人合唱团参加在丽江举办的"全国老年人合唱大赛"，荣获彩云金奖。年底举办老干部"门球"运动会，充分体现"老有所为、老有所乐"的宗旨。

【活动中心工作】 建好、用好、管好老干部活动中心。区委老干局改造了活动中心整体线路、会议室地板，并购置了全新的桌椅。改进和完善老干部活动中心管理服务，为老干部提供一个良好的学习活动场所。根据年初计划，开展一系列适合于老干部、老年人特点的活动。

【老干部表彰活动】 宣传和表彰老干部发挥作用的先进典型。10月7日下午在云岭剧场，古城区委、区政府表彰全区17个老龄工作先进集体、50名敬老爱老的先进个人、61名老有所为的先进个人。

（陈玉花）

人民生活

【农业及农村居民收入情况】 2008年，全区各级各部门在古城区委、区政府的科学规划和正确领导下，认真贯彻落实各项强农惠农政策，发放种粮农民补贴和农资综合直补860万元，大力推广农业科学技术，加快调整农业产业结构，实现传统农业稳步发展，特色产业不断壮大，烤烟产业产值突破1 000万元，核桃、蔬菜、紫苏等特色产业产值达2 000万元，呈现出全区“三农”经济继续保持粮食增产、农业增效、农民增收的良好势头，新农村建设稳步推进，农村基础设施不断完善。年内，全区投资650万元实施13个新农村试点村建设，投资2 250万元实施七河西哨、金安龙山土地开发整理和金山贵峰、七河勒马小流域治理。

2008年，全区农、林、牧、渔业实现总产值48 953万元，比上年增长25.4%。其中，农业产值为21 386万元，同比增长25.6%；畜牧业产值23 052万元，同比增长25.5%；农林牧渔服务业产值655万元，同比增长26.0%。

良种推广和以科学技术改进耕作，确保农业生产稳步提高。2008年，全区粮食作物播种面积为179 833亩，粮食总产量达40 032吨，比上年增加1 877吨，增长4.9%，其中：稻谷播种面积为17 803亩，同比下降1.6%，产量4 112吨，同比下降8.3%；小麦播种面积为40 325亩，同比下降7.2%，产量8 319吨，同比下降6.4%；玉米播种面积为63 587亩，同比增长9.9%，产量16 590吨，同比增长15.3%。

2008年，全区油料作物播种面积为13 644亩，比上年增长15.5%，油料作物总产量1 586吨，同比增长14.1%；随种植结构调整，蔬菜播种面积同比下降7.2%，为8 194亩，产量32 751吨，同比下降4.5%，本年，蔬菜种植在播种面积与产量下降的情况下实现单产3 997公斤，同比增长2.8%；烤烟播种面积为6 003亩，同比下降2.8%，产量801吨，同比增长10.6%；水果产量5 724吨。

畜牧业生产稳定增长。2008年肉类总产量12 547吨，比上年增长10.0%。全年生猪出栏头数为140 255头，同比增长11.5%，猪肉产量10 445吨，同比增长10.5%；牛出栏头数为7 593头，同比增长22.1%，牛肉产量1 070吨，同比增长25.0%；羊出栏头数为31 637只，同比下降4.2%，羊肉产量为637吨，同比下降0.6%。牛奶产量170吨，同比增长40.5%；禽蛋产量542吨，同比增长13.9%。

当年，全区林业实现产值2 338万元，比上年增长29.4%；依靠湖泊与人工鱼池养殖，全区渔业产品产量达638吨，实现产值1 522万元，比上年增长15.8%，保持平稳发展。

2008年，社会主义新农村建设深入开展，农村居民生活水平进一步改善和提高，据城乡住户抽样调查资料显示，农村居民人均纯收入达3 885元，比上年增加664元，增长20.6%。农村居民家庭恩格尔系数为51.2%。

据抽样调查数据，2008年全年农村居民人均现金收入为4 687元，比上年增长21.4%。其中：工资性收入为1 187元，同比增长21.6%；家庭经营收入为3 057元，同比增长22.5%；财产性收入为312元，同比增长6.8%；转移性收入131元，同比增长36.5%。

牧业产品收入在家庭经营收入中所占比重持续增长，当年农户人均畜牧业经营收入达1 655元，比上年增加298元，增长22.0%；人均林业产品收入增长较快，同比增长46.8%，达113元；人均农业产品收入达419元，同比增长23.6%；人均渔业产品收入为17元，同比增长21.4%。

【农村居民生活消费支出】 2008年，全区城乡物流网络建设步伐加快，消费环境改善提升，实现农村消费品零售总额3 498万元，比上年增长37.0%。

据抽样调查数据，2008年，农村住户户均常住人口4人，与上年持平。农村居民全年人均生活费支出2 820元，比上年增长1.3%，其中：人均食品支出1 444元，同比增长0.9%；人均衣着支出195元，同比增长18.9%；人均设备用品及服务支出142元，同比增长2.2%；人均医疗保健支出140元，同比增长7.7%；人均交通与通讯支出119元，同比增长16.7%；人均娱乐文教服务支出433元，10.2%，人均居住支出289元，同比下降19.5%；人均其他支出58元，同比下降12.1%。

2008年，社会福利保障事业全面加强，全区农村社会养老保险参保人数为7 118人，农村定期救济人数为4 300人，比上年增长14.7%；定期救济户数为2 393户，同比增长4.3%。

（李　杰）

二十二、乡、街道

金山白族乡

【综　述】 金山乡地处古城区东南部，东邻永胜县，南接七河乡，西与祥和办事处相连，北与大东乡接壤，幅员面积 286 平方千米，海拔 2400 千米。乡政府驻金山村民委员会上石屏村民小组。全乡辖金山、新团、东元、良美、贵峰、漾西、文化、东江、岩乐、拉马古 10 个村委会，97 个村民小组。

2008 年，年末全乡总人口 24 847 人，6 481 户，其中农业人口 23 894 人，男性人口 12 430 人，纳西族 15 201 人，汉族 1 729 人，白族 7 225 人，傈僳族 299 人。人口自然增长率 -9.37‰，人口密度 88 人 / 平方千米。全乡实有劳动力 14 649 人。其中农业从业人员 9 321 人，工业从业人员 333 人，建筑业从业人员 2 053 人，商业及饮食服务业从业人员 320 人，运输业从业人员 554 人，文化教育及卫生体育从业人员 413 人。

全乡耕地面积 38 441 亩，其中水田 15 191 亩，坡度在 25 度以上的耕地面积 1 266 亩。全年主要农作物总播种面积 75 857 亩，粮食作物播种面积65 597 亩，粮食总产量 13 093 吨。其中水稻种植 2 582 亩，总产量 400 吨；豆类作物种植 13 344 亩，总产量 1 777 吨；薯类作物种植 1 789 亩，总产量 360 吨。全年经济作物白芸豆种植 1092 亩，总产量 196 吨。油菜种植 5 343 亩，产 628 吨。蔬菜种植 3 073 亩，总产 13 492 吨。年末果园总面积 3 405 亩，水果总产量 1 574.6 吨。其中苹果总产 739.4 吨；梨总产量 517 吨；柑桔总产 114.2 吨；桃总产量 200 吨。年末全乡大牲畜存栏 4 843 头，肉类总产量 3 529 吨。牛存栏 4 393 头，出栏 953 头，牛肉总产 131 吨。生猪存栏 28 072 头，出栏 42 533 头，猪肉产量 3 190 吨。山（绵）羊存栏 9 965 只，出栏 5 371 只，肉产量 107 吨。家禽存栏 46 401 只，出栏 46 087 只，肉产量 90 吨。

全乡森林面积 25 019 公顷（含国有林 5 641.5 亩），占幅员面积的 86.59%。

全乡有中心小学 1 所，共 12 个班，359 名学生，普及率 100%，巩固率 100%。有完小 11 所，共 89 个班，1 551 名学生，入学率 100%，普及率 100%，巩固率 100%。教职工 170 人，乡内有 1 个文化站，1 个乡村图书室，3 个娱乐场所。

乡卫生院有 20 张病床，万元以上医疗设备 2 台，卫生技术人员 14 人，专（兼）职防疫员 11 人，保健员 11 人。全年门诊 15223 人（次），预防接种率 98%。10 个村委会均有村医务室，乡村医生 22 人，卫生员 21 人。

年内，全乡经济总收入完成 9610 万元，同比增长 20.1%；实现乡级财政收入 113 万元，支出 113 万元。农民人均纯收入 3194 元，同比增长 6.7%。乡镇企业营业收入完成 1.87 亿元，增长 7%。

【主要领导干部】 乡党委书记：陶卫君（苗族）；乡长：洪海龙（白族）；乡人大主席：杨忠德（纳西族）。

【基础设施建设】 2008年，投入156万元，实施完成贵峰、漾西小流域综合整治工程；投入33万元实施完成长埂河漾西敏儒段河堤加固改造工程；共投入74.5万元，实施完成东元莲湾、漾西林红、文化永红、羊场、金山戒毒所人畜饮水工程；修复文化干地坝水库放水涵洞、拦水坝工程，改造东元闸、两元河闸；团山水库外流域配套东西灌渠建设工程全面完成。投入100万元，实施完成高稳农产田改造项目建设。投入250万元，实施完成开元、文宏、西林瓦、九东、九西等15村近40千米的村道户道水泥路建设；投资330万元，完成白塔路建设；投资近300万元完成蛇山进场公路建设。投入18万元，实施完成文化羊场通电工程。投入近150万元，实施完成金山红光、漾西王家庄、良美达瓦等7个村民小组活动场所建设。投资近200万元推进7个新农村试点建设，整体提升、点上突破、面上推进的新农村建设格局初步形成。投资74万元实施完成270户农村民居地震安全工程。实施完成东元、漾西、岩乐、新团4个“万村千乡”市场工程网点建设。村级公益事业建设一事一议财政奖补试点工作稳步推进，兑现补助资金39万元，良美达瓦村民小组活动中心被列为省级试点项目。

【产业结构调整】 坚定不移地推进农业创新战略，稳定提高粮食生产能力和水平，因地制宜优化农业区域布局，全面推进农产业合理化布局、区域化发展、科技化种植、规范化生产，种养殖业经济效益显著提高。发展种植业，全乡粮食种植面积65 597亩，推广种植泡核桃1 400亩，岩乐、拉马古泡核桃嫁接改良2 560亩，露地白菜种植面积3 850亩，文化、岩乐种植白芸豆3 000亩，文宏、德为种植苍溪雪梨300亩，东江种植油桃1 430亩，文化红水塘种植苹果1 500亩。发展养殖业，年内引进种牛16头、种猪68头、香猪20头、黑山羊22只、乌骨羊380只，重点扶持3个养殖大户，年内全乡出售肉猪3.76万头，肉牛953头，肉羊5 371只，肉鸡4.6万只。劳务输出业仍为金山乡群众的重要收入来源之一，年内创收2 800多万元。

【扶贫工作】 扶贫工作以解决民生问题为重点，坚持政府扶持与自力更生相结合，着力改善群众基本生产生活条件。一是加快以水利水电建设为重点的农业基础设施建设。投入16.8万元实施完成文化永红村、羊场村人畜饮水工程，解决74户350人的饮水困难和1 250多头大小牲畜的饮水问题；投入20.2万元实施完成文化永红村、羊场村的三面光沟渠建设5 800米，解决600多亩农田灌溉；投入1.96万元实施完成文化羊场村拦河坝工程70米。投入16.1万元实施完成拉马古妹罗通电工程。二是紧扣乡情，在产业扶贫工作思路上继续坚持“三个转变”：由以往注重加强基础设施建设向扶持培育产业发展转变。投入8.54万元发展文化永红村和羊场村的种植业，永红村种植苹果苗5 000株，种植面积250亩；羊场村种植核桃苗3 400株，种植面积200亩；投入4.47万元扶持文化永红村、羊场村发展养殖业，永红村引进优良种牛3头，由3户养牛大户负责养殖，并免费为其他农户服务；羊场村引进优良种羊18只，每户1只，引进母羊36只，每户2只。年内争取到努雄伟、红旗村民小组2个区级整村推进扶贫项目及东风村民小组省级整村推进扶贫项目。由无偿投入向大量使用有偿资金转变，把到户扶贫和扶持企业有机结合起来，加大小额信贷扶贫与劳务输出、产业扶贫相结合的力度，推广“公司十基地＋农户”的小额信贷扶贫模式扩大扶持范围，共发放小额信贷资金150万元。由乡科协、农科站、兽医站牵头，投入7 916元，开展种植业和养殖业科技培训，受训560人次。

【招商引资】 依据金山乡的地理区位、自然资源、人力资源优势，加大对工业、农业、生物资源开发、高新技术开发、基础设施、文化产业、生态环保产业、高品位旅游项目的招商引资力度。切实做好大丽铁路、丽宁路改线、团山水库东西灌渠、蛇山国际森林休闲运动公园、石新公路、白塔路、第二污水处理厂等重大项目的协调服务工作，积极做好大丽路防护林带建设项目、丽江市城市垃圾处理场、丽江师范高等专科学校、仁丽铁路建设等重点项目建设的前期协调服务工作。完成东江、拉马古6个村民小组133户535人金安桥电站库区移民搬迁工作。

【民主法制建设】 一、着力构建和谐平安金山。乡设立综治维稳委员会及办公室，下设治保工作中心和矛盾纠纷排查调处中心，建立10个村党支部为核心的护村队，97个治保小组共109人，治安联防队1个32人，护村（厂、校）队81个336人，群防群治网络体系基本形成。开展创建“无毒社区”活动，设立乡戒毒康复帮教中心，健全禁吸戒毒工作机制，荣获市级创建“无毒乡镇先进单位”称号。进一步完善信访工作机制，及时排查调处各类矛盾纠纷，做到“小事不出组、大事不出村、重大矛盾纠纷不出乡”。扎实开展隐患排查治理和非煤矿山安全专项整治工作，安全生产形势持续稳定。二、着力推进依法行政和民主法制建设。深入开展“五五”普法宣传，强化依法治乡战略的实施，自觉接受人大的法律监督、工作监督，全面推行村务、政务公开制度和“村财乡管民用”制度，认真落实“一事一议”制度，在全乡范围内开展村“两委”依法治村、民主管理工作大检查活动，进一步完善民主决策、科学决策机制。积极开展“讲党性、重品行、抓落实、促发展”作风建设教育活动和“解放思想、深化改革、扩大开放、科学发展”大讨论活动，认真贯彻落实“四项制度”。认真贯彻《政府信息公开条例》，政府工作透明度和公开性进一步提高，荣获政府信息公开工作优秀单位。全面贯彻落实《公民道德建设实施纲要》，切实抓好群众性精神文明创建活动，金山村委会荣获“全国文明村创建工作先进单位”称号。深入开展争先创优“六个一”活动，认真推行领导干部挂任村第一书记制度，政风行风进一步好转。

【精神文明建设】 金山乡累计争创国家级文明村2个，省级文明示范村1个，市级文明村1个，区级文明村3个，文明单位3个。累计化解各类矛盾纠纷500余起，调处率在98%以上。

【生态建设】 坚持节约资源、保护环境和开发建设并重，加快推进资源节约型、环境友好型社会建设。深入开展“绿色村庄”创建活动，完成植树18 000多棵。加强土地资源管理，严厉打击非法采挖矿产行为，强制封闭东江、拉马古非法开采矿井3处。高度重视森林防火，全年实现零火灾。农村能源建设加快推进，完成节柴改灶400眼，沼气池500口。

【集体林权制度改革】 全面完成第二批深化集体林权制度改革工作，全乡林地总面积37.15万亩，确权林地面积36.6万亩，2 057块宗地，确权率97.9%，矛盾纠纷调处率96.5%。

【科教工作】 坚持以发展科教兴民、关注民生帮民、兴办实事为民的思路和举措，尊民意、淳民风、聚民气、集民智，统筹协调发展。一是多形式、多渠道、全方位、深层次、宽领域地搞好科技宣传活动，积极倡导“学科学、爱科学、用科学”的社会风气。深入开展新型农民科技培训活动，参训560人次。二是全面落实“两免一补”、大学生补助和农村寄宿初中生补助政策，乡财政投入30万元，积极扶持教育事业发展，全面完成下存仁“十杰小学”异地重建工作。

【文化工作】 实施文化先行战略，着力实施文化阵地建设、文化产业促进、文化遗存保护、文化生活繁荣四大工程。挖掘、整理民间民族历史文化资源，整理出版《金山文化》系列丛书第一集，金山乡概念性发展规划初步完成，实施完成贵峰开南研习所革命传统教育基地改扩建，积极申报纳西民俗文化走廊项目。

乡村图书室

【卫生计生工作】 2008年全乡参与医疗合作群众5 628户23 435人，参合率99.23%。突出抓好农业人口计划生育“奖优免补”政策、流动人口计划生育管理和出生人口性别比综合整治3项重点工作，计生宣传面100%。年内完成471户农业人口独生子女“奖优免补”档案的整理归档工作。

【社会保障工作】 2008年全乡共有439户1 117人享受农村最低生活保障，共发放保障金50.48万元；138户159人享受城镇最低生活保障，共发放保障金27.82万元。发放农村五保供养金3.3万元，救助困难户1 200余户，发放临时救济金10万元，发放救灾救济粮5万斤。粮食直补政策得到全面落实，发放补贴款296.2万元。认真落实农机具购机补贴工作，发放购机补贴19.45万元。实施完成12户特困残疾人危房改造工程。年内给27名义务兵发放优待金86 940元，发放退役人员补助18万元。高度重视老龄事业，对全乡388位80周岁以上老年人发放保健长寿补助15.68万元。

【金山村民委员会】 辖安乐、石屏上村、石屏下村、新民一社、新民二社、新民中村、新民下村、开文、开元、文宏、红光、红河12个村民小组，共1 003户，农业人口4 363人，村民委员会驻新民村。全村总面积6.69平方千米，耕地面积5 383.4亩，均为水田，人均占有耕地1.2亩。全年粮食作物播种面积10 965亩，产粮2 651吨。

【新团村民委员会】 俄罗、永安、小团山一社、小团山二社、守信二社、上存仁、恩烈上村、恩烈下村、七一、下存仁、东河一村、东河二村、镇清一社、镇清二社19个村民小组，共1 092户，农业人口4 752人，村民委员会驻上存仁村。全村总面积44.64平方千米，耕地面积5 249亩，其中水田4 215亩，旱地1 034亩，人均占有耕地1.1亩。全年粮食作物播种面积11 913亩，产粮2 183吨。

【东元村民委员会】 辖莲湾、中岗、德为、东奚、西奚5个村民小组，共633户，农业人口2 492人，村民委员会驻莲湾村。全村总面积5.43平方千米，耕地面积2 925亩，均为水田，人均占有耕地1.2亩。全年粮食作物播种面积5 858亩，产粮1 465吨。

【良美村民委员会】 辖启良、达瓦、则古、启柯、美自、贝足6个村民小组，共574户，农业人口2 323人，村民委员会驻则古村。全村总面积25.23平方千米，耕地面积4 362亩，其中水田3 947亩，旱地415亩，人均占有耕地1.9亩。全年粮食作物播种面积7 973亩，产粮1 969吨。

【贵峰村民委员会】 辖大来上村、大来下村、三元、寿南、保吉5个村民小组，共512户，农业人口2 084人，村民委员会驻三元村。全村总面积27.53平方千米，耕地面积4 661.6亩，全是旱地，人均占有耕地2.24亩。全年粮食作物播种面积8 040亩，产粮1 722吨。

【漾西村民委员会】 辖敏儒上村、敏儒下村、王家庄、西林瓦一至四社、林红一至六社、中吉上村、中吉下村、高士、木家桥、田心18个村民小组，共892户，农业人口3 607人，村民委员会驻西林瓦村。全村总面积24.96平方千米，耕地面积9 125亩，其中水田6 275亩，旱地2 850亩，人均占有耕地2.53亩。全年粮食作物播种面积4 800亩，产粮2 670吨。

【文化村民委员会】 辖红水塘、干塘子、干地坝、红旗（1至4社）、老追古、永红、打燃灿、冷不落、本过、羊场13个村民小组，共399户，农业人口1 724人，村民委员会驻干塘子村。全村总面积34.61平方千米，耕地面积3 360亩，其中水田410亩，旱地2 950亩，人均占有耕地1.95亩。全年粮食作物播种面积3 479亩，产粮581吨。

【岩乐村民委员会】 辖亚东、亚西、拉八课、小玉龙、岩白脚、初都落、阿冷此、绍冷恩村8个村民小组，共250户，农业人口1 003人，村民委员会驻拉八课村。全村总面积36.84平方千米，耕地面积942.2亩，均为旱地，人均占有耕地0.94亩。全年粮食作物播种面积2 913亩，产粮439吨。

【东江村民委员会】 辖向阳、东风、前进、跃进、先锋、团结6个村民小组，共242户，农业人口966人，村民委员会驻前进村。全村总面积22.84平方千米，耕地面积1 465.6亩，水田40亩，旱地1 425.6亩，人均占有耕地1.52亩。全年粮食作物播种面积1 565亩，产粮310吨。

【拉马古村民委员会】 辖妹罗、阿念古、鲁准罗、拉马古、怒雄伟5个村民小组，共154户，农业人口574人，村民委员会驻妹罗村。全村总面积33.9平方千米，耕地面积968亩，均为旱地，人均占有耕地1.69亩。全年粮食作物播种面积1 958亩，产粮353吨。

（吕姗姗）

七河乡

【综　述】 七河乡位于古城区南端，东临金沙江与永胜县大安乡隔江相望，南连金江乡及大理州鹤庆县辛屯镇，西与玉龙县的太安乡和黄山镇相接，北与金山乡毗邻。乡政府驻地共和中心村，距古城区政府17千米，海拔2 232米。全乡幅员面积366.3平方千米，下辖共和、新民、七河、三义、五峰、龙潭、羊见、前山、后山10个村委会，117个村民小组。

2008年，全乡年末总户数5 320户，总人口20 504人，男性人口10 256人，非农业人口667人。纳西族人口11 506人，汉族5 221人，白族3 268人。人口自然增长率-11.37‰。全乡实有劳动力10 528人。其中农业从业人员7 247人，建筑业从业人员984人，运输业从业人员637人，商业及饮食服务业从业人员456人。

全乡有耕地32 326亩，其中水田13 474亩，坡度在25度以上的耕地面积5 006亩。全乡主要农作物播种面积56 379亩，粮食作物播种45 389亩，粮食总产10 200吨；其中稻谷种植面积10 285亩，总产2 360吨；豆类作物种植面积2 270亩，总产量476吨；薯类种植面积5 220亩，总产量1 132吨；油菜种植面积3 840亩，总产量364吨。烤烟种植2 270亩，总产量298吨。蔬菜种植1 650亩，总产量6 500吨。年末果园面积3 770亩，水果总产1 972吨，其中苹果1 050吨。年末大牲畜存栏5 936头，肉类总产4 023吨。牛存栏5 257头，出栏1 601头，牛肉总产234吨。生猪存栏31 720头，出栏47 500头，猪肉产3 563吨。羊存栏5 411只，出栏6 092只，肉产量112吨；家禽出栏83 360只，肉产量125吨，禽蛋产45吨。

全年农村经济总收入7 762万元，农民人均纯收入3 376元，同比增长5.9%。全乡财政收入557万元，其中乡级财政收入204万元，上级财政补助353万元，财政支出557万元。

乡内有初级中学一所，18个班，935名学生，教职工64人，年内初中毕业生239人。全乡有完小10所，教学点6个，共78个班，1 423名学生，入学率100%，普及率100%，巩固率100%，小学在职教职工119人，临时工23人，退休51人。

乡文化站有工作人员2人，乡图书室1个，电子阅览室1个，书画协会1个，老年协会7个，老年体育协会7个。全乡电视覆盖率100%，手机通讯覆盖率98%。

有乡卫生院1个，病床20张，万元以上医疗设备4台，卫生技术人员16人，专职防疫员1人，保健员1人。有乡村医务室10个，全年门诊10 243人（次），住院64人（次），预防接种率97%。

【主要领导干部】 党委书记：和俊武（纳西族），乡长：姚志坚（纳西族），人大主席：和凤超（纳西族）

【基础设施建设】 2008年西哨移民安置地土地整理、农综开发工程通过省级验收，并获得“优秀工程”称号。全年扶持水泥1 500吨实施19.4千米水泥卫生路建设，认真实施乡村“通达工程”，全面完成后山公路30千米建设工程。完成总投资119万元的共和中心三面光沟渠、勒马小流域沟渠、三义新面村沟渠、梅所至三义完小沟渠、新面村固防拦砂坝等小农水项目工程。投入资金250万元实施东山河五峰段的三面光及其配套工程，东山河水渠全线实现三面光。

【产业结构调整】 以实施“五万三千”工程为着力点，巩固提升传统农产业，推广优质品种，推动农业产业提质增效。强化优质烤烟生产基地建设，巩固烤烟的支柱产业地位，收购烤烟6 300担，实现产值405万元。继续扩大林果基地建设，对龙潭、忠义、羊见的15 000多株核桃进行改良，在羊见引进优质脐橙1 200多株进行示范推广。充分发挥七河乡养猪产业技术经济合作协会作用，全乡出栏商品猪保持在4.8万头以上，年存栏3.2万头。在共和村、新民村发展千亩稻田养鱼，实现稻鱼双丰收。稳步发展新民共和花卉、龙潭青食蚕豆、羊见柑橘及后山秋油菜、白芸豆、当归等特色产业。

【生态建设】 按照建设“园林式村庄、花园式庭院”思路，组织群众开展绿化、美化工作。完成大丽公路沿线、共和村村道沿线、七河中村水库周边、三义完小周边等区域绿化任务，种植小白杨15 000多株、垂柳500株。投入资金120万元，实施三义、五峰两个村的非法砖瓦窑专项治理活动，拆除砖瓦窑27座并进行绿化。加快沼气池建设步伐，合理开发资源，以建沼气池、改水、改厕、改圈、治脏、清乱等为主要内容的“一池三改”项目全面结束，改造完成2 000口沼气池，被评为市级“绿化工作先进单位”。

【新农村建设】 投入资金54万元实施共和西关、三义拉市湾区级新农村建设试点村工程，按照科学规划、因地制宜、合理布局、注重特色，尊重农民意愿，体现地方特色的原则，加强和完善村庄建设规划，严格执行建房审批制度。配套完善农田水利、村组公路等基础设施，培育发展支撑型产业，实施村容村貌整治工程和新农村建设指导员下派工程，为全乡的新农村建设作示范。

【重点项目协调服务】 结合丽江机场改扩建、丽大铁路建设、金安桥水电站移民安置、七河农业综合开发土地整理、漾弓江长治工程等建设项目，以“引进大项目、实施大建设、带来大机遇，实现大变化，促进大发展”为思路，主要领导亲自挂帅，全力投入项目协调服务。完成丽江机场改扩建项目用地征地953亩和19户农户拆迁工作；完成仁丽铁路建设项目征地120亩和2户农户拆迁工作；西哨移民安置区建设进展顺利，有193户移民在新建家园。

【共和村民委员会】 辖中心一二三组、东关一二组、西关一二三组、胜利、太平、瓦窑、华丰一二三组、木光一二三组、道生、勒马、南溪一二三组、套同23个村民小组，共988户，4 208人，村委会驻中心村。全村总面积60平方千米，有耕地5 990亩，其中水田4 507亩，旱地1 483亩。全年粮食作物播种面积8 937亩，产粮2 030吨。烤烟种植147亩，产量13.2吨。生猪存栏4 500头，出栏8 900头，大牲畜存栏810头，羊存栏750只。农村经济总收入1 440万元，农民人均所得3 400元。全村有完小1所，在校学生500人，适龄儿童入学率100%，巩固率100%。

【新民村民委员会】 辖上村一二三四组、中村一二组、下村一二组、下坡子、龙兴北组、南组、西哨12个村民小组，共490户，2 090人，村委会驻新民中村。全村总面积25.5平方千米，有耕地2 080亩，其中水1 580亩，旱地500亩。全年粮食作物播种面积3 760亩，产粮1 021吨。年末生猪存栏3 120头，出栏3 500头。大牲畜存栏410头，羊存栏201只。农村经济总收入1 060万元，农民人均纯收入3 500元。全村有完小1所，村小1所，在校学生220人，适龄儿童入学率100%，巩固率100%。

【七河村民委员会】 辖仁和上一、仁和下一、仁和二、仁和南三、仁和北三、上村一二三组、中八、中九、道古、花园、沙河13个村民小组。共507户，2 042人，村委会驻七河上村。全村总面积21平方千米，有耕地2 851亩，其中水田1 200亩，旱地1 651亩。全年粮食作物播种面积4 434亩，产粮941吨。烤烟种植40亩，产量3.7吨。年末生猪存栏2 300头，出栏4 210头。大牲畜存栏1 000头，羊存栏470只。农村经济总收入1 100万元，农民人均纯收入3 400元。全村有完小1所，在校学生355人，适龄儿童入学率100%，巩固率100%。

【三义村民委员会】 辖梅所一二三组、梅所上三四组、龙吉、南六一二三组、北六、下木登、箐八、新面村、拉市湾14个村民小组。共723户，3 140人，村委会驻北六村。全村总面积19.7平方千米，有耕地3 946亩，其中水田1 342亩，旱地2 604亩。全年粮食作物播种面积6 020亩，产粮1 524吨。烤烟种植960亩，产量91.2吨。年末生猪存栏3 200头，出栏6 500头。大牲畜存栏600头，羊存栏240只。农村经济总收入1 384万元，农民人均纯收入3 900元。全村有完小 1 所，学生 420 人，适龄儿童入学率 100%，巩固率 100%。

【五峰村民委员会】 辖北排、中排一二三组、下排一二三组、南排一二组、当岩、近汁 11 个村民小组。共 460 户，2 004 人，村委会驻中排村。全村总面积 27.9 平方千米，有耕地 2 683 亩，其中水田 2 199 亩，旱地 484 亩。全年粮食作物播种面积 4 460 亩，产粮 1 140 吨。年末生猪存栏 5 700 头，出栏 6 700 头。大牲畜存栏 300 头，羊存栏 850 只。农村经济总收入 962 万元，农民人均纯收入 3 400 元。全村有完小 1 所，在校学生 390 人，适龄儿童入学率 100%，巩固率 100%。

【忠义村民委员会】 辖忠义一至十二社共 12 个村民小组，246 户，1 026 人。村民委员会驻忠义五社。全村总面积 27.9 平方千米，有耕地 1 620.7 亩，旱地 1 320.7 亩。全年粮食作物播种面积 1 970 亩，产粮 505 吨。烤烟种植 348 亩，产量 33 吨。年末生猪存栏 1 600 头，出栏 2 200 头。大牲畜存栏 330 头，羊存栏 550 只。农村经济总收入 280.98 万元，农民人均纯收入 2 300 元。全村有完小 1 所，在校学生 154 人，适龄儿童入学率 100%，巩固率 100%。

【龙潭村民委员会】 辖一社、二社、三社、四社、五社、六社、七社、八社 8 个村民小组，共 259 户，1 108 人，村委会驻三社。全村总面积 14.2 平方千米，有耕地 1 265 亩，其中水田 400 亩，旱地 865 亩。全年粮食作物播种面积 1 485 亩，产粮 485 吨 。烤烟种植 507 亩，产量 50 吨。年末生猪存栏 2 600 头，出栏 2 880 头。大牲畜存栏 700 头，羊存栏 730 只。农村经济总收入 520 万元，农民人均纯收入 2 700 元。全村有完小 1 所，在校学生 150 人，适龄儿童入学率 100%，巩固率 100%。

【羊见村民委员会】 辖羊见、金安一社、金安二社、新文一社、新文二社、美阁、小湾子、建乐一二三四社、七十丘 12 个村民小组，共 308 户，1 294 人，村委会驻羊见村。全村总面积 22.6 平方千米，有耕地 1 345 亩，其中水田 633 亩，旱地 712 亩。全年粮食作物播种面积 2 775 亩，产粮 763 吨。烤烟种植 268 亩，产量 25.4 吨。年末生猪存栏 1 700 头，出栏 3 000 头。大牲畜存栏 1 210 头，羊存栏 560 只。农村经济总收入 380 万元，农民人均纯收入 2 400 元。全村有完小 1 所，村小 3 所，在校学生 142 人，适龄儿童入学率 100%，巩固率 100%。

【前山村民委员会】 辖放牛坪、三家村、南高楼、北高楼、石镜头、形孟罗、伏仲 7 个村民小组，共 258 户，1 034 人，村委会驻放牛坪村。全村总面积 34.6 平方千米，有耕地 3 800 亩，全部为旱地。全年粮食作物播种面积 3 340 亩，产粮 1 145 吨。年末生猪存栏 2 800 头，出栏 3 500 头。大牲畜存栏 460 头，羊存栏 540 只。农村经济总收入 360 万元，农民人均纯收入 2 600 元。全村有完小 1 所，在校学生 138 人，适龄儿童入学率 100%，巩固率 100%。

【后山村民委员会】 辖寒镜罗、鲁图、木梳、本里科、高美 5 个村民小组，共 251 户，1 002 人，村委会驻本里科村。全村总面积 90 平方千米，有耕地 7 602 亩，全部为旱地。全年粮食作物播种面积 3 070 亩，产粮 1 418 吨。年末生猪存栏 2 400 头，出栏 3 060 头。大牲畜存栏 470 头，羊存栏 520 只。农村经济总收入 275 万元，农民人均纯收入 2 350 元。全村有完小 1 所，村小 2 所，在校学生 149 人，适龄儿童入学率 100%，巩固率 100%。

（木云涛）

金安乡

【综　述】　金安乡位于丽江市古城区东南部，东与永胜县松坪乡、大安乡隔江相望，南与古城区七河乡接壤，西部和北部与古城区金山乡相连，乡政府所在地龙山村离丽江古城 19 千米，辖 7 个村民委员会，2008 年玉河六、七组搬迁至七河西哨，全乡共有 40 个村民小组，总面积 144.5 平方千米，全乡海拔 1400 米—2685 米，全乡有森林 12 166.2 公顷，森林覆盖率 46%，年平均降雨量 800 毫米—900 毫米，年平均气温 13℃。

2008 年末，全乡总户数 1 522 户，总人口 5 908 人，其中农业人口 5 66 人，男 3 071 人，纳西族 5 469 人，苗族 229 人，汉族 96 人。人口密度 41 人 / 平方千米。人口自然增长率 3.70‰。全乡实有劳动力 5 244 人，其中农林牧渔业从业人员 3 576 人，工业从业人员 238 人，交通运输业从业人员 219 人，商业及饮食服务从业人员 226 人。

2008 年末全乡有耕地 11 933 亩（坡度在 25 度以上的耕地面积 3 404 亩），其中水田 54 亩，旱地 11 879 亩。全年主要农作物播种面积 18 518 亩，粮食作物播种面积 15 096 亩，粮食总产 2 29 吨。粮食作物中，小麦种植 4 718 亩，总产量 371.4 吨；玉米种植 4 716 亩，总产量 1 618 吨；蚕豆种植 2 116 亩，总产量 352 吨；薯类种植 1 500 亩，总产量 300 吨；烤烟种植 943 亩，总产量 131 吨；蔬菜播种面积 998 亩，总产量 4 857 吨。年末果园面积 4 608 亩，其中桃园 705 亩，梨园 622 亩，苹果园 523 亩，水果总产 578.6 吨。年末生猪存栏 6 276 头，出栏 9 400 头，猪肉产量 705 吨；牛存栏 1 613 头，出栏 689 头，牛肉产量 100 吨；羊存栏 5 045 只，出栏 9 330 只，肉产量 187 吨；家禽存栏 18 871 只，出栏 14 562 只，禽蛋产量 35 吨，肉产量 24.17 吨。

2008 年，全乡农村经济总收入 1 711.98 万元，比上年同期增长 3.28 %；农民人均纯收入 2 112 元，比上年同期增长 6.0%。当年一般预算收入共完成 264 万元，其中：本级税收收入 43 万元，上级补助 221 万元；一般预算支出 264 万元。

乡内有初级中学 1 所，6 个班，310 名学生，教职员 21 人；年内初中毕业生 90 人。全乡有完小 7 所，教学点 6 个，共 38 个班，503 名学生，入学率 100%，普及率 100%，巩固率 99.8%，小学教职工 45 名。

有乡镇卫生院 1 个，病床 6 张，万元以上医疗设备 1 台，卫生技术员 11 人，专（兼）职防疫员 2 人，保健员 2 人。有乡村医务室 6 个，全年门诊 4 528 人（次），住院 66 人（次），预防接种率 98%。

【主要领导干部】　党委书记：洪向泉（白　族）。乡长：和汝成（纳西族）。人大主席：李耀东（纳西族）。

【基础设施建设】　2008 年，投资 16.4 万元实施龙兴六组（龙若）、龙山二组人畜饮水解困工程，惠及村民 105 户 431 人；投资 10 万元实施增明大沟三面光防渗工程；投资 21 万元实施光乐大沟源头 2 200 米水泥三面光工程；投资 116.7 万元完成沼气池建设 778 口，实现庭院经济高效化和农业生活无害化；投资 56.3 万元实施三古空滤小组社会主义新农村建设项目；投资 13 万元建设增明村委会增明小组农贸市场；投资 22 万元实施龙山五组水泥路建设；投资 120 万元建设 7.5 千米义新五坝里弹石路；投资 21.5 万元对特别贫困、特别简陋、特别危险的农村民居分期分批进行加固改造和拆除重建，共计加固 45 户，重建 25 户。

【产业结构调整】　坚持“围绕增收调结构，突出特色闯市场，依靠科技增效益”方针，加快农业产业结构调整与升级，不断拓宽增收渠道，培育新的经济增长点。年内种植冬早青食蚕豆 1 550 亩，产值 124 万元；种植夏秋冷凉型蔬菜 380 亩，产值 45.6

万元。坚决贯彻执行烤烟“双控”政策，精心组织烤烟育苗，年内共种植烤烟943亩，完成烤烟收购任务1 998担，实现产值135万元。在义新、龙兴推广种植灯盏花75亩，在龙兴、玉河示范种植续断350亩，在龙山种植秦归170亩，在其它条件适应地区试验种植木香、半夏、重萎等药材。农特产业有了新突破，2008年，“摸摸香（香叶天竺葵）产业协会”在光乐村正式挂牌成立，年内共种植香叶天竺葵182亩，实现产值57.6万元；种植特色旅游农产品虫草参300亩，在龙山、龙兴种植山嵛菜300亩。加大畜牧业防疫力度，重点对口蹄疫、猪瘟、鸡瘟进行预防，共注射猪蓝耳病疫苗4 608头次，猪瘟疫苗11 713头次，强制性口蹄疫疫苗20 103头次。针对金安乡地处山区，野生核桃数量较多的实际，重点扶持发展核桃等林果产业，2008年共嫁接核桃550亩。加大科技扶持力度，开展各类农村实用技术培训31期，参训1 856人次，占全乡总人口的31%，重点进行核桃嫁接、农特产品种植、养殖培训。

【扶贫工作】 投资75万元完成三古美河、增明新民、龙兴、龙若、龙山五组（拟美土）整村推进项目。投资300万元启动义新五坝里、义新金布丁，光乐五组，玉河二组、五组的整村推进项目。

【教育工作】 实施“科教兴乡”战略，在全乡范围内逐步营建“党重教，政兴教，民支教，师乐教”的教育氛围。2008年参加中考学生58名，上线40名。全乡小学适龄儿童入学率100%。年内投资40万元实施三古完小危房改造工程，改造危房286平方米。投资7.5万元实施金安中学生活用水建设工程。继续落实“两免一补”政策，对金安乡籍升入大学、高中的71名学生进行奖励，共发放奖学、助学金5.4万元。教师节期间，对2007学年度教育工作先进集体和先进个人进行表彰，共发放奖金1.93万元。由丽江天雨集团出资50万元启动资金，建立金安乡在职教师试行年度奖金制度。

【医疗卫生】 年内农村新型合作医疗参合5 856人，参合率100%。参合农民享受住院补偿68人次，补偿金额79 540.55元。农业人口独生子女领证人数77人，巩固率、自愿率均为100%。对0–7岁儿童进行体检，共286人次，体检率80.56%。麻疹疫苗应急接种1 056名。产妇检查45人，住院分娩33人，住院率73.33%，无新生儿死亡。加大服务行业从业人员卫生监督力度，共发放卫生许可证68套，健康证108个。加强卫生基础设施建设，年内投资15万元建设龙兴、三古、义新3个社区卫生室，做到“小病在社区、大病进医院”。投资40万元改建乡卫生院业务楼。

【林政工作】 年内完成龙兴、增明两个村委会退耕还林301.8亩，发放补助8.82万元，2008年9月，退耕还林工作通过国家二轮验收。

全面完成集体林权制度改革主体工作。以“明确林木林地所有权，放活林地经营权，落实林木处置权，确保林农收益权”为核心，坚持“五个到位”，全面动员，全民参与，共勘察乡界15条，乡界、村界、小组界线完成率100%。林改确权面积182 074.09亩，确权率100%；涉及林改户数1 444户，确权率100%，均山到户率超过70%。

【金安桥水电站协调服务工作】 建设金安桥电站，涉及三个村委会五个村民小组共514人移民，其中在七河西哨集中安置38户166人，金安小集镇规划安置62户270人，库周后靠安置78人。2008年12月31日，满乐、勒市36户158人库区移民户签订《移民搬迁协议书》，库区搬迁安置任务完成95%。

【龙山村民委员会】 辖五坪落、格本、当都、虎本、冷落、拟美土、罗足汤7个村民小组，共428户，1 905人，纳西族1 874人，汉族18人，白族8人，苗族2人，傈僳族1人，回族1人，彝族1人。总面积22平方千米，年末实有耕地6 633亩（坡度25度以上的耕地621亩），人均占有耕地3.48亩。全年农作物播种面积6 719.40亩，其中粮食作物播种面积5 529.40亩，产粮1 801.90吨，人均945.89千克。年末羊存栏510头，出栏1 313头；生猪存栏960头，出栏2 399头；大牲畜存栏850头。肉类总产量244.54吨。种植山嵛菜300亩，产值62万元，农村经济总收入433.45万元，农民人均纯收入1 907元。全村有完小1所，教学点 2 个，在校小学生 182 人。适龄儿童入学率 100%，巩固率 100%。

【光乐村民委员会】 辖光乐、争都、阿肯动、松坪、玩当课、利不赵、利久、鲁可洛 8 个村民小组，共 168 户，680 人，纳西族 665 人，汉族 7 人，白族 3 人，傈僳族 1 人，壮族 1 人，藏族 3 人。总面积 17 平方千米，年末实有耕地 862 亩（坡度 25 度以上的耕地 100 亩），人均占有耕地 1.27 亩。全年农作物播种面积 2 353.90 亩，其中粮作物播种面积 2 016 亩，产粮 406 吨。全年烤烟种植 287.90 亩，产量 40.02 吨。年末生猪存栏 623 头，出栏 724 头，羊存栏 240 头，出栏 253 头，大牲畜存栏 228 头，出栏 38 头。肉类总产量 83.05 吨。农村经济总收入 194.68 万元，农民人均纯收入 2 006 元。全村有完小 1 所，在校小学生 51 人。适龄儿童入学率 100%、巩固率 100%。

【龙兴村民委员会】 辖龙兴上村、龙兴中村、龙兴下村、各古、落足、当牛落 6 个村民小组，共 176 户，740 人，纳西族 700 人，汉族 21 人，白族 3 人，傈僳族 1 人，彝族 1 人，苗族 14 人。总面积 19.3 平方千米，年末实有耕地 1 227 亩（坡度 25 度以上的耕地面积 600 亩），人均占有耕地 1.67 亩。全年农作物播种面积 2 498.10 亩，其中粮食作物播种面积 2 162 亩，产粮 769.50 吨，人均 669.5 千克。全年种植烤烟 76.10 亩，产量 10.58 吨。年末生猪存栏 1 609 头，出栏 1 325 头；羊存栏 1 270 只，出栏 1 809 头；大牲畜存栏 377 头，出栏 100 头。肉类总产量 196.91 吨。农村经济总收入 302.60 万元，农民人均纯收入 1 965 元，全村有完小 1 所，教学点 1 个，在校小学生 71 人。适龄儿童入学率 100%，巩固率 98.6%。

【三古村民委员会】 辖美河、妹乳坪、空滤、阿子明 4 个村民小组，共 140 户，553 人，纳西族 491 人，汉族 18 人，白族 23 人，苗族 21 人。总面积 16 平方千米，年末实有耕地 637 亩（坡度 25 度以上的耕地面积 460 亩），人均占有耕地 1.15 亩。全年农作物播种面积 1 375 亩，其中粮食作物播种面积 1 147.50 亩，产粮 252.47 吨，人均 456.55 千克。全年种植烤烟 147.50 亩，产量 20.5 吨。年末生猪存栏 927 头，出栏 1 623 头；羊存栏 460 头，出栏 1 214 头；大牲畜存栏 40 头，出栏 29 头。肉类总产量 161.5 吨。农村经济总收入 155.71 万元，农民人均纯收入 2 006 元。全村有完小 1 所，在校小学生 37 人。适龄儿童入学率 100%，巩固率 100%。

【义新村民委员会】 辖五坝里、岩托、金布丁、早子古 4 个村民小组，共 122 户，521 人，纳西族 514 人，汉族 1 人，白族 3 人，彝族 1 人，傈僳族 2 人。总面积 16 平方千米，年末实有耕地 780 亩（坡度 25 度以上的耕地 450 亩），人均占有耕地 1.50 亩。全年农作物播种面积 2 145.3 亩，其中粮食作物播种面积 1 467 亩，产粮 312 吨。全年烤烟种植 272.30 亩，产量 37.88 吨，年末生猪存栏 667 头，出栏 836 头；羊存栏 435 头，出栏 283 头；大牲畜存栏 46 头，出栏 13 头。肉类总产量 88.73 吨。农村经济总收入 145.24 万元，农民人均纯收入 1 996 元。全村有完小 1 所，在校小学生 31 人。适龄儿童入学率 100%，巩固率 100%。

【玉河村民委员会】 辖冷补足、木根都、设里、二坪子、补子弯、天片洞 5 个村民小组（猎市、满落移民至七河乡），共 158 户，448 人，纳西族 285 人，汉族 2 人，白族 39 人，彝族 1 人，苗族 121 人。总面积 27.2 平方千米，年末实有耕地 1 039 亩（坡度 25 度以上的耕地 597 亩），人均占耕地 2.32 亩。全年农作物播种面积 1 616 亩，其中粮食作物播种面积 1 411 亩，产粮 233.35 吨，人均 520.87 千克。全年种植烤烟 47.20 亩，产量 6.56 吨。年末生猪存栏 643 头，出栏 1 314 头；羊存栏 1 850 头，出栏 3 852 头；大牲畜存栏 330 头，出栏 61 头。肉类总产量 218.7 吨。农村经济总收入 159.73 万元，农民人均纯收入 1 864 元。全村有完小 1 所，教学点 2 个，在校小学生 23 人。适龄儿童入学率 100%，巩固率 100%。

【增明村民委员会】 辖新民、增明、中村、中台、石光、金安 6 个村民小组，共 267 户，1 093 人，纳西族 973 人，汉族 30 人，白族 12 人，彝族 2 人，苗族 70 人，藏族 6 人。总面积 27 平方千米，年末实有耕地 811 亩（坡度 25 度以上的耕地 576 亩），人均占耕地 0.74 亩。全年农作物播种面积 2

160 亩，其中粮食作物播种面积 1 713 亩，产粮 327.55 吨，人均 299.68 千克。全年种植烤烟 112 亩，产量 15.57 吨。年末生猪存栏 847 头，出栏 1 179 头；羊存栏 280 头，出栏 606 头；大牲畜存栏 146 头，出栏 259 头。肉类总产量 170.28 吨。农村经济总收入 320.57 万元，农民人均纯收入 2 012 元。全村有完小 1 所，教学点 1 个，在校小学生 108 人。适龄儿童入学率 100%，巩固率 100%。

（和淑娅）

大东乡

【综　述】 大东乡位于古城区东北部，东邻金沙江与宁蒗县金棉乡隔江相望，西与玉龙纳西族自治县的白沙乡相连，南接金山乡，北与玉龙县的鸣音、大具两乡接界。总面积 220.9 平方千米，海拔 1380—3580 米，乡政府所在地上翻身村，海拔 1800 米，距区政府 60 千米。下辖大东、白水、建新 3 个村民委员会，共 39 个村民小组。

2008 年末，乡村总户数 1 878 户，总人口数 7 176 人，其中男 3 684 人；农业人口 6 978 人；纳西族 5 069 人，汉族 1 243 人，傈僳族 555 人。人口自然增长率 5.03‰。乡村劳动力资源数 4 615 人，其中农业从业人员 3 818 人，交通从业人员 62 人，商业饮食业 239 人。

全乡年末实有耕地面积 9 327 亩，其中：水田 800 亩，旱地 8 527 亩。全年主要农作物总播种面积 21 201 亩。粮食作物播种面积 17 493 亩，总产量 3 880 吨。其中谷物播种面积 12 993 亩，总产量 2 702 吨；豆类播种面积 4 840 亩，总产量 1 092 吨；薯类播种面积 760 亩，总产量 86 吨。烤烟 2 740 亩，产量 364 吨。蔬菜瓜果类播种面积 500 亩，总产量 605 吨。果园面积 105 亩，水果产量 135 吨，其中苹果 134 吨。大牲畜存栏 6 657 头，其中牛存栏 6 159 头，出栏 2 640 头。猪存栏 14 433 头，出栏 14 360 头。羊存栏 9 490 只，出栏 5 630 只。肉类总产 1 524 吨，其中猪肉 1 017 吨。禽蛋产 25 吨。

全年农村经济总收入 1 973 万元，其中，农业收入 924 万元，林业收入 137 万元，牧业收入 339 万元，工业收入 49 万元，建筑业收入 33 万元，运输业收入 103 万元，商业饮食业收入 162 万元，服务业收入 96 万元，其他收入 129 万元。乡财政收入 215 万元，其中地方财政税收收入 133 万元，上级财政补助 82 万元，财政总支出 215 万元。农民人均纯收入 1854 元，比上年增长 5.5%。

乡内有小型水库一座（罗美水库），蓄水量为 127 万立方米。全乡贸易集市共有 2 个，每月 1 日、15 日和 20 日为集市日，有供销社 1 家，年销售额 50 万元。

全乡共有 12 个中小学校点，包括初级中学一所，在校学生 229 人；完全小学三所（大东完小、白水完小——六年一贯制全寄宿学校、建新完小——半寄宿制完小），小学教学点 8 个，其中一师一校点 5 个，两师一校点 3 个，小学在校学生 757 人。全乡教职工总人数 117 人，其中在职教师 70 人，特岗教师 3 人，代课教师 6 人，三支一扶 3 人，临时工 16 人，离退休教师 19 人。

乡文化站有工作人员 2 人，乡村图书室 1 个，热美乐舞协会 1 个、3 个老年体育协会、1 个热水村老年协会和 1 个民间纳西古乐会，影像服务点 8 个，其他文化娱乐场所 6 个。电视覆盖率 100%，手机通讯覆盖率 100%。

有乡卫生院 1 所，病床 5 张，万元以上医疗设备 3 台，专业设备总值 80 万元，卫生技术人员 11 人，专（兼）职防疫员 1 人，保健员 1 人，全年诊疗、收治病人 6 000 人次，业务总收入 11 万元，预防接种率 98%。乡村医务室 2 个，个体诊所 3 所。

【主要领导干部】 党委书记：王平生(纳西族)；乡长：李金华（白族）；人大主席：和学伟（纳西族）

【基础设施建设】 2008 年投入 22 万元实施完成建新次里满村民小组 2 千米的进村水泥卫生路；投入

140万元完成建新古都塘村7千米村道；投入40万元完成白水拉卡油村7千米的进村道路建设；投入100万元实施完成建新村委会到阿老山、果市村民小组进村路等农村道路建设工程。千方百计筹措资金建设一大批事关农村发展的水利基础设施，投入5万元修建了大东村委会城仲二组三面光水渠3 000米、新建40立方米的水塘5个；投入7.68万元修建福禄村民小组三面光水渠4 000米；投入15万元完成文河村民小组三面光水渠1 000米；继续实施烟水配套工程，完成小水窖247口，新建大小水池33个，总蓄水量1556立方米；推进人畜饮水工程建设，铺设引水管道11 894米。新建蘑菇厂20立方米水窖16个，解决全乡1500人饮水困难。实施“万村千乡”工程，完成2个农家店建设。全面推进农村基层活动场所建设，投入24万元修建和完善建新村委会活动场所建设；实施完成次里满村民活动中心及110平方米的灯光篮球场建设；完成独次古、福阔、热水、初那恒、妹彪姑、阿渔栋、文明7个村民小组的活动场所建设。投入24.3万元实施完成82户居民地震安全工程。

【调整农业产业结构】 坚持“科学规划、合理布局、规模适度、注重实效“的原则，面向市场，突出特色，推进观念创新和科技创新，调整产业结构。全年种植烤烟2 500亩，全乡收购中上等烟叶7 180担，实现烤烟总产值507万元；积极探索和发展新型产业，在巩固粮食生产的基础上，在暑考村进行130亩玉米制种试验，平均亩产值1 470元。在竹林、上翻身等村民小组种植冬早洋芋120亩，与先锋糕点厂订单销售。在古都塘种植续断、当归、木香等药材130亩，平均亩产值1 200元；积极发展林果业，推广种植优质核桃、花椒、冬桃等经济林果，成立核桃产业协会并完成核桃改良2 350亩，种植核桃1 100亩；在东江、文河、热水村民小组进行科技培训并试种柑橘250亩，成活率96%。

【畜牧产业】 加快发展养殖业，建立畜牧产业协会，积极引导农户以规模和科技饲养为突破口，不断提高养殖产业化水平，生态养鸡户与企业形成订单农业；古都塘村改良黄牛品质，引进短角黄牛科学繁殖；建新次里满村建立黑山羊养殖基地，纯种黑山羊发展到230头，经济效益明显。

【制度改革】 全面推行“四项制度”，不断改进政府及站所的政风行风，营造以人为本、便民高效、程序规范、公正透明的服务环境。推进农村财务管理制度改革，开展以完善乡财政管理体制、加强村级财务制度、规范村级财务管理、加强基层党风廉政建设、促进农村经济发展为主要内容的“村财乡管民用”改革。全面实施集体林权制度改革，全乡集体林权分山到户65 404亩，均股到户150 005亩，确权率100%，实现“山定权、树定根、人定心”。

【教育工作】 投入62.8万元完成大东完小附属工程建设；在大东中学及白水完小建成“爱心书库”；投入5.35万元，对全乡中、高考成绩优异的学生和教师进行表彰奖励，2008年，全乡共有20人考上大学、22人考上高中；继续推行“振兴农村教育”计划，适龄女童全部入学，适龄儿童实际入学率100%。积极整合教育资源，大力开展“一师一校”的校点归并工作，全乡24个校点精减到12个，教育资源布局日趋合理。

【新型农村合作医疗】 农村卫生医疗体系逐步形成，疾病预防控制全面加强，投入5万元新建建新村级卫生室；新型农村合作医疗参合人数不断增加，补助标准不断提高，到2008年底，全乡参合人数6 878人，参合率96.42%，门诊补助人数2 560人，补助资金2.19万元，住院补助人数142人，补助资金19.6万元，有效缓解“因病致贫、因病返贫”现象。

【生态环境建设】 一是实施天然林保护和退耕还林工程，全乡累计完成退耕还林1 950亩。二是制定实施农村能源建设发展规划，大力推广沼气池建设，全乡新建沼气池75口；广泛开展农村改水、改厕、改圈和以“一人种活一棵树”为主题的绿化美化环境建设，人民群众的环保意识日益增强。三是坚持“预防为主，积极消灭”的方针，切实抓好森林防火和资源林政管理，加强火源管理，杜绝各种火灾隐患，加大巡山执法力度，特别加强对重点林区的管理，严厉打击偷拉盗运的违法犯罪行为。2008年全乡实现零火警、零火灾，被区人民政府评为全区森林防火先进集体。

【大东村民委员会】 全村辖上翻身、文河、东江、下钟、城仲一二组、暑考、蘑菇厂、下翻身、福禄、热水、竹林、文明13个村民小组，总面积66.7平方千米，共729户、2 895人，村委会设在上翻身村民小组。全村耕地面积3 117亩，其中水田700亩，旱地2 417亩。粮食作物播种面积8 695亩，其中谷物播种面积5 121亩，总产量1 280吨；烟叶种植面积1 170亩，总产量136.9吨。全年大牲畜出栏940头。其中猪出栏5 040头，牛出栏932头，羊出栏1 942头，家禽出栏6 400只。年末大牲畜存栏2 756头，猪存栏5 180头，羊存栏3 900头，家禽存栏8 400只。全年农村经济总收入750万元。全村有1所完小，5所村小，在校生269名，适龄儿童入学率100%，巩固率100%。

【白水村民委员会】 全村辖瓦冷里、独次古、片丁、拉满里、上岩瓦、下岩瓦、福阔、汁罗、拉卡油、化里具、古龙湾、喇叭课12个村民小组，总面积58平方千米，共461户，1 845人，村委会设在拉满里小组。全村耕地面积2 704亩，其中水田100亩，旱地2 604亩。粮食作物播种面积5 217亩，其中谷物播种面积2 779亩，总产量731吨；豆类播种面积968亩，总产量116吨；烟叶种植面积1 120亩，总产量为12.5吨。全年大牲畜出栏583头，猪出栏3 150头，牛出栏152头，羊出栏1 203头，家禽出栏4 000只。年末大牲畜存栏1 723头，猪存栏3 238头，牛存栏986头，羊存栏2 438头，家禽存栏5 000只。全年农村经济总收入426万元。全村有1所完小，3所村小，在校生327名，适龄儿童入学率100%，巩固率100%。

【建新村民委员会】 全村辖阿老山、妹彪古、打钟、次里满、阿渔栋、古都塘、初那恒、阿金华、十二栏杆一、二、三组、江边、果市14个村民小组，共574户，2 311人，总面积96.2平方千米，村委会设在阿渔栋小组。全村耕地面积3 469亩，其中水田10亩，旱地3 458亩。粮食作物播种面积6 218，其中谷物播种面积3 510亩，总产量774吨；豆类播种面积1 698亩，总产量163吨；烟叶种植面积360亩，总产量42.1吨。全年大牲畜出栏895头，猪出栏4 410头，牛出栏815头，羊出栏1 683头，家禽出栏5 600只。年末大牲畜存栏2 411头，猪存栏4 532头，牛存栏2 271头，羊存栏4 212头，家禽存栏4 500只。全年农村经济总收入424万元。境内有乡镇企业锰矿厂1家，年产量1.05万吨。村防疫员1人、保健员1人。全村有1所完小，在校生161名，适龄儿童入学率100%，巩固率100%。

（和 枫）

金江白族乡

【综 述】 金江乡位于古城区东南部，东隔金沙江与永胜县相望，南接大理州鹤庆县，西北与七河乡相连，总面积89.2平方千米，乡政府所在地产构海拔1770米，离古城区政府75千米。下辖金江、江边、罗玄、产构、普勤5个村委会，34个村民小组。

2008年年末总户数1 072户，总人口4 327人，男性人口2 249人。其中农业人口4 157人。白族1 877人，纳西族806人，汉族760人，苗族454人。人口自然增长率–31.45‰。全乡实有劳动力2 577人，其中农业从业人员1 985人，工业从业人员71人，建筑业从业人员172人，商业饮食业从业人员69人。

全乡有耕地面积5 480亩。其中水田1775亩，坡度在25° 以上的1 266亩。全年主要农作物总播种面积9 132亩，粮食作物播种8 728亩，总产2 194吨。水稻播种1 776亩，总产813吨；玉米2 947亩，总产量595吨；小麦2 721亩，总产量495吨；豆类作物757亩，总产量154.7吨；薯类作物131亩，总产量17吨。油料面积50亩，产

3 吨。烤烟种植 50 亩，产量 8 吨。蔬菜种植 279 亩，产量 364 吨。水果 1 541 亩，总产 42.1 吨，其中柑桔 41.3 吨。核桃产量 128.3 吨。

年末全乡大牲畜存栏 1 568 头，肉类总产量 378 吨。牛存栏 1 437 头，出栏 320 头，牛肉产 42 吨。生猪存栏 3 753 头，出栏 3 738 头，肉产量 265 吨。山（绵）羊存栏 5 106 只，出栏 2 856 只，肉产量 56 吨。家禽存栏 9 316 只，出栏 7 698 只，肉产量 12 吨。蛋禽产量 16 吨，蜂蜜产量 4.5 吨。

乡内有乡镇企业和个体企业 64 个，从业人员 90 人，乡镇企业总收入 185 万元，乡镇企业总产值 118 万元，利税总额 35 万元。全年农村经济总收入 967 万元，上级财政收入 192.9 万元，支出 192.9 万元。农民人均纯收入 1 892 元，同比增长 4.9%。

乡内有 1 个贸易集市，每月逢 5、10 日为街天，年交易额 40 万元。境内有公路 163 千米，5 个村委会通汽车，其中区乡公路 50 千米。全年邮电业务总量 2.5 万元，报刊发行 3.2 万份，函件 3 000 件。全乡拥有电话 350 台，其中机关事业单位 18 台，农村家庭 322 台，有通讯机站 4 座，辐射 5 个村委会，地面卫星接收机 12 座，电视覆盖率 85%。乡内有一个文化站，图书室一个，其它娱乐场所 2 个。农村用电 18 万千瓦时。

乡内有初级中学 1 所，小学 10 所，其中完小 3 所，中小学教职员工 83 人。义务教育普及率 100%，巩固率 97%。年内初中毕业 76 人，升入高中 12 人。

乡卫生院年内有病床 10 张，救护车一辆，万元以上的设备 3 台，卫生技术人员 9 人，专（兼）职防疫员 6 人，保健员 6 人，卫生员 6 人，全年门诊 9 484 人次，住院 26 人次，儿童预防接种 467 人次，预防接种率 100%。

【主要领导干部】 党委书记：李贡山（白族）；乡长：李建民（白族）。乡人大主席：李纯军（纳西族，~2008 年 3 月）、罗朱映（白族 2008 年 3 月~）

【党建工作】 认真开展“亮出党员身份、树立党员形象、增强党员意识”主题活动。一是通过胸卡亮出身份、门牌亮出身份、座卡亮出身份、旗帜亮出身份、党员活动证亮出身份五种方式让党员在各种场合亮出自己的身份，共做胸卡、门牌、党员活动证 314 张、座卡 100 张、党旗 7 面。强化“党员不党员、看我示范田”的心理，把党员的各种规范要求内化为自觉行为，在各项工作中发挥模范带头作用。二是通过建立完善学习教育机制、发展党员机制、结对互助机制、党员“四必访”机制、有效监督机制、科学考核机制六个机制规范党员行为，建立党员评价管理体系，树立党员形象。三是通过认真开展“三月三”民族文化节、“我身边的共产党员”演讲比赛，“每天一小时自学，每月一次党课学，每年一次评比学”活动，“我是党员，有事找党员”活动，增强党员信念意识、学习意识、服务意识、模范意识、发展意识、生态意识、创新意识。

【产业结构调整】 结合金江乡气候条件、区域环境，坚持“上下两线、长短结合”的产业发展思路。上线在罗玄、产构、普勤发展干果基地，2008 年由科协扶持改良优质核桃 2 750 亩，农户自发改良嫁接 300 亩，共计改良嫁接优质核桃 36 000 多头。种植花椒 1 500 亩，人均 1.5 亩。下线在金江、江边村委会沿江一带发展热带水果基地，共种植黄果、柑橘 500 亩，芒果 800 亩，实现人均 1 亩水果的目标。结合土壤、水源、气候等优势，采取农民合理流转土地，能人带动的方式，由党员承包土地种植脱毒洋芋、青食蚕豆、甜脆玉米、紫苏、续断、重楼等 420 亩。2008 年在产构村示范种植烤烟 50 亩，亩产值 2 600 元，烟农户均收入 12 000 多元。结合普勤村草场广的特点，大力发展养羊，年内组织实施山羊品种改良项目，年出栏山羊 2 856 只，存栏 5 106 只。抓住罗玄、江边、产构、金江交通便利、靠近龙开口电站、人口流动大的机遇，发展生态养鸡。重点培养 20 户养鸡大户，年内出售土鸡 7 698 只。重点发展 50 户养猪大户，年内出栏 3 738 头猪。

【基础设施】 2008 年完成罗玄村容量 3 955 立方米的庙松林水塘建设；修建江边村、罗玄村 50 多个小水窖、小水塘；增设引水管 3 200 米；加强银丰河综合治理工程，维修和扩建 1 000 立方米拦河堤。完成 24 千米的弹石路，13 千米柏油路建设；投资 10 万元完成产构村青刺弯公路建设；投资 8 万元完成普勤云南恒公路；投资30万元完成江边至龙开口公路建设；投资5万元完成产构村三组350米水泥卫生路。投资5万元在产构村建立金江乡第一个老年人活动中心。

【扶贫工作】 2008年实施罗玄一组、江边二组和金江邑马珍扶贫项目，完成3 955立方米水塘、6 100米三面光水沟，60个水塘水窖，解决三个村民小组的农业生产生活用水问题，完成嫁接核桃20 000头、种植花椒10 000多株、种植椪柑、芒果500亩，劳务输出150人次；完成产构一组省级扶贫项目，修建200米拦河堤，发展120亩芒果，20亩椪柑，50亩花椒。发放小额信贷资金200万，重点扶持种植业、养殖业。9月6日召开教师表彰大会，发放扶智助学基金，表彰先进集体2个、优秀教师12名，为59名同学发放4万元扶智助学基金，建立党员干部扶智挂钩制度。

【民政工作】 2008年共发放救灾粮食4万千克，救助2 349人；救灾衣物109袋，救助464人；共发放救济款7万元，救助149人，其中3万元用于救助供学困难家庭，救助65户；2008年农村低保由2007年244人增至454人，在校大学生纳入城市低保62人，共发放低保资金119 850元；对33位80周岁以上的无固定收入的老年人发放补助资金13 200元；向优抚对象41人、老复员退伍军人4人发放定补和抚恤金30 290元；改造9户残疾人住房，在助残日慰问10名残疾人，发放资金3 000元；进行长江新里程，春雨助学工程，扶助18名学生，发放资金5 400元；发放医疗救助金9 360元，缓解468户五保老人和贫困家庭成员看病难的问题；向四川汶川灾区捐款20 569.4元；开展古城区农房通保工作，全乡1 067户全部参加。

【生态建设】 乡人民政府成立林政管理领导小组，认真落实林政管理目标责任制，严格控制生活用柴的采伐，严厉打击偷砍盗伐的行为，切实保护森林资源。加强《森林防火条例》、《森林法》宣传，发放防火责任通知书1 100份，全面落实护林防火责任制，实现连续14年无森林火灾。完成778口沼气池建设；全乡共实施退耕还林2 048亩，加强跟踪管理好原有退耕还林项目，督促补植补种。

【社会事业】 大力开展科普活动，年内组织4期500人次的科技培训，重点是宣传种植、养殖技术、病虫害防治等农牧业和种植业技能方面的实用科技知识，农民群众的科技意识明显提高，农业科技含量不断增强。进一步加大教育投入，提高教学质量。全乡教师大专以上学历的95%。全乡小学适龄儿童入学率、巩固率100%，初中入学率100%，巩固率97%。高中上线38人，升学率65%，大学上线20人，升学率64%；成立金江乡扶智助学奖励基金，重点扶助品学兼优的困难学生，解决上学难的问题，决不让一个学生因贫困失学；投资90万元重建江边小学教学楼。加强农村医疗卫生工作。全乡合作医疗参合率100%，门诊报销3 621人次，报销金额22 737.4元，住院报销168人次，报销金额114 731元，顺利完成疾病控制、妇幼保健、医疗服务、冬季征兵体检等工作；积极开展健康向上文体活动：春节举办篮球运动会；“三八”妇女节组织民族打跳比赛；成功举办首届金江白族乡农历“三月三”民族文化节，形成春节组办，“三八”节村办，农历“三月三”乡办的文化活动制度；同时开展“五好家庭”、“妇女之家”、“十星级文明户”等精神文明建设活动；投资60万元完成金江乡综合文化站建设；严格执行计划生育政策，全乡计划生育率97%，圆满完成区人民政府下达的各项指标，被评为古城区计生工作一等奖。

【金江村民委员会】 金江村委会辖河南、河北、黄眉毛、邑马珍、罗马5个村民小组，共217户，853人，村民委员会驻河北村。全村总面积10.3平方千米，耕地面积745亩，人均耕地面积0.85亩。全年粮食作物播种面积1 328亩，总产量457吨，人均有粮535千克。年末生猪存栏668头，出栏612头，肉产量46吨。大牲畜存栏250头，羊存栏220只，出栏110只，肉产量1.7吨。农村经济总收入216万元，农民人均纯收入2 058元。全村有完小1所，在校学生112人，适龄儿童入学率100%，巩固率100%。

【江边村民委员会】 江边村委会辖紫花镇、叭卡当、席草地、五孙庙、罗利莫，益民共6个村民小组。共189户，712人，村民委员会驻紫花镇。全村总面积7.9平方千米。耕地面积858亩，人均耕地面积 1.2 亩。全年粮食作物播种面积 1 314 亩，总产量 403 吨，人均有粮 570 千克。年末生猪存栏 611 头，出栏 428 头，肉产量 37 吨。大牲畜存栏 267 头，羊存栏 1 318 只，出栏 434 只，肉产量 6.5 吨。农村经济总收入 151 万元，农民人均纯收入 1 743 元。全村有村小 2 所，在校学生 58 人，适龄儿童入学率 100%，巩固率 100%。

【罗玄村民委员会】 罗玄村委会辖罗玄大村（含 2 个小组）、火山、岩仙脚、坡脚（含 4 个小组）共 8 个村民小组，共 210 户，841 人，村民委员会驻罗玄村。全村总面积 19.7 平方千米，耕地面积 1 568 亩，人均耕地面积 1.81 亩。全年粮食作物播种面积 2 628 亩，总产量 400 吨，人均有粮 475 千克。年末生猪存栏 639 头，出栏 485 头，肉产量 52 吨。大牲畜存栏 400 头，羊存栏 653 只，出栏 212 只，肉产量 5.3 吨。农村经济总收入 157 万元，农民人均纯收入 1 720 元。全村有完小 1 所，村小 1 所，在校学生 106 人，适龄儿童入学率 100%，巩固率 100%。

【产构村民委员会】 产构村委会辖河北菁、青刺湾、索罗、银丰（含 3 个小组）、产构大村（含 2 个小组）、三家村共 9 个村民小组，共 276 户，1 105 人，村民委员会驻产构村。全村总面积 19.5 平方千米，耕地面积 867 亩，人均耕地面积 0.79 亩。全年粮食作物播种面积 1 604 亩，总产量 629 吨，人均有粮 578.63 千克。年末生猪存栏 900 头，出栏 1 210 头，肉产量 85 吨。大牲畜存栏 460 头，羊存栏 1 820 只，出栏 1 460 只，肉产量 29.6 吨。农村经济总收入 272 万元，农民人均纯收入 1 680 元。全村有 1 所完小，2 所村小，在校学生 94 人，适龄儿童入学率 100%，巩固率 100%。

【普勤村民委员会】 普勤村委会辖拉美、北山、普勤大村（含 4 个小组）共 6 个村民小组，175 户，659 人，村民委员会在普勤村。全村总面积 31.8 平方千米，耕地面积 1 339 亩，人均耕地面积 2.04 亩。全年粮食作物播种面积 2184 亩，总产量 204 吨，人均有粮 283.11 千克。年末生猪存栏 415 头，出栏 670 头，肉产量 52 吨，大牲畜存栏 295 头，羊存栏 1 095 只，出栏 640 只，肉产量 13 吨。农村经济总收入 169 万元，农民人均纯收入 1 658 元。全村有村小 2 所，在校学生 57 人，适龄儿童入学率 100%，巩固率 100%。

（和艳华）

大研街道办事处

【综 述】 大研街道主要范围为大研古城，东、南面与祥和街道相接，西连西安街道，北面与束河街道相接。街道党工委下设办事处机关、新华、新义、光义、七一、五一、北门、义尚、文智、古城管理所、大研中心校、剑南春文苑共 12 个党总支（支部）。街道办事处下设新华、新义、光义、七一、五一、北门、义尚、文智 8 个社区，共 55 个居民小组。办事处下设一个直属单位——大研古城管理所；双管单位有大研司法所、大研林工站、大研土管所、大研农机站、大研文化站、大研水管站；辖区内有 7 所小学，1 所幼儿园。

2008 年末，街道总户数 7356 户，约有 38 651 人；其中常住居民 24 150 人。常住人口中：非农业人口 19 048 人。纳西族人口 14 668 人，汉族 4 615 人，白族 3 933 人。人口自然增长率 1.76‰。全街道实有劳动力 2 518 人，农林牧渔从业 947 人，建筑业从业 729 人，商业饮食业从业 250 人。全街道有耕地面积 3 930 亩，其中水田 2 054 亩。主要农作物总播种面积 8 366 亩，粮食作物 7 931 亩，粮食总产 1 687 吨。玉米播种 2 039 亩，产量 571 吨。稻谷播种 1 910 亩，产量 267 吨。小麦播种 1 909 亩，产量 515 吨。蚕豆播种 1 869 亩，产量 299 吨。蔬菜播种 435 亩，产量 1 829 吨。年末果园总面积 70 亩，水果总产 36 吨。年末大牲畜存栏 383 头，肉类总产量 490 吨。牛存栏 363 头，出栏 1 186 头，牛肉产量 178 吨。猪存栏 2 500 头，出栏 3 936 头，猪肉产量295吨。羊存栏340只，出栏180只，羊肉产量6吨。禽肉产量11吨，牛奶产量35吨，禽蛋产量15吨。

2008年，大研街道区域经济总收入30 720万元，其中：城镇企业收入完成1 050万元，比上年同期增长0.38%；销售收入完成800万元，比上年同期递减39.8%；上缴国家税金45万元，比上年同期增长8%；利润亏损33万元，比上年同期减亏15.09万元；实现增加值315万元，比上年同期增长0.38%。乡镇企业收入完成18 700万元，比上年同期递减1.7%；营业收入29 500万元，比上年同期增长6%；上缴税金1 200万元，比上年同期增长21.3%；实现利润1 300万元，比上年同期增长14.5%；完成增加值5 610万元，比上年同期增长4.4%。农业收入完成493万元。农村经济总收入3 430万元，农民人均纯收入5 056元，同比增长12.3%。

【主要领导】 党工委书记：木涓（纳西族）。办事处主任：和秀琼（纳西族，~2008年3月,）和志宇（纳西族，2008年3月~）。人大工委主任：杨中全（纳西族）

【精神文明建设】 2008年，大研街道办事处精神文明建设活动领域不断拓宽，多层次、多形式的文明创建格局基本形成，群众性文体活动蓬勃发展。2月7日（大年初一），大研街道办事处参与中央电视台“CCTV幸福春节·2008丽江发现”直播电视节目，组织安排300人的民族打跳队，以民族打跳的独特方式向全国人民展示丽江传统文化的魅力；3月上旬，区妇联组织在古城四方街举办民族打跳比赛，大研办事处机关、社区共9个队参赛，5个队获奖，其中七一社区获得第一名，新华获得第二名，义尚获得第三名，办事处机关及五一街获得组织奖；5月19日，组织1 000名社区群众到玉河广场参加向四川汶川地震遇难者默哀活动，5月20日，组织500名社区群众在古城河道放河灯，为四川同胞祈祷，街道共为灾区捐款205 304.80元；6月10日，奥运圣火在丽江传递，大研街道组织120人的白族方队参加节目表演，组织500人的民族方队，500名群众方队参加火炬传递沿线的欢迎活动；“十一”黄金周期间，在玉河广场、四方街和新义社区分别举办大型菊花、书画摄影、文艺展览。

【征收古城维护费】 办事处与辖区内7个社区居委会的非星级宾馆、酒店、客栈实行委托代征古城维护费，共签订《丽江古城维护费代征协议书》415户，其中：新义社区居委会69户；新华社区居委会100户；光义社区居委会67户；七一社区居委会96户；五一社区居委会52户；北门社区居委会22户；义尚社区居委会9户。2008年大研街道办事处共代征古城维护费3 048 720.00元。

【古城消防安全工作】 2008年，大研街道在古城内组织火灾隐患专项检查和整治工作2次。年初街道办事处与古城内的各社区居委会、单位、居民户、经营户及商业网点签订《消防安全责任书》4000多份，将防火安全责任层层落实到个人。办事处加大消防宣传教育及消防知识培训，全年共举办消防安全培训2次。

【社会治安综合治理工作】 大研街道办事处在原有的警民共建、群防群治的基础上，与驻地部队协商，将辖区内的部队纳入联防体系，联合街道内的所有居民、商铺、单位建立“军、警、民联动防范”体系。办事处与各社区和辖区内的驻地部队签订共建协议书，充分调动社会各方面的积极因素，形成合力，共创“平安街道”。

【计划生育工作】 2008年6月街道办事处与8个社区签订《目标管理责任书》，与计生宣传员签订责任书并制订工作职责，做到职责明确，层层把关，全面完成育龄妇女和流动人口的台帐建立工作。截至2008年11月30日，整个街道常住人口总户数为6 748户、22 922人；出生人口95人，死亡93人；综合节育率99%；办理生育证143人次。流动人口共12 707人，其中流入人口12 559人，已婚育龄妇女2 465人，持证人数4 722人；流出人口148人。流动人口无计划外生育，流出办证人数10人。

【社区建设和管理工作】 大研街道结合社区实际，提出以打造“文明社区、洁净社区、平安社区、和谐社区”为主要内容的社区建设目标，清理和整治城市“牛皮癣”5760条，约362.8㎡，电话号码250条，不规范广告21幅。坚持“为群众服务，为群众办实事”的宗旨，从解决社区居民最关心、最迫切、最需要的问题出发，以“为民、便民、利民”为宗旨，为群众办实事。开展全方位、多层次的社区服务，逐步做到“老有所养、残有所助、孤有所靠、病有所医、难有所帮”。社区已形成为古城居民运送生产生活用品、社区卫生保洁、清运垃圾等服务网络。

【社会保障工作】 2008年，大研街道发放4 000.00元贫困残疾人慰问金，“助残日”活动期间，社会各界为残疾人捐助慰问金1 600.00元。在“六一”儿童节期间，走访、慰问7名残疾儿童，并发放慰问金1 400元。在区残联的参与和救助下，对大研街道精神病人就诊住院实际情况进行调查统计，对14位贫困精神病人给予人均每年400元的免费服药医疗救助，对1位特困精神残疾者给予3 600元治疗费救助。街道康复员分别对2位偏瘫残疾人和1位视盲残疾人进行康复训练，2位偏瘫者的残疾肢体得到功能性的恢复；盲人残疾者生活能力得到较大提高。2008年民政对象中，享受定期定量补助的66人，共发放补助款122 724.00元。城市低保对象1 102户，2 232人，共发放低保款2 372 658.00元；其中：“三无”对象10户；失业人员42户；下岗职工36户；退休人员4户；其他人员1 010户。街道为城市低保人员发放2008年第一季度燃气补助33 240.00元；2008年第一季度临时补助175 425.00元；2008年春节一次性补助116 950.00元；发放临时救济款70 200.00元。调查并上报古城区民政局救灾救济办公室2007年末大研街道常住农业人口1 157户，4 858人，共有房屋总间数19 855间；调查并上报世界文化遗产丽江古城保护管理局2007年度大研古城“惠民”政策涉及2151户，8 160人，需发放“惠民”补助952 580.00元；调查并上报古城区民政局城乡救助办公室辖区内困难职工591人。继续做好新农村合作医疗工作，2008年全街道参加新型农村合作医疗4 710人，26人得到补偿，共计24 629.36元。

【城市建设综合治理工作】 严格按照古城保护管理的有关法律、法规，对古城内单位和个人新建、扩建、改建、修缮房屋进行严格把关，年内审批古城居民房屋修缮320户，办理房屋交易（转让）登记34户；办理古城准营证登记510户，其中新办证207户，换证151户，变更164户。街道办事处和古城管理所对古城内所有的绿化带点进行认真管护，对河道和街面每天进行保洁。集中整治非法和不规范经营，加强入城路口交通检查，加强公共设施维护，6月，办事处组织辖区内45家单位、星级酒店开展古城河道清淤工作，清淤河道约6 800米，投劳320人次，清运淤泥280多车。2008年，大研古城管理所共查处古城违章案件1 983起，违章案件涉及着装，门前三包，跨门店经营，流动经营，促销广告，放养宠物，违章车辆，河道污染处理等。

【园林绿化工作】 4月中旬，组织机关全体人员、社区干部、居民及共建单位近350人次开展义务植树活动，以文智五村作为新农村绿化建设示范点，并在文智六村、七村种植10 500株白杨绿化树苗，投资2万元在文智修建一座720立方米的配套灌溉水池，保障绿化用水，也解决了文智社区第七居民小组的80亩农田灌溉用水。通过实地调查后用木制花盆替代古城停车场原来的水泥花盆，栽种30棵面条柳，使停车场周边环境与古城风貌更加协调，古城内五条主要街道和玉河走廊种植四季花、细叶冬青、大叶黄杨、金叶女贞、墨竹等10 999株，补种面条柳、红柳50棵。

【林业工作】 加大护林防火及面山环境整治的工作力度，从三公里至赖子山一线近2千米的面山区域进行彻底治理，严厉打击各种私采乱挖行为。7月初，群众举报有人在莲花山私采石头，办事处组织人员同林业局执法人员展开调查，及时制止采伐行为，林工站巡山员、护林员及居委会加大巡查，制止乱采乱挖现象。结合林改工作制订村规民约，种植苗木、经济林木9 000株。10月，顺利通过省林业厅对大研街道30亩退耕还林林地的检查验收，完成林地绿化率和成活率的规定目标，完成林改工作任务，大研街道集体林7 403亩，全部完成林改确权，确权发证5本，实现发证到村，均利到户的目标。

【失地少地农民就业培训工作】 根据云南省农民工

服务手册办理程序和有关规定，对大研街道办事处义尚和文智两个农村社区进行农民工调查和申请表的填写，至年末共有282人填写申请表，并完成登记和审核。年内开展2期以种植养殖及农机技术为主的新型农民队伍培训，培训人数120人，结合科技局开展的农村青年“学科技、奔小康”活动，以生猪养殖培训为重点选培一批农村技术人员。积极开展劳动技术、农业技术以及实用技术的培训，积极促进农村剩余劳动力转移，共向市、区输出劳动力1 400人；继续健全求职人员信息库，为剩余劳动力和弱势群体创造更多的就业机会。

【劳动保障工作】 大研街道辖区有农业人口1 162户，4 829人，外出务工农民约有1 400多人。5月底，向各社区发放市劳动和社会保障局印发的维护外来务工人员合法权益的倡议书，共300余份。组织人员对北门社区申请的增设社区卫生管理员的情况进行调查，向劳动就业服务局申请增设北门社区环境卫生管理人员，具体人选在该社区低保人员、零就业家庭和持有再就业优惠证的40–50岁人员中选用，8月1日，选出符合条件的4名工作人员，定岗定位开展社区卫生保洁工作。

【新农村建设工作】 义尚社区争取到160万元资金用于活动中心、公共厕所的建设；文智社区争取到50万元的资金用于水利建设、村道建设、活动中心修建等社区公益事业建设，农村社区的绿化、亮化、美化工程得到实施和巩固。开展农村民房抗震性能普查，共调查1 190户，5 108人，房屋19 342间，建筑面积478 559平方米；对其中60户进行抗震加固，20户进行拆除。

（李鸿钧）

西安街道办事处

【综　述】 西安街道东连大研街道，南与祥和街道相接，西面、北面与束河街道和玉龙县白沙乡相接。辖区东至象山、狮子山西侧山脚，南至长水路，西辖东界河居民小区，北至香江路。总面积约20平方千米，平均海拔2400米。街道下辖寨后、义正、象山、金甲、清溪、文汇6个社区居委会，共103个居（村）民小组。街道办事处驻福慧路。

2008年末，辖区总户数14 114户，总人口45 146人。男性人口22 271人，非农业人口42 163人，纳西族19 883人，汉族17 936人，白族3 434人，彝族1 400人。人口自然增长率4.78‰。

2008年，全街道实有劳动力2 360人，商业饮食业从业637人，交通运输业从业237人，建筑业从业199人。街道内有一个乡镇企业，从业人员150人，营业收入390万元，现价总产值2 000万元，固定资产净值4 418万元。年末街道经济总收入1 297万元，农民人均纯收入7 128元，同比增长12.1%。

【主要领导干部】 党工委书记：李康（纳西族，2008年3月～））；办事处主任：李康（纳西族，～2008年3月），李纯军（纳西族，2008年3月～）；人大工委主任：赵志群（纳西族）

【基础设施建设】 总投资102万元实施清溪村综合文化活动中心建设项目，年内完成项目主体工程，完成投资50多万元；投资250万元启动福慧村文化活动中心建设项目，年内完成规划及工程招投标工作；年内完成干支渠防渗工程109米，组织实施投资100 072.28元的清溪小流域治理工程两座拦沙坝；完成玉河上村路灯安装工程；完成金甲村排污管网建设。

【城中村整治工作】 以清溪河、昌洛河环境整治为契机，全面开展“村道路硬化、村庄绿化、卫生洁化、水域净化、路灯亮化”的“五化工程”。加快推进城中村改造步伐，推进新农村建设，完成寨后片区、清溪片区的村镇详细规划，开始实施寨后下村、清溪村整村推进村庄整治工程。完成45户农村民居地震安全工程建设。

【就业培训】 2008年，街道充分发挥街道劳动和社会保障所的作用，以行业、企业需求为着力点，努力转变少地失地农民、下岗职工思想观念，提高少地失地农民、下岗职工素质，增强少地失地农民、下岗职工转岗就业技能，全年共开办各类少地失地农民、下岗职工技能培训4个班次，培训劳动力384人，实现就业145人，其中自谋职业125人，就业率37%。

【重点项目建设】 2008年街道适时调整重点项目领导小组，形成主要领导重点抓、分管领导具体抓的工作格局，及时跟踪督促项目进程，加强项目协调，年内顺利完成福象片区环境整治项目120亩征地及拆迁补偿工作；完成“三河三路”环境整治项目410亩征地及拆迁补偿工作；完成区医院扩建项目10亩征地工作；完成国安路建设项目；完成香格里苑断头路建设项目；完成2 000多万元的金甲片区排污管网建设项目；实施清溪河环境整治及七星西路建设项目；将清溪片区纳入城市发展规划。

【环境整治工作】 动员全街道民众参与爱国卫生活动，全年共组织8次大规模的爱国卫生活动，出动干部群众2万余人次，清除卫生死角50多处，组织抓好辖区单位内外、家属楼院、生活住宅小区及其空地和沿街结合部的环境卫生，确保城郊结合部的卫生保洁。对城区所有临街的单位、门店和居民户全面推行城市市容和环境卫生“包卫生、包无乱停乱放车辆、包绿化、包秩序、包监督”为主要内容的门前“五包”责任制。全面清理城市“五乱”问题。充分发挥社区城建助理员职能，做好个人建房的规划审批和管理、建房纠纷调处和违法建设项目查处等工作。2008年共审批个人建房145户，占地面积1620平方米，建筑总面积18 240平方米；处理违章建筑49户；组织拆除各类违规广告招牌180余块1 200平方米，铲除小广告14 000余张，清理乱涂写600多处。组织街道辖区内省、市级单位60个，区级单位58个，三星级以上酒店20多家和6个社区对辖区内5.9千米河道，10.1千米沟渠进行清淤，清除淤泥垃圾6 000多立方。完成1万多棵的义务植树，出动干部职工200人次对昌洛河、东界河、鱼米河等区域进行绿化养护。积极争取项目，组织实施象山社区露天广场及古城区劳务公园建设。出动干部职工100余人次，开展“禁白”工作，减少污染。

【社会治安综合治理工作】 建立健全矛盾纠纷包片排查化解机制、突发性事件处置、“1+1”信访接待日和党政班子平安建设月例会等制度，进一步强化干部的责任意识，有效化解矛盾纠纷。一是加强社区治安综合治理。开展警民联防和专项打击活动，辖区治安形势持续保持良好，全年没有发生重大恶性刑事案件，年内共建设市级“安全文明小区”2个。二是努力化解不稳定因素，街道共开拓6条化解不稳定因素的渠道，即司法所、信访办接访，人大代表定期接访，街道主要领导接访，各社区人民调解、治保、综治维稳工作小组，劳动保障信访接访，工会、团委、妇联等社会群团组织的接访。建立社区人民调解、治保、综治维稳工作小组，有人员50多人，完善2套长效机制，即街道、社区综治维稳工作机制，街道、社区矛盾纠纷调处工作机制，扎实组织开展纠纷调解和维稳工作，全年共调处各类纠纷73宗，调解率100%，调解成功率95%。

【安全生产管理】 一是完善责任制度，与辖区6个社区、3所学校、5个液化气销售点、12个食品加工销售点、4个市场和4个加油站签订安全责任书，将安全责任具体落到实处。二是抓实大检查和大整治工作，对辖区四大市场、学校、临街铺面、易燃易爆场所和出租屋逐一上门检查，共检查各类场所263家，排查隐患41处（宗）；抓活大宣传工作，组织开展“安全生产月”、“119”消防宣传日、交通安全宣传日等系列安全宣教活动，制作宣传横幅10余条，黑板报20余期，发放安全知识宣传单2 400余份；抓好大培训工作，组织举办各类安全知识培训班、讲座4次，参训200余人次。三是坚持每月8日召开一次安全生产工作例会，传达上级文件，分析存在的困难和问题，并对下一阶段的工作进行安排布置。四是加强森林防火宣传和野外火源管理，加大清明节和春节面山林区的巡查力度，组织护林员及民兵进行扑火知识培训。

【精神文明】 辖区内有歌咏队、舞蹈队、打跳队、门球队、桥牌队、拳剑队、太极拳队、柔力球队、钓鱼协会9支规模较大、影响较广的群众文化队伍和象棋、读书等文化活动站点，在节假日开展文艺表演活动。西安街道以省级文明城区创建为契机，以创建文明单位、文明社区和文明小区为载体，大力开展群众性文化、体育活动，成功举办寨后上村、金甲村菊花展，举行“迎奥运”昌洛河文艺演出。古城区西安拳剑分会荣获云南省2008年老年运动会太极拳剑两项冠军，丽江市太极拳剑两项冠军，古城区太极拳剑第一名，“象山百人合唱团”获得全国老干部歌咏比赛一等奖。寨后上村通过全国文明村镇的复检，再次获得“全国文明村镇”的荣誉称号。

【社会保障】 街道以社区服务为龙头，以驻区单位为依托，从实际出发，不断加强弱势困难群体救助和服务，探索和落实社区服务市场化运作、实体化经营、产业化发展的路子。2008年街道共有661户，1 688人领取低保金，共计167万元。对辖区79户特困户，经常性地进行走访慰问，共发放救灾粮2 500千克，发放定期定量补助金16.1万元；为现役军人发放优抚款12.5万元，发放立功授奖奖励金2 200元；“八一”建军节慰问优抚对象5人，发放慰问金1 500元。发放精简退职人员生活补助金5 472元。发放2008年农村五保户补助金4 680元。发放2008年“惠民政策”补助金23 260元。认真开展农村低保工作，有28户65人符合农村低保标准，共发放农村低保金15 240元。新型农村合作医疗工作运行良好，街道农民3 649人全部参保。全面开展政策性农民住房保险工作，参保农民873户，参保率100%。完成城镇居民医疗保险的摸底登记工作。通过对社区残疾人基层组织规范化建设及辖区残疾人登记建档，建立残疾人服务网络，完善社区残疾人组织。

【党建工作】 街道党工委把长远发展规划和加强干部队伍建设与追求“群众满意”相结合，与锤炼“甘于清廉”相结合，不断加强党员干部教育。党政班子每月8日举行支部学习，每周一干部职工学习，实行领导班子挂任社区第一书记制度，积极为群众解决问题。充分利用远程教育载体，采取谈心谈话、集体上党课等多种形式，对各社区主要干部、党员和入党积极分子开展学习培训和教育引导，共举办各类培训班六期。保持共产党员先进性教育活动中，坚持以“抓班子带机关、抓机关带社区、抓支委带党员、抓党员带群众”的“四抓四带”党建工作思路，在社区党组织中开展“党群共建文明社区”等活动、在农村党组织中开展“党群共富”活动，形成一级抓一级、层层抓落实、上下齐抓共管的党建新格局。年内发展新党员6名，预备党员转正14名，培养入党积极分子7名。走访慰问老干部、老党员，共发放慰问金、困难补助款25 000元，发放70岁以上无固定收入老党员补助金6 120元。党员为四川汶川地震灾区募集特殊党费165 397元。在“七一”庆祝会上，表彰8个先进基层党组织、6个优秀党务工作和43名优秀共产党员。

【社区概要】 2008年，寨后社区常住人口11 280人，村营收入2 369 573.28元；文汇社区常住人口9651人，无村营收入；象山社区常住人口6 937人，村营收入34109.96元；金甲社区常住人口4 713人，村营收入4 609 547.50元；义正社区常住人口6 676人，村营收入5 766 437.44元；清溪社区常住人口9 120人，村营收入194 938.10元。

（杨文金）

祥和街道办事处

【综　述】 祥和街道行政辖区北以长水路为界，南临玉龙新县城护城河，东接金山乡，西至东界河。下辖义和、祥云、八河、顺和4个社区，33个居民小组。义和、祥云、八河社区是农村社区，有耕地面积2 665亩，有21个居民小组，其中有12个居民小组是失地少地农村，788户，2 509人是失地少地农民，顺和社区为城市社区，由12个居民小区组成。

年末全街道总户数3 435户，总人口10 192人，男性人口5 069人，非农业人口5 232人，纳西族人口 7 393 人，汉族 1 721 人，白族 750 人。人口自然增长率 4.98‰。全街道实有劳动力 2 525 人，农林牧渔从业 860 人，商业饮食业从业 671 人，交通运输从业 382 人。全街道有耕地面积 2 587 亩，其中水田 587 亩。主要农作物总播种面积 3 985 亩，粮食作物 3 222 亩，粮食总产 990 吨。小麦播种 947 亩，产量 257 吨。玉米播种 1 510 亩，产量 453 吨。油料面积 390 亩，产量 5 吨。蔬菜种植 249 亩，产量 438 吨。年末果园总积 21 亩，水果产量 2.1 吨。年末大牲畜存栏 56 头，肉类总产量 138 吨。牛存栏 55 头，牛奶产 30 吨。猪存栏 1 041 头，出栏 1 750 头，猪肉产 132 吨。禽蛋产 12 吨。

2008 年祥和街道经济总收入实现 4 369.84 万元，其中农民家庭经营收入实现 3 549.84 万元，居民人均纯收入 6 156 元，同比增长 11.4%。

街道辖区内有 1 个中心校，下辖白龙潭小学和祥云小学 2 所完全小学，分 30 个教学班，在职教职工 97 人，据 2008 年 9 月新生入学后统计，在校学生有 1 566 人。2008 年，适龄儿童入学率 100%，在校学生完学率 100%，巩固率 100%。

【主要领导干部】 党工委书记：和忠明（纳西族，~2008 年 3 月）、张光平（2008 年 4 月 ~）；办事处主任：木兴源（纳西族，~2008 年 3 月）、和继伟（纳西族 2008 年 3 月 ~），人大工委主任：和志刚（纳西族，~2008 年 12 月）、和庆媛（纳西族 2008 年 12 月 ~）。

【重点项目建设】 祥和街道辖区内先后开发建设祥和丽城、金凯广场、古城南门恢复重建、东郊整治、古城昭庆片区整治和清溪河整治六大重点项目。祥和街道始终牢固树立"抓项目就是抓发展，服务项目就是服务中心"的观念，全力以赴做好项目建设协调服务工作。一是顺利协调解决义和小学、区食品公司的拆迁安置问题。全力促成忠义东居民小组年收入近 80 万元的集体企业拆迁协议，解决遗产论坛中心二期建设的最大难题，确保昭庆片区整治项目的顺利推进。二是圆满完成清溪河整治项目义和社区卿云居民小组 24.12 亩土地的征用和 1 户农户的拆迁工作。三是协调解决东郊整治项目义和社区八一居民小组"7 户 1 院"拆迁安置遗留问题和祥和丽城项目建设当中一系列热点难点问题。四是配合区建设局在义和社区卿云居民小组 7 亩返还地上建设古城区第二期 3000 平方米的廉租房，开创政府与"城中村"合作建设廉租房的先例。

【农村经济建设】 始终抓好发展集体经济、活跃个体经济两个重点。在发展集体经济方面以盘活资源、招商引资为抓手，一是对原有村组集体企业进行提质增效。义和社区忠义西居民小组通过招商引资，与开发商合作将花鸟市场开发建设为"四方启会"，年集体收入由原来的 18.5 万元增至 45 万元。二是义和社区白龙潭居民小组因地制宜，开发城市道路沿线的零星集体土地，集体年收入增加 65 万元。三是大力推广义和社区忠义西居民小组与开发商合作开发建设丽江三家村综合商贸市场，零投资、无风险地开发建设返还地和预留地的成功模式。

在活跃个体经济方面，始终以发挥优势、全民创业为核心。一是在"城中村"大力发展盘活庭院的住宿、餐饮等第三产业。失地农民创办的非星级宾馆、客栈已发展到 135 个，出租房屋不计其数，第三产业已成为"城中村"农民最主要的经济收入来源。二是加大"城郊村"产业结构调整力度，积极发展蔬菜、花卉、苗木等城郊农业，充分挖掘剩余耕地的最大效益。2008 年大棚蔬菜发展到 100 亩，祥云社区庆东居民小组的大棚蔬菜基地列入区农业局重点技术服务的设施农业基地。祥云社区紫苏种植面积已达到 500 亩。农村土地承包经营权流转已形成一定的规模，祥云、八河社区以出租的形式累计流转土地 624.93 亩，涉及农户 289 户。其中，流转给园林绿化公司 157.75 亩（8 户），涉及农户 70 户，流动给个体蔬菜种植户 467.18 亩，涉及农户 219 户。三是开展新型农民科技培训。年内举办一期厨师培训，46 人参训；一期电脑培训，31 人参加；一期果树栽培培训，98 人参加。积极与辖区内住宅小区物业管理公司等用工单位协调，就近输送农村富余劳动力 198 人。

【环境建设】 丽江行政中心、丽江客运中心等机关、企事业单位陆续迁入祥和丽城，辖区的环境状况影响重大，2008 年结合省级文明城区创建活动和奥运火炬传递活动，集中开展环境综合整治，主要进行闲置地块周边环境专项整治，“城中村”垃圾专项整治，水系专项整治，施工工地环境专项整治，综合市场周边环境专项整治五大专项整治。一是组织大规模卫生清扫7次，累计有1 000多人次参加，租用装载机、农用车等50辆次。二是组织修建祥和丽城内主干道沿线闲置地块临街围墙4.4千米。三是对忠义市场、昭庆市场等综合市场的周边环境进行一次全面整治，配合相关部门拆除不规范广告牌80余块。四是组织辖区内80个机关、企事业单位，发动农民群众620人，在汛期到来前对辖区内主要河道进行彻底清淤。五是全面清理施工工地周边的垃圾。

【社区建设】 一是加大活动场所建设力度。1月义和社区活动场所正式启用，总占地5亩、投资300多万元，在团市委、区委的支持下，建设完善了图书室、微机室。完成祥云社区组织活动场所扩建工程。义和社区忠义东居民小组建设完成占地0.5亩，投资40万元的居民活动中心。二是继续开展大规模义务植树活动。重点对玉龙县城护城河北岸街道机关样板林进行补苗，并在香格里大道东侧祥云社区现云居民小组集中种植一片样板林，在八河社区进行见缝插绿式绿化，累计种植成活杨柳6 749棵、小白杨2 079棵，名贵绿化树214棵。建设两个绿色村庄试点村：一个村是2008年省级村容村貌整治工程项目——祥云社区康仲居民小组村庄道路绿化工程，投资10.6万元，在3条主干道两侧种植102棵桂花和22棵香樟树。另一个村是义和社区八一居民小组新农村建设项目“八一家园”的绿化工程，给予一定资金补助，按照住宅小区的绿化标准实施。三是农民公寓建设不断推进。3月集住宅、商铺为一体的“卿云公寓”项目破土动工，总占地26.5亩，投资3 000多万元，年内完成主体工程。忠义东居民小组拆迁安置项目“忠义公寓”进入规划、审批联合阶段。

【“城中村”基础设施】 祥和街道全面启动完善“城中村”基础设施为重点的民生工程。一是实施亮化工程。投资近90万元，实施完成8个“城中村”主干道亮化工程，累计安装路灯378套。二是实施环卫设施建设工程。投资20.1万元，实施完成6个“城中村”及客运站周边的环卫设施建设工程，共建设9个富有传统特色“垃圾房”，购置100个垃圾桶，合理摆放在“垃圾房”内，基本实现“城中村”生活垃圾“定点倾倒、定员收集、定时清运”。三是实施自来水入户工程。预算投资56万元，计划完成5个居民小组164户农民的自来水入户工程，年内完成33户。四是实施公共厕所改造工程。投资16.6万元，对2个“城中村”公共厕所进行全面改造：祥云社区康仲居民小组的公共厕所改成冲水式厕所，重新修建化粪池和排污管道；对义和社区白龙潭居民小组的公共厕所的结构、外观进行全新改造。五是实施农村民居地震安全工程。完成32户农村民居地震安全改造。

【平安街道建设】 一是全力支持派出所加强社区治安综合治理，有效提高破案率，改善辖区治安环境。二是为全面提高基层预防、发现、控制、打击犯罪的能力，建立完善综治维稳工作的长效机制，不断巩固和深化平安建设成果，实施社区警务室和综治维稳工作室的规范化建设。三是大力开展矛盾纠纷排查调处工作，成功化解一起准备赴昆上访的信访事件，解决2起上访事件。四是积极开展国防教育活动，加强基层民兵组织建设，组建一支30人的民兵应急分队。五是针对奥运火炬传递活动前辖区内屡次出现“法轮功”等邪教反动宣传品的严峻形势，组织民兵应急分队配合派出所进行全天候巡逻，机动蹲点守候，现场抓获粘贴邪教反动宣传品违法人员，实现古城区现场抓获粘贴邪教反动宣传品人员零的突破。五是实行每季度一次的安全生产形势分析例会制度，深入开展各个领域的安全生产检查和整治，积极开展食品安全示范区创建工作，加强道路交通安全知识的宣传教育，确保年内无安全生产事故发生。

【各项事业建设】 一是顺利完成白龙潭小学教学楼扩建和义和小学撤并白龙潭小学工作，筹集资金4.6万元，在白龙潭小学组建一支100人的鼓号队。教师节前夕，表彰教育工作先进集体1个，先进个人37名。二是严格执行低保审批程序，切实加强优抚济困工作。三是认真开展残疾人社区康复训练，切实加强基层残疾人组织规范化建设。四是全面推行计划生育居民自治，认真贯彻执行云南省农村人口独生子女家庭“奖、优、免、补”政策。五是大力开展形式多样的群众性文体活动，不断满足群众精神生活需求。圆满完成社区老体协换届选举工作。六是精心组织开展城镇居民医疗保险和第二次全国经济普查工作。

【义和社区】 辖七一、八一、昭庆、忠义东、忠义西、白龙潭、卿云7个居民小组，常住人口597户，2 316人，其中农业人口：554户，1 678人；非农业人口：43户，638人。无耕地。全年经济总收入1 673万元，人均纯收入8 472元。全村有完小1所，适龄儿童入学率100%，巩固率100%。

【祥云社区】 辖太和东、太和西、康仲、吉祥、吉上、庆东、庆中、庆西、现云、集云10个居民小组，常住人口598户，2 110人，其中农业人口：525户，2 023人；非农业人口：73户，159人。太和东、太和西、康仲、吉祥、吉上5个居民小组无耕地。庆东、庆中、庆西、现云、集云5个居民小组还有耕地面积1 477亩。全年经济总收入2 023万元，人均纯收入5 600元。全村有完小1所，适龄儿童入学率100%，巩固率100%。

【八河社区】 辖第一至第四居民小组和新村、林业、农科7个居民小组，常住人口472户，1 681人，其中农业人口234户，907人；非农人口238户，895人。第一至第四居民小组是农业居民小组，有耕地面积870亩，新村、林业、农科居民小组是非农居民小组。全年经济总收入895万元，人均纯收入3 822元。全村适龄儿童入学率100%，巩固率100%。

【顺和社区】 暂时负责管理祥和街道辖区内所有的住宅小区，暂时设9个居民小组，户口迁入祥和的常住人口有485户，1 280人，人户分离现象严重，户口未迁入的住户情况未统计。

（和 浦）

束河街道办事处

【综 述】 束河街道地处古城区西北部，东连金山乡文化，南、西、北三面与玉龙县相接。下辖龙泉、中济、开文、黄山、尚义5个社区，21个居民小组，18个居民小区，幅员总面积121.9平方千米。街道办事处驻开文社区东康六组。

2008年末，街道总户数3 255户，总人口11 022人，其中非农业人口761人，男性人口5 321人，纳西族9 888人，汉族687人，藏族264人。人口自然增长率3.75‰。全街道实有劳动力5 699人，农林牧渔从业2 767人，商业饮食业从业841人，交通运输从业703人。全街道有耕地面积9 860亩，其中水田1 875亩。主要农作物总播种面积20 656亩，粮食作物播种16 377亩，粮食总产5 580吨。小麦播种4 389亩，产量1 748吨。玉米播种9 884亩，产量3 314吨。油菜播种3 249亩，产量498吨。蔬菜种植800亩，产量4 150吨。年末果园总面积772亩，水果产量1384吨。其中苹果园444亩，产量834吨；梨140亩，产455.8吨。年末大牲畜存栏1 970头，肉类总产量1 377吨。牛存栏1 647头，牛肉产量30吨，牛奶产35吨。猪存栏9 538头，出栏16 767头，猪肉产1 258吨。羊存栏926只，出栏2 178只，羊肉产43吨。家禽肉产46吨，禽蛋产55吨。

街道内有6个乡镇企业，从业人员925人，营业收入36 049万元，现价总产值10 496万元，固定资产净值11 636万元。年末全街道生产总值完成1.83亿元，增长18%。其中第三产业生产总值完成1.08亿元。农民人均纯收入4 272元，同比增长10.0%。

【主要领导干部】 党工委书记：和堂（纳西族，～2008年4月），王红专（纳西族，2008年4月～）；办事处主任：王红专（纳西族，～2008年4月），张爱珍（纳西族，2008年4月～）；人大工委主任：

杨 伟（纳西族，2008 年 3 月～）。

【固定资产投资与项目协调工作】 束河街道办事处实行党政主要领导整体协调，其他领导直接挂钩联系重点建设项目制度，协调好建设单位和村民之间的利益冲突，稳妥处理各种矛盾和问题，营造良好的施工环境。年内顺利完成世界遗产公园的转让工作，西山油路竣工通车，新华文化广场、丽江市体育训练中心、束河古镇国际名人酒吧区、购物商城建设工程、大港旺宝国际会展中心、丽江百年雪山世纪花苑、悦榕酒店二期工程、溪禺谷酒店等建设项目在建设中。红山新农村原生态田园山水景观旅游发展项目开始前期征地工作。

【古镇保护与管理工作】 有序开展束河古镇交通整治工作。不断完善束河古镇民间马队协会管理，建立健全协会自治制度，共产党员亮明身份，完成马队成员重新换证 344 张，并以协会名义统一购买安全事故保险，初步形成政府引导、协会自治、自我管理、自我发展的良好局面。遵照《云南省城市社区消防安全达标》的要求，对古镇内所有商铺经营户及三个义务消防队近 400 人进行消防培训。到年底，95%的商户电线主线装进 PVC 管，93%的商户配备灭火器。街道从区环卫局申请到 30 个垃圾桶，在荣华、庆云、松云、仁里、东康、文明设置 11 个垃圾桶，在鼎业公司的垃圾中转房设置 15 个垃圾桶，安排 1 辆手扶拖拉机，从管委会抽调 3 名人员在上下午分片区进行清运，每月清运垃圾近 400 桶，古镇周边环境得到明显改善。

【城建国土工作】 年内，审批农户建设修缮 50 户，严厉打击古镇周边违法采挖砂石 6 批次，处理教育 20 多人次，调解土地纠纷十余起，向古镇内单位、经营户、商铺、游客及周边村社居民发放《丽江市古城区人民政府关于进一步加强束河茶马古镇保护与管理工作的通告》5 000 余份，严格要求群众收到签名，通告收回后进行存档。严肃查处非法占地、违规用地行为，有效遏制违章建设行为。以创建省级文明城区为契机，开展以城市牛皮癣整治为重点的市容市貌整治工作。

【新农村建设工作】 2008 年区级新农村试点为茨满一、二社，茨满三社，安乐三社，东康八社，庆云共 6 个点，市级试点村为荣华村，街道继续实施街道党工委委员挂钩试点，副职领导辅助实施的工作制度，推行“一个挂钩领导、一个发展规划、一个签字、一个工程预算、一个施工合同、一个廉政合同、一个工程结算、一个资金使用公示”的“八个一”做法，各试点村完成各村建设规划，开始实施具体建设项目。

【社会保障工作】 年内组织全街道干部职工、群众为四川汶川地震灾区“献爱心”捐款 23.8 万元，全街道党员、预备党员、积极分子交纳特殊党费 63 858 元。春节期间，慰问困难户、五保户、困难残疾人共 40 户，发放慰问金 12 000 元。上半年，发放城市低保 172.02 万元（包括各种临时性补助 48.22 万元），农村低保发放资金 5.87 万元，发放定期定量补助（包括参战人员、复员军人、老乡干部、伤残军人）11.59 万元。临时补助困难户 8 户，共 7 600 元。“5·18”助残日慰问 10 户，补助 6 名贫困精神病人每人每年 400 元，并免费提供康复药。

【精神文明建设】 2008 年束河街道办事处和龙泉、开文、中济三个社区被列为古城区第二批“文明单位”和“文明社区”。同时积极开展省级文明城区创建工作，加大宣传力度，向各社区居民、商户发放创建省级文明城区有关资料共 8 000 份，在各社区居委会专设宣传栏，刊登文明城区创建知识和科普知识共 8 期，张贴标语 20 幅，组织居委会干部、村社长、群众代表共 100 余人，认真填写文明城区创建问卷调查表。大力宣传全国道德模范“孝老爱亲”提名奖获得者和学英和云南省“敬业奉献”道德模范获得者和学贤的先进事迹。协助省级文明城区创建考核组专家完成对龙泉社区街尾村、中和村及黄山社区茨满村共 40 户的入户调查考核。

【社会事业】 2008 年，束河中心校下属的 4 所完小和 1 所幼儿园，共有在校小学生 1160 名，在园幼儿 55 名，在职教师 112 名。实现适龄儿童入学率 100%，巩固率 100%。年内建设完成束河完小教育成果展览室。年内共有 45 名街道职工积极参加古城区第五届运动会的女子篮球、男子足球和团体拔河比赛，获女子篮球第一名，街道获区级2003—2008年度建设体育事业先进单位。认真贯彻《科普法》，深入实施科技进村入户工程，在各社区开展多种形式的科技宣传活动，共发放200多份科技宣传资料。在开文、龙泉社区组织科普知识讲座，参会人员达到150人次。由农科站、兽医站、农机站等单位牵头开展20多次的各种科技培训，参会人员达到900人次，专门对96人进行拖拉机驾驶培训，并给予每人200元的补助。认真贯彻落实国家计划生育政策，实现全街道人口自然增长率控制在3.9‰，计划生育率保持在90%以上，三术率保持在87%以上，计生宣传面100%。对流动人口定期不定期进行查证验证，认真落实农业人口计划生育“奖优免补”政策，新办独生子女父母光荣证2户，对独生子女农业人口356户的“奖优免补”档案进行规范化管理，全部统一入档。以解决群众看病难、看病贵等问题为突破口，继续开展新型农村合作医疗，2008年底，参保农民9 798人，参合率100%，参合农民共住院147人次，按规定补偿医疗、医药费18.65万元。

【社会治安综合治理工作】 认真落实“五五”普法各项工作，开展“迎奥运，保平安”为主题的安全专项整治活动，发放法律宣传资料600余份，5个社区在管辖范围内自行组织开展法律宣传和咨询活动，参加1 000多人次，确保奥运圣火在丽江的平安传递。及时上报信访案件和社会热难点情况，建立“有事报事，无事报平安”每天一报的工作机制。全年受理来信来访13起，1起正在处理中，12起妥善处理完毕，全年无群体性上访事件发生。协助完成创建全国平安建设先进区检查组的检查。

【龙泉社区居委会】 东至大研农场四中队，南连中济社区居委会和开文居委会的荣华、东康居民小组，西接玉龙县白沙乡的文海和拉市乡南尧，北与玉龙县白沙乡的新文和木都相接。下辖文明、中和、街尾、仁里、松云、庆云、红山7个居民小组，有633户2 531人。居委会设在文明居民小组。

【开文社区居委会】 东接金山乡文化村委会，南至大研农场、西安街道办事处的义正社区居委会，西连中济社区普济小组和龙泉社区的松云、庆云、街尾、中和小组，北与玉龙县白沙乡相连。下辖文荣、荣华、东康、九子海、腊日光5个居民小组和瑞雪广场、紫金坊、丽江家园3个居民小区，有820户3 671人，居委会设在荣华居民小组。

【中济社区居委会】 东至大研农场，南接黄山社区安乐居民小组，西连玉龙县拉市乡恩宗，北与龙泉社区红山居民小组相接。下辖中海、普济、兴文3个居民小组和世纪新村、玉泉花园等10余个居民小区，有690户3 076人，居委会设在中海村。

【黄山社区居委会】 东至东界河，南接尚义社区尚义居民小组，西连拉市乡，北与中海村相接。下辖忠信、茨满、中和、宏文、安乐5个居民小组和检苑小区、百鹤巷2个居民小区，有810户3 591人，居委会设在安乐村。

【尚义社区居委会】 东至东界河，南接长水路，西连黄山社区茨满村，北与黄山社区中和村相接。下辖尚义一组、尚义二组2个居民小组和西华苑、会龙苑、迎春巷和八家巷4个居民小区，有356户1498人。居委会设在东界河中段。

（和小伟）

二十三、经济社会统计资料

古城区行政区划

乡、街道	村（居）委会个数（个）	村（居）委会名称
合　计	58	
大研街道	8	新华街居委会　新义街居委会　七一街居委会　五一街居委会　光义街居委会　北门街居委会　义尚居委会　文智居委会
祥和街道	4	义和居委会　八河居委会　祥云居委会　顺和居委会
西安街道	6	象山居委会　义正居委会　清溪居委会　文汇居委会　寨后居委会　金甲居委会
束河街道	5	黄山居委会　龙泉居委会　中济居委会　开文居委会　尚义居委会
金安乡	7	龙山村委会　龙兴村委会　玉河村委会　三古村委会　增明村委会　义新村委会　光乐村委会
七河乡	10	共和村委会　新民村委会　七河村委会　三义村委会　五峰村委会　忠义村委会　龙潭村委会　羊见村委会　前山村委会　后山村委会
大东乡	3	大东村委会　建新村委会　白水村委会
金山乡	10	金山村委会　新团村委会　东元村委会　漾西村委会　贵峰村委会　良美村委会　文化村委会　岩乐村委会　东江村委会　拉马古村委会
金江乡	5	产构村委会　罗玄村委会　江边村委会　金江村委会　普勤村委会

古城区人口及其变动情况

指 标 名 称	单位	2007 年	2008 年	2008 年比 2007 年增减（± %）
总户数（户）	户	43 789	44 433	1.5
总人口（人）	人	153 023	153 272	0.2
男	人	76 226	76 316	0.1
女	人	76 797	76 956	0.2
区辖办事处人口	人	90 093	90 510	0.5
农业人口	人	84 027	83 938	−0.1
少数民族	人	118 737	119 264	0.4
彝 族	人	2 249	2 258	0.4
纳西族	人	89 545	89 883	0.4
白 族	人	20 641	20 678	0.2
年平均人口	人	151 168	153 148	1.3
本年出生人口	人	1 255	1 465	16.7
出生率（‰）	‰	8.3	9.57	
本年死亡人口	人	1 020	1 661	62.8
死亡率（‰）	‰	6.75	10.85	
自然增长人口	人	235	−196	
自然增长率（‰）	‰	1.55	−1.28	

2008年古城区分乡、街道人口情况

指标名称	合计	大研街道	祥和街道	西安街道	束河街道	金山乡	七河乡	金江乡	金安乡	大东乡
总户数（户）	44 433	7 356	3 435	14 114	3 255	6 481	5 320	1 072	1 522	1 878
总人口（人）	153 272	24 150	10 192	45 146	11 022	24 847	20 504	4 327	5 908	7 176
按性别分：男	76 316	11 965	5 069	22 271	5 321	12 430	10 256	2 249	3 071	3 684
女	76 956	12 185	5 123	22 875	5 701	12 417	10 248	2 078	2 837	3 492
区辖街道人口	90 510	24 150	10 192	45 146	11 022					
非农业人口	69 334	19 048	5 232	42 163	761	953	667	170	142	198
汉　族	34 008	4 615	1 721	17 936	687	1 729	5 221	760	96	1 243
彝　族	2 258	193	101	1 400	22	39	82	406	6	9
白　族	20 678	3 933	750	3 434	90	7 225	3 268	1 877	92	9
苗　族	1 425	28	5	107	11	163	260	454	229	168
傈僳族	1 614	140	66	402	24	299	108	15	5	555
纳西族	89 883	14 668	7 393	19 883	9 888	15 201	11 506	806	5 469	5 069
藏　族	904	154	45	337	264	62	32	1	9	
其他民族	577	62	35	392	17	25	12	4		30
年平均人口	153 148	24 394	9 844	45 135	10 930	25 075	20 311	4 356	5 948	7 158
本年出生人口	1 465	212	112	353	116	261	227	55	65	64
出生率（‰）	9.57	8.69	11.38	7.82	10.61	10.41	11.18	12.63	10.93	8.94
本年死亡人口	1 661	169	63	137	75	496	458	192	43	28
死亡率（‰）	10.85	6.93	6.40	3.04	6.86	19.78	22.55	44.08	7.23	3.91
自然增长人口	−196	43	49	216	41	−235	−231	−137	22	36
自然增长率（‰）	−1.28	1.76	4.98	4.78	3.75	−9.37	−11.37	−31.45	3.70	5.03

古城区国民经济和社会发展主要指标

指　标　名　称	单　位	2007 年	2008 年	比上年增减（± %）
一、人口情况				
1. 总户数	户	43 789	44 433	1.5
2. 总人口	人	153 023	153 272	0.2
按性别分：				
男	人	76 226	76 316	0.1
女	人	76 797	76 956	0.2
按城乡分：				
街道人口	人	90 093	90 510	0.5
乡村人口	人	62 930	62 762	−0.3
按户口分：				
农业人口	人	84 027	83 938	−0.1
非农业人口	人	68 996	69 334	0.5
按民族分：				
汉　族	人	34 286	34 008	−0.8
少数民族	人	118 737	119 264	0.4
3. 年平均人口	人	151 168	153 148	1.3
年出生人口	人	1 255	1 465	16.7
出生率	‰	8.3	9.57	
年死亡人口	人	1 020	1 661	62.8
死亡率	‰	6.8	10.85	
自然增长人口	人	235	−196	
自然增长率	‰	1.6	−1.28	
二、从业人员	万人	8.57	10.46	22.1
按城乡分：				
1. 城镇	万人	3.79	5.59	47.5
2. 农村	万人	4.78	4.87	1.9
按产业分：	万人			
第一产业	万人	3	3.06	2.0
第二产业	万人	1.6	1.0	−37.5
第三产业	万人	3.97	6.4	61.2

注：全区生产总值、农业总产值绝对值按当年价计算，增长速度按可比价计算。

续表 1.

指　标　名　称	单　位	2007 年	2008 年	比上年增减（± %）
三、生产总值（现价）	万元	292 506	352 861	13.4
第一产业	万元	21 996	26 824	5.2
第二产业	万元	92 599	116 440	15.2
工　业	万元	38 918	48 230	15.0
建筑业	万元	53 681	68 210	15.4
第三产业	万元	177 911	209 597	13.4
交通运输邮电业	万元	27 472	30 394	6.9
批发和零售业	万元	30 977	39 124	19.0
住宿和餐饮业	万元	31 550	37 197	12.9
金融业	万元	22 354	25 163	5.2
房地产业	万元	8 320	8 843	2.3
其它服务业	万元	57 238	68 876	18.6
四、农业生产				
1. 农业总产值（现价）	万元	39 023	48 953	25.4
农业	万元	17 021	21 386	25.6
林业	万元	1 807	2 338	29.4
牧业	万元	18 361	23 052	25.5
渔业	万元	1 314	1 522	15.8
农林牧渔服务业	万元	520	655	26.0
2. 农业总产值（可比价）	万元	33 649	42 714	26.9
农业	万元	16 033	20 311	26.7
林业	万元	1 682	2 193	30.4
牧业	万元	14 227	18 166	27.7
渔业	万元	1 206	1 400	16.1
农林牧渔服务业	万元	501	655	28.5
3. 主要农产品产量				
粮食产量	吨	38 155	40 032	4.9
油料产量	吨	1 390	1 586	14.1
烤烟产量	吨	724	801	10.6
蔬菜产量	吨	34 306	32 751	−4.5
水果产量	吨	6 165	5 724	−7.2

注：1. 工业增加值绝对值按当年价计算，增长速度按可比价计算。

2. 建筑业增加值绝对值按当年价计算，增长速度按可比价计算。

续表 2.

指　标　名　称	单　位	2007 年	2008 年	比上年增减（± %）
水产品产量	吨	641	638	−0.5
造林面积	公顷	467	471	
年末大牲畜存栏	头	25 212	23 430	−7.1
年末生猪存栏	头	93 004	97 413	4.7
年末羊存栏	只	43812	36 283	−17.2
出栏猪	头	125 789	140 255	11.5
出栏牛	头	6 221	7 593	22.1
出栏羊	只	33 025	31 637	−4.2
肉类总产量	吨	11 407	12 547	10.0
猪肉	吨	9 450	10 445	10.5
牛肉	吨	856	1 070	25.0
羊肉	吨	641	637	−0.6
牛奶产量	吨	121	170	40.5
禽蛋产量	吨	476	542	13.9
4. 农业生产条件				
乡村实有劳动力	人	50 903	50 725	−0.3
农林牧渔业	人	29 995	30 643	2.2
工业	人	1 995	1 294	35.1
建筑业	人	4 205	4 522	7.5
交通运输业	人	3 301	3 007	−8.9
商业、饮食业	人	3 195	3 709	16.1
年末实有耕地面积	亩	115 820	115 309	0.4
水田	亩	35 820	35 810	−0.02
农业机械总动力	万瓦特	5 351	5 791	8.2
大中型拖拉机	台	1 037	1 363	31.4
小型拖拉机	台	2 373	2 671	12.6
农用水泵	台	180	242	34.4
农村用电量	万度	892	952	6.7
化肥施用量（折纯）	吨	5 176	5 324	2.9
塑料薄膜使用量	吨	337	479	42.1
农药使用量	吨	70	80	14.3
有效灌溉面积	亩	75 600	77 100	2.0

续表 3.

指　标　名　称	单　位	2007 年	2008 年	比上年增减（± %）
5. 总播种面积	亩	215 178	213 404	—0.8
粮食作物面积	亩	182 689	179 833	—1.6
谷物	亩	137 747	136 696	0.8
稻谷	亩	18 098	17 803	—1.6
小麦	亩	43 466	40 325	—7.2
玉米	亩	57 869	63 587	9.9
豆类	亩	36 276	33 047	—8.9
薯类	亩	8 666	10 090	16.4
油料面积	亩	11 808	13 644	15.5
花生				
油菜	亩	10 501	12 432	18.4
烤烟面积	亩	6 175	6 003	—2.8
蔬菜	亩	8 826	8 194	—7.2
瓜类（果用瓜）	亩	30	64	2.1 倍
6. 耕地复种指数	%	186	185	
五、工业生产				
1. 工业企业单位数	个	498	626	25.7
国有企业	个	1	4	4 倍
集体企业	个	6	8	33.3
股份合作制企业	个	16	8	—50.0
有限责任公司	个	23	31	34.8
股份有限公司	个	2	16	8.0
私营企业	个	30	32	6.7
其它企业	个	1	7	7 倍
个体经营	个	419	520	24.1
2. 工业总产值	万元	86 235	105 169	22.7
国有企业	万元	5 872	8 792	49.7
集体企业	万元	1 946	3 049	56.7
股份合作制企业	万元	4 182	5 699	36.3
有限责任公司	万元	29 860	24 649	—17.5
股份有限公司	万元	30 391	47 915	57.7
私营企业	万元	7 662	7 343	—4.2

续表 4.

指　标　名　称	单　位	2007 年	2008 年	比上年增减（± %）
其它企业	万元	158	197	24.7
个体经营	万元	6 164	7 524	22.1
总计中：轻工业	万元	23 313	30 362	30.2
重工业	万元	62 922	74 807	18.9
总计中：规模以上	万元	57 182	67 631	24.4
规模以下	万元	5 740	7 176	25.0
4. 工业产品产量				
水泥	万吨	41.91	46.41	10.7
发电量	万度	15 618	207 888	12.3 倍
六、固定资产投资				
固定资产投资总额	万元	389 846	448 587	15.1
按经济类型分：				
其中：国有经济控股	万元	115 847	115 387	−0.4
1.城镇投资	万元	307 290	355 686	15.7
其中：国有经济控股	万元	112 133	115 230	2.8
非国有经济控股	万元	190 801	233 355	22.3
外商企业投资	万元	4 356	7 101	63.0
2.农村投资	万元	9 995	18 658	86.7
其中：农村非农户	万元	8 752	16 057	83.5
3.房地产开发投资	万元	72 561	74 243	2.3
城镇投资按行业分：				
农林牧渔业	万元	1 570	1 799	14.6
工业投资	万元	143 539	155 963	8.7
电力工业	万元	110 090	114 339	3.9
第三产业投资	万元	162 181	197 924	22.0
交通运输业投资	万元	11 756	25 944	1.2 倍
水利公共设施	万元	25 518	37 120	45.5
教育投资	万元	6 410	2 693	−58.0
卫生社会保障社会福利	万元	1 210	3 402	1.8 倍
文化体育娱乐业	万元	9 585	5 409	−43.6
公共管理和社会组织	万元	8 986	14 837	65.1
施工面积	万平方米	43.75	40.14	−8.3

续表 5.

指　标　名　称	单　位	2007 年	2008 年	比上年增减（±%）
竣工面积	万平方米	32.42	20.45	−36.9
竣工住宅面积	万平方米	12.91	11.02	−14.6
本年资金来源合计	万元	314 694	338 409	7.5
国家预算	万元	472	2 373	4 倍
国内贷款	万元	26 930	41 947	55.8
自筹资金	万元	211 456	238 708	12.9
新增固定资产	万元	107 839	140 686	30.5
七、国内贸易				
社会消费品零售总额	万元	104 817	137 835	31.5
按销售地区分:				
区的零售额	万元	102 264	134 336	31.4
区以下的零售额	万元	2 553	3 499	37.1
按经济类型分:				
国有经济	万元	8 371	5 139	−38.6
集体经济	万元	161 340	19 768	22.6
个私经济	万元	66 632	92 843	39.3
个体	万元	42 012	58 538	39.3
其他经济	万元	13 680	20 085	46.8
按行业分:				
批发零售贸易业	万元	70 284	90 044	28.1
餐饮业	万元	34 534	47 791	38.4
八、个体私营经济				
1. 个体工商户数	户	11 270	12 680	12.5
从业人员数	人	19 044	32 715	71.8
农林牧渔业	人	30	33	10.0
工 业	人	920	1 303	41.6
建筑业	人	6	208	33.7 倍
交通运输业	人		1 828	
注册资金	万元	28 376	30 671	8.1
2. 私营企业户数	户	638	1 002	57.1
从业人员	人	8 013	11 024	37.6
农林牧渔业	人	322	530	64.6

续表 6.

指　标　名　称	单　位	2007 年	2008 年	比上年增减（± %）
工业	人	1 277	1 570	22.9
建筑业	人	1 776	1 953	10.0
注册资金	万元	95 289	110 677	16.1
九、旅游				
旅游总人数	万人次	423.7	465.5	9.9
海外旅游者	万人次	38	40.1	5.5
国内旅游者	万人次	385.7	425.4	10.3
旅游总收入	亿元	48.6	53.6	10.2
旅游外汇收入	万美元	11 318	12 518	10.6
国内外旅游收入	亿元	39.8	44.13	10.9
十、财政税收				
1.一般预算收入	万元	28 109	30 546	8.7
（1）税收收入	万元	26 763	28 696	7.2
增值税	万元	1 945	2 394	23.1
营业税	万元	14 559	12 045	17.3
企业所得税	万元	97	187	92.8
个人所得税	万元	737	691	−6.2
城市维护建设税	万元	1 894	2 129	12.4
其他各项收入	万元	8 877	13 100	47.6
（2）非税收收入	万元	740	1 850	1.5 倍
2.地方财政支出	万元	46 726	54 788	24.3
一般预算支出	万元	46 726	54 788	24.3
一般公共服务	万元	10 046	10 688	6.4
国防支出	万元	201	198	−1.5
公共安全支出	万元	3 599	4 757	32.2
教育事业费	万元	6 798	7 532	10.8
科学技术	万元	507	502	−1.0
文体体育与传媒	万元	783	994	26.9
医疗卫生支出	万元	1 935	3 052	57.7
社会保障和就业支出	万元	6 871	8 484	23.5
农林水事务	万元	4 315	5 074	17.6
3. 国税收入	万元	16 879	18 334	8.6

续表 7.

指 标 名 称	单 位	2007 年	2008 年	比上年增减（± %）
增值税	万元	7 799	9 626	23.4
企业所得税	万元	5 519	5 143	−6.8
个人所得税	万元	843	568	−32.6
车辆购置税	万元	2 756	2 937	6.6
4. 地税收入	万元	26 495	25 515	−3.7
营业税	万元	14 651	12 502	−14.7
企业所得税	万元	519	1 057	1 倍
个人所得税	万元	2 772	1 887	−31.9
十一、金融				
金融机构各项存款余额	万元	853 574	994 828	16.5
企业存款	万元	328 504	352 128	7.2
储蓄存款	万元	406 668	501 486	23.3
金融机构贷款余额	万元	842 716	912 637	8.3
中长期贷款	万元	528 583	554 091	4.8
十二、文化广电				
广播人口覆盖率	%	89	89	
电视人口覆盖率	%	94	94	
电视卫星收转系统	座	46	46	持平
有线电视总用户	万户	3.6	3.6	持平
十三、卫生				
1. 卫生机构数	个	9	9	−22.2
医院、卫生院	个	7	5	−28.6
2.卫生机构床位数	张	150	207	38.0
医院、卫生院	张	130	130	持平
3.卫生技术人员	人	280	274	−2.1
十四、教育				
1. 在校学生数				
普通中学	人	12 289	12 498	1.7
高中	人	5 070	4 892	−3.5
初中	人	7 219	7 606	5.4
职业中学	人	998	1 210	21.2
普通小学	人	13 997	13 938	−0.4
幼儿园	人	5 488	5 682	3.5
2. 招生数				
普通中学	人	4 284	4 280	持平
高中	人	1 694	1 670	−1.4
初中	人	2 590	2 610	0.8
职业中学	人	363	425	17.1

续表 8.

指 标 名 称	单 位	2007 年	2008 年	比上年增减（±%）
普通小学	人	2 426	2 273	−6.3
3. 毕业生数				
普通中学	人	3 596	3 643	1.3
高中	人	1 390	1 674	20.4
初中	人	2 206	1 969	−10.7
职业中学	人	356	295	−17.1
普通小学	人	2 470	2 455	0.6
4. 学龄儿童入学率	%	99.53	99.45	
小学毕业生升学率	%	104.86	106.31	
初中毕业生升学率	%	93.25	84.81	
初中学龄人口入学率	%	99.39	98.98	
小学巩固率	%	101.1	100.88	
初中巩固率	%	107.33	96.48	
十五、社会保障				
基本养老保险人数	人	13 997	14 126	0.9
1. 职工	人	11 474	11 588	1.0
2. 离退休人员	人	2 523	2 538	0.6
基本医疗保险人数	人	15 618	16 300	4.4
1. 职工	人	12 029	11 999	−0.2
2. 离退休人员	人	3 589	4 301	19.8
十六、年末职工人数	人	24 065	25 442	5.7
国有经济单位	人	14 074	14 773	5.0
城镇集体单位	人	858	893	4.1
其它经济类型单位	人	9 133	9 776	7.0
企业	人	13 098	14 452	10.3
事业	人	6 283	6 167	−1.8
机关	人	4 684	4 823	3.0
在岗职工工资额	万元	49 952	61 265	22.6
国有经济单位	万元	36 191	44 015	21.6

续表 9.

指　标　名　称	单　位	2007 年	2008 年	比上年增减（± %）
城镇集体单位	万元	974	1 093	12.2
其它经济类型单位	万元	12 787	16 156	26.3
企业	万元	22 774	28 323	24.4
事业	万元	14 670	14 921	1.7
机关	万元	12 507	18 021	44.1
全年平均工资	元	21 020	24 185	15.1
国有经济单位	元	25 983	30 154	16.1
城镇集体单位	元	11 142	12 309	10.5
其它经济类型单位	元	14 269	16 407	15.0
企业	元	17 598	19 636	11.6
事业	元	23 666	24 425	3.2
机关	元	27 049	37 551	38.8
十七、农民人均纯收入	元	3 220	3 885	10.6
城镇居民可支配收入	元	11 918	13 299	13.8

注：1、金安桥水电站投资额按50%统计。

2、农民人均纯收入和城镇居民可支配收入增长速度已扣除物价增长因素，为实际增长数。

2008年古城区分乡、街道主要农作物播种面积

单位:亩

指标名称	合计	大研街道	祥和街道	西安街道	束河街道	金安乡	七河乡	大东乡	金山乡	金江乡	国营农场
总播种面积	213 404	8 366	3 985		20 656	18 518	56 379	21 201	75 857	9 132	210
粮食作物面积	179 833	7 931	3 222		16 377	15 096	45 389	17 493	65 597	8 728	
稻谷	17 803	1 910				75	10 285	1 175	2 582	1 776	
小麦	40 325	1 909	947		4 389	4 718	3 780	5 216	16 645	2 721	
玉米	63 587	2 039	1 510		9 884	4 716	8 544	5 472	28 475	2 947	
蚕豆	18 220	1 869	30		520	2 116	5 020	800	7 650	215	
大豆	6 342		30		100	501	650	1 570	3 426	65	
薯类	10 090				690	1 500	5 220	760	1 789	131	
非粮食作物面积	33 571	435	763		4 279	3 422	10 990	3 708	10 260	404	210
油料面积	13 644		390		3 249		3 840	27	6 088	50	
油菜	12 432				3 249		3 840		5 343		
烤烟面积	6 003					943	2 270	2 740		50	
药材	952				100	762			90		
蔬菜	8 194	435	249		800	998	1 650	500	3 073	279	210

2008 年古城区分乡、街道主要农作物产品产量

指标名称	合计	大研街道	祥和街道	西安街道	束河街道	金安乡	七河乡	大东乡	金山乡	金江乡	国营农场
粮食总产量（吨）	40 032	1 687	969		5 580	2 429	10 200	3 880	13 093	2 194	
夏收粮食	14 812	849	510		1 912	758	3 888	1 226	4 977	692	
小麦	8 319	515	257		1 748	371	620	1 034	3 279	495	
蚕豆	2 513	299	6		80	352	555	98	1 048	75	
薯类	119				57		62				
秋收粮食	25 220	838	459		3 668	1 671	6 312	2 654	8 116	1 502	
稻谷	4 112	267				23	2 360	249	400	813	
玉米	16 590	571	453		3 314	1 618	2 344	1 416	6 779	595	
大豆	920		6		7	44	140	400	307	16	
薯类	2 191				296	300	1 132	86	360	17	
油料合计（吨）	1 586		5		498		364	1	674	3	
油菜	1 490				498		364		628		
秋油菜	614				47		278		260		
烤烟产量（吨）	801					131	298	364		8	
蔬菜产量（吨）	32 751	1 829	438		4 150	4 857	6 500	605	13 492	364	515

2008年古城区分乡、街道水果、林业生产情况

指标名称	合计	大研街道	祥和街道	西安街道	東河街道	金安乡	七河乡	大东乡	金山乡	金江乡
水果产量（百千克）	57 244	360	21		13 840	5 786	19 720	1 350	15 746	421
1. 苹 果	28 356	270			8 340	508	10 500	1 340	7 394	4
2. 梨	11 404	10			4 558	526	1 132	4	5 170	4
3. 柑 桔	4 170					9	2 600	6	1 142	413
4. 其他水果	13 314	80	21		942	4 743	5 488		2 040	
其中：桃	12 149	50	15		20	4 609	5 455	150	2 000	
年末果园面积（亩）	14 337	70	21		772	4 608	3 770	105	3 405	1 541
其中：苹果园	2 425	5			444	523	190	35	1 008	150
梨 园	2 775	25			140	622	1 030		850	73
桃 园	3 601	40	16		40	705	1 750	5 600	1 050	
核桃产量（百千克）	12 666				170	1 580	3 108		925	1 283
板栗产量（百千克）										
花椒产量（百千克）	902				3	162	65	6	80	586
松籽产量（百千克）	608						580		28	

2008年古城区分乡、街道畜牧业生产情况

指标名称	单位	合计	大研街道	祥和街道	西安街道	束河街道	金安乡	七河乡	大东乡	金山乡	金江乡	国营农场
大牲畜存栏	头	23 430	383	56		1 970	2 017	5 936	6 657	4 843	1 568	
牛	头	20 924	363	55		1 647	1 613	5 257	6 159	4 393	1 437	
牛出栏	头	7 593	1 186	1 041		204	689	1 601	2 640	953	320	
猪存栏	头	97 413	2 500	1 750		9 538	6 276	31 720	14 433	28 072	3 753	80
猪出栏	头	140 255	3 936			16 767	9 400	47 500	14 360	42 533	3 738	271
羊存栏	只	36 283	340			926	5 045	5 411	9 490	9 965	5 106	
羊出栏	只	31 637	180			2 178	9 330	6 092	5 630	5 371	2 856	
肉类总产量	吨	12 547	490	138		1 377	1 021	4 023	1 524	3 529	378	37
猪 肉	吨	10 445	295	132		1 258	705	3 563	1 017	3 190	265	20
牛 肉	吨	1 070	178			30	100	234	355	131	42	
羊 肉	吨	637	6			43	187	112	126	107	56	
家禽肉	吨	356	11	5		46	24	125	26	90	12	17
牛奶产量	吨	170	35	30		35	5	15		50		
禽蛋产量	吨	542	15	12		55	35	45	25	150	16	189

2008年古城区分乡、街道乡镇企业基本情况

指标名称	单位	合计	大研街道	祥和街道	西安街道	束河街道	金安乡	七河乡	大东乡	金山乡	金江乡
企业个数	个	28	3	4	1	6	6	2		6	
从业人员数	人	2 514	65	63	150	925	178	121		1 012	
营业收入	万元	56 625	1 680	390	390	36 049	306	759		17 051	
现价总产值	万元	35 850	780	390	2 000	10 496	328	798		21 058	
增加值	万元	8 391	233	-153	449	3 634	97	434		3 697	
利润总额	万元	300	59	-356	-214	-361	22	16		1 134	
实交各种税金	万元	1 322	84	15	7	500	12	37		667	
固定资产原值	万元	56 974	408	4 250	5 232	13 047	770	1 810		31 457	
固定资产净值	万元	53 448	316	4 090	4 418	11 636	764	1 702		30 522	
劳动者报酬	万元	4 131	78	28	225	1 811	28	200		1 761	

全区全社会固定资产投资总额

单位：万元

指标名称	2007年	2008年	指标名称	2007年	2008年
全社会固定资产投资额	389 846	448 587	外商企业投资	4 356	7 101
其中：国有经济控股	115 847	115 387	2.农村投资	9 995	18 658
1. 城镇投资	307 290	355 686	其中：农村非农户投资	8 752	16 057
其中：国有经济控股	112 133	115 230	农村私人投资	1 243	2 601
非国有单位投资	190 801	233 355	3.房地产开发投资	72 561	74 243

注：金安桥水电站投资额按50%统计。

古城区社会消费品零售总额

单位:万元

指标名称	2007 年	2008 年	比 2007 年增长%
社会消费品零售总额(万元)	104 817	137 835	31.5
一、按销售地区分			
城 镇	102 264	134 336	31.4
农 村	2 553	3 499	37.1
二、按经济类型分			
国有经济	8 376	5 139	−38.6
集体经济	16 129	19 768	22.6
个私经济	66 632	92 843	39.3
个体	42 012	58 538	39.3
其他经济	13 680	20 085	46.8
三、按行业分			
批发零售贸易业	70 284	90 044	28.1
餐饮业	34 534	47 791	38.4

古城区居民消费价格指数

(城调队抽样调查、2000 年为 100)　　单位:%

指标名称	2007 年	2008 年	指标名称	2007 年	2008 年
居民消费价格指数	105.5	104.9	衣 着	99.9	99.6
服务项目价格指数	102.5	101.6	家庭设备及维修服务	99.5	99.5
消费品价格指数	106.3	105.9	医疗保健和个人用品	104.8	102.6
食 品	113.1	112.6	交通和通讯	103.2	101.3
粮 食	102.9	102.5	娱乐教育文化用品服务	100.2	99.6
烟酒及用品	101.0	100.5	居 住	102.3	102.8

古城区个体私营经济主要指标

指标名称	单位	2007 年	2008 年	指标名称	单位	2007 年	2008 年
一、个体工商户				二、私营企业			
户　数	户	11 270	12 680	户　数	户	638	1 002
从业人员	人	19 044	32 715	从业人员	人	8 013	11 024
农林牧渔业	人	30	33	农林牧渔业	人	322	530
工　业	人	920	1 303	工　业	人	1 277	1 570
建筑业	人	6	208	建筑业	人	1 776	1 953
注册资金	万元	28 376	30 671	注册资金	万元	95 289	110 677

古城区旅游主要指标

指标名称	单位	2007 年	2008 年	比 2007 年增长%
一、海内外旅游者	万人次	423.7	465.5	9.9
(一) 海外旅游者	万人次	38	40.1	5.5
(二) 国内旅游者	万人次	385.7	425	10.3
二、旅游总收入	亿元	48.6	53.6	10.2
旅游外汇收入	万美元	11 318	12 518	10.6
国内旅游收入	亿元	39.8	44.13	10.9

星级住宿业和限额以上餐饮业经营情况

指标名称	单位	2007 年	2008 年	指标名称	单位	2007 年	2008 年
一、法人企业	个	69	38	其他收入	万元	3 313	2 630
二、从业人数	人	6 101	4 879	四、年末餐饮营业面积	平方米	27 000	19 458
三、营业额	万元	41 479	37 798	五、年末住宿和餐饮企业拥有床	张	12 000	12 212
其中：客房收入	万元	29 042	26 754	六、年末住宿和餐饮企业拥有餐桌	张	10 000	9 654
餐费收入	万元	9 124	8 414				

注：2008 年统计口径已变化，星级住宿业和限额以上餐饮业以年收入 200 万元以上为标准。数据与往年有不可比因素。

古城区文化广播电视和卫生事业基本情况

指 标 名 称	单 位	2007年	2008年	比2007年增长%
一、艺术表演团体	个	10	10	持平
演出场次	场	130	130	持平
二、群众艺术馆	个	1	1	持平
组织文艺活动次数	次	85	105	23.5
三、公共图书馆	个	1	1	持平
总藏量	万册件	5.7	5.7	持平
四、乡镇文化站	个	9	9	持平
组织文艺活动次数	次	27	30	11.1
五、文物保护管理机构	个	1	1	持平
六、博物馆	个	1	1	持平
七、广播人口覆盖率	%	89	89	
八、无线电视台	座	1	1	持平
本年制作无线电视节目	小时	1 600	1 600	持平
有线电视总用户	万户	3.6	3.6	持平
有线电视入户率	%	80	80	
电视人口覆盖率	%	94.17	94.17	
九、广播电视卫星收转系统	座	46	46	持平
十、卫生机构数	个	9	7	−22.2
医院、卫生院	个	7	5	−28.6
卫生机构床位数	张	150	207	38
医院、卫生院	张	130	130	持平
卫生技术人员	人	280	274	−2.1

古城区教育基本情况(一)

指标名称	单位	2007年	2008年	比2007年增长%
一、各级各类学校数				
普通中学	个	13	13	持平
高中	个	5	1	−80
完全中学	个	3	4	33.3
高级中学	个	2	1	−50
初中	个	6	6	持平
初级中学	个	6	6	持平
九年一贯	个	2	2	持平
普通小学	个	126	106	−15.9
完　小	个	53	53	持平
小学教学点	个	73	56	−23.3
一点一教师	个	22	7	−68.2
职业中学	个	1	1	持平
幼儿园	个	21	21	持平
二、各级各类学校专任教师				
普通中学	人	870	875	0.6
高　中	人	407	400	−1.7
初　中	人	463	475	2.6
职业中学	人	66	77	16.7
普通小学	人	983	978	−0.5
专任教师学历达标率				
小　学	%	99.4	100	
普通中学				
高　中	%	95.1	100	
初　中	%	97.8	100	
三、各级各类学校在校学生				
普通中学	人	12 289	12 498	1.7
高　中	人	3 070	4 892	−3.5
初　中	人	7 219	7 606	5.4
职业中学	人	998	1 210	21.2
普通小学	人	13 997	13 938	−0.4
幼儿园	人	5 488	5 682	3.5

古城区教育基本情况(二)

指 标 名 称	单 位	2007年	2008年	比2007年增长%
四、各级各类学校招生				
普通中学	人	4 284	4 280	−0.01
高中	人	1 694	1 670	−1.4
初中	人	2 590	2 610	0.8
职业中学	人	363	425	17.1
普通小学	人	2 426	2 273	−6.3
五、各级各类学校毕业生				
普通中学	人	3 596	3 643	1.3
高中	人	1 390	1 674	20.4
初中	人	2 206	1 969	−10.7
职业中学	人	356	295	−17.1
普通小学	人	2 470	2 455	−.0.6
六、学龄儿童入学率	%	99.53	99.45	
小学毕业生升学率	%	104.86	106.31	
初中毕业生升学率	%	93.25	84.81	
小学巩固率	%	101.14	100.88	
小学辍学率	%	0.06	0.09	
初中巩固率	%	107.33	96.48	
初中辍学率	%	2.15	3.95	
初中学龄人口入学率	%	99.39	98.98	
高中辍学率	%	2.96		
七、小学校舍面积	平方米	86 585	87 542	1.1
普通中学校舍面积	平方米	132 627	133 963	1
八、中学危房面积	平方米	11 764	15 098	28.3
小学危房面积	平方米	10 296	8 303	19.4
九、中学排危面积	平方米	1 095	1 664	52
小学排危面积	平方米	80	425	4.3倍
十、中学危房率	%	8.87	11.27	
小学危房率	%	11.89	9.49	

古城区劳动就业和社会保障基本情况

指 标 名 称	单 位	2007 年	2008 年	比 2007 年增长%
年末社会从业人员	万人	8.54	8.67	1.5
1、城镇	万人	4.19	4.41	5.3
2、农村	万人	4.35	4.25	−2.3
年末城镇登记失业人数	人	621	731	17.7
城镇登记失业率	%	2.8	2.8	持平
离休、退休、退职人员数	人	2 523	2 538	0.6
离休、退休、退职人员保险福利费	万元	2 541.8	2 991.1	17.7
参加基本养老保险的人数	人	13 997	14 126	0.9
1、职工	人	11 474	11 588	1
2、离退休人员	人	2 523	2 538	0.6
参加基本医疗保险的人数	人	15 618	16 300	4.4
1、职工	人	12 029	11 999	−0.2
2、离退休人员	人	3 589	4 301	19.8
参加失业保险的人数	人	5 417	6 000	10.8
收缴基本养老保险费	万元	3 997.9	3 788.3	−23.3
养老失业医疗保险基金当年支出额	万元	4 375.6	4 942.1	12.9
养老失业医疗保险基金年末结余额	万元	3 344.1	5 887.1	76
农村社会养老保险参保人数	人	7 127	7 118	−0.1
城镇居民最低生活保障已保人数	人	7 999	8 425	5.3

古城区社会福利事业基本情况

指 标 名 称	单 位	2007 年	2008 年	比 2007 年增长%
农村定期救济人数	人	3 748	4 300	14.7
农村定期救济户数	户	2 295	2 393	4.3
城镇居民最低生活保障人数	人	7 999	8 425	5.3
农村临时救济人次数	人次	1 396		
城镇社区服务设施数	个	19	19	持平
收养性社会福利单位数	个	2	2	持平
收养性社会福利单位年末床数	张	27	192	6.1 倍
社会福利院单位数	个	1	1	持平
社会福利院年末床数	张	192	192	持平
福利企业单位数	个	1	1	持平
福利企业单位年末职工人数	人	20	20	持平
残疾职工	人	10	10	持平
民政事业费实际支出	万元	2 150.9	2 080	−3.3
抚恤事业费支出	万元	186.7	180.1	−3.5
社会救济福利事业费	万元	165.9	559.9	−66.8
城镇居民最低生活保障费	万元	949	920.4	−3
救灾支出	万元	140	206	47.1

古城区城市建设情况(一)

指 标 名 称	单 位	2007年	2008年
一、人口和城市面积			
城市总户数	万户	2.8	2.82
城市人口	万人	9.0	9.1
其中：非农业人口	万人	6.69	6.94
城市面积	平方千米	25	25
其中：建成区面积	平方千米	22	22
二、供水			
自来水综合生产能力	万立方米/日	6.5	6.5
供水管道长度	千米	117	225
供水总量	万立方米	1 319	1 466
其中：居民家庭用水	万立方米	258	489
用水户数	户	28 337	30 896
其中：家庭用户	户	27 053	30 211
用水人口	万人	7.0	7.5
三、燃气			
用气户数	户	32 300	32 775
其中：家庭用户	户	29 100	29 528
用气人口	万人	12.14	12.15
供气问题	万立方米，吨	2 650	2 657
其中：家庭用量	万立方米，吨	2 430	2 436
四、公共汽车，出租汽车			
公共汽车	辆	113	164
其中：小公共汽车	辆	65	6
出租车数量	辆	776	926
其中：人行道面积	万平方米	26.59	26.59

古城区城市建设情况(二)

指 标 名 称	单 位	2007 年	2008 年
路灯盏数	盏	5 512	6 822
排水管道长度	千米	730	836
其中：污水管道	千米	680	780
污水处理厂座数	座	1	1
处理能力	万立方米 / 日	3	3
污水处理总量	万立方米	783	986
五、园林绿化			
绿化覆盖面积	公顷	489.9	521.17
园林绿地面积	公顷	357.1	444.8
公共绿地面积	公顷	168	141.24
公园个数	个	6	11
公园面积	公顷	105.2	112.5
六、市容环境卫生			
道路日清扫保洁面积	万平方米	156	150
生活垃圾日清运量	万吨	6	6
公共厕所	座	65	65
七、设施水平			
人口密度	人 / 平方千米	3 604	3 620
用水普及率	%	77.8	82.4
燃气普及率	%	134.9	133.5
万人拥有公共交通车辆	标准台	7.38	10.72
排水管道密度	千米 / 平方千米	29.2	33.44
人均公共绿地面积	平方米	13	13.6
城市绿地率	%	27.1	29.13
城市绿化覆盖率	%	30	34.13

二十四、附 录

关于丽江市古城区2008年地方财政预算执行情况和2009年地方财政预算(草案)的报告

——2009年3月10日在丽江市古城区第二届人民代表大会第二次会议上

丽江市古城区财政局局长 王文生

各位代表：

我受区人民政府的委托，向大会提交丽江市古城区2008年地方财政预算执行情况和2009年地方财政预算（草案）的报告（书面），请予审议，并请各位政协委员和列席人员提出意见。

一、2008年财政预算执行情况

2008年是全面贯彻落实十七大精神的第一年，也是二届区人民政府的开局之年，一年来，在区委的坚强领导下，在区人大、区政协的有效监督和大力支持下，综合运用财政政策，加大财源培植，加快县域经济发展，强化收入征管，狠抓财政收入，优化支出结构，强化财政监管，深化财政改革，超额完成了区二届人大第一次会议确定的财政预算收支任务，有力地推动了全区经济的又好又快发展。

2008年全区地方财政总收入60 883万元。其中：一般预算收入完成30 546万元，比上年增收2 437万元，增长8.7%，占年初预算的128.6%（收入分类完成情况详见附表一）；基金预算收入完成30 337万元。

全年完成地方一般预算支出54 788万元，比上年增支8 062万元，增长17.3%（2008年财政支出预算分类完成情况详见附表一），其中：本级财政支出39 522万元，上级专款支出15 266万元；上解上级支出3 000万元；基金支出31 080万元。支出总计88 868万元。

全区财政平衡情况：地方一般预算收入30 546万元，基金预算收入30 337万元，上级各种转移支付资金11 251万元，一般预算上级专款补助15 266万元，基金上级专款789万元，一般预算上年结余995万元，收入总计89 184万元；一般预算支出54 788万元，基金支出31 080万元，上解上级支出3 000万元，支出总计 88 868 万元。收支相抵，结余 316 万元（其中一般预算结余 270 万元，基金结余 46 万元）。

2008 年财政预算执行情况主要特点是：（1）一般预算收入再创新高，首次突破 3 亿元大关。达到 3.05 亿元，比年初预算增长 128.6%，这是在消化 2007 年不可比因素 9 700 万元情况下实现的，成绩确实来之不易。（2）预算支出进度明显加快。建立和完善预算执行动态监管机制，切实加强对预算执行的分析和监控，财政支出均衡性明显增强，较好地保障了重点支出需要。（3）实现了真正意义上的财政预算收支平衡。

二、2008 年全区财政工作情况

全区财税部门密切关注财政运行中出现的新情况、新问题，坚决贯彻区委决策部署，积极采取措施，不断加强和改善财政运行质量。

（一）加快县域经济发展，实现全区经济社会又好又快发展

财税部门紧紧围绕区委确定的构建和谐文明小康古城总目标，按照突出“一大主题”，打造“四大平台”，实现“六大突破”的工作任务，科学合理调度资金，千方百计筹集资金，充分利用财政手段，努力增加对优势产业、传统产业的基础设施投入，旅游业提质增效步伐明显加快，服务行业增势强劲，竭尽全力支持金安桥电站、大丽铁路、机场扩建项目和西线游路等全区重大建设项目的协调服务工作；深化国企改革，加快新型工业化建设步伐，促进工业经济快速发展；农业生产稳步增长；加强招商引资，增加固定资产投资；加大市政、环卫、园林资金投入力度，确保环境卫生、绿化、亮化等工作的顺利进行；落实税收优惠政策，在一定程度上支持了企业发展。经济综合实力显著增强，连续三年被评为云南省县域经济发展先进区。通过采取以上措施，为财政增收打下了坚实的基础。

（二）采取有效措施，加大征收管理力度，确保收入任务完成

在预算执行中，财税部门采取各种有效措施，积极挖掘潜力，千方百计增加收入，不断规范收入管理，改进征管手段，加大执法力度，使各项税费做到了应收尽收，及时足额入库，确保了税收收入和非税收入齐头并进。一是区财税部门以发展为第一要务，积极培植财源，综合运用财政政策，支持全区经济发展。紧紧围绕区委政府中心工作，千方百计筹集资金，保障重点建设项目的资金需要，较好的起到了投资拉动作用。二是加强征收管理，努力完成地方财政收入任务。按照全区财税工作会议精神，实行收入目标责任制，及时分解任务，层层落实责任。落实财税联席会议制度，定期分析收入入库进度，针对征管中出现的不足，及时采取切实可行的措施，确保了财政收入及时均衡入库。三是加强对非税收入的征收管理。充分挖掘非税收入增收潜力，不断深化“收支两条线”管理和加大执法力度。进一步规范了“以票管费、收缴分离”的收费管理，行政事业性收费收入和罚没收入增长迅猛，成为地方财政收入增收的稳定因素。

（三）积极争取上级专项资金，增强财政实力

研究和吃透国家宏观调控政策，结合区情，我区各级各部门认真规划和编制与国家政策扶持相对接的项目，特别是国家出台扩大内需促进经济增长的“十项措施”后，区四套班子、区级各部委办局、各乡人民政府街道办事处等单位迅速开展争资跑项工作，通过多方努力共争取到上级财政专项资金 16 055 万元，各种财力性转移支付资金 11 251 万元，扩大内需资金 2 031 万元，豁免公益性国债项目转贷资金 2 409 万元，其他不通过区级预算市财政直接拨付给我区企事业单位的资金 227 万元，共计 31 973 万元，切实增强了我区财政支付能力。

（四）优化财政支出结构，加大对重点领域的投入力度

在财政收支矛盾较为突出的情况下，财政积极筹措资金，按照“一要吃饭、二要建设、三要发展”的要求，本着“有保有压，突出重点”的原则，将财政资金更多地投向经济社会发展的薄弱环节，做到财政支出重点突出，统筹兼顾，维护了全区社会的稳定和社会经济的健康发展，发挥了财政的职能作用。

确保了工资按时发放，保障了机构正常运转。一是保障人员经费支出。全年人员经费支出 2.19 亿元。二是拨付运转经费。统筹安排全区 80 多个行政事业单位、乡、街道的公用经费和办事经费 6 040 万元，从而基本保障了全区行政事业单位和基层组织的正常运转。三是及时拨付应急资金 3 560 万元，着力解决涉

及群众利益的热点、难点问题，促进了全区社会和谐。

加大“三农”投入力度，推动社会主义新农村建设。一是农林水事务支出合计5 024万元。拨付团山水库加固扩建项目资金220万元，拨付水利、防汛抗旱、漾弓江治理及农村人畜饮水资金583万元，投入农业产业结构调整、产业发展、救灾资金424万元。二是拨付能繁母猪补贴资金166万元，安排生猪养殖扶持资金30万元。三是全年投入专项资金293万元，确保我区集体林权制度改革的顺利实施。四是进一步加大扶贫开发力度。投资470万元实施16个“整村推进”项目。五是按照关于社会主义新农村建设的总体要求，将新农村试点村由原来的37个调整为13个，将西线油路沿线农村确定为新农村建设示范片区，投资650万元认真实施13个新农村试点村建设，通过新农村建设与移民安置、与旅游开发相结合，新农村建设取得新进展。六是及时拨付强农惠农资金，确保中央政策资金落实到农户。年内兑现种粮农民补贴和农资综合直补860万元、退耕还林政策补助资金15.7万元，都通过“一折通”的形式及时发到农户手中。

加大教育、医疗卫生、社会保障等社会事业重点支出，进一步改善民生。一是加大了对教育的资金投入力度。全年教育支出完成7 532万元。全面落实“两免一补”政策，及时拨付免除义务教育阶段学生学杂费、教科书费730万元，补助贫困家庭寄宿生生活费400万元；拨付义和完小拆迁重建工程款和以前年度工程欠款250万元专项资金，改善了学校教学条件；拨付贫困大学生生活补助130万元，使农村及城镇低保的全日制在读大学生享受到政府关爱；拨付“英才奖学金”99万元，对高考取得较好成绩的学生进行奖励；拨付教师节和教师培训基金280万元，有力地推进了全区教育事业的全面发展。二是完善医疗卫生保障机制。医疗卫生支出完成3 052万元，同比增支1 117万元，增长57.7%。主要拨付医疗工伤保险722万元、新农合配套资金165万元。新型农村合作医疗制度覆盖到全区所有农业人口，覆盖率达100%，参合率达98.8%，有力促进了全区卫生事业的全面发展。三是确保社会保障支出的需要。全年社会保障和就业支出完成8 484万元，增支1 613万元，增长23.5%。主要是拨付城镇居民最低生活保障金1 016万元和农村最低生活保障金176万元，基本养老保险金634万元，冰冻灾害等自然灾害救灾款371万元，60岁以上老年人免费乘坐公交车资金补助240万元和80岁以上老年人保健长寿补助56万元，有效地保障了弱势群体基本生活水平。

千方百计增加对公共安全部门的投入。公共安全支出完成4 757万元，比上年增支1 158万元，增长32.2%。对区公安分局按照年人均3.51万元的公用经费标准安排经费1 158万元，并提前预拨资金确保了奥运会、藏区维稳工作等任务完成。对区检察院、区法院按照年人均3.19万元保障标准的70%分别安排了107万元、87万元公用经费，区司法局按照年人均2.28万元保障标准安排29万元，极大的改善了办案条件，提高了装备水平，为维护社会稳定，保一方平安提供了资金保证。

（五）深化财政改革，强化财政管理

一是深化部门预算改革，把部门预算制度作为财政管理的重要内容，全面推行部门预算，着力提高预算编制质量，力求基本支出编实、项目支出编细、硬化预算约束。认真推行乡财区管、村财乡管民用、校财局管等财政管理模式。二是贯彻落实《政府采购法》，进一步规范政府采购管理，增强政府采购的透明度和公开性，全年共组织招标采购24次，采购规模达1 830万元，比上年增长467万元，节约财政资金112万元，节约率达5.77%。三是继续深化“收支两条线”管理，加大了对单位和部门执行“收支两条线”管理规定的监督检查力度，加强票据领购、核销、续购的管理。四是认真组织开展了清查区直预算单位“小金库”和规范非税收入管理工作。制定实施了《古城区区级预算单位银行账户管理办法》，通过边规范、边清理，取得了较好成效。五是强化财政监管，不断提高依法理财水平。强化财政资金跟踪绩效监督。以财务收支监督为中心，着重对财政性资金收、支、管各个环节的跟踪监管，努力做到“资金运行不拐弯、支出标准不提高、支出范围不突破、资金使用不浪费”。六是抓好全区财会人员继续培训，组织了《会计从业资格证》的考试、考核、注册、登记工作，从而推进了会计法制化、规范化进程，提高了会计信息质量和财务管理水平。

各位代表，我区2008年的财政工作，能取得如此好的成绩实属不易，这与区委的坚强领导，区人大、区政协的关心厚爱，社会各界的理解支持分不开，同时也凝聚着全区财税干部的辛勤劳动和汗水。在肯定成绩的同时，我们也清醒地看到，当前财政运行中也还存在着一些难点和问题。一是从全区一般预算收入来看，虽然收入任务完成较好，但基数较大，增长幅度不高。二是财源结构单一，容易受国家宏观政策和市场因素的影响，财政增收潜力不足。三是各项刚性支出不断增加，财政自给率低，承担着城市基础设施建设，城市维护、亮化、绿化、环卫、教育、社会治安等特殊任务，财政支出压力很大。四是区、乡财政管理和改革力度还需进一步加大。五是财政管理还不够科学精细，绩效有待提高。六是一些干部科学发展的意识和能力需要进一步增强等。针对这些问题，我们将认真学习实践科学发展观，着力在加强学习、提高素质上下功夫，在解决问题、破解难题上下功夫，在完善制度、创新机制上下功夫，在改进工作、促进发展上下功夫，力求用新理念谋求新发展，用新思路破解新难题，用新机制营造新环境，用新举措开创新局面。

三、2009 年财政收支预算草案

2009 年，由于受国际金融风暴和全球经济增长放缓的影响，我国经济发展的不确定性增大，将直接影响财政收入的增长。为了扩大内需，刺激经济，国家实行了积极的财政政策和适度宽松的金融政策，这样，势必会进一步加大财政收支平衡压力。在这种形势下，我区面临房地产市场交易量下滑、房产契税和交易税费下调等诸多不利因素，另外如旅游业和服务业等其它行业也将不同程度受到金融危机的影响，区财政的减收因素会有所增加。当然，国家保增长的宏观经济政策，也会给我区带来新的发展机遇。对此我们一定要认清形势，增强紧迫感和危机感。今年我区的财政工作和预算安排总的指导思想是：全面贯彻党的十七大和十七届三中全会精神，认真落实区委二届二次会议精神，深入学习实践科学发展观，实施积极的财政政策，调整优化财政支出结构，千方百计筹措资金，确保扩大内需的政策落实到位，加大对“三农”、民生、城市建设、环境保护、构建和谐社会等重要领域和重点建设的投入，支持加快经济结构调整和发展方式转变，着力解决涉及群众利益的热点难点问题，促进社会和谐稳定。坚持增收节支、统筹兼顾、留有余地的方针，继续深化财政改革，加强财政科学管理，着力提高财政资金绩效，促进经济平稳较快增长。

按照上述指导思想，综合考虑各方面因素，2009 年财政收支预算草案如下：

（一）地方一般预算收入 33 600 万元，比上年增长 10%（分类收入预算详见附表二）。

（二）上级补助收入 10 858 万元。

（三）上年结余收入 270 万元。

收入总计 44 728 万元。

（四）地方一般预算支出 41 528 万元，比上年年初预算增长 15%（分类支出预算详见附表二）。

（五）上解上级支出 3 200 万元。

支出总计 44 728 万元。收支相抵，全年预算收支平衡。

四、2009 年财政工作的主要措施

2009 年的财政收支形势十分严峻，我们要抓住关键、突出重点，以旅生财、项目生财，保持经济平稳较快发展，要紧紧抓住国家出台扩大内需促进经济增长的“十项措施”重大机遇，按照“抢抓机遇、突出重点、亮剑拼搏、全面开花”的工作思路，掀起新一轮项目建设高潮。为做好 2009 年财政工作，努力完成全年预算任务，重点采取以下措施：

（一）以扩大内需为抓手，支持经济平稳较快发展

把握国家实行积极财政政策和适当宽松货币政策的重大机遇，用足用活国家拉动内需、刺激经济的财政政策，争取项目资金，促进经济健康发展。充分了解和掌握国家投资的方向和重点，并和我区的项目建设实际情况相衔接，利用项目争取资金。一是加快在建项目进度。全力抓好金安桥电站、机场扩建、大丽铁路等在建续建项目建设，全力完成年度计划。二是开工建设第二污水处理厂、第二垃圾处理场、老丽鹤路改造、丽江师范高等专科学校迁建等一批重点项目，形成新的投资层面，充分发挥大项目的拉动作用。三是积极争取一批骨干项目。安排 200 万元项目前期工作经费，争分夺秒、千方百计争取项目和资金，努力扩大投资规模。对已初步落实的项目要跟踪督促，争取项目落到实处。对没有进入规模但符合国家投资

方向和重点的项目，要做好项目储备工作，随时争取上报。四是加大招商引资力度。五是全力打造融资平台。要进一步加强与银行之间的合作，通过融资5个亿带动100个亿的投资，为新团片区开发提供强有力的资金支持。六是积极落实国家支持产业发展的财政扶持政策，实施增值税转型改革和燃油税改革，推进税费改革，减轻企业和居民负担。

（二）继续强化财政收入征管

紧紧围绕2009年的财政收入目标，做好税源分析，强化税收征管。财税部门将通力合作，密切配合，严格执行“以票管税、按票计量”的征管办法，打击各种偷税骗税等行为，防止各种减免税费现象的发生。同时加强各项零散税收的征管，加强税务稽查力度，确保各项税收的及时足额入库。加强非税收入征管，充分掌握政策和实际情况，做好预测分析，强化“收支两条线”管理，加强对非税收入大户的监管，遏制各种随意减免行为，做到应收尽收。

（三）用好用足强农惠农政策，促进农业农村工作

继续把支持“三农”作为财政工作的重中之重，着力促进农业增产、农民增收、农村繁荣。区财政将安排农林水事务支出3，220万元，加大支农资金整合力度，加强银政合作，完善农村信用担保制度，引导更多金融和社会资金投向“三农”，形成多元化支农投入格局。加强农业农村基础设施建设，加大农业综合开发力度，进一步扩大涉农补贴范围和规模，坚决贯彻落实各项强农惠农政策。支持实施农民收入翻番计划，加大农村劳务输出培训，着力优化农民工返乡创业环境，加大扶贫开发工作力度，稳步提高农村群众收入水平。支持实施好退耕还林、天然林保护工程，深入推进集体林权制度改革，继续开展村级公益事业建设“一事一议”财政奖补试点，积极支持做好动物疫病防治工作，支持农村现代流通体系建设。加大对家电下乡、农机购置的补贴力度，积极开拓农村消费市场。

（四）坚持统筹兼顾，有保有压方针，保障机构正常运转

2009年在区本级全部实行部门综合预算，按照“保工资、保运转、保民生和法定支出”的原则，调整和优化财政支出结构，合理安排支出。适当提高差旅费补助标准，实行新的《古城区国家机关和事业单位差旅费管理办法》。牢固树立过紧日子的思想，勤俭办一切事业，压缩一般性开支，对公务购车用车、会议经费、公务接待费、出国（境）经费等实行零增长，杜绝一切铺张浪费现象。

（五）坚持以人为本，促进各项社会事业全面进步

区财政安排教育支出6 452万元，比上年本级支出增长9.7%，着力完善农村义务教育经费保障机制，落实义务教育学校教师绩效工资，支持农村中小学排危工程。区财政安排社会保障支出5 601万元。全面推行城镇居民基本医疗保险制度，继续完善社会保险和城乡救助制度，做好企业职工基本养老保险省级统筹和企业退休人员待遇调整工作，建立新型农村社会养老保险制度，进一步增加财政对低收入群体的生活补助，将城乡困难群体纳入最低生活保障范围，对未纳入城乡低保范围的边缘群体和其他临时困难群众给予临时救助。区财政将安排医疗卫生支出2 317万元，比上年本级支出增长41.4%，调整新型农村合作医疗报销标准和起付、封顶线，加大对困难群众看病就医的救助，支持基层公共卫生、医疗保障和药品流通体系建设，进一步缓解看病贵、看病难问题。支持卫生和食品药品监督体系建设，确保食品、药品安全。进一步支持好科技、文化、体育、传媒等社会事业建设，落实好各项计划生育政策，大力支持做好社会稳定工作。

（六）不断深化财政改革，努力提高财政管理水平

主要是完善国库集中支付，加强国库资金安全管理。乡财区管工作要在2008年的基础上，继续健全各项规章制度，完善具体工作流程，加强监督管理，切实保证此项改革的顺利进行。进一步狠抓资源整合和财政绩效评价。整合各类财政专项资金，解决好政府资金使用分散的问题，对财政支出既要重分配又要重管理，既要重投入又要重效益，实行追踪问效，切实提高资金的使用效益。

各位代表，2009年的财政工作任务繁重而艰巨，机遇和挑战并存，机遇大于挑战。我们将在区委的正确领导下，在区人大、区政协及社会各界的监督和支持下，把握机遇、改革创新、扎实工作，为推动全区经济发展和事业进步，为构建和谐文明小康古城做出新的更大贡献。

丽江市古城区人民法院
工作报告

——2009年3月12日在丽江市古城区第二届人民代表大会第二次会议上

丽江市古城区人民法院院长　赵　勇

各位代表：

我代表丽江市古城区人民法院向大会报告工作，请予审议，并请区政协委员和列席人员提出意见。

2008年，在中共丽江市古城区委的正确领导和上级法院的指导下，在区人大常委会的法律监督和工作监督、区政协的民主监督和区人民政府的大力支持下，始终以邓小平理论和“三个代表”重要思想为指导，坚持“三个至上”（党的利益至上、宪法法律至上、人民利益至上），坚定正确的政治方向，以科学发展观为统领，以服务古城区经济、社会发展为中心，以维护人民利益为根本，按照中国特色社会主义事业建设者和捍卫者的职能定位，认真履职，全面完成了全年工作任务。

2008年的工作回顾

一、发挥审判职能作用，促进经济社会协调发展

一年来，区法院以维护区域稳定、服务经济发展、构建社会和谐为已任，以维护人民利益为根本，积极稳妥开展审判和执行工作。全年共受理各类案件1 267件（含旧存执行积案411件），审结605件，结案率为95.58%，执结183件，执行标的409万余元。

（一）深入落实宽严相济刑事政策，促进社会和谐稳定

全年共受理刑事案件184件，审结184件，结案率为100%，无发回重审案件。在刑事审判中，区法院始终坚持从修复社会关系，最大限度地化解矛盾、遏制、预防和减少犯罪，减少社会对抗、促进和谐、维护社会稳定的高度，全面理解和把握好宽严相济政策的执行，坚持以人为本，既注重保护被告人的诉讼权利，也注重保护被害人合法权益的实现。一是从严从快打击民愤极大、严重危害公共安全、人民群众生命财产安全的重大刑事犯罪，增强人民群众安全感。全年共判处五年以上十五年以下犯罪分子79人、数罪并罚判处十五年以上犯罪分子4人。二是依法惩治经济犯罪和职务犯罪，以维护国家机关形象和机关工作人员的廉洁性。全年共审结经济犯罪和职务犯罪9件，其中处级干部犯罪案件5件5人，追缴非法所得192.8万元，正确运用刑罚手段推进反腐倡廉工作深入开展。三是对初犯、偶犯、未成年犯、老年犯中罪行轻微的，依法减少判刑、扩大非罪处理；非判不可的，则减少监禁刑，依法扩大非监禁刑和缓刑。对普通刑事附带民事及自诉案件中的被告人积极赔偿取得受害人谅解的，在量刑上从轻判处，力求化解矛盾，做到案结事了。2008年曾被我院适用非监禁刑在校就读高中的学生陈XX以优异成绩考上大学，专程赶到法院表示感谢，感激之情溢于言表，这是区法院正确执行宽严相济刑事政策较为成功的案例。全年区法院审理的刑事附带民事案件调解并及时清结的达27件，对92名罪犯适用了非监禁刑。四是加大回访帮教力度，积

极配合学校、社区尽力做好社区矫正工作。2008 年对适用非监禁的犯罪人员进行了两次回访，走访了犯罪人员和他们所在的街道、社区，延伸了审判职能。同时，借助社会力量共同做好非监禁人员的教育、感化、挽救工作。

(二) 强化民、商事案件审判，促进社会诚信体系建设

全年共受理民商事案件 441 件，审结 413 件（公告期未到期、司法鉴定等未结 28 件），结案率为 93.65%。其中调解结案 205 件，调解率 49.64%。在民、商事审判中，始终坚持“定纷止争、案结事了”的工作目标，把化解家庭纠纷、邻里纠纷、妥善审理劳动争议、救助社会弱势群体、规范市场交易行为、制裁民事违法、侵权行为，维护社会和谐稳定、市场交易安全、社会诚信体系建设作为工作重点，统筹兼顾，取得了较好的社会效果，圆满完成了全年工作任务。其中审结了婚姻、抚养、赡养、继承和家庭财产纠纷案件 141 件、人身损害赔偿案件 68 件、劳动争议案件 5 件、购销、借款、租赁合同等商事纠纷 227 件。值得一提的是，2008 年商事案件增幅是区法院历史上从未有过的，同比增长 61%，并首次超过一般民事纠纷案件，这充分说明 2008 年我区经济建设又好又快蓬勃发展、市场交易活跃、公民依法保护自身合法权益的意识增强，区法院社会公信力逐步提高。

(三) 坚持监督与支持并重，促进依法行政

妥善审理行政争议案件，化解“官、民”纷争，正确处理审判权与行政权的关系、平等保护行政机关和行政管理相对人的合法权益，是人民法院行政审判工作的重点。在审判中始终坚持监督与支持并重，针对行政案件中行政机关和行政管理相对人主体地位不平等的特点，正确行使审判权，探索采用和解、司法建议等多种形式尽力化解争端，做到了依法裁判又不代替行政机关行使权力，确保行政机关依法有效地进行行政管理。全年共受理行政诉讼案件 4 件，审结 4 件。其中维持行政机关具体行政行为 2 件，撤销行政机关具体行政行为 2 件。受理审查行政非诉执行 5 件。其中，裁定准予执行 4 件、裁定不予执行 1 件。

(四) 摸清底数、多措并举，全力清理执行积案

执行工作是法院继审判之后一项非常重要的工作，多年来人民法院执行工作一直是社会关注的焦点，也是涉法涉诉案件集中的热点。2008 年区法院以省委政法委督办的两个案件为突破口，对历年未结执行案件进行了全面清理，由院长直接主管执行局，对清理出来的 411 件案件全部清理造册，同时确定案件承办人、明确执行期限和督办领导，制定案件办理的流程管理程序，加强执行装备和队伍教育，本着实事求是、有错必纠的原则，对几年前程序有错，当事人反映强烈的两件案件进行了赔偿并以此为例进行了广泛的业务教育、培训。全年在承担繁重的反恐维稳工作的情况下执结案件 183 件，执行标的 409 万余元。从 2008 年 12 月 6 号开始，按照中央政法委和最高人民法院的工作部署，区法院执行干警和分管领导自动取消了双休日和休假，全力投入清理执行积案工作。按照这次专项清理活动的目标和要求，本院将在 2009 年 6 月 30 日前完成清积任务。目前辖区内五个乡镇清理工作基本完成，效果显著，下一阶段将举全院之力对四个办事处进行清理，并将这项行动保持到年底，力争在 2009 年以后区法院执行工作实现良性循环。

二、健全利民、便民机制，着力构建和谐司法

把实现好、维护好、发展好最广大人民群众的利益作为各项工作的出发点，以人民满意为最高标准，不断完善各项便民、利民措施，努力营造便捷高效的诉讼环境，为人民群众办实事、解难题，以司法和谐促进社会和谐。

(一) 畅通绿色通道，提供诉讼便利

以加强立案“窗口”建设为重点，不断完善从接待、咨询到立案的“一站式”服务，畅通诉讼的绿色通道；采用电话咨询、一次性告知等措施，尽力方便当事人诉讼。推行首问责任制、立案释明制，热情、耐心解答当事人的法律咨询，依法告知和提示当事人的诉讼风险，正确引导当事人理性诉讼。

(二) 加大救助力度，体现司法关爱

充分关注特殊群体的司法需求，加大司法救助的力度。2008 年为年老体弱或经济困难的 17 件案件的当事人及时联系法律援助中心律师提供无偿的法律服务，并为 13 件案件经济困难的当事人减、免、缓交诉

讼费 1.83 万余元。其中，对涉老、涉残的案件优先审理、优先执行，维护他们的合法权益。全年共对 3 名涉老、涉残案件的当事人免交了诉讼费 6000 元。

（三）强化信访申诉、营造和谐氛围

坚持畅通信访渠道和维护信访秩序并重，对当事人的投诉和来访，按照分级处理、归口管理的原则，实行领导包案、部门督办、责任到人，重点解决重复访、集体访等难点问题、做到逐案登记、跟踪管理、专人填报、件件答复。实行天天都是院长接待日制度，方便当事人来访。强化广大干警信访意识，实行“诉”前指导、“判”后答疑，让当事人“赢的清楚、输的明白”。全年处理来信 15 件，接待来访人员 2 129 人次。

三、围绕可持续发展，着力加强自身建设

把法院自身建设作为提供司法保障，服务工作大局的立足点，加强队伍管理，狠抓基础建设，确保法院工作全面协调和可持续发展。

（一）班子建设成效明显

一是实行一把手负总责，党组成员连带责任制，严格按照民主集中制原则进行决策、实施领导。班子成员团结配合，齐心协力，营造法院风清气正、干事创业的氛围。工作中，班子成员以身作则、团结协作，勤政务实，勇于创新，形成了心往一处想，眼往一处看，劲往一处使的工作格局。生活上，保持清政廉洁，关心爱护同志，发挥模范表率作用，赢得了广大干警的信任和支持。二是加强政治思想建设。以理想信念、法治理念教育为载体，健全党组中心组、支部民主生活会等学习制度，将政治思想教育、法院文化建设和道德教育纳入日常管理，常抓不懈，用先进文化陶冶法官情操。三是加强班子建设。2008 年在区委的关心支持下，选拨了一名具有丰富实践经验的副院长、配备了两名专职审委会委员，班子能力建设得到进一步加强，审判资源配置更加合理。

（二）作风建设不断增强

2008 年区法院党组把司法作风建设作为区法院公正文明执法的标尺和人民群众肯定认同法院工作的重要基础来抓。通过深入学习和实践科学发展观等活动，找出作风建设与科学发展观不相适应的问题，切实规范执法办案行为，不断改进审判和执行工作作风，人民满意度不断提高，审判和执行部门不断收到人民群众赠送的锦旗，干警服务意识进一步得到增强。

（三）干警业务素质不断提高

2008 年，在坚持抓好在职干警学历教育培训的同时，继续抓好审判人才的培养工作，今年又有两名在职干警顺利通过司法考试，法官后备人才不断增加。在现有审判队伍中共选送了 10 余人参加了各种技能培训，执法能力得到增强，案件质量明显上升，改判和发回重审率大幅下降。

（四）大力加强党风廉政建设

在认真执行与区委和上级法院签订的党风廉政建设责任书的同时，根据部门特点，紧扣干警思想实际，每季度开展一次党风廉政专题教育并组织干警到扶贫点看望、慰问群众，培养增进干警和人民群众的感情，从而增强廉政意识。在加强干警廉政教育的同时，院班子成员更是把自觉接受监督作为一项制度认真落实，院长、党组书记赵勇自九月份起不再分管财务和基建，主动接受监督，取到了良好的带头示范作用。全院干警全年无违法违纪案件发生。区法院多名干警受到省委政法委、省高院、省司法厅、市中院的表彰。区法院 2008 年度被中院荣记集体三等功，并连续第六年被市中院评为党风廉政建设先进集体。

（五）两庭建设稳步推进

2008 年在区委和区人民政府的关心、帮助下，束河人民法庭已破土动工，将于 2009 年 7 月建成并投入使用，这将结束古城区没有人民法庭的历史。审判综合楼建设的前期报建工作正在紧张进行，目前已经完成选址和规划评审工作，2009 年上半年将开工建设，力争在 2010 年 6 月份前完成全部工程建设，彻底解决区法院无审判法庭、无办公场所的状况，使我区法庭建设适应经济、社会发展的需要，从而更好地为我区各项事业的发展提供更好的法律服务。

四、延伸审判职能，推进综合治理工作

一是认真贯彻“打防结合、预防为主”的方针，紧密结合审判工作实际，适度扩大、延伸工作领域，积极参与社会治安综合治理。从2008年3月至9月，本院共出动警力1080人次，参与处突维稳执勤，为奥运会的成功举办和丽江的社会稳定作出了积极贡献。二是认真开展扶贫攻坚工作。我院将按照帮扶工作的目标和要求，分步实施扶贫攻坚计划，力争早日实现脱贫济困目标。据统计，2008年区法院共捐资捐款29 756元，解决了部分群众发展生产、致富增收的燃眉之急。三是认真开展法制宣传，提高公民的法制意识。除利用法庭释疑、巡回法庭、法律咨询进行法制宣传外，还利用12.4法制宣传日积极认真地开展法制宣传工作，促进了我区两个文明建设健康发展。

各位代表，2008年区人民法院工作取得的成绩，是区委加强领导、区人大、区政协加强监督、区人民政府和全区人民关心支持的结果，也是全院干警团结一心，共同努力的结果。在此，我谨代表区人民法院向长期关心、支持和监督法院工作的人大代表、政协委员、各级领导和社会各界人士表示诚挚的感谢和崇高的敬意！

回顾一年的工作，在看到成绩的同时，我们清醒认识到工作中还存在不少的困难和不足，离社会形势发展的要求和人民群众的期望还有较大差距：一是审判、执行力量不足的状况虽有所缓解，但未能彻底解决。二是少数干警作风不实、服务意识不强的情况依然存在。三是少数案件办案周期过长、执行工作未真正实现良性循环。四是审判、执行工作与人民群众的诉讼需求尚有差距。五是便民、利民的措施有待进一步改进。六是法院建设发展需求与物质装备不协调状况依然存在。为此，区人民法院将以实事求是的态度，按照科学发展观的要求，采取积极措施，努力加以克服和解决。

2009年主要工作任务

2009年，是新中国成立60周年，是全面应对国际金融危机，实现经济平稳较快发展的一年。受席卷全球的金融危机影响，我国将面临经济社会发展的严峻挑战，各种社会矛盾碰头叠加，社会治安压力增大，人民内部矛盾凸显，社会和人民群众司法需求大幅增多，这对人民法院化解社会矛盾，加强自身建设，提出了新的挑战。面对复杂形势，区人民法院将按照省、市法院院长会议和区委二届五次全会确立的目标要求，确定2009年及今后一个时期开展工作的总体目标：继续深入学习贯彻党的十七大精神，高举中国特色社会主义的伟大旗帜，以邓小平理论和“三个代表”重要思想为指导，始终坚持“三个至上”，以科学发展观为统领，以落实“法院便民年”为重点，以促进社会和谐为目标，以保障社会公平正义为核心，全面加强审判、执行工作，切实加强队伍建设和“两庭”建设，提高司法公信力，为古城区经济平稳较快发展提供有力的司法保障。为此着重抓好以下几项工作：

一、学习实践科学发展观，坚定正确的政治方向

继续解放思想，着力转变不适应科学发展观的思想观念，实事求是地分析和找准区法院工作与科学发展观不相适应的突出问题，找准解决问题的切入点和着力点，自觉运用科学发展观指导法院各项工作实践，努力破解审判难题，严肃审判纪律，端正工作作风，增强全局意识和为民司法意识。

二、发挥审判职能作用，促进经济社会协调发展

主动发挥司法审判优势，找准审判工作与经济社会发展之间的连结点，自觉地服务于国家防范金融风险、维护金融安全、保持经济平稳发展和维护社会稳定和谐的大局。一是继续认真执行宽严相济刑事司法政策。用“严”的刑罚手段严惩危害公共安全、人民群众生命财产安全和严重破坏经济秩序的重大刑事案件，坚决维护社会稳定；用“宽”的刑罚手段减少社会对抗、促进社会和谐、积极研究推行刑事案件的民事化和解处理，加大回访帮教力度。二是深入贯彻落实《关于为维护国家金融安全和经济全面协调可持续发展提供司法保障和法律服务的若干意见》文件精神，妥善处理全球金融危机引发经济领域产生的企业倒闭破产、劳动争议以及各类合同履行不能、债权债务、股权、专利等纠纷。三是为推进农村改革提供司法服务。依法审理传统的“三农”案件，关注农村改革发展中可能出现的新类型案件，妥善解决农民多形式流转土地经营权纠纷、农村小额信贷、民间借贷、因征地引发的民事、行政案件。四是着力清理积案和化解执行难题。2009 年，区法院将认清执行工作的形势和任务，以最强有力的领导和指挥，最有效的措施和办法，坚持不懈清理执行积案。在执行中，我们将在严格依法、以人为本的基础上与相关部门配合建立起执行联动机制、涉诉特殊困难群体执行救助机制、审执协调机制、执行不能案件的依法终结机制、执行监督机制，最终形成化解执行难题的长效机制。截止 2009 年2 月底，已执结积案 100 余件，执结标的 200 余万元。

三、规范案件流程管理，认真开展便民年活动

坚持司法为民，自觉把人民群众最期待、最迫切、最需要解决的问题作为我院工作的出发点和落脚点。2009 年按照市中级法院的工作部署，将结合本院自身实际，以改进案件流程管理为突破口，在确保案件质量的前提下，实行繁简分流，加大速裁和巡回审判力度，尽力缩短办案周期，提高民、商案件的调解率和当庭执结率，扎实推进司法为民，便民、利民活动的开展。

四、加强法院队伍建设，努力提升司法公信力

一是加强“五个严禁”的贯彻执行和反腐倡廉教育长效机制的建立，推进法院廉政文化建设，用干警严谨的作风、良好的操守，取信于民。二是加强社会主义法治理念、科学发展观教育，提高干警服从和服务于党和政府的工作大局的能力和政治鉴别力。三是加强干警业务培训、学历教育、司法考试，增强干警业务素质，提升司法能力。四是加强岗位责任制和绩效考核制度的修订，建立干警绩效档案，强化选人用人机制建设。五是加强院长、庭长职责管理制度的订立，强化管理、考核、监督和问责力度，提高管理效能。六是加强法官、法警、书记员队伍分类管理，提高法院科学管理能力。

五、加快两庭建设步伐、提高法院硬件建设水平

新的一年，在区委、区政府的关心支持下，区法院迎来了全面建设的一年，规划面积 5 400 余平米的审判综合楼已顺利通过规划评审，束河人民法庭已开工建设，年内即将投入使用。在建设中我们将严格工程质量管理、严格控制工程预算、提高资金使用率，同时我们将按照“审判管理网络化、政务管理智能化、人事管理信息化”的要求，加强法院信息化基础设施建设，尽快建成与我区社会经济发展相适应的审判场所，以满足人民群众日益增长的诉讼需求。

六、自觉接受党的领导和人大及社会各界的监督，确保人民法院正确的政治方向

人民法院是建设中国特色社会主义事业的建设者和捍卫者，这是党在新的历史时期对人民法院工作的定位，坚持党的利益至上、宪法法律至上、人民利益至上，是党对人民法院工作的基本要求。因此，我们将进一步强化党的领导意识，自觉把法院工作融入党和政府工作大局之中，坚决服从党的领导，自觉接受人大、政协监督，不断改进接受监督的方式。认真执行向人大及其常委会报告工作制度，认真办理人大代表议案，完善邀请人大代表、政协委员旁听案件开庭审理和视察法院工作制度。

各位代表，新的形势任务催人奋进，完成工作任务我们信心满怀，在新的一年里，我们将紧密团结在以胡锦涛总书记为核心的党中央周围，在区委的领导，区人大及其常委会的法律监督、工作监督，区政协的民主监督以及区政府及社会各界的大力支持下，认真履职、真抓实干，为和谐、文明、小康古城建设作出新的贡献！

丽江市古城区人民检察院工作报告

——2009年3月12日在丽江市古城区第二届人民代表大会第二次会议上

丽江市古城区人民检察院检察长 唐加荣

各位代表：

我代表古城区人民检察院向大会报告工作，请予审议，并请各位政协委员和列席会议的同志提出意见。

一年来主要工作回顾

2008年，古城区人民检察院在区委和上级检察机关的领导下，在区人大的法律监督和工作监督、区政协的民主监督及区政府的有力支持下，以邓小平理论和“三个代表”重要思想为指导，牢固树立科学发展观，按照“强化法律监督，维护公平正义”的工作主题，全面履行检察机关职能，为构建和谐文明小康古城作出了积极的贡献！

一、认真履行法律监督职能，为全区经济社会发展提供有力的司法保障

（一）依法严厉打击各类刑事犯罪，积极化解矛盾纠纷，全力维护社会稳定

充分发挥批捕、起诉职能，依法打击各类刑事犯罪活动。一年来共受理公安机关及本院自侦部门提请逮捕的各类刑事案件176件360人，经审查，批准逮捕167件323人，公安机关提请延长侦查羁押期限5件21人，要求复议3件6人，要求重新审查1件1人，审结率为100%。共受理公安机关及本院自侦部门移送审查起诉案件216件436人，经审查，依法提起公诉189件393人，报送市检察院14件39人，退回公安机关补充侦查46件次，决定不起诉10人，审结率为100%，出庭支持公诉156件，建议法院适用简易程序审理33件，提起公诉的案件，法院均作了有罪判决。

认真处理涉检信访，妥善解决群众反映的实际问题。牢固树立“群众利益无小事”的思想，认真处理涉法涉诉案件，把执法办案同化解矛盾纠纷结合起来，既解开当事人的“法结”，又解开当事人的“心结”，全年所受理的49件来信来访案件，均按照分级负责、归口办理的原则，及时分流处理，办结率为100%，做到事事有交待、件件有着落。同时，坚持推行“检务公开”和“检察长接待日”制度，坚决杜绝因过急行为而引发群体事件，避免矛盾激化和越级上访，把矛盾化解在基层，通过深入细致的工作，辖区内无一例涉检上访案件。

积极参与社会治安综合治理工作。在“3·14”事件后及时成立维稳领导小组，做实做细准备工作，成立了应急组、提前介入组、法律政策宣传组、后勤保障组、安全保卫组等五个小组，积极参与束河维稳值勤工作，并安排专人专车，共组织警力300余人次，出动警车100余台次，圆满的完成了束河维稳工作，为奥运火炬在丽江安全传递做了大量实际的工作。同时继续加强法制宣传教育，开展了以“依靠群众、惩防并举”为主题的举报宣传活动，还认真抓好挂钩联系点综治维稳建设工作，年内深入挂钩联系点金山乡，

对金山乡综治维稳工作进行帮助、协调、指导，并就工作中存在的问题向政法委作专题汇报，同时向相关单位发出检察建议，协调解决存在的问题，防止社会综治维稳问题的出现。

积极开展预防青少年犯罪工作。在辖区内的福慧学校、金安中学，采用法制宣传栏等形式，开展了以《人民检察院办理未成年人刑事案件的规定》等四个内容为专题的法制宣传教育活动，通过实实在在的工作，截至目前，两所学校在校学生均未出现违法犯罪现象。

（二）依法查办职务犯罪，加强预防工作，促进反腐倡廉建设深入开展

强化措施，切实加大办案力度。人民群众最痛恨的是贪污腐败，按照上级院的要求，顺应人民群众“从严查处腐败分子”的呼声，不断加大查办职务犯罪的力度，全年共受理贪污贿赂案件5件5人，立案4件4人，涉案金额共计75万余元，为国家挽回经济损失68万余元。针对人员少、任务重的特点，全院抓住重点、找准方向，调集各部门力量进行“会战”，集中力量查办大要案，查办了古城区原民政局局长杨某私分国有资产等案件，经提起公诉后，杨某等人均被作了有罪判决，案件的查处引起了社会的强烈反响，使人民群众看到了党惩治腐败的决心。

关注民生，严肃查办群众反映强烈的涉农职务犯罪案件。结合古城区社会主义新农村建设实际，依法惩治侵害农民切身利益的涉农职务犯罪案件。针对七河乡征地补偿款分配问题中存在较大争议的情况，积极组织干警进行专项调查，经调查发现曹某在2007年担任村民小组长期间，擅自将尚未分配的土地补偿款挪用借支给他人用于营利活动，经查实后，依法查办了曹某，并追究了其刑事责任，用实际行动保护了农民的合法权益，维护了农村的和谐稳定。

注重治本，增强预防职务犯罪工作的实效。针对新农村建设中容易诱发职务犯罪和农民群众关注的热点问题，依托丽江监狱警示教育基地，先后组织召开了“古城区乡（办事处）基层干部党风廉政建设警示教育现场会”、“金山乡预防职务犯罪警示教育现场会”，警示参会人员要“老老实实做人，踏踏实实做事，清清白白做官”。并结合查办案件特点，针对案件多发、易发的重点单位和部门，加大预防工作力度，及时对发案单位提出检察建议，有效发挥了法律的威慑力和预防的控制力。

深化职务犯罪预防工作，有效开展对重大工程建设项目的同步预防。全年适时参加区内重大工程项目招投标监督35次，工程竣工验收2次，参加政府采购大宗物品招投标会议2次，有力地促进了创建“工程优质、干部优秀”的“双优”活动，为国家节省资金560.5万余元。

（三）强化诉讼监督，提高监督实效，维护法律的统一正确实施

加强立案监督和侦查活动监督。切实加大了工作力度，全年共办理立案监督案件4件5人。年内提前介入重、特大案件共16件35次，为顺利侦破案件、严惩各种刑事犯罪活动起到了积极的作用。

加强刑罚执行和监管活动监督。在对丽江监狱刑罚执行监督中，共监督收押新犯801人；审查刑满释放罪犯562人；审查罪犯减刑1 165人、假释48人，审查罪犯保外就医61人。在对云南省第四劳教所劳教执法监督中，审查新收容劳教人员11人、法律文书11份；审查期满解除劳动教养202人、法律文书202份；审查劳教人员减期材料16份、延期材料4份、请假材料3份、所外就医材料11份。深入各监管场所开查检察官信箱12次，办理被监管人员信访案件5件5人，开展安全防范检查活动46次，对被监管人员进行个别谈话教育45人次，开展法制教育活动3次，切实履行了刑罚执行和监管活动的监督职能。

加强民事审判和行政诉讼监督。坚持“敢抗、会抗、抗准，公开、公正、合法”的办案原则，年内所受理的陈某买卖合同纠纷，经立案审查后依法作出不提起抗诉处理；所受理的1件来信来访案件，经审查后已转交相关部门处理，并对正确的判决、裁定，积极做好申诉人的服判息诉工作，维护了司法权威。

依法查处司法不公背后的问题。人民群众最关心司法公正，我院把监督重点放在一些行政执法单位执法不公、执法不严上，全年共收到举报线索4件6人，经反渎职侵权部门初查后，因达不到立案标准，均作出了不立案处理，但都及时对相关单位发出了检察建议书。全年共向古城区相关部门发出检察建议83件，帮助相关单位建章立制，规范执法。

二、不断改进检察工作，确保法律监督职能的正确履行

（一）坚持在执法办案中为古城区旅游经济服务

始终把打击的锋芒指向人民群众深恶痛绝的严重暴力性犯罪和侵财性犯罪，特别将对游客的犯罪案件作为打击重点，定期不定期地牵头召开相关执法部门联席会议，分析研究当前辖区内的治安状况，制定安全防范措施，做到快捕快诉，形成打击合力，为我区旅游经济健康发展提供了坚定的司法保障。

（二）全面贯彻宽严相济刑事政策

坚持当宽则宽，该严则严，宽严适度。对于未成年人犯罪案件，主观恶性较小、情节较轻的初犯、偶犯以及过失犯罪案件；因邻里、婚姻或家庭纠纷引发的轻伤害刑事案件；因债务纠纷引发的民转刑案件；涉及群体性利益，合理的诉求与不恰当的表达方式相交织的轻微刑事案件，区别情况，坚持少捕、少诉，慎捕、慎诉，无逮捕、起诉必要的果断不予批捕、起诉，最大限度地减少社会对抗。

（三）推进检察改革，积极探索实施人民监督员由人大任命的工作机制

积极推进人民监督员试点工作，由我院向区人大提供拟选任人民监督员名额名单，经各相关部门对拟选任人员进行考察，最终由人大向选任人颁发《人民监督员证书》，并进行正式任命，此举走在了云南省检察系统的前列。我院始终自觉把检察工作置于社会的监督之下，不断提高检察工作的透明度，全年人民监督员共对古城区原民政局局长杨某不服侦查监督部门逮捕以及我院拟对原古城区福利院院长不起诉等两起案件进行了监督评议，不仅有效促进了检察队伍执法观念和执法方式的转变，而且进一步密切了检察机关与人民群众的联系。

（四）对附条件批准逮捕制度进行尝试

为解决实际中遇到的问题，使检察机关的批捕工作既符合刑事诉讼法的规定，又有利于保障人权，我院对附条件批准逮捕制度进行了尝试，共对涉嫌重特大案件的两名犯罪嫌疑人采取了附条件逮捕措施，为公安机关继续侦查赢得了时间，有力的打击了犯罪，保障了受害人的权益。

三、大力加强自身建设，推动检察工作的全面发展

（一）深入开展各类专题学习活动

在年内开展的全国检察系统“大学习、大讨论”教育活动、区委“解放思想，深化改革，扩大开放，科学发展”大讨论活动以及“讲党性、重品行、抓落实、促发展”作风建设教育活动中，为正确处理工学矛盾，院党组把几项教育活动有机地结合在一起，取得了较好的效果。全院干警共撰写了心得体会147篇，共向社会征求意见658份，同时坚持边学边改、边查边改，把整改的成效充分体现到具体工作中，得到了上级领导及人民群众的一致好评。

（二）切实加强队伍建设

调整充实了院领导班子，经过调整，院领导班子平均年龄43岁，比去年下降1.3岁，本科及以上学历已占83.4%，比去年上升了16.7%，班子成员中，共有汉、纳西、傈僳、白四个民族，女性两名，院领导班子呈现出年龄结构轻、知识层次高、民族构成好的趋势，领导班子团结协作、科学决策的水平进一步提高，凝聚力、战斗力明显增强。大力加强专业技能培训和学历教育培训，截至目前，全院法学本科以上学历的已有36人（其中研究生2人），占全院人数的73.4%。全年共有6人达到国家司法考试A类标准，通过率为67%，这一成绩的取得，缓解了基层检察院检察官断档的问题。

（三）综合工作协调推进

信息调研工作。一年来，共发出简报信息78篇、督查信息96篇、舆情信息50篇，广泛宣传了检察机关职能和检察工作取得的成效，并为上级检察机关和地方党委政府决策提供了及时有效的信息。

办案安全工作。坚持以办案安全为重点，严格落实安全责任制，把办案安全责任分解到人、落实到位，全年未发生犯罪嫌疑人自杀、自伤、脱逃等安全问题。

信息化建设工作。进一步加强信息技术在检察业务中的应用，针对上级院、区委开展的学习教育活动，在综合信息发布系统开辟专栏，延伸了传统的学习方式；进一步加强干警应用技能培训，推进办案自动化

系统的使用力度；进一步加强网络信任体系建设，继续完善网络安全保密机制。

扶贫工作。全院干警积极参加了“献爱心”、“慈善一日捐”、“扶贫济困送温暖”和“献爱心、送温暖”等一系列的捐助活动，继续开展了对金安中学品学兼优的困难学生的帮扶工作，全年捐款总计达32580元。针对因公牺牲干警和鉴春家生活存在较大困难的情况，在积极发动全院干警献爱心的同时，及时向各级各部门反映情况，并向社会发出倡议，为其家人排忧解难。

（四）深入推进检察机关反腐倡廉工作

在与区委签订《党风廉政责任书》的基础上，狠抓党风廉政建设，使党风廉政建设任务到人、责任到人，进一步明确了各自的职责，由于责任到位、措施得力，年内我院干警无违法违纪案件发生，为全年检察工作的顺利开展提供了强有力的政治和纪律保障。

（五）不断加强党建工作

院党总支及其下设三个党支部充分发挥战斗堡垒作用，十分注重对新党员的培养和吸收工作，全年共有5名预备党员按期转正，并继续关注离退休老干部，定期向老干部传达文件精神、通报工作情况和征求意见建议，让老干部一如既往地关心检察事业。

各位代表，在过去的一年中，虽然我们被最高人民检察院授予了“全国先进基层检察院”的光荣称号，各项检察工作也取得了一定的成绩，但同时也清醒的认识到，工作中还存在着一些问题：一是法律监督工作的力度与人民群众的期望和要求还有差距；二是职务犯罪预防网络机制中仍然存在个别单位和部门开展具体工作差、工作流于形式的现象；三是查办职务犯罪工作的成效还不够明显；四是检察人员的整体素质和执法能力还不能完全适应构建和谐社会大环境下法律监督工作的需要；五是执法保障机制不够健全，编制与工作任务之间的矛盾比较突出，办公环境和条件急需改善。

二○○九年工作安排

2009年检察工作的总体思路是：高举中国特色社会主义伟大旗帜，以邓小平理论和“三个代表”重要思想为指导，深入学习实践科学发展观，认真贯彻全省检察长会议及区二届二次党代会精神，全面落实胡锦涛总书记等中央领导同志对检察工作的重要指示，牢固树立社会主义法治理念，坚持党的事业至上、人民利益至上、宪法法律至上，按照上级院和区委的部署，更加注重服务经济发展，更加注重保障民生，更加注重促进社会和谐稳定，更加注重反腐倡廉建设，更加注重维护公平正义，充分履行法律监督职能，推进古城区检察工作科学发展，为古城区经济平稳较快发展提供坚强有力的司法保障。为此，在今后的工作中，将重点抓好以下四个方面的工作：

一、紧紧围绕全区工作大局，为全区经济平稳较快发展提供法律服务

针对古城区今年项目投资大、数量多的特点，全力为全区经济平稳较快发展提供法律服务，保护公平竞争，营造良好的法制环境。依法惩治涉及企业生产经营的各类犯罪活动，积极预防和严肃查处在项目投资和工程建设中的贪污受贿、挪用公款、滥用职权、玩忽职守等职务犯罪；积极参加整顿和规范市场秩序专项行动，深入查办涉农职务犯罪，继续为我区旅游经济“保驾护航”。在工作中既依法严厉打击经济犯罪活动，坚决维护市场经济秩序，又慎重使用强制措施，依法保护企业合法权益，努力促进企业健康发展。

二、全面履行法律监督职责，更加注重保障民生

（一）加强批捕、起诉工作，全力维护社会稳定

充分认识今年维护社会和谐稳定工作面临的严峻形势，严厉打击“藏独”、“法轮功”等境内外敌对势力的渗透颠覆破坏活动，切实做好防范和打击暴力恐怖活动的工作。继续加大对黑恶势力犯罪、严重暴力犯罪、多发性侵财犯罪、涉众型经济犯罪和毒品犯罪的打击力度，增强人民群众的安全感。坚决打击危害农村社会稳定、侵害农民合法权益、危害农业生产的犯罪，促进社会主义新农村建设。坚决依法惩治扰乱和破坏社会主义市场经济秩序的犯罪，重点打击制售有毒有害食品药品、非法集资、金融诈骗、侵犯知识

产权等犯罪。加强检察环节的社会治安综合治理工作，积极参与平安建设，维护社会大局稳定。

（二）严肃查办和积极预防职务犯罪，促进党风廉政建设和反腐败斗争的深入发展

要保持办案规模，集中力量查办大案要案，重点查办发生在工程建设、社会保障、劳动就业、征地拆迁、政府投资、医疗卫生、招生考试等领域的职务犯罪案件以及商业贿赂中的职务犯罪案件；严肃查办发生在党政机关和领导干部中滥用职权、贪污贿赂、失职渎职等犯罪案件，特别是党政机关工作人员玩忽职守、滥用职权，导致能源资源和生态环境严重破坏，致使公共财产、国家和人民利益遭受重大损失的渎职犯罪案件；坚决查办发生在与民生密切相关的行业和领域、严重侵害群众利益的职务犯罪案件以及严重失职渎职造成重大安全生产事故的犯罪案件。同时也要做到“平稳健康”发展，努力实现办案力度、质量、效率和安全的有机统一。

针对今年我区较大幅度增加公共支出、加大政府投资力度的新情况，加强对民生工程、基础设施、生态环境建设等重大工程建设和项目资金使用的法律监督，向有关部门了解资金使用情况，积极做好公共资金使用、公共资源配置、公共项目实施等重点领域和环节的预防职务犯罪工作。要充分发挥检察建议的作用，推动有关单位、行业建立内控机制，运用典型案例开展预防宣传和警示教育，努力从源头上减少和遏制职务犯罪的发生。

（三）强化诉讼监督，维护司法公正和司法权威

进一步加强立案监督，注重防止有案不立现象；进一步强化审判监督，对量刑畸轻畸重的案件要依法提出抗诉；进一步加大行政执法监督，继续把监督重点放在执法不公、执法不严上。切实加强对刑释解教人员的安置帮教和暂予监外执行人员的社区矫正工作，促进他们改过自新、回归社会，过上正常人的生活。

三、深入学习贯彻十七大精神，进一步加强队伍建设

始终把队伍建设作为检察事业长远发展的大事来抓，以强化社会主义法治理念教育为着眼点，全面加强思想政治建设，树立正确的执法观。围绕提高法律监督能力，进一步加大教育培训工作力度，进一步改善和优化干部队伍的素质结构，进一步健全领导班子工作制度，营造务实高效、清正廉洁的工作氛围，依法行使权利，培养造就一支让党委放心、让人民满意的检察队伍。

四、以科学发展观为统领，推动检察机关自身建设

要把学习实践科学发展观活动作为重大政治任务来抓，精心组织、确保实效，真正用科学发展观武装头脑、指导实践、推动工作，确保检察工作走上科学发展的轨道。牢固树立“立检为公、执法为民”的执法观，全面加强检察队伍建设、提高检察队伍的政治素质、业务素质和职业道德素质。

各位代表，在新的一年里，我们决心在区委和上级检察院的坚强领导下，振奋精神，扎实工作，为建设和谐、文明、小康古城作出更大的贡献！

丽江市古城区人民政府
关于2008年国民经济和社会发展计划
执行情况与2009年计划草案的报告

——2009年3月10日在古城区第二届人民代表大会第二次会议上

丽江市古城区发展和改革局局长　和云龙

各位代表：

受区人民政府委托，我向大会报告古城区2008年国民经济和社会发展计划执行情况以及2009年计划（草案）的安排意见，请予审议，并请政协委员和列席人士提出意见。

一、2008年国民经济和社会发展计划执行情况

2008年是全面实施“十一五”规划承上启下的关键年，也是我国经济社会发展中极不平凡的一年。在市委、市政府和区委的坚强领导下，在区人大、区政协的监督支持下，全区广大干部群众面对复杂形势，积极应对各种困难和挑战，认真贯彻落实科学发展观，紧紧围绕区委二届四次全会和区二届人大一次会议确定的工作思路和目标任务，解放思想，开拓进取，攻坚克难，扎实工作，全区经济社会发展取得了新的成绩。

2008年全区完成地方生产总值33.7亿元，比去年同期增长12.5%。工业总产值实现10.4亿元，同比增长20.6%。全社会固定资产投资完成33.6亿元，同比增长20%。全年完成社会消费品零售总额13.2亿元，同比增长29.4%。完成地方财政一般预算收入3.05亿元，同比增长8.7%。接待国内外游客465.5万人次，同比增长9.9%。实现旅游总收入53.6亿元，同比增长10.2%。全年居民消费价格总水平上涨4.9个百分点。城镇居民人均可支配收入达13，860元，同比增长16.3%。农民人均纯收入为3，885元，同比增长10.6%。

（一）农业生产平稳增长，新农村建设稳步推进

全年农作物播种面积21.89万亩，其中粮食作物17.98万亩，粮食总产量达到4万吨，比上年增长0.3%。全年完成冬农开发3.2万亩，比上年增加5 200亩，产值达2，448万元。种植烤烟5 700亩，收购烟叶1.5万担，烟农收入1 052.6万元。全年种植核桃2万亩，蔬菜1.7万亩，水果1.8万亩，特色产业加速发展，全区实现农业总产值48 953万元，同比增长9.5%。

进一步落实强农惠农政策，对种粮农民发放补贴95万元，受惠1.7万户；发放农资综合直补资金767万元，受惠1.84万户。积极开展新型农民培训，全年共举办蔬果栽培嫁接、病虫害防治、农机管理等各类培训班54期，培训3 410人次。

抓住生猪生产恢复和发展的契机，充分利用各级政府加大扶持的政策措施鼓励养殖。继续实施好金山瑞祥等7个生猪标准化规模养殖场建设项目，并在年内适时申报鑫隆等5个生猪标准化养殖场项目。全年肉猪出栏140 500头，同比增长11.7%；牛出栏7 388头，同比增长18.76%；羊出栏38 605只，同比增长16.9%。肉禽出栏23.3万羽，禽蛋产量550吨，同比增长15.5%；肉类总产量达12 500吨，同比增长

9.3%。实现畜牧产值 2.11 亿元，同比增长 14.9%。优质商品猪、肉牛、肉羊、家禽、特色养殖五大产业格局逐步形成。

加强农业基础设施建设，社会主义新农村建设工作取得新进展。通过农田水利建设、农业综合开发、中低产田改造、公路建设等项目的实施，农业发展基础不断夯实，农民生产生活条件明显改善。完成金江罗玄、大东文和、束河开文、七河羊见等三面光沟渠 7 278 米，推进了“五小”水利项目建设。认真实施农村沼气国债项目，完成“一池三改”沼气池建设 3 580 口。集体林权制度主体改革全面完成，林改总面积 131.1 万亩，涉及五个乡 6.2 万人。金江公路、大东公路改建工程进展顺利。实施完成了前山路、白水路等 9 条全长 74.3 公里的通达工程；金江、七河、金安、大东四个乡农村客运站建设完成。大力发展休闲观光农业，大丽路、西山游路观光农业带已具一定规模，农家休闲旅游蓬勃发展。

扶贫工作进一步加强。结合实际进行易地扶贫开发，定点安置 33 户 136 人，插花安置 15 户 64 人。扎实做好扶贫贷款投放工作，发放小额信贷资金 800 万元。强化贫困户科技培训工作，提高生产技能，为我区贫困农户脱贫致富创造条件。

（二）城市基础设施明显改善

全面推进城市建设，改善城市环境，增强城市竞争力。实施丽江会堂拆除绿化，进行了东郊环境整治，加强了“三河三路”治理，提升了人居环境质量。投资 80 万元对城中村居民点新建路灯 378 套。投资 300 多万元完成雪山中路雨水系统管网改造。年内建成国安路、玉香路、七星西路，雪山路、福象路开工建设，城区断头路相继被打通。着力开展园林城市创建工作，完成了祥和公园、白龙文化生态广场建设、民航路绿化工程。全区城镇绿化面积达 444.7 万平方米，绿化覆盖率 34.1%，人均公共绿地面积达 13.6 平方米。

（三）旅游业持续增长

虽然年初的冰雪灾害、“5.12”汶川大地震和年底国际金融危机对旅游业造成一定的冲击，但是我区通过加大旅游促销、狠抓旅游市场综合整治、推进市场开拓与资源整合，全区旅游业保持了良好的发展势头。全年接待海内外游客 465.5 万人次，同比增长 9.9%，其中接待海外游客 40.1 万人次，国内游客 425.4 万人次；实现旅游综合收入 53.6 亿元人民币，同比增长 10.2%。

（四）优化固定资产投资结构，发挥项目拉动作用

加强项目管理和储备，重点项目建设进展顺利。08 年完成全社会固定资产投资 33.6 亿元，同比增长 20%。以大项目推动大建设，以大建设促进大发展的工作思路，加大重点项目的策划、包装、争取、审查、监督、管理及协调服务等工作，并不断优化有利于重点项目建设的机制。储备了一批有利于拉动经济增长；有利于优化投资结构；有利于改善民生和加强基础设施建设的项目，抢抓机遇，拓宽领域，并适时申报。丽江机场改扩建、大丽铁路、市体育中心、石新路、束河名人酒吧街、世界遗产论坛中心等重点项目进展顺利。新团片区开发建设、第二污水处理厂、城市生活垃圾清运及处置工程、束河红山新农村旅游发展、蛇山森林国际休闲运动公园等重点项目前期工作正积极开展。大力开展节能环保项目，增强可持续发展后劲，大丽路金山段太阳能路灯的投入使用为发展循环经济，创建节约型城市作了有益实践。

（五）推进新型化工业进程，营造良好发展环境

认真贯彻因地制宜加快新型工业化进程的发展思路，确立以水电开发、建材、旅游产品、生物资源开发为主的新型工业发展目标，狠抓“工业倍增计划”的落实，优化工业发展布局，全区工业平稳增长。全年完成工业总产值 10.4 亿元，同比增长 20.6%；完成规模以上工业增加值 4.3 亿元，同比增长 25%。水泥、机床、发电量等主要工业品比上年有较大增长。切实推进新型工业结构转变，加快金安桥电站、永保水泥金山分公司技改、良华现代化生猪定点屠宰场等项目建设。鼓励和发展非公经济，加大政策扶持力度，努力改善发展环境，促进中小企业向“专、精、特、新”的方向发展。全年个私经济增加值实现 21.5 亿元，增长 25.8%，占 GDP 的 63.8%，从业人员达 3.2 万人。

（六）城乡居民收入稳步提高，物价涨幅有所回落

2008 年我区城镇居民人均可支配收入为 13 860 元，同比增长 16.3%；农民人均纯收入 3 885 元，同比

增长 10.6%。城乡消费市场持续旺盛，商品流通保持繁荣。社会消费品零售总额实现 13.2 亿元，同比增长 29.4%。继续抓好“万村千乡”市场体系建设，建立新型农村市场流通和消费网络，统筹城乡协调发展。居民消费价格总水平同比涨幅为 4.9%，由于国家采取了一系列措施平抑物价，在上半年高位运行后涨幅有所回落。

（七）财政收入增长，金融运行平稳

通过不断改进财税征管手段，狠抓增收节支，08 年全区财政收入继续增长，完成地方财政一般预算收入 3.05 亿元，同比增长 8.7%。

金融运行平稳。2008 年末全区金融机构人民币各项存款余额达 99.5 亿元，比年初增长 16.6%，金融机构人民币各项贷款余额达 91.3 亿元，比年初增长 8.3%。

（八）社会各项事业和谐发展，民生建设有序推进

科教事业稳步发展。科技、文化、卫生“三下乡”活动深入人心。全年完成农村不同门类和层次的科技培训 128 期共 1.38 万人次。依法保护知识产权，全年完成专利申请 88 件，授权 20 件，申请量和授权量分别占全市的 90%和 95%。加大教育投入，改善办学条件。投资 1 700 万元实施了区一中、金山十杰小学、七河五峰小学等学校的改扩建、迁建，建筑面积达 2.5 万平方米。投资 949 万元改造中小学校危房 6 825 平方米。全面落实“两免一补”政策，免除义务教育学生学杂费和教科书费，补助贫困家庭寄宿生生活费共计 1 130 万元。实施“青蓝工程”，分别发放贫困大学生生活补助 130 万元、“英才班”奖学金 99 万元；“名师工程”培训经费 150 万元。积极开展助学扶智和赈灾安置，妥善安置了 12 名从四川地震灾区前来我区就读的学生。办学质量明显提高，08 年高考区一中上线率为 81.24%，比往年有了较大增长。

文化事业蓬勃发展。文化研究和文艺创作成果丰硕。群众性文化活动蓬勃发展，异彩纷呈，遗产保护有序推进。成功举办了“迎奥运暨建区五周年专场文艺演出”、“CCTV 温暖春节·2008 丽江发现”春节电视直播节目、第三届丽江雪山音乐节、束河中国情人节等一系列文娱活动。原始歌舞《热美蹉》被列入国家级非物质文化遗产名录。进一步巩固“村村通”工程，积极实施农村数字电视工程，全区广播电视覆盖率达到 94.2%。继续搞好文化基础设施建设，投资 60 万元完成了金江文化站建设；实施了七河乡五峰村、金山乡金山村、束河街道普济社区农家书屋试点工程。

医疗卫生事业加快发展。农村卫生工作不断加强，乡村卫生基础设施条件不断改观，全区五个乡卫生院改扩建列入国债项目，其中四个卫生院已相继开工建设。巩固和完善新型农村合作医疗制度，全区参加新型农村合作医疗的农村居民 8.1 万人，覆盖率达 100%，参合率达到 98.8%。加大重大疫病防治和宣传工作力度，发放脊髓灰质炎疫苗 8 059 粒，麻疹疫苗强化免疫接种 2.9 万例，收治结核病人 23 人。积极做好食用含三聚氰胺奶粉婴幼儿免费救治工作，全区共排查婴幼儿 1 320 人，接诊儿童 38 人，收治病人 16 人。投资 400 万元新建了计划生育服务站并投入使用；投资 6 万元修缮完成了七河乡计生所，强化了城乡计划生育服务网络建设。我区人口自然增长率为 1.89‰。

社会保障工作稳步推进。就业和再就业工作取得较大进展。加大就业支出和培训力度，支出再就业资金 60 万元，全年开发就业岗位 1 600 个，新增就业人员 1 200 人，实现再就业 310 人，特殊困难群体实现就业 170 人，城镇登记失业率为 2.8%。五大社会保障广泛覆盖，参保人数达 6.3 万人，城镇居民基本医疗保险参保人数达 2.9 万人，农村养老保险参保人数突破 7 000 人。城乡救助工作日趋完善，救灾救济工作扎实有效开展。全年对全区城市贫困人口发放了保障金，并对辖区内低保家庭发放了临时补助金。继续实施农村居民最低生活保障制度，将新增五保户、农村特困人员及宗教人士全部纳入了农村低保范围。切实解决好我区城镇“双困”家庭的住房困难，投资 500 万元建成廉租房 3 000 平方米，并对城镇低收入家庭发放了廉租住房租赁补贴。扎实落实各项优抚安置政策，积极开展双拥活动。整合社区服务资源，展开农村社区建设，积极开展便民服务，在全区设立了 45 个社区警务室。认真做好老龄工作，给全区 60 岁以上老人发放了《老年人优待证》，并免费乘坐公交车。

二、2009年国民经济和社会发展的目标和主要任务

（一）2009年国民经济和社会发展目标

根据《丽江市古城区国民经济和社会发展第十一个五年规划》的规划部署及古城区2008年国民经济和社会发展的实际情况，建议2009年国民经济和社会发展计划的主要预期目标为：

地方生产总值增长11%；地方财政一般预算收入增长10%；全社会固定资产投资增长25%（不含金安桥电站）；旅游综合收入增长8%；农民人均纯收入增长9%，城镇居民人均可支配收入增长8.5%；社会消费品零售总额增长20%；居民消费价格总水平涨幅控制在5%以内；城镇登记失业率控制在3%以内；人口自然增长率控制在6‰以内；单位GDP综合能耗下降4%。

（二）2009年国民经济和社会发展的主要任务

1、以增加农民收入为核心，加快发展现代农业

按照农民增收、适应市场、突出特色、发挥优势的原则发展现代农业。以七河、金山两乡为主，稳定粮食播种面积17.9万亩。推广良种良法，提高粮食生产效益。大力推广无公害蔬菜、水果标准化生产技术，尽快形成以蔬菜为主的农副产品生产模式。结合科技示范园区建设，搞好金山、束河两个不同类型的农业标准化示范基地、示范场。引导农民发展各类农村专业合作经济组织。稳固烤烟生产，今年计划种植烤烟7 000亩，生产优质烟叶2万担。积极发展夏秋冷凉蔬菜、山嵛菜、紫苏等特色农产业。着力改变传统方式，推进种养殖业向区域化、规模化、标准化、专业化方向发展。认真实施好12个生猪标准化规模养殖场、肉牛生产基地、乌骨羊生产基地建设，并抓好梅花鹿、香猪等特色养殖项目。

加强农业基础设施建设。实施好中低产田改造、“五小”水利、人畜饮水、交通、生态建设等配套工程。重点对金江银河、金山东山河等河道进行修复，实施三面光工程，确保灌溉和安全渡汛。积极争取、实施中济水库除险加固项目和农村消防工程，进一步做好农村民居抗震加固工程、金江路改建工程。加强乡村公路维护管理，继续支持农村卫生路建设。

加大扶贫开发力度，实施好上级下达的扶贫项目，支持项目村发展产业，扎实做好大东乡白水、大东、建新村委会整村推进、连片开发项目。继续加大小额信贷等金融支持向贫困山区的倾斜力度，搞好贫困山区剩余劳动力的技能培训和劳务输出工作。

2、改善城市基础设施条件，实施城市精细化管理

以建设国际精品旅游城市为目标，不断完善城市基础设施。加快推进城市道路、供排水管网、城中村改造、绿化、照明等市政基础设施建设。加大城市景观改造和城区周边环境整治力度，提升城市品牌形象。加快石新路、福象路、雪山路建设，争取实施丽贵路、丽鹤路七河段改造，全面实施城区人行道修复工程。继续建设好城中村、社区路灯工程，扩大路灯覆盖面，并争取实施城市节能路灯改造。

以创建国家级园林城市为契机，加快绿色城市建设步伐。切实加强城市道路、广场、社区等重点区域的绿化建设，不断提高城市人均公共绿地面积和绿化覆盖率；加强户外广告管理，规范路标、路牌，不断提升城市的整体形象，努力构建人与自然和谐共处的城市人居环境。组织实施丽大路防护林带工程、香格里大道绿化改造工程、丽月湖公园等城市绿化建设。

3、实施旅游精品战略，促进旅游业可持续发展

运用新理念、新机制开发集生态、人文、会展和康体休闲为一体的旅游精品线路和高端产品。挖掘和发展民族特色文化，围绕主要景区景点开发生态旅游、体验旅游，着力调整客源结构，培育高端客源市场，特别要加大对国外客源市场的宣传促销力度，不断提高旅游业的综合效益。实施好世界遗产论坛中心及狮子山环境整治等项目，不断改善古城的周边环境。着力打造束河红山新农村旅游区、蛇山森林国际休闲运动公园等新景区。高度重视旅游后备资源的保护与开发，认真搞好古城旅游东环线项目的前期准备工作。加强与大理、迪庆、怒江、攀枝花、甘孜等周边地区的交流合作，推进大香格里拉生态文化旅游圈的建设进程。继续加强旅游行业监管，整顿和规范旅游市场秩序，提高旅游服务质量。积极加强应对突发事件能力，提高旅游业的抗风险能力。

4、以重点项目为支撑，加大投资建设力度

抓住国家扩大内需的机遇，加快推进重点项目建设。认真谋划、储备一批有利于促进经济结构调整，关系全区经济社会发展大局的重大建设项目。完善重点项目推进机制，建立重点项目联席和督导制度，加快上报和审批，确保一批新项目开工建设。并想方设法加快在建续建项目施工进度，增加投资量。加快丽江师专迁建、机场扩建、金江路、“三河三路”整治、市体育中心、城市绿化工程等重点项目建设。高度重视项目前期工作，争取第二污水处理厂、新团片区基础设施建设、城市垃圾处置工程等项目尽快开工建设。加大项目储备工作力度，按照国家和扩大内需要求的投资导向和产业政策，重点做好农业产业化、新农村建设、城乡基础设施、改善民生、生态环境保护等项目的储备和申报工作。要加大招商引资工作力度，强化服务理念，进一步优化投资软环境，吸引更多民间资金、其它社会资金投向我区。

5、优化提升工业结构，推进新型工业化进程

以优化提升为重点，围绕水能、旅游、生物资源、特色农业等优势资源办工业，并转化为产业优势，不断找到工业经济新的增长点。做大、做强水电、水泥和制药工业；做精、做优农产品加工、旅游产品开发等特色产业。努力转变经济发展方式，发展集约特色工业经济，努力推进新团片区工业园区建设项目工作。积极引导和鼓励循环经济发展，支持科技含量高、能耗低、污染少的工业企业。深入贯彻落实云南省加快中小企业暨非公经济发展的各项措施，实施“创办小企业工程”和“中小企业成长计划”。进一步做好中小企业服务体系和融资担保体系建设，为非公经济和中小企业创造良好发展环境，为我区经济持续发展做出贡献。

6、以改善民生为主题，促进社会各项事业加快发展

巩固提高“两基”，加大教育投入力度，推进城乡义务教育均衡发展。争取完成区一中综合楼、江边小学、丽首小学、黄山完小等学校续建扩建工程。深化教育综合改革，加快推进“教育资源整合工程”，逐步实现初中教育城乡一体化。推进职业教育，实施好区职业教育中心等工程建设。继续搞好“青蓝工程”、“名师工程”，认真贯彻落实“两免一补”等惠民政策。切实解决好进城务工农民子女的就学问题，全面落实取消借读费政策。

大力发展文化体育事业。积极发展文化事业和文化产业，继续强化对文化市场的监管，加快公益文化建设，形成比较完备的公共文化服务体系。继续开展非物质文化遗产普查申报工作，搞好民族民间文化保护传承工作。加强“两馆一站”和城乡村三级文化阵地服务网络建设，深入实施“农家书屋”建设项目。加大文化信息资源共享工程基层站建设力度，切实推进农村电影放映工程。实施好农村广播、电视数字化建设，进一步提高广播、电视综合覆盖率和覆盖质量。广泛开展城乡群众性体育健身活动，积极承办各类体育赛事，不断扩大对外文化体育交流。

积极推进基本医疗保障制度建设，完善卫生和基本医疗服务体系。深入实施预防为主、社区优先、科教兴医、服务农村四大战略，进一步加大卫生投入，巩固农村新型合作医疗成果，切实加强农村医疗基础设施建设。加快实施区人民医院和乡卫生院改扩建工程，加大全科医师教育培训力度，促进城乡基本卫生服务均等化。搞好重大疾病预防控制和妇幼保健工作，保障城乡居民食品安全和健康。贯彻落实好农村奖励扶助制度和农业人口独生子女家庭“奖优免补”政策。实施金安、大东乡计生服务所等服务机构的改扩建工程，提高服务能力。

要不断加强以保障民生为重点的社会建设，认真落实鼓励创业、促进就业的政策。调动社会各方面力量，促进就业再就业。重点抓好高校毕业生和城镇失业人员、军队退役人员的就业创业服务，解决好农村转移劳动力特别是失地少地农民的就业问题。加强就业培训和对外劳务协作交流，搞好劳务输出工作。建立和完善农民工工资支付保障制度，维护好农民工的合法权益。

积极推进其他社会事业全面发展，切实抓好覆盖城乡的社会保障体系建设。认真开展救灾救济工作，大力推进廉租住房建设，着力解决城市低收入家庭住房困难。坚持因地制宜地推进农村社区建设，提高城乡社区的综合服务功能。推进老龄工作和老龄事业发展，继续做好残疾人康复训练和就业工作。统筹城乡

市场规划，保障市场物资供应，提高居民消费信心，特别是农村居民消费。加强市场监管，稳定市场物价，繁荣活跃城乡市场。强化安全生产监管力度，完善和落实安全生产责任制和事故责任制，健全安全生产保障体系，切实保障人民群众的生命财产安全。

各位代表，2009年是我区深入推进“十一五”规划，促进我区经济社会持续、协调、健康发展的重要之年，完成好今年的各项工作，任务艰巨，意义十分重大。让我们高举中国特色社会主义伟大旗帜，全面贯彻落实科学发展观，在区委的坚强领导和区人大、区政协的监督帮助下，解放思想，坚定信心，锐意进取，迎难而上，为全面完成今年国民经济和社会发展的预期目标而努力奋斗！

索 引

A

B

C

D

F

G

H

J

K

L

M

N

P

Q

R

S

T

Y

Z

图书在版编目(CIP)数据

丽江市古城区年鉴. 2009/《丽江市古城区年鉴》编纂委员会编. -- 昆明：云南民族出版社，2010.7

ISBN 978-7-5367-4712-8

Ⅰ. ①丽… Ⅱ. ①丽… Ⅲ. ①区（城市）—丽江市—2009—年鉴 Ⅳ. ①Z 527.43

中国版本图书馆 CIP 数据核字（2010）第 131973 号

责任编辑	张东平　佘尔昶
出版发行	云南民族出版社 （昆明市环城西路 170 号云南民族大厦 5 楼　邮编:650032）
邮　　箱	ynbook@vip.163.com
印　　制	昆明鹰达印刷有限公司
开　　本	889mm × 1194mm　1/16
印　　张	33.5
字　　数	880 千字
版　　次	2010 年 7 月第 1 版
印　　次	2010 年 7 月第 1 次
印　　数	001—1000 册
定　　价	220.00 元
书　　号	ISBN　978-7-5367-4712-8/K·1271